Tina Denninger, Silke van Dyk, Stephan Lessenich, Anna Richter
Leben im Ruhestand

Gesellschaft der Unterschiede | Band 12

Tina Denninger ist Akademische Rätin auf Zeit an der Ludwig-Maximilians-Universität München.
Silke van Dyk und **Stephan Lessenich** lehren Soziologie an der Friedrich-Schiller-Universität Jena.
Anna Richter ist wissenschaftliche Mitarbeiterin an der Universität Kassel.

Tina Denninger, Silke van Dyk, Stephan Lessenich, Anna Richter

Leben im Ruhestand

Zur Neuverhandlung des Alters in der Aktivgesellschaft

[transcript]

Bibliografische Information der Deutschen Nationalbibliothek

Die Deutsche Nationalbibliothek verzeichnet diese Publikation in der Deutschen Nationalbibliografie; detaillierte bibliografische Daten sind im Internet über http://dnb.d-nb.de abrufbar.

© 2014 transcript Verlag, Bielefeld

Umschlaggestaltung: Kordula Röckenhaus, Bielefeld
Korrektorat: Melanie Snigula, Bielefeld
Satz: Michael Rauscher, Bielefeld
Druck: CPI – Clausen & Bosse, Leck
Print-ISBN 978-3-8376-2277-5
PDF-ISBN 978-3-8394-2277-9

Gedruckt auf alterungsbeständigem Papier mit chlorfrei gebleichtem Zellstoff.
Besuchen Sie uns im Internet: *http://www.transcript-verlag.de*
Bitte fordern Sie unser Gesamtverzeichnis und andere Broschüren an unter:
info@transcript-verlag.de

Inhalt

Miniaturen

1. Die Neuverhandlung des Alters in der Aktivgesellschaft

In der jüngeren Vergangenheit ist das Alter unverhofft ins Zentrum des gesellschaftspolitischen Interesses geraten. Mit der Institutionalisierung des materiell gesicherten Ruhestands nach dem Zweiten Weltkrieg war die letzte Phase des um die Erwerbsarbeit herum konstruierten modernen Lebenslaufs (Kohli 1985) zunehmend der gesellschaftlichen Beobachtung entzogen worden. Zuletzt aber rückten die wohlfahrtsstaatlich ermöglichten, erwerbsarbeitsbefreiten Lebensverhältnisse älterer Menschen erneut in das Licht der Öffentlichkeit. Hintergrund dieser Wiederentdeckung des Alters als sozialer Kategorie ist das mittlerweile allgegenwärtige Faktum des demografischen Wandels, der innerhalb weniger Jahre von einem randständigen Forschungsobjekt wissenschaftlicher Expertenzirkel zu einem der meistdiskutierten Themen in Politik und Medien Deutschlands geworden ist.

Hinter der Kurzformel vom demografischen Wandel verbergen sich mindestens zwei analytisch zu unterscheidende, in der öffentlichen Wahrnehmung allerdings eng aufeinander bezogene Dynamiken. Zum einen ist dies der Wandel in der Altersstruktur spätindustrieller Gesellschaften: Die Kombination von sinkenden bzw. stabil niedrigen Geburtenraten einerseits, einer kontinuierlich steigenden Lebenserwartung andererseits führt langfristig zu einer Zunahme des Anteils älterer Menschen an der Gesamtbevölkerung (Schimany 2003). Zum anderen aber vollzieht sich, in historischer Parallelentwicklung, ein in der Sozialgerontologie als Strukturwandel des Alters (Tews 1990) diskutierter Prozess der Veränderung der letzten Lebensphase selbst. Zu den damit bezeichneten Neuerungen zählt u.a., neben der im Zusammenspiel von zunehmender Langlebigkeit und relativ früher Erwerbsentpflichtung der Älteren sich ergebenden Tendenz zur Verlängerung des Ruhestandslebens, die zunächst paradox anmutende Strukturdynamik einer fortschreitenden »Verjüngung« des Alters.

Dass die heutigen Alten »jünger« sind als jene früherer Zeiten, also etwa ein heute 60-jähriger Mensch nicht die Alterssymptome einer gleichaltrigen

Person seiner Elterngeneration aufweist, dürfte nicht nur zum persönlichen Erfahrungshaushalt Einzelner, sondern zum gesellschaftlich geteilten Wissensbestand in Bezug auf das Alter der Gegenwart gehören. Das Attribut eines verjüngten Alters bzw. »Junger Alter« (van Dyk/Lessenich 2009b) bezieht sich in diesem Zusammenhang nicht allein auf die Alterskategorie im engeren Sinne: auf über 60-Jährige, denen man ihr Lebensalter (so die in diesen Fällen übliche Redeweise) »nicht ansieht«. Es umschreibt darüber hinaus ein ganzes Set an Eigenschaften, das heutige Alte – im intergenerationalen Vergleich mit früheren Kohorten – zu Nicht-Mehr-Alten bzw. – in der Fremdbeschreibung wie der Selbstwahrnehmung – zu Noch-Nicht-Alten werden lässt: »Die heutigen Seniorinnen und Senioren«, so konstatiert der jüngste Altenbericht der Bundesregierung, »sind im Durchschnitt gesünder, besser ausgebildet und vitaler als frühere Generationen« (BMFSFJ 2010: 5).

Ein absehbar steigender Anteil älterer Menschen an der Gesamtbevölkerung auf der einen, im weitesten Sinne jüngere Alte auf der anderen Seite: Was läge da in Zeiten, da sozialstaatliche Leistungssysteme als zunehmend schwer finanzierbar gedeutet und allfällige Lebensrisiken – von der Arbeitslosigkeit bis zur Pflegebedürftigkeit – tendenziell individualisiert werden, funktionslogisch näher, als das neue Nicht-Alter der ehedem Alten als sozialpolitische Ressource zu entdecken? Warum sollte man nicht auf den naheliegenden Gedanken kommen, dass die nicht mehr bzw. noch nicht alten »Alten« zur Bearbeitung der Folgen des demografischen Wandels beitragen könnten? Oder anders gesagt: auf die Idee, dass der Altersstrukturwandel zwar ein Problem ist, der Strukturwandel des Alters aber zugleich ein Teil seiner Lösung sein könnte?

Im Laufe der beiden vergangenen Jahrzehnte ist genau diese Idee zum Leitmotiv des politisch-sozialen Umgangs mit dem Alter im Zeichen der »gesellschaftlichen Alterung« (Petersen 2011) geworden. Sie markiert den Hintergrund eines politisch-ökonomischen Entwicklungsprozesses, im Zuge dessen der demografische Wandel von der Bedrohung zur Herausforderung mutiert, ja zu einer gesellschaftlichen Chance umgedeutet worden ist. »Averting the old age crisis« (World Bank 1994) – womit nicht nur die seit langem diagnostizierte Krise der Alterssicherungssysteme, sondern mittlerweile auch der als gefährdet geltende »Zusammenhalt der Generationen« (BMFSFJ 2006a) gemeint ist – unter Einsatz des Alters selbst, so lautet die gesellschaftspolitische Zukunftsformel. Das Ende der 1990er Jahre auf europapolitischer Ebene kreierte Motto des *Active Ageing* (Boudiny 2012) markiert eine grundlegende Neuverhandlung des Alters, die zu einer Problematisierung alter, ruheständischer Lebensführungsmuster bei gleichzeitiger Propagierung eines neuen Bildes vom aktiven Alter geführt hat. Einer kritischen Phänomenologie eben dieses Wandels ist das vorliegende Buch gewidmet. Es zieht die Summe aus – und einen vorläufigen Schlussstrich – einer vierjährigen empirischen Forschung, die wir im Rahmen des Sonderforschungsbereichs 580 »Gesellschaftliche

Entwicklungen nach dem Systemumbruch. Diskontinuität, Tradition, Strukturbildung« der Universitäten Jena und Halle-Wittenberg durchführen konnten.[1]

Die sozialpolitische Formierung der aktiven Alten

Vor nunmehr bald einem Jahrhundert sprach Max Weber vom Kapitalismus als »der schicksalsvollsten Macht unsres modernen Lebens« (Weber 1988b: 4). In den *mixed economies* der europäischen Gesellschaften nach dem Zweiten Weltkrieg ist mit dem interventionistischen Sozialstaat eine zweite institutionelle Schicksalsmacht an seine Seite und in widersprüchliche Interaktion mit ihm getreten. Der in den ersten Nachkriegsjahrzehnten aufblühende, seit den 1980er Jahren nach allgemeinem Dafürhalten in die Krise geratene *welfare capitalism* (Esping-Andersen 1990) umschreibt den spezifischen Vergesellschaftungsmodus hoch- und spätindustrieller Gesellschaften in der zweiten Hälfte des vergangenen Jahrhunderts – und damit auch die historisch spezifische Vergesellschaftungsform des Alters. »Schicksalsvoll« war der Kapitalismus seiner Zeit für Weber insofern, als dieser eine durch keine andere soziale Instanz erreichte Prägekraft auf das individuelle und gesellschaftliche Leben ausübe: auf die Strukturbildungen der Gesellschaft und ihr kollektives Selbstverständnis, auf die Denk-, Handlungs- und Lebensweisen der Menschen. Schicksalsvoll in diesem Sinne war in den vergangenen Jahrzehnten ein – zumal in Deutschland und für das hiesige Leben im Ruhestand – staatlich regulierter, politisch reorganisierter Wohlfahrtskapitalismus.

Auf das »Wirtschaftsleben« bezogen hatte Weber schon für seine Zeit eindrücklich beschrieben, *wie* der Kapitalismus seine gesellschaftliche Gestaltungsmacht gewinnt: durch seine institutionalisierten Mechanismen der – so würde man in aktualisierter Theoriesprache sagen – Subjektformierung.[2] Die in

1 | Unser Dank gilt an dieser Stelle der Deutschen Forschungsgemeinschaft für die großzügige finanzielle Förderung dieses Projektes. Zudem danken wir allen im Laufe der Zeit an der Projektarbeit sowie an der Fertigstellung dieses Bandes direkt und indirekt Beteiligten, namentlich (in alphabetischer Reihenfolge) Evi Bunke, Janis Detert, Ninja Dörrenbächer, Stefanie Goy, Stefanie Graefe, Mia Häfer, Nina Jablonski, Franziska Krüger, Martin Mlinaric, Anne Münch und Peter Rentzsch.

2 | »Die heutige kapitalistische Wirtschaftsordnung ist ein ungeheurer Kosmos, in den der einzelne hineingeboren wird und der für ihn, wenigstens als einzelnen, als faktisch unabänderliches Gehäuse, in dem er zu leben hat, gegeben ist. Er zwingt dem einzelnen, soweit er in den Zusammenhang des Marktes verflochten ist, die Normen seines wirtschaftlichen Handelns auf. Der Fabrikant, welcher diesen Normen dauernd entgegenhandelt, wird ökonomisch ebenso unfehlbar eliminiert, wie der Arbeiter, der sich ihnen nicht anpassen kann oder will, als Arbeitsloser auf die Straße gesetzt wird. Der heutige,

diesem Zusammenhang bekannt gewordene Sentenz, der Kapitalismus »schaffe« sich die von ihm benötigten Wirtschaftssubjekte, ist allerdings keineswegs so zu verstehen, als wäre damit ein systemischer Schöpfungsakt willfähriger Akteure gemeint. Weder in dem Weber vor Augen stehenden Kapitalismus des frühen noch im Wohlfahrtskapitalismus des späten 20. Jahrhunderts waren die Menschen beliebig formbare Objekte in Markt- oder Staatshänden. Was Weber mit seiner Formulierung vielmehr vor Augen hatte, waren real existierende Akteure in historisch konkreten gesellschaftlichen Verhältnissen, die sich – im Falle des ihn interessierenden wirtschaftlichen Handelns – möglichst weitgehend den Marktsignalen und -mechanismen gemäß verhalten müssen, wenn sie nach Maßgabe einer marktwirtschaftlich geprägten Gesellschaftsordnung »Erfolg« haben wollen. Ob die sozialen Akteure aber in diesem Sinne tatsächlich erfolgreich sind, ist dabei grundsätzlich ebenso offen wie es nicht schon a priori gesichert ist, dass »Markt« und – im sozialpolitisch regulierten Kapitalismus – »Staat« darin erfolgreich sind, die sozialen Akteure zu im jeweiligen Sinne systemkonformem Handeln anzuhalten.

Diesen Unwägbarkeiten und Grenzen markt- wie staatsförmiger Steuerung sozialen Handelns war und ist auch die hier interessierende gesellschaftliche Neuverhandlung des Alters ausgesetzt. Sie fügt sich ein in den größeren Struktur- und Entwicklungszusammenhang einer seit den 1990er Jahren sich vollziehenden aktivierenden Transformation des Sozialstaats und der damit verbundenen sozialpolitischen Bemühungen zur Formierung einer Gesellschaft von AktivbürgerInnen (Lessenich 2008). Im Hintergrund dieses Umbruchs wiederum steht der ein, zwei Jahrzehnte zuvor einsetzende ökonomische Strukturwandel hin zu einem flexiblen Kapitalismus, der – ganz im Sinne Webers – nach »neuen«, veränderten bzw. sich selbst verändernden, den veränderten Verhältnissen permanent anpassenden Subjekten verlangt. Dieses radikalisierte marktwirtschaftliche Handlungsanforderungsprofil trifft – erneut: zumal hierzulande – auf wohlfahrtskapitalistisch sozialisierte, sprich kollektivbiografisch auf die sozialpolitische Einbettung der individuellen und gesellschaftlichen Arbeits(markt)verhältnisse eingestellte Akteure (Castel 2000: 283ff.). Was nun von ihnen erwartet wird, ist ein weniger arbeitnehmerisch geprägter denn vielmehr unternehmerisch gewendeter Habitus: die Übernahme der bzw. der permanente Versuch einer Annäherung an die idealtypischen Handlungsorientierungen des flexibel-kapitalistischen »Arbeitskraftunternehmers« (Voß/Pongratz 1998).

Das Bild dieser Sozialfigur, die mit ihr verbundene Vorstellung angemessenen und insofern »erfolgversprechenden« Handelns in zunehmend ver-

---

zur Herrschaft im Wirtschaftsleben gelangte Kapitalismus also erzieht und schafft sich im Wege der ökonomischen Auslese die Wirtschaftssubjekte – Unternehmer und Arbeiter – deren er bedarf.« (Weber 1988a: 37) – Vgl. zum Folgenden auch Lessenich 2012b,

marktlichten Handlungskontexten, bestimmte in den vergangenen beiden Jahrzehnten immer stärker auch die Formen und Mechanismen sozialpolitischer Intervention. Als »aktivierender« wird der Sozialstaat mehr und mehr zu einem institutionellen Arrangement der »Erziehung zur Marktlichkeit« (Nullmeier 2004: 497):[3] Aktivierende Sozialpolitik sucht, in einem vieldimensionalen Arrangement aus »positiven« und »negativen«, fördernden und fordernden Interventionen, jeden einzelnen Menschen zum funktionsfähigen Subjekt auf Arbeits- und Wohlfahrtsmärkten werden zu lassen. Zunächst auf dem engeren Feld der sozialpolitischen Mobilisierung erwerbsfähiger Erwerbsloser initiiert, greift die Aktivierungsagenda seither schrittweise auch auf andere gesellschaftliche Lebensbereiche, vom Erwerbssystem auch auf das Vor- und Nacherwerbsleben aus und über. Die frühkindliche Erziehung etwa ist in den letzten Jahren zu einem prioritären Gegenstand einer langfristigen Sozialpolitik der Produktivkraftproduktion, die Jugendhilfe zum Ort der institutionellen Einübung in den marktzentrierten »Gebrauch der eigenen Kräfte« (Kessl 2005) geworden. Am anderen Ende des Lebenslaufs wurde auch die zuvor sozialpolitisch eher unterdeterminierte, als materiell versorgter Ruhestand konzipierte Nacherwerbsphase gleichsam wider Erwarten zum Bezugspunkt aktivierender sozialstaatlicher Zuwendung.

»Vom wohlverdienten Ruhestand zum Alterskraftunternehmer?« lautete dementsprechend – in plakativer Verkürzung – die erkenntnisleitende Fragestellung des Forschungsprojektes, über dessen theoretische Hintergründe, methodologisch-methodische Rahmensetzungen und empirische Befunde wir im Folgenden ausführlich berichten. Was wir dabei detailliert in den Blick nehmen werden, ist die bis in die frühen 1980er Jahre zurück zu verfolgende Neukonturierung des höheren Lebensalters, in deren Zeichen die ehedem im gesellschaftlichen Stand der Ruhe sich befindenden Alten kollektiv-individuell in Bewegung gesetzt werden, um als nunmehr Junge Alte die Rolle potenzieller »Retter des Sozialen« (Aner et al. 2007) zu spielen: die ihnen sozialpolitisch zugedachte Rolle von freiwilligen, verantwortungsbewussten und gemeinwohlorientierten Helfern und Helferinnen einer demografisch unter Druck geratenen Gesellschaft.

Im Mittelpunkt dieser veränderten, subjektivierenden Regierung des Alters als einer Lebensphase nicht (oder jedenfalls nicht mehr vorrangig) der sozialen Hilfsbedürftigkeit, sondern der möglichen sozialen Hilfen Älterer im Dienste des Gemeinwesens steht ihr damit bereits markierter, öffentlich reklamierter Charakter als gesellschaftspolitische *Win-win*-Strategie. »The beauty

---

3 | »In ihren zentralen Lebensäußerungen soll die einzelne Person sich auf die Befähigung zum Markt, auf die Beherrschung von Wettbewerbshandeln, auf die Einsicht in die Funktionsweise von Wettbewerb und die Legitimation des Marktes ausrichten.« (Nullmeier 2004: 497)

of this strategy is that it is good for everyone« (Walker 2002: 137): Nicht nur die Alten – als Nicht-Mehr-/Noch-Nicht-Alte – könnten von ihrer Aktivierung profitieren, indem ihnen Möglichkeiten zum Einsatz ihrer Fähigkeiten etwa im Rahmen bürgerschaftlichen Engagements eröffnet würden und sie in Folge der Demonstration ihrer Leistungsfähigkeit in den Genuss gesellschaftlicher Anerkennung kämen. Auch der Gesellschaft als Ganzer – und insbesondere den schwächer besetzten, durch die eigene Altersvorsorge und die alternden Babyboomer-Generationen doppelt belasteten jüngeren Kohorten – komme der so geartete Einsatz des Humanvermögens jung-alter Menschen unmittelbar zugute. Die Mobilisierung der »Potenziale des Alters« (BMFSFJ 2006a) wird in diesem Sinne als die funktionale und normative Grundlage eines neuen, dem demografischen Wandel Rechnung tragenden Gesellschaftsvertrags (Myles 2002) gehandelt – und als gesellschaftlicher Anspruch nicht nur an die sozialstaatlichen Institutionen, sondern auch an die alten Menschen selbst formuliert.

Die Regierung des Alters: Gouvernementalitätstheoretische Anschlüsse und Überschreitungen

Die Rede von der subjektivierenden Regierung des Alters im Zeichen von *Active Ageing* weckt mit gutem Grund Assoziationen an die Theoriewelt der so genannten *Governmentality Studies*. Denn an die seit einem Jahrzehnt auch im deutschen Sprachraum fest etablierten, ihrerseits an das Spätwerk Michel Foucaults anknüpfenden Gouvernementalitätsstudien (Krasmann/Volkmer 2007) schließen unsere eigenen Forschungen theoretisch wie methodologisch an (vgl. dazu Kapitel 2). Den Programmen und Technologien der Menschenführung und der politischen Konstitution selbstführender Subjekte nachspürend, haben diese einen erhellenden zeitdiagnostischen Blick auf die vielgestaltige »Ökonomisierung des Sozialen« (Bröckling et al. 2000) in der neoliberalen Ära eröffnet. Eine Analyse der gesellschaftlichen Neuverhandlung des Lebens im Ruhestand profitiert von gouvernementalitätstheoretischem Wissen in besonderem Maße, vollziehen sich die zeitgenössischen Versuche einer Aktivierung des Alters und der Mobilisierung seiner Potenziale doch nicht im Modus formaler Verpflichtung und administrativen Zwangs – wie dies etwa im Rahmen aktivierender Arbeitsmarktpolitik der Fall ist –, sondern wesentlich in Gestalt institutioneller Angebotsstrukturen und moralisierender Verantwortungsappelle. Kurz: Die Geschichte des aktiven Alters ist, jedenfalls bislang, eine Geschichte der politischen Anleitung zur persönlichen Selbststeuerung in aktivischer Absicht.

So instruktiv die gouvernementale Perspektive auf den politisch-sozialen Wandel des Alters aber auch ist:[4] Als soziologisch unbefriedigend erweist sich die forschungsprogrammatische Beschränkung einschlägiger Studien auf das Feld einer programmanalytischen Hermeneutik. Fast schon systematisch, und mitunter explizit, meiden Gouvernementalitätsstudien die empirische Überprüfung der Effekte der von ihnen – zumeist in Gestalt von Lehrbüchern, Ratgeberliteratur, Verwaltungsanweisungen usw. – untersuchten Regierungsprogramme und -technologien auf die AdressatInnen derselben. »Die Vermessung gouvernementaler Kraftfelder erlaubt keine Aussagen darüber, wie Menschen sich tatsächlich in ihnen bewegen« (Bröckling/Krasmann 2010: 28) – und soll dies in dieser Perspektive auch gar nicht: »Untersucht werden Regime der Selbst- und Fremdführung, nicht was die diesen Regimen unterworfenen und in dieser Unterwerfung wie in der Modifikation und Zurückweisung der Regime sich selbst als Subjekte konstituierenden Menschen sagen oder tun.« (Ebd.) Was auch immer die Menschen also sagen oder tun, ob sie sich nun den regimespezifischen Anrufungen und Anmaßungen passiv beugen oder aber ihnen aktiv widerstehen, ob sie einen kreativen Umgang mit ihnen pflegen oder sich deren gepflegte Missachtung leisten können (oder zu können glauben): So oder so wären sie demnach ein Produkt des jeweils herrschenden Regierungsregimes, ohnehin können sie überhaupt nur in Beziehung zu ihm und unter Bezugnahme auf es Subjektstatus erlangen. *Dass* die aus gouvernementalen Texten herausgelesenen Führungspraktiken – eben so oder so – wirken, wird demnach theoretisch bereits (voraus-)gesetzt. Folgerichtig müssen auch die gleichsam immer schon als regiert angenommenen Subjekte, ihre konkreten sozialen Lebenswelten und ihre alltägliche soziale Praxis, die Gouvernementalitätsforschung als Untersuchungsobjekte nicht weiter interessieren.

Im Rahmen unserer eigenen Forschungen hingegen sollte die im engeren Sinne gesellschaftliche Seite der Neuverhandlung des Alters im Zentrum der Aufmerksamkeit stehen: Hier interessieren ganz konkret die an aktivierungspolitische Programme anknüpfenden Wahrnehmungsweisen und Umgangsformen der »unterworfenen« Subjekte, also im weitesten Sinne die soziale Akzeptanz von nur durch deren Handeln hindurch auch tatsächlich »herrschenden« alterspolitischen Regierungstechnologien (Denninger et al. 2010). Dieses Interesse an der gesellschaftlichen Vermittlungspraxis politischer Programmatiken begründet ein zweigliedriges Forschungsdesign (vgl. Kapitel 3). Zum einen haben wir – ganz im Sinne der Gouvernementalitätsstudien – über einen Zeitraum von drei Jahrzehnten die gesellschaftliche Neuverhandlung des Alters in den Blick genommen. Diese Analyse beruht auf der Auswertung

---

4 | Vgl. diesbezüglich vor allen Dingen auch Arbeiten aus dem angelsächsischen Kontext der Foucauldian Gerontology, z.B. Biggs/Powell 2009.

von rund 2200 Textdokumenten aus den Jahren 1983 bis 2011, die ein breites Spektrum an Publikationen aus dem politisch-medialen Raum umfassen – von Tageszeitungen (*FAZ, taz, BILD, ND*) über Zeitschriften (*SPIEGEL, Brigitte* und *Brigitte Woman, Super Illu, Apotheken Umschau, Für Dich*) bis hin zu politischen bzw. wissenschaftlich-politischen Medienerzeugnissen (Altenberichte der Bundesregierung, Selbstbeschreibungen altenpolitischer Modellprojekte, Parteiprogramme usw.).

Zum anderen führten wir aber auch, in einem Akt bewusster methodologischer Gegenbewegung zum gouvernementalitätstheoretischen *mainstream*, in den Jahren 2009 und 2010 mit insgesamt 55 verrenteten Männern und Frauen im Alter von 60 bis 72 Jahren qualitative leitfadengestützte Interviews, um deren Selbstpositionierung im Raum der gesellschaftlich kursierenden Alters- und Nacherwerbsbilder zu dokumentieren: ihre an diesen Bildern vorgenommenen Aus- und Umdeutungen, ihre Praxis der Aneignung und Abweisung des öffentlich kommunizierten Wissens davon, was »das Alter« ist (und was nicht) bzw. wie »alte Menschen« sind oder aber sein sollen (und wie nicht). Nur auf diese Weise – nämlich unter Einschluss der Perspektive real existierender sozialer Akteure – lässt sich einerseits die gesellschaftliche Relevanz gouvernementaler Regime ergründen, andererseits ihre historisch-konkrete Gestalt als gesellschaftliche Dispositive erfassen, d.h. als aus den Machtressourcen und Handlungsdispositionen einer Vielzahl von Handelnden interaktiv sich ergebende und permanent sich verschiebende Ordnungen des Sozialen.

Gerade wenn sich Gouvernementalitätsstudien tatsächlich »[m]ehr noch als für die Spielregeln der Macht und die Architekturen des Wissens [...] für deren Brüche und Unterbrechungen« (Bröckling/Krasmann 2010: 40) interessieren, scheint uns die systematische Einbeziehung des subjektiven Faktors in die Analyse – die deutende Beobachtung dessen, was die (alten) Menschen sagen und tun – schlichtweg unabdingbar zu sein. Es ist dies der konsequente Schritt von einer auf die Programmempirie konzentrierten hin zu einer auf die Empirie sozialer Praxis erweiterten, in diesem Sinne »praktischen« Gouvernementalitätstheorie. Unsere nachfolgenden Analysen sowie deren theoretisch-methodologischen Fundierungen verstehen sich als ein Beitrag zu einer solch praxeologischen Gouvernementalitätsforschung, die über den Fokus auf »Praxis/Diskurs-Formationen« (Reckwitz 2008: 201ff.) auch den eingespielten Dualismus von Diskursanalyse und qualitativer Sozialforschung zumindest forschungsprogrammatisch – und wir meinen in unserem Fall auch forschungspraktisch – in Frage zu stellen vermag.[5]

---

5 | »Statt Diskurse und Praktiken gegeneinander auszuspielen, kann [die] Suche nach den immanenten Widersprüchen innerhalb von Praxis/Diskurs-Formationen einerseits, die Rekonstruktion der möglichen Antagonismen zwischen unterschiedlichen Praxis/Diskurs-Formationen des gleichen sozialen Feldes andererseits eine heuristisch frucht-

Das Ziel einer analytischen Verknüpfung von Programm und Praxis hat uns in konzeptueller Hinsicht dazu geführt,»Gouvernementalitätsanalyse als Dispositivanalyse« (Bröckling/Krasmann 2010: 40) zu verstehen und zu betreiben. Die Bestimmung von historisch sich ablösenden bzw. einander überlagernden und zueinander in Spannung stehenden Dispositiven des Alters, mit Michel Foucault als Verknüpfungsordnungen heterogener Elemente oder mit Gilles Deleuze als Ensemble multipler Kräftelinien gefasst, bildet den einen der beiden konstitutiven Untersuchungsstränge unserer Studie (vgl. Kapitel 4). Mit den ausführlichen, gleichwohl notwendig weit hinter der realen Komplexität und Dynamik dieser Arrangements zurückbleibenden Darstellungen von Ruhestands-, Unruhestands- und Produktivitätsdispositiv des Alters suchen wir die für den deutschen Fall spezifischen – historisch variablen – Kopplungen und Verschränkungen von öffentlich (re)produzierten Wissensbeständen, Institutionen und institutionellen Programmen, Objekten und Artefakten sowie Alltags- und Körperpraktiken zu dispositiven Ordnungen des Sozialen aufzuzeigen. Die in diesen Dispositiven sich herstellenden Verknüpfungsstrukturen aktualisieren und konstituieren, rationalisieren und materialisieren jeweils eine historisch spezifische gesellschaftliche Ordnung des Alters. Eine Ordnung, die sich aus unterschiedlichsten Quellen der sozialen Welt und des gesellschaftlichen Lebens speist, die in verwickelten und erratischen Suchbewegungen stabilisiert und unter Mitwirkung machtvoller Akteure gegebenenfalls vorübergehend hegemonial »geschlossen« wird – und die in ihrem Geltungsanspruch doch immer umstritten und umkämpft bleibt, anfällig für Brüche und Widersprüche, Missverständnisse und Störungen, Öffnungen und Weiterentwicklungen.

Gesellschaftliche Dispositive – hier konkret die Dispositive des Alters – sind nicht starre Gebilde, nie endgültig geschlossen, sondern allenfalls situativ fixiert und ansonsten inhärent dynamisch. Und dass dies so ist, hat eben wesentlich mit den realen sozialen Akteuren und ihren unkalkulierbaren Alltagspraktiken zu tun. Daher bildet die Analyse der Dispositionen von in Dispositiven handelnden Individuen, der in dispositiven Wissensordnungen des Alters sich bewegenden und mit den dispositiven Verknüpfungen heterogener Elemente dieser Ordnungen immer wieder neu umgehenden (weil jeden Tag wieder umzugehen habenden) älteren Menschen den zweiten Strang unserer Untersuchung (vgl. Kapitel 5). Wir interessieren uns für nichts weniger als die soziale Geltung des historisch jüngsten von uns identifizierten Altersdispositivs: dafür, ob sich in der gesellschaftlichen Gegenwart auch schon die empirisch rekonstruierbare soziale Realität eines gelebten produktiven Alters

---

bare kulturwissenschaftliche Strategie liefern.« (Reckwitz 2008: 207) – Zum Dialog zwischen Diskursanalyse und Gouvernementalitätsforschung vgl. auch Angermüller/ van Dyk 2010.

finden lässt, ob und inwiefern also im Deutschland der beginnenden 2010er Jahre eine veränderte dispositive Ordnung des Alters im Begriff ist, ein sich wandelndes Leben im Ruhestand hervorzubringen.

Strukturalistische Überschüsse: Elemente forschungsdynamischer Selbsterkenntnis

Die Einleitung zu diesem Buch ist der geeignete Ort auch für einen kritisch-reflexiven Rückblick auf unseren hier im Ergebnis dokumentierten Forschungsprozess – für eine zumindest kurze Selbstreflexion des Getanen und Gelassenen. Im Zuge der Forschungsdynamik stellte sich nämlich nach und nach die Erkenntnis ein, dass wir – jedenfalls in einer ausgedehnten Anfangsphase unserer Arbeit – selbst in jene Problemkonstellation geraten waren, die wir an den ansonsten geschätzten Gouvernementalitätsstudien erkannt und zum Anlass einer methodologischen Umorientierung genommen hatten. Im Lichte des anwachsenden Fundus empirischer Befunde wuchs bei uns auch die Einsicht, zunächst selbst in die Falle einer Überschätzung der sozialen Effektivität diskursiver Anrufungen im Sinne eines aktiven und produktiven Alters getappt zu sein – und damit womöglich, wenn auch wider Willen, einen wissenschaftlichen Beitrag zur Geltung eines neuen Altersdispositivs bzw. zur wissenspolitischen Durchsetzung der Geltungsansprüche einer veränderten Wissensordnung des Alters zu leisten.

Bei Betrachtung unserer eigenen, frühen Veröffentlichungen zur Frage einer gesellschaftlichen Neuverhandlung des Alters in aktivisch-produktivistischer Absicht wurde uns mit der Zeit selbst deutlich, dass diese von einem gewissen – möglicherweise akademisch-soziologisch einsozialisierten – strukturalistischen Deutungsüberschuss zeugen. In den Worten einer überzeugenden Kritik führt ein solch »strukturalistischer Bias, der kaum zu überzeugen vermöchte« (Reckwitz 2008: 202) und eben auch viele gouvernementalitätstheoretisch inspirierte Arbeiten kennzeichnet, zu der Annahme oder aber Suggestion von »homogenen, totalen Praxis/Diskurs-Formationen« (ebd.). Wir haben uns jedoch selbst empirisch – diskurs- und praxisanalytisch – davon überzeugt, dass es stattdessen den Strukturen und Strukturdynamiken der sozialen Welt angemessener ist, »mit einem Modell von ›Praxis/Diskurs-Formationen‹ zu arbeiten, welches nach Differenzen eher zwischen unterschiedlichen Praxis/Diskurs-Komplexen sowie innerhalb von Praxis/Diskurs-Komplexen sucht« (ebd.: 201) – und bei dieser Suche dann verschiedene Altersdispositive mit ihren je eigenen inneren Widersprüchen und sozialen Akzeptanzproblemen gefunden.

Die theoretisch-methodologische Herausforderung eines Denkens in Relationen von dispositiven Ordnungen und – wie auch immer eigensinnig agierenden – disponierten Subjekten liegt genau darin, »keine von einem einzigen

Code dominierte[n] Diskurs/Praxis-Blöcke« (ebd.) – in unserem Fall also solche des aktiven Alters – anzunehmen, »sondern (auch im gleichen sozialen Feld) nach unterschiedlichen, miteinander konkurrierenden Praxis/Diskurs-Formationen sowie nach Instabilitäten innerhalb von Praxis/Diskurs-Formationen zu suchen« (ebd.: 202). Unserem hier präsentierten poststrukturalistisch-hegemonietheoretischen Ansatz der Analyse von Dispositiven und Dispositionen des Alters geht es ganz in diesem Sinne darum, für »die Instabilitäten und Agonalitäten innerhalb von Praxis/Diskurs-Formationen« (ebd.) zu sensibilisieren. Dies bedeutet, theoretisch wie methodisch offen zu sein auch für dispositive Disruptionen bzw. genauer für disruptive Dispositionen sozialer Akteure, die geeignet sind, die Verknüpfungsordnung des Dispositivs zu stören bzw. – und sei es nur punktuell und individuell – zu zerstören. Unsere hier zu präsentierenden Befunde und insbesondere auch die angedeutete Flugbahn unseres eigenen Forschungsprozesses sprechen somit gegen die gerade in jüngeren alterssoziologischen Studien festzustellende »Neigung zur Präjudizierung von Routinen und Codereproduktionen« (ebd.) – so als wäre überall dort, wo bei den Subjekten bzw. ihrem soziologisch beobachtbaren Sagen und Tun aktives Alter draufsteht, auch immer schon ein dispositivgerechtes Altern drin.

Auf bemerkenswerte Weise wird das spannungsreiche Beziehungsgeflecht zwischen Dispositiven und Dispositionen beim Blick auf ostdeutsche Verhältnisse deutlich. Im Rahmen eines größeren Forschungszusammenhangs zum Transformationsgeschehen in den neuen Bundesländern angesiedelt, zog sich der Ost-West-Vergleich als einer der roten Fäden durch unsere Projektarbeit und prägt nun auch die Anlage der vorliegenden Publikation. Unsere diesbezügliche Ausgangsannahme, dass sich ältere Menschen in Ostdeutschland zwar nicht mit der Wissensordnung eines aktiven Alters als solcher, wohl aber – aufgrund der in der DDR faktisch ausgebliebenen oder allenfalls ansatzweise wirksam gewordenen Kulturrevolution der »68er« – mit individualisierenden Anrufungen und öffentlichen Erwartungshaltungen aktivierender Selbstführung schwer tun würden, hat sich jedenfalls so nicht bestätigt. Dies liegt nicht nur an den Brüchen und Widersprüchen des von uns mit untersuchten Altersdispositivs der späten DDR, das zwar in der historischen Rückschau von einem hochgradig politisierten und organisational überformten, eng an das System gesellschaftlicher Arbeit rückgebundenen Alter kündet – das in seiner Ideologiehaltigkeit und Ritualhaftigkeit zugleich aber auch erkennbar weit von den Alltagsproblemen und Lebensrealitäten der Älteren entfernt war. Es liegt zugleich und vor allem daran, dass sich die von uns zwei Jahrzehnte nach der Wende befragten ostdeutschen RentnerInnen[6] auf eine ganz eigene – durch das ihnen selbst nur mittelbar bekannte DDR-Dispositiv gebrochene – Art

---

6 | Unsere Interviews wurden in Erlangen bzw. Jena geführt; vgl. die Übersicht in Anhang III.

und Weise von dem emergierenden Dispositiv des Produktiven Alters distanzieren.

Nur unter den ostdeutschen Befragten nämlich finden sich, neben einer wohlwollenden Akzeptanz des materiell versorgten und in diesem ökonomischen Sinne potenziell ruheständischen Alters, auch – à propos Disruptionen – bestimmte Elemente einer aktiven Abgrenzungspraxis von auf Aktivierung zielenden institutionellen Anspruchshaltungen. Hier verschränkt sich auf eigentümliche Weise eine aus DDR-Zeiten überkommene und übernommene Staatsskepsis mit Befürchtungen einer nunmehr unter veränderten Vorzeichen sich Bahn brechenden Ausbeutung der Zivilgesellschaft: Es sind in unserem Sample, wie zu sehen sein wird, ausschließlich ostdeutsche Ältere, die ausdrücklich argwöhnen, dass die Beschwörung des aktiven Alters wohl vor allem einen Abbau sozialstaatlicher Sicherungsversprechen bemänteln soll – und somit ihr aus der Erfahrung sozialistischer Omnipräsenz des Staates erwachsenes Institutionenmisstrauen in widersprüchlich erscheinender Weise gegen einen sich zurückziehenden wohlfahrtskapitalistischen Staat in Anschlag bringen. Und diese komplexe Gemengelage von Dispositiven und Dispositionen gewinnt u.a. dadurch weiter an Uneindeutigkeit, dass es nicht selten gerade die einst durch die Zentralverwaltungswirtschaft der DDR vermittelten Zwänge zu kreativem Handeln bei der alltäglichen Güterversorgung sind, die heute, im höheren Alter, durchaus als Handlungsressourcen in Zeiten aktivierungspolitischer Eigenverantwortungsanrufungen zu deuten sind und von den Älteren auch als solche wahrgenommen werden. In einem Wort: Es ist schon kompliziert, und vor allen Dingen nicht einfach zu analysieren, das Leben im Ruhestand.

Leben im Ruhestand

Der Ruhestand: in diesem Begriff verbindet sich die Vorstellung eines spezifischen Lebensführungsmusters mit dem Ausdruck eines besonderen Sozialstatus. Die Älteren, so die eine Seite der im »goldenen Zeitalter« des Wohlfahrtsstaats gesellschaftlich selbstverständlich gewordenen Praxis, ziehen sich aus der Erwerbsarbeit zurück und treten in eine arbeitsentpflichtete Zeit der Ruhe ein. Die Lebbarkeit eines solcherart erwerbslosen Lebens wiederum wird, dies die andere Seite der wohlfahrtsstaatlichen Vergesellschaftung des Alters, durch soziale Sicherungssysteme gewährleistet, die aus den ehemals Erwerbstätigen einen eigenen Stand materiell versorgter RentnerInnen werden lassen. Der vollständige Rückzug aus dem Erwerbsleben – im Englischen heißt die Verrentung nicht umsonst »retirement«, im Französischen »retraite« – wurde überhaupt erst in den spätindustriellen Gesellschaften des Westens und in der Zeit nach dem Zweiten Weltkrieg, aufgrund der Existenz öffentlicher Alterssicherungseinrichtungen, denkbar. Und nur der schrittweise Ausbau dieser sozialpolitischen Institutionen, im deutschen Fall zu Garanten der relativen Lebensstandardsicherung im Alter, ließ den Ruhestand für breite – vor allen Dingen männliche – Bevölkerungsschichten auch tatsächlich zu einer realen biografischen Alternative werden.[7]

Leben im Ruhestand: der Titel des vorliegenden Bandes meint vor dem Hintergrund dieser Geschichte und im Kontext unserer Forschungen zweierlei. Zum einen lässt er sich im Sinne einer Bestandsaufnahme der Lebensführungsmuster älterer Menschen lesen, beschreibt er also unser Anliegen, eine Soziologie des Alterslebens zu schreiben. Zum anderen aber ruft er das auf, was die jüngste Phase der deutschen (und auch europäischen) Politik mit dem Alter ausmacht, nämlich den wissenschaftlich-politisch initiierten Versuch einer Mobilisierung der Alten, sprich: Bewegung – neues oder jedenfalls ein anderes Leben – in den Ruhestand zu bringen. Was im Folgenden im parallelen oder, treffender gesagt, verschränkten Blick auf beide Dimensionen des Gegenstands, die politische und die soziologische, zu sehen sein wird, ist neben vielem anderen vor allen Dingen eines: das Bild eines enttäuschten Versprechens. Oder genauer: eines Versprechens, das bei seinen AdressatInnen gar nicht erst ankommt (vgl. dazu zusammenfassend Kapitel 6). Denn das im Rahmen des emergierenden Dispositivs eines Produktiven Alters so zentrale Aufwertungsversprechen an die Alten – die öffentlich in Aussicht gestellte Überwindung negativer gesellschaftlicher Altersbilder und -zuschreibungen aufgrund der aktiv zur Schau gestellten Leistungsfähigkeit und Gemeinwohldienlichkeit älterer Menschen (van Dyk et al. 2010) – spielt im Erfahrungshaushalt jedenfalls der von uns befragten älteren Menschen praktisch keine Rolle, im Osten wie im Westen Deutschlands. Die offiziell, in den Altenberichten der Bundesregierung wie in den *policy papers* der Europäischen Union, beschworene »win-win-Situation« (Grabka 2013: 329) eines allumfassenden sozialen Nutzens alterspolitischer Aktivierungsstrategien[8] erschließt und offenbart sich den Älteren selbst – zumindest einstweilen – nicht.

Enttäuscht werden in diesem Prozess auch – falls sie denn je gehegt worden sein sollten – Hoffnungen auf den demokratisierenden Effekt der wissenschaftlich-politischen Förderung positiver Altersbilder, also von Bildern eines kompetenten und ressourcenreichen, aktiven und produktiven Alters. Was das neue Leben im Ruhestand auszeichnet, sind im Prinzip die – zeitgemäß aktu-

---

7 | Wohl nicht zufällig ist daher in der spanischen Sprache mit Blick auf die Statuspassage ins Rentenalter vielsagend von »jubilación« die Rede: die zwar späte, aber dafür bezahlte Befreiung von den Mühen und Lasten der Erwerbsarbeit erscheint hier als Anlass für durchaus berechtigte Freude.

8 | »All generations stand to gain something important from policy changes which enable and motivate older persons to become and remain more active.« (European Commission 1999: 22)

alisierten – alten sozialen Ungleichheiten: In der postruheständischen (und in gewisser Weise auch nachunruheständischen) Wissensordnung des Alters manifestiert sich die gesellschaftliche Macht und kulturelle Hegemonie des Bildungs- und Besitzbürgertums, die sich über das Produktivitätsdispositiv des Alters in neuer Weise bestätigt. Denn die gesellschaftlichen Gewinner der gegenwärtigen Neuverhandlung des Alters sind tendenziell all jene älteren (bzw. alternden und zukünftig alten) Menschen, die tatsächlich ressourcenreich sind, sprich über eine hohe Ausstattung mit ökonomischem, kulturellem und sozialem Kapital verfügen und in ihren Lebensführungsmustern dem neuen Normativ des eigenverantwortlich sozialverantwortlichen Aktivbürgers ohnehin bereits entsprechen bzw. ihm ohne Weiteres zu entsprechen in der (sozialen) Lage sind (Graefe/Lessenich 2012). Und zu den Verlierern zählen nicht selten Frauen, die tendenziell nicht nur ressourcenärmer sind als ihre männlichen Altersgenossen, sondern zudem – wie unsere Untersuchung eindrücklich zeigt – ohnehin schon häufig durch die Übernahme von Sorgetätigkeiten überlastet sind, ganz ohne aktivierende politische Intervention. Kurz gesagt: Der nicht geringste Effekt des neuen Altersdispositivs ist sein ungleichheitsreproduzierendes Potenzial. *Active ageing* erweist sich bei genauerem Hinsehen nicht zuletzt als eine geschlechtsspezifisch strukturierte, klassenpolitische Distinktions-, Behauptungs- und Herrschaftsstrategie.

Es scheint, als ob sich diese sozialstrukturelle Konstellation im Zeichen der langfristigen Rückführung des Sicherungsniveaus in der Gesetzlichen Rentenversicherung und einer absehbaren Rückkehr der Altersarmut[9] zukünftig tendenziell eher stabilisieren wird. In dieser Hinsicht wird die entscheidende Frage sein, »whether the progress made in democratizing retirement during the post-war decades is about to erode« (Myles 2002: 132).[10] Was dieser historische Demokratisierungsprozess vielen älteren Menschen in Deutschland beschert hat, waren ein gewisses Maß an Emanzipation jedenfalls von den materiellen Sorgen des Alters sowie die institutionell eröffnete Option auf »ein Stück ›eigenes Leben‹« (Beck-Gernsheim 1983) nach der Erwerbsarbeit. Es sollte als normative Minimalanforderung an eine zukünftige Alterspolitik

---

9 | Seils gibt auf der Grundlage einschlägiger Daten der Jahre 1996 bis 2011 einerseits zu bedenken, dass die Armut älterer Menschen in Deutschland noch nicht seit langem als effektiv bekämpft gelten »und insofern eine Rückkehr der Altersarmut nicht ausgeschlossen werden kann« (Seils 2013: 367). Andererseits weist er darauf hin, dass in den einschlägigen sozialpolitischen Diskussionen »bisher leider untergegangen [ist], dass es mit den ehemaligen ›Gastarbeitern‹ schon heute eine Gruppe gibt, die in sehr hohem Maße von Altersarmut betroffen ist. Die Armutsquote der älteren Ausländer lag 2011 bei 41,5 %, die der Deutschen in derselben Altersgruppe bei 12,1 %.« (Ebd.)

10 | Myles' Antwort auf diese Frage lautet: »The risk is real.« (Myles 2002: 133; vgl. in diesem Sinne auch Lessenich 2013.)

gelten, hinter diese historisch ermöglichten »Autonomiegewinne der Leute« (Vobruba 2003) im Alter nicht zurückzufallen. Faktisch aber wird es unabhängig davon so sein, dass sich die Konstitution des gesellschaftlichen Alters – so oder so – von neuem wandeln wird. Denn als modernes Dispositiv ist das gesellschaftliche Alter eine gelebte Wissensordnung – und Leben ist eben immer gleichbedeutend mit Veränderung. Auch im Ruhestand.

* * * * *

Wir schließen die Einleitung mit einer kurzen Leseanleitung. Denn dieses Buch ist nicht als klassischer Abschlussbericht eines empirischen Forschungsprojektes konzipiert. Vielmehr versammelt es eine (begrenzte) Vielfalt unterschiedlicher Textformate und -gattungen, die durchaus verschiedene Lesarten des Bandes ermöglichen.

Wer sich in umfassender Weise für die Untersuchung des Lebens im Ruhestand, die jüngeren historischen Arrangements seiner gesellschaftlichen Regierung und die gegenwärtigen Formen der individuellen Positionierung der Älteren zu diesen Arrangements interessiert, wird das vorliegende Buch von vorne bis hinten lesen – und ist dabei selbstverständlich herzlich willkommen. Wer stärker spezialisierte Anliegen hat, wird sich vielleicht nur in einzelne Kapitel vertiefen wollen. So seien denjenigen, die sich für die poststrukturalistisch-hegemonietheoretische Fundierung der Analyse, die daran anschließenden theoretisch-methodologischen Fragen der Verknüpfung von Dispositivanalyse und qualitativer Sozialforschung sowie das methodische Design unserer Studie interessieren, die Kapitel 2 und 3 zur Lektüre empfohlen. Wer den historischen Wandel von Altersdispositiven seit Anfang der 1980er Jahre bis in die Gegenwart nachvollziehen oder aber detailliert über die Lebensführungsmuster und Selbstbeschreibungen älterer Menschen in West- und Ostdeutschland unterrichtet werden möchte, wird sich hingegen den Kapiteln 4 und/oder 5 zuwenden.

Es gibt aber auch die ganz andere Möglichkeit, das Buch gewissermaßen »quer« zu lesen. Denn den einzelnen Kapiteln zwischengeschaltet – und als solch intellektuelle Zwischenmahlzeiten auch typografisch erkennbar – sind zum einen diverse Gruppenvergleiche unter unseren Befragten, die sich auf auffällige Ost-West-Differenzen (beispielsweise das westdeutsche Phänomen eines Alternativmilieus altersfeindlicher Alter) sowie auf bemerkenswerte Besonderheiten (wie etwa das seltene Eingeständnis von Langeweile) in unserem Sample beziehen. Zum anderen finden sich in den Text eingestreut diverse essayistisch gehaltene Miniaturen zu emblematischen Figuren (z.B. Johannes Heesters oder Henning Scherf), Institutionen (wie Kaffeefahrt und Seniorenstudium) und Praktiken (Frühstück und Mittagsschlaf) des Ruhestands – sowie zu medialen Fundstücken (wie der DDR-Frauenzeitschrift *Für Dich*). All diese Kurztexte lassen sich unabhängig von und unbeschadet der Lektüre der großen Hauptkapitel unserer Untersuchung lesen und verstehen – und wirken dann vielleicht aber doch, ähnlich wie ein Blick auf die sprechenden Titel unseres Textkorpus (von »Berliner Rentner immer krimineller« bis »Swingen im Senioren-Silo«) im Anhang, als Appetithappen, die Lust auf mehr machen. So hoffen wir jedenfalls, denn wer schreibt, möchte natürlich auch gelesen werden. In diesem Sinne wünschen wir uns viel Erfolg – und den LeserInnen, soweit im Kontext einer wissenschaftlichen Publikation möglich, viel Spaß.

2. Die Regierung des Alters: Analysen im Spannungsfeld von Diskurs und Dispositiv, Disposition und Disruption

Zum Verständnis der Regierung des Alters und Alterns[1] im Zeichen des gegenwärtigen demografischen und sozialpolitischen Wandels bieten gouvernementalitätstheoretische Studien – aus den bereits in Kapitel 1 angeführten Gründen – unverzichtbare Anhaltspunkte.[2] Im Anschluss an einschlägige Arbeiten (z.B. Lemke et al. 2000; Clarke 2004) vermuten wir, dass die Disziplinierungseffekte aktivierungspolitischer Strategien sich nicht bzw. nicht in erster Linie als von außen erzwungener Prozess einstellen, in Gestalt förmlicher Verpflichtung von (im Zweifel widerstrebenden) alten bzw. alternden Menschen, sondern durch Prozesse der Subjektivierung, d.h. in Form einer Verlagerung der Steuerung in die Subjekte selbst, auf dem Wege der Anleitung zur »Arbeit an sich selbst und an der eigenen Entwicklung« (Baltes/Montada 1996: 3). Dem späten Michel Foucault (2004; vgl. Saar 2007), den Fragen der Genese und Geltung gesellschaftlicher Deutungsmuster und politischer Wissensbestände bewegten, erscheint die Produktion von »Wahrheit« (im Sinne des sozial akzeptierten Wissens um einen gesellschaftlichen Sachverhalt) als Teil von Regierung, die er als reflexives Verhältnis von Fremdführung und Selbstführung beschreibt, in dessen Rahmen das sich selbst konstituierende Subjekt als aktives »Vehikel der Macht« auftritt (van Dyk 2006: 57-69). Dabei wird Macht aber eben in einer Weise und Gestalt wirksam, die nicht direkt unterwirft, sondern die Subjekte anleitet, sich selbst zu »führen« (Lemke 1997: 327f.).

---

1 | Wenn wir im Weiteren aus Gründen der Ästhetik und Lesbarkeit des Textes auch auf den Einsatz der unschönen Schreibweise »Alter(n)« verzichten, so sind mit der Verwendung des Begriffes »Alter« doch in aller Regel dessen *beiden* Dimensionen – als soziale Struktur- *und* biografische Prozesskategorie – aufgerufen.

2 | Für eine Zwischenbilanz der internationalen *Governmentality Studies* vgl. Krasmann/Volkmer 2007 sowie Bröckling et al. 2010.

Indem die Gouvernementalitätsstudien Regierung als ineinander verwobenes und in sich spannungsreiches Verhältnis von Fremdführung und Selbstführung konzipieren, sensibilisieren sie die alterssoziologische Forschung für den bedeutsamen Umstand, dass die als noch-nicht-»alt« adressierten Alten nicht oder jedenfalls nicht nur zu aktivierbaren Subjekten gemacht *werden*, sondern dass diese – in dem Maße und in der Weise wie sie ihre Alterspotenziale entdecken – *selbst* an ihrer Konstitution und Funktion als aktive Junge Alte mitwirken. Die gesellschaftliche Mobilisierung der Potenziale des Alters kann, als Teil gegenwärtiger Aktivierungspolitik, nur eine öffentlich-private Koproduktion sein. In der politisch-wissenschaftlichen Rede der »Regierenden« wie in den persönlichen Vorstellungen der »Regierten« von der Nutzung vorhandener Altersressourcen verschmelzen Momente des subjektiven Wunsches und der sozialen Erwünschtheit, Motive individueller Selbstentfaltung und gesellschaftlicher Indienstnahme zu einem Alters-Aktivitäts-Regime, das keine »Opfer«, sondern nur noch (im wahrsten Sinne des Wortes) »Täter«, Tätige nämlich, kennt (van Dyk 2007). Inwiefern damit tatsächlich eine neue gesellschaftliche Normalität des Alters und des Alterns etabliert wird, ist dabei eine offene Frage und Gegenstand dieser Untersuchung.

Können die Gouvernementalitätsstudien die systematische Verschränkung von Außenlenkung und Selbststeuerung theoretisch begreifbar machen, so vermögen sie selbst es allerdings nicht – ja sehen teilweise sogar explizit davon ab –, dieses Phänomen »im Modus des Vollzugs« (Ott/Wrana 2010: 156) auch in der Welt sozialer Praktiken wieder zu finden, in ihren institutionalisierten Formen wie in den vielfältig vermittelten Weisen alltäglicher Lebensführung. In der Regel verbleiben derartige Studien analytisch auf der Ebene politischer Programme und Programmatiken, ohne deren sozialen Akzeptanzbedingungen und dem je konkreten Anwendungs-, Aneignungs- und Anverwandlungshandeln der Subjekte nachzugehen – Zeugnis eines gewissen strukturalistischen Überschusses der Gouvernementalitätstheorie.[3] Faktisch ergibt sich dadurch eine theoretische (oder bestenfalls protoempirische) Gleichschaltung von Programm und Praxis – in unserem Fall der Altersaktivierung bzw. des aktiven Alters. Die Tätigen, so die Annahme, werden im Sinne der Aktivierungsprogrammatik tätig. Vor diesem theoretisch-konzeptionellen Hintergrund fragen wir: Ist das so? Und wenn ja, bei wem und in welcher Weise?

---

3 | Vgl. zu entsprechenden, aus unterschiedlichen Perspektiven vorgebrachten Kritiken z.B. Müller 2003, Rehmann 2005 oder Schimank 2005. Den Kurzschluss von Programm und Praxis problematisierend gibt es – im angelsächsischen wie im deutschsprachigen Raum – mittlerweile auch einige empirische Studien, die mit der methodologischen Verknüpfung von Diskursanalyse und qualitativen Interviews bzw. ethnografischen Beobachtungen eine Annäherung an die Vermittlung von Programm und (Handlungs-)Praxis anstreben (vgl. z.B. Tuider 2007; Ott/Wrana 2010).

Die genannte Gleichschaltung lässt aber nicht nur die Frage nach der sozialen Handlungspraxis der Akteure ungeklärt, sondern auch die Multidimensionalität der (programmatischen) Ordnung bleibt im Dunkeln: Körper, Objekte und Institutionen[4] als Dimensionen, die den Modus des Praxisvollzugs strukturieren,[5] treten aus dem Blickfeld, die Welt schrumpft auf die Gegenüberstellung und Vermittlung von Programm und Subjektposition zusammen. Indem wir im Folgenden den Blick auf die multidimensionale Welt des Praxisvollzugs lenken, geht es uns nicht um eine klassische (kausale) Wirkungsanalyse von Programmen, die im Abgleich von subjektiven Deutungsmustern und politischen Programmen den Einfluss der letzteren nachzuweisen sucht. Wir interessieren uns vielmehr für die komplexen Verknüpfungen epistemischer, institutioneller, körper- und objektbezogener Elemente, die im praktischen Vollzug wiederholt, umgeschrieben, verfestigt und/oder unterlaufen werden.

Mit Foucault das Dispositiv als Netz begreifend, das zwischen diesen Elementen geknüpft wird, verstehen wir diese Herangehensweise als eine Dispositivanalyse der Regierung des Alters. Wir geben einen Einblick in die Konzeptentwicklung einer Alterssoziologie, die im Dreischritt von »Diskurs/Dispositiv/Disposition & Disruption« erstens von der prinzipiellen – gleichsam unvermeidlichen – diskursiven Vermittlung des Sozialen und daher von einem methodologischen Primat des Diskursiven ausgeht; die zweitens, im Fokus auf die Multidimensionalität des Diskursiven, die methodische Entwicklung einer Dispositivanalyse bezweckt; und die in diesem Kontext drittens die (alten bzw. alternden) Subjekte als Agenten erkennbar werden lässt, die sich qua praktischem (Eigen-)Sinn im Geflecht des diskursiv konstituierten Sozialen bewegen. Wir werden anhand dieses Dreischritts aufzeigen, warum wir es beim aktiven Altern in besonderer Weise mit einer Thematik zu tun haben, die sich nur in ihrer Multidimensionalität und unter Berücksichtigung der Erfah-

---

4 | Unter Institutionen fassen wir sowohl feste Einrichtungen und Organisationen (z.B. das Altenheim, die Seniorenuniversität oder die Bundesarbeitsgemeinschaft der Seniorenorganisationen – BAGSO) sowie – dem soziologischen Neo-Institutionalismus folgend – im weiteren Sinne Regelsysteme, die mit rechtlicher und/oder normativer Geltung ausgestattet sind (z.B. die Rentenversicherung oder die Norm des »wohlverdienten« Ruhestands). Mit Karl-Siegbert Rehberg (1994: 57f.) gehen wir davon aus, dass das Institutionelle an einer Ordnung in der Verkörperung von Geltungsansprüchen liegt, die Dauer und Verbindlichkeit beanspruchen. Die Übergänge von Wissensordnungen und institutionellen Ordnungen können damit je nach Verbindlichkeit derselben fließend sein.

5 | Praxistheorien machen darauf aufmerksam, »dass Praktiken nichts anderes als Körperbewegungen darstellen und dass Praktiken in aller Regel einen Umgang von Menschen mit Dingen und Objekten bedeuten« (Reckwitz 2003: 290). Die institutionelle Dimension bleibt hingegen systematisch unterbelichtet.

rungen und Praktiken der Adressierten näherungsweise erschließt, will man nicht – alternativ – eine politisch wie wissenschaftlich forcierte Debatte vorschnell als gesellschaftliches Altersdispositiv verallgemeinern und reifizieren.

Zum methodologischen Primat des Diskurses

Entgegen der alltagssprachlichen Lesart geht es der diskurstheoretischen Perspektive nicht um eine bestimmte Rede von Akteuren, sondern darum, wie Diskurse die Bedingungen strukturieren, im Rahmen derer Akteure denken, reden und agieren. Diskurse sind für Michel Foucault Aussagensysteme, die Produktionsanordnungen von Wahrheits- und Geltungsansprüchen darstellen. Die Aussage – begriffen als kleinstes Element des Diskurses – konstituiert dabei weniger eine Einheit als »eine Funktion, die ein Gebiet von Strukturen und möglichen Einheiten durchkreuzt und sie mit konkreten Inhalten in der Zeit und im Raum erscheinen lässt« (Foucault 1988: 126f.). Ziel der Diskursanalyse ist es, »die Aussagen in der Enge und Besonderheit ihres Ereignisses zu erfassen; die Bedingungen ihrer Existenz zu bestimmen, auf das Genaueste ihre Grenzen zu fixieren, ihre Korrelationen mit den anderen Aussagen aufzustellen, die mit ihr verbunden sein können, zu zeigen, welche anderen Formen der Äußerung sie ausschließt.« (Ebd.: 43)[6] Im Zentrum des Interesses stehen damit nicht der Inhalt und die Substanz singulärer Äußerungen, sondern die »Codes, Taxinomien oder regelmäßigen Verstreuungen der diskursiven Elemente, mittels derer die Wahrheit(en) und Inhalte erst entstehen, definiert und institutionalisiert werden« (Moebius 2005: 130).

Der Multidimensionalität der sozialen Welt Rechnung tragend gehen wir davon aus, dass Aussagen nicht nur sprachliche Äußerungen zu Formationen – in diesem Fall Epistemen – organisieren, sondern dass wir auch institutionen-, objekt- und körperbezogene Aussagen(-bündel) ausmachen können (vgl. ähnlich Martschukat 2004), die sich zu einer mehrdimensionalen diskursiven Ordnung verbinden und in der Regel durch Praktiken vermittelt werden. Neben Wissensordnungen wie dem verdienten Ruhestand, der Alterung der Gesellschaft oder der Entdeckung der Jungen Alten als Ressource begegnen uns im Feld des Alters körperbezogene Aussagen wie Falten, graue Haare oder eine gebeugte Körperhaltung sowie objektbezogene Aussagen, die einen deutlich typisierten Inhalt transportieren, wie z.B. der Herzschrittmacher, der Treppenlift und die Couch, aber etwa auch das Kreuzfahrtschiff, Walking-Stöcke oder *Anti-Ageing*-Creme. Von besonderer Bedeutung ist ferner die institutionelle Dimension, die den Blick auf den Aussagencharakter von Institutionen

---

6 | Wir übernehmen bei wörtlichen Zitaten aus älteren Texten selbstverständlich auch die jeweilige – der neuen Rechtschreibung nicht immer entsprechende – Schreibweise.

wie der Rentenversicherung, altenpolitischen Modellprogrammen, dem Altenheim oder dem Computerkurs 60+ lenkt.

Obwohl insbesondere im poststrukturalistischen Feld ein weites Diskursverständnis vorherrscht, das nicht nur sprachliche Praktiken, sondern die gesamte mit Bedeutung versehene Realität umfasst (Bublitz 2003a; Laclau/Mouffe 1991), ist die Diskursanalyse als empirische Forschungspraxis in erster Linie eine auf sprachliche Praktiken fokussierte Textanalyse (geblieben), die die Frage der Analyse (zeichenförmiger, aber) nicht-sprachlicher Praktiken lange Zeit ausgeblendet hat. Trotz an Zahl und Prominenz gewinnender Versuche, sich dieser Problematik zu nähern (z.B. Alkemeyer/Villa 2010; Langer 2008), klafft bis heute eine Lücke zwischen der theoretisch überzeugend entwickelten diskursiven Konstitution des Realen in all ihren Facetten – so auch ihren materiellen, sozio-technischen, körperlichen und/oder institutionellen Formen – und der empirischen Analyse dieser multidimensionalen diskursiven Ordnung. Diese Lücke gilt es zu schließen, stellt sie doch eine, wenn nicht *die* große Herausforderung der sozialwissenschaftlichen Diskursforschung dar.

Getragen von einem gewissen Unbehagen ob der in vielen Diskursanalysen weitgehend unterschiedslos behandelten Mannigfaltigkeit des Diskursiven, hat eine Diskussion an Fahrt gewonnen, die sich dem Versuch der Abgrenzung von diskursiven und nicht-diskursiven Praktiken verschrieben hat. Zahlreiche AutorInnen ziehen die Linie zwischen Diskursivem und Nicht-Diskursivem mehr oder weniger explizit zwischen sprachlichen und nicht-sprachlichen Praktiken (z.B. Lorey 1999; Keller 2007: 64f.; Bührmann/Schneider 2008: 100f.). Wir folgen hingegen Bernhard Waldenfels, der überzeugend gegen eine Reduzierung des Diskurskonzepts Foucaults auf die sprachliche Form argumentiert: »Wenn er sich gegen die Inanspruchnahme einer prädiskursiven Erfahrung wendet, so gewiß nicht, um die Ordnung allein in die Sprache zu verlegen; zur Ordnung der Dinge gehören ebenso Blickraster, Tableaus, Handlungsfelder, Körperkarten und Bewegungsformen.« (Waldenfels 1991: 283)[7]

Den verschiedenen Versuchen der Differenzierung von Diskursivem und Nicht-Diskursivem (vgl. kritisch auch Wrana/Langer 2007) liegt aus unserer Sicht ein folgenreicher Kategorienfehler zugrunde: Die Annahme einer radikalen Diskursimmanenz des Sozialen wird im Sinne eines ontologischen Primats des Diskurses missverstanden und nicht – wofür wir im Folgenden plädieren werden – als methodologisches Primat gefasst. Dieser (meist impliziten) Umdeutung der Diskursimmanenz zur Diskursontologie folgt dann das nachvollziehbare Bedürfnis, auf die Existenz nicht-diskursiver Phänomene in

---

7 | Eine konsistente Unterscheidung ist bei Foucault selbst nicht zu finden, erklärt er die Differenz diskursiv/nicht-diskursiv doch, kaum eingeführt, bereits im nächsten Absatz für hinfällig (Foucault 1978: 125).

der Welt zu verweisen – die Schusswaffe, das Wetter, die Masern. Tatsächlich müsste deren Existenz aber im Lichte einer radikalen Diskursimmanenz gar nicht geleugnet werden, wenn die Annahme diskursiver Konstruktion auf die Erfahrung der in Bezug genommenen Gegenstände begrenzt und nicht auf die Gegenstände selbst ausgeweitet würde. In diesem Sinne betont Hans-Herbert Kögler die Notwendigkeit einer methodologischen Orientierung an der radikalen Diskursimmanenz, »da es für die intentionale Erfahrung menschlicher Subjekte keine direkte Konfrontation mit Wirklichkeit gibt« (Kögler 2007: 349). Die vermeintlich »harte«, »rohe« Realität hinter, über, zwischen oder neben dem Diskurs – die in der verbreiteten impliziten Diskursontologie vertrieben wird, um dann als nicht-diskursives Phänomen wieder eingefangen zu werden – wird damit keineswegs in Abrede gestellt, sondern lediglich im Hinblick auf ihre unvermittelte Unerfahrbarkeit problematisiert:[8] »Nicht die Existenz von Gegenständen außerhalb unseres Denkens wird bestritten, sondern die ganz andere Behauptung, daß sie sich außerhalb jeder diskursiven Bedingung des Auftauchens als Gegenstände konstituieren können.« (Laclau/ Mouffe 1991: 158)

Folgen wir dieser Perspektive, existiert etwas – und vermutlich sogar recht viel – Außer-Diskursives, das nicht erfahrbar ist, womit umgekehrt die radikale Diskursimmanenz der erfahrbaren und damit bedeutungsvollen Welt einhergeht. Diese Unterscheidung und das daraus abgeleitete methodologische Primat des Diskurses ist mehr als eine bloße erkenntnistheoretische Spitzfindigkeit: Sie schärft vielmehr den Blick dafür, dass und wie die erfahrbare soziale Welt diskursiv hervorgebracht wird, ohne dass damit ein Diskursidealismus verbunden wäre, der suggeriert, Wörter würden Materialitäten in Form von Körpern, Artefakten oder natürlichen Entitäten direkt erzeugen. Erst mit der Differenzierung von *existierender* (außer-diskursiver) Welt einerseits und *erfahrbarer* Welt andererseits wird Foucaults Vorschlag verständlich, Diskurse als »Praktiken zu behandeln, die systematisch die Gegenstände bilden, von denen sie sprechen« (Foucault 1988: 74). Diskurse bringen also nicht die existierenden Gegenstände hervor, sondern sie strukturieren ihre Erfahrbarkeit.

Ausgehend vom methodologischen Primat des Diskurses gilt es nun, den Aussagencharakter von Texten, Objekten, Institutionen, Praktiken und Körpern sowie die Existenzbedingungen dieser Aussagen der Analyse zugänglich zu machen. Von besonderem Interesse für die Analyse der Regierung des Alters ist dabei nun nicht die isolierte Analyse von praxisvermittelten, altersbe-

---

8 | So weisen Menschen natürlich die Symptome einer Demenz auf, ohne dass sie als solche erkannt sein muss. Aber aus diesen Symptomen und den damit verbundenen (Sinnes-)Eindrücken wird erst dann das Leiden an »Demenz«, wenn die Krankheit als solche bezeichnet ist, denn: »Erkenntnis, die einen Gegenstand als identischen erfährt, ist [...] intrinsisch an die Bezeichnungsfunktion gebunden« (Laclau/Mouffe 1991: 351).

zogenen Wissens-, Körper-, Objekt- und Institutionenordnungen, sondern die Frage, in welcher Weise sich die mehrdimensionalen Aussagen zu einer (oder mehreren, sich überlappenden) mehr oder weniger stabilen Formation(en) des höheren Lebensalters verknüpfen. Während wir in der empirischen Diskursforschung hervorragende (Re-)Konstruktionen im Hinblick auf das Knüpfen und Flechten sprachlicher Wissensordnungen finden, fehlt es hier bislang an einer empirischen Praxis, die es uns erlauben würde, die Walking-Stöcke mit den dritten Zähnen, dem Fitnesstraining, dem Modellprogramm »Erfahrungswissen für Initiativen« und der Wissensordnung »Alter als Ressource« sinnlogisch zu verbinden. Dieser Umstand ist der bereits angesprochen Problematik geschuldet, dass empirische Diskursanalysen[9] auch von denjenigen AutorInnen, die theoretisch-konzeptionell die radikale Diskursimmanenz aller Dimensionen der erfahrbaren Realität anerkennen, für gewöhnlich als reine Analysen von Wissensordnungen bzw. Epistemen angelegt werden. Eine solche Beschränkung mag für bestimmte Felder – so z.B. für die Analyse von wissenschaftlichen Spezialdiskursen – vertretbar sein. Eine Analyse der Neuverhandlung des Alters ist jedoch ohne Berücksichtigung von alltäglichen Körper- und Konsumpraktiken oder der Institution der Rentenversicherung schlechterdings unmöglich. Um für die Gefahr einer unangemessenen Verengung der empirischen Analyse zu sensibilisieren, halten wir es begrifflich wie konzeptionell für instruktiv, mit dem Konzept des Dispositivs zu arbeiten, mit dem Foucault selbst die Beschränkung auf epistemische Ordnungen in seinen frühen Arbeiten zu überwinden versuchte (Foucault 1978: 123). Als kleinste Einheiten von Dispositiven verstehen wir multidimensionale Aussagen, die verstreute (sprachliche) Äußerungen, Objekte, körperbezogene Aspekte, institutionelle Regelungen und Praktiken »mit konkreten Inhalten in der Zeit und im Raum erscheinen [lassen]« (Foucault 1988: 126f.).

Das Dispositiv als Verknüpfungsordnung

Auch wenn uns hier nicht an einer Foucault-Exegese gelegen ist, scheint es dennoch sinnvoll, seine Bestimmung des Dispositivs als Ausgangspunkt einer kontroversen und vielfältigen Rezeptionsgeschichte vorweg zu schicken: »Was ich unter diesem Titel festzumachen versuche, ist erstens ein entschieden heterogenes Ensemble, das Diskurse, Institutionen, architekturale Einrichtungen, reglementierende Entscheidungen, Gesetze, administrative Maßnahmen, wissenschaftliche Aussagen, philosophische, moralische oder philanthropische Lehrsätze, kurz: Gesagtes ebenso wie Ungesagtes umfaßt. Soweit die Elemente des Dispositivs. Das Dispositiv selbst ist das Netz, das zwischen diesen Ele-

---

9 | D.h. Analysen von thematischen Diskursen – in Abgrenzung zu Grundsatzanalysen zur Frage der Diskursivität.

menten geknüpft werden kann. Zweitens möchte ich in dem Dispositiv gerade die Natur der Verbindung deutlich machen, die zwischen diesen heterogenen Elementen sich herstellen kann. [...] Drittens verstehe ich unter Dispositiv eine Art von – sagen wir – Formation, deren Hauptfunktion zu einem gegebenen historischen Zeitpunkt darin bestanden hat, auf einen Notstand (urgence) zu antworten. Das Dispositiv hat also eine vorwiegend strategische Funktion.« (Foucault 1978: 119f.)

Zwei Aspekte dieser umfassenden Bestimmung haben in der Rezeption des Dispositiv-Konzepts besonderen Einfluss entfaltet: Zum einen ist dies die Aufzählung der heterogenen Elemente unter Punkt eins, die durch den Umstand, dass Diskurse als erstes Element u.a. genannt werden, Anlass gegeben hat für die Differenzierung von Diskursivem und Nicht-Diskursivem sowie für die Identifikation des Dispositivs mit den nicht-diskursiven Elementen. Zum anderen ist die in Punkt drei entwickelte strategische Komponente des Dispositivs zu betonen, die Foucault ausdrücklich mit Machtverhältnissen in Verbindung bringt: »Eben das ist das Dispositiv: Strategien von Kräfteverhältnissen, die Typen von Wissen stützen und von diesen gestützt werden.« (Foucault 1978: 123) Gemeinsam haben diese beiden Perspektiven die verbreitete Lesart des Dispositivs als Zusammenspiel von Diskursen, Praktiken und Macht hervorgebracht (z.B. Seier 1999: 80; Bührmann/Schneider 2008: 54). Diese Lesart kann jedoch in mehrerlei Hinsicht nicht überzeugen. So erweist sich die Verortung von Diskursen und Praktiken auf einer Ebene angesichts des zuvor eingeführten methodologischen Primats des Diskurses als nicht haltbar, auch wenn Foucaults Aufzählung diese Deutung nahe legt. Wenn wir entgegen dem üblichen Verständnis den Diskursbegriff in der Aufzählung nicht wörtlich nehmen, sondern ihn (wofür Foucault selbst Anlass gibt) durch den Begriff der Episteme ersetzen und das Resümee der Aufzählung – »Gesagtes wie Ungesagtes« – ernst nehmen (anstatt es aufgrund der Aufzählung durch »Diskursives wie Nicht-Diskursives« zu ersetzen), erhalten wir eine Zusammenstellung von Elementen, die eine Annäherung an die Mannigfaltigkeit der sozialen Welt versprechen könnte, ohne damit der Annahme der radikalen Diskursimmanenz aller Elemente zuwiderzulaufen: Sind es doch nun die Episteme und nicht mehr die Diskurse, die auf einer Ebene mit Institutionen, architekturalen Einrichtungen und administrativen Maßnahmen liegen. Ferner ist die im Hinweis auf das Zusammenspiel von Diskursen, Praktiken und Macht als spezifisch für das Dispositiv hervorgehobene Machtkomponente nur dann nachzuvollziehen, wenn die Rezeption Foucaults mit der *Archäologie des Wissens* endet. Zu Recht wird von unterschiedlichen Seiten aber auf die unlösbare Verknüpfung von Diskurs und Macht in Foucaults Werk verwiesen, ist Macht doch immer schon in den diskurskonstituierenden Regeln verankert (z.B. Bublitz 2003a: 10f.; Kögler 2007: 347f.).

Zum Kern der hier zur Diskussion stehenden Frage führt hingegen die Aufzählung der heterogenen Elemente des Dispositivs unter Punkt eins, die in der Regel als Auflistung der zu einem Dispositiv gehörenden Bestandteile gelesen worden ist (vgl. z.B. Keller 2001: 134f.). Wenig beachtet bleibt dabei jedoch zumeist die in Punkt eins und zwei betonte Verknüpfungsperspektive, mit der Foucault explizit konstatiert, dass ein Dispositiv nicht die Summe heterogener Elemente sei, sondern vielmehr deren Verbindung untereinander, »das Netz, das zwischen diesen Elementen geknüpft werden kann« (s.o.). Für die von uns verfolgte Perspektive auf die multidimensionale diskursive Ordnung des Alters erscheint genau dieser Hinweis auf die spezifische Form der Verknüpfung heterogener Elemente fruchtbar. Denn wenn wir von heterogenen Elementen des Alters-Dispositivs ausgehen – von Körpern und Praktiken, Objekten, Gesetzestexten, Organisationen und wissenschaftlichen Analysen –, stellt sich zuerst die Frage, wie diese miteinander verbunden sind. Gerade weil viele dieser Formen »stumm« sind und nur durch Bezeichnung zum Gegenstand der sozialen Welt werden; gerade weil aber diese nicht-sprachlichen Formen Aussagencharakter erlangen (können); und gerade weil sich eine Diskursanalyse der Frage zu nähern hat, ob und wenn ja wie die gegenständliche, institutionalisierte und verkörperte Welt den Prozess ihrer diskursiven Konstituierung (mit-)strukturiert: Aus all diesen Gründen stellt das Konzept des Dispositivs als Verknüpfungsordnung eine überaus attraktive Analyseperspektive dar. In der Rezeption von Foucaults Dispositivkonzept war es vor allem Gilles Deleuze, der auf die Bedeutung der Verknüpfungen – von ihm als Linien bezeichnet – hingewiesen hat. Die von ihm aufgeworfene Frage »Was ist ein Dispositiv?« beantwortet er wie folgt: »Es ist zunächst ein Durcheinander, ein multilineares Ensemble. [...] Will man die Linien eines Dispositivs entwirren, so muß man in jedem Fall eine Karte anfertigen, man muß kartographieren, unbekannte Länder ausmessen – eben das, was er [Foucault] als ›Arbeit im Gelände‹ bezeichnet.« (Deleuze 1991: 153) Überall gebe es »Vermischungen, die es zu entmischen gilt« (ebd.: 157): Besser lässt sich das Ziel einer Dispositivanalyse kaum fassen, auch wenn Deleuze selbst keine (weiteren) Anhaltspunkte dafür bietet, wie eine solche Kartografierung konkret aussehen könnte. Bevor wir uns in methodologisch-methodischer Hinsicht dieser Frage zuwenden, gilt unsere Aufmerksamkeit dem Stellenwert der Subjekte in der Analyse der Regierung des Alters.

Subjekte im Kontext von Dispositiven – Dispositive im Kontext von Subjekten

Indem die gouvernementalitätstheoretische Perspektive Regierung als ineinander verwobenes Verhältnis von Fremdführung und Selbstführung konzipiert, sensibilisiert sie für den in unserem thematischen Kontext bedeutsamen

Umstand, dass die älteren Menschen nicht oder jedenfalls nicht nur zu aktiven Jungen Alten gemacht *werden*, sondern dass diese *selbst* (aktiv) an dieser
Rollen- und Funktionsbestimmung mitwirken. Zugleich stehen die Gouvernementalitätsstudien vor der Herausforderung, das Verhältnis von Diskurs/Dis-
positiv und Subjekt näher zu bestimmen, »ohne es dabei als deterministisches
Zwangsverhältnis festzulegen« (Tuider 2007: 16).[10]

Nun könnten die bisherigen Ausführungen fälschlicherweise so verstanden werden, dass wir es mit festen, machtvollen dispositiven Formationen und
Regelstrukturen zu tun haben, die genau dies tun: die Praxis der Subjekte de-
terminieren. Einer solch strukturalistischen Lesart setzen wir ein poststrukturalistisch inspiriertes Diskurs- und Praxisverständnis entgegen, das unsere
Dispositivanalyse leitet. Entscheidend für poststrukturalistische Ansätze und
ihre Perspektive auf die Genese von diskursiven Praktiken ist, dass die in diesem Prozess erzeugte Stabilisierung stets prekär, brüchig und von Irritationen
durchzogen bleibt: »Der normalisierende und damit sozialintegrative Aspekt
diskursiver Praktiken darf nicht darüber hinwegtäuschen, daß diskursive
Praktiken zugleich auch die Funktion der Verschiebung und der Veränderung
von Normalitäts-Zonen und Grenzen haben.« (Bublitz 2003b: 159)[11] Wesentliche Geste poststrukturalistischen Denkens ist das differenztheoretische
Denken, dem zufolge kein Element gesellschaftlicher Wirklichkeit identitätslo-
gisch aus sich heraus bestimmt werden kann, sondern erst durch die Differenz
zu dem, was es nicht ist. Entscheidend ist nun der Umstand, dass die einzelnen Differenzen nicht auf ein Fundament oder ein organisierendes Prinzip
(z.B. die Produktionsverhältnisse oder das Patriarchat) rekurrieren und durch
dieses abschließend stabilisiert werden, sondern dass sie stets relational[12] und
beweglich aufeinander bezogen – und damit kontingent – bleiben (Moebius

---

10 | Im Folgenden rekurrieren wir auf sehr unterschiedliche Analysen, die unser Kon-
zept einer Dispositivanalyse inspirieren und konkretisieren. Das führt zu einer etwas
verwirrenden Begriffsvielfalt, da mitunter das, was wir als Dispositiv fassen, als »(diskursive) Praxis« firmiert oder in einem weitgefassten Diskursbegriff aufgeht. Wir bemühen uns angesichts dieser Begriffsdivergenzen darum, herauszuarbeiten, welche
inhaltlichen Aspekte es sind, die wir aufgreifen, um sie für unsere Dispositivanalyse
fruchtbar zu machen.

11 | In ähnlicher Weise akzentuiert Andreas Reckwitz die Offenheit des praktischen
»Alltagsvollzugs«: »Anders formuliert bewegt sich die Praxis zwischen einer relativen
›Geschlossenheit‹ der Wiederholung und einer relativen ›Offenheit‹ für Misslingen, Neu-
interpretationen und Konflikthaftigkeit des alltäglichen Vollzugs.« (Reckwitz 2003:
294)

12 | »Jeder Begriff ist seinem Gesetz nach in eine Kette oder in ein System eingeschrie-
ben, worin er durch das systematische Spiel von Differenzen auf den anderen, auf die
anderen Begriffe verweist.« (Derrida 1991: 88)

2005: 130f.). Eine differenztheoretische Perspektive ist empirisch folglich auf eine verknüpfungssensible Analyse angewiesen, wird soziale Welt doch erst in der prekären Verwiesenheit differenter Elemente aufeinander bedeutsam.

In paradigmatischer Weise hat Judith Butler vor diesem theoretischen Hintergrund ein Verständnis subjektiver Handlungsmacht entwickelt, das unsere Untersuchung inspiriert: »Entscheidungen sind nur innerhalb eines entschiedenen Feldes möglich, das nicht ein für allemal entschieden ist.« (Butler 1998: 221) Was ist damit gemeint? Butler verwirft die Idee eines souveränen Subjekts mit individueller Handlungsautonomie, das frei in seinen Äußerungen ist, und lenkt die Aufmerksamkeit mit der Idee des entschiedenen Feldes auf die diskursiv (vor-)strukturierten Bedingungen des Sag-, Denk- und Tubaren, innerhalb dessen Entscheidungen, aber auch Erfahrungen erst möglich werden. Statt in den modernisierungstheoretischen Chor der Emanzipation des Subjekts einzustimmen, nimmt Butler die Gleichzeitigkeit von Subjektkonstituierung und -unterwerfung in den Blick und sensibilisiert für das grundsätzliche Vermachtetsein von Subjektivität: Subjekte, so lässt sich zuspitzend sagen, wählen die Art und Weise ihres Subjektseins nicht frei, sondern sie werden »hineingerufen« in Subjektpositionen, die Effekte von Diskursen sind.

Allerdings ist dies nur die halbe Geschichte: Butler betont zugleich, dass das entschiedene Feld »nicht ein für allemal entschieden ist«, und lenkt die Aufmerksamkeit auf die bereits angesprochene Brüchigkeit und Prekarität bestehender (vermachteter) Ordnungen, geht es ihr doch um die »Ambiguität der Handlungsmacht am Ort der Entscheidung« (Butler 1998: 201). Dass das entschiedene Feld nicht ein für alle Mal entschieden ist, liegt daran, dass die erfahrbare Welt eben kein stabiles, abgeschlossenes, in seinen Strukturierungen und kulturellen Codes eindeutiges und einheitliches Gefüge darstellt. Stets existieren konkurrierende Subjektpositionen (Spies 2009: 46-47), uneindeutige Normen und praktische Interpretationsspielräume in einem unaufhörlich bewegten Setting: Keine Handlung findet ein für alle Mal statt, keine Norm steht für immer, keine Struktur überdauert, wenn sie nicht immer wieder als solche aktualisiert wird. Die soziale Welt in ihren unterschiedlichen Dimensionen liegt also nicht als gegebene Struktur vor, sondern wird in Prozessen der Wiederholung stets aufs Neue bzw. in modifizierter Weise performativ hervorgebracht. Das betrifft nach Butler eben nicht nur die Wiederholung sprachlicher Äußerungen, sondern auch die Materialität der Körper und die habituellen Orientierungen der Subjekte, die prozesshaft als auf Dauer gestellte Materialisierung und Habitualisierung gedacht werden.[13] Butler interessiert

---

13 | Die konstitutive Unmöglichkeit identischer Wiederholung bedingt dabei permanente Re-Kontextualisierungen, bestimmt sich das Wiederholte doch stets in Relation und Differenz zu anderen Elementen und Dimensionen sozialer Realität, d.h. in Relation zu seinem Kontext.

sich im gleichzeitigen Anschluss an Derridas Konzept der Iterabilität[14] und Bourdieus Konzept des Habitus[15] für die im Zuge performativer Wiederholungen erzeugten Disruptionen, die die strukturidentische Reproduktion gesellschaftlicher Verhältnisse ebenso durchkreuzen wie die des individuellen Habitus.[16] Zugespitzt formuliert wendet sie das Bourdieu'sche Habituskonzept poststrukturalistisch, indem sie *mit* Bourdieu der stabilisierenden Kraft inkorporierter Dispositionen Rechnung trägt, zugleich aber *gegen* ihn den Habitus iterativ und performativ denkt: Damit weitet sie die Unwahrscheinlichkeit strukturidentischer Wiederholung auf die inkorporierte Konvention aus, um die potenzielle »Krise der Konvention« (Butler 1998: 223) denken zu können.

Die konstitutive Iterabilität und Performativität bedingen dabei nicht nur permanente Verschiebungen und Re-Justierungen des Bestehenden, sie bewirken auch das, »was Handlungsfähigkeit heißt innerhalb eines Diskurses. [...] Daß das Subjekt das ist, was wieder und wieder konstituiert werden muß, beinhaltet, daß es offen für Formationen ist, die nicht von vornherein völlig zwingend sind.« (Butler 1993: 125)[17] Mit dieser in der Wiederholung angelegten praktischen Handlungsmacht sensibilisiert Butler für die Macht (auch) gesellschaftlich nicht autorisierter SprecherInnen, die durch den Prozess der Performativität selbst *in actu* erzeugt wird. Diese praktische Handlungsmacht ist dabei nicht notwendigerweise, sondern nur potenziell kritisch: »Kritische Handlungsfähigkeit liegt nach Butler [erst da] vor, wo Subjekte zum Beispiel diskriminierende Adressierungen aufgreifen und sich gegen den Strich an-

---

14 | »Die Iterabilität verändert und kontaminiert auf parasitäre Art gerade das, was sie identifiziert und wiederholt; sie bewirkt, daß man (immer schon, auch) etwas anderes sagen will, als man sagen will, etwas anderes sagt, als man sagt und sagen möchte, etwas anderes versteht... usw.« (Derrida 2001: 120)

15 | Das Bourdieusche Habituskonzept bietet nach Butler »eine vielversprechende Erklärung an [...], wie die nicht beabsichtigte und nicht vorsätzliche Verkörperung von Normen von statten geht« (Butler 1998: 222).

16 | Mit Bezug auf die Thematik der Untersuchung ist von besonderem Interesse, dass Bourdieu, der durchaus eine gewisse Varianz und Flexibilität des Habitus einräumt, bei alten Menschen hingegen – mit negativer Konnotation – von einem überaus stabilen Habitus ausgeht: »Wenn [...] die Festigkeit allzu ausgeprägt ist, hat man es mit starren, verschlossenen und zu sehr in sich gekehrten Habitus zu tun (wie bei Greisen).« (Bourdieu 2001: 207)

17 | »If dislocations *disrupt* identities and discourses, they also create a lack at the level of meaning that stimulates new discursive constructions, which attempt to suture the dislocated structure. In short, it is the ›failure‹ of the structure, and [...] of those subject positions which are part of such a structure, that ›compels‹ the subject to act, to assert anew its ›subjectivity‹.« (Howarth/Stavrakakis 2000: 13; Hervorhebung der AutorInnen.)

eignen – oder wo sie gesellschaftlich zugewiesene Plätze nicht in der bislang vorgesehenen Weise einnehmen und dadurch neu definieren, was überhaupt als legitimer Platz gilt.« (Graefe 2010a: 307)

Obwohl Butler im Anschluss an Bourdieu zugesteht, dass konkrete Kontexte mit Sprechakten und Praktiken so eng verwoben sein können, dass dieser Nexus als Disposition kaum zu erschüttern ist (Butler 1998: 228f.), findet sich bei ihr wie bei fast allen poststrukturalistischen TheoretikerInnen eine deutliche Überakzentuierung der Disruption im Sinne des subversiven Kontextbruchs. Hier wird ein Problem offenkundig, das ironischerweise viele poststrukturalistische Perspektiven kennzeichnet, deren Blick theoriestrategisch eigentlich auf das Vielstimmige gerichtet ist: die Universalisierung der Diagnose – unter Vernachlässigung von kontextspezifischen Faktoren sowie der potenziellen Bandbreite (de-)stabilisierender Wiederholungen.[18] Tatsächlich existieren aber verschiedene Niveaus historischer Variabilität und Stabilität. Sie können »nicht allein theoretisch erschlossen werden, sondern ihr Verstehen erfordert konkrete Untersuchungen an einzelnen Strukturen und Gegenständen« (Niederberger/Wagner 2004: 189).

Was resultiert aus diesen Überlegungen für die Anlage unserer Untersuchung? Anders als in vielen poststrukturalistischen Analysen üblich ist uns daran gelegen, die Möglichkeit des Strukturbruchs, der Sinnverschiebung und der Subversion – und damit die Disruption im Verhältnis von Dispositiv und Subjekt – nicht protoempirisch zu universalisieren, sondern kontextspezifisch zu analysieren: Es gilt, der (Neu-)Verhandlung des Alters im (potenziellen) Spannungsfeld und -verhältnis von Disposition und Disruption, von Kontinuität und Diskontinuität, Routine und Wandel nachzugehen. In diesem Zusammenhang ist auch die Frage zu erörtern, ob subjektive Handlungsmacht tatsächlich auf das subversive Moment des Kontext- und Strukturbruchs beschränkt bleibt, oder ob nicht etwa auch Routine bzw. Routinisiertheit in Zeiten politisch induzierten Wandels ob ihrer Beharrungskraft Ausweis von spezifischer Handlungsmacht sein kann.

Unser Anliegen ist es, das theoretische Verständnis performativer Handlungsmacht an das Konzept der Dispositivanalyse anzuschließen und für die

---

18 | So betont Reckwitz, dass die gegensätzlichen Akzentuierungen von Bourdieu (Reproduktion) und Butler (Subversion) auch dem Umstand geschuldet seien, dass »sie insgeheim sehr unterschiedliche, sehr spezifische kulturelle Praxiskomplexe kurzerhand zum allgemeingültigen Normalfall erklären« (Reckwitz 2004: 41) – im Bourdieu'schen Fall die Dominanz der konservativen Habitus- und Strukturreproduktion in der kabylischen Gemeinschaft, bei Butler die Dominanz von subversiven Praktiken im Kontext avangardistischer Milieus. So instruktiv diese Kontextualisierung ist, so sehr erstaunt es, dass Reckwitz Butlers eigene Bourdieu-Rezeption in diesem Zusammenhang nicht berücksichtigt.

empirische Analyse nutzbar zu machen. Indem wir Kontexte als Dispositive – im Plural und mit unterschiedlichen Phänomenbezügen – analysieren, nehmen wir sowohl ihre Multidimensionalität als auch die mögliche Überlagerung unterschiedlicher, aneinander anschließender, sich mitunter aber auch zuwiderlaufender Kontexte in den Blick. Subjekte wiederum betrachten wir nicht notwendigerweise als »Träger eines kohärenten Dispositionssystems« (Ebrecht 2002: 237) und insbesondere mit Blick auf die temporale (Lebenslauf-)Perspektive ist die Verarbeitung unterschiedlicher, sich überlagernder dispositiver Kontexte durchaus denkbar und wahrscheinlich (ebd.).

Zugleich sensibilisiert die Dispositivanalyse als Analyse von Verknüpfungen nicht nur theoretisch, sondern auch methodologisch für die Unabschließbarkeit von Kontexten, haben wir es doch mit rhizomatischen Netzen zu tun, deren Verknüpfungspunkte stets auf weitere verweisen. Aufgrund der zirkulären Verknüpfung von gesellschaftlichen Dispositiven und subjektiven Dispositionen bzw. Disruptionen bedeutet das auch, dass sich performative Handlungen der Subjekte ihrerseits als Kontexte in die Dispositive einschreiben und diese verändern (können) (Reh 2003: 57ff.). Die Unabschließbarkeit der Kontexte wird also ganz wesentlich durch die Subjekte selbst mitkonstituiert.

Dieser Unabschließbarkeit Rechnung tragend, gehen wir methodisch davon aus, dass die Erfahrungskontexte alternder Subjekte nicht abschließend zu re-konstruieren sind. Unsere Untersuchung zielt deshalb – anders als viele qualitative Methodologien und insbesondere Teile der Biografieforschung nahelegen – nicht auf die (möglichst genaue, auf Vollständigkeit zielende) hermeneutische Rekonstruktion generativer Strukturen oder Erfahrungscodes individuellen Lebens (z.B. Alheit 2011; Fischer-Rosenthal 2000). Dies bedeutet jedoch nicht, dass wir auf die Analyse der dispositiven Strukturierung subjektiven Sprechens und Handelns gänzlich verzichten können und wollen. Im Anschluss an Sabine Reh (2001, 2003), die sich um eine performative Perspektive in der Biografieforschung verdient gemacht hat, sprechen wir deshalb statt von Re-Konstruktion von der (analytisch ebenso notwendigen wie transitorischen) Bestimmung pragmatischer Kontexte, die den Blick offenhält für die finale Unmöglichkeit ihres Unterfangens und die (stete) Interferenz weiterer Kontexte. Diese Lektüre- und Analyseperspektive kann als »dekonstruktiv« bezeichnet werden, geht es ihr doch weniger darum, Sinneinheiten herauszuarbeiten, als Bezüge zu stiften und für die mit der konstitutiven Unabgeschlossenheit von Bedeutung einhergehenden Brüche und Friktionen im Material zu sensibilisieren. Wir nehmen nicht an, dass den von uns herausgearbeiteten Aussagen als kleinsten Einheiten der Dispositive ein immanenter Sinn zu eigen ist, der sich jedweder LeserIn in beliebigen Situationen auf immer gleiche Weise erschließt;[19] die Bedeutung ist vielmehr eine Funktion der unabschließbaren (dispositiven) Kontexte (Coupland 2009: 853f.). Wir setzen aber gleichwohl voraus, wahrscheinliche und hegemoniale Lesarten über eine pragmatische Bestimmung von Kontexten näherungsweise einfangen zu können (sonst wäre die Arbeit an dieser Stelle bereits beendet ...).

Hegemoniale Dispositive

Um der geforderten historisch und lokal spezifischen Differenzierung von Kontexten und Praktiken näher zu kommen, muss der Blick dafür geschärft werden, welche konkreten Kontext-Praxis-Bezüge – man kann auch sagen: welche Kontingenzschließungen – sich als einflussreich oder hegemonial erweisen. Die Machtfrage ist mit dem Feld der Diskurs- und Dispositivforschung von jeher aufs Engste verbunden. So resümierte Foucault: »Es ist das Problem, das fast alle meine Bücher bestimmt: wie ist in den abendländischen Gesellschaften die Produktion von Diskursen, die (zumindest für eine bestimmte Zeit) mit einem Wahrheitswert geladen sind, an die unterschiedlichen Machtmechanismen und -institutionen gebunden?« (Foucault 1983: 8) Jede historisch kontingente Wahrheit verfügt über Machtwirkungen und gibt zugleich Auskunft über bestehende Machtverhältnisse; die Zirkulation und Verbreitung »wahrer Aussagen« ist, so Foucault (1978: 54) »zirkulär an Machtsysteme gebunden«.

Um die Wirkungsweise der Konstruktion von »Wahrheiten« und Universalien durch hegemoniale Schließungsprozesse besser verstehen zu können, ist es hilfreich, die im Schnittfeld von Diskurs- und Hegemonietheorie verorteten Arbeiten von Ernesto Laclau (in Teilen in Zusammenarbeit mit Chantal Mouffe) hinzuzuziehen. Ohne der Komplexität seines Ansatzes und Diskurskonzepts[20] an dieser Stelle gerecht werden zu können, möchten wir das Konzept des leeren Signifikanten für unsere Analyse nutzbar machen, da es nicht nur für die Funktionsweise konkreter Schließungen sensibilisiert, sondern dies im Rahmen einer verknüpfungssensiblen Perspektive tut, die anschlussfähig an unsere Dispositivanalyse ist (Laclau 2010: 65-78). Im differenztheoretischen Paradigma verortet, geht Laclau wie Butler von der Unmöglichkeit

---

19 | So ist davon auszugehen, dass Zeitungsartikel zum aktiven Alter aus den 1980er Jahren von LeserInnen im Jahr 2010 anders gelesen werden als von west- und ostdeutschen LeserInnen im Erscheinungsjahr.

20 | Ernesto Laclau und Chantal Mouffe arbeiten dabei, wie zuvor bereits angedeutet, mit einem weiten Diskursverständnis, das der radikalen Diskursimmanenz sozialer Ordnungen Rechnung trägt. Die Multidimensionalität dieser Ordnung, die wir mit dem Konzept des Dispositivs einfangen, wird bei Laclau und Mouffe unter dem Terminus Diskurs verhandelt.

einer endgültigen Fixierung von Bedeutung aus, werden doch gesellschaftlich permanent Bedeutungsüberschüsse produziert. Diese konstitutive Unmöglichkeit der finalen Bedeutungsfixierung impliziert nun aber – und das ist der entscheidende Punkt für unsere Analyse –, dass die Bedeutungsüberschüsse gebändigt werden müssen, »daß es partielle Fixierungen geben muß – ansonsten wäre das Fließen der Differenzen selbst unmöglich. Gerade um sich zu unterscheiden, muß es eine Bedeutung geben.« (Laclau/Mouffe 1991: 164) Diese ebenso partiellen wie für das Funktionieren von Gesellschaft notwendigen Fixierungen sind Effekte hegemonialer Artikulationen und damit das Resultat sozialer und politischer Kämpfe. »Die Praxis der Artikulation besteht deshalb in der Konstruktion von Knotenpunkten, die Bedeutung teilweise fixieren. Der partielle Charakter der Fixierung geht aus der Offenheit des Sozialen hervor, die ihrerseits wieder ein Resultat der beständigen Überflutung eines jeden Diskurses durch die Unendlichkeit des Feldes der Diskursivität ist.« (Ebd.: 151)

Eine kulturelle Hegemonie dieser partiellen Fixierungen liegt dann vor, wenn es einem Diskurs gelingt, sich (vorübergehend) als alternativlos, notwendig und universal zu verankern. In ausdifferenzierten modernen Gesellschaften gibt es dabei nicht nur ein hegemoniales Projekt, sondern eine Vielzahl von erfolgreichen partiellen Universalisierungen, die in komplexen Wechselbeziehungen zueinander stehen. Hegemoniale Projekte satteln nun auf das auf, was Laclau »leere Signifikanten« genannt hat: eben jene Knotenpunkte, über die eine partielle Bedeutungsfixierung gelingt. Im Zentrum hegemonialer Diskurse stehen Signifikanten wie Freiheit, Gleichheit, Gerechtigkeit oder Selbstverantwortung, »die chronisch unterbestimmt durch ein fixes Signifikat sind und denen es gerade dadurch gelingt, einen ›Knotenpunkt‹ für eine ›imaginäre Einheit‹ des Diskurses zu liefern, dem Diskurs den Schein einer Fundierung zu verleihen.« (Reckwitz 2006: 343) Leere Signifikanten zeichnen sich also, wie schon ihr Name sagt, durch ihre Inhaltslosigkeit aus, durch die Deutungsoffenheit des Signifikats, das immer neu mit Inhalt gefüllt werden muss. Die Konflikte um die Besetzung dieses leeren Ortes des Allgemeinen bilden nach Laclau den Kern von Politik.

Der Prozess der hegemonialen Schließung erfolgt durch eine Logik der Äquivalenz, die in eine Logik der Differenz eingelassen ist: Äquivalenzketten entstehen, wenn eine Vielzahl differenter Elemente durch eine ihnen gemeinsame Bedeutung verknüpft und zu einer imaginären Einheit zusammen gefügt werden, die notwendig komplexitätsreduzierend ist. Die Identifizierung einer solchen Einheit ist jedoch nur vor dem Hintergrund einer Logik der Differenz möglich: Diese Differenz wird durch ein konstitutives Außen gestiftet, das verstanden werden kann als »eine radikale Andersheit – etwas, das im Sinnhorizont einer Gesellschaft nicht gefasst werden kann und diesen trotzdem heimsucht und in ihm insistiert.« (Stäheli 2000: 37) Dieses Außen ist konstitutiv, weil es dem hegemonialen Diskurs überhaupt erst ermöglicht, sich im Ausschluss des Anderen durch die vereinheitlichende Verknüpfung heterogener Elemente innerhalb eines Diskurses als Einheit zu repräsentieren. Folge dessen ist, dass leere Signifikanten durch ihre Offenheit Differenzen unter dem Schein von Äquivalenz vereinen (van Dyk 2006: 211f.).

Wir werden in den anschließenden empirischen Analysen erörtern, inwiefern das aktive Alter als leerer Signifikant funktioniert, der als Knotenpunkt die Heterogenität von Deutungen, Praktiken und Institutionen eines aktiven Alters in radikaler Abgrenzung vom hinfälligen Alter als verworfenem Anderen vereinheitlicht, hegemonial verknüpft und in konkreten Dispositiven fixiert. Obwohl sich bereits die Abgrenzung von »Aktivität« und »Passivität« als schwierig erweist und in hohem Maße kontextabhängig ist, die Vielfalt von Aktivitäten wie ihr Verständnis und ihre Theoretisierung unendlich sind, scheint das aktive Alter das Potenzial zum Knotenpunkt hegemonialer Schließungen im Kontext einer Neuverhandlung des Alters zu haben.[21]

Die Reichweite und die politische Macht eines leeren Signifikanten hängt allerdings von zwei weiteren Bedingungen ab: auf welche anderen leeren Signifikanten der in Rede stehende leere Signifikant verweist bzw. verweisen kann und in welcher Weise er an die (Alltags-)Erfahrungen von Subjekten anzuschließen vermag. Martin Nonhoff (2006: 135f.) hat auf die Bedeutung des Netzes leerer Signifikanten – und damit auf ihre je spezifische Kontextualisierung – für deren Reichweite hingewiesen. Der Unabgeschlossenheit von Kontexten entsprechend ist ein leerer Signifikant umso einflussreicher, je besser er an andere hegemoniale Dispositive andocken kann. Wir tragen diesem Gedanken dahingehend Rechnung, dass wir, wie einleitend dargelegt, das aktive Alter in seinen vielfältigen gesellschaftlichen Verweisungszusammenhängen – so insbesondere den demografischen, transformationsbedingten und wohlfahrtsstaatlichen Wandlungsprozessen – analysieren. Vor diesem Hintergrund wird zu erörtern sein, inwiefern z.B. »Selbstverantwortung« und »Demografie« als Knotenpunkte hegemonialer Schließungen funktionieren, die den leeren Signifikanten des aktiven Alters stützen. Schlussendlich aber hängen die Chancen, dass sich ein partikularer Inhalt *qua* leerem Signifikanten universalisiert, wesentlich davon ab, ob dieser die Erfahrung der vom Dispositiv Adressierten bzw. Betroffenen in überzeugender Weise organisieren kann. Es geht also um die »Lesbarkeit« des Dispositivs, denn es ist keineswegs so »that any discourse putting itself forward as the embodiment of fullness will be accepted. The acceptance of a discourse depends on its credibility, and this will not be granted if its proposals clash with the basic principles informing the organisation of a

---

21 | »Thus mapping the circuitry of activity within a field of practices – as a gerontological theory, an empirical and professional instrument, a critical vocabulary for narratives of the self, a new cultural ideal, and a political rationality, among other things – might [...] account for its widespread appeal in discourses on aging.« (Katz 2005: 122)

group.« (Laclau 1990: 66) Slavoj Žižek spitzt in seiner Laclau-Lektüre den Gedanken zu und betont, dass Lesbarkeit dann gegeben ist, wenn ein Signifikant
es den Individuen »in einem höheren Maße erlaubt, ihre Lebenserfahrung zu
einer konsistenten Erzählung zu organisieren« (Žižek 2001: 243). Hilfreich
für dieses Verständnis von Lesbarkeit ist Jürgen Links Konzept des Interdis-
kurses, dessen Funktion gerade nicht »in professionellen Wissenskombinaten
(besteht), sondern in selektiv-symbolischen, exemplarisch-symbolischen, also
immer ganz fragmentarischen und stark imaginären Brückenschlägen über
Spezialgrenzen hinweg für die Subjekte« (Link 2005: 87). Links empirisches
Interesse gilt der Suche nach Kollektivsymbolen, d.h. nach metaphorischen
Konzepten, die Wissenselemente aus Spezialdiskursen für den Interdiskurs
reorganisieren, transformieren und alltagstauglich machen. Für unseren im
Spannungsfeld von wissenschaftlich-politischen Dispositiven und dispositiv-
strukturierten Alltagserfahrungen aufgespannten Untersuchungsgegenstand
ist Links Sensibilisierung für verschiedene Ebenen des Diskurses von besonderem Gewinn: Erst Interdiskurse ermöglichen die Ankoppelung von Spezialwissen an alltagsweltliche Handlungsbezüge, indem sie praktische Subjekti-
vierungsangebote machen.[22]

Dabei geht es nicht darum, den Diskurs bzw. das Dispositiv mit der vermeintlichen (Alltags-)»Wirklichkeit« zu konfrontieren, handelt es sich doch,
wie dargelegt, um ein zirkuläres Verhältnis, in dem bereits dispositiv strukturiert ist, was überhaupt als Wirklichkeit erfahren werden kann – ohne dass
damit ein de-stabilisierendes Moment der Alltagspraxis ausgeschlossen wäre.
Themen, die in biografischen und Alltags-Erzählungen angesprochen werden,
»können über das diskursive Maß hinausgehen und damit auch Anhaltspunkte für die Analyse der Auslassungen im hegemonialen Diskurs geben« (Tuider
2007: 31). Tatsächlich stellt aber gerade die Analyse von Alltagswissen und kör-
pervermittelten wie objektbezogenen Praktiken eine Leerstelle der Diskurs-/
Dispositivforschung dar (kritisch z.B. Waldschmidt et al. 2007). Genau dieses
Feld aber ist für eine subjektorientierte Altersforschung von besonderer Bedeutung, handelt es sich doch um einen Gegenstand mit starkem Erfahrungs-
bezug, für den der Körper als Träger impliziten Erfahrungswissens (Schatzki
1996) eine herausragende Rolle spielt.

---

22 | Eine ähnliche Perspektive eröffnen Gubrium und Holstein (1993; 1998) in ihren
der *Narrative Gerontology* zuzurechnenden Arbeiten: In verschiedenen Studien haben
sie mit Bezug auf Themen wie Trauer(bewältigung) und chronische Erkrankungen gezeigt, wie Menschen in der »Theoretisierung« ihres Alltags auf professionelle Standards
zurückgreifen und sie in neue (Erzähl-)Kontexte einbetten. An Gubrium und Holstein
anschließend konstatiert Katz: »Thus, people fracture and recombine the conceptual,
practical, and ethical aspects of professional vocabularies in ways that shed new light
on both the vocabulary and its embeddedness in everyday life.« (Katz 2005: 132)

Konsequenzen für die empirische Analyse

Zwei zentrale methodologisch-methodische Herausforderungen stellen sich ausgehend von der theoretischen Anlage der Untersuchung: Wie operiert eine Dispositivanalyse als Analyse der Verknüpfung heterogener Elemente? Und wie kann die Dispositivanalyse so mit der Ebene der subjektiven Dispositionen und Disruptionen verschränkt werden, dass den theoretischen Annahmen der Zirkularität und des performativen Vollzugsmodus Rechnung getragen wird?

Wer Verknüpfungen analysieren möchte, stößt unweigerlich auf die Akteur-Netzwerk-Theorie mit ihrem exponiertesten Vertreter Bruno Latour. Bekannt wurde Latour durch sein Projekt, Objekte, technische Artefakte und Organismen ins Zentrum der Analyse zu stellen, um damit die von ihm konstatierte weitgehende soziologische Exklusion alles Nicht-Menschlichen zu überwinden. Interessant für das hier verfolgte Anliegen ist, dass Latours Forschungsgegenstand nicht die Dinge selbst sind, sondern die Verknüpfungen und Verkettungen von heterogenen Elementen. Das über die Technik- und Artefaktforschung hinausgehende gesellschaftstheoretische Postulat Latours beinhaltet, dass Gesellschaften als Netzwerke durch ein rhizomatisches Geflecht unterschiedlichster Vermittler zu einem Ganzen zusammengefasst werden. Latour selbst stellt den Bezug zur Figur des Rhizoms von Deleuze und Guattari her, verstanden als »eine Reihe von Transformationen – Übersetzungen, Umformungen« (Latour 2006a: 562). Unter Übersetzungen versteht Latour dabei »eine Verschiebung, Drift [...] und Erfindung, es ist die Schöpfung einer Verbindung, die vorher nicht da war und die beide ursprünglichen Elemente oder Agenten in einem bestimmten Maße modifiziert« (Latour 2000: 217f.) Damit erweist sich Latour – all seinen Dementis zum Trotz – erkennbar als poststrukturalistischer Autor, schließt er doch eine (weitgehend) identische Reproduktion des Netzes aus. Er begreift die Soziologie der Verknüpfungen explizit als neuen Typus soziologischer Forschung, der einem Denken in Relationen verhaftet ist und sich auf das Nachzeichnen von über Aktanten vermittelten Assoziationen konzentriert. Das Problem ist Latour zufolge nun, dass diese Verknüpfungen und Übersetzungen unerkannt im Verborgenen stattfinden, da in der (aus seiner Sicht vermeintlichen) Moderne mit tatkräftiger Unterstützung der Soziologie eine Arbeit der »Reinigung« betrieben werde, die die kategoriale Trennung von Subjekten und allen anderen Dimensionen der Welt hervorgebracht habe. Während dadurch die Verknüpfungen in so genannten *black boxes* der Analyse entzogen würden (Latour 2006b: 491ff.), müsse es Ziel einer verknüpfungssensiblen Analyse sein, den mannigfaltigen Aktanten (wir würden sagen: den heterogen-multidimensionalen Elementen) zu folgen und anhand von umfassenden, dichten Beschreibungen diese soziologischen Dunkelkammern zu öffnen.[23]

Der Diskursanalytiker Maarten Hajer beschäftigt sich ebenfalls mit dem Effekt des »Verdunkelns«, analysiert diesen aber explizit aus machttheoretischer Perspektive. Als wesentlichen Motor des *black boxing* thematisiert er die Wirkungsweise von so genannten *story lines*: »Als story line lassen sich Erzählungen der sozialen Wirklichkeit definieren, durch die Elemente aus vielen unterschiedlichen Gebieten miteinander verknüpft werden und die dabei den Akteuren ein Set symbolischer Assoziationen an die Hand geben, die so ein geteiltes Verständnis suggerieren.« (Hajer 1997: 113) Heterogene diskursive Kategorien – so die Idee – werden als mehr oder weniger kohärenter Zusammenhang aktualisiert, der die heterogenen Verknüpfungen der Aufmerksamkeit entzieht und diskursive Komplexität verdeckt – sie somit alltagstauglich macht. Die Anklänge an das Konzept des leeren Signifikanten als partielle hegemoniale Fixierung sind unverkennbar. Zugleich zeigt sich aber, dass auch jenseits hegemonialer Universalisierung durch einen leeren Signifikanten eine Vielzahl von mehr oder weniger weitreichenden, machtdurchsetzten diskursiven Komplexitätsreduzierungen den Alltag lebbar macht. Diese Reduzierung der Komplexität sozialer Realität wird nicht zuletzt entscheidend dadurch forciert, dass der Rückgriff auf ein bestimmtes Element einer *story line* in der Regel die gesamte Erzählung aktiviert, wodurch spezifische Zusammenhänge als selbstverständlich und natürlich konstituiert werden, ohne explizit hergestellt und argumentativ begründet werden zu müssen. Diesen Grundgedanken aufgreifend suchen wir in unserer Analyse von Altersdispositiven nicht nach Anfang und Ende einer chronologischen Erzählung, sondern nach den Verknüpfungspunkten eines vielschichtigen Netzes, deren Mobilisierungspotential uns viel über die (verborgene) Art der Verknüpfungen des Dispositivs verraten kann: Was z.B. ruft das Objekt Sofa auf, wenn vom Ruhestand die Rede ist? Welchen leeren Signifikanten (als Knotenpunkten) ist es geschuldet, dass so unterschiedliche Elemente wie der Fernseher, die Kaffeefahrt, die Frührente und Mallorca (Logik der Differenz) zu einer einheitlichen Ruhestandserzählung (Logik der Äquivalenz) verdichtet werden?

Was das Verhältnis von Dispositiven und Subjekten angeht, zeichnet sich unsere Untersuchung schließlich durch einen doppelten Doppelfokus aus: Poststrukturalistisch und hegemonietheoretisch fundiert analysieren wir zum einen den Doppelcharakter von Dispositiven als regelmäßige, durch partielle Bedeutungsfixierungen stabilisierte Formationen einerseits sowie als stets unabgeschlossene, brüchige und Fixierungen aufsprengende »Wucherungen«

---

23 | Als problematisch erweist sich jedoch, dass Latours verknüpfte Welt »flach« und in vertikaler Hinsicht undifferenziert bleibt, Fragen nach hegemonialen Verknüpfungen und ihren Graden der Institutionalisierung also nicht gestellt werden (van Dyk 2010: 187).

andererseits. Vor diesem Hintergrund gilt es, die Ergebnisse der Dispositiv-analyse »nicht vorschnell zu kohärenten Strukturen zu ordnen, sondern sie möglichst in der Schwebe zu halten und den Brüchigkeiten, Inkohärenzen und Ambivalenzen des Materials besondere Aufmerksamkeit entgegenzubringen.« (Hanke 2003: 100) Damit in engster Weise verwoben ist der Doppelfokus der Dispositionen und Disruptionen auf Subjektebene, der für die Gleichzeitigkeit von dispositiver Strukturierung von Entscheidungs- und Erfahrungsräumen wie ihrer praktisch-performativen Überschreitung sensibilisiert. Zentral ist für uns dabei die Frage, wie die Subjekte über die dispositiven Regime hinaus-schießen – und wie die Dispositive selbst auf diese Weise re-kontextualisiert und re-strukturiert werden.

Ziel der Analyse ist somit die empirische Fundierung der gouvernemen-talitätstheoretisch gerahmten Perspektive auf die komplexe Verschränkung von Außenlenkung und Selbststeuerung im Modus des Vollzugs. Mit dieser Ausrichtung schließen wir theoretisch-methodologisch an eine Reihe jüngerer Arbeiten an, die sich um die Verbindung von Diskurs-/Dispositivforschung und empirischen Subjekt-/Subjektivierungsanalysen bemühen – sowohl im Schnittfeld von Diskurs- und Biografieforschung (z.B. Reh 2003; Tuider 2007; Karl 2007; Spies 2009) als auch an den Grenzen von Diskursforschung und Ethnografie (z.B. Langer 2008; Ott/Wrana 2010). Wir haben uns entschieden, mit biografischen Texten in Form von Interviews zu arbeiten, um der Ana-lyse Räume zu öffnen, in denen Dispositive verarbeitet, umgearbeitet, prob-lematisiert und/oder ignoriert werden (können). Wir verorten uns mit dieser Entscheidung nicht im Kontext von Theorie und Methodologie der Biografie-forschung, sondern betrachten Interviews als Texte, denen wir uns aus der Per-spektive einer hegemonietheoretisch fundierten Dispositivanalyse zuwenden. Ziel der Integration der Interviewstudie in die Dispositivanalyse ist es, sowohl den Kurzschluss solcher Analysen zu vermeiden, die allzuschnell von gesell-schaftlichen Diskursen auf individuelle Deutungen und Praktiken schließen, wie auch umgekehrt der Problematik vieler biografischer Analysen zu entge-hen, die die gesellschaftlichen Rahmenbedingungen der individuellen Bio-grafie allein aus dem biografischen Material selbst rekonstruieren. Nicht die einzelne Biografie steht im Zentrum unseres Interesses, sondern die zirkuläre und in der Auswertung typisierte Verschränkung von Subjekten einerseits, dispositiven Regimen andererseits.

3. Methodologische Fundierung und methodisches Vorgehen

Um der Regierung des Alters im Kontext des demografischen Wandels und wohlfahrtsstaatlicher Transformationen empirisch näher zu kommen, haben wir uns auf Basis der dargelegten theoretisch-konzeptionellen Prämissen für eine Kombination aus Dispositivanalyse und qualitativer Interviewstudie entschieden. Tatsächlich handelt es sich bei der Unterscheidung dieser beiden empirischen Säulen um eine analytische Differenzierung, muss doch aufgrund der zirkulären Verschränkung von Subjekten und dispositiven Regimen faktisch auch die Interviewstudie als Teil der Dispositivanalyse gelten.

Die Multidimensionalität des Dispositivs und der Zugriff über den Text

Es ist unser Ziel, den Aussagencharakter von Epistemen, Objekten, Institutionen, Praktiken und Körpern sowie die Existenzbedingungen dieser Aussagen analytisch zu erfassen. Selbstverständlich sind aber auch die institutionell, dinghaft oder körperlich materialisierten Aussagen nur über Sprache der wissenschaftlichen Untersuchung zugänglich. Basis der empirischen Analyse sind deshalb in beiden Teilstudien Texte: wissenschaftliche, populärwissenschaftliche, politische, juristische und mediale Texte im Fall der Dispositivanalyse, in transkribierter Textform vorliegende, künstlich erzeugte Erzählungen, Berichte und Argumentationen im Fall der Interviewstudie. Dass Texte den Ausgangs- und Bezugspunkt der Analyse bilden, sollte nicht zu der irreleitenden Annahme führen, dass es keinen Unterschied macht, ob es nun um den Aussagencharakter einer sprachlichen Äußerung oder den Aussagencharakter eines (stummen) Alltagsgegenstandes geht. Auch wenn die Analyse in beiden Fällen in einem geschriebenen oder gesprochenen Text endet, ist der Ausgangspunkt doch ein anderer: der (deutende, analysierende, kommentierende) Text im einen Fall, der beschriebene bzw. in Bezug genommene Gegenstand, Körper, institutionelle Komplex im anderen. Da wir selber keine ethnografische

Untersuchung durchführen, analysieren wir – quasi in zweiter Ordnung – die zu Text gewordenen Beobachtungen anderer Akteure: der von uns Interviewten, von JournalistInnen, PolitikerInnen usw. Wir gehen also davon aus, dass »qualitative Forschung auch dann, wenn sie Bilder, Objekte, technische Artefakte oder die Dinge des Alltags analysieren will, gar nicht anders [kann], als Texte zu produzieren« (Passoth 2008: 1991).

Auch wenn Texte das empirische Basismaterial darstellen, geht es im Sinne unserer theoretischen Prämissen nicht um einzeltextliche Analysen, sondern darum, die (Un-)Regelmäßigkeiten des Auftretens von Aussagen textübergreifend zu analysieren. Statt von der Textoberfläche auf Sinnstrukturen zu schließen, wie es in inhaltsanalytischen Verfahrensweisen üblich ist, suchen wir im Sinne des bereits dargestellten Verhältnisses von Text und Kontext die Bedeutung des Textes nicht im Text selbst, sondern in den textübergreifenden Verweisungszusammenhängen, die den Einzeltext erst lesbar machen.[1]

Methodische Systematisierung: Notwendigkeit und Grenzen

Das Vorhaben einer systematischen Analyse der gesellschaftlichen Neuverhandlung des Alters stellt in mehrfacher Hinsicht eine methodische Herausforderung dar. Weder die Diskurs- noch die Dispositivanalyse sind in engerem Sinne als Methoden zu begreifen, auch wenn sie in der Forschungspraxis mitunter als solche tituliert werden (vgl. im Überblick Gardt 2007: 27f.). Stattdessen haben wir es mit einem Forschungsprogramm zu tun, dessen Ausgestaltung umstritten ist: Während es für Reiner Keller (2004) – Begründer der Wissenssoziologischen Diskursanalyse – eine Theorie des Gegenstandes, eine methodologische Reflexion der Vorgehensweise und eine spezifische methodische Umsetzung umfasst, lehnen viele Gouvernementalitäts- und DiskurstheoretikerInnen – und insbesondere diejenigen, die sich einer dekonstruktiven Perspektive verschreiben – eine methodische Systematisierung ihrer Arbeiten grundsätzlich ab. Die Zurückweisung wird mit der Annahme begründet, dass das Scheitern abschließender Sinnstiftung ein Scheitern von Methoden impliziere, die Inhalte und Regelmäßigkeiten zu erfassen trachten. Methodisierung wird in diesem Sinne als Zähmung und Normalisierung dekonstruktiver, auf Brüche und Verschiebungen zielender Bemühungen begriffen (z.B. Feustel in: van Dyk i.E.). Auch die Gouvernementalitätsanalyse wird in diesem Zusammenhang explizit als Anti-Methoden-Programm verortet: »Statt darauf zu hoffen, [...] einen festen Platz im Methodeninventar der Wissenssoziologie und

---

1 | So wird beispielsweise die Kehrseite der Bedeutung von Erfahrung, Umsicht und Loyalität als (vermeintlich) spezifischen Alterskompetenzen erst dann deutlich, wenn diese im Kontext der spätmodernen Primärtugenden Flexibilität, Mobilität und Risikobereitschaft gelesen werden.

qualitativen Sozialforschung zu erobern, wären gerade die Irritationspotenzia-
le der Randständigkeit [...] fruchtbar zu machen.« (Bröckling/Krasmann 2010:
39f.)

Wir folgen dieser radikalen Ablehnung jeglicher Methodisierung nicht.
Denn erstens gehen wir davon aus, dass sich auch eine dekonstruktiv inspirierte Analyse nicht auf die protoempirische Diagnose von Brüchen und Verschiebungen beschränken kann und die für das Funktionieren von Gesellschaft
notwendigen transitorischen Fixierungen des Sozialen in den Blick nehmen
muss. Zweitens stellt die Suche nach dem »Überschüssigen« zwar eine methodologisch-methodische Herausforderung dar, die aber nicht schon bedeutet,
dass im konkreten Anwendungsfall auf eine solche Spurensuche von vorne-
herein verzichtet werden müsste. Drittens zeigt sich insbesondere im Feld der
Gouvernementalitätsstudien, dass eine Methodisierung zwar prinzipiell und
rhetorisch zurückgewiesen wird, die vorgelegten Programmanalysen aber faktisch durchaus einer impliziten Methodologie und Methode folgen, insofern
auch deren AutorInnen »irgendwie« das Material sortieren, interpretieren und
in eine Ordnung bringen – ohne ihre Vorgehensweise allerdings auszuweisen.

Wir wählen stattdessen einen Mittelweg zwischen völliger Offenheit und
one size fits all-Methodologie, einen Weg, der für sich in Anspruch nimmt, sich
auszuweisen, auf die Formulierung eines abstrakten Analyseprogramms aber
verzichtet. Ein diskursanalytisch inspiriertes Forschungsprogramm zeichnet
sich aus unserer Perspektive notwendig durch eine gegenstands- und theorie-
bezogene Flexibilität und die Zurückweisung einer überzogenen Standardi-
sierung aus (vgl. auch Hanke 2003: 103f.; Keller 2004). Der Weg kann dabei
»nicht die Reproduktion standardisierter Methoden und deren technische
Anwendung auf neue Gegenstände sein, sondern die Verflüssigung und Re-
konstellation der Elemente in neuen Projekten und an anderen Gegenständen.
Eine solche reflexive Methodologie entzieht sich aber den Erwartungen des
Feldes, weil sie keinen stabilen ›Forschungsansatz‹ bildet.« (Wrana in: van Dyk
i.E.) Konkret bedeutet dies, dass es ebenso möglich wie geboten ist, konkrete
Methoden – wie z.B. die *Grounded Theory* – im Kontext eines diskurs- oder
dispositivanalytischen Forschungsprogramms aufzugreifen und entsprechend
des Theorieprogramms und Forschungsinteresses zu modifizieren. Eine sol-
che Re-Modellierung ist dann nicht einfach eine Diskursanalyse »mit der
Methode der *Grounded Theory*, sondern [die Arbeit] mit diskursanalytischen
Kodierungspraktiken, die an der *Grounded Theory* ›gewachsen‹ sind.« (Ebd.)
Ganz in diesem Sinne betont Adele Clarke in ihrer postmodern inspirier-
ten Reformulierung der *Grounded Theory*: »Ich sehe die qualitative Analyse
nach dem postmodern turn als regelrechte Bastelarbeit für ›Bricoleure‹ [...].
Bricoleure stellen aus dem breiten Repertoire an verfügbaren Ansätzen und
Konzepten projektspezifische Werkzeugsätze zusammen.« (Clarke 2012: 184)
Ziel einer solchen strikt gegenstandsbezogenen Vorgehensweise ist es, dem

doppelten Anspruch von Nachvollziehbarkeit und Offenheit, Systematik und Kreativität Genüge zu tun (Berg/Milmeister 2007: 184f.).

Eingebettet ist der gegenstandsbezogene Forschungsprozess in eine permanente methodologische Reflexion. Anders als in vielen qualitativen Methodensettings üblich, geht es bei diesem Reflexionsprozess aber weniger darum, durch selbstreflexive Schleifen den eigenen Einfluss der Forschenden auf das Forschungsgeschehen möglichst ungeschehen zu machen bzw. ihn einzuklammern, sondern darum, die Bedingungen des eigenen Denkens und Analysierens sichtbar zu machen. Die Dispositivanalyse selbst ist notwendigerweise an der Geschichte beteiligt, die zu analysieren sie antritt; sie ist somit als Teil der Konstitution ihres Forschungsgegenstands zu begreifen.

Sampling und Erhebung

Die inhaltliche Vorsondierung unseres Untersuchungsfeldes erfolgte durch das Studium einschlägiger Sekundärliteratur sowie durch elf Experteninterviews, geführt mit WissenschaftlerInnen, Mitgliedern der sechsten Altenberichtskommission, MitarbeiterInnen des Deutschen Zentrums für Altersfragen (DZA), dem langjährigen Leiter der Abteilung »Ältere Menschen« im Bundesseniorenministerium sowie zehn ExpertInnen für die lokalen Kontexte in Jena und Erlangen (vgl. Anhang III). Auf dieser Informationsbasis wurde der Untersuchungszeitraum unserer Dispositivanalyse auf die Jahre 1983 bis 2011 begrenzt. Für den Untersuchungsbeginn Anfang der 1980er Jahre war ausschlaggebend, dass zu diesem Zeitpunkt die Debatte um die »Neuen Alten« an Fahrt gewann (van Dyk/Lessenich 2009b; Karl/Tokarski 1989), die Einführung der Vorruhestandsregelung im Jahr 1984 in den Untersuchungszeitraum fällt, ein zeitlicher Vorlauf zu den in den 1990er Jahren Raum greifenden aktivierungspolitischen Reformen besteht und – nicht zuletzt – über einen Zeitraum von mehreren Jahren (1983-1989) ein eigener DDR-Korpus erstellt werden konnte. Auch wenn wir im Folgenden in scheinbar chronologischer Reihenfolge den Korpus, die Erhebung und die Auswertungsmethoden vorstellen, handelt es sich im Sinne des »theoretical sampling« der Grounded Theory (Glaser/Strauss 1967) um einen zirkulären Forschungsprozess, in dem Sampling, Erhebung und Auswertung eng miteinander verschränkt sind.

Der Korpus der Dispositivanalyse besteht aus ca. 2200 Dokumenten: Zeitungs- und Zeitschriftenartikeln,[2] Partei- und Wahlprogrammen sowie ein-

---

2 | In das Verzeichnis der Zeitungs- und Zeitschriftenartikel am Schluss dieses Buches (vgl. Anhang I) sind aus einem erheblich größeren Korpus nur diejenigen Artikel aufgenommen worden, die entweder direkt zitiert werden oder für zentrale Linien der Dispositivanalyse in besonderer Weise einschlägig sind. Beiträge, die der Sensibilisierung für Anschlusskontexte (z.B. für das Themenfeld Pflege) gedient haben oder die infolge der

schlägigen weiteren Parteidokumenten, den sechs Altenberichten der Bundesregierung, ausgewählten altersbezogenen Modellprojekten der Bundesregierung und einzelner Landesregierungen bzw. deren programmatischen Darstellungen, wissenschaftlichen Analysen, Experteninterviews sowie einschlägigen Normen des Sozialgesetzbuches (SGB). Bei den ausgewählten Zeitungen und Zeitschriften suchten wir sowohl der politischen Bandbreite der Tages- und Wochenpresse Rechnung zu tragen als auch das Genre der Illustrierten mit Lebensweltbezug und Ratgeberanteil zu berücksichtigen. Entsprechend fiel die Wahl auf *SPIEGEL* und *SPIEGEL Online*, die *Frankfurter Allgemeine Zeitung* (*FAZ*), die *tageszeitung* (*taz*), *BILD*, *Neues Deutschland* (*ND*), *Brigitte* und *Brigitte Woman* sowie die vor allem in Ostdeutschland viel gelesene Zeitschrift *Super Illu*. Aufgrund ihres hohen Verbreitungsgrades und der Bedeutung von Gesundheitsthemen für Fragen des Alter(n)s haben wir zudem die Gratiszeitung *Apotheken Umschau* in den Korpus aufgenommen.[3] Die systematische Analyse dieser Medien umfasst den Zeitraum 1983 bis 2008. Für die Jahre 2009 bis 2011 – d.h. während der Projektlaufzeit – wurde der Zeitungs- und Zeitschriftenkorpus durch ausgewählte Beiträge ergänzt, die über zentrale Diskursereignisse und gezielte Stichwortsuche bestimmt wurden. Bei dieser Suche wurden auch einschlägige Beiträge aus Medien berücksichtigt, die im Korpus von 1983 bis 2008 nicht vertreten sind.[4] Diese breite Textbasis wird ergänzt durch die sekundäranalytisch fundierte Berücksichtigung relevanter institutioneller Rahmenbedingungen. Für den Zeitraum von 1983 bis 1989 haben wir zudem einen Korpus für den gesellschaftlichen Kontext der DDR zusammengestellt:

Sättigung konkreter Sachverhalte in die Feinanalyse nicht einbezogen wurden, werden aus Platzgründen nicht im Anhang aufgeführt. Zudem werden dort, der Übersichtlichkeit halber, Zeitungs-/Zeitschriftenartikel und Partei-/Wahlprogramme separat gelistet.

3 | Die Artikel wurden in einem mehrstufigen Verfahren ausgewählt. Zunächst wurde eine Schlagwortliste erstellt, anhand derer die komplett digitalisiert verfügbaren Zeitungen (*SPIEGEL* und *taz*) durchsucht wurden. Die Schlagwortliste wurde im Erhebungsprozess auf Basis der Lektüre der bereits ausgewählten Artikel kontinuierlich modifiziert und erweitert. Im Anschluss daran wurden die digitalisierten Jahrgänge jener Zeitungen und Zeitschriften durchsucht, die nicht komplett in digitalisierter Form vorliegen. Auf Basis dieses Textkorpus sowie der gesichteten Sekundärliteratur und der Experteninterviews wurde im Anschluss eine Liste von Diskursereignissen erstellt, die sodann die Recherche der nur in Printform vorliegenden Jahrgänge und Medien angeleitet hat. Zusätzlich wurden von den in Printform vorliegenden Medien ausgewählte Jahrgänge komplett durchgesehen. Eingeflossen sind auch alle Texte, die vom Pressedienst des Bundestages im Zeitraum von 1983 bis 1993 unter dem Schlagwort »Ältere Menschen« gesammelt wurden und aus einer der von uns ausgewählten Zeitungen stammen.

4 | Diese zusätzliche Artikelauswahl für die Jahre 2009 bis 2011 wird in Anhang I gesondert ausgewiesen.

Er besteht aus den Parteiprogrammen und einschlägigen Verlautbarungen der Sozialistischen Einheitspartei Deutschlands (SED), der Zeitung *Neues Deutschland* (deren Analyse wir auch nach 1989 fortführten), der Frauenzeitschrift *Für Dich*, der Ende der 1970er Jahre ausgestrahlten Fernsehserie *Rentner haben niemals Zeit*[5] sowie wissenschaftlichen Analysen, vornehmlich aus der *Zeitschrift für Alternsforschung* (ZfA), dem Organ der Gesellschaft für Gerontologie der DDR.

Der Interviewstudie liegen 55 qualitative, leitfadengestützte Interviews mit verrenteten Männern und Frauen im Alter zwischen 60 und 72 Jahren zu Grunde. Die durchschnittliche Interviewlänge beträgt ca. 90 Minuten, wobei die meisten Interviews zwischen 60 und 120 Minuten lang sind, nur sehr wenige fallen länger oder kürzer aus. Im Sinne des angestrebten Ost-West-Vergleichs wurde in den Städten Jena (Thüringen) und Erlangen (Bayern) erhoben. Jena stand als Untersuchungsort aufgrund der Anbindung des Projekts an die Friedrich-Schiller-Universität von Anfang an fest, mit Erlangen wurde eine westdeutsche Vergleichsstadt ausgewählt, die hinsichtlich Größe sowie Bevölkerungs-, Alters- und auch Wirtschaftsstruktur große Ähnlichkeit mit Jena aufweist.[6] Neben der Ost-West-Verteilung wurde auf eine annähernd geschlechterparitätische Zusammenstellung des Samples geachtet: 30 der 55 Interviews wurden in Jena erhoben, 25 in Erlangen; 29 der Interviewten sind Frauen, 26 Männer.[7] Ferner haben wir auf eine möglichst breite Streuung von Bildungsabschlüssen und sozio-ökonomischer Lage geachtet: Im Sample sind Menschen ohne Schulabschluss und Ausbildung ebenso vertreten wie Promovierte, Menschen, die mit weniger als 700 Euro im Monat auskommen müssen, ebenso wie solche mit einem Nettohaushaltseinkommen von über 4000 Euro. Die Struktur der Untersuchungsstädte mit einem überdurchschnitt-

---

5 | Die Fernsehserie stellt im Rahmen unseres Korpus eine ungewöhnliche Quelle dar und wurde erst zu einem späteren Zeitpunkt der Auswertung hinzugezogen, als in verschiedenen Interviews ihre große Bedeutung für das alltägliche Bild vom Alter(n) in der DDR deutlich wurde.

6 | Die Städte sind mit jeweils gut 100.000 EinwohnerInnen ungefähr gleich groß (Statistisches Bundesamt 2013) und weisen als Universitätsstädte mit einem großen Unternehmen vor Ort (Zeiss bzw. Jenoptik in Jena, Siemens in Erlangen) ähnliche sozialstrukturelle Rahmenbedingungen auf. Das Durchschnittsalter ist mit 42,4 Jahren in Jena (Thüringer Landesamt für Statistik 2010) und 41,5 Jahren in Erlangen (Stadt Erlangen 2012) in beiden Städten vergleichsweise niedrig.

7 | Dass Männer- und Frauenanteile sowie die Anzahl der Ost- und Westinterviews leicht voneinander abweichen, ist dem Umstand geschuldet, dass im Laufe des Auswertungsprozesses einige nicht verwert- bzw. auswertbare Interviews aus dem Korpus entfernt wurden, eine Nacherhebung sich aber im Sinne des *theoretical sampling* als nicht notwendig erwies.

lichen Anteil Hochqualifizierter sowie die generelle Problematik, Menschen aus bildungsferneren Schichten für wissenschaftliche Studien zu gewinnen,[8] haben jedoch dazu geführt, dass AkademikerInnen und Personen mit einem bildungsbürgerlichen Hintergrund[9] im Sample deutlich (30 von 55 Befragten) und höhere Einkommensgruppen leicht überrepräsentiert sind.[10] Unterrepräsentiert sind neben Nicht-AkademikerInnen und Bildungsärmeren auch Personen mit Pflegeverantwortung, was ebenfalls der Akquise im öffentlichen Raum geschuldet sein dürfte.[11] Nur zwei Frauen pflegen im engeren Sinne, drei weitere haben in der Vergangenheit bis zum Tod der zu betreuenden Person gepflegt.

Die Interviews beginnen jeweils mit einer offenen Einstiegsfrage, die die Befragten auffordert, zu erzählen, was sie persönlich mit dem Ruhestand verbinden und wie sie den Übergang aus der Erwerbsarbeit erlebt haben. In Abhängigkeit von der Ausführlichkeit der Erzählung werden (immanente oder exmanente) übergangs- und ruhestandsbezogene Nachfragen gestellt. Auch werden die Befragten gebeten, ihren Ruhestand mit dem ihrer Eltern sowie mit dem gleichaltriger Freunde und Bekannte zu vergleichen. Bei den ostdeutschen Befragten folgt eine zweite erzählgenerierende Frage, die sich auf die Wendeerfahrungen und die Entwicklung seit 1989 bezieht. Der zweite Teil des Interviews wurde stärker strukturiert, eine »Leitfadenbürokratie« (Hopf 1978: 101) jedoch strikt vermieden: Je nach Erzähldynamik wurden die Reihenfolge der Fragen verändert, Fragen modifiziert oder auch weggelassen, sofern die Erzählungen der Befragten zentrale Aspekte bereits abdeckten. Ziel der exmanenten Leitfadenfragen im zweiten Teil des Interviews war es, neben Erzählungen der Erwerbs-, Ruhestands- und Wendebiografie auch konkrete Beschreibungen alltäglicher Praktiken sowie Argumentationen und Stellungnahmen zu alter(n)sbezogenen Fragen zum Gegenstand des Interviews zu ma-

---

8 | Zur grundsätzlichen Problematik des Mittelschichtsbias in der (empirischen) Sozialwissenschaft vgl. z.B. Meuser 2006: 186ff.

9 | Als bildungsbürgerlich haben wir auch diejenigen Befragten – insbesondere Frauen – eingestuft, die über keinen akademischen Abschluss verfügen, über Beruf und Position des Ehemanns aber eindeutig bildungsbürgerlich vergesellschaftet sind. Ferner haben wir Befragte mit kultur- und bildungsnahen nicht-akademischen Berufen, die ausgeprägte bildungsbürgerliche Züge aufweisen, dieser Kategorie zugeordnet.

10 | Das durchschnittliche Haushaltseinkommen für Ehepaare beträgt im Sample 2454 Euro (Erhebungszeitpunkt 2010), mit einem deutlichem Unterschied zwischen Jena (2195 Euro) und Erlangen (2800 Euro).

11 | Zwar übernehmen eine Reihe Befragter Unterstützungsaufgaben für Eltern, Schwiegereltern oder andere ältere Angehörige, diese beschränken sich aber in der Regel auf gelegentliches Einkaufen, die Pflege des Gartens oder die Erledigung von Besorgungen und Amtsgängen.

chen – Themen, für die in der qualitativen Forschung das Leitfadeninterview als besonders geeignet gilt (Przyborski/Wohlrab-Sahr 2009: 139). Die Befragten werden im Interview gebeten, einen typischen Tag bzw. Tagesablauf zu beschreiben, sie werden gefragt, was sie persönlich unter »alt sein« verstehen und was für sie ein gelungenes bzw. erfolgreiches Alter(n) ausmacht. Ferner wird den Befragten ein Abschnitt aus einem Informationsflyer zum Sechsten Altenbericht der Bundesregierung vorgelesen, in dem es um die gesellschaftliche Verantwortung älterer Menschen geht, und sie werden gebeten, spontan ihre Meinung dazu zu äußern. Der Leitfaden wurde auf Basis der Auswertung der ersten Interviews mehrfach überarbeitet und modifiziert. So wurde die Altersthematik durch Fragen zum Altersbild gestärkt und die erzählgenerierende Frage zur Wendeerfahrung eingefügt. Im Anschluss an das Interview haben die Befragten einen standardisierten Tätigkeitsbogen ausgefüllt, der es den Interviewerinnen ggf. ermöglichte, bei Aktivitäten nachzufragen, die im Interview nicht thematisiert wurden. Unabhängig davon wurde der Tätigkeitsbogen systematisch in die Auswertung mit einbezogen.

Die Interviews wurden von zwei Frauen mit westdeutschem Hintergrund erhoben, die – je nach Alter der Befragten – zwischen 25 und 35 Jahre jünger sind als die Interviewten. Es ist unabweisbar, dass diese Konstellation das Interviewsetting in mehrfacher Hinsicht beeinflusst und strukturiert (zur Altersdifferenz im Interview vgl. z.B. Bytheway 2002: 69). Wie dargelegt, ist u.a. dieser Umstand Gegenstand permanenter methodologischer Reflexion im Auswertungsprozess gewesen, wobei das Ziel nicht war, den Einfluss der Interviewerinnen durch Reflexion zu minimieren oder einzuklammern, sondern die spezifischen, durch die Interviewkonstellation erzeugten Rechtfertigungs- und Argumentationsmuster aufzudecken und in die Auswertung mit einzubeziehen. Konkret bedeutet dies, dass die Interviewsituation als diskursive Produktionspraxis reflexiv wird, nicht das interviewende Subjekt sich selbst.

Die Auswertung

Die erste Herausforderung für die Auswertung des erhobenen Materials stellte die Größe des Textkorpus dar. Auf Basis intensiver Lektüre des Materials wurde sukzessive ein Codesystem entwickelt und verfeinert, anhand dessen alle Texte (außer den Interviewtranskripten) mit MAXQDA thematisch kodiert wurden. Die thematische Kodierung orientierte sich am Kodierparadigma der *Grounded Theory*, ohne jedoch die Schritte des offenen, axialen und selektiven Kodierens 1:1 zu übernehmen: Sie stellt vielmehr eine Mischform des offenen und axialen Kodierens dar, da sie über eine theoretisch weitgehend offene, sequenzanalytische Konzeptentwicklung hinausgeht, ohne den Fokus bereits auf die Analyse einzelner Konzepte zu verengen. Die thematischen Codes wurden vor dem Hintergrund der sekundäranalytischen und theoretischen

Sensibilisierung für konkrete alter(n)sbezogene Konzepte und Dimensionen entwickelt und im Sinne einer *in vivo*-Kodierung im Kodierprozess selbst permanent erweitert und modifiziert. Im Hinblick auf die Methodologie der multidimensionalen Dispositivanalyse wurde das Material entlang der zentralen Dimensionen Körper, Institutionen und Objekte kodiert – mit jeweiligen dimensionenspezifischen Differenzierungen. In enger Rückkoppelung mit dem zu kodierenden Material wurde so eine Liste zentraler Institutionen erstellt, die vom Seniorenstudium über alternative Wohnformen und die Kaffeefahrt bis hin zur Rentenversicherung reicht; die Dimension Körper wurde in Körperarbeit (Körperpflege, Ernährung, Prävention, *Anti-Ageing* etc.), Körperbeschreibungen (Aussehen) und körperliche Einschränkungen untergliedert. Um der vertikalen Strukturierung von Wissensordnungen Rechnung zu tragen, wurden Referenzen auf Spezialwissen (so beispielsweise auf wissenschaftliche Konzepte wie das Kompetenzmodell oder die Verjüngungsthese) wie auf alltägliches Erfahrungswissen erfasst. Die inhaltlich-thematischen Codes reichen von Altersdiskriminierung und Defizite des Alters über demografischer Wandel, Generationenbeziehungen, Jugendlichkeit/Jugendwahn, Konsum, Hochaltrigkeit, Potenziale des Alters, politisches Engagement, soziale Sicherheit, lebenslanges Lernen bis hin zu Zeitgestaltung und Zeitsouveränität.

Um auf Basis der thematischen und dimensionenbezogenen Codes das vorliegende Material konzeptionell weiter aufschließen zu können, wurde eine kleine Auswahl von Schlüsseltexten bestimmt, die einer Feinanalyse nach den Prinzipien der *Grounded Theory* unterzogen wurde. Bei den Schlüsseltexten handelt es sich um wissenschaftliche und politische Dokumente, die in Kenntnis der einschlägigen Sekundärliteratur sowie nach Lektüre und erster Auswertung des Textkorpus als inhaltliche Weichenstellungen und Referenzgrößen von weitreichender Bedeutung eingestuft wurden. Einzelne Quellen erhielten somit »eine besonders herausgehobene Position und fungierten als Orientierungspunkte im Labyrinth der diskursiven Äußerungen« (Waldschmidt 2003: 161). Die Auswahl der Schlüsseltexte geht der Dispositivanalyse dabei nicht voran, sondern ist zirkulär mit dieser verwoben: Als Schlüsseltext kann ein Text »immer erst in Retrospektive und mit Hilfe der Kenntnis anderer Quellen bestimmt werden, deren Bedeutung wiederum durch ihn besser erschlossen werden konnte« (ebd.). Auch wenn die einzeltextliche Ebene nicht der eigentliche Analysegegenstand ist, eröffnet die Feinanalyse der Schlüsseltexte eine Sensibilisierung für spezifische Aussagenverknüpfungen und Argumentationsweisen auf der Ebene der Episteme und Deutungsmuster. Ergebnis der Schlüsseltextanalyse ist die Herausarbeitung von Schlüsselkategorien, die ihrerseits die multidimensionale Analyse im weiteren Forschungsprozess anleiten. Konkret handelt es sich um die Kategorien »Sicherheit«, »Kompetenzen des Alters« und »Potenziale des Alters« (vgl. dazu Kapitel 4.2).

Ausgehend von diesen Vorarbeiten stellte sich als zentrale Herausforderung des Forschungsprozesses die Loslösung der Analyse von der Oberfläche der einzeltextlichen Ebene und das Herausschälen einer eigenen Geschichte im ständigen Dialog mit den Daten (Berg/Milmeister 2007: 185) – der Geschichte der (Neu-)Verhandlung des Alters seit Anfang der 1980er Jahre – heraus. Dieser Abstraktionsschritt findet sich in der *Grounded Theory* in der aufsteigenden Logik des Kodierparadigmas, das von rohdatennahen Konzepten zu theoriegesättigten Schlüsselkategorien führt (Strauss 1991: 48ff.); der Fokus im Analyseprozess verschiebt sich dabei vom Sprechen der Akteure (qua Interview, Zeitungs- oder Gesetzestext) hin zum Sprechen der forschenden InterpretInnen. Übersetzt in den diskurstheoretisch fundierten Forschungsrahmen, der weniger auf die Rekonstruktion des Sprechens einzelner Akteure als auf die dispositiv strukturierten, dabei aber instabilen Bedingungen des Sprechens zielt, verschiebt sich der Fokus unserer Untersuchung von der thematischen Sortierung verstreuter Äußerungen hin zur Analyse von Aussagen(-verknüpfungen), die diese Äußerungen »mit konkreten Inhalten in der Zeit und im Raum erscheinen [lassen]« (Foucault 1988: 126f.). Damit sind die Verknüpfungen heterogener, multidimensionaler Aussagen zu Dispositiven mit Alter(n)s- und Ruhestandsbezug Gegenstand unserer Untersuchung.

Das Herausschälen der eigenen Geschichte der (Neu-)Verhandlung des Alters ist ein kreativer Prozess, der nicht losgelöst vom Material zu methodisieren ist. Wir formulieren an dieser Stelle deshalb lediglich einige »Vorsichtsimperative« und konzeptionelle Hilfsmittel, die die Analyse strukturierten, behalten uns die Darlegung des Prozesses aber für die konkrete Analyse vor. Dem Prozess des selektiven Kodierens vergleichbar erfolgte inspiriert durch die in den Schlüsseltextanalysen herausgearbeiteten Schlüsselkategorien – Sicherheit, Kompetenz, Potenzial – eine Sichtung und Neusortierung der thematischen Codes, die streng darauf bedacht war, den Fokus von den Wissensordnungen auf die Ebene der Praktiken, Institutionen, Körper und Objekte auszuweiten. Durch die Verschränkung verschiedener thematischer Codes wurden in einer explorativen Phase anhand der Schlüsselkategorien mögliche Verknüpfungen getestet und fiktive Verknüpfungsordnungen kreiert, um sie anhand des Materials auszubauen, zu modifizieren und zu verwerfen. Die computergestützte Auswertung mit MAXQDA ermöglichte die Suche nach Textstellen mit sich überlagernden Codes, durch die Hinweise auf typische und untypische Verknüpfungen gewonnen wurden. Fragen wie die folgenden leiteten diese Phase der Untersuchung: Unter welchen Bedingungen werden Überlagerungen von Codes wie Gesundheit, Eigenverantwortung und demografischer Wandel thematisch? In welcher Weise und nach welchen Regeln werden verstreute Äußerungen zu Ehrenamt, Bildung und Zeitressourcen verbunden? Welche Geschichten werden ausgehend vom Objekt Sofa erzählt? In einem zirkulären Verfahren haben wir aufgespürte Regelmäßigkeiten stets von Neuem mit etwaigen Brüchen und Unregelmäßigkeiten konfrontiert, begleitet von einer permanenten Reflexion potenziell interferierender altersunspezifischer Anschlusskontexte – beispielsweise in Form der Dispositive wohlfahrtsstaatliche Aktivierung und gesundheitliche Prävention.

Im Analyseprozess galt es dabei, der (zeit-)spezifischen Verknüpfung von Text und Kontext Rechnung zu tragen. Bedeutung ist, wie dargelegt, eine Funktion des Kontextes, weshalb sich ein Text zum Phänomen der Neuen Alten von 1984 aus heutiger Perspektive ganz anders liest als zu einem Zeitpunkt, da Aktivierung und selbstregulative Prävention, demografischer Wandel und Verlängerung der Lebensarbeitszeit noch kein (prominentes) Thema waren. Weiterführend ist hier das Konzept des Modell-Lesers nach Umberto Eco (1998), das dafür sensibilisiert, unter welchen (Rahmen-)Bedingungen ein Text zu einem bestimmten Zeitpunkt gelesen und rezipiert wird. Unser durch Experteninterviews und Literaturstudium erworbenes sekundäranalytisches Wissen hat ebenso wie die Dispositivanalyse selbst zur Bestimmung pragmatischer (zeitlich gebundener) Kontexte beigetragen, die die permanente Reflexion der konkreten Verknüpfungen von Text und Kontext ermöglicht haben.

Zwei Konzepte haben sich schließlich als hilfreich erwiesen, um dispositive Verknüpfungen aufzuspüren: die Analyse von Metaphern und die Suche nach impliziten Schlussregeln. Ohne die Analyse von Metaphern im engeren Sinn als methodisches Instrumentarium zu verstehen (so z.B. Karl 2007), sensibilisiert das Konzept doch in besonderer Weise dafür, wie unterschiedliche Elemente zu einer komplexitätsreduzierenden Konstruktion verbunden werden. Mit Lakoff und Johnson zeichnet sich eine Metapher dadurch aus, »daß wir durch sie eine Sache oder einen Vorgang in Begriffen einer anderen Sache bzw. eines anderen Vorgangs verstehen und erfahren können« (Lakoff/Johnson 1998: 13). Eine Metapher überträgt also Bedeutungen von einem Bereich auf einen anderen. In diesem Übertragungsprozess werden komplexe psychische oder soziale Phänomene im Ergebnis komplexitätsreduzierend zusammengefasst und – in der Regel bildhaft – vergegenständlicht (Schmitt 2010: 679). Ein zentraler Mechanismus der Fundierung und Plausibilisierung von Metaphern ist der Rückgriff auf die Metaphorik der körperlichen Erfahrung (Lakoff/Johnson 1998: 70ff.): »Die Bevölkerungspyramide ist auf den Kopf gestellt« ist ein typisches Beispiel aus der demografiepolitischen Debatte, durch das der Bevölkerungsaufbau in naturalisierender Weise als falsch und unhaltbar dargestellt wird.

Neben der Analyse von metaphorischen Konzepten hat sich die Suche nach impliziten Schlussregeln im Anschluss an die thematische Diskursanalyse (Höhne 2003) als hilfreich erwiesen. Ziel ist es, Argumente (im Sinne einer vorausgesetzten Aussage) von Konklusionen (im Sinne behaupteter Aussagen) zu unterscheiden und zu analysieren, gemäß welcher Schlussregel(n) Argument und Konklusion verbunden werden. So zeigt sich z.B., dass der demografische Krisendiskurs durch eine Schlussregel zusammengehalten wird, die in den analysierten politischen Dokumenten kaum je explizit zum Ausdruck gebracht wird: Aus dem Argument »Es gibt viele alte Menschen« wird die Konklusion gezogen, dass es ein Problem mit der Bevölkerungsstruktur gibt, das unter dem Stichwort »Überalterung« verhandelt wird. Diese Verknüpfung ist, so selbstverständlich sie heutzutage auch erscheinen mag, nur auf Basis einer impliziten Schlussregel logisch, die da lautet: »Alte Menschen sind defizitär«. Die Suche nach Schlussregeln sensibilisiert damit für das Ungesagte, aber stets Anwesende, das einer allein an der Textoberfläche orientierten Analyse entgehen würde.

Metaphern wie implizite Schlussregeln öffnen den Blick auf Verknüpfungen, die es – ganz im Sinne Bruno Latours – durch gute Beschreibungen der *black box* von Vermischungen und Verknüpfungen zu entreißen gilt: »Um es provokant zu sagen: Gute Soziologie muß gut geschrieben sein; wenn nicht, dann ist sie unfähig, das Soziale zum Vorschein zu bringen.« (Latour 2007: 217) Wir tragen diesem Gedanken dahingehend Rechnung, dass wir unterschiedliche Textformen – formulierende und interpretierende Texte, Feinanalysen und essayistische Betrachtungen, Portraits und Fallvergleiche – wählen, um unseren Gegenstand mittels vielfältiger Beschreibungsweisen einzukreisen. Die Analyse heterogener Elemente und multidimensionaler Verknüpfungen wird, so der Grundgedanke, durch das Verfassen heterogener Textgattungen erleichtert.

Analyse der zirkulären Verknüpfung von Dispositiven und Subjekten

Für die Analyse der transkribierten Interviewtexte gelten dieselben »Vorsichtsimperative« und Hilfsmittel wie für die Auswertung des Textkorpus, zugleich aber weist die Analyse der Textgattung geschuldete Besonderheiten auf. Im Bestreben, die zirkuläre Verschränkung von Subjekten und Dispositiven zu analysieren, gilt das Forschungsinteresse der Frage, in welcher Weise die identifizierten Dispositive in den Interviewtexten sowohl explizit wahrgenommen als auch (mehr oder weniger) implizit verarbeitet, modifiziert oder ignoriert werden. Gegenstand der Analyse ist damit, wie in Kapitel 2 entwickelt, die Lesbarkeit der Dispositive, d.h. ihre Anschlussfähigkeit an die Erfahrungen der Subjekte. Wir wollen aber auch wissen, wo und wie die Interviewtexte über die dispositiven Kontexte hinausschießen und in welcher Weise sie ihrerseits die Dispositive umschreiben.

Um die Auswertung des umfangreichen Interviewkorpus zu systematisieren, wurde auf Basis der Ergebnisse der Dispositivanalyse ein Auswertungsleitfaden erstellt, der im Prozess maximaler Kontrastierung an ausgewählten, in unterschiedlichen Dimensionen kontrastierenden Interviews (Geschlecht, Alter, Ost-West, sozialer Status, Aktivitätsgrad) getestet, erweitert und modifiziert wurde. Der Auswertungsleitfaden stellt damit eine wesentliche Klammer zwischen Dispositivanalyse und Interviewstudie dar, wobei die Modifikation der Auswertungskategorien auf Basis der Interviewtexte dem zirkulären Charakter von dispositiver und subjektiver Ebene Rechnung trägt. Nach der Analyse von elf Interviews trat eine theoretische Sättigung im Prozess der Leitfadengenerierung ein und es wurde auf Basis des erarbeiteten Leitfadens für jedes Interview eine vier bis sechs Seiten umfassende Einzelauswertung verfasst. Der Auswertungsleitfaden umfasst die Kategorien »Aktivität«, »Altersbild«, »Nacherwerbsbild und -erfahrung«, »Wahrnehmung von alter(n)sbezogenen Veränderungen« (z.B. »demografischer Wandel«, »Verjüngung des Alters«, »Responsibilisierung«), »Zeitgestaltung/Zeitwahrnehmung« und »Selbstkonzept« (vgl. Anhang IV). Besondere Aufmerksamkeit galt in diesem Prozess den Themen und Aspekten, die mit den altersspezifischen dispositiven Kontexten brechen, diese durchkreuzen, Re-Kontextualisierungen und Anschlüsse an andere Dispositive vornehmen oder auch dispositive Leerstellen ausweisen.[12]

Um den Prozess der Interviewauswertung zu systematisieren, nahmen wir Anleihen bei der Dokumentarischen Methode, entkleideten sie aber ihrer wissenssoziologischen Fundierung und führten sie mit einer dekonstruktiven Lektüre der Interviewtexte zusammen. Die Dokumentarische Methode zielt im Anschluss an die Wissenssoziologie Karl Mannheims darauf ab, den impliziten Sinngehalt von Interviewtexten zu rekonstruieren (Bohnsack 2003). Dem liegt die für unsere Untersuchung anschlussfähige Annahme zu Grunde, dass eine Analyse über den wörtlichen und expliziten Gehalt des Gesagten – den intentionalen Ausdruckssinn – hinausgehen und die Aufmerksamkeit auf die implizite Sinnstruktur – den Dokumentsinn – richten muss, die die im Interview verstreuten Äußerungen zusammenhält. Auch wenn wir im Gegensatz zur wissenssoziologischen Perspektive von der Unmöglichkeit der umfassenden Rekonstruktion von Sinngehalten ausgehen und neben Regelmäßigkeiten und inkorporierten bzw. habitualisierten Strukturen die daraus resultierenden Diskontinuitäten, Brüche und Verschiebungen in den Blick nehmen, hat es sich als weiterführend erwiesen, an Analyseschritte der Dokumentarischen Methode anzuschließen: Bei allen Unterschieden interessieren auch wir uns für das handlungsleitende, inkorporierte (Orientierungs-)Wissen der Akteure, das unabhängig vom subjektiv gemeinten Sinn ist und dessen Bedeutung sich nur kontextspezifisch erschließen lässt.

---

12 | So wurde die Kategorie »Zeitgestaltung/Zeitwahrnehmung« erst auf Basis der Interviewtexte entwickelt, da ihr in den Dispositivanalysen zunächst keine zentrale Rolle zukam: In den Interviewtexten erwiesen sich hingegen die Dimensionen »Zeiteinteilung/Tagesstruktur«, »Lebenstempo/Verlangsamung«, »Konstruktion(en) freier Zeit« sowie »Endlichkeit des Lebens« als von großer Bedeutung.

Die durch den Auswertungsleitfaden strukturierte Analyse der Einzel-
interviews startet als formulierende Interpretation, die bei den (thematisch
sortierten) expliziten Äußerungen der Interviewten ansetzt. Da die formulierende Interpretation aber im Lichte der herausgearbeiteten dispositiven Verknüpfungen erfolgt, ist der Übergang zur reflektierenden Interpretation – d.h.
der Suche nach impliziten Mustern der Orientierung und Bedeutungsgenerie-
rung – fließender als es die Trennung der Analyseschritte im Kontext der Dokumentarischen Methode nahelegt: Die Analyse einflussreicher altersbezogener Dispositive und ihre Vereinheitlichung durch die Referenz auf ein aktives
Alter sensibilisiert von Beginn der Analyse an für (mögliche) habitualisierte
Bilder und Praktiken des Alters, die von den Befragten selbst nicht expliziert
werden. Die Analyse von Metaphoriken und impliziten Schlussregeln hilft im
Zuge der reflektierenden Interpretation, wie auch in der Dispositivanalyse, Implizites analytisch zu öffnen (vgl. zur Bedeutung von Metaphoriken in der Dokumentarischen Analyse auch: Przyborski/Wohlrab-Sahr 2009: 284). Im Zentrum der Auswertung steht die komparative Analyse (Nohl 2001), erfolgt die
interpretative Fallanalyse doch vor dem Hintergrund wechselnder Vergleichs-
horizonte: Im fallinternen Vergleich werden die von den Befragten selbst bemühten Eigenrelationierungen im Kontrast oder in Ähnlichkeit zu anderen
Personen und/oder Praktiken sowie in Bezug auf die in Erinnerungen ver-
arbeiteten Selbstkonzepte und Praktiken vergangener Zeiten analysiert; auch
vergleichen wir konkrete Beschreibungen – z.B. des Tagesablaufs – mit von
den Interviewten formulierten Ansprüchen und Deutungen (vgl. zur eigenen
Biografie als komparativem Maßstab Hockey/James 2003: 209f.). Im Vergleich
der Fälle untereinander gilt das Interesse der Frage, ob und inwiefern ähnliche Themen (z.B. Strukturierung des Tagesablaufs) vor dem Hintergrund
unterschiedlicher Orientierungsrahmen (z.B. »wohlverdienter Ruhestand«
oder »produktives Alter«) verhandelt werden, wobei die möglichen Orientierungsrahmen im permanenten Vergleich der Interviewtexte mit den herausgearbeiteten Dispositiven konkretisiert werden. Ergebnis dieser komparativen
Analytik ist eine – in der Diktion der Dokumentarischen Methode – sinnge-
netische Typenbildung, d.h. die systematische Verdichtung einer begrenzten
Anzahl von – für unseren Untersuchungsgegenstand – relevanten Orientierungsrahmen. Orientierungsrahmen können dabei sowohl in Gestalt positiver Horizonte als auch in Gestalt negativer Gegenhorizonte Einfluss entfalten.
In unserem Fall sind dies die Ruhestandstypik, die Unruhestandstypik und
die Produktivitätstypik sowie typische Überlagerungen dieser Horizonte zu
eigenen Orientierungsfiguren. In einem zweiten Schritt analysieren wir das
Enaktierungspotenzial der positiven Horizonte (Bohnsack 2010: 136f.), wenden
uns also der Frage zu, welche Orientierungsrahmen eine (mehr oder weniger) erfolgreiche praktische Umsetzung im Alltag erfahren, ob und inwiefern
sie also enaktiert werden. Diese Differenzierung ermöglicht es uns, zwischen

Orientierung und Praxis zu unterscheiden und die Folgen möglicher Inkongruenzen in den Blick zu bekommen.

Auf Basis der Typisierung der Orientierungsrahmen stellt sich im zweiten Schritt die Frage nach der sozialen Genese der Typiken und den unterschiedlichen Enaktierungsweisen und -möglichkeiten: »Die Frage wofür die in den jeweiligen Typen herausgearbeiteten Orientierungen typisch sind, aus welchen konjunktiven Erfahrungsräumen bzw. welcher spezifischen Überlagerung von Erfahrungsräumen heraus sie sich entwickelt haben, kann erst auf der Grundlage einer soziogenetischen Typenbildung beantwortet werden.« (Nentwig-Gesemann 2001: 296) Die komparative Analyse findet damit nicht mehr auf der Ebene von Themen und Orientierungen (bzw. den unterschiedlichen Bearbeitungen eines Orientierungsproblems statt), sondern auf der mehrdimensionalen Ebene einander überlagernder Erfahrungskontexte wie z.B. Geschlecht, Milieu, Generationenlagerung, Ost/West-Hintergrund. Es geht darum, im Vergleich der Fälle zu bestimmen, in welche sozialstrukturellen Zusammenhänge die herausgearbeiteten Typiken eingelassen sind, um auf diese Weise Muster herauszuarbeiten, die singuläre Äußerungen und Orientierungen soziogenetisch zu erschließen helfen. Dabei gehen wir davon aus, dass die Erfahrungen der Befragten kein abgeschlossenes Faktum darstellen, das im Interview nur wiedergegeben wird, sondern dass sie kontext- und situationsspezifisch aktualisiert werden (vgl. auch Kapitel 5.1).

Die in zwei Stufen thematisch wie sozialstrukturell operierende Typenbildung ermöglicht es, im ersten Schritt die generelle Lesbarkeit – und damit den Einfluss – der Dispositive im zirkulären Wechselspiel von dispositiver und subjektiver Ebene zu analysieren, um im zweiten Schritt und im Zuge der Anbindung der Typiken an Erfahrungskontexte soziale Erklärungen ins Zentrum der Aufmerksamkeit zu rücken. In der Darstellung der Ergebnisse fassen wir diese zwei Stufen zusammen und verdichten sie zu einer Typologie. Die zweistufige Analyse und Erklärung von (mehr oder weniger impliziten) Orientierungsrahmen und ihrer Enaktierung ergänzen wir schließlich um eine parallele – ebenfalls zweistufige – Analyse des expliziten Dispositivbezugs – d.h. der (abgestuften) expliziten Kritik, Affinität oder Affirmation in Bezug auf die gesellschaftspolitische Programmatik einer Aktivierung des Alters. Abschließend ist dabei zu klären, in welcher Weise Typen und Dispositivbezug aufeinander zu beziehen sind.

Anders als die Dokumentarische Methode gehen wir, wie in der theoretischen Fundierung dargelegt, von der Unabschließbarkeit jedes Kontextes und damit auch von konjunktiven Erfahrungsräumen aus. Jeder Kontext verweist auf weitere Kontexte, so dass eine umfassende Rekonstruktion generativer Erfahrungsstrukturen nicht möglich und von gemeinsamen, quasi struktur-

identischen Erfahrungsräumen nicht auszugehen ist.[13] Eine auf die Rekonstruktion generativer Strukturen beschränkte Forschungsperspektive läuft stets
Gefahr, interferierende Kontexte, Spuren des Anderen sowie durch Re-Kontextualisierungen erzeugte Bedeutungsverschiebungen aus dem Blick zu verlieren und damit dispositiv strukturierte Dispositionen zu Lasten der subjektiven Disruptionen überzubewerten.[14] Unsere an den methodischen Schritten
der Dokumentarischen Methode orientierte Analyse ist daher auf das Engste
verschränkt mit einer dekonstruktiven Lektüre der Interviewtexte: »Während
die dokumentarische Interpretation durch komparative Analysen homologe
Gemeinsamkeiten rekonstruieren will, versucht die dekonstruktive Interpre-
tationstechnik, durch das Aufsprengen der artifiziellen Einheit eines Ganzen,
zu einer Begegnung mit dem mitkonstituierenden Anderen zu kommen.« (von
Rosenberg 2010: 327) Die Dekonstruktion schärft den Blick »für die mitstruk-
turierenden Bewegungen« (ebd.: 332) des Ausgeschlossenen – wie wir am Beispiel der Hochaltrigkeit zeigen werden – und sensibilisiert für den Einfluss
nicht-identifizierter Anschlusskontexte. Diese Forschungshaltung bleibt dabei
nicht bei der abstrakten Feststellung der Existenz des Anderen und Sperri-
gen stehen, sondern fragt dezidiert danach, wie dieses im Zuge hegemonialer
Schließungsprozesse systematisch hervorgebracht wird.

---

13 | So schreibt Foucault über die Bestimmung von Kontexten des Analysegegenstan-
des: »Es gilt durch schrittweise und notwendigerweise nie vollendete Sättigung vorzu-
gehen. Und es gilt in Betracht zu ziehen, dass man, je mehr man das Innere des zu analysierenden Prozesses zergliedert, umso mehr externe Beziehungen der Intelligibilität
konstruieren kann und muss.« (Foucault 2005: 30f.)

14 | So problematisiert Clarke, dass die Mehrzahl empirischer Untersuchungen »gna-
denlos nach diversen Universalitäten im sozialen Leben [fahnde], während die Abbildung der Komplexität, Unordnung und Dichte tatsächlicher Situationen und Ungleichheiten vernachlässigt oder gar bewusst vermieden [werde]« (Clarke 2012: 30).

4. Vom Ruhestand zum Produktiven Alter? Altersdispositive im Wandel

4.1 EINE KURZE GESCHICHTE DES RENTNER-DASEINS: ALTER, ARBEIT UND ALTERSSICHERUNG IN DEUTSCHLAND VOR 1980

Das Alter im Sinne einer spezifischen, abgrenzbaren und eigenständigen Lebensphase – als »drittes«, auf Kindheit bzw. Jugend und Erwachsenenalter folgendes Lebensalter (Laslett 1995) – ist ein soziales Phänomen der industriegesellschaftlichen Moderne. Es entsteht als solches seit dem späten 19. Jahrhundert aus dem Zusammenwirken soziodemografischer und sozialpolitischer Entwicklungen in den sich industrialisierenden europäischen Gesellschaften. Einerseits steigt in dieser historischen Periode, bedingt durch den Rückgang der Krisenmortalität (Hungersnöte, Seuchen, Epidemien) wie insbesondere auch durch die allmähliche Senkung der Säuglings- und Kindersterblichkeit (aufgrund verbesserter medizinischer und hygienischer Bedingungen), die durchschnittliche Lebenserwartung nach und nach an: im Deutschen Reich etwa von 35,6 (38,5) Jahren im Zeitraum 1871/1881 über 44,8 (48,3) Jahre 1901/1910 auf 59,9 (62,8) Jahre zu Beginn der 1930er Jahre (Schimany 2003: 147).[1] Andererseits rückt mit der Durchsetzung der industriellen Produktionsweise das höhere Alter zunehmend in den Fokus sozialpolitischer Intervention – und zwar mit Blick auf seine, so jedenfalls die zeitgenössische Diagnose, abnehmende und insbesondere relativ zu den jüngeren Alterskohorten nachlassende Leistungsfähigkeit. Es sind insofern, ganz im Sinne der

---

1 | Die Angaben beziehen sich jeweils auf Männer und (in Klammern) Frauen. Im genannten Zeitraum steigt auch die fernere Lebenserwartung deutlich an: So z.B. bei 20-jährigen Männern (Frauen) von 38,5 (40,2) 1871/81 auf 48,2 (49,8) Jahre 1932/34, bei 60-Jährigen von 12,1 (12,7) auf 15,1 (16,1) statistisch zu erwartende weitere Lebensjahre (Schimany 2003: 147).

klassischen Analyse Georg Simmels zur modernen Sozialfigur des »Armen«[2], erst die Effekte »der sozialen Reaktion, die auf einen gewissen Zustand hin eintritt« (Simmel 1992: 552), die aus alten Menschen »Alte« bzw. aus zu Unterstützungsbedürftigen erklärten Alten »Rentner« werden lassen.

In der »vorsozialpolitischen Zeit« (Göckenjan 2000: 305) – in Deutschland also bis in die 1880er Jahre hinein – existiert das Alter noch nicht als soziale Kategorie: »Erst Sozialpolitik wird aus den Alten einen eigenen ›Stand‹ machen, sie von anderen Populationen durch besondere Anforderungen und besondere Leistungen abgrenzen.« (Ebd.) Im Kern, sprich in letzter Instanz und institutioneller Konsequenz, ist die sozialpolitische Konstitution des Alters allerdings erst nach dem Zweiten Weltkrieg wirklich vollzogen: mit der »Großen Rentenreform« des Jahres 1957 nämlich, die als Ausdruck und Reproduktionsmechanismus eines alterspolitischen Paradigmenwechsels gelten kann. Erst seitdem ist hierzulande die Vorstellung eines arbeitsfreien Alters fest im gesellschaftlichen Wertehaushalt verankert – und auch erst seither ist die Gesetzliche Rentenversicherung (GRV) nicht nur zum größten Ausgabeposten im bundesdeutschen Sozialetat,[3] sondern die öffentliche Alterssicherung zum zentralen Legitimationsmoment des deutschen Sozialstaats insgesamt geworden.[4]

Triebfeder der politischen Konstruktion des Alters als einer spezifischen sozialen Problemlage war die mit dem Durchbruch industriekapitalistischer Marktbeziehungen sich verstärkende – weil realistischer werdende – Angst vor einem Lebensabend in materieller Hilfsbedürftigkeit oder gar Hilflosig-

---

2 | Für Simmel ist, wem die Mittel zur materiellen Existenzsicherung oder Bedürfnisbefriedigung nicht hinreichen, »im sozialen Sinne erst arm, wenn er unterstützt wird. [...] Der Arme als soziologische Kategorie entsteht nicht durch ein bestimmtes Maß von Mangel und Entbehrung, sondern dadurch, daß er Unterstützung erhält oder sie nach sozialen Normen erhalten sollte.« (Simmel 1992: 551)

3 | Auf dem - in finanziellen Größen gemessen - Höhepunkt der Expansionsbewegung des deutschen Sozialstaats belief sich im Jahr 2005 die Sozialleistungsquote auf 30,1 % des gesamtdeutschen Bruttoinlandprodukts (BIP), wovon rund zwei Fünftel (12,1 % des BIP) für die Alters- und Hinterbliebenensicherung aufgewendet wurden (vgl. Schmid 2012).

4 | Während im Jahr 1950 nur 36,4 % der Bevölkerung über 60 Jahre eine Altersrente aus der GRV bezogen, waren es 2002 bereits 78,7 % (Schmid 2012). In der Bevölkerungsgruppe ab 65 Jahren stammten im Jahr 2003 durchschnittlich 66 % des Bruttoeinkommensvolumens aus der GRV (21 % aus anderen Alterssicherungssystemen, 4 % aus Erwerbstätigkeit, 7 % aus Kapitalerträgen) - wobei dieser Einkommensquelle insbesondere in Ostdeutschland entscheidende Bedeutung zukommt (89 % bei Ehepaaren, 95 % bei alleinstehenden Frauen) [www.bpb.de/nachschlagen/zahlen-und-fakten/soziale-situation-in-deutschland/, letzter Zugriff 18.5.2013].

keit.[5] Die Auflösung spätfeudaler persönlicher Verpflichtungsverhältnisse wie auch des erweiterten Familienhaushalts als Produktions- und Reproduktionsgemeinschaft ließ die Sicherung des Lebensunterhalts älterer Menschen eher mehr noch als zuvor von ihrer je individuellen Erwerbsfähigkeit abhängig werden. Bismarcks System der Sozialversicherungen, das neben der Unfall- und Krankenversicherung auch die 1889 verabschiedete und 1891 in Kraft getretene Invaliditäts- und Altersversicherung umfasste und bis heute als Gründungsakt des deutschen Sozialstaats gilt, erwies sich zwar tatsächlich als nachhaltig wirksamer Markstein der Sozialpolitikgeschichte, ließ jedoch die gesellschaftliche und lebenspraktische Normalität lebenslanger Arbeit im Kern unberührt. Im Grunde bei allen Versicherungszweigen, zumal aber bei der öffentlichen Alterssicherung handelte es sich weniger um ein Instrument der »Dekommodifizierung« von Arbeitskraft im Sinne ihres Schutzes vor marktförmigem Verwertungszwang (Esping-Andersen 1990: 21ff.), sondern eher um eine institutionelle Neukonfiguration des industriekapitalistischen Arbeitsregimes: Neben dem für Bismarck persönlich entscheidenden Ziel einer Förderung staatspolitischer Massenloyalität[6] ging es beim Erlass des Altersversicherungsgesetzes vor allen Dingen um die sozialpolitische Intention einer »aktiven Proletarisierung« (Lenhardt/Offe 2006: 159) auch noch der älteren Arbeitskräfte. Die institutionelle Ermöglichung von im Wortsinne lebenslanger Erwerbstätigkeit war die erklärte Leitidee des frühen deutschen Sozialstaats – das Leitbild eines sozialpolitisch garantierten Ruhestands hingegen kam erst viele Jahrzehnte später, nach zwei Weltkriegen und unter demokratischen politischen Verhältnissen, auf.

Im Kaiserreich und bis weit ins 20. Jahrhundert hinein war die öffentliche Altersrente nach dem Prinzip eines (in heutiger sozialpolitischer Terminologie) Kombilohns konstruiert: als »Zuschuß zu dem noch vorhandenen Arbeitsverdienst«, so der Wortlaut der Gesetzesbegründung von 1888 (zit.n. Göckenjan 2000: 309; vgl. Stolleis 2001: 252f.). Was hier durch die hälftig von ArbeitnehmerInnen und ArbeitgeberInnen zu leistenden Beitragszahlungen versichert werden sollte, waren die am Ende eines Erwerbslebens aufgrund altersbedingt nachlassender Arbeitsproduktivität zu erwartenden Lohneinbußen. Im Grunde genommen war die Altersrente zunächst nichts strukturell

---

5 | Die folgende Darstellung verdankt wesentliche Einsichten der phantastischen, unglaublich materialreichen historisch-soziologischen Studie von Gerd Göckenjan (2000: 298-375; vgl. auch Göckenjan 1993; Göckenjan/Hansen 1993; ferner Conrad 1988).

6 | Für Bismarck war die maßgebliche Beteiligung des Reiches – statt der Länder – an Finanzierung, Organisation und Leistungserbringung der Rentenversicherung von zentralem Interesse, schwebte ihm doch die politische Konstruktion eines »Staatsrentners« vor, dessen sozialversicherungsrechtlicher Leistungsanspruch ihn motivational an das politische Regime binden sollte (vgl. Ritter 1998: 27ff. und insb. Tennstedt 1997).

anderes als die gleichzeitig eingeführte und zur damaligen Zeit ungleich prominentere, weil deutlich häufiger in Anspruch genommene Invaliditätsrente: *de facto* eine Teilerwerbsunfähigkeitsrente für über 70-Jährige, die noch voll erwerbstätig waren, aber eben nicht mehr wie in jüngeren Jahren (also wie »vollwertige« Arbeitskräfte) entlohnt wurden. Alter war zu jener Zeit noch keineswegs der sozialpolitische Gegenbegriff zu Arbeit bzw. Erwerbstätigkeit – die Alterssozialversicherung in ihrer gesetzlichen Frühform bricht nicht etwa mit der gesellschaftlichen Normalitätsannahme eines bis zum Tode andauernden Arbeitslebens: »Der ideale Lebenslauf ist nicht nur Mühe und Arbeit, er endet auch idealerweise abrupt, aus den Pflichten des Lebens herausgerissen.« (Göckenjan 2000: 310)

Statt dieses Ideal grundsätzlich zu konterkarieren, fungiert die neue Altersrente eher als institutionelle Stütze von Erwerbsbiografien, die den vorindustriellen Normalitätsvorstellungen nicht mehr ohne weiteres zu entsprechen vermochten. Die Idee eines arbeitsfreien – weil durch Nichterwerbseinkommen finanzierten – Lebensabends, und damit auch die Figur des Altersrentners in dem heute geläufigen Sinn, ist der sich durchsetzenden Industriegesellschaft noch durchaus fremd. Eine solche rechtliche (und legitimatorische) Konstruktion findet sich vor dem Zweiten Weltkrieg allein in Form des Beamtenruhestands (Göckenjan 2000: 341ff.): Die Entbindung von den Amtspflichten ist hier mit dem Anspruch auf ein »Ruhegehalt« verbunden; wer das Amt ruhen lässt, den lässt auch der Dienstherr in Ruhe alt werden. Bedeutet die Pensionierung damit einerseits materielle Sorgenfreiheit, so wird sie von den Begünstigten der Zeit gleichwohl als zweischneidiges Schwert erfahren, denn andererseits geht mit ihr ein sozialer Rollen- und damit unvermeidlich auch ein Status- bzw. Reputationsverlust einher – Vorboten jener Ambivalenz von Sicherheit und Unsichtbarkeit, Versorgung und Aussteuerung, die einige Jahrzehnte später in ähnlicher Weise die Erfahrungswelt der AltersrentnerInnen charakterisieren wird. Doch zunächst bleibt dem größten Teil der Bevölkerung – den bürgerlichen Milieus und zumal den besitzlosen Klassen – das zwiespältige Schicksal der Zwangspensionierung »erspart«: »Die Arbeitskraft der Alten nutzbar zu machen‹ war das Ziel der Vorkriegssozialpolitik für das Alter« (ebd.: 323).

Nach dem Ersten Weltkrieg beginnt sich das Problem der Altersarbeitslosigkeit allerdings massiv zu verschärfen, denn die sich intensivierenden und beschleunigenden Rationalisierungsprozesse der industriellen Produktion schränken die Erwerbschancen und Verdienstmöglichkeiten der – tatsächlich oder vermeintlich leistungsgeminderten – Älteren zunehmend ein. Diese Problematik spitzt sich dann in der Weltwirtschaftskrise Ende der 1920er Jahre nochmals zu – gleichzeitig zerfallen endgültig die Strukturen der überkommenen, familial-informellen Alterssicherung. Die aus der Gründungszeit des deutschen Sozialstaats herrührende Zuschusskonzeption der Rentenversicherung bringt immer mehr Ältere in existenzielle Schwierigkeiten, zumal die doppelte Hyperinflation der frühen und späten 1920er Jahre auch die traditionellen Formen der Alterssicherung durch Vermögensbildung – und damit die Lebbarkeit einer Rentier-Existenz im Alter auch für die Bessergestellten – weitgehend zerstört. Das wenn nicht erwerbsunfähige, so dennoch erwerbs-, einkommens- und vermögenslose Alter wird in der Zwischenkriegszeit zu einem sozialen Problem erster Ordnung und damit endgültig zu einem »sozialpolitischen Topos« (ebd.: 317)[7] – ohne dass es in der Spätphase der Weimarer Republik aber noch zu einer grundlegenden Reform der Alterssicherung gekommen wäre. Zu kurz war dafür die dem demokratischen Regime verbliebene Zeit; und zu stark waren immer noch die arbeitsgesellschaftlichen Vorbehalte gegenüber der Vorstellung eines nicht bloß dem ökonomischen Strukturwandel geschuldeten, sondern sozialpolitisch ermöglichten »arbeitslosen« Alters.

Interessanterweise erfolgte der Bruch mit dem Gebot lebenslanger Arbeit – bzw. der Durchbruch eines gesellschaftlichen Wandels in der Einstellung zum arbeitsfreien Alter – dann vermittelt über den Nationalsozialismus (Göckenjan 2000: 330f.; Conrad 1998). Zumindest ideologisch bewerkstelligte das faschistische Regime eine Aufwertung des Altersrentnerstatus: Erst in den 1930er Jahren setzt in Deutschland der sozialpolitische Diskurs eines gesicherten, »ruhigen Lebensabends« (zit.n. Göckenjan 2000: 331) ein, der nunmehr die weiterhin sich vollziehende betriebliche Praxis der Durchrationalisierung des Arbeitsprozesses und des produktivitätsorientierten Austausches älterer gegen jüngere Beschäftigte überwölbt. Wenn auch – nach wie vor – materiell kaum abgesichert, entwickelt sich hier die Idee des erwerbsarbeitszentrierten Generationenvertrags, die dann der Umgestaltung der Alterssicherung in der Bundesrepublik zugrunde liegen sollte. Auch wenn die nicht seltenen Charakterisierungen des Nationalsozialismus als totalitäre »Modernisierungs-« oder sozialstaatliche »Gefälligkeitsdiktatur« (vgl. kritisch dazu Wildt 2005) den ideellen wie substanziellen Kern eines terroristischen Zwangs-, Exklusions- und Vernichtungsregimes nicht treffen, lässt sich doch sagen, dass sich die nach dem Zweiten Weltkrieg diskurs- und politikmächtig werdende Vorstellung des arbeitsfreien Ruhestands (zumindest auch) hierher zurückverfolgen lässt. Denn es ist nun der entpflichtete »Lebensfeierabend« (zit.n. Göckenjan 2000: 331), den der ältere Arbeiter guten Gewissens, weil nach erbrachtem Dienst an der »Volksgemeinschaft« verdientermaßen, antreten kann – und mit dem er sich zugleich auch weiterhin, durch die Ermöglichung des gebotenen Gene-

---

7 | Auch diese »Sozialpolitisierung« der Altersnot – endgültig dann in der unmittelbaren Nachkriegszeit – folgt nicht zufällig dem aus der Sozialpolitikgeschichte bekannten Muster, dass mit entsprechender Staatsintervention spätestens zu rechnen ist, wenn die Mittelschichten in ihrer Existenz bedroht sind.

rationswechsels im Beschäftigungssystem, jedenfalls mittelbar dem Gemeinwohl verpflichtet zeigt.[8]

In der öffentlichen Selbstbeschreibung schließt die bundesdeutsche Alterssicherungspolitik – wie die Sozialversicherungspolitik insgesamt – nach
1945/49 selbstverständlich nicht an die unmittelbare Vergangenheit, sondern
an das Bismarck'sche Erbe an (Hockerts 1980, 2011a). Im Zeichen des infla-
tionsbedingten Misstrauens gegenüber dem Modell vermögensbasierter Altersvorsorge und vor dem Hintergrund der Plünderung und Zweckentfremdung
der Sozialversicherungshaushalte im NS-Kriegsregime einerseits, angesichts
der in der Nachkriegszeit nochmals verschärften Existenznöte insbesondere
auch älterer Menschen andererseits dominiert in der westdeutschen Öffentlichkeit der 1950er Jahre das Sicherheitsmotiv: Sicherheit erster und zweiter
Ordnung, sprich die Sicherung eines regelmäßigen Einkommensflusses an
die privaten Haushalte und zugleich die Sicherung der für die Organisation
entsprechender Transfers zuständigen Institutionen (Kaufmann 2003b), ist
das sozialpolitische Gebot der Stunde. Die Altersarmut beherrschte die sozialpolitischen Diskurse des ersten Nachkriegsjahrzehnts (Leisering 1993) – und
die von Adenauer geplante »Große Sozialreform« schrumpfte auch wegen
der Relevanz und Prominenz dieser spezifischen sozialen Problemlage letztlich auf jene Rentenreform des Jahres 1957 zusammen, die »zum wichtigsten Wahrzeichen zeitgemäßer Neubelebung der Sozialversicherung« (Zacher
2001: 498) wurde.[9] Mit ihr manifestiert sich in Deutschland der langfristige
»Mentalitätswandel in der Einstellung zum Alter« (Göckenjan 2000: 327) erst-

---

8 | Zum Hintergrund vgl. Göckenjan (2000: 331): »In typischen Stellungnahmen wird es
dann im folgenden heißen: ›Der Lebens-Feierabend eines Menschen stellt etwas Feier-
liches, Ruhiges, Beschauliches dar. Dieser Mensch hat sein Pensum an Arbeit geleistet,
vielleicht ein ganzes Menschenleben lang geschafft; nun ist er von allen Pflichten er-
löst. Er soll spazieren gehen und seinen Lebensfeierabend frohgemut in ruhiger Freude
verbringen.‹ Das war fraglos ein taktischer Positionswechsel, die Etablierung eines an
Altersgrenzen gebundenen Ruhestands zielt auf Arbeitsmarktentlastung. Es geht darum, die Chancen der Generation im familiengründungsfähigen Alter zu verbessern. Die
für diese Zielsetzung erforderliche materielle Sicherung im Alter bleibt allerdings un-
zureichend und wird über die gesamte NS-Zeit mehr improvisiert als zentralstaatlich
organisiert.« Zu den Zusammenhängen vgl. auch Stolleis 2001: 308ff.

9 | »›Sicherheit im Alter‹ wird in den 50er Jahren für einen kurzen, aber entscheiden-
den Moment zum Signum für das Sicherheitsbedürfnis der gesamten Gesellschaft.«
(Göckenjan 2000: 371; vgl. auch das nachfolgende Kapitel 4.2) Und sie wird dies womöglich in naher Zukunft erneut werden: 51 % der Deutschen erklären in einer repräsentativen Erhebung vom April 2013 das »unwürdige Altern« zu ihrer vorrangigen Zu-
kunftssorge (gefolgt vom möglichen Verlust des Arbeitsplatzes, den 13 % der Befragten
zu ihrer größten Sorge erklären); vgl. SZ vom 11./12.5.2013, S. 8. – Zur Verortung der

mals in rechtlich-institutioneller Form, und es materialisiert sich endgültig der uns heute geläufige Idealtypus des »Altersrentners«.

Die neugeordnete GRV reagiert auf die weitreichenden Veränderungen in der Organisation von industrieller Lohnarbeit und industriegesellschaftlichem Lebenslauf mit einer grundlegenden alterspolitischen Rekonfiguration: Das »Alter« wird jetzt zu einer eigenständigen, vom Berufsleben eindeutig abgegrenzten und abgeschnittenen, entberuflichten Lebensphase, zu einer »Phase des Ruhestandes, der Freistellung von Erwerbsarbeit und der kollektiven Finanzierung der Lohnersatzleistungen« (ebd.: 300; vgl. auch Kohli 1985; Tews 1994). Es sei hier noch einmal ausdrücklich vermerkt: Was uns gegenwärtig so selbstverständlich erscheint, nämlich die Vorstellung und Realität eines arbeitsfreien – erwerbsentpflichteten und einkommensgesicherten – Alterslebens, das sozialpolitisch ermöglichte und gesellschaftlich akzeptierte Lebensführungsmuster des »wohlverdienten Ruhestands«, ist in Deutschland erst seit gut fünf Jahrzehnten etabliert. Der oder gar die AltersrentnerIn, die in existenzgesicherter und legitimierter Weise das Erwerbsleben beenden und ein »Leben danach« beginnen können, sind ein soziales Phänomen der jüngeren gesellschaftlichen Vergangenheit – ein soziales Novum, mit dem bestenfalls die Großeltern unserer Eltern erstmalig Erfahrung machen konnten.[10]

Die institutionellen Neuerungen der 1957er Alterssicherungsreform lassen sich in Form von vier Schlagworten zusammenfassen: Lebensstandardsicherung, Dynamisierung, Äquivalenzprinzip, Umlageverfahren (Hockerts 2011b). Erstmalig erhielt die öffentliche Rente eine Lohnersatzfunktion, »verlor also für langjährig Versicherte den Charakter einer ärmlichen Überlebenshilfe« (ebd.: 71). Die laufenden Renten erhöhten sich auf einen Schlag um durchschnittlich zwei Drittel ihres vorherigen Werts – was viele SozialrentnerInnen nicht nur aus absoluter Armut befreite, sondern auch aus einem Leben »im Schatten des Wirtschaftswunders« (ebd.: 84), dessen materielle Segnungen die Masse der Erwerbstätigen bereits Jahre zuvor zu erfahren begonnen hatten. Lebensstandardsicherung beim altersbedingten Übergang vom Berufsleben ins Rentnerdasein meinte im damaligen historischen Kontext für viele Versicherte schlicht die Gewährleistung ihrer materiellen Existenz auch ohne – bzw. nach der – Erwerbsarbeit. Erst mit dem allgemeinen Wohlstandszuwachs im Zuge

---

Bedeutung öffentlicher »Daseinsvorsorge« im Kontext einer trotz – oder gerade wegen – ihrer individualisierenden Tendenzen »staatsbedürftigen« Gesellschaft vgl. Vogel 2007.

10 | Wer diese Zeilen bei Erscheinen des Buches etwa als 20-jährige/r StudentIn liest, dessen Urgroßeltern wurden bei einer angenommenen Generationsspanne von 30 Jahren um das Jahr 1900 geboren, dürften aber in jedem Fall kaum jünger sein als Jahrgang 1920. Zwischen 1960 und 1985 in Rente gegangen, waren es die Angehörigen dieser »wohlfahrtsstaatlichen Generation« (Bude 2003), denen sich zum ersten Mal die Gelegenheit eines Lebens im Ruhestand bot.

der 1960er und 70er Jahre bekamen das Konzept des Lebensstandards und das sozialpolitische Prinzip seiner Sicherung im Alter lebensweltlich jene »mittelschichtige« Note, die man heute, zumal auch im Lichte regressiver Reformen seit den 1990er Jahren, mit ihnen verbindet. Zur Zeit der Großen Rentenreform bedeutete die Tatsache, dass man nach Beendigung des Erwerbslebens mit einem einigermaßen angemessenen Lohnersatzeinkommen rechnen konnte, für die Allermeisten noch nicht mehr – aber eben auch nicht weniger – als den möglichen »Abschied von der durch Existenzunsicherheit gekennzeichneten proletarischen Lebenslage« (ebd.: 71; vgl. auch Mooser 1983).

Ein zweites Prinzip, das der Dynamisierung der Altersrente, ergänzte den schon in der Lebensstandardsicherung angelegten Prozess der »Einbürgerung« der SozialrentnerInnen in die Wohlstandsgesellschaft der Nachkriegszeit. Mit der Rentenreform 1957 wurde das Leistungsniveau der GRV an die allgemeine Lohnentwicklung gekoppelt – womit die Nicht-mehr-Erwerbstätigen systematisch an den wirtschaftlichen Wertschöpfungszuwächsen beteiligt wurden, jedenfalls soweit und in dem Maße, wie auch die Beschäftigten an ihnen partizipierten. Die zunächst, in den Jahrzehnten hohen und kontinuierlichen Wirtschaftswachstums, allfälligen Lohnsteigerungen der ArbeitnehmerInnen wurden seither quasi-automatisch auch von den AltersrentnerInnen nachvollzogen, in Form alljährlicher Rentenerhöhungen. Das Alter wurde somit – wenn auch abgeleiteter – Teil der in den Jahrzehnten des Booms sich etablierenden »Produktivitätskoalition« (Czada 2004: 129) von Kapital und Arbeit, die Sozialrente faktisch zur Produktivitätsrente: Mit der Dynamisierung wuchs das Leistungsniveau der Alterssicherung ebenso beständig wie absehbar über die Deckung bloßer Existenzsicherungsbedarfe hinaus. Statt »lediglich ein Notbehelf für arme Leute zu sein« (Hockerts 2011b: 71), wurde die Rente nun zur Eintrittskarte des »kleinen Mannes« – als alter Mensch – in die bürgerliche Gesellschaft.

Die durch die Dynamisierung der Alterssicherungsleistungen auf die Dauer ermöglichte materielle Teilhabe auch der Rentnerhaushalte an den Wohlstandseffekten des »Wirtschaftswunders« war wohl eines der bedeutsamsten Unterscheidungsmerkmale des bundesdeutschen Sozialstaats gegenüber jenem der DDR – und vermutlich jenes, das von westdeutscher Seite im sozialpolitischen Systemwettbewerb am offensivsten in Anschlag gebracht wurde. Im staatssozialistischen Deutschland führte die durch die bundesdeutsche Großreform angestoßene Rentendebatte Ende der 1950er Jahre nicht zu fundamentalen Veränderungen bei der Altersversorgung und damit lange Zeit auch nicht zu spürbaren Verbesserungen der »mageren Rentensätze« (Bouvier 2002: 206). Auch die Einführung einer Freiwilligen Zusatzrentenversicherung (FRZ) im Jahr 1968 änderte wenig an der strukturellen Unterversorgung älterer Menschen und ihrer Abhängigkeit von einer Politik unkalkulierbarer und häufig selektiver Rentenerhöhungen: »Das grundsätzliche Problem der

Rentenversicherung der DDR, das vor allem in der fehlenden Dynamisierung und in der Beibehaltung der Beitragsbemessungsgrenze von 600 Mark lag, blieb auch in den achtziger Jahren bestehen.« (Ebd.: 214) Das ideologisch und organisationspolitisch ganz auf die gesellschaftliche Teilhabe der »Veteranen der Arbeit« setzende DDR-Regime (vgl. Kapitel 4.5) wurde diesem selbstgesetzten Anspruch, jedenfalls was die Rentenzahlungen anging, keineswegs gerecht (Schmidt 2001: 749).

In der Bundesrepublik wurden Dynamisierung und Lohnersatzfunktion der Rente kongenial ergänzt durch das Äquivalenzprinzip. Die 1957er Reform sah keine Grundsicherung vor (wohl aber eine Grenze der Versicherungspflicht bei den höheren Einkommen) und setzte die lohnbezogenen Beitragsleistungen der Versicherten in ein recht enges Entsprechungsverhältnis zu deren beitragsbezogenen Rentenansprüchen: je höher das Erwerbseinkommen, umso höher tendenziell auch die zu erwartende Rentenhöhe. Genaugenommen führte die neu konstruierte Rentenformel daher zu einem System relativer Statussicherung: Die primären, durch die je unterschiedliche Positionierung auf dem Arbeitsmarkt bedingten Einkommensdifferenziale wurden institutionell übersetzt in ein sekundäres, sozialpolitisch hergestelltes Gefälle der Renteneinkünfte. »Im Kern beruhte die Rentenreform also auf dem Leitbild des liberalen Leistungsprinzips« (ebd.: 84) – bzw. auf einer rentenrechtlichen Fortschreibung berufsständischer Differenzierungen, die im sozialpolitischen Diskurs der folgenden Jahrzehnte allerdings stets unter dem normativen Deckmantel der »Leistungsgerechtigkeit« verhandelt wurden.[11]

Zwar enthielt die GRV in Gestalt von diversen bei der Rentenberechnung zu berücksichtigenden Ersatz-, Ausfall- und Zurechnungszeiten durchaus Elemente des sozialen Ausgleichs. Doch galt es ausdrücklich nicht als sozialpolitische Aufgabe, »Verzerrungen in der Lohnstruktur nachträglich auszugleichen« (ebd.: 85). Insofern reproduzierte die Rentenversicherung die strukturellen Ungleichheiten des Erwerbssystems weitgehend ungefiltert, in ihrer Sicherungsfunktion war sie »vor allem auf die voll erwerbstätigen, hinreichend verdienenden, in der Regel männlichen Arbeitnehmer zugeschnitten« (ebd.). Beschäftigte mit unterbrochenen Berufsbiografien oder mit einem dauerhaft niedrigen Erwerbseinkommen wurden durch das rentenrechtliche Äquivalenzprinzip strukturell benachteiligt – eine institutionalisierte Ungleichheitsstruktur, die insbesondere und systematisch Frauen traf (Allmendinger 1994), deren Erwerbsbeteiligungsmuster häufig von kindererziehungsbedingt

---

11 | Das Äquivalent zu diesen berufsständischen Differenzierungslinien waren in der DDR-Alterssicherung die zahlreichen Sonder- und insbesondere Zusatzversorgungssysteme für staatsnahe Berufsgruppen. »Auch wenn [...] das Rentensystem tendenziell nivellierend wirkte, schuf das Regime mit seiner Sozialpolitik dennoch ein neues Schichtungsgefüge und regimespezifische ›Versorgungsklassen‹.« (Bouvier 2002: 219)

längeren Auszeiten (bzw. einem späten Arbeitsmarkteintritt) bei gleichzeitig hohem Teilzeitbeschäftigungsrisiko in Niedriglohnsektoren geprägt waren (und tendenziell bis heute sind). Im Ergebnis weisen ältere Frauen seit Jahrzehnten etwa doppelt so hohe Armutsquoten auf wie ältere Männer (Seils 2013: 363f.).[12]

Überwölbt und in gewisser Weise auch übertüncht wurde diese rentenpolitische Ungleichheitsstruktur jedoch durch die im neuen Finanzierungsmodus des Umlageverfahrens gründende Vorstellung der Altersrentenversicherung als Ausdruck eines gesellschaftlichen »Generationenvertrags«. Die BeitragszahlerInnen bauen dabei keinen Kapitalstock zur Sicherung ihres eigenen Rentenanspruchs auf, sondern reichen ihre Beiträge gewissermaßen unmittelbar an die aktuellen RentenbezieherInnen weiter – in der institutionell gesicherten Erwartung, dass die nachfolgenden Erwerbstätigenkohorten ebenso verfahren werden und die Rentenanwartschaften der dann nicht mehr erwerbstätigen ehemaligen Beitragszahlerkohorten einlösen werden. Der Verzicht auf die Anhäufung von riesigen Deckungskapitalsummen hatte – nicht zuletzt angesichts der deutschen Inflationserfahrungen – durchaus gute makroökonomische Argumente auf seiner Seite. Wichtiger jedoch dürfte das mit dem Umlageverfahren verbundene moralökonomische Motiv gewesen sein: Aus einer bloßen versicherungstechnischen Finanzierungsfrage erwuchs das sozialpolitische Konstrukt einer umfassenden, intergenerationalen – und damit überhistorischen – Risikogemeinschaft, die Vorstellung eines durch die immer wieder sich erneuernde Solidarität zwischen den Generationen geflochtenen »sozialen Bandes«, das den Einzelnen zu einem Teil von etwas Größerem, eines scheinbar gesellschaftsweiten Reziprozitätszusammenhangs, werden lässt (Lessenich 1999).

Was sich mit der – in jedem Sinne »großen« – Rentenreform von 1957 vollzieht, ist mithin eine doppelte Aufwertung des Alters. Ökonomisch wird jedenfalls für den männlichen Normalarbeitnehmer »die Gefahr deprimierender Altersarmut gebannt und eine neue Normalität begründet: die Sicherheit des Ruhestands« (Hockerts 2011b: 85). Symbolisch wird der arbeitnehmerische Ruhe-Stand dadurch geadelt, dass die Rentenzahlungen diskursiv als »Alterslohn für Lebensleistung« legitimiert und so in die Rechtfertigungsordnung der Leistungsgesellschaft integriert werden. Eine weitere Dopplung dieser symbolischen Aufwertung wird zudem dadurch vorgenommen, dass das sozialversi-

---

12 | Der erneute Anstieg der Altersarmut in allerjüngster Zeit hat zudem dazu geführt, »dass die Armut der Frauen über 75 Jahren schon heute den Wert für die weibliche Gesamtbevölkerung übersteigt« (Seils 2013: 364). – Auch in der DDR lagen im Übrigen die Rentenansprüche von Frauen – bei ohnehin insgesamt niedrigem Niveau – deutlich unter denen der Männer: »So betrug die Altersrente 1983 bei Männern etwa 410 Mark, die von Frauen lediglich 314 Mark.« (Bouvier 2002: 219)

cherungsrechtliche Sicherungsarrangement in der offiziellen Begleitsemantik (»die Rente ist sicher«) selbst als gesichert ausgewiesen wird.[13] Zugleich trägt das neue Alterssicherungsregime aber auch Elemente der Abwertung in sich. Und dies nicht nur mit Blick auf die Ambivalenz einer zwar materiell versorgten, aber eben doch auch zwangsweise erfolgenden Ausgliederung der Älteren aus dem aktiven Erwerbsleben. Darüber hinaus kommt es – gerade im Lichte des sozialpolitischen »Sündenfalls« einer arbeitsfreien Versorgung breiter Bevölkerungsschichten – zu einer »Sozialpolitisierung« des Altersdiskurses auch in dem Sinne, dass die Alten zur finanziellen Last stilisiert werden (oder jedenfalls werden können): zu »Kostgängern« wahlweise des Sozialstaats, der ihn (und sie) finanzierenden Erwerbstätigen bzw. der jüngeren Generation.

Wie auch immer: Im Guten wie im Schlechten vollzieht sich rund um die Große Rentenreform der sozial- und mentalitätspolitische Paradigmenwechsel, wonach das Alter eine erwerbsarbeitsbefreite Lebensphase sein soll. Die 1950er Jahre stellen in diesem Sinne die wesentliche »Drehscheibe« (Göckenjan 2000: 362) einer langfristigen gesellschaftlichen Entwicklung hin zur gegenwärtigen »Denkform des Alters« (ebd.) dar, lassen es zu dem werden, was es seither ist: »eine eigenständige Lebensphase, die sozial strukturiert ist und von den einzelnen spezielle Anpassungs- und Sinnstiftungsleistungen fordert« (ebd.). Die 1957er Reform ist mithin Ausdruck und Motor gleichermaßen eines grundlegenden Wandels in der Moralökonomie des Alters (Kohli 1987a): Erst mit ihr und über sie vermittelt setzt sich die arbeitsgesellschaftlich höchst voraussetzungsvolle und eigentlich ganz unwahrscheinliche Vorstellung, dass erwerbsfähige Menschen allein aufgrund des Erreichens eines bestimmten chronologischen Alters legitimer Weise in den Status bezahlter Nicht-Erwerbsarbeit wechseln können sollen, auch als lebensweltliche Praxis und alltagspraktische Normalität durch.

Die kurze Geschichte des Rentner-Daseins beginnt in Deutschland also – streng genommen – erst im Jahr 1957. Von der damaligen Reformgesetzgebung ausgehend dehnt sich die GRV – und mit ihr der deutsche Sozialversicherungsstaat als solcher – nach und nach in einer konzentrischen Kreisbewegung aus, durch die immer neue Bevölkerungsgruppen wie auch zusätzliche soziale Risiken in die öffentlich-rechtliche Sicherungsarchitektur einbezogen werden (Achinger 1958; Ritter 1998: 89ff.; Kaufmann 2003a: 281ff.). Der nachfolgenden Rentenreform 1972 kommt in diesem Kontext eine doppelte historische Bedeutung zu. Denn auf der einen Seite muss sie in gewisser Weise – jedenfalls

---

13 | Dieser Sicherheitsdiskurs »zweiter Ordnung« stützt sich einerseits auf die erwiesenermaßen krisenfeste Finanzierungstechnologie des Umlageverfahrens, andererseits auf den durch höchstrichterliche Rechtsprechung festgestellten Eigentumsschutz von Rentenanwartschaften, die daher als individuelles »Sozialeigentum« (Castel 2005: 41) gelten können.

rückblickend – bereits als anachronistischer Akt gelten, folgt sie doch noch ganz einem sozialpolitischen Expansionskurs, der bereits ein Jahr später, zu Beginn des langen Krisenzyklus 1973ff., in Frage gestellt werden sollte. Begleitet wurde diese letzte Phase einer Ausweitung sozialer Rechtsansprüche von einem Paradigmenwechsel in der Altenhilfe, die sich in den 1970er Jahren – vor dem Hintergrund einer deutlich verbesserten materiellen Versorgung der Rentnerhaushalte – von der »Problemsicht des einsamen alten Menschen der fünfziger Jahre« (Baumgartl 1997: 173) zu emanzipieren begann und stattdessen programmatisch das im alterswissenschaftlichen Diskurs der Zeit bereits durchgesetzte »Leitbild des aktiven Seniors« (ebd.) übernahm.

Auf der anderen Seite aber weist das 1972er Rentenreformgesetz, mit der Einführung der flexiblen Altersgrenze, schon insofern in die Zukunft der deutschen Alterssicherungspolitik, als diese dann vor allen Dingen in den 1980er Jahren (sowie später noch einmal in den ersten Jahren nach der Wiedervereinigung) auf die massiven Krisenphänomene am Arbeitsmarkt mit der Etablierung und Ausweitung des Frühverrentungsregimes reagiert, für das die deutsche Alterssicherungspolitik im internationalen Vergleich geradezu beispielhaft[14] steht (Ebbinghaus 2006: 85ff.). Es beginnt hier eine Politik des »goldenen Handschlags«, die sich neuerlich als eine Sozialpolitik zum Schutz des produktiven Kerns der Erwerbstätigen deuten lässt – und die mit der Institution des »Vorruhestands« (Kohli 1987b) zugleich die materielle wie kulturelle Basis für den Aufstieg jener Jungen Alten schafft, deren Lebenswelt und Lebensstil nach 1980 zum Inbegriff des Rentnerlebens werden.

4.2 SICHERHEIT, KOMPETENZEN, POTENZIALE: DAS ALTER IN WISSENSCHAFTLICH-POLITISCHEN SCHLÜSSELTEXTEN

Bevor im weiteren Verlauf dieses Kapitels die empirisch identifizierten Altersdispositive des Ruhestands, Unruhestands und des Produktiven Alters in ihrer Struktur und Dynamik beleuchtet werden, sind aus ausgewählten Schlüsseltexten der vergangenen Jahrzehnte die Leitkategorien des bundesdeutschen Altersdiskurses heraus zu präparieren. Im Mittelpunkt des Interesses sollen dabei begrifflich-sinnlogische Verknüpfungen, die Verankerung dieser Leitkategorien im jeweiligen historisch-sozialen Kontext sowie ihr Charakter als Überleitungssemantiken zwischen den von uns identifizierten Altersdispositiven stehen: So diente das seit den späten 1950er Jahren etablierte Wissen über das »gesicherte Alter« in der historischen Rückschau als Grundlage für die Entdeckung des »kompetenten Alters« in den 1980er Jahren; diesem wiede-

---

14 | Allerdings seit geraumer Zeit im Sinne eines Negativbeispiels; vgl. dazu prominent Esping-Andersen 1996.

rum konnten, nachdem es sich zwischenzeitlich als gesellschaftliches Deutungsmuster durchgesetzt hatte, seit den 2000er Jahren spezifische »Potenziale des Alters« zugeschrieben werden.

Die hier zu analysierenden Texte wurden nicht als Schlüsseltexte »geboren«, sondern erwiesen sich erst im Zuge und im Kontext unserer Analysen als solche: als Weichensteller und Impulsgeber, Bezugspunkte und Referenzgrößen nämlich der verschiedenen historischen Phasen einer gesellschaftlichen Neuverhandlung des Alters in der Bundesrepublik. Auch wenn sie also darstellungstechnisch den nachfolgenden Dispositivanalysen vorangestellt werden, stellten sie forschungsdramaturgisch Entdeckungen dar, die sich erst aus der fundierten Kenntnis der einschlägigen Primär- und Sekundärliteratur sowie ersten Auswertungen unseres die politisch-medialen Debatten rund um das Alter seit den 1980er Jahren abbildenden Textkorpus ergaben und ergeben konnten. Die im Folgenden wiedergegebene Feinanalyse dieser Schlüsseltexte vermochte dann ihrerseits, im Sinne eines Verfahrens zirkulärer Erkenntnisaufschichtung, unsere weiteren Arbeiten zur Rekonstruktion historischer Wissensordnungen des Alters für je dispositivspezifische Aussagenverknüpfungen und Argumentationsweisen zu sensibilisieren.

Nicht zufällig sind die zur Rekonstruktion und Verdichtung von Leitkategorien sich anbietenden Texte in ihrer Entstehung und Verbreitung jeweils an der Schnittstelle von Wissenschaft und Politik verortet.[15] Denn das Alter gewinnt seine Gestalt als Sozialkategorie und Interventionsfeld moderner Gesellschaften in eben diesem wissenschaftlich-politischen Zwischenfeld gesellschaftlicher Deutungsproduktion.[16] Und es waren in der Geschichte der bundesdeutschen Alterspolitik immer wieder als Experten, Politikberater oder Amtsträger engagierte WissenschaftlerInnen, die das öffentliche Bild vom Alter und das gesellschaftliche Wissen über alte Menschen – als gesicherte, kompetente oder/und potenzialreiche Alte – maßgeblich mitgeprägt haben.

---

15 | Es handelt sich dabei erstens um den so genannten »Schreiber-Plan«, der Ende der 1950er Jahre von großem rentenpolitischen Einfluss war; zweitens um Texte des Wissenschaftlerpaars Paul und Margret Baltes sowie der Gerontologin und zeitweiligen Bundesministerin Ursula Lehr, die je auf ihre Weise entscheidende StichwortgeberInnen für die kompetenzorientierte Wende der deutschen Altenpolitik seit den 1980er Jahren gewesen sind; schließlich drittens, aus dem vergangenen Jahrzehnt, um zwei Altenberichte der Bundesregierung, die seit jeher als institutionalisiertes Scharnier zwischen wissenschaftlichen und politischen Altersdiskursen fungieren.

16 | Vgl. allgemein zur Verwissenschaftlichung des Sozialen als Signum gesellschaftlicher Modernisierungsprozesse Raphael 1996.

Existenz sichern: Das Alter gemäß dem Schreiber-Plan

Sicherheit, im politischen Sprachgebrauch ein ebenso häufig bemühter wie »abstrakter Programmbegriff« (Kaufmann 2003b: 74), gewinnt in gesell-schaftlichen Krisenzeiten – und als eine solche darf das Nachkriegsjahrzehnt bundesdeutscher Geschichte mit Sicherheit gelten – sehr konkrete Realität. Die bloße Sicherheit der materiellen Existenz stand in den 1950er Jahren für viele Menschen auf der Liste ihrer persönlichen Wertideen aus verständlichen Gründen ganz oben. In diesem Kontext rückte das Motiv der Sicherheit der Altersexistenz vorübergehend ins Zentrum der gesellschaftspolitischen Dis-kussion. Und in dieser Diskussion verknüpfte sich das Motiv unmittelbar mit institutionellen Assoziationen – der Rentenversicherung und der Altersrente –, die in der historischen Figur des gesicherten Sozialrentners schon bald perso-nifizierte, ja geradezu verkörperlichte Gestalt annahmen.

Im Jahr 1955 legte Wilfrid Schreiber (1904-1975), Wirtschaftsprofessor und langjähriger Geschäftsführer des Bundes Katholischer Unternehmer, eine Denkschrift zu der vom damaligen Bundeskanzler Adenauer geplanten »Gro-ßen Sozialreform« vor. Seine teilweise sehr detailliert ausgearbeiteten Vorstel-lungen für eine Neugestaltung der öffentlichen Alterssicherung dienten der Ministerialbürokratie der Adenauer-Regierung gleichsam als regulierungs-technischer Steinbruch, so dass Schreiber faktisch entscheidende Elemente der Rentenreform von 1957 – und damit wesentliche Konstruktionsprinzipien der Nachkriegsrentenversicherung[17] – vorwegnahm. Als Schlüsseltext für die Debatten der Zeit erweist sich dieser Text aber nicht nur wegen seiner institu-tionenpolitischen Bedeutung mit Blick auf das seither als »Kernstück der so-zialen Sicherheit« (11)[18] im deutschen Sozialversicherungsstaat geltende Alters-sicherungssystem. Er ist dies vor allen Dingen in dem eingangs angedeuteten Sinne, dass er ausdrücklich die durch eine fundamentale Verunsicherung ge-kennzeichnete »Lebenslage des Menschen im Zeitalter des Industrialismus« (6) zum Ausgangspunkt seiner Überlegungen macht und folgerichtig die zu-künftige Form der Vergesellschaftung des Alters unter ein eingängiges Motto stellt: Es sei das elementare Sicherheitsbedürfnis, »das inbrünstige Verlangen des heutigen Menschen nach Existenzsicherheit« (6), das eine zeitgemäße Politik für das Alter in Rechnung zu stellen habe und befriedigen müsse.

Die übergroße Mehrheit der Bevölkerung, so Schreibers Diagnose, bestrei-te ihren Lebensunterhalt aus Arbeitseinkommen, die allermeisten Familien

---

17 | Namentlich deren Finanzierung im Umlageverfahren sowie die produktivitäts-orientierte Dynamisierung der Renten (vgl. Kapitel 4.1).

18 | Alle Seitenhinweise in diesem Abschnitt beziehen sich, soweit nicht anders ver-merkt, auf den Schlüsseltext »Existenzsicherheit in der industriellen Gesellschaft« (Schreiber 2004).

gründeten ihre Existenzsicherung auf das durch die Wechselfälle des Lebens – Krankheit, Invalidität, Alter – stets gefährdete Arbeitsvermögen ihres Ernährers. Daher sei die Sicherung eines stetigen Einkommensflusses für die Arbeitnehmerhaushalte bzw. die »Verteilung des Lebenseinkommens auf die drei Lebensphasen: Kindheit und Jugend, Arbeitsalter und Lebensabend« (8) die bedeutsamste soziale Frage der Zeit – das »vitale Problem des Industrialismus« (23), für das ebenso dringend wie nachhaltig »institutionelle Sicherungen« (39) gesucht und gefunden werden müssten. Die Vorstellung des Alters als potenzielle »Altersnot« (Göckenjan 2000: 370) und die Forderungen nach einer effektiven Politik gegen die grassierende Altersarmut prägen nicht nur den im engeren Sinne sozialpolitischen Diskurs der 1950er Jahre. Sicherheit im Alter wird vielmehr »für einen kurzen, aber entscheidenden Moment zum Signum für das Sicherheitsbedürfnis der gesamten Gesellschaft« (ebd.: 371).[19] Um sie herzustellen, propagiert Schreiber einen umfassenden, intergenerationalen »Solidar-Vertrag« (24) der »Gesamtheit aller Arbeitstätigen« (32),[20] wie er dann – wenngleich nicht wie von ihm befürwortet als einheitliche und bürgerversicherungsähnliche »Volksrente« (19) – 1957 auch tatsächlich institutionalisiert wurde.

Zwar wurde der Ruhestand im Sinne eines durch kollektive soziale Sicherungssysteme der materiellen Not enthobenen und am wachsenden Wohlstand der Nation teilhabenden Alters damit zum »Kernelement der öffentlich ratifizierten Moralökonomie« (Kohli 1987a: 412) der westdeutschen Nachkriegsgesellschaft. Aber die politischen Rechtfertigungsdiskurse der Großen Rentenreform kamen – und auch hierfür steht der Schreiber-Plan exemplarisch – bemerkenswerterweise ganz ohne explizite Ruhestandssemantik aus. Vor allem anderen um Existenzsicherheit nach der Erwerbsarbeit, um die finanzielle Sicherung der Altersexistenz ging es in den öffentlichen Debatten der Zeit, nicht jedoch um die sozialpolitische Ermöglichung bestimmter – arbeitsentlasteter, leistungsentpflichteter, freizeitorientierter – Muster der Lebensführung älterer Menschen. Das »Rentnerideal« (Schelsky 1965: 213) der ausgehenden 1950er Jahre ist zuallererst geprägt durch die »Erwartung der materiellen Sicherheit im Alter und das dazugehörige Berechtigungsbewußtsein kollektiver Sicherung« (ebd.). Die Vorstellung und gesellschaftliche

---

19 | Vgl. in diesem Sinne zeitgenössisch auch Helmut Schelsky: »›Sicherheit im Alter‹ ist als eine der wenigen noch wirksamen sozialen Utopien in unserer Gesellschaft anzusehen.« (Schelsky 1965: 213; vgl. auch Achinger 1958: 80ff.)

20 | Schreibers Beitrag ist auch eine Streitschrift gegen einen interventionistisch-paternalistischen Staat und - ganz in sozialkatholischer Tradition - für eine subsidiäre, quasi-genossenschaftliche Solidarhaftung der ArbeitnehmerInnen untereinander, die ihnen »den Stolz der Selbstverantwortung, das Bewusstsein der Eigenständigkeit, das Gefühl der Sicherheit aus eigener Kraft« (14) vermitteln solle.

Rede vom Ruhestand als einer spezifischen Lebensform kommt hingegen erst später auf – zu einer Zeit, zu der sich der wissenschaftlich-politische Diskurs bereits weiterentwickelt hat.

Der Bedeutungshorizont des Alters und der Alten als RentnerInnen wird somit zu Beginn der bundesdeutschen Sozialgeschichte durch die Verknüpfung der Wissenselemente *Arbeit/Einkommen/Sicherheit/Solidarität* hergestellt: Den Alten ist durch versicherungsgemeinschaftliches Handeln Einkommenssicherheit zu gewährleisten.[21] Die damit sozialpolitisch konstituieren SozialrentnerInnen »verwandeln sich erst im Laufe der späten 1960er und 1970er Jahre in Ruheständler« (Göckenjan 2000: 375), also in RepräsentantInnen einer spezifisch nacherwerblichen Lebensweise, »ebenso wie aus den Alten in den 1980er Jahren Senioren werden« (ebd.). In dieser letztgenannten Bezeichnung schwingt dann schon das in den öffentlichen Debatten der 50er Jahre noch gänzlich abwesende »kulturelle Dilemma des Ruhestandes« (Kohli 1987a: 413) mit, das später darin gesehen werden wird, dass den rentenversicherten ArbeitnehmerInnen im Zuge ihres Lebens »zuerst Aktivität und Arbeitsorientierung und danach Passivität und Freizeitorientierung angesonnen wird« (ebd.) – ein biografischer Bruch, der die alterswissenschaftlichen ExpertInnen spätestens in den 1970er Jahren intensiv beschäftigt.

Kompetenzen erkennen und anerkennen: Das Alter gemäß Baltes und Lehr

Genau an den Problemen des Übergangs ins Rentenalter setzen dementsprechend seit den späten 1970er Jahren wissenschaftlich-politische Diskursinterventionen an, die für die Fortführung von Aktivität und Arbeitsorientierung auch nach dem Erwerbsleben plädieren. Vor dem Hintergrund eines mit der Rentenreform als gesichert gewussten und verstandenen Alters entsteht in den so gerahmten Diskussionen das Bild einerseits von im Zustand körperlich-geistiger Unterforderung und fürsorglicher Vernachlässigung lebenden RentnerInnen, andererseits von spezifischen Alterskompetenzen, die es individuell wie gesellschaftlich zu erkennen und anzuerkennen gelte. Bedeutsame ProtagonistInnen in der öffentlichen Debatte um das »kompetente Alter« sind mit Paul und Margret Baltes sowie Ursula Lehr u.a. drei Psychogeronto-

---

21 | Dass das Alter seit den 1950er Jahren als »Rentnerdasein« (Göckenjan 2000: 385), als eine »vor allem durch sozialpolitische Arrangements hergestellte und abgesicherte Lebensphase« (ebd.) begriffen wird, leistet zugleich der verbreiteten »Vorstellung einer homogenen Schicht oder Klasse der sozialpolitisch verfaßten Alten« (ebd.) Vorschub. Als RentnerInnen werden »die Alten« gleichsam zu einer sozialen Gruppe erklärt, der dann im Ganzen bestimmte Eigenschaften – z.B. Kompetenzen und Potenziale – zugeschrieben werden können.

logInnen, die seit Mitte der 1980er Jahre jeweils an wichtigen institutionellen Schnittstellen von Wissenschaft und Politik operieren und mit ihren Erkenntnissen zur Entwicklungspsychologie des Alters eine breite politisch-mediale Aufmerksamkeit erzielen.

Paul Baltes (1939-2006), der zuvor lange Jahre an US-amerikanischen Universitäten tätig gewesen war, wurde 1980 Direktor des Max-Planck-Instituts für Bildungsforschung in Berlin und entwickelte dort gemeinsam mit seiner Frau Margret Baltes (1939-1999), ihrerseits Professorin für Psychologische Gerontologie an der Freien Universität, eine Theorie des »erfolgreichen Alterns«. Die Hintergrundidee dieses Konzepts ist allein im sozialhistorischen Kontext gewachsenen wirtschaftlichen Wohlstands und eines von existenziellen materiellen Unsicherheiten befreiten Alters zu verstehen: dass Altern nämlich »nicht nur biologisches Schicksal« (Baltes 2002) sei, sondern der individuellen Gestaltung offenstehe. Zwar lasse sich nicht leugnen, dass der Alternsprozess letztlich nicht zu hintergehen sei: »Wer altert, muss viele schmerzhafte Verluste ertragen.« (Ebd.) Doch könnten die Menschen durchaus »lernen, mit dem biologischen Verlustgeschäft des Alters umzugehen« (ebd.): Erfolgreiches Altern sei »die Fähigkeit, auch im späten Leben eine möglichst positive Gewinn-Verlust-Bilanz zu erzielen« (ebd.) – und der Schlüssel zum Erfolg sei die »adaptive Fitness« (ebd.) jedes Einzelnen.

Nicht nur wissenschaftlich bekannt geworden sind Paul und Margret Baltes mit ihrem Prinzip der »Optimierung durch Selektion und Kompensation« (Baltes/Baltes 1989)[22], das die Idee der lebensalterspezifischen Anpassung an – insbesondere körperliche – Abbauprozesse in ein eingängiges psychologisches Verhaltensmodell[23] überträgt: Erfolgreich alternde Menschen konzentrieren demnach ihre alltagspraktischen Anpassungsanstrengungen auf einige wenige ihnen prioritär erscheinende Lebensbereiche und versuchen dort ihre Leistungen zu verbessern bzw. einen Leistungsabfall durch geeignete Hilfsmittel auszugleichen.[24] Der hinter diesem Modell steckende wissenschaftliche Befund ist »die beträchtliche Verhaltensplastizität alter Menschen« (90) bzw.

---

22 | Alle in diesem Abschnitt folgenden Seitenhinweise beziehen sich, soweit nicht anders vermerkt, auf diesen – das von Baltes/Baltes propagierte Entwicklungsprinzip im Titel tragenden – Schlüsseltext.

23 | Im wissenschaftlichen Diskurs ist als Kürzel auch häufig vom »SOK-Modell« (für »Selektion, Optimierung, Kompensation«) – bzw. im Englischen »SOC-model« – die Rede.

24 | In den wissenschaftlichen Texten und publizistischen Beiträgen der Baltes findet sich diesbezüglich als illustrierendes Beispiel immer wieder der Verweis auf den Umgang des greisen Pianisten Arthur Rubinstein mit seinen altersbedingt sich einstellenden Schwächen im Klavierspiel: »Er habe erst einmal sein Repertoire reduziert und spiele einfach weniger Stücke (Selektion). Diese würde er andererseits häufiger üben (Optimierung). Und schließlich führe er vor schnell zu spielenden Passagen ein leichtes

deren – bis dato systematisch unterschätztes – »Verhaltenspotential« (88): Die meisten älteren Menschen besäßen eine ungenutzte und somit entwicklungsfähige »Kapazitätsreserve« (90), die sich »durch Lernen, Übung und gezieltes Training aktivieren« (ebd.) lasse. Diese Reserve sei zwar altersbedingt begrenzt, ein alter Mensch eben nicht mehr jung; und mit der Höchstaltrigkeit ende irgendwann auch die Plastizität des Alters, gerieten die Individuen – mal früher, mal später – ans absolute Limit ihrer Möglichkeiten zur Verlustkompensation. Wer bis dahin aber seine »Reserven adaptiver Fähigkeiten [zu] mobilisieren« (91) verstehe, könne auch noch im fortgeschrittenen Lebensalter Herr seiner selbst sein und einer persönlichen Zukunft »›guten‹ Alterns« (85) entgegensehen: »Es geht darum, sich nicht nur Gedanken über das Alter zu machen, sondern aktiv gestaltend in diesen Prozeß einzugreifen und ihn nicht als quasi ›natürliches‹ Phänomen passiv hinzunehmen.« (86)

Gegen die Vorstellung eines natürlichen Abbaus von Fähig- und Fertigkeiten im Alter wendet sich auch – und in gewisser Weise radikaler noch – Ursula Lehr, seit 1986 Professorin an der Universität Heidelberg auf dem ersten deutschen Lehrstuhl für Gerontologie und von 1988 bis 1991 als Bundesministerin für Jugend, Familie, Frauen und Gesundheit im Kabinett von Bundeskanzler Kohl tätig. War das »kompetente Alter« bei Baltes und Baltes jedoch konsequent vom Individuum her gedacht – gleichsam als Frage der persönlichen Kompetenzkompetenz, sprich der Entwicklung einer Kompetenz zum Kompetenzerhalt –, so nimmt Lehr diesbezüglich einen Perspektivenwechsel vor (vgl. auch Kapitel 4.3): Ihr geht es nicht um die Meta-Kompetenz als Lebensbewältigungsintelligenz im Alter, sondern viel konkreter um spezifische Fertigkeiten, Fähigkeiten und Erfahrungen älterer Menschen, die die Gesellschaft missachte, weshalb sie die Kompetenzproblematik dezidiert von der Umwelt des alten bzw. alternden Menschen her thematisiert. Zwar spielen die individuellen Verhaltensdispositionen auch bei Lehr – für eine Psychologin selbstverständlich – eine wesentliche Rolle für die positive Gestaltung des Alternsprozesses: »*Dass* wir älter werden, daran können wir nichts ändern. Aber *wie* wir älter werden, das lässt sich schon beeinflussen!« (Lehr 2003: 5; Hervorhebungen im Original) Insofern schließt sie sich durchaus Baltes und Baltes an, wenn sie die wissenschaftlich erwiesene »hohe Plastizität der geistigen Leistungsfähigkeit auch noch im sehr hohen Alter« (Lehr 1988)[25] betont und an die Älteren selbst appelliert, durch fortgesetzte »körperliche, seelisch-geistige und soziale Aktivität« ihre Lebensqualität im Alter zu steigern: »Jeder sollte sich verpflichtet

---

Ritardando ein, so daß [sic!] der Kontrast das Nachfolgende schneller erscheinen lasse (Kompensation).« (Baltes/Baltes 1989: 99; vgl. praktisch identisch auch Baltes 2002.)
25 | Alle weiteren in diesem Abschnitt folgenden Seitenhinweise beziehen sich, soweit nicht anders vermerkt, auf diesen hier als Schlüsseltext ausgewählten Lehrs (»Vom Achtstundentag zum Nullstundentag«) in der *FAZ* (1988_3).

fühlen, alles zu tun, um Abbau, Hinfälligkeit und Pflegebedürftigkeit zu vermeiden. Alt werden und sich dabei wohl fühlen kommt nicht von alleine, ohne eigenes Dazutun.«[26]

Doch worum es Lehr – anders als den Baltes – vor allen Dingen geht, ist weniger die Änderung der Verhaltensweisen Älterer als vielmehr die des gesellschaftlichen Umgangs mit ihnen. Lehr denkt von Wirtschaft und Gesellschaft, Betrieben und Politik her[27] und führt einen wissenschaftlich-politischen Kampf gegen herrschende Altersvorurteile und -stereotype. Es seien die gängigen, institutionell wie selbstverständlich reproduzierten Defizitbilder des Alters und die daraus resultierenden Diskriminierungen Älterer, die an der Wurzel allen Altersübels lägen. Das vorherrschende negative Altersbild insbesondere im betrieblichen und beruflichen Alltag bedeute für viele ältere ArbeitnehmerInnen, »in die Gruppe der Minder-Leistungsfähigen und der besonders ›Schutzbedürftigen‹ eingestuft zu werden« – und damit zum bevorzugten Objekt von Personalanpassungsprozessen und vermeintlich wohltätigen Schonungsaktivitäten zu geraten: »Man weist immer wieder auf die Notwendigkeit hin, ältere Menschen vor den streßbeladenen Anforderungen moderner Arbeitswelt zu ›schützen‹ und ihnen möglichst bald die ›wohlverdiente Ruhe‹ zu gönnen.« Erst die falschen – von unzutreffenden Vorstellungen bezüglich der Leistungsfähigkeit älterer Menschen getragen – Erwartungen der Umwelt führten dazu, dass sich diese dann auch »im Sinne einer ›self-fulfilling prophecy‹ in der Realität einstellen«. Die Älteren seien keine »Problemgruppe«, sondern würden – völlig evidenzwidrig – als eine solche konstruiert: »mit ›55plus‹ wird man zu den Senioren abgeschoben – obwohl man weit gesünder und kompetenter ist, als es unsere Eltern und Großeltern waren!« (Lehr 2003: 4)

Demgegenüber fordert Lehr – als Wissenschaftlerin wie als Politikerin – dazu auf, die Kompetenzen älterer Menschen anzuerkennen: »Wir brauchen das Wissen, die Erfahrung, die Übersicht, die besonderen Problemlöse-Fähigkeiten der Älteren« (ebd.). Die gesellschaftliche Nachfrage nach diesen Kompetenzen sei dabei nicht nur ein Akt ihrer angemessenen Würdigung, sondern zugleich ein Beitrag zu ihrer nachhaltigen Förderung: »Die Leistungserwar-

---

26 | In einem späteren Beitrag Lehrs aus dem Jahr 2003 wird diese individuelle Aktivitätsverpflichtung dann nicht mehr nur mit der Wertidee individuellen Wohlbefindens, sondern im selben Atemzug – und ganz im Sinne eines »produktiven Alterns« – mit dem gesellschaftlichen Nutzen entsprechender Verhaltensweisen in Verbindung gebracht: »Jeder Einzelne hat alles zu tun, um möglichst gesund und kompetent alt zu werden. Damit erhöht er nicht nur seine eigene Lebensqualität im Alter, sondern auch die seiner Angehörigen, seiner Familie – und spart letztendlich der Gesellschaft Kosten.« (Lehr 2003: 5)

27 | Wohl auch deswegen war es Lehr, die in den 1980er Jahren den Weg in die Politik nahm.

tung der Umwelt beeinflußt die Leistungsfähigkeit des Individuums.« Nur in Anspruch genommene Fähigkeiten blieben auch erhalten, wohingegen – in Baltes-Terminologie – nicht-aktivierte Kapazitätsreserven zwangsläufig verkümmerten.[28] In diesem Sinne macht Lehr Front gegen die in den 1980er Jahren in großem Maßstab betriebene Politik der Frühverrentung.[29] Lebenszufriedenheit im Alter habe immer auch »mit ›Gebraucht-werden‹ zu tun« (ebd.: 5), weswegen es darum gehen müsse, auch den älteren Menschen einen anerkannten Platz im System gesellschaftlicher Arbeitsteilung einzuräumen: »die Gesellschaft sollte sich hier verantwortlich fühlen und Möglichkeiten zu einem gesunden, kompetenten Altern nicht gerade einschränken« (ebd.).

In der historischen Gesamtschau der von uns identifizierten Altersdispositive fällt auf, dass die in den beiden hier dargestellten Schlüsseltexten vorgenommene Verknüpfung eines zur Anpassung an die unvermeidlichen Verluste fähigen Alters, dessen Kompetenzen individuell umzusetzen, gesellschaftlich anzuerkennen und politisch zu fördern sind, implizite wie explizite semantische Anschlüsse und Überleitungen zu der Neuverhandlung des Alters an der Wende zum 21. Jahrhundert bereithalten. Dies gilt für die – noch ganz auf die persönliche Selbstgestaltung bezogene – Rede von den Verhaltenspotenzialen älterer Menschen bei Baltes und Baltes wie vor allen Dingen für Lehrs Plädoyer für eine institutionell zu organisierende Nachfrage nach den kompetenten Alten und deren Einbindung in gesellschaftliche Austauschprozesse. Wird auch dieses Plädoyer vorrangig im Interesse der älteren Menschen selbst geführt, so weist die sinnlogische Verkopplung von Nutzung und Anerkennung bereits in die Zukunft nachfolgender Altersdiskurse, denen die Lebenszufriedenheit der Subjekte und zumal Lehrs Gespür für Altersdiskriminierung als normative Maßstäbe weitestgehend abhandenkommen. Womit gerade Lehr hingegen unmittelbar und offenbar auch intentional diskursprägend gewirkt hat, ist ihre konsequente Abwertung des Ruhestands als – im Wortsinne – Zustand der Ruhe bzw. als Sinnbild einer beschaulich-mußevollen Lebensführung im Alter: dass dies das falsche Signal an die Alten ist, daran wird im Zeichen der Kompetenzoffensive öffentlich kein Zweifel mehr gelassen.

---

28 | Interessanterweise benutzt Lehr in dieser Hinsicht bereits ausdrücklich die später im Rahmen der aktivierenden Arbeitsmarktpolitik prominent gewordene Formel »Fördern durch Fordern«.

29 | Es sei eine gesamtgesellschaftliche Aufgabe, den Trend zur »Vorverlegung des Seniorenalters trotz besserer Gesundheit und vorhandener Kompetenz« (Lehr 2003: 4) der Älteren zu beenden und sie stattdessen in angemessener und geeigneter Weise in das Erwerbssystem einzubeziehen.

Potenziale nutzen:
Das Alter gemäß dem Fünften und Sechsten Altenbericht

Die Fremdbeschreibung älterer Menschen als TrägerInnen von Kompetenzen ist in den 1990er Jahren zum *common sense* wissenschaftlich-politischer (aber auch medialer) Debatten um das Alter geworden. In diesem Rahmen entwickeln sich in der Folgezeit jedoch ganz neue Verbindungen von Wissenselementen, die allesamt auf einem fundamentalen wissenschaftlichen Befund beruhen, nämlich dem sich ankündigenden, unvermeidlichen und die deutsche Gesellschaft besonders hart treffenden Faktum des demografischen Wandels. Es ist das zunächst als Bedrohung gedeutete, sodann zur Chance gewendete Szenario einer alternden Gesellschaft, das die Alten als kompetente Ältere in ein neues Licht setzt und den deutungslogischen Ausgangspunkt eines neuen Bildes vom Alter bildet, das sich als Verknüpfung der Wissenselemente *Krise/ Herausforderung/Ressourcen/Potenziale/Produktivität* darstellt. Schlüsseltexte zur Rekonstruktion dieses Sinnzusammenhangs sind die beiden jüngsten von der Bundesregierung in Auftrag gegebenen, in den Jahren 2006 bzw. 2010 der Öffentlichkeit vorgelegten Altenberichte.[30]

Beide Berichte gehen von den »Herausforderungen des kollektiven Alterns der Bevölkerung« (6. AB: 240)[31] für das Gemeinwesen aus und stellen sich die bzw. der Frage, »wie die Produktivität und die gesellschaftliche und wirtschaftliche Innovationsfähigkeit in Deutschland unter den Bedingungen einer alternden und schrumpfenden Gesellschaft sichergestellt werden kann« (5. AB: 262). Die implizite Schlussregel dieser Konklusion besagt, dass bei einer im Durchschnitt älter werdenden Bevölkerung – *ceteris paribus* – mit Produktivitätseinbußen und Innovationsblockaden zu rechnen ist, der gesellschaftliche und wirtschaftliche Wert des Alters wird also zunächst einmal problematisiert. Zugleich aber wird darauf verwiesen, dass es durchaus möglich sei, »[d]ie Herausforderungen des demografischen Wandels zu bewältigen« (5. AB: 47) – allerdings »nur durch ein Umdenken aller gesellschaftlichen Akteure« (ebd.). Als Schlüssel zu solch einer positiven Wendung der demografischen Problematik gelten den ExpertInnen beider Altenberichtskommissionen die von der gerontologischen Forschung – wie gesehen – schon seit Längerem thematisier-

---

30 | Im Jahr 1989 durch die damalige Bundesministerin Lehr im Sinne einer umfassenden Dokumentation und Analyse der Lebenssituation älterer Menschen angeregt, erschien der Erste Altenbericht 1993. Seither wird ein solcher Bericht in jeder Legislaturperiode von einer mehrheitlich mit WissenschaftlerInnen besetzten Expertenkommission erstellt.

31 | Im Folgenden werden bei Zitaten aus den beiden Berichten – von denen jeweils insbesondere die Einleitung und die Zusammenfassung der Schlüsseltextanalyse zugrunde liegen – die Kürzel »5. AB« (BMFSFJ 2006a) bzw. »6. AB« (BMFSFJ 2010) verwendet.

ten Kompetenzen alter Menschen, die im Lichte der bevölkerungspolitischen Herausforderungen nun als »Ressourcen des Alters« (5. AB: 54) gedeutet werden: »Ressourcen, auf die eine Gesellschaft des langen Lebens nicht länger verzichten kann« (ebd.: 258).

Damit ist bereits die logische Verknüpfung angedeutet, die als Dreh- und Angelpunkt der Altenberichtsargumentation fungiert: In einer alternden Gesellschaft sind die Ressourcen der Alten zu nutzen, stellen sie – dies der zentrale (und für den Fünften Altenbericht titelgebende) Begriff eines ganzen Jahrzehnts alterspolitischer Debatten in Deutschland – prinzipiell nutzenstiftende »Potenziale« dar. »Ohne zivilgesellschaftliche Dynamiken und Aktivitäten lassen sich Zukunftsprobleme und Herausforderungen in einer alternden Gesellschaft nicht bewältigen« (6. AB: 78): Lautet so die Problemdiagnose der Altenberichte, gilt ihnen »die Aktivierung des bürgerschaftlichen Engagements als ein Instrument, um zur Lösung der Herausforderungen der gesellschaftlichen Alterung [...] beizutragen« (5. AB: 220) – wobei die Zukunftsaufgabe darin bestehe, »die vorhandenen Potenziale Älterer in stärkerem Maß abzurufen und zu nutzen« (ebd.: 257). Während der Kompetenz-Begriff allerdings ein wissenschaftlich fundiertes Konzept darstellt, ist jener des Potenzials eher als eine alltagssprachliche Anleihe zu verstehen. Als Potenzial wird in den Altenberichten grundsätzlich alles verhandelt, was mögliche demografische Negativeffekte zu kompensieren vermag – eine die Verwendungsweisen des Begriffs bei weitem nicht erschöpfende Auflistung zählt zu den Potenzialen im Alter »neben materiellen Ressourcen insbesondere Gesundheit, Leistungsfähigkeit, Lernfähigkeit, Interesse, Zeit, Erfahrungen und Wissen« (5. AB: 47). Aber auch darüber hinaus gelte es, weitere »ungenutzte, verdeckte oder unentdeckte Potenziale« (5. AB: 263) älterer Menschen »aufzuspüren« (ebd.).

Kontextualisiert wird diese Suche in beiden Altenberichten jeweils durch die Diagnose, dass durch die gesellschaftliche Alterung die Solidarität zwischen den Generationen – und damit Sozialität schlechthin – strukturell gefährdet sei. Die Mobilisierung der Alterspotenziale sei wesentlich auch eine Frage der Generationengerechtigkeit und erlaube es den Älteren, »einen verantwortlichen Beitrag zum Gelingen von Gesellschaft zu leisten« (6. AB: 19). In dem beide Berichte grundierenden Leitbild der »selbstverantwortlichen und mitverantwortlichen Lebensführung« (ebd.) steckt der Grundgedanke, dass ältere Menschen »zu einer (notwendigen) Entlastung nachfolgender Generationen« (ebd.: 22) beitragen können, indem sie »ihre Verantwortung – für die eigene Generation, für jüngere Generationen, für das Gemeinwohl – erkennen und als persönliche Verpflichtung deuten« (ebd.). Angesichts des zur gesellschaftlichen Normalität gewordenen Ressourcenreichtums des Alters könne »davon ausgegangen werden, dass zukünftige Generationen älterer Menschen länger in der Lage sein werden, einen aktiven Beitrag zur Gesellschaft zu leisten und ein gewisses Maß an Reziprozität zwischen den von anderen in Anspruch genommenen und den für andere erbrachten Leistungen aufrechtzuerhalten« (5. AB: 48).

Liest man dies im Lichte älterer Vorstellungen von einem »gesicherten« oder selbst der jüngeren Konstruktionen eines »kompetenten« Alters, so werden die in den Altenberichten angelegten Perspektivenverschiebungen deutlich. Wo nämlich in den 1950er Jahren die gesamtgesellschaftliche Solidarität zugunsten der materiellen Sicherheit der Älteren im Mittelpunkt stand, gelten diese heute als potenzielle Bedrohung einer solidarischen Gesellschaft und als tendenziell nicht ausreichend reziprozierende Partei des gesellschaftlichen Generationenvertrags. Und wo die aktivitätsorientierte Gerontologie an die Stelle des jahrzehntelang vorherrschenden Bildes von einem psycho-physisch defizitären das eines in umfassender Weise kompetenten Alters zu setzen versucht hatte, findet sich hier die mehr oder weniger subtil vermittelte Ahnung von einem Alter, das potenziell vieles könnte, aber seine Möglichkeiten nicht ausschöpft – zu Lasten Dritter. Insofern läuft die Argumentationsstruktur der Altenberichterstattung darauf hinaus, die potenzielle – wirtschaftliche, insbesondere aber gesellschaftliche – »Produktivität des Alters« (5. AB: 50) herauszustreichen und auf die Realisierung dieser produktiven Potenziale zu drängen. Der produktive Umgang mit den individuellen Möglichkeiten sei eine Entwicklungsaufgabe der alten Menschen selbst wie auch ein Handlungsauftrag öffentlicher Instanzen – »die Verpflichtung des Einzelnen, durch eine selbstverantwortliche Lebensführung Potenziale auszubilden und für sich selbst und andere zu nutzen als auch [...] die Verpflichtung des Staates, für Rahmenbedingungen zu sorgen, die Individuen eine angemessene Ausbildung und Verwirklichung von Potenzialen ermöglichen« (5. AB: 53).[32]

Dass die Mobilisierung der Potenziale des Alters dabei auch Grenzen hat, wird in den beiden Altenberichten durchaus problematisiert – wenn auch auf ambivalente Art und Weise. Denn zum einen wird zwar auf die sozialstrukturell bedingt differierenden Verhaltenspotenziale bzw. auf die »mit unterschiedlichem Bildungs- und Schichthintergrund« (5. AB: 191) ungleichen Möglichkeiten ihrer Mobilisierung verwiesen.[33] Zum anderen attestiert insbesondere der jüngste Altenbericht aber selbst chronisch kranken und pflege-

---

32 | Tendenziell lässt sich dabei zwischen dem Fünften und dem Sechsten Altenbericht eine relative Verantwortungsverschiebung zu Lasten der Individuen feststellen: »Das für jeden einzelnen älter werdenden Menschen bestehende Recht, Potenziale zu entwickeln und zu verwirklichen, korrespondiert auch für jeden einzelnen Menschen – im Rahmen der jeweils bestehenden Möglichkeiten – mit Pflichten, nicht nur gegenüber der eigenen Person, sondern auch gegenüber der Gemeinschaft.« (6. AB: 21)

33 | Dies allerdings weniger in den besonders öffentlichkeitsrelevanten, einleitenden und zusammenfassenden Abschnitten als vielmehr in den allenfalls von einem Fachpublikum wahrgenommenen Berichtsteilen.

bedürftigen Älteren »seelische und geistige Stärken« (6. AB: 19), die wiederum als Ressourcen gedeutet werden, deren Nutzung zur Bewältigung existenzieller Grenzsituationen »anderen Menschen durchaus als Vorbild dienen« (ebd.) könne. Damit eröffneten »sich gerade in der Haltung der bewusst angenommenen Abhängigkeit aus ethischer wie aus gesellschaftlicher Perspektive bedeutsame Potenziale« (5. AB: 48) auch noch des hohen und höchsten Alters. Im Lichte solch interpretativer Ausweitungen des Konzepts der produktiven Möglichkeiten älterer Menschen[34] muss tatsächlich als alterspolitische Wahrheitsproduktion der jüngeren Zeit die wissenschaftlich generierte Erkenntnis gelten, dass es »keine Alternative zu einer verstärkten Nutzung der Potenziale älterer Menschen« (ebd.: 263) gibt. Erschien vor einem halben Jahrhundert die Sicherung des Einkommensflusses auch im Alter als das »vitale Problem des Industrialismus« (Schreiber 2004: 23), so ist es heute im Grunde genommen die Vitalität der Alten, die als Lebensversicherung der postindustriellen Gesellschaft gehandelt wird.

4.3 Vom Ruhestand zum »Unruhestand«

Die erste Hälfte der 1980er Jahre stand in der Bundesrepublik – wie in vielen anderen europäischen Ländern auch – ganz im Zeichen der Entberuflichung älterer ArbeitnehmerInnen durch betriebliche, tarifvertragliche und gesetzliche Regelungen zum Vorruhestand – und damit unter dem Vorzeichen einer erheblichen Ausdehnung der Ruhestandsphase (Kohli/Rein 1991; Ebbinghaus 2006). Wie schon in den 1970er Jahren war die vorzeitige Ausgliederung Älterer aus dem Erwerbsleben vor allem beschäftigungs- und generationenpolitisch motiviert. Bereits 1981 setzten die 58er und 59er-Betriebsvereinbarungen bei VW eine politische Debatte über den vorgezogenen Ruhestand in Gang,[35] im April 1984 wurde das auf fünf Jahre befristete Vorruhestandsgesetz »zur Erleichterung des Übergangs vom Arbeitsleben in den Ruhestand« beschlos-

---

34 | Vgl. in diesem Sinne auch Staudingers Konzept der »motivationalen« Produktivität, womit der Sachverhalt gefasst werden soll, »daß man durch die eigenen Ziele und Werte produktiv sein kann, aber auch daß man Ziele und Werte in anderen mit beeinflussen kann. Was bedeutet es zum Beispiel für einen 40jährigen Arbeitnehmer einen 70jährigen Rentner zu kennen, der trotz gesundheitlicher Einschränkungen zufrieden und in Harmonie seine Tage verbringt? Könnte dies nicht eine Lebensperspektive aufzeigen, die auch auf die Lust am gegenwärtigen Leben und Arbeiten zurückstrahlt?« (Staudinger 1996: 345f.)

35 | Beschäftigte wurden unter Anwendung dieser Regel im Alter von 58 oder 59 entlassen, erhielten bis zum 60. Lebensjahr Arbeitslosengeld mit Aufstockung durch den Arbeitgeber und beantragten mit 60 Frührente wegen Arbeitslosigkeit.

sen, das es ArbeitnehmerInnen ermöglichte, ab dem 58. Lebensjahr ohne eine vorangegangene Phase der Arbeitslosigkeit in den Vorruhestand zu gehen. Während sich die Regelungen bei ArbeitgeberInnen, Gewerkschaften und vielen Beschäftigten großer Beliebtheit erfreuten, die Rede vom »goldenen Handschlag« (Kohli/Wolf 1987) Einzug hielt und die *BILD* frohlockte »Mit 58 in Rente – Deutsche begeistert« (BILD 1983_2), löste der Frühverrentungstrend auf Seiten der gerontologischen ExpertInnen heftige Kritik aus, die via *SPIE-GEL* und *FAZ* an die Öffentlichkeit gelangte: »Gefahren der Frühpensionierung« titelte die *FAZ* (1983_4), »Wer nicht arbeitet, wird schneller alt« propagierte der *SPIEGEL* (1983_2), die Rede vom »Pensionierungstod« (FAZ 1984_7) machte die Runde. Problematisiert wird dabei nicht der Ruhestand als solcher, sondern lediglich der (zu) frühe Ruhestand und die »systematische Aussonderung« (SPIEGEL 1983_2) der End-Fünfziger und Anfang-Sechziger. Institutionalisierter Ausdruck dieser Problematisierung ist das erste Modellprojekt mit Altersbezug: ZWAR (»Freizeitinitiativen zwischen Arbeit und Ruhestand«)[36] entstand 1979 in einer Kooperation von IG-Metall, Hoesch-Hüttenwerke AG Dortmund und der Universität Dortmund und zielte auf die psychosozialen Folgeprobleme des frühzeitigen Ausscheidens aus dem Erwerbsleben (Becker/ Rudolph 1994: 65) ab. Zielgruppe waren 50 bis 65-Jährige, deren Selbsthilfepotenziale mit dem Ziel gefördert werden sollten, neue Sinnperspektiven, Handlungsfelder und Sozialkontakte zu erschließen, ohne dass es zunächst um die gesellschaftliche Nützlichkeit der daraus resultierenden Aktivitäten ging (Stanjek 2008: 128).

Die enge Verknüpfung der Institution des Vorruhestandes mit der behaupteten Aussage (Konklusion) des Pensionierungsschocks wird erst durch die Offenlegung der impliziten Schlussregel deutlich, die Institution und Konklusion verbindet: der Annahme eines notwendigerweise sinnentleerten Ruhestands nach der Regelaltersgrenze.[37] Längst nicht alle seien froh, »zu nichts weiter nütze zu sein als zum Verzehr des Lohnersatzes« (SPIEGEL 1988_1). Das sinnerfüllte Leben wird für diese Altersgruppe unauflösbar an die Er-

---

36 | 1990 wird der Freizeitbezug im Titel getilgt und das Programm unter dem Titel »Zwischen Arbeit und Ruhestand« fortgeführt – hier deutet sich bereits die Abkehr von einer reinen Freizeitorientierung des Nacherwerbslebens an.

37 | Vgl. als beispielhafte Verdichtung der Vorstellung eines ruhestandsbedingten sozialen Todes: »Der Tag liegt leer vor ihnen [...]. Die Zeit wird ihnen lang. [...] Das Interesse an der Umwelt erlahmt, zu nichts kann sich ein solcher Rentner mehr aufraffen, nichts macht ihm noch Freude. Er kocht nur noch aus der Dose, den Tisch — wozu noch? — deckt er nicht mehr. Er verkriecht sich in der Wohnung, bis die Nachbarn ihn nur noch als Schatten hinter der Gardine kennen. Wer in der Familie keine Aufgabe mehr hat, weil die Kinder aus dem Hause sind, weil der Partner gestorben ist, erleidet bald den Pensionierungstod, wie die Wissenschaftler das nennen.« (FAZ 1984_7)

werbsarbeit geknüpft,[38] die Kritik am Vorruhestand ist der Sorge geschuldet, dass die mit dem Ruhestand verbundenen Lebensweisen auf die Altersgruppe der Unter-65- bzw. -60-Jährigen übergreifen könnten (FAZ 1984_4). Die Koalition der Vorruhestands-KritikerInnen problematisiert damit vor allem die Strukturen, die ältere ArbeitnehmerInnen in den Vorruhestand zwingen, und – so die Annahme – eine altersinadäquate, vorgezogene Lebensführung des Ruhestands mehr oder weniger aufzwingen.

Die Institution des Ruhestands

Die tiefe soziale Verankerung des Ruhestands als Lebensmodell zeigt sich daran, dass die Nacherwerbsphase weniger über spezialdiskursive Episteme und Wissensordnungen aufgerufen wird – wie wir es später beim kompetenten und produktiven Alter sehen werden – als über Praktiken, Objekte, Körperbezüge und Institutionen. Zwar stieg Anfang der 1960er Jahre die *Disengagement*-Theorie (Cumming/Henry 1961), die von einem unvermeidlichen, durch biomedizinische Prozesse des Abbaus bedingten Rückzug älterer Menschen aus der Erwerbsphase ausging, zum populärsten alterswissenschaftlichen Analysekonzept auf.[39] Es dauerte jedoch nur wenige Jahre, bis der Ansatz wissenschaftlich einhellig als überholt galt (Dallinger/Schroeter 2002: 12), was dem lebenspraktischen Siegeszug des Ruhestands in den 1970er und 1980er Jahren jedoch keinen Abbruch tat. Im Ruhestandsdispositiv ist die Lebensstandard sichernde Rente des Familienernährers verknüpft mit der Idee einer durch lebenslange Arbeit verdienten Entpflichtung und Ruhe (»Rente als Alterslohn«, CDU/CSU 1987: 74; CDU/CSU 1994: 36), der räumlichen Dimension der eigenen vier Wände[40] und des eigenen Gartens (FAZ 1984_7; BILD 1986_1; Super Illu 2008_4) als Sinnbild des Rückzugs aus dem öffentlichen Raum, dem Objekt des Sofas oder Schaukelstuhls[41] als (H)Ort der Geruhsamkeit und körper-

---

38 | »Was will man diesem Kreis, der überdies viel zu jung ist für die gängigen Freizeit- und Beschäftigungsangebote der Altersarbeit, denn als sinnvoll Alternative zum Beruf anbieten?« fragen die Altersforscher Gerhard Bäcker und Gerhard Naegele im *SPIEGEL* (1983_2).

39 | »In our theory, aging is an inevitable mutual withdrawal or disengagement, resulting in decreased interaction between the aging person and others in the social systems he belongs to.« (Cumming/Henry 1961: 14f.)

40 | Tatsächlich verbrachten in den 1980er Jahren verrentete Menschen 80 % ihres Alltags in der eigenen Wohnung (vgl. BMFS 1993: 200).

41 | So wurde in den 1970er Jahren im Westdeutschen Rundfunk (WDR) ein Fernsehformat für ältere ZuschauerInnen eingeführt, das den Titel »Aktion Schaukelstuhl« trug (Hartung 2012: 9).

lichen Inaktivität wie dem Fernseher als Ausweis typischer »Nicht-Aktivität«.[42]
Der typische Ruhestandskörper, der in dieses Dispositiv eingewoben ist, setzt
sich zur Ruhe (auf das Sofa, wobei er hier eher »gammelt« oder »hockt«) und
ist ohne Spannkraft, gebückt, »welkes Fleisch« (taz 1999_4), mit hängenden
Lidern und schlaffen Brüsten (BILD 2006_31). Graue Haare und beigefarbene
bzw. gedeckte Kleidung lassen die RuheständlerInnen unscheinbar und unsichtbar werden (SPIEGEL 1987_1; taz 1989_4). Gerüstet mit Krückstock und
Kukident[43] (BILD 1983_25; FAZ 1983_5) als typische Insignien des Alters ist
die Institution der Kaffeefahrt praktisches Sinnbild der Aktivität des (räum-
lich wie geistig) eingeschränkten Ruheständlers, der sich »abzocken« lässt
(beliebter BILD-Jargon), um aus dem tristen Ruhestandsalltag auszubrechen:
Vor allem RentnerInnen »erliegen der Verlockung, denn so preiswert ist dem
Alleinsein und dem immergrauen Alltag sonst nicht zu entkommen« (SPIE-
GEL 1986_1). Aktivität im Ruhestand ist, das zeigen mediale wie politische
Quellen, entweder häuslich oder von anderen organisiert. Während das in der
Gesetzlichen Rentenversicherung (GRV) institutionalisierte Sicherheits- und
Entpflichtungsversprechen – verdichtet im Topos der »späten Freiheit« – weit-
gehend positiv grundiert und offenkundig so fest verankert ist, dass es selten
elaboriert ausgeführt wird, verweisen die konkreter auf den Ruhestands*alltag*
bezogenen Verknüpfungen auf ein ausgeprägt defizitbehaftetes Bild des (ruheständischen) Alters.

Süchtig nach »Käsekuchen-Kapitalismus«
oder »Die ewige Kaffeefahrt«

Die Kaffeefahrt – eine Institution vergangener Tage wie die Musikkassette, die Telefon-
zelle oder die Klementine aus der Ariel-Werbung. Oder etwa doch nicht? In den von
uns analysierten Medien wird über den gesamten Untersuchungszeitraum hinweg – von
1983 bis 2008 – von einer Vergangenheit berichtet, die offenkundig nicht vergehen will.

---

42 | Sofa und Fernsehen als positive Ruhestandsattribute sind äußerst selten – und
selbst in diesen wenigen Fällen wird die ruhestandstypische Verknüpfung (u.a. Vorzeichen) fortgeschrieben: »Ich gönne mir Faulheit. Auf meinem Sofa die Beine langmachen,
ein Weinchen schlürfen und Sportschau gucken bringt mir mehr als Arbeit.« (Schauspieler Günther Pfitzmann in: BILD 1994_2) Nie finden sich Verknüpfungen anderer Art, wie
z.B. auf dem Sofa zu sitzen und Vokabeln für den Französischkurs zu lernen, auf dem
Sofa liegend mit Freunden zu telefonieren oder Nachrichten zu gucken als Ausdruck
eines politischen Interesses an der Welt.

43 | RTL-Programmdirektor Helmut Thoma begründete Anfang der 1990er Jahre die Tat-
sache, dass die Kernzielgruppe seines Senders zwischen 14 und 49 Jahre alt sei, mit folgender Sentenz: »Die Kukidents überlasse ich gern dem ZDF.« (Zit.n. Kayser 1996: 275)

Schon 1986 warnte die »Stiftung Warentest« laut *SPIEGEL* vor dem »Abenteuerurlaub für Senioren«: Bei den offiziell als »Werbeverkaufsfahrten« firmierenden Busreisen werde »zu gepfefferten Preisen Ramsch angeboten« (*SPIEGEL*). Und dennoch erfreut sich die – schrittweise verbraucherschutzrechtlich regulierte – »Klimbimbranche« (*SPIEGEL*) bei den AdressatInnen nach wie vor ungebrochener Beliebtheit: Von »über 4 Millionen Busabenteurern im Jahr« berichtete die *taz* noch 2003.

Obwohl das »erlebnisorientierte Shopping« (»so der Branchenjargon«, *taz*) alles andere als den Duft der großen weiten Welt verströmt, dem Glanzbild der »Jungen Alten« so gar nicht entspricht und zudem bekanntermaßen ein Hort organisierter Kleinkriminalität ist, scheint es gleichwohl nicht totzukriegen sein. Für nicht wenige Ältere, so mutmaßen *BILD* und – wie stets unter Bezugnahme auf sozialwissenschaftliche Expertise – *SPIEGEL* unisono, sei die Kaffeefahrt eine kurze »Flucht aus dem Alltag« (*BILD*): »Die meisten freuen sich schon, wenn sie überhaupt mal ›unter die Leute kommen‹« (*SPIEGEL*). Dafür nähmen sie dann auch »den Terror von Besteckverkäufern« in Kauf, und zwar immer wieder: »85 Prozent der meist älteren Reiseteilnehmer gelten als Stammkunden« (*taz*). Insofern können Kaffeefahrten, so fürchtet die *tageszeitung*, als eine Form von »Sucht im Alter« gelten, als Morbus Komfortbus gewissermaßen – und da das Durchschnittsalter der Reisenden einer Studie der Gesellschaft für Konsumforschung zufolge bei 66 Jahren liege, sei angesichts der steigenden Lebenserwartung mit einem baldigen Ende der »Kaffeefahrerbewegung« (*taz*) nicht zu rechnen.

Umso drängender stellt sich für den *SPIEGEL* »die Frage nach der sozialen Verträglichkeit dieses Käsekuchen-Kapitalismus« – und die *BILD*, immer besorgt um das Wohl der schwächsten Glieder unserer Gesellschaft, berichtet 2008 ausgiebig über den »Rentner Rainer H. (69) aus Dresden«, für den die Kaffeefahrt nach Berlin »zum Albtraum« wurde: »Weil er sich nicht abzocken lassen wollte, wurde der Rentner an der Autobahn aus dem Bus geschmissen.« Für »Rentner Rainer« gab es deshalb vom Blatt der Heimatvertriebenen und Entrechteten »ein ganz besonderes Präsent: ein Kaffeekränzchen mit *BILD*-Torte und reichlich Kaffee für sich und seine Nachbarn«. Ob Kaffee-Rainer aber tatsächlich aus Schaden klug wurde und in der Folge zuhause geblieben ist? Man weiß es nicht, *BILD* jedenfalls wendete sich in der Folge anderen, nicht weniger skandalösen sozialen Missständen zu.

Bleibt die Frage, ob die Politik nicht endlich der »legalen Verführung« (*SPIEGEL*) gutgläubig-geselligkeitssüchtiger RentnerInnen ein Ende bereiten mag. Immerhin, bei allen Beschwerden über die dubiosen Praktiken der »skrupellosen Kaffeefahrt-Abzocker« (*BILD*) bleibt einstweilen festzuhalten: Dass den Alten dabei – wie dies einem Bericht der *tageszeitung* zufolge bei den Funktionären der Jungen Union gängige Vorstellung vom deutschen Rentneralltag zu sein scheint – »Zucker in den Arsch geblasen« (*taz*) werde, ist bislang jedenfalls noch nicht polizeiaktenkundig geworden.[44]

---

44 | Quellen: »Mit Käsekuchen auf Kundenfang« (SPIEGEL 1986_1); »Kaffeefahrten immer weniger beliebt« (taz 2003_1); »Die Junge Union mag die Alten nicht« (taz 2006_15);

Das Ruhestandsdispositiv wird dadurch etabliert, dass die verschiedenen Elemente des Dispositivs – Praktiken, Körper, Objekte und Institutionen – von einer heterogenen Akteurskoalition in positiver wie negativer Referenz sowie *ex negativo* – d.h. durch die wiederkehrende Betonung dessen, was der Ruhestand alles *nicht* ist[45] – permanent aktualisiert werden. So wird die Verankerung des Ruhestands als Lebensabend ohne Zweck- und Zielbestimmung (»immergrauer Alltag«) durch die dramatische Problematisierung der Frühverrentung in Wissenschaft und Presse eher fortgeschrieben als in Frage gestellt. Die (positive) Begründung der Rente als »Gegenleistung für die Lebensleistung« (CDU/CSU 1983: 25) ruft in der Anfang der 1980er Jahre üblichen Diktion die Deutung auf, dass mit der Lebensleistung im Ruhestand auch das »eigentliche« Leben vorüber sei. Versorgung und Fürsorge treten an die Stelle von gleichberechtigter sozialer Teilhabe: »Unsere älteren Mitbürger brauchen nicht nur eine gute Rente, sondern ebenso das Verständnis und die Zuwendung ihrer Mitmenschen« (CDU/CSU 1983: 25).[46] Die *BILD* und (später) die in den neuen Bundesländern viel gelesene Illustrierte *Super Illu* agieren wiederum als Anwältinnen eines nicht nur verdienten, sondern durchaus fröhlichen Ruhestandsalltags (Super Illu 1997_2). Die *BILD* bescheinigt den RuheständlerInnen, »die freiesten Jahre ihres Lebens [zu] genießen« (BILD 1988_1), wird zur Verfechterin des Vorruhestands (BILD 1983_2) und konzentriert die positiv kodierte Berichterstattung – wie mehrheitlich auch die regionale Presse (vgl. Expertinnengespräch Thimm) – auf die als typisch erachteten Ruhestandsaktivitäten: Seniorenkaffee, Tanztee, Kaffeefahrt und Forsthaus-Filme (z.B. BILD 1983_4). Zeitgleich entsteht jenseits von *BILD*, CDU und Regionalpresse eine Diskurskoalition, die vom »wohlverdienten Ruhestand« nur noch ironisch und in Anführungszeichen, als Schimäre einer vergangenen Zeit, spricht. Aber auch jene, die unaufhörlich die (notwendige) Abkehr von der »Kaffee-und-Ku-

---

»Weil er sich bei der Kaffeefahrt nicht abzocken ließ. Rentner wegen 3 Euro an der Autobahn ausgesetzt« (BILD 2008_21); »Kaffeeklatsch statt Kaffeefahrt« (BILD 2008_38).

45 | Vgl. als Beispiel, wie durch die Präsentation einer außerhäusig aktiven Person die Normalität eines häuslichen Ruhestands bekräftigt wird: »Sich im achten Lebensjahrzehnt endlich zur Ruhe setzen, die behagliche mit eigenen Patchworkarbeiten und zahlreichen Familienfotos geschmückte Wohnung genießen? Weit gefehlt.« (FAZ 2001_6)

46 | FDP und Grüne setzen anders als die Volksparteien CDU und SPD schon in den 1980er Jahren auf Selbstbestimmung und Eigeninitiative im Ruhestand (FDP 1987: 20; Die Grünen 1987: 51f.). Die Grünen sind die ersten, die in ihrem Bundesprogramm von 1980 lebenslanges Lernen zum Thema machen, auch thematisieren sie Fragen der gesellschaftlichen Teilhabe und Diskriminierung: Ältere würden lediglich als Kostenfaktor Berücksichtigung finden und in Heime abgeschoben (Die Grünen 1980: 11). Auffällig ist jedoch bei allen Parteien, dass die Altersthematik in den Wahlprogrammen der 1980er und 1990er Jahre eine vergleichsweise marginale Rolle spielt.

chen-Fürsorge« (SPIEGEL 1987_1) und dem Stillstand des Ruhestands (FAZ 1983_5) propagieren, arbeiten an der gesellschaftlichen Verankerung eben dieses Ruhestandsbildes mit.

Altenarbeit und Altenhilfe

Als institutionalisierter Ausdruck »klassischer« Ruhestandsaktivitäten außer Haus galten lange Zeit die geselligkeitsorientierten Angebote der kommunalen Altenarbeit, die vom Kaffeeklatsch über Lichtbildvorträge bis hin zu musikalischen Darbietungen reichten und seit den 1980er Jahren die Kritik von ExpertInnen und AktivistInnen auf sich zogen (Baumgartl 1997). Die in den Vorruhestand entlassenen Menschen seien, so der Tenor, schlicht »noch zu jung, um sich bei Seniorennachmittagen verbasteln zu lassen« (FAZ 1988_3), und die Grauen Panther kritisieren die Träger der kommunalen Altenhilfe noch Mitte der 1990er Jahre für ihr Angebot, welches »alte Menschen [...] auf bunte Nachmittage mit Kaffee und Kuchen reduzier[e]« (taz 1994_5). Eingebettet in einen grundlegenden Paradigmenwechsel in der Sozialen Arbeit – von der Fürsorge, Betreuung und Bevormundung hin zur Lebensweltorientierung und der Adressierung von KlientInnen als Ko-ProduzentInnen Sozialer Arbeit (Krauß et al. 2007; Seithe 2010) – setzte auch in der (im Vergleich zur Kinder- und Jugendhilfe) wenig institutionalisierten Altenhilfepolitik seit Ende der 1970er Jahre ein langsamer Wandel ein (Aner 2010: 37ff.). Im Sinne der sozialen Bewegungen und der Selbsthilfebewegung der späten 1960er und 1970er Jahre wurden Selbstorganisation und (Hilfe zur) Selbsthilfe in der Sozialen Arbeit zu Lasten einer zunehmend als Entmündigung der KlientInnen begriffenen »Expertokratie« gestärkt.[47] Ende der 1970er, Anfang der 80er Jahre verschiebt sich das Leitbild der offenen Altenarbeit vor diesem Hintergrund vom betreuten Alten zum aktiven Senior, Altenclubs werden offiziell zu Altenselbsthilfegruppen umetikettiert, die Aktivitätskonzepte aber blieben eher diffus (Zeman/Schmidt 2001; vgl. auch Expertengespräch Zeman, Anhang III).[48]

---

47 | Im Wahlprogramm der SPD von 1987 ist zu lesen: »Wir wollen Ideen, Engagement und Erfahrungen der Selbsthilfebewegung für den Sozialstaat nutzbar machen.« (SPD 1987: 24)

48 | »Sinnvolles Leben im Alter – so läßt sich das Leitbild des aktiven Seniors auf einen Nenner bringen – ist angefüllt mit Aktivität, Frohsinn und Geselligkeit. Notfalls auch mit: Aktivität ›an sich‹, Frohsinn ›als solchem‹ und Geselligkeit mit ›wem auch immer‹.« (Schmidt/Zeman 1988: 276f.; vgl. auch Kolland 1996: 15f.) – Für die jüngere Vergangenheit fällt einer unserer Interviewten, Herr Heilbronn, der als ehemaliger Sozialarbeiter bei der Stadt über viele Jahre lang einen Einblick in die Organisation und Struktur der Jugend- und Altenarbeit hatte, ein ähnlich negatives Urteil: Er moniert, dass der Großteil der finanziellen und kreativen Ressourcen in die Jugendarbeit fließe, während

Zudem überwogen in der alltäglichen Praxis die institutionellen Beharrungskräfte, kollidierten konkretere, aktivitätsorientierte Leitbilder, die auf Selbstorganisation und Selbsthilfe setzten, häufig mit den eher geselligkeitsorientierten Wünschen der Älteren (Langehennig 1986). Die Alten, so der Historiker Göckenjan spöttisch, »haben erst noch zu begreifen, daß hinter dem bisherigen Sozialtrödel aus ehrenamtlich umschwirrten Kaffee- und Kartentischen jetzt die Utopie alterskultureller Formen für eine produktive Lebensgestaltung winkt«. (SPIEGEL 1989_4) Verschärft wird die hier aufscheinende Diskrepanz zwischen konzeptionellem Anspruch und konkreter Praxis durch den Umstand, dass Soziale Altenarbeit auf kommunaler Ebene keine hohe Priorität genießt, wird sie doch in Zeiten knapper Kassen häufig als freiwillige Leistung betrachtet, was langfristige, konzeptionelle Planungen erschwert (Hammerschmidt 2010: 29; Aner 2010: 48).

Die Neuen Alten

Der alltäglichen Beharrungskräfte zum Trotz betrat mit der Institutionalisierung und Kritik des Vorruhestands eine neue Sozialfigur – die der Neuen Alten – die gesellschaftliche Bühne. Auf ihrer Jahrestagung 1988 beschäftigte sich die Deutsche Gesellschaft für Gerontologie erstmalig mit diesem Phänomen (Karl/Tokarski 1989). Zunächst wurde die Bezeichnung Neue Alte ausschließlich in problematisierender Weise für die direkt von der Vorruhestandsregelung Betroffenen verwendet, innerhalb sehr kurzer Zeit veränderten sich jedoch sowohl der Tonfall als auch die Gruppe der Bezeichneten: Zunehmend ging es im weiteren Sinne um die Kohorte der in den 1980er Jahren in den Ruhestand eingetretenen – und damit seinerzeit jungen – Alten und die Rede von neuen Chancen des Alters und später Freiheit kam auf (ebd.: 10; Rosenmayr 1983). Bestaunt wie kleine Äffchen, die unerwartete Kunststücke vorführen, werden die Neuen Alten – und das, was sie so alles können und tun, zum Gegenstand der Berichterstattung: »unzweifelhaft«, so der *SPIEGEL* 1987, »mehren sich die Anzeichen dafür, daß die neuen Alten überaus lebendige Wesen sind« (SPIEGEL 1987_1), eine »Aufbruchstimmung unter den Alten« (FAZ 1986_4) wird konstatiert. Es ging nun um eine zunehmend selbstbestimmte und aktive Freizeit- wie Lebensgestaltung, die Erwerbsperspektive (als Antwort auf den Pensionierungstod) trat spätestens mit dem Auslaufen des Vorruhestandsgesetzes 1988 in den Hintergrund: »Die ›neuen Alten‹ gelten als Avantgarde einer Alterskultur, deren Eigeninitiative über den Rahmen von Altenhilfe hinausweist.« (Schmidt/Zeman 1988: 292; Langehennig 1987:

Angebote für Ältere systematisch vernachlässigt würden; von einem anspruchsvollen Konzept, das dem Paradigmenwechsel in der Sozialen Arbeit entspreche, könne nicht im Entferntesten die Rede sein.

210) Dieser Typus wolle nicht mehr betreut werden, sondern »selbst etwas tun« (FAZ 1983_10).

Die Aktivitäten der Neuen Alten sind selbstgewählt und selbstgestaltet, stehen im Gegensatz zur angeleiteten Beschäftigung durch Systeme geschlossener Altenarbeit. Dieser »neue dynamische Rentnertyp« sei zwar noch eine Minderheit, gewinne aber – so die Einschätzung in Wissenschaft und Medien – an Bedeutung. Eingebettet ist diese Diagnose in den sozialwissenschaftlichen Kontext des massiven Aufschwungs der Lebensstilforschung seit Ende der 1980er Jahre (Berger/Hradil 1990) sowie in die wissenschaftliche Konstruktion von »Avantgarde«-Gruppen auch in anderen gesellschaftlichen Feldern (vgl. z.B. die Zeitpioniere bei Hörning et al. 1990). Die von Infratest in Auftrag gegebene, 1991 erschienene Studie »Die Älteren. Zur Lebenssituation der 55- bis 70jährigen« kommt zu dem Schluss, dass die Neuen Alten aus den gehobenen Sozialmilieus stammten und ca. 25 Prozent der 55- bis 70-Jährigen ausmachten. Zur Charakterisierung dieser Alterselite heißt es: »Sie wollen die Chance, die das ›Älterwerden‹ in ihren Augen bietet, aktiv nutzen. Selbstverwirklichung, Kreativität, Persönlichkeitswachstum, Aufgeschlossenheit für das Neue stehen im Zentrum ihrer Lebensansprüche. Lebensgenuss (auch durch Konsum), Mobilität (man reist gern), vielfältige Kommunikation, soziale Kontakte, das Wahrnehmen kultureller Angebote kennzeichnen diesen Lebensstil.« (Infratest et al. 1991: 86)

Im Gegensatz zur chronologischen Unterscheidung von drittem und viertem Alter, die in den 1990er Jahren einflussreich wird, ist das Phänomen der Neuen Alten zunächst ein generationenspezifisches und soziales: Der/die Neue Alte ist – wie gemeinhin festgestellt – »zunehmend mündiger [...] und auf vielen Gebieten aufgeschlossener als seine Vorgängergeneration« (SPIEGEL 1987_1), zugleich aber auch privilegiert gegenüber Gleichaltrigen. Da seien »einerseits die ›armen Alten‹, die auch in Zukunft an der Sozialhilfegrenze leben werden und die nach einem harten Arbeitsleben mit Brieftauben und Bastelzirkel in Ruhe gelassen werden wollen. Und andererseits die ›Alten-Yuppies‹, die ›kompetenten, autonomen alten Menschen‹, die im Rentenalter die Palette von Reise- oder Bildungsangeboten ausschöpfen und als ›fidele Alte‹ mit allem zu tun haben möchten, nur nicht mit dem Alter.« (taz 1989_4) Das öffentliche Interesse für die Freizeit- und Aktivitätskultur der Neuen Alten ist in den 1980er und frühen 1990er Jahren eingebettet in einen gesellschaftlichen Kontext, in dem angesichts steigender Arbeitslosigkeit, sinkender Wochen- und Lebensarbeitszeit sowie der Entstehung einer neuen Freizeitkultur und -industrie (Opaschowski 1985) die Krise bzw. das Ende der Arbeitsgesellschaft debattiert wird (Matthes 1983). Gesamtgesellschaftlich wird eine »wachsende Freizeitorientierung« (Vollmer 1986: 19) konstatiert, Diagnosen der Erlebnis- und Multioptionsgesellschaft (Schulze 1992; Gross 1994) werden weit über das wissenschaftliche Feld hinaus popularisiert, womit auch die Nacherwerbsphase in einem neuen Licht erscheint. Vor diesem Hintergrund hält es der Alters- und Lebenslaufforscher Martin Kohli Ende der 1980er Jahre noch für möglich, »daß sich die Gesellschaft als ganze in Richtung auf eine neue Kultur der Muße oder einen generalisierten Hedonismus entwickelt« (SPIEGEL 1987_1) – tatsächlich wird es nicht lange dauern, bis sich das Gegenteil als richtig erweist.

Mit Blick auf die neuen »Freizeit-Alten« sowie im Kontext des Erstarkens neuer sozialer Bewegungen (Klein et al. 1999) hielt ein weiteres Phänomen Einzug: Ältere Menschen wurden erstmalig zu Akteuren der Altenpolitik, »altenpolitischer Aktivismus« (Neckel 1993) im Sinne einer politischen Selbsttätigkeit von Älteren trat neben die vorherrschende Politik *für* Ältere (Reggentin/ Dettbarn-Reggentin 1990; Roth 1989). 1987 und 1988 fanden die vom 1986 gegründeten Seniorenring e.V. veranstalteten ersten Seniorentage statt, im zweiten Jahr unter dem selbstbewussten Motto: »Alt – na und?« Es folgte die Gründung der Lobbyorganisation Bundesarbeitsgemeinschaft der Seniorenorganisationen (BAGSO) im Jahr 1989 und die Gründung der Partei Die Grauen (Graue Panther) durch die zeitweilig in den Medien recht präsente Trude Unruh (vgl. im Überblick: Aner 2010: 38f.). Der *SPIEGEL* attestierte der Partei durchaus Erfolgsaussichten, wachse doch die Zielgruppe, die Parteienbindung nehme ab und »die zunehmende Altenfeindlichkeit der Gesellschaft [könnte] eine Solidarisierung der Senioren erzeugen« (SPIEGEL 1989_3). Auch die *taz* ist zunächst sehr optimistisch bezüglich der Schlagkraft der organisierten Alten: »Wenn die Panther mit ihren Protestplakaten vor ein Altenheim ziehen oder sich in eine Anti-AKW- oder Friedensdemonstration einreihen, da bekommen vielleicht auch einige Politiker eine Ahnung, was ihnen ins Haus stehen könnte, wenn die Alten sich stärker als eigene Lobby formieren würden.« (taz 1989_4) Tatsächlich bleiben die renitenten Alten aber eine kleine Minderheit, Seniorenräte und Graue Panther Nischenphänomene neben der kommunalen Alltagswirklichkeit der »gemächlich-gemütlichen Seniorenclub[s]« (taz 1989_4).[49] Für ein neues Bild vom (aktiven) Alter in der Öffentlichkeit haben sie hingegen eine durchaus bedeutende Rolle gespielt. Neckel problematisiert bereits Anfang der 1990er Jahre, dass und inwiefern altenpoli-

---

49 | Dass der politische Altersaktivismus nicht von nachhaltigem Gewicht war, zeigt sich auch daran, dass die »renitenten Alten« während des Untersuchungszeitraums mehrfach neu ausgerufen werden – was stets mit der Nivellierung von vergangenem Aktivismus einhergeht und in aller Regel zugleich verknüpft wird mit der Angst vor einer drohenden (politischen) Herrschaft der Alten: »Mit dem bevorstehenden Eintritt der 68er Generation ins Rentenalter erwarten die Sozialforscher eine ganz neue Kategorie von Alten: Anders als die genügsamen Rentner von heute würden sich Apo-Omas und -Opas nicht still von der Bühne des öffentlichen Lebens verabschieden, sondern politische Macht für sich reklamieren.« (SPIEGEL 1999_7)

tische Protagnistinnen sowie die zumeist affirmative wissenschaftliche Analyse altenpolitischen Aktivismus das Leitbild des aktiven Alters stärken und zur Problematisierung ruheständlerischer Lebensweisen beitragen würden (Neckel 1993: 544ff.).[50]

Kompetenzen des Alters: Die Expertenoffensive

Dass die Neuen Alten so schnell von der (Problem-)Gruppe der Vorruheständler zum Leitbild aktiver SeniorInnen werden konnten, ist dabei nur im Lichte der Konjunktur veränderter Altersbilder zu verstehen. Die Sozialfigur der Neuen Alten ist aufs Engste verknüpft mit einer Expertenoffensive für ein kompetentes Alter oder anders formuliert: eine neue Kohorte von Älteren trifft auf Forschungsergebnisse, die bestätigen, dass es sie geben kann. Mit einflussreicher medialer Flankierung gewinnt seit Anfang der 1980er Jahre der gegen das Defizitmodell gerichtete gerontologische Spezialdiskurs an Einfluss und wird gegen das »falsche Alltagsdenken«, die als unzeitgemäß erachtete Altenhilfepolitik sowie den Trend zur Frühverrentung in Anschlag gebracht. Bereits seit den 1960er Jahren wird gegen die Disengagement- und Rückzugstheorie die so genannte Aktivierungs- oder Ausgliederungsthese (Havighurst et al. 1964; Tartler 1961) stark gemacht: Diese nimmt an, dass der bei vielen Alten zu konstatierende psycho-physische Abbau nicht die Ursache für die gesellschaftliche Ausgliederung ist, sondern vielmehr deren Folge. Ein positives, die Defizitperspektive überwindendes Altersbild wird unlösbar mit dem aktiven Tätigsein älterer Menschen verbunden. Dafür wurde jedoch lange Zeit auf ein sehr weites und konzeptionell unterbestimmtes Aktivitätsverständnis zurückgegriffen (Dieck/Naegele 1993: 48), auf das sich auch die geselligkeitsorientierte Altenarbeit beziehen konnte (Zeman 1997: 308). Entscheidend für den »Kompetenz-Boom« in der deutschen Alters- und Ruhestandsdebatte und sehr viel konkreter in ihrem Aktivitätsfokus ist die deutschsprachige Psychogerontologie, mit Ursula Lehr und Paul Baltes als den zentralen StichwortgeberInnen (vgl. Kapitel 4.2). Während Paul Baltes erst seit Ende der 1980er Jahre medial rezipiert und insbesondere mit der Veröffentlichung der Berliner Altersstudie 1996 zu *der* Expertenstimme schlechthin wird, prägt Ursula Lehr seit Beginn des Untersuchungszeitraums die öffentliche Diskussion. Ihr »Hausblatt«, die *FAZ*, bescheinigt ihr, »das verzerrte Bild vom Alter« bereits 1970 widerlegt zu haben (FAZ 1984_7).

---

50 | So heißt es in einer Analyse zur Politik von Seniorenbeiräten mit kritischem Zungenschlag: »Der Begriff ›Ruhestand‹ stellt Alter passiv als Schaukelstuhlidylle dar, die man sich verdient hat [...] und die nun genossen werden *muß*.« (Reggentin/Dettbarn-Reggentin 1990: 16; Hervorhebung der AutorInnen.)

Ursula Lehr oder die Fusion von Wissenschaft, Medien und Politik

In der Person der Universitätsprofessorin Ursula Lehr, die nicht nur medial die Diskussion der 1980er Jahre bestimmt, sondern 1988 (bis 1991) für die CDU Ministerin
wird, verschränken sich wie in keiner zweiten die gesellschaftlichen Teilsysteme Wissenschaft, Medien und Politik. Die »Familienministerin mit hoher gerontologischer
Kompetenz« (SPIEGEL 1989_4) erhebt nun auch in dieser Funktion »die Stimme gegen
das alte Lied vom einsamen, vor allem hilfsbedürftigen, sich selbst zur Last fallenden
Alten« (ebd.). 1991 – bereits nach ihrer Amtszeit – setzt sie durch, dass die Kategorie
»Senioren« in die Bezeichnung ihres ehemaligen Ministeriums aufgenommen wird.[51] Im
Jahr 1992 wird erstmals eine eigene Abteilung für Seniorenpolitik im Ministerium eingerichtet – Ausdruck der institutionellen Anerkennung, dass es über die (im Bundesministerium für Soziales angesiedelte) materielle Absicherung der RentnerInnen hinaus
bedeutsame Politikfelder mit Altersbezug gibt. Zu den Aufgaben der neuen Abteilung
gehört seither neben wissenschaftlichen Tätigkeiten die Förderung von Modellversu-
chen in der Altenarbeit. 1989 beauftragte die Ministerin erstmalig eine Expertenkommission mit der Erstellung eines Altenberichts (Thema: »Die Lebenssituation älterer
Menschen in Deutschland«). Vereinigungsbedingt verzögerte sich die Veröffentlichung,
so dass der Erste Altenbericht der Bundesregierung erst 1993 – dafür aber schon unter
Einbeziehung der neuen Bundesländer – erschien. Die Kompetenzperspektive der Ministerin war in jeder Hinsicht prägend für die Abteilung Seniorenpolitik, deren langjähriger Leiter im Experteninterview (vgl. Anhang III) – ganz im Einklang mit der medialen
Rezeption und Darstellung ihrer Person – betont, Lehr habe die Kompetenzorientierung
»wie eine Ideologie« vor sich her getragen. Ihr gesamtes wissenschaftlich-politisches
Engagement zielte darauf, ältere Menschen vom Stigma der »Problemgruppe« zu befreien[52] – mitunter um den Preis, reale Problemlagen des Alters wie z.B. die zunehmende
Pflegebedürftigkeit tendenziell zu tabuisieren.[53]

---

51 | Während Lehrs Amtszeit hieß das ihr anvertraute Ressort noch »Bundesministe-
rium für Jugend, Familie, Frauen und Gesundheit«, erst mit der Amtsübernahme ihrer
Nachfolgerin Hannelore Rönsch 1991 firmierte es als – in seinem Zuständigkeitsbereich
beschnittenes – »Bundesministerium für Familie und Senioren« (BMFS). Seinen aktuellen Namen »Bundesministerium für Familie, Senioren, Frauen und Jugend« (BMFSFJ)
trägt das Haus seit 1994.

52 | In diesem Zusammenhang monierte Lehr z.B. öffentlich: »Man kümmert sich um sie
[die Rentner] wie um andere Problemgruppen: Suchtkranke, Obdachlose, Behinderte –
oder wie um kleine Kinder.« (FAZ 1983_5)

53 | 1998 wurde Lehr als Professorin der Universität Heidelberg emeritiert. Sie war von
1997 bis 1999 Präsidentin der Deutschen Gesellschaft für Gerontologie und Geriatrie
(DGGG) und ist seit 2009 Vorsitzende der Bundesarbeitsgemeinschaft der Senioren-
organisationen (BAGSO).

Während der gerontologische Spezialdiskurs eindeutig der Motor der (neuen) Kompetenzorientierung der 1980er Jahre ist, findet auf politischer und medialer Ebenen eine radikale Komplexitätsreduktion statt, im Zuge derer die unterschiedlichen wissenschaftlichen Kompetenzkonzepte verschwimmen und ein weiter Kompetenzbegriff anschlussfähig wird für sehr unterschiedliche Positionen und Anliegen. Wo Lehr (1988) eher konkrete, vor allem auf die Arbeitswelt bezogene spezifische Alterskompetenzen betont, deren Herausbildung und Nutzung durch Staat (Rentengrenze, Vorruhestand), Wirtschaft (frühzeitige Ausgliederung) und Gesellschaft (unzeitgemäße, defizitäre Altersbilder) blockiert werde, findet sich – mit zeitlicher Verzögerung – bei Baltes ein sehr viel abstrakteres Kompetenzkonzept, das das alternde Individuum (und nicht das gesellschaftliche Umfeld) zentral stellt: Kompetenz ist hier die Meta-Kompetenz, durch Selektion und Kompensation den eigenen Alternsprozess zu optimieren (Baltes/Baltes 1989).[54] Dieser Unterschiede zum Trotz verdichtet sich in der Öffentlichkeit eine Dreifach-Botschaft zur Wissensordnung »Kompetentes Alter«: ältere Menschen haben Kompetenzen; Altern ist kein biologisches (Verfalls-)Schicksal, sondern gesellschaftlich und individuell gestaltbar (Plastizität des Alters)[55]; das defizitäre Alter wird »gemacht«, d.h. performativ durch Bilder, Strukturen und Praktiken erzeugt, die dem Defizitmodell verhaftet sind.[56] Kompetenz, Plastizität, Performativität – so lässt sich die Dreifach-Botschaft zuspitzen.

Die Kompetenzen der Älteren begegnen uns dabei einerseits als spezifische Alterskompetenzen (Erfahrung, Sozialfähigkeit, Verlässlichkeit, Umsicht), die in klarer Differenz zu den Kompetenzen der mittleren Lebensjahre als »spezifische Fähigkeiten des alten Menschen, die dem jüngeren fehlen« (Bauer-Söllner 1994: 61), konzipiert[57] und als »Altersintelligenz, Alterskreativität und Alterserfahrung« (Experte Prof. Dießenbacher in: SPIEGEL 1987_1) ausgewie-

---

54 | Und wenn Weisheit, wie der Berliner Psychologieprofessor Baltes sie umschreibt, »eine Urteilsfähigkeit« bedeutet, »die für komplexe und uneindeutige Aspekte des Lebens und der Lebensbewältigung wichtig ist«, steht ihr im Alter nichts im Wege. Das dazu benötigte Kompendium von Logik, Wissen und Erkenntnis sei »nicht nur altersresistent, sondern gerade im fortgeschrittenen Erwachsenenalter weiter entwicklungsfähig.« (SPIEGEL 1987_1)

55 | »Kultur [kann] dem biologischen Rahmen viel Spielraum abtrotzen.« (FAZ 1992_9)

56 | »Ältere Menschen verhalten sich weniger ihrem körperlichen und seelischen Befinden entsprechend als vielmehr so, wie man es von ihnen erwartet. Und das heißt heute: passiv und hilflos.« (Lehr in: FAZ 1983_5)

57 | »Alte, so ist von den Psychologen zu hören, verstehen sich besser auf den Umgang mit anderen, Folge einer zunehmenden Gesprächsfähigkeit und der langen Übung mit sozialen Verhaltensmustern.« (SPIEGEL 1989_4) Ähnlich Ursula Lehr: »Wir wissen aus vielen, vielen Studien, dass gerade sie [die Älteren] in der Lage sind, die Verknüpfun-

sen werden. Zugleich finden sich aber auch Perspektiven, die eher den Erhalt von Kompetenzen über die mittleren Lebensjahre hinaus in den Blick nehmen und betonen, dass »die meisten älteren Leute zwischen 65 und 85 Jahren bei halbwegs intakter Gesundheit durchaus in der Lage sind, ihre Intelligenzleistungen entscheidend zu verbessern – also noch zu lernen« (FAZ 1983_6). Die breite Anschlussfähigkeit des Deutungsmusters Kompetenz, die wesentlich zu seiner Verankerung beiträgt, liegt aber nicht nur in der Deutungsoffenheit des Konzepts, sondern auch in der weiten Altersspanne begründet, für die die Kompetenzdiagnose in Anspruch genommen wird: Die Lernfähigkeit der 65- bis 85-Jährigen wird genauso aufgerufen wie die Zuverlässigkeit der 50- bis 60-jährigen ArbeitnehmerInnen (FAZ 1984_7) oder recht allgemein die Kompetenzen von Menschen jenseits der 50, die »nicht einfach zum alten Eisen [zu] rechnen« seien, wie Bundeskanzler Schröder Jahre später in diesem Sinne anmahnen wird (SPIEGEL 2006_17). Dieser breiten Altersspanne zum Trotz erweist sich in der Gesamtschau der Quellen jedoch, dass es mehrheitlich – wie nicht nur die Debatten um den Vorruhestand offenbaren –, um die Jungen Alten im Alter zwischen 50 und 65, mitunter auch 70 geht (van Dyk et al. 2010: 17ff.).[58] Während in den 1980er Jahren in den Medien ein überaus staunender Duktus ob der neu entdeckten Kompetenzen vorherrscht, normalisiert sich diese Perspektive in den 1990er Jahren sukzessive.

Eingebettet ist die Botschaft, dass ältere Menschen über Kompetenzen verfügen, in zwei gleichermaßen starke historische Bezüge: Zum einen findet sich wiederkehrend, und in diesem Fall wider vielfältige wissenschaftliche Evidenz (Kondratowitz 2002: 134ff.; Featherstone/Hepworth 1993: 318), der Hinweis auf vormoderne Gesellschaften (»früher«), in denen die »generationsübergreifende Vermittlung von Erfahrung« (Berliner Senat 1994: 1) noch selbstverständlich gewesen, die »Betagten verehrt und geachtet« worden seien (FAZ 1987_4). Zum anderen werden die kompetenten Alten von heute von den Alten der vorherigen Generation unterschieden, die – so der Tenor – tattrig, omig (»Knuddelomas«, SPIEGEL 2008_4), zurückgezogen und passiv vor dem Kamin gesessen hätten und deshalb biologisch schneller gealtert seien. Die Kompetenzperspektive ruft damit die gleichsam soziale wie biologische Verjüngung des Alters auf,[59] wobei beide Perspektiven im Sinne der Botschaften

---

gen und Verzweigungen, das Zusammenwirken der Dinge im Leben zu sehen.« (SPIEGEL 2008_23)

58 | Wie jung diese Jungen Alten bisweilen sind, veranschaulicht das Statement eines Veranstalters von Tanzabenden für Menschen um die 50, der betont, »[d]ie Altersgruppe der 40-60-Jährigen entspreche schließlich ›heute rein gar nicht mehr nur dem Bild von lieben Omis und Opis bei Kaffee und Kuchen‹« (SPIEGEL 2006_14).

59 | »Sechzigjährige«, wird der US-Altersforscher John Rowe im *SPIEGEL* zitiert, »erleben sich heut wie Fünfzigjährige vor zwei Jahrzehnten.« (SPIEGEL 1987_1)

»Altern ist kein biologisches Schicksal« (Stichwort: Plastizität) und »Defizite werden im Sinne einer *selfulfilling prophecy* erzeugt« (Stichwort: Performativität) miteinander verschränkt werden: Dass die heute 70-Jährigen die 65-Jährigen der vorherigen Generation sind, wie es die breit rezipierten Ergebnisse der Berliner Altersstudie (Mayer/Baltes 1996)[60] besagen, wird zum dauerpräsenten Zahlenspiel in den Medien (FAZ 1999_7; SPIEGEL 2005_3) – stets verbunden mit dem Hinweis, dass dieser Fortschritt auf »psychologische und soziale Faktoren« zurückzuführen sei, die die Alten aus dem Ohrensessel katapultiert hätten.

Zugleich bleibt diese »Erfolgsgeschichte« aber gebrochen und die Frage der Verantwortung für die potenziell mögliche Verjüngung umkämpft. Gebetsmühlenartig wiederholen Presse und Modellprogramme in den 1980er und 1990er Jahren die so genannte »*dis-use*-Hypothese« der Psychogerontologie: »Fähigkeiten und Funktionen, die nicht mehr gebraucht werden, verkümmern. Wer rastet, der rostet.« (Lehr in: FAZ 1988_3) Angesichts des Trends zum Vorruhestand in den 1980ern galt neben den defizitären Altersbildern in der Gesellschaft vor allem die Ausgliederung aus der Erwerbsarbeit als entscheidendes Problem für den Kompetenzerhalt – und nicht die individuell zu verantwortende Lebensführung (z.B. FAZ 1983_8). Vorherrschend ist zunächst der Tenor, die Wissenschaft habe die Kompetenzen der »Alten« entdeckt, diese würden (nicht nur, aber auch) durch diese Entdeckung zu neuer Aktivität ermuntert, Politik, Institutionen und Gesellschaft hinkten dieser Erkenntnis jedoch hinterher und würden den kompetenten Alten nicht (mehr) gerecht: »Was die Wissenschaft vor rund fünfzehn Jahren festgestellt habe, [...] werde von immer mehr älteren Menschen nachvollzogen. In der Öffentlichkeit jedoch seien, vor allem wegen der fast ausschließlich herabsetzenden Berichterstattung, alte Menschen immer noch eine ›gemachte Problemgruppe‹.« (FAZ 1986_4)

Parallel hierzu gewinnt jedoch auch die Klage über »Die zufriedene Mehrheit« (FAZ 1983_10) an Fahrt, die dem wissenschaftlichen Rat zum Trotz die Ruhe pflege und dies auch noch zu genießen scheine, obwohl ExpertInnen und Presse doch ohne Unterlass warnen: »Was sie sich während der langen Jahre immer wieder ausgemalt haben, endlich einmal ausschlafen, endlich keine Anordnungen mehr und kein ›Muß‹, endlich reisen und sich dem Garten widmen, das erweist sich, einmal herangekommen, eher als Unglück.« (FAZ 1984_7) Der Freizeitforscher Opaschowski konstatiert, dass viele Ruhe-

---

60 | Die Berliner Altersstudie (BASE), im Jahr 1996 veröffentlicht, untersucht auf Basis einer nach Alter und Geschlecht geschichteten repräsentativen Stichprobe Fragen zum differentiellen Alternsbegriff sowie zu Kompetenzen und Handlungsreserven älterer und hochaltriger Menschen. Herausgegeben von Karl Ulrich Mayer und Paul B. Baltes, wurde sie zudem von Hanfried Helmchen und Elisabeth Steinhagen-Thiessen verantwortet.

ständler zwar große Pläne hätten, diese aber aufgrund von Bequemlichkeit und mangelnder Eigeninitiative nicht realisierten (FAZ 1983_10), die *Apotheken Umschau* weiß Ende der 1990er Jahre, dass »immer noch viele Senioren [...] diesen Lebensabschnitt allzu passiv gestalten, obwohl sie körperlich und geistig zu mehr Aktivität in der Lage wären. Dabei haben wissenschaftliche Untersuchungen gezeigt, daß auch schon kleine Dinge positiv auf die Lebensqualität wirken.« (APO 1998_1) Obwohl Ursula Lehr als zentrale Stichwortgeberin vor allem gesellschaftliche Altersbilder und altersfeindliche Strukturen kritisiert, thematisiert auch sie das individuelle Verhalten und die notwendige Eigeninitiative der Älteren. Im Klima der aufkommenden Liberalisierung und Deregulierung der 1980er Jahre wird diese Verknüpfung von *Plastizität/individueller Lebensführung/Eigeninitiative/Kompetenzerhalt* bestimmend werden.

Die augenfällige Komplexitätsreduktion findet ihren Ausdruck darin, dass sich der Fokus auf die konkreten Kompetenzen im Alter (Lehr) sukzessive mit der individuellen Perspektive der Optimierung (Baltes) verknüpft, die anders als bei Baltes selbst im Anschluss an Lehr sogar auf die Prävention von Pflegebedürftigkeit im hohen Alter ausgedehnt wird.[61] Altersfeindliche gesellschaftliche Strukturen werden angesichts dieser komplexitätsreduzierenden Verknüpfungen trotz ihrer medialen Präsenz in den 1980er Jahren zu *dead ends* im Dispositiv, d.h. es finden keine Verknüpfungen mit den Strängen »Kompetenz«, »Plastizität« und »Performativität« mehr statt. Das defizitäre Alter verschiebt sich vom gesellschaftlichen Problem immer mehr zur Frage individueller Verantwortung, die performative Perspektive (*self-fulfilling prophecy*) wird mit der persönlichen Einstellung und Lebensführung der Älteren und nicht (mehr) mit gesellschaftlichen Defizitstereotypen und institutionalisierten Praktiken der Ausgrenzung verbunden.[62] Das Ziel des Kompetenzerhalts bzw. des Kompetenzaufbaus ist dabei eine sinnerfüllte Lebensgestaltung, die zugleich der Gesellschaft Kosten sparen soll: »Die Aktivierung von freiwilligem Engagement und von Selbsthilfe fördert und ermöglicht längere Selbstständigkeit und Eigenverantwortlichkeit von Senioren, steigert ihre Lebensqualität und ihre Selbstzufriedenheit und führt aus prophylaktischer Sicht zu Einsparungen bei der ambulanten und stationären Pflege.« (Braun/Bischoff

---

61 | »Jeder sollte sich verpflichtet fühlen, alles zu tun, um Abbau, Hinfälligkeit und Pflegebedürftigkeit zu vermeiden.« (Lehr in FAZ 1988_3; vgl. auch Lehr 2003).

62 | »Schauen Sie in die Zukunft und stellen Sie sich vor, Sie seien bereits alt. Wie sehen Sie sich? Umgeben von Menschen, die Sie lieben? Einsam in Ihrer Wohnung? Vollbeschäftigt mit Projekten, Ehrenämtern, Reisen? Oder krank und auf Hilfe angewiesen? Ihre Fantasiebilder werden Ihr Denken und Handeln prägen, Ihre Zukunft beeinflussen. Deshalb: Schaffen Sie sich eine positive Vision vom Älterwerden. Falls Sie ein negatives Bild verinnerlicht haben, verwandeln Sie es in ein Vorsorgeprogramm: Was können Sie schon heute tun, damit Ihre Befürchtungen nicht eintreten?« (Brigitte Woman 2007_3)

1998: 19) Anders als im Kontext des Produktivitäts-Dispositivs der 2000er Jahre beschränkt sich das Postulat der eigenverantwortlichen Lebensführung allerdings einstweilen auf Schadensvermeidung im Sinne der Prävention von Pflegebedürftigkeit und Demenz; ein darüber hinausgehender, unmittelbarer gesellschaftlicher Nutzen des kompetenten Alters ist hingegen noch kein Thema.

Die individualisierende Komplexitätsreduktion des Kompetenz-Spezialdiskurses wird dadurch verstärkt, dass sozialwissenschaftliche Lebenslagenansätze und Ungleichheitsanalysen (z.B. Naegele 1978; Backes 1983; Kohli 1985) ebenso selten rezipiert werden wie kritische Perspektiven auf die individuelle Inpflichtnahme der kompetenten Alten. Die AlterssoziologInnen Dieck und Naegele monierten seinerzeit: »Die breite, auch medienwirksame Darstellung eines angeblichen ›neuen‹ Alters beschreibt somit nicht etwa Realität, sondern führt im Effekt zu einer ›Oberflächlichkeit des Positiven‹, zu einer ›Unsichtbarkeit des problematischen Alters‹.« (Dieck/Naegele 1989: 173) Angesichts der sehr unterschiedlich verteilten Möglichkeiten kompetenter Lebensgestaltung plädierten sozialwissenschaftliche Altersforscher gegen die Verallgemeinerung der Kompetenzthese der Psychogerontologie[63] und für eine »akzeptierte Inkompetenz« (Knopf 1989: 231) im Alter, problematisierten zudem den Druck, der durch das Kompetenz-Mantra entstehen könne.[64] Infolge des Umstands, dass diese Analysen weitgehend auf den spezialdiskursiven Raum beschränkt bleiben, werden Fragen ungleicher Verteilung nicht mit dem Deutungsmuster »Kompetenzen des Alters« verknüpft – soziale Ungleichheit wird im Laufe des Jahrzehnts zu einem weiteren *dead end* des Altersdispositivs der 1980er Jahre; es findet eine soziale Homogenisierung der Kategorie der Alten statt. Die zunächst noch als sozialstrukturell privilegiert thematisierten Neuen Alten werden sukzessive zu einer neuen Alterskohorte verallgemeinert, die Maßstäbe für alle älteren Menschen setzt.

Zugespitzt formuliert verdichtet sich die spezialdiskursive Wissensordnung zum kompetenten Alter vor diesem Hintergrund und im Zuge ihrer gesellschaft-

---

63 | »Als Heilmittel gegen das negative Alterssstereotyp, das angeblich Gesellschaft und Medien durchzieht, wird versucht, ein Bild positiven Alters durchzusetzen. [...] Unter Verwendung wissenschaftlich vermeintlich beglaubigter Konstrukte sollen fraglos erfreuliche Teilaspekte des Alter(n)s zum generellen Rezept für die Alterskultur der Altenhilfe erhoben werden.« (Schmidt/Zeman 1988: 274)

64 | Dass der Kompetenzfokus auch wissenschaftlich umstritten ist, findet in der öffentlichen Debatte nur in Ausnahmefällen Erwähnung: »Endlich befreit jemand die ›goldenen Jahre‹ vom Odium der Verkalkung und ebnet den Weg für eine schöpferische Kultur des Alterns, jubeln die einen. Mit seinem Gerede vom erfolgreichen Altern erzeuge Baltes einen perfiden Leistungsstreß, wettern die anderen. Wer mit siebzig nicht joggt und vernachlässigte Aspekte der Quantentheorie aufdeckt, müsse sich unweigerlich als Versager fühlen.« (FAZ 1992_8)

lichen (insbesondere medialen, aber auch politischen) Popularisierung in folgender, komplexitätsreduzierender Weise: alle Menschen jenseits der 50 können auch noch was – Altern ist kein biologisches Schicksal – defizitäres Alter wird durch falsche Lebensführung erzeugt – kompetentes Alter(n) spart Kosten. Gesellschaftliche Machtverhältnisse, gesellschaftliches »Gemachtsein« des Alters, (alters-)exklusive Strukturen und wissenschaftliche Kontroversen tendenziell ausblendend, herrscht in Politik, Medien und Teilen der Wissenschaft der Tenor vor, dass die »richtigen« Informationen über das kompetente Alter nur besser vermittelt werden müssten, um ihren gesellschaftlichen Einfluss zu entfalten. So heißt es im Vorwort des von Ursula Lehr in Auftrag gegebenen Ersten Altenberichts: »Die aufgrund der zu erwartenden demografischen Verschiebung oft aufgeworfene Frage einer zunehmenden Belastung der Gesellschaft durch die wachsenden Probleme der Alterssicherungssysteme löst Beunruhigung aus. Diese spiegelt sich in einem sehr widersprüchlichen Altersbild der Gesellschaft wider. Eine sachliche Information kann aber das uneinheitliche Altersbild in unserer Gesellschaft klären helfen.« (BMFS 1993: 73)

Während im Dritten Altenbericht bereits bilanziert wird, dass sich »das Bild der alternden deutschen Bevölkerung in den letzten Jahren deutlich verändert hat und negative Stereotype einer differenzierten Betrachtung gewichen sind« (BMFSFJ 2000: 67), bleibt jenseits der offiziellen politischen Verlautbarungen die Klage bestimmend, dass die Mehrheit der Menschen dem Ruf der ExpertInnen nicht folge und weiterhin dem Defizitmodell verhaftet bleibe – in Haltung wie Praxis. Obwohl nun fast zwei Jahrzehnte gegen das Defizitmodell angeschrieben worden sei, konstatiert die *FAZ* Ende der 1990er Jahre: »Im Alter ist man krank und schwach, hilfsbedürftig und abhängig: Dieses Klischee hält sich noch immer, obwohl die Gerontologie, die Alternsforschung, es längst als falsch entlarvt hat.« (FAZ 1999_7; vgl. auch: SPIEGEL 1999_8) Die *BILD* (2004_1) klagt unter dem Titel »Bei ARD sitzen Alte in der letzten Reihe«, dass im Fernsehen weiterhin unzeitgemäße Altersbilder zu sehen seien, »Lehnstuhlopas« und »dauerhaft häkelnde Omas« bestimmten das Geschehen, zu viele hätten »noch immer dieses Bild der Älteren im Kopf: Greise, gebeugt und gebeutelt, am Krückstock humpelnd, die dem Ende entgegen dämmern.« (BILD 2006_31) Dabei müssten wir uns nur umsehen, um das Gegenteil zu bemerken.

Persistenz defizitbasierter Altersbilder

Vieles spricht dafür, dass die komplexitätsreduzierte Deutungsoffenheit der Kompetenzperspektive (»Menschen zwischen 50 und 100+ können noch was«) zwar eine breite Anschlussfähigkeit auf politischer wie medialer Ebene eröffnet, dass die Kompetenzverheißung aber zugleich zu allgemein ist, um im Alltagskontext konkreten Einfluss zu entfalten – zumal problematische Aspekte und soziale Disparitäten unterbelichtet bleiben, die, wie Interviews und Originaltöne in den Medien zeigen,[65] im Leben älterer Menschen durchaus eine Rolle spielen. Tatsächlich ist es an diesem Punkt aber noch gar nicht notwendig, auf die Ebene der subjektiven Rezeption und Verarbeitung zu wechseln, da die Spuren des defizitären Alters im Dispositiv selbst manifest sind. Die hegemoniale Präsenz der Kompetenzperspektive wird durchkreuzt durch defizitbasierte Alters- und Ruhestandsbilder, die häufig gerade durch ihre (versuchte) Zurückweisung aufgerufen werden: Die Feststellung »Alte sind *nicht immer* passiv und gebrechlich« (FAZ 2001_2; Hervorhebung der AutorInnen) impliziert, dass sie es häufig sehr wohl sind, und die Einsicht, der neue Rentnertypus sei »*zunehmend* mündiger, fordernder, kritischer und fähiger zur Politik« (SPIEGEL 1987_1; Hervorhebung der AutorInnen), bestätigt, dass RentnerInnen lange eben das waren (und ein bisschen auch heute noch sind): unmündig, genügsam und unkritisch. Die Mahnung, »die alten Menschen nicht *nur* als Kostenfaktor« zu sehen (SPIEGEL 1993_1; Hervorhebung der AutorInnen), benennt sie zugleich als eben diesen. Zugleich wird durch den Ausweis spezifischer Alterskompetenzen – insbesondere der Lebenserfahrung – häufig *ex negativo* festgeschrieben, was von den »Alten« alles nicht mehr zu erwarten ist: Dem »Tatendurst der Jüngeren« (über den die Älteren also nicht mehr verfügen) hätten die Alten ihre »Erfahrung« entgegenzusetzen (FDP 1987: 18), den »neuen Ideen der Jungen« seien, so die SPD (2002: 52), die »Erfahrung und Umsicht« der Älteren an die Seite zu stellen. Ältere seien zwar weniger flexibel, kreativ und innovativ (SPIEGEL 2004_5), dafür aber erfahren und loyal, diszipliniert, gründlich (BMFSFJ 2006: 454; van Dyk et al. 2010: 19ff.). Im Kontext einer Gesellschaft, in der der »flexible Mensch« (Sennett 1998) und »das unternehmerische Selbst« (Bröckling 2007) zu prototypischen Sozialfiguren werden, in der sich die Verfallsraten von Informationen beschleunigen, während Wissen immer schneller abrufbar wird, in der Mobilität, schöpferische Kreativität und Veränderung(swillen) zum Ausweis gelungener Lebensführung werden (Boltanski/Chiapello 2006; Bröckling 2007) – in einer solchen Gesellschaft wirken diese Alterskompetenzen selbst veraltet,[66] auch wenn sie im jeweiligen Textkontext positiv attribuiert werden.

Vor allem aber werden die durch die Wissensordnung des kompetenten Alters aufgerufenen Verknüpfungen *Plastizität/Lebensführung/Eigeninitiative/

---

65 | »Für mich ist es nur mühsam und umständlich«, so die Altersklage von Loki Schmidt in *BILD* (2008_6).

66 | »In einer Gesellschaft der Alten werden auch weniger Start-Ups gegründet und weniger Kapital in riskante neue Technologien investiert. Ebenso wird die Offenheit für Innovation und Veränderung abnehmen, die ja immer auch die Akzeptanz des Scheiterns, des Risikos, beinhaltet. Eine alte Gesellschaft wird also immer mehr Widerstand leisten gegen jegliche ›kreative Zerstörung‹.« (SZ 2011_1)

Kompetenzerhalt/Kostenersparnis*, die ein positives und leistungsfähiges Bild des Alters zu zeichnen trachten, von zwei mächtigen Anschlussdispositiven durchkreuzt, die defizitaffizierter kaum sein könnten: der Alterung der Gesellschaft und der Hochaltrigkeit als verworfenem Leben.

Die Alterung der Gesellschaft

Hinweise auf die gesellschaftliche Alterung finden sich Anfang der 1980er Jahre vor allem in den Wahlprogrammen der Parteien, in denen – eher vorsichtig – eine »ungünstige demografische Entwicklung« (FDP 1983: 9) und ein »veränderter Altersaufbau« (SPD 1983: 176) problematisiert werden. Erst Ende der 1980er Jahre verändert sich der Tonfall und es mehren sich die (häufig dramatischen) Warnungen vor der alternden Gesellschaft, untermalt von den immer gleichen Zahlen, wie sich der Bevölkerungsanteil der Über-60-Jährigen verändern wird (1988: 21 Prozent, 2000: 26 Prozent, 2030: 40 Prozent, z.B. FAZ 1988_8).[67] Dass viele Quellen das Krisenszenario darauf beschränken, allein den Bevölkerungsanteil der Über-60-Jährigen auszuweisen, unterstreicht, wie fest verankert die Negativattribuierung dieser Bevölkerungsgruppe ist: »Schon die nackten Zahlen vermitteln die Dramatik der Bevölkerungsentwicklung« (taz 1994_4) – die aufgerufenen negativen Implikationen müssen in der Regel nicht (mehr) explizit benannt werden. Zur Veranschaulichung des gestiegenen Anteils Älterer wird zudem auf Bilder zurückgegriffen, die die Größe dieser Gruppe veranschaulichen – und damit zugleich problematisieren: In Hamburg werde es bald 300 000 RentnerInnen geben, »eine Großstadt von Greisen« (SPIEGEL 1989_4), der Anteil der Über-90-Jährigen in Deutschland wird als »Solingen voller Greise« (SPIEGEL 1987_1) beklagt. Auch diese Zahlenspiele funktionieren im Modus der Faktizität über die implizite Schlussregel eines negativ attribuierten Alters, das eine Last für die Gesellschaft darstelle. Diese Schlussregel steht in der historischen Traditionslinie apokalyptischer Bevölkerungsdiskurse (Etzemüller 2007) und ist Ausdruck jüngerer gesellschaftspolitischer Tendenzen einer Demografisierung des Sozialen (Barlösius/Schiek 2007). Die *FAZ* konstatiert im Modus der Selbstverständlichkeit, dass sich mit der Zahl der Alten auch die Sichtweise auf den einzelnen Alten verändern werde: »Das Zahlenverhältnis zwischen Alt und Jung hat *selbstverständlich* bewußt oder unbewußt auch auf das persön-

---

67 | Tatsache ist, dass diese Zahlen in den folgenden Jahren nach unten korrigiert wurden, ohne dass diese Anpassung je in »entdramatisierender« Absicht thematisch würde. Der Anteil von 40 % (und mehr) der Über-60-Jährigen im Jahr 2030 wurde schon Anfang der 1990er Jahre auf 35 % korrigiert (SPIEGEL 1993_1). Diese Zahl stieg bis zum Ende des Untersuchungszeitraums nur leicht an: Im Jahr 2009 wies das Statistische Bundesamt (2009: 39) für 2030 einen Anteil von 36,8 % für die Über-60-Jährigen aus.

liche Verhältnis Einfluß. So viele Ältere, das erzeugt Abwehr.« (FAZ 1983_5; Hervorhebung der AutorInnen)

Das seit Ende der 1980er Jahre von unterschiedlichsten Seiten entworfene demografische Krisenszenario ist insgesamt reich an eindrücklichen Bildern: Dass die Alterung ein negativer, gar »unnatürlicher« Prozess sei, wird durch körpernahe Metaphern unterstrichen, wenn es heißt, dass »die Bevölkerungspyramide in der Bundesrepublik Deutschland [...] auf dem Kopf« stehe (Deutscher Bundestag 2002: 12) oder dass sie »umzukippen« (taz 1999_5) drohe. Hier wird Instabilität und die Verkehrung eines »natürlichen Zustands« aufgerufen, die nicht von Dauer sein kann – wie alle wissen, die sich je an einem Kopfstand versucht haben. Die Bevölkerungspyramide wird hier als Gesellschaftskörper aufgerufen, der im Zuge der Alterung zur Mumie erstarrt oder Urnenform annimmt (FAZ 2001_5), also ablebt.[68] Die Alterung des Individuums, die unweigerlich zum Tod führt, wird mit der Alterung der Gesellschaft gleichgesetzt, ganz so, als handele es sich auch hier um einen biologischen Organismus und nicht um eine soziale Entität (SPIEGEL 2004_2).

Um die Folgen dieser Entwicklung zu veranschaulichen, wird wiederkehrend die Metaphorik von Revolutionen und Naturkatastrophen bemüht, mitsamt der diesen Ereignissen eigenen Gewalt und Unkalkulierbarkeit: Die »Revolution auf leisen Sohlen« (der Bevölkerungswissenschaftler Josef Schmid in: FAZ 2001_5) werde die Gesellschaft umwälzen, »dieses Land und die Menschen nachhaltiger und einschneidender verändern als viele andere Prozesse, einschneidender selbst als die deutsche Einheit« (SPD-Fraktionsvorsitzender Hans-Ulrich Klose in: SPIEGEL 1993_1). Die Alterung komme einem Erdbeben gleich, das jeden Einzelnen mit »Wucht« treffen werde (SPIEGEL 2004_2), sie komme »wie ein Gletscher auf uns zu« (Leiter des Mannheimer Forschungsinstituts Ökonomie und demografischer Wandel in: SPIEGEL 2005_3).

Wo häufig der bloße Ausweis der »Menge an Alten« ausreicht, um ein Krisenszenario zu entwerfen, sind es thematisch die Finanzierung des Umlageverfahrens in der Gesetzlichen Rentenversicherung sowie befürchtete Innovationseinbußen durch den wachsenden Anteil älterer ArbeitnehmerInnen (SPIEGEL 1987_1), die die Problematisierung konturieren: Das – nach allen Berechnungen ohnehin völlig unrealistische – Szenario, dass in Zukunft ein Rentner auf einen Beschäftigten komme, wird als »Albtraum« bezeichnet (SPIEGEL 1983_2), der Rentenversicherung drohe ein »Desaster«, das kaum noch abzuwenden sei (FAZ 1989_2). »Rentnerschwemme«, »Altersberg«, »Altersbombe«: das einschlägige Vokabular zur Beschreibung der Situation lässt

---

68 | Kritische Stimmen, die der Naturalisierung des Bevölkerungsaufbaus entgegentreten, bleiben Ausnahmen ohne durchschlagende Wirkung: »Wertende Begriffe wie ›Alterslast‹ oder ›Überalterung‹ sind zu vermeiden, da es keine Norm für eine ›richtige‹ Zusammensetzung der Bevölkerung gibt.« (BMFS 1993: 241)

kaum eine dramatische Vokabel aus (SPIEGEL 1999_7). Vor diesem Hintergrund ist die Popularisierung der Demografiethematik auf das Engste mit dem
Szenario eines drohenden Generationenkonflikts verwoben: »Jetzt kommt ein
gnadenloser Krieg« (SPIEGEL 1989_1) oder »Es wird erbarmungslose Kämpfe geben« (SPIEGEL 1989_4) lauten die Ankündigungen. Ganz im Sinne der
Kriegsmetapher ist von einem »Heer der Alten« (SPIEGEL 2000 _2; SPIEGEL
2003_5) die Rede, das Deutschland bevölkern bzw. erobern werde: einer »Invasion der alten Semester« (SPIEGEL 2004_6) – federführend hier, wie die
Quellen zeigen, das Magazin *SPIEGEL*.

Institutionell findet der Aufstieg des Demografiediskurses seinen Ausdruck in einem – letztlich nur halb vollzogenen – Kurswechsel in der Rentenpolitik: Die sukzessive Abkehr von der Vorruhestandspolitik (die Regelung
von 1984 wird nach ihrem Auslaufen nicht verlängert) geht einher mit ersten
vorsichtigen Bemühungen, die Lebensarbeitszeit zu verlängern und damit das
Verhältnis von RentenbezieherInnen und LeistungserbringerInnen zu Guns-
ten letzterer zu verschieben (Barkholdt 2001: 152; Clemens 2004). Mit der Rentenreform 1992 wird eine Wende in der Frühverrentungspraxis angestrebt und
es werden bei gleichzeitiger Umstellung von der Netto- auf die Bruttorenten-
berechnung Abschläge bei einem Erwerbsausstieg vor der Regelaltersgrenze
(3,6 Prozent pro Jahr) eingeführt. Zugleich wird allerdings mit dem von 1991
bis 1993 an über 55-jährige Arbeitslose in den neuen Bundesländern ausge-
zahlten Altersübergangsgeld – auf das mit 60 die Verrentung folgte (Zähle/
Möhring 2010: 335f.) – der Trend zur frühen Verrentung fortgeführt, wenn
auch als dezidierte Ausnahmeregelung.[69] Dass sich ein Paradigmenwechsel
zu diesem Zeitpunkt nur andeutet und die Frage der Lebensarbeitszeit auch
auf politischer Ebene hoch umstritten bleibt, zeigt die Kritik der Reformen
im Ersten, von der Bundesregierung in Auftrag gegebenen Altenbericht: »Im
übrigen mutet dieser schnelle Schwenk in der staatlichen Präferenzordnung
älteren Arbeitskräften eine erhebliche Umstellung zu, denn bisher war der frühe Ruhestand Anerkennung der Lebensarbeitsleistung, nun wird der hinaus-
gezögerte Ruhestand zur moralischen Verpflichtung.« (BMFSFJ 1993: 97) Als

---

69 | Während der Vorruhestand und seine »Bewältigung« das bestimmende Thema der
1980er Jahre war, finden die Konsequenzen der frühen Ausgliederung ostdeutscher
Arbeitsloser trotz ihrer quantitativ ungleich größeren Bedeutung (Ernst 1993) in den
»West«-Medien wenig Beachtung. Anders im *Neuen Deutschland*, wo auch die parado-
xe Gleichzeitigkeit von Rentenreform und Altersübergangsgeld problematisiert wurde:
»Da werden hunderttausende an Lebens- und Arbeitserfahrung reiche Menschen aufs
Altenteil geschoben. Zehn Jahre vor der Rente. [...] Wer erst einmal unfreiwillig auf dem
Altenteil sitzt, braucht für den Spott nicht zu sorgen. Etwas anderes als Verhohnepiepe-
lung der Ostdeutschen kann der Vorschlag des Bundeskanzlers nach Verlängerung der
Lebensarbeitszeit nicht sein.« (ND 1992_15)

problematisch galt dies vor allem aufgrund der ungünstigen Prognosen hinsichtlich der tatsächlichen Erwerbschancen für ältere Arbeitskräfte – die sich
vorerst in jeder Hinsicht bestätigen: Da neben dem Kollaps der Rentenversicherung in der Öffentlichkeit stets auch die demografiebedingten Innovationseinbußen für die Wirtschaft problematisiert und dramatisierend beschworen
wurden (SPIEGEL 1987_1; taz 2003_4), erstaunt es nicht, dass die betriebliche
Praxis über lange Zeit und bis in die jüngere Vergangenheit am Modus der
Verjüngung der Belegschaft durch vorzeitige Verrentung älterer ArbeitnehmerInnen orientiert blieb (Eichhorst 2011; Becker et al. 2009), so dass immer
mehr Menschen eine Rente mit Abschlägen beziehen.[70]

Parallel zur Kompetenzoffensive wird mit der Popularisierung des demografischen Wandels also ein überaus negatives Altersbild stabilisiert, das mitunter explizit ausbuchstabiert wird, vor allem aber als implizite Schlussregel
der Problematisierung gesellschaftlicher Alterung allgegenwärtig ist. Kom-
petenz- und Demografiethematik stehen trotz ihrer jeweiligen Präsenz weitgehend unverbunden nebeneinander – der Gedanke, dass ein kompetentes
Alter als (gesellschaftliche) Ressource in Zeiten gesellschaftlicher Alterung
fungieren könnte, spielt bis Mitte der 1990er Jahre (noch) keine Rolle. Kosten-
argumente konzentrieren sich auf die Prävention von Pflege- und Hilfsbedürftigkeit sowie auf erste, allerdings wenig erfolgreiche Versuche, den Trend zur
Frühverrentung auch in der betrieblichen Praxis zu stoppen.

Hochaltrigkeit als verworfenes Leben

Bei allen altersbezogenen Themen – sei es die Kompetenzfrage, die Entdeckung einer neuen Alterskohorte oder die Problematisierung der Demografie – fällt über den gesamten Untersuchungszeitraum ins Auge, dass das, was
als »Alter« verhandelt wird, erheblich changiert: zwischen 50 und 100+ er-
strecken sich die fraglichen Jahre. Faktisch steht also nahezu die Hälfte des
Lebens in Rede. Nachdem eine enge Verknüpfung von Alter und Ruhestand
historisch vielfach nachgewiesen worden ist (Ehmer 1990; Göckenjan 2000),
kristallisiert sich in den letzten drei Jahrzehnten eine Lockerung dieses Zusammenhangs bzw. eine Ausdifferenzierung der Alterskategorie heraus. Zu
Beginn der 1980er Jahre beginnt das »richtige Alter« – im Sinne einer Existenz an der Grenze des Lebens(endes) – noch eindeutig mit der Regelaltersgrenze, wie die dramatischen Klagen von ExpertInnen und JournalistInnen
offenbaren, die die Unter-65-Jährigen vom Pensionierungstod bedroht sehen.
Dieser soziale Tod wird für Über-65-Jährige als weitgehend normal unterstellt,

---

70 | Im Jahr 2007 mussten mehr als die Hälfte (55,1 %) der neu Verrenteten in der Ge-
setzlichen Rentenversicherung Abschläge auf ihre Rente hinnehmen (Deutsche Rentenversicherung 2008: 56).

dem Ruhestandsalter »angemessen«, das ein Leben »aus zweiter Hand« sei, vermittelt »über die Zeitung, das Radio, das Fernsehen« (FAZ 1983_10). Tatsächlich verschiebt sich diese Altersgrenze – zugespitzt in der Frage: Wann endet das soziale Leben? – im Untersuchungszeitraum sukzessive im Lebenslauf nach hinten. Das Aufkommen der Neuen Alten, die verbesserten materiellen Rahmenbedingungen, die allseits konstatierte biologische und soziale Verjüngung des Alters sowie gerontologische Kompetenzoffensive haben zu dieser Entwicklung wesentlich beigetragen. Wo in den 1980er Jahren die Differenzierung zwischen Vorruheständlern und Ruheständlern einerseits sowie zwischen Alterspionieren und ruheständlerischer Mehrheit andererseits vorherrschend war, etabliert sich im Verlauf der 1990er Jahre die wissenschaftlich schon länger übliche Differenzierung in ein Drittes und ein Viertes Alter (Neugarten 1974; Laslett 1995; Mayer/Baltes 1996) und schlägt sich auch im Sinne einer Zielgruppendifferenzierung in den Strukturen sozialer Altenarbeit und -hilfe nieder (Knopf et al. 1999: 142).

Pikanterweise ist es Paul Baltes mit seinem Ansatz des kompetenten Alter(n)s, der als Mit-Herausgeber der 1996 veröffentlichten und breit rezipierten Berliner Altersstudie (Mayer/Baltes 1996) zum zentralen Stichwortgeber einer neuen – nun biologisch fixierten – Altersgrenze wird. Die Kehrseite der frohen Kunde über die Gestaltbarkeit des Dritten Alters (»Erst Hochbetagte sind wirklich alt.« – FAZ 1999_7) sei, so Baltes und KollegInnen, das negativ attribuierte »Vierte Alter« mit seiner »unfertigen biokulturellen Architektur« (FAZ 2005_7) jenseits der 85: »Dann zeigt sich die Unausweichlichkeit des körperlichen und geistigen Abbaus.« (FAZ 1999_7) Kompensatorische Maßnahmen würden, so die vielzitierten Ergebnisse der Berliner Altersstudie, jenseits der 85 immer schwieriger und »schließlich unmöglich« (z.B. SPIEGEL 1999_8), »Gedächtnis und Lernfähigkeit [lassen] rapide nach; die sich rasch wandelnde Welt wird zunehmend undurchsichtig und fremd, der verwirrte alte Mensch wird zum Pflegefall.« (SPIEGEL 2000_7) Die Gestaltbarkeit des Alter(n)s, wesentlicher Strang der Kompetenzerzählung und von Ursula Lehr von jeher ohne Altersgrenze propagiert, währt – so die nun einflussreiche Botschaft – doch nicht endlos, sondern kommt an seine unweigerliche Grenze. Medial beliebte Ausnahmegestalten wie der 106-jährige Johannes Heesters, der als Inkarnation gelungener Höchstaltrigkeit und als Vorbild für andere (junge) Alte in Szene gesetzt wird, vermögen dies nur punktuell zu durchbrechen bzw. bestätigen als bewunderte Ausnahme die Regel.

»Jopie« Heesters oder »Die Abschaffung des Sterbens«

»Ich bin jetzt im metallischen Alter: Silber in den Haaren, Gold in den Zähnen, Blech in den Knien«. Das sagt der *Frankfurter Allgemeinen Zeitung* im Jahr 2004 Margit Sponheimer, »die Grande Dame der Mainzer Fastnacht« (*FAZ*). Wenn sie mit ihren 61 Jahren in die Zukunft blickt, dann kommt ihr – und nicht nur ihr – spontan ein leuchtendes Vorbild jung gebliebenen Alters in den Sinn: »Ja, wenn ich den Johannes Heesters seh', da hab' ich noch 40 Jahre Zeit.« Johannes – für die Freunde von der *BILD* »Jopie« – Heesters, Jahrgang 1903, singender Schauspieler und schauspielernder Sänger, ist für die deutsche Medienöffentlichkeit spätestens mit seinem 100. Geburtstag die Inkarnationsfigur nicht nur eines biblischen Alters, sondern eines zudem erfolgreichen Alterns.

In der *BILD* wird der »quietschfidele 101jährige Operetten-Star« im Spätsommer 2005 als regelmäßiger Gast im Fitness-Club und auch sonst konsequenter Sportler (»Im Sommer schwimme ich jeden Tag im Pool am Haus«) präsentiert, dessen Lebenselixier freilich »vor allem seine jüngere Frau Simone (56)« (seine »liebende Ehefrau im Enkelinnenalter«, *Brigitte Woman*) sei. Zudem wird der aus den Niederlanden stammende Wahldeutsche – ähnlich wie zur gleichen Zeit im selben Medium auch der ehemalige Bremer Bürgermeister Henning Scherf – in den Stand eines Vorkämpfers gegen den Ruhestandstod erhoben, bezeichnenderweise im bildhaft in Szene gesetzten Kontrast zur Alterslebensführung eines anderen *BILD*-Lieblings: »›Derrick‹-Star Horst Tappert (82)«. Dieser, obwohl deutlich jünger als Heesters bereits »vom Alter gezeichnet«, »hat seinen Lebensmut verloren, wartet auf den Tod!« Heesters, selbst »in blendender körperlicher Verfassung«, macht seinem *Showbiz*-Kollegen Mut (»Horst, so wirst auch du 100 Jahre alt!«) – allerdings nicht ohne ihn zugleich ernsthaft zu ermahnen: »Zuviel Trübsal, zuviel Depression! […] Jeden Tag auf dem Sofa zu ›gammeln‹ wie Horst Tappert – das käme für ›Jopie‹ nie in Frage!« Schon Ende 2003 hatte Simone (»Püppie«) Rethel, seine Frau, »Jopie« im gemeinsamen Gespräch mit der *Super Illu* als Antifigur zum klassischen Seniorenzerrbild gezeichnet: »er ist keiner dieser Rentner, die immer nur zu Hause im Ohrensessel sitzen und Däumchen drehen.« Immer wieder, immer weiter Körper und Geist trainieren (»Auch den Kopf halte ich mit Training fit. Zur Zeit lerne ich Texte für eine neue CD.«) – das sei Heesters' Lebensprinzip. »Ruhestand wie Horst Tappert? Daran denkt Jopie nicht: Dann fange ich an zu sterben.«

Interessant allerdings: Was in der *BILD* 2005 als »blendender« Gesundheitszustand gefeiert wird, liest sich bereits zwei Jahre vorher, im *Super Illu*-Interview anlässlich seines 100. Geburtstags, doch deutlich ernüchternder: »Ich habe ständig Schmerzen in der Hüfte, und die Ärzte haben keine Ahnung, wie sie das wegkriegen sollen.« Heesters erzählt von Stürzen (»Ich kam alleine nicht mehr auf die Füße und lag erst mal eine halbe Stunde da, bis Simone kam.«) – und davon, dass er so gut wie blind ist (»Ich sehe fast nichts mehr. Ganz schlimm ist es im Dunkeln. Da bin ich völlig hilflos...«). Aber all das scheint für *BILD* nicht ins Bild des 101-Jährigen als ewig jungem Mann zu passen: ein im Alter Hilfebedürftiger, der die Enden seiner Zigarette mit eigenen Augen nicht mehr erkennen kann (»Wie rum muss ich anstecken, Püppie?«). »Die Abschaffung des Sterbens«

überschreibt der *SPIEGEL* 2005 einen langen Bericht über die zahlreichen biomedizinischen Forschungsanstrengungen zur strukturellen Lebensverlängerung, der gleichfalls nicht ohne den obligatorischen Heesters-Bezug auskommt. Die Abschaffung des Sterbens war, so könnte man im Lichte seiner medialen Repräsentation meinen, auch das Lebensprojekt des »guten alten UFA-Stars« (*Für Dich*). Am 24. Dezember 2011 – mehr Symbolik geht kaum – kehrte Johannes Heesters in den Kreis der Sterblichen zurück. Horst Tappert war übrigens bereits drei Jahre zuvor von uns gegangen.[71]

Tatsächlich geht es dabei um mehr als um eine einfache Untergliederung der Altersphase: Eingebettet in die Persistenz negativer Altersbilder und das Bestreben einer breiten Akteurskoalition (aus WissenschaftlerInnen, PolitikerInnen, AlterslobbyistInnen und älteren Menschen), dem Alter einige Lebensjahre zu »entreißen«, wird die Grenze des (sozialen) Lebens neu gezogen – an der Schwelle zur Hochaltrigkeit. »Diese Matrix mit Ausschlußcharakter, durch die Subjekte gebildet werden, verlangt somit gleichzeitig, einen Bereich verworfener Wesen hervorzubringen, die noch nicht[72] ›Subjekte‹ sind, sondern das konstitutive Außen zum Bereich des Subjekts abgeben. Das Verworfene (*the abject*) bezeichnet hier genau jene ›nicht lebbaren‹ und ›unbewohnbaren‹ Zonen des sozialen Lebens, die dennoch dicht bevölkert sind von denjenigen, die nicht den Status des Subjekts genießen, deren Leben im Zeichen des ›Nicht-Lebbaren‹ jedoch benötigt wird, um den Bereich des Subjekts einzugrenzen.« (Butler 1997: 23) Wiewohl nicht für das (hohe) Alter formuliert, beschreibt Judith Butler hier faktisch den Mechanismus, wie das junge Alter erst durch das konstitutive Außen der verworfenen – und doch stets anwesenden – Hochaltrigkeit sozial erschlossen (intelligibel) wird. Eine Vielzahl von Bildern und Metaphern legt Zeugnis davon ab, dass die Hochaltrigkeit als »richtiges Alter« (mit seinem sich im Lebenslauf nach hinten verschiebenden Bedeutungsgehalt) in der Zone des Nicht-Lebbaren, an der Schwelle zum Nicht-Sein angesiedelt ist (und bleibt): es ist die Rede von der »Rente als Vor-Tod« (taz 1993_2), dem Alter als »Vorhölle« (SPIEGEL 1999_10), dem sozialen Tod (FAZ 1987_2). Zugleich wird erstaunt attestiert, dass die neuen Alten »einen Drang zum Leben« (SPIEGEL 1987_1) hätten, dass viele Ältere an der Welt teilhaben wollten (taz 1995_1), dass sich gar ein »Aufstand in Gottes Wartezimmer« (SPIEGEL 2004_8) anbahne. Wo die einen ins Leben zurückgerufen werden (FAZ 2008_16), wird die Normalität der post-sozialen,

---

71 | Quellen: »Im Gespräch« (Für Dich 1991_4); »100 Jahre – und ich bereue keinen Tag!« (Super Illu 2003_10); »Stolz auf jede Falte« (FAZ 2004_10); »Die Abschaffung des Sterbens« (SPIEGEL 2005_5); »Jopie Heesters (101) gibt TV-Star Horst Tappert (82) neuen Lebensmut« (BILD 2005_22); »Ich bin eine Champagnertrüffel, kein Wurstbrot« (Brigitte Woman 2007_2).

72 | Bzw. – im hier interessierenden Kontext – »nicht mehr«.

gleichsam scheintoten Existenz der anderen festgeschrieben.[73] Institutionalisierter Ausdruck dieser neuen Unterteilung des Alters ist bemerkenswerterweise ausgerechnet die Einführung der Pflegeversicherung im Jahr 1995 mit dem ihr eigenen verrichtungsbezogenen Pflegebegriff: Nicht die gesellschaftliche Teilhabe und mögliche Rehabilitation der Pflegebedürftigen stehen im Zentrum der Pflege, sondern lediglich der überlebensnotwendige Ausgleich von Handlungsdefiziten im Alltag (Rixen 2010: 269ff.; vgl. kritisch auch BMFSFJ 2010: 181ff.).

Seinen räumlichen Ort findet das verworfene Alter im Alten- oder Pflegeheim, dessen Charakter in der Regel durch – nicht zuletzt mediale – Skandalisierung[74] bekräftigt wird: Die Rede ist vom Heim »als Abschiebebahnhof, in dem Heimbewohner ›Insassen‹ sind« (taz 1993_6), von der »Kasernierung in Heimen« (SPIEGEL 1994_3), von »abgeschiedenen Endlagerstätten, wo die Gesellschaft ihre Alt-Last verwahrt« (SPIEGEL 1988_2). Die Verknüpfung der Institution Heim mit dem Partizip »abgeschoben« durchzieht sämtliche Quellen[75] und markiert das Heim als Ort außerhalb der Gesellschaft, an dem BewohnerInnen zu »Sozialleiche[n]« gemacht würden, so die Seniorenministerin Ursula Lehr (SPIEGEL 1989_1). Das Heim als (totale) Institution gewordener Hort der Fremdbestimmung und Anonymität fungiert dabei ebenso mahnend wie drohend als Kulisse des hinfälligen Daseins zwischen Leben und Tod.

---

73 | Die Erregung, dass die Gesellschaft »60-Jährige, die ein Viertel ihres Lebens vor sich haben und noch etwas leisten können und wollen, einfach auf den Müll [schmeiße]« (Rosenmayr in SPIEGEL 1999_7), lässt zugleich anklingen, dass der Müllhaufen für 85-Jährige, die nicht mehr leistungsfähig sind, womöglich ein nicht ganz unangemessener Platz sein könnte.

74 | Die Skandalisierung der Situation in Alten- und Pflegeheimen bildete eine der wesentlichen Säulen des Aktivismus der Grauen Panther in den 1980er Jahren (Unruh 1984; SPIEGEL 1989_1), über Horrorszenarien des Heimlebens berichtet aber – und dies bis heute (vgl. Wiese 2010: 186f.) – auch die Presse breit: Die Rede ist von der »Endstation Elend« (SPIEGEL 1989_1), »aggressiv pflegende[m] Personal« (taz 1993_6) und systematischer Vernachlässigung (SPIEGEL 2006_3). Dass selbst das Seniorenministerium seine in einem Modellprojekt institutionalisierte Suche nach neuen Wohnkonzepten mit dem Zusatz »für ein selbstbestimmtes Leben im Alter« versieht (BMFSFJ 1998), lässt im Umkehrschluss die Entmündigung und Heteronomie im Heim quasi amtlich werden. Seit Ende der 1980er Jahre trifft sich im Bestreben, alternative Wohnformen und ambulante Betreuung auszubauen, das Anliegen altenpolitischer Lobbyisten mit den Einsparzielen- und Maßnahmen im Sozialbereich (taz 1994_4). Eine der ersten entsprechenden Maßnahmen war die Verankerung des »Vorrangs der offenen Hilfe« im Bundessozialhilfegesetz (BSHG) im Jahr 1984 (Hammerschmidt 2010: 28).

75 | »Wir wenden uns dagegen, daß viele alte Menschen in Altersheime abgeschoben, von ihrer sozialen Umwelt isoliert und zweitklassig behandelt werden.« (Die Grünen 1983: 11; vgl. auch: taz 1984_1; SPIEGEL 1987_1; BILD 1989_1)

»Wer [...] ein Leben lang träge vor sich hinsalzt wie der Hering im Faß, endet in der Regel auch so: Die meisten der Probanden, die gegen ihren Willen ins Altersheim mußten, entstammten der Riege der Lethargischen.« (SPIEGEL 1994_2) Trotz zahlreicher Verbesserungen der Heimstrukturen (FAZ 2001_1) sowie der Stärkung der Rechte der HeimbewohnerInnen mit der Heim-Mitwirkungsverordnung von 1976 sowie der Novellierung des Heimgesetzes von 1990 (Aner 2010) verliert das Heim seine Funktion als institutionalisierte Drohung auch in den 1990er und 2000er Jahren nicht – obwohl weiterhin nur eine Minderheit der Älteren im Alten- oder Pflegeheim lebt.[76] So beklagt die *BILD* 2008, dass »die Lebensqualität [Ältester] gegen Null geht und als letzte Horrorvorstellung bleibt: das Altenheim« (BILD 2008_18). Studien belegen, dass sich am Bild der »wenig menschlichen Verwahrstation« (taz 2006_17) bis in die jüngste Vergangenheit wenig geändert hat (ebd.).

Es ist die verworfene Hochaltrigkeit als ebenso konstitutives wie abschreckendes Außen, die durch die Logik der Differenz die Verknüpfung einer Vielzahl verschiedener Elemente zu einer imaginären Einheit des aktiven – noch lebendigen – Alters ermöglicht. Diesem aktiven Alter begegnen wir in den 1980er und 1990er Jahren in Gestalt des Unruhestands-Dispositivs.

Der Unruhestand

Der Unruhestand ist geistig und körperlich bewegt, dem Motto »Wer rastet, der rostet« oder »Rollende Steine setzen kein Moos an« (Berliner Senat 1988: 1) verschrieben. Er ist die gelebte Praxis des Kompetenzerhalts durch sinnstiftende (Freizeit-)Aktivitäten und gesunde Lebensführung, die über eine Vielfalt von Praktiken, Objekten, Institutionen und Körperbilder aufgerufen wird. Insignien des Ruhestandslebens – Haus und Garten, Sofa und Fernseher, Seniorennachmittag und Kaffeefahrt, Corega Tabs und gedeckte Kleidung – dienen als Abgrenzungsfolie, ohne dass die mit der Institution des Ruhestands verbundene Entpflichtung (von der Arbeit bzw. produktiver Tätigkeit) und Freiheit (zur Freizeit) nachhaltig in Frage gestellt würde. Der Idee der Plastizität verhaftet, wonach Altern bis zur Grenze der Hochaltrigkeit kein biologisches Schicksal sei,[77] wird dem auf dem Sofa verfettenden Ruhestandskörper[78] der

---

76 | 1994 waren dies nur 5,3 % der Über-65-Jährigen (BMFSFJ 1998: 94ff.), im Jahr 2012 ca. 4 % (Thomas 2012: 215).

77 | »Ich bin überzeugt«, wird ein Wissenschaftler in der *taz* zitiert, »dass der Mensch generell in der Lage ist, 50 Prozent dieser so genannten Alterskrankheiten selbst zu beeinflussen, sei es durch Bewegung, sei es durch eine vitaminreiche Ernährung, sei es durch weisen Genussmittelkonsum.« (taz 2004_8).

78 | »Couch-Potatoes rosten ein, der Stoffwechsel schnarcht vor sich hin, der Fettanteil nimmt zu, dafür schwinden die Muskeln« (FAZ 2001_15).

bewegte und sportive Unruhestandskörper entgegengesetzt, aufgerufen durch die paradigmatische Praxis des modernen Unruhestands, das Nordic-Walking (APO 1998_2; BILD 2006_26): Bewegung gilt als Heilmittel für alles, sie garantiert Steigerung der Herzleistung und der Muskelkraft (FAZ 1986_5), einen besseren Kreislauf und höhere Attraktivität (APO 1991_2) und dient der Vorbeugung von Arteriosklerose und Depressionen (FAZ 1992_2; APO 1999_1). Die richtige Ernährung senke, so die Botschaft, das Risiko von Schlaganfällen und Demenz (FAZ 1986_5) und fördere die sexuelle Aktivität (BILD 1983_26). Der Unruhestandskörper muss erarbeitet werden und dafür ist – das wird schon in den 1980er Jahren deutlich – das alternde Individuum selbst verantwortlich: Es gelte, »selbst tätig zu werden und das eigene Verhalten zu steuern« (FAZ 1988_1), mit »Disziplin und festem Willen« (APO 1991_1) dem vermeidbaren Abbau entgegenzutreten. Die eigene »Lebensführung« entscheide über »Wohl und Wehe« (SPIEGEL 2006_4), und für die richtige Lebensführung gebe es einen guten Lohn – »mit 90 auf dem Fahrrad statt im Rollstuhl zu sitzen« (SPIEGEL 1998_4). Der Eintritt der Hochaltrigkeit als verworfenes Leben – hier aufgerufen durch den Rollstuhl –, könne zwar nicht vermieden, wohl aber verschoben werden: »Wer die Zahl seiner Risikofaktoren möglichst gering hält, wird sich [...] bis ins hohe Alter einer guten Gesundheit erfreuen.« (APO 1989_1)

Dieser Strang des Unruhestands-Dispositivs ist eingebettet in einen gesundheitspolitischen Paradigmenwechsel, der weit über die Zielgruppe der Älteren hinausreicht: Mit der Abwendung von einer vorrangig kurativen Medizin findet eine Erweiterung grundlegender Konzepte von Gesundheit und gesundheitlicher Prävention statt – von Gesundheit als Abwesenheit von Krankheit zu Gesundheit als individuell zu verantwortender Produktion von Wohlbefinden (van Dyk/Graefe 2010; Ziguras 2004: 4ff.). Primäre Prävention, also die Vorbeugung von eventuellen gesundheitlichen Einschränkungen zu einem Zeitpunkt, an dem diese weder latent noch manifest vorhanden sind, avanciert zur »zentralen gesundheitspolitischen Herausforderung des 21. Jahrhunderts« (Rosenbrock 2004: 5; vgl. im historischen Überblick auch: Lengwiler/Madarász 2010), Gesundheitssicherung (Salutogenese) tritt an die Seite der traditionellen Krankheitsverhinderung. Die Anschlüsse an die Wissensordnung »Kompetentes Alter« mit ihrer starken Akzentuierung von individuell zu verantwortender Plastizität und Performativität sind offenkundig.[79]

So fest verankert die Verknüpfung *Plastizität/Eigeninitiative/gesunde Lebensführung/Kompetenz* ist, so umkämpft und immer wieder offen bleibt

---

[79] | So ist in einem *Anti-Ageing*-Ratgeber zu lesen: »Krankheiten sind in der Regel keine Lebenszufälle, sondern – vor allem in unserer Industrie- und Dienstleistungsgesellschaft – häufig durch das eigene Verhalten und die eigene Lebensweise gefördert.« (Dietz/Matheis 2002: 12)

die Frage, was sinnerfüllte Aktivität in der Nacherwerbsphase sein soll. Die Frage der Lebensarbeitszeit, die im Kontext des kontrovers debattierten Vorruhestands zunächst eine zentrale Rolle spielt, verschwindet im Laufe der 1980er Jahre von der Tagesordnung und wird erst in den 2000er Jahren im Kontext der Lissabon-Strategie sowie der Rente mit 67 wieder an Bedeutung gewinnen. Das zentrale Thema ist seit Mitte der 1980er Jahre der Ruhestand als »ewige Freizeit« (SPIEGEL 1988_1), adressiert werden RuheständlerInnen, die lernen müssten, »die viele freie Zeit sinnvoll zu leben« (FAZ 1984_7), »in den Fluß ihrer ›freien Zeit‹ Pfähle zu rammen, an denen sie sich festhalten können«, so ein Seminarleiter für Kurse zur Bewältigung des Ruhestands (ebd.). Das Unruhestandsleben müsse, so der jenseits der Koalition aus CDU, BILD und Super Illu schon Anfang der 1980er Jahre lauter werdende Tenor, erlernt werden, denn noch simuliere die Mehrheit Älterer eher Aktivität als dass sie sich tatsächlich (geistig und körperlich) bewege. Eine in der Presse viel zitierte Befragung von Rentnern im Alter zwischen 58 und 68 Jahren kommt zu dem Schluss: »Drei Viertel der Rentner frühstücken ausgiebig, aber nur ein Drittel übt regelmäßig eine Sportart aus. 78 Prozent der Befragten vertreiben sich die Zeit mit Fernsehen, nur acht Prozent wollten etwas Neues lernen und Kurse besuchen.« (FAZ 1983_10) Der Ruhestand, so die mit den Jahren und im Zuge der Kompetenzoffensive immer fester verankerte Verknüpfung, sei »gefährlich«, ja geradezu »lebensgefährlich«, wie der SPD-Politiker und Alterslobbyist Henning Scherf in der BILD (2006_13) ausführt.

Was als akzeptierte außerhäusliche Aktivität verhandelt wird, changiert dabei je nach Quelle und Zeitpunkt erheblich – was den einen als neues Alter, als willkommener Unruhestand gilt, wird von anderer Seite mit Spott bedacht. Getragen wird dieser Spott maßgeblich von der politisch eher ungewöhnlichen Allianz aus FAZ und taz, die sich in der – ebenso bildungsbürgerlichen wie elitär konturierten – Abwertung fröhlich genossener (Alters-)Freiheit zusammenfindet.[80] Der Spott arbeitet damit, das ironisch beschriebene Verhalten als altersinadäquat vorauszusetzen und damit lächerlich zu machen: »Die Gruppen und Grüppchen Grauhaariger, die nachzuholen scheinen, was sie in ihrer Jugend glauben versäumt zu haben, mehren sich. Sie lernen nicht nur, heiter zu sein und wie Teenager zu kichern, sie pflegen nun auch ihr Hobby wie eine Pflicht. Sie schlagen im Rummel die Zeit tot.« (FAZ 1983_5; FAZ 1986_2) Die

---

80 | Die FAZ (1998_1) zitiert folgenden Reim: »›Wenn du einmal Rentner bist, sei gutes Leben dir gewiss. [.] Du kannst jetzt lesen, sehr viel reisen, und Deinen Schöpfer preisen, daß Du nun endlich Rentner bist, wenn auch so mancher neidisch ist.‹« Und ätzt: »Das ist beileibe keine Karikatur, sondern die unverstellte Stimme eines dilettierenden best agers. Nichts widerlegt den eifrig gepflegten und lauthals bekundeten Glauben an die schöne neue Republik der Alten so gründlich wie die Gartenzwergmentalität, die sich hier ungeniert ausspricht.« (Ebd.)

Welt, die sich jenseits des Ruhestands im Kontext von »Altersheim und Kaffeekränzchen« (FAZ 2002_3) auftut, erntet kaum weniger Spott und Ironie als
dieser selbst: »Die ›neuen Alten‹ sind wahnsinnig lebensfroh, reisen pausenlos
in ferne Länder und haben unendlich viel Geld, mit dem sie sich mindestens
jedes Jahr einen neuen Porsche kaufen.« (Ebd.) Als »Graue Panther im Wellnessland« (taz 2003_10) verspottet die taz die Alten, die als »ein einiges Kollektiv im Bademantel« versuchten, »den Zipperlein des Alters zu trotzen« (ebd.).
Zur Lächerlichkeit gesellen sich Anklänge von Dekadenz, die untrennbar mit
dem Dispositiv des Unruhestands verbunden sind.

Ihr bleibt anders: Die Alten in der *tageszeitung*

»Wir bleiben anders« lautet der Werbeslogan jener Tageszeitung, die sich selbstbewusst
genau so – und in Kurzform *taz* – nennt und sich seit nunmehr 35 Jahren als immer hart
an der wirtschaftlichen Überlebensgrenze operierendes Sprachrohr des links-alternativen Milieus in Deutschland betätigt. Dass ältere Menschen eher nicht zur Stammleser-
schaft des Blattes gehören, lässt sich der einschlägigen Media-Analyse entnehmen,
der zufolge die/der typische *taz*-LeserIn »jung, gebildet, kaufkräftig, erfolgreich« ist.
Zwar sind auch viele LeserInnen der wilden Anfangsjahre mit ihrer Zeitung gealtert, und
die spezifischen Interessen dieses älteren Alternativmilieus, etwa mit Blick auf unkonventionelle Wohnformen im Alter, werden von der Berliner Redaktion durchaus bedient.
Aber in der Gesamtschau erweisen sich »die Alten« für die *taz* gewissermaßen als das
Andere ihrer eigenen Zielgruppe – und werden über den gesamten Untersuchungszeitraum hinweg mit ausnehmendem Befremden wahrgenommen.

Ob sie nun anscheinend ganz den herkömmlichen Stereotypen vom Alter entsprechen oder aber eben diese zu durchbrechen suchen: Die redaktionell gerne als
»Oldies« apostrophierten Älteren können es den Leuten von der *taz* so oder so nicht
recht machen. Anfang der 1990er Jahre portraitiert die Zeitung die BesucherInnen des
3. Deutschen Seniorentages als lammfromme Herde, deren Lebensabend mit »Singen,
Theaterspielen und Tanzgruppe« vollkommen ausgefüllt sei und die das leicht infantile
Rahmenprogramm willig über sich ergehen lasse: »brav befolgen die auf ihren Stühlen
sitzenden Altvorderen die gymnastischen Instruktionen, rufen gehorsam hey und hoy,
trippeln im Takt mit den Füßen [...] und werfen die faltigen Arme in die Luft«. Fehlte dem
Blatt hier »von grauer Pantherpower [...] jede Spur«, so trifft ein gutes Jahrzehnt später
genau derselbe Vorwurf eine gänzlich veränderte Altengeneration – jene nämlich, die
sich dem »Wellnesstrend« verschrieben hat und sich in einer von »Körperkult« und »Jugendwahn« geprägten Welt zwischen dem »Hedonismus der Unersättlichen« und den
»Heilsversprechen der Heilmittelchen« bewegt. Gymnastikmarionetten in der Deutsch-
landhalle die einen, Genussmaschinen auf der Schönheitsfarm die anderen: für die *taz*
sind beide Altentypen gleichermaßen inakzeptabel.

Bürgerrechtshabitus des grünen Milieus hin, Aufklärungsanspruch der *tageszeitung* her: In keinem anderen der von uns untersuchten Printmedien findet sich eine ähnlich konsistent altenfeindliche Zeichnung des Alters. Nicht nur »all die ›Werther's Echte‹-Werbeopas« rauben den BlattmacherInnen offensichtlich den Nerv. Vor allen Dingen sind es die »weltreisenden *Well Off Older People*«, die »ihre Renten zulasten der Jungen [...] auf Kreuzfahrten verjuxen« und – »mit einem Wirtschaftswunderkonto im Rücken« – »ihr ›welkes Fleisch‹ auf Mallorca bräunen«, die von der *taz* aufs Korn genommen werden. Liest man das Organ des jungen, gebildeten, kaufkräftigen, erfolgreichen Alternativbürgertums, dann erfährt man, »wie gut es den meisten deutschen Rentnern heute geht« und wo die »Alten-Yuppies« ihre gesetzliche Rente verfrühstücken: »wenn die Apartmentburgen aufhören und zwischen Kiefern und Pinien dezent versteckte Villen und kleine Luxusschlösser auftauchen, können Sie sicher sein: Hier spricht man deutsch und ist über sechzig.« So ist sie also, die »Generation Teneriffa«: Wohlbehütet und anspruchsvoll, will sie »die Palette von Reise- oder Bildungsangeboten ausschöpfen und [...] mit allem zu tun haben [...], nur nicht mit dem Alter«.

Es sind die »grauhaarigen Jungspunde, die einfach nicht alt werden wollen«, die von der *taz* latent als untragbar für »unsere überalternde Gesellschaft« dargestellt werden. Und die, unerträglich wie sie zudem sind, nicht selten explizit der Lächerlichkeit preisgegeben werden. Immerhin aber gibt sich die *tageszeitung*, was die journalistische Geringschätzung altersverdrängender Alter angeht, ihrem Selbstverständnis entsprechend durchaus geschlechtergerecht: »Der alternde Mann schluckt Potenzmittel, lässt sich Kalbshormone in den Hintern und das Hirn jagen und rasiert sich den Kopf, damit die grauen Haare nicht zu sehen sind« – »während sich ›Golden Girls‹ im kurzen Röckchen zur Showtanztruppe formieren«. Sie und Er, statt im Geschlechterkampf verstrickt in Peinlichkeit vereint: das Alter – durch die Brille der *taz* gesehen – macht's möglich.[81]

In der Breite aber entfaltet sich seit den 1980er Jahren ein Dispositiv, in dem der Strang *Plastizität des Alters/Eigeninitiative/gesunde Lebensführung/ Kompetenzen* mit einem neuen Aktivitätsradius, einem vollen Terminkalender (BILD 1986_1), Modellprojekten in Abgrenzung zu angeleiteten Aktivitäten der Altenarbeit, sozialer Verjüngung, der Fähigkeit zum Genuss, neuen

---

81 | Quellen: »Alle Macht den Alten?« (taz 1989_4); »Mit der Volkstanzgruppe ins Rentnerparadies« (taz 1992_1); »Verschlafen die Deutschen ihr Altern?« (taz 1993_2); »Wie sage ich es bloß meinen lieben Eltern« (taz 1993_4); »Die armen Alten und die ›Woopies‹« (taz 1993_6); »Altern hat Zukunft« (taz 1999_4); »Männer kneifen vor dem Weib« (taz 2001_8); »Geht's den Rentnern zu gut?« (taz 2002_7); »Zaster für die Alten« (taz 2003_5); »Graue Panther im Wellnessland« (taz 2003_10); »Und das soll wirklich Spaß machen?« (taz 2003_13); »Reaktivierte Senioren« (taz 2004_3); »Das Alter ist im Kommen« (taz 2004_7); »Die Fruchtsenioren« (taz 2007_2); »Golden Girls« (taz 2008_11).

Wohnformen (contra Altenheim), der Seniorenuni als Sinnbild lebenslangen
Lernens und neuen Konsumgütern verwoben wird. »Alt werden«, so erfahren
wir immer häufiger, »das ist der Geschmack von Freiheit und Abenteuer«
(SPIEGEL 1988_2),[82] die eigenen Eltern würden jünger statt älter, die ruhestandstypische Familienorientierung aufgebrochen: »Der Auszug der Kinder
bekam ihnen blendend: die Koffer von der letzten Kreuzfahrt waren gerade
ausgepackt, da wurden schon die Wanderschuhe für die Bergtour mit Freunden geschnürt. Nach jahrzehntelanger Disziplin im Arbeits- und Familien-
alltag trauten sich die Eltern, endlich, ihr Leben zu genießen.« (taz 1993_4)[83]
Der Unruhestand findet nicht mehr zu Hause, sondern bewegt und draußen
statt: 60 – »ein Alter, um sich im Hinterstübchen zu verkriechen und zu versauern? Nein, nicht mehr: Unsere jungen Alten springen mit Fallschirmen
ab, joggen durch den Park, rudern und schwimmen – und fangen oft etwas
ganz Neues an.« heißt es in der BILD (1986_1), die titelgebend versichert »Mit
60 fängt ihr Leben nochmal an« und damit das junge Alter bis ins achte
Lebensjahrzehnt der verworfenen Hochaltrigkeit entreißt: »Flotte 60er walken durch den Wald oder laufen sogar Marathon. Flotte 70er reisen wie die
Weltmeister oder hocken als Studenten in der Uni. Flotte 80er genießen den
Rotwein am Abend und tanzen fröhlich in die Nacht.« (BILD 2006_31) Das
breite Spektrum an Praktiken, Insignien und Objekten des Unruhestands findet sich in einem Zitat des Freizeitforschers Opaschowski (SPIEGEL 1987_1)
verdichtet, das zugleich Anschlüsse an die Dispositive Ruhestand und Produktives Alter aufweist: »Donnerstag vormittag drehen sie im Stadtwald ihre
Jogging-Runden auf bandscheibenfreundlichen Markensohlen. Mit Kleeblatt
oder Krokodil auf der Brust gehen sie mittags in Sauna, Schwimmbad oder
Fitneß-Studio. Spätnachmittags ist Shopping-time. Dabei bleibt noch genügend Zeit und Muße für Tee und Kaffee Hag. Abends werden die Koffer ge-
packt für den Zwischendurch-Urlaub am Wochenende zum Auftanken und
intensiven Erleben. Freitagvormittag beginnt ihr Exodus nach Amsterdam
oder Wien, an die Nordseeküste oder in die Alpen. Montag vormittag kehren

---

82 | »Einige Millionen halten sich zumindest in Lebensstil und Erscheinungsbild schon
daran – eine wachsende Schicht im breiten Mittelstand, neue Alte, die sich flott an-
ziehen, ›Senioren-Teller‹ entrüstet ablehnen, viel und weit reisen und dabei, wie ein
NUR-Geschäftsführer staunt, ›in jedes Kanu steigen, ob am Amazonas oder in Papua-
Neuguinea, da legen Sie die Ohren an‹.« (SPIEGEL 1989_4) In diesem Satz wird über
Institutionen, Orte, Objekte und Praktiken ein Paradigmenwechsel aufgerufen: Dem
Seniorenteller als institutionalisiertem Ausweis der Differenz des Alters (Ältere haben
weniger Appetit und weniger Geld), räumlich verbunden mit dem nahen Gasthof, wird
die Ausweitung des Bewegungsradius (aufregende Reisen bis in den Urwald) sowie die
Bewegung in eher altersuntypischer Form (Kanu) entgegengestellt.

83 | Auch die taz kann also anders.

sie zurück, denn ab Mittag wird es wieder ernst: Sie praktizieren do it yourself im eigenen Heim, leisten Nachbarschafts- und Selbsthilfe auf Gegenseitigkeit oder für ein paar Mark, üben Nebenjobs aus, beraten Jungunternehmer bei Existenzgründungen, übernehmen Vereinsposten oder besuchen Vorlesungen in der Universität.« Das breite Spektrum an Fitness- und Wellnessaktivitäten wird verknüpft mit einem gut abgesicherten, sozial verjüngten Lebensabend, aufgerufen durch Konsumprodukte der gehobenen Klasse (»Kleeblatt oder Krokodil«), die das Gegenteil »typischer« Altersmarken sind. Doch auch die Muße findet mit der ruhestandstypischen Kaffee-Assoziation ihren Platz. Der Urlaub wird nicht nur verbracht, sondern »intensiv erlebt«, vor allem dient er auch dem Auftanken, was auf einen erfüllten Alltag verweist. Er ist zudem von kurzer Dauer, da unter der Woche die Alltagspflichten rufen, die neben sinnstiftenden autoproduktiven Tätigkeiten und dem Besuch von Vorlesungen (Stichwort: lebenslanges Lernen und geistige Beweglichkeit) schon eine Vorahnung auf das produktive Alter geben (z.B. Beratung von Existenzgründungen).

Allerdings wird der Unruheständlerin das graue Haar zum Problem, rufe es doch »das Image einer kuchenbackenden Oma« (taz 2000_1) und eben das farblose Alter auf: »Also: färben.« (Ebd.) – wobei der Vorwurf des Jugendwahns auf dem Fuße folgt: Der positiv attribuierten Verjüngung sind offenkundig enge Grenzen gesetzt. Und auch die räumliche Dimension des neuen Alters verändert sich: Das Altenheim wird vom Ruhestandsort zur Institution der verworfenen Hochaltrigkeit, die Unruheständler wohnen in der Seniorenresidenz, in der Alten-WG (FAZ 1986_3, FAZ 1993_6) oder im Mehrgenerationenhaus (SPIEGEL 1994_3; taz 1993_7), wobei diese Orte unauflöslich mit bestimmten Sozialfiguren und Praktiken verbunden werden: Den »entmündigten Heiminsassen, [...] vereinsamt vor dem Fernseher«, steht die aktive und selbstbestimmte »Hausgemeinschaft von Gleichgesinnten« gegenüber (SPIEGEL 1994_3). Der hochgradig aktive, ehemalige Bremer Bürgermeister Henning Scherf wird 68-jährig zum Vorzeigebewohner einer Alten-WG (BILD 2006). Die neuen Wohnformen erfreuen sich entgegen ihrer empirischen Relevanz (Thomas 2012: 215; Voges/Zinke 2010: 301) großer medialer, politischer und wissenschaftlicher Aufmerksamkeit und stehen paradigmatisch für eine neue Generation von Alten, von denen sich – wie Emnid 2006 ermittelte – jeder Dritte zumindest wünschte, nicht allein oder bei den eigenen Kindern, sondern gemeinsam mit gleichaltrigen Freunden alt zu werden (SPIEGEL 2006_8). Hier verbindet sich die Frage des Wohnens mit einer den Unruhestand kennzeichnenden sozialen Orientierung über den engen Familienkreis hinaus.

Henning Scherf: Was im Alter möglich ist

»So kann der Terminplan eines Ruheständlers auch aussehen – morgens in Oldenburg: Preisverleihung in einem Chorwettbewerb; mittags in Osnabrück: Vortrag vor Unternehmern; abends in Bremen: Diskussion mit Professoren und Studenten an der Universität; zwischendrin: Fernsehinterviews und Telefonate.« Anlässlich der Veröffentlichung seines (auch gegen die ostentative Altenfeindlichkeit von Frank Schirrmachers Verkaufserfolg »Das Methusalem-Komplott« gerichteten) Buches »Grau ist bunt: Was im Alter möglich ist« berichtet im Herbst 2006 nicht nur der *SPIEGEL* ausführlich über den ehemaligen Bremer Bürgermeister Henning Scherf als Rollenmodell einer aktiven Lebensführung im Alter. Insbesondere die *BILD* präsentiert »Deutschlands beliebtesten Politiker« in einer Serie von Artikeln als erfolgreichen Vorzeigerentner und ideellen Gesamtunruheständler: Mehrmals berichtet das Massenblatt über den nacherwerblichen Alltag und die praktische Lebensphilosophie von »Warmwassertrinker« (*SPIEGEL*) Scherf und publiziert sowohl ein längeres (für *BILD*-Verhältnisse sogar extrem langes) Interview mit ihm wie auch vereinzelte Passagen seines Werkes im Vorabdruck. In seiner Selbstbeschreibung (»Mein Altersleben gilt als positives Beispiel«) ebenso wie aus der *BILD*-Fremdsicht (»Er sprüht vor Ideen und Initiativen, greift auf eine reichhaltige Lebenserfahrung zurück«) erscheint der 1938 geborene Scherf als Inbegriff des Jungen Alten, der die aktive Gestaltung seines Nacherwerbslebens in die Hand nimmt und damit nicht nur sich selbst, sondern auch Anderen Gutes tut. Damit ist der »beliebte Ex-Politiker« (*BILD*) gleichsam das personifizierte Bindeglied zwischen den beiden den öffentlichen Diskurs strukturierenden *story lines* vom Unruhestand (»Viel bewegen – egal, wie, und egal, wo«, *BILD*) auf der einen und vom Produktiven Altern (»Wir haben uns gegenseitig so viel zu geben«, Scherf) auf der anderen Seite.

Die teils bloß beschreibende, teils auch schon moralisierende (»Als Rentner darfst du keine Sekunde ruhen«) Unruhestandserzählung dominiert Scherfs ebenso umfangreiche wie bilderfrohe Selbst- und Fremddarstellung in der *BILD* – und sie adressiert keineswegs nur die Jüngeren unter den Älteren: »Flotte 60er walken durch den Wald oder laufen sogar Marathon. Flotte 70er reisen wie die Weltmeister oder hocken als Studenten in der Uni. Flotte 80er genießen den Rotwein am Abend oder tanzen fröhlich in die Nacht.« (*BILD*) Henning Scherf selbst »fährt Fahrrad. Und ist stolz auf jeden Kilometer.« Aber natürlich bleibt er nicht dabei stehen: Er singt, und zwar im Chor, im Verein mit Anderen, und dies nicht nur, weil es ihm Spaß bereitet, sondern auch, weil er von »Studien in den USA« weiß, »dass Menschen, die bis ins hohe Alter singen, bis zu zehn Jahre älter werden!« Er schreibt und malt (»von meiner Bilderausstellung in Beverstedt und meinem neuen Buchprojekt wollte ich Ihnen ja auch noch erzählen«). Er hat mit seiner Frau und gemeinsamen, in etwa gleichaltrigen Freunden eine »abbruchreife Stadtvilla« im Bremer Bahnhofsviertel gekauft und aufwändig saniert und erprobt dort als Lebensformpionier (»die Zahl der tatsächlich realisierten grauen Wohngemeinschaften [ist] immer noch erschreckend gering«, weiß der *SPIEGEL*) neue Wohnformen – einschließlich hauseigenem »Debattierzirkel« (»Wir sitzen dann bei heißem Wasser, Tee und Keksen zusammen und diskutieren englische Zeitungsartikel«).

Was in jeder Hinsicht so harmlos positiv wirkt, hat allerdings für Scherf selbst einen äußerst ernsten Hintergrund, den er in Worte fasst, die dramatischer, bedeutungsschwerer, ja existenzieller nicht formuliert sein könnten – denn hinter dem Segen der alltäglichen Altersaktivität lauert die ständige Gefahr von Verwahrlosung, Krankheit und Sterben. »Als Rentner darfst Du keine Sekunde ruhen« meint demnach auch: sonst kommt statt der »späten Freiheit« (Scherf nach Leopold Rosenmayr) der frühe Tod. Zunächst einmal »egal, was jemand macht: Wichtig ist, Tätigkeiten zu finden, die dafür sorgen, dass man nicht schon vormittags auf das Fernsehprogramm wartet.« Die aus dem öffentlichen Diskurs sattsam bekannte Phänomenologie des Passivitätssyndroms – zuhause vor dem Fernseher sitzen und nichts tun – wird auch und gerade von Scherf zu einem Schreckensbild des Alters verdichtet, das an Drastik und Konsequenz nichts zu wünschen übrig lässt: »Mit dem Hirn ist es wie mit den Muskeln: Wer das nicht trainiert, nicht in Bewegung bleibt, der baut ab, wird immer schwächer.« Und mehr noch, die logische Folge des Nichtstuns ist der Passivitätstod, weshalb Scherf betont: »Das Wort Ruhestand mag ich gar nicht, halte es sogar für gefährlich.« Im eigentlichen Sinne ist das Ruheständlerdasein für ihn »sogar lebensgefährlich«, setzt es doch die Alten auf eine (Ab-)Lebensbahn, die abschüssiger und – einmal beschritten – irreversibler nicht sein könnte: »wer nach dem Ausscheiden aus dem Berufsleben aktiv bleibt, lebt länger und besser. Wer sich hingegen fallen lässt, nur noch Fernsehen glotzt, nicht mehr rausgeht, der vereinsamt, wird depressiv und stirbt.« Ende der Geschichte.

So schlimm kann also die Alterswelt sein – und doch ist es auch wiederum so einfach, diese persönliche Verfallsgeschichte zu verhindern. Denn zu den »fröhlichen, aktiven Alten« (Scherf), die das Unruhestandmotto im *BILD*-Kürzestformat – »Roste nicht, nutze die Zeit, bewege dich, pack was an« – beherzigen, kann potenziell Jede/r gehören. Das wissen auch die zuständigen Redakteure der *BILD*-Zeitung, denen die Altenberichterstattung der Bundesregierung bereits zum damaligen Zeitpunkt ganz offenkundig bekannt ist: »Wir sind fit, geistig und körperlich. Und wir haben meistens auch die Rente, die uns gut ernährt.« Was also steht einem Aufbruch der Alten – »nicht herumsitzen, sondern etwas tun und bewirken« (Scherf) – entgegen, wenn nicht die eigene Motivationsschwäche, der fehlende Wille zum Altersglück, den es durch gesellschaftliche Lichtgestalten wie Henning Scherf zu fordern und zu fördern gilt? Scherf ist »dem Elend des Alters« selbst begegnet – nicht allerdings in verarmten Rentnerinnenhaushalten oder heruntergekommenen Altenpflegeheimen, auch nicht etwa hierzulande, sondern (wo sonst?) in Amerika, konkret »in Miami Beach«: »Alte Menschen, die am Strand lagen und auf den Abend warteten. Alte Menschen in den Shopping-Malls. Und Alte an den Highways, die auf Campingstühlen saßen und nichts weiter taten, als den vorüberfahrenden Autos hinterherzustarren, Stunde um Stunde, bis zur nächsten Mahlzeit.« Wer dieses Wohlstandselend und damit die Amerikanisierung auch noch des deutschen Alterslebens verhindern will, der – so die Botschaft – muss dafür sorgen, dass »die Deutschen, bald ein Volk der Alten« (*BILD*), auf andere Gedanken kommen, was die Praxis eines guten, erfolgreichen Alterns angeht: Der junge Alte Scherf möchte – nicht zuletzt angesichts der »Überalterung der Gesellschaft« (Scherf) – »gerne über die Chancen reden, die ein Leben nach der Berufstätigkeit eröffnet. Ich möchte darüber reden, was alles im Alter möglich ist. Ich möchte Menschen Mut machen und sie hinterm Ofen hervorlocken.« Auf dass, so die Paraphrase des gesellschaftlichen Appells eines früheren Bundespräsidenten, »ein Ruck« gehe »durch unser Land« (*BILD*) – und den Alten »ein bedauernswertes Leben, ohne eine Struktur, ohne eine Rolle« (Scherf), erspart bleibe.

Interessant ist dabei nicht zuletzt, welche Stereotype des Alters und der Alten – sei es, dass sie vorüberfahrenden Autos hinterherstarren, sei es, dass sie hinter dem Ofen hervorgelockt werden müssen – bemüht und damit auch reproduziert werden. Scherf selbst meint betonen zu müssen, dass »alte Menschen« »nicht nur eine Last« sind, und will zeigen, »was Alte heute alles leisten können«: »mit diesen Schreckensbildern von Massen an pflegebedürftigen Greisen, die mit ihren Rollstühlen uns alle in Bedrängnis bringen, muss Schluss sein!« Ähnlich dezidiert altenfreundlich malt die *BILD* selbst ein – vermeintlich gesellschaftlich dominantes – Zerr-»Bild der Älteren«, das »zu viele [...] noch immer [...] im Kopf« hätten: »Greise, gebeugt und gebeutelt, am Krückstock humpelnd, die dem Ende entgegen dämmern.« Gegen dieses, durch wortreiches Dementi irgendwie auch wiederum aktiv bestätigte Altersbild setzen Scherf und *BILD* dessen eigenen Lebensentwurf eines nicht nur aktiven, sondern auch produktiven Alter(n)s. Denn es ist ja nicht so, dass der ehemalige Bremer Bürgermeister nur etwas für sich selbst tun würde. Was er tut, das tut er – nicht immer, aber immer öfter – auch zum Nutzen oder zumindest Gefallen Dritter: Seine Bilder stellt er öffentlich aus, sein Erfahrungswissen gibt er gesellschaftlich weiter, seinen Gesang setzt er für Andere ein, insbesondere für Kinder – schließlich wisse man ja (der gesellschaftspolitische Stereotypenreigen setzt sich fort), dass »in den meisten Familien [...] zu Hause gar nicht mehr gesungen« werde. Und überhaupt seien doch, neben dem Singen, »viele der Dienstleistungen, die dringend gebraucht werden, [...] als offizielle und bezahlte Arbeit nicht zu haben«: »An dieser Stelle kommen wir Alten ins Spiel«, so Scherf – als Ausfallbürgen eines überforderten, leistungsbeschränkten Sozialstaats. »Wir leisten unentgeltliche Arbeit für diese Gesellschaft«, so die halb konstatierende, halb animierende Botschaft des »beliebten SPD-Politikers« (*BILD*) – »weil sie uns Freude macht«.

Damit ist in Scherfs Erzählungen der Bogen zu nicht nur selbstbezogenen, sondern auch heteroproduktiven Tätigkeiten geschlagen. »Mit ehrenamtlicher Arbeit kann man nicht früh genug beginnen«, weiß Scherf: »Ich zum Beispiel bin schon lange Präsident des deutschen Chorverbandes.« Hier wie auch an vielen anderen Stellen – wenn etwa als leuchtende Beispiele bürgerschaftlichen Engagements die Scherf bekannten, im Ausland unternehmensberatend tätigen »ehemaligen Vorstandsmitglieder großer Firmen« benannt werden – wird zwar immer wieder offensichtlich, dass sich die konkrete außerberufliche Alterspraxis Scherfs, die insgesamt eher einem verlängerten, ins Nacherwerbsleben überführten Vollzeitarbeitsleben gleicht, als Lebensentwurf von Älteren in einer alternden Gesellschaft schwerlich wird verallgemeinern lassen. Doch darum geht es – zumindest scheinbar – nicht: Nicht nur die oberen Schichten haben Anderen etwas zu geben. Auf je eigene Weise kann Jede/r etwas aus seinem bzw. ihrem Alter machen, »bevor es etwas aus einem macht« (Scherf) – und damit sich selbst auch in den Dienst des Gemeinwesens stellen.

Gleichwohl ist es bemerkenswert, wie wenig bei aller Rede über Stadtvillenkäufe und Verbandspräsidentschaften, bei allem Verweis auf englische Debattierzirkel und einschlägige Rilke-Zitate (»Es hat sich ein neuer Ring um unser Leben gelegt.«), die absolute und relative Privilegierung einer Person wie Henning Scherf gegenüber dem bzw. der durchschnittlich erwartbaren Rentner/in der *BILD* aufzufallen scheint – und auch unserem alterspolitischen *role model* selbst. Rollenmodell ist Scherf übrigens in anderer Hinsicht kaum – oder jedenfalls kein positiv universalisierbares, ist sein Alterslebensmodell doch eines, das in geschlechterpolitischer Hinsicht die klassische Arbeitsteilung des männlichen Ernährermodells fortschreibt. Denn auch Ehefrau Luise ist in den »aktiven Ruhestand« (*SPIEGEL*) ihres Mannes eingebunden – allerdings nur in abgeleiteter Form: »Während Scherf unterwegs ist, notiert sie die Rückrufwünsche«. Was soll man da sagen? Die schöne neue Alterswelt scheint dort, wo sie nach öffentlicher Meinung realisiert wird, den Prinzipien und Regularien der guten alten Arbeits- und Familienwelt treu zu bleiben.[84]

Institutionalisierter Ausdruck der großen Bedeutung des Themas Wohnen im Kontext der gesellschaftlichen Neuverhandlung des Alters (vgl. Hochheim/ Otto 2011) ist der Zweite Altenbericht der Bundesregierung (BMFSFJ 1998), der sich exklusiv dieser Thematik widmet, und dem ein vom Ministerium gefördertes Modellprojekt »Wohnkonzepte der Zukunft – für ein selbstbestimmtes Leben im Alter« folgte. Aber auch die umfangreiche Förderung von Mehrgenerationenhäusern durch das BMFSFJ (vgl. im Überblick: Reinecke et al. 2012) und die bis heute anhaltende politische Popularität des Mehrgenerationen-Wohnens als Lösung demografischer Herausforderungen machen die Frage des Wohnens zu einer auch von den Parteien zunehmend thematisierten Dimension der gesellschaftlichen Neuverhandlung des Alters (FDP 2009; CDU 2009).

Wie fest verankert und einflussreich aber zugleich das Bild vom (betreuten) Ruhestand bleibt, zeigt sich daran, dass es bis zum Ende des Untersuchungszeitraums durchgängig als warnende Referenz bemüht wird: Berichte über Seniorenstudierende werden damit eingeleitet, dass Ruhestand nicht »morgens Zeitung lesen und dann bis zum Abend vor dem Fernseher« (SPIEGEL

---

84 | Quellen: »Alt werden ist ein Glücksfall« (BILD 2006_13); »Honeymoon als Pensionär« (SPIEGEL 2006_13); »Mach was aus dem Alter!« (BILD 2006_27); »Ich empfinde das Alter als späte Freiheit« (BILD 2006_28); »Ich lebe mit Frau und Freunden in einer WG« (BILD 2006_29); »Als Rentner darfst du keine Sekunde ruhen« (BILD 2006_30); »Jung sein beginnt im Kopf« (BILD 2006_31).

2006_10) bedeuten müsse, die Frauenzeitschrift *Brigitte Woman* (2007_1) mahnt, dass Alter und Ruhestand kein Grund seien, »dem Ruf des Sofas und der Marzipanpralinen nachzugeben«, und die FAZ (2002_3) klagt: »Viele alte Menschen verbringen ihre Tage zu Hause, gehen nur ab und zu raus.« Und wenn doch, dann unterhielten sie sich über das Wetter, über Sport und ihre Blutzuckerwerte. Würden diese Praktiken tatsächlich allein als Phänomen der Vergangenheit betrachtet, wären solch beflissene Mahnungen und Klagen wohl eher unwahrscheinlich: So wird der traditionelle Ruhestand zugleich verabschiedet *und* aktualisiert – und das durchaus in Übereinstimmung mit einschlägigen empirischen Untersuchungen, die vor allem die Zunahme niedrigschwelliger Aktivitäten wie Fernsehen und Kreuzworträtsellösen für den Ruhestand nachweisen (Scherger et al. 2011: 165f.; Künemund 2006a: 317ff.). Und obwohl der »klassische« Ruhestand von einer breiten Koalition – in die sich nach und nach auch die CDU und die *BILD* eingereiht haben[85] – immer wieder aufs Neue verabschiedet wird, bleibt er, wenn auch erheblich seltener, parallel als positive Referenz anwesend: Im Garten werkelnde Rentner, die sich nach morgendlichem Jäten den Rest des Tages an ihren Blumen erfreuen (Super Illu 2003_5), begegnen uns mit positiver Rahmung ebenso weiterhin wie Rentner, die gleichermaßen stolz wie trotzig verkünden: »Morgen gucken wir wieder aus dem Fenster« (BILD 2008_29).

Das dekadente Alter

Wo der Unruhestand als Sinnbild der sozialen Verjüngung des Alters mitunter als frohe Kunde in Zeiten gesellschaftlicher Alterung fungiert,[86] gewinnt in den 1990er Jahren ein Deutungsmuster an Fahrt, das unmittelbar auf die als Generationenkrieg verhandelten Folgen demografischer Alterung rekurriert und die UnruheständlerInnen als verantwortungslose SchmarotzerInnen zeichnet: Weil sie sich amüsieren, herumreisen und selbst entdecken würden, pflegten immer weniger junge Alte die ganz Alten, die dann (immer früher) in

---

85 | *BILD* verweist auf »[j]ede Menge Zeit, um mehr zu tun als auch der Couch zu sitzen« (2006_21), die CDU interessiert sich in ihrem Wahlprogramm 2005 weniger für den verdienten Alterslohn als für die Beschäftigungschancen älterer ArbeitnehmerInnen und die Anhebung des Renteneintrittsalters (CDU 2005).

86 | »Während auf der einen Seite adrette Mallorca-Omis auf einem Motorboot durch die bunten Bildwelten unserer Werbebotschaften brausen, arbeiten auf der anderen Seite noch die alten Männer mit Hut in unserem Bewußtsein. Mit ihnen in einer überalterten Gesellschaft zu leben, das möchte man sich nicht vorstellen. Aber das muss man ja auch nicht. Es wird sie nie mehr geben – es sei denn als völlig abgefahrenes Retro-Phänomen.« (taz 2003_8)

Pflegeheime abgeschoben würden (z.B. SPIEGEL 1989_2).[87] Auch für die Enkel hätten die »vergnügungssüchtige[n] Senioren, die um die Welt reisen und ihre üppige Rente verprassen« (FAZ 2000_4), keine Zeit mehr. »Geht's den Rentnern zu gut?« fragt die taz (2002_7) und sieht die Alten in 3-Sterne-Hotels logieren, während die Familien sich auf dem Campingplatz drängeln. Die »Generation Teneriffa« (taz 2003_5) sei, wie ein Werbefachmann im SPIEGEL konstatiert, »hungrig nach Reisen, Vergnügen, Luxus und zweckfreier Aktivität.« (SPIEGEL 2000_7; ähnlich taz 2003_13) Die Kanarischen Inseln werden ebenso wie die Kreuzfahrt zu Orten des dekadenten Alters (taz 2003_13), die Junge Union monierte dementsprechend auf ihrem Deutschlandtag: »Die Alten fläzen sich auf den Sonnendecks der Kreuzfahrtschiffe und in Komfortbussen und verfrühstücken unsere Zukunft« (taz 2006_15).

Die Zeiten, da die neu entdeckten Kompetenzen des Alters neben der Sorge für die eigene geistige und körperliche Gesundheit allein der sinnstiftenden Freizeitgestaltung – ohne notwendigen Mehrwert für die Gesellschaft – zugeführt werden sollten, neigen sich – wie hier aufscheint – seit Ende der 1990er Jahre langsam dem Ende. Als immer mehr Menschen in der Nacherwerbsphase anfangen, den Unruhestand reisend, konsumierend und freizeitorientiert zu verbringen, als das (freizeit-)aktive Alter also vom Privileg der Neuen Alten zum Massenphänomen wird,[88] werden zugleich die Fragen lauter, ob die Kompetenzen der UnruheständlerInnen nicht auch produktive Ressourcen sein könnten und müssten. Die Kritik der Dekadenz wird zum Brückenschlag vom Dispositiv des Unruhestands zum Dispositiv des Produktiven Alters – und zwar in doppelter Hinsicht: Der Klage der Dekadenz folgt nicht nur die zunehmende Responsibilisierung des Alters, sondern auch die Entdeckung der Alten als (produktive) KonsumentInnen (Gilleard 2009) – »Methusalems Märkte« titelt der *SPIEGEL* (2006_15) wie immer treffend.

Modellprogramm Seniorenbüro – erste produktivistische Anklänge

Wo die geselligkeitsorientierte Altenarbeit die betreute Aktivität des Ruhestands verkörperte, institutionalisieren öffentlich geförderte und medial breit rezipierte (z.B. FAZ 1992$5$; taz _1) Modellprogramme – z.B. »Erfahrungswissen

---

87 | *BILD* wiederum attestiert den – diesmal in positiver Absicht homogenisierten – Alten zur gleichen Zeit: »Sie leben genügsam, still, bescheiden – ein paar Quadratmeter, das reicht ihnen schon. Selten, daß man sie klagen hört – alte Menschen in Deutschland.« (1991_1) Einmal mehr wird deutlich, dass in den verschiedenen Medien sehr unterschiedliche (soziale) Gruppen von Älteren im Fokus stehen.

88 | »Beim Reiseveranstalter TUI schlägt sich der Trend zum Unruhestand in Zahlen nieder. 55 Prozent aller Winterreisenden sind älter als 50 Jahre, auch 40 Prozent aller Sommerpauschalreisen gehören dieser Altersgruppe an.« (SPIEGEL 2006 _15)

älterer Menschen« (1988) und insbesondere »Modellprogramm Seniorenbüro«
(1992-1997)[89] – wesentliche Momente des kompetenzbasierten Unruhestands:[90]
»Entgegen dem Leitbild der Altenhilfe, das sich überwiegend am hilfsbedürf-
tigen Alten orientiert, vermitteln die Seniorinnen und Senioren, die in den
vergangenen Jahren Leistungen von Seniorenbüros in Anspruch nahmen, das
Bild kompetenter, leistungsfähiger und selbstbewußter Menschen, die in der
Lebensphase nach Familie und Beruf noch aktiv sein wollen« (Braun/Claus-
sen 1997: 16). Das Modellprogramm »Seniorenbüro« basiert wesentlich auf der
Kompetenz- und Aktivitätsthese, die mit Praxisbezug ausformuliert wird: »Die
Aktivierung von freiwilligem Engagement und von Selbsthilfe fördert und ermöglicht längere Selbstständigkeit und Eigenverantwortlichkeit von Senioren,
steigert ihre Lebensqualität und ihre Selbstzufriedenheit und führt aus prophylaktischer Sicht zu Einsparungen bei der ambulanten und stationären Pflege.
Insofern arbeiten Seniorenbüros auch an der Nahtstelle zwischen Kompetenzerhalt und Hilfebedürftigkeit.« (Ebd.: 17) Obwohl sich hier erstmalig eine Verknüpfung von Kompetenzen und gesellschaftlichem Engagement findet, geht
es noch nicht in erster Linie um Kompetenzen als gesellschaftlich zu nutzende
Ressource, sondern um den prophylaktischen Kompetenzerhalt durch Engagement mit dem Ziel der Prävention von Pflege- und Hilfsbedürftigkeit. Zugleich
finden sich aber auch erste Vorankündigungen eines Paradigmenwechsels, im

---

89 | Ausführliche Informationen und Dokumentationen zu diesem Programm finden
sich auf der Homepage des mit der wissenschaftlichen Begleitung desselben betrau-
ten »Institut für Sozialwissenschaftliche Analysen und Beratung« (ISAB) [www.isab-
institut.de/front_content.php?client=1&lang=1&idcat=36&idart=210, letzter Zugriff
3.8.2013].

90 | Die große symbolische Bedeutung der Programme, ihre mediale Präsenz und das
ihnen zugeschriebene politische Gewicht sind unabweisbar, die Anzahl der hier engagierten Menschen bleibt jedoch – im Vergleich zum klassischen Ehrenamt in Vereinen
und Kirchengemeinden sowie der Partizipation an Angeboten der Altenarbeit – gering
(vgl. z.B. Expertengespräch Roß, Anhang III); ExpertInnen führen dies u.a. auf die un-
genügende Verankerung der Programme in Kommunen und Wohlfahrtsverbänden zurück
(Aner/Hammerschmidt 2008: 265). So moniert der Altersforscher Peter Zeman, dass
sich »die fachöffentliche Rezeption der sozialen Altenarbeit nahezu ausschließlich den
›innovativen‹ Segmenten zu[wendet], bei weitgehender Ausblendung der ›traditionellen‹, die auch nicht auf mögliche Entwicklungschancen hin reflektiert werden. Zugleich
wird damit ein Leitbild ausbuchstabiert [...], das – vermeintlich – alles beherrscht und
überformt. Die Gleichzeitigkeit verschiedener Leitbilder und Balance von Fortschritts-
und Pluralisierungsperspektiven wird nicht ins Zentrum gerückt, sondern, eindimensional, das ambitionierteste pointiert. Damit spiegelt die Fachliteratur zwar die Realität
der fachlichen (Meta-)Diskussion in der Altenarbeit, nicht aber die realen Aktivitäten im
Gesamtspektrum ihrer Institutionen.« (Zeman/Schmidt 2001: 243)

Zuge dessen nach einhelliger Einschätzung (Expertengespräche Zeman und Roß, vgl. Anhang III) in der zweiten Hälfte der 1990er Jahre eine sukzessiv stärkere Akzentuierung des unmittelbaren (und nicht nur durch Kosteneinsparungen mittelbaren) gesellschaftlichen Nutzens der Kompetenzen stattfindet: »Die Seniorenbüros sprechen deshalb sowohl Ältere an, die persönliche Aktivitätsbedürfnisse mit einem gesellschaftlichen Nutzen verbinden wollen, als auch die Seniorinnen und Senioren, die vorrangig Kontakte zu anderen suchen.« (Braun/Claussen 1997: 16) Und obwohl hier noch beide Perspektiven gleichberechtigt nebeneinander stehen, klingt der (künftige) Kontext sozialpolitischer Aktivierung und gesellschaftlicher Verantwortung bereits an, wird das Programm doch in einem neuen Sozialstaatsverständnis verortet: Seniorenbüros seien gedacht »als Brückenköpfe einer neuen Konzeption der Staatstätigkeit jenseits wohlfahrtsstaatlicher Allmachtsillusionen«, einer Staatstätigkeit, die sich »mehr besinnt auf die Aufgabe des Empowerment der Menschen, ihre Aktivierung und Befähigung zur eigenverantwortlichen Problemlösung und Selbsthilfe im Sinne des aktiv und expansiv verstandenen Subsidiaritätsprinzips (Stichwort: aktivierender Staat)« (Klages 1998: II).

4.4 Das Dispositiv des Produktiven Alters

Spätestens seit Mitte der 1990er Jahre lässt sich also eine Metamorphose des Unruhestands-Dispositivs konstatieren. Unterstützt durch eine von den alterspolitischen Instanzen zunehmend mobilisierte wissenschaftliche Expertise, setzten sich im politischen Raum zusehends neue Bilder und ein neuartiges Verständnis vom Alter durch. Dieser Prozess allmählichen Wandels wurde, rückblickend betrachtet, mit Ursula Lehrs Übernahme des zuständigen Bundesministeriums – das damals den Begriff »Senioren« noch nicht im Namen führte – Ende der 1980er Jahre initiiert. Im »Bundesaltenplan«[91] von 1992 erstmalig institutionalisiert, nahm die Vorstellung eines nicht nur aktiven, sondern in seiner Aktivität zudem produktiven Alters im Verlauf des Jahrzehnts immer deutlichere Konturen an – flankiert und befördert durch politisch-institutionelle Rahmenkampagnen wie das »Europäische Jahr der älteren Menschen und der Solidargemeinschaft der Generationen« 1993, die in der Bundesrepublik im selben Jahr beginnende wissenschaftliche Altenberichterstattung, den Re-

---

91 | Der Bundesaltenplan sollte als Förderrahmen einer inhaltlichen und organisatorischen Weiterentwicklung von Altenhilfe und Altenarbeit dienen und entsprechende (von nicht-staatlichen Organisationen getragene) Projekte finanzieren – das »Bundesmodellprogramm Seniorenbüro« (1992-1997) war ein erstes institutionelles Produkt dieses Plans. Als oberstes Förderungsziel schrieb er die Doppelpriorität »Gesellschaftliche Teilhabe/Soziales Engagement im Alter« fest (BMFS 1992: 6).

gierungswechsel zur rot-grünen Koalition im Jahr 1998 und, schon im neuen Jahrtausend, die politikfeldübergreifende »Lissabon-Agenda« der Europäischen Union.

Als durchaus repräsentativ für den neuen Tenor im Feld der politischen Programmierung von Altenhilfe und Altenarbeit können die Beiträge zu der vom zuständigen Bundesministerium und den kommunalen Spitzenverbänden veranstalteten Fachtagung »Engagementförderung als neuer Weg der kommunalen Altenpolitik« gelten. Im September 1997 zwecks Bilanzierung des soeben ausgelaufenen Modellprogramms »Seniorenbüro« organisiert, sollte sie zugleich die Möglichkeiten einer weitergehenden Institutionalisierung entsprechender Initiativen sondieren (Braun/Becker 1998). In seinem Beitrag zur Tagung stellte Eduard Tack, langjähriger Ministerialdirigent und Abteilungsleiter »Ältere Menschen« im BMFSFJ[92], die Seniorenbüros ausdrücklich in den Zusammenhang einer »neue[n] Rolle des höheren Lebensalters [...] im Kontext neuer Sozialstaatlichkeit« (Tack 1998: 23). Das durch die Einrichtungen der offenen Altenhilfe zu fördernde »Bürgerengagement« gerade auch älterer Menschen entspreche dem grundsätzlichen – nicht auf die Älteren beschränkten, aber eben auch auf sie zu beziehenden – sozialpolitischen Gebot der Stunde: »Wenn von den Bürgern ein gemeinwesenorientiertes Handeln erwartet wird, und dies ist ja der Fall, wenn sozial erwünschte Verhaltensweisen gestärkt werden sollen, dann müssen auch Anreizsysteme geschaffen werden, die es für den Einzelnen sinnvoll und für ihn ›profitabel‹ machen, sich für diese Gesellschaft einzusetzen.« (Ebd.: 20)

Gesellschaftlicher Einsatz als von den älteren Bürgern und Bürgerinnen zu erwartendes und politisch anzureizendes, weil für diese selbst wie für das Gemeinwesen insgesamt sinnvolles, prosoziales und potenziell profitables Verhalten: So lautet die Leitidee eines neuen, produktiven Alters, die zunehmend an Prominenz gewinnen und den epistemischen Kern eines veränderten gesellschaftlichen Altersdispositivs bilden wird. Dieses verknüpft Wissensbestände, die Mitte der 1990er Jahre gesellschaftspolitischer *common sense* geworden waren – namentlich die Erschöpfung des Modells »versorgender« Sozialpolitik und der gesellschaftliche Bedarf an mehr individueller Eigenverantwortung – mit zu jenem Zeitpunkt noch nicht normalisierten, aber zunehmend in den Vordergrund drängenden und gesellschaftliche Akzeptanz gewinnenden Deutungsangeboten wie den Herausforderungen des demografischen Wandels und den Chancen bürgerschaftlichen Engagements. Dreh- und Angelpunkt der dispositiven Verknüpfungen ist dabei das zuvor etablierte Bild eines kompetenten Alters, das nunmehr produktivistisch gewendet wird: Die Kom-

---

92 | Bis heute ist Tack – mittlerweile Ministerialdirektor a.D. – Mitglied im »Expertenrat« der »Bundesarbeitsgemeinschaft der Senioren-Organisationen« (BAGSO) [www.bagso. de/die-bagso/expertenrat.html, letzter Zugriff 3.8.2013].

petenzen des Alters gelten demnach als Ressourcen und Potenziale der Re-
vitalisierung einer alternden Gesellschaft, als Quelle nicht nur individuellen,
sondern auch kollektiven Nutzens.[93] Die *Win-win*-Diagnose von aufgrund ihrer
Aktivität sozial integrierten und anerkannten Älteren auf der einen, einer von
Altersaktivität und damit gelebter Generationensolidarität profitierenden gesellschaftlichen Gemeinschaft auf der anderen Seite ist der wissenspolitische
Stoff, aus dem das Dispositiv des Produktiven Alters gewebt ist und der dieses
legitimatorisch zusammenhält.

Wie die nachfolgende Bestimmung des Produktivitätsdispositivs als historisch spezifische Verknüpfungsordnung zeigt, ist diese – anders als der mit
eingängigen Körperbildern und symbolischen Objekten einer aktiven Lebensführung operierende Unruhestand – bis heute in erster Linie eine epistemische Ordnung geblieben: ein an der Schnittstelle von Wissenschaft und Politik produziertes Wissen um die Möglichkeit – und die Notwendigkeit – einer
produktiven Nutzung der Möglichkeiten des Alters, dessen Institutionalisierung noch schwach ausgeprägt ist. Die in dieser Ordnung miteinander verwo-
benen Deutungselemente *wohlfahrtsstaatliche Krise/demografischer Wan-
del/Potenziale des Alters/Verantwortung/Engagement/Nutzen* bilden den
gleichsam offiziellen, autoritativ vermittelten und in Institutionen wie etwa
den unterschiedlichen aktivitätspolitischen Modellprogrammen geronnenen
Wissensbestand, der einstweilen noch nach den passenden Körperbildern und
Objektkonstruktionen sucht. Insofern identifizieren wir mit dem Produktiven
Alter gewissermaßen ein Dispositiv *im Werden*, dessen innere Verknüpfungs-
struktur sich selbst in Bewegung befindet. Im analytischen Durchgang durch
unseren Textkorpus tritt diese Unabgeschlossenheit und schwache Institutionalisierung des Produktivitätsdispositivs ebenso deutlich zutage wie die Tatsache, dass dieses – seinem stark politisierten Charakter zum Trotz – keineswegs
einem intentionalen Schöpfungsakt politischer Eliten entspringt. Vielmehr
geht es quasi-evolutionär aus dem Dispositiv des Unruhestandes hervor, das
unter dem Einfluss unterschiedlichster gesellschaftlicher Kontextfaktoren
gleichsam in das neue Dispositiv hineinwächst und dessen spezifische Ent-
wicklungsdynamik maßgeblich mitprägt.

Kontexte: Aktivierender Sozialstaat und demografischer Wandel

Den weiteren gesellschaftspolitischen Kontext der Neuverhandlung des Alters
bildet der seit dem Ende der 1990er Jahre sich vollziehende Aufstieg des »aktivierenden Sozialstaats« (Lessenich 2008, 2012a). Dieser versteht sich selbst,
programmatisch wie zunehmend auch praktisch, als funktionales Gegenmo-

---

93 | Vgl. hierzu ausführlich den Band »Potenziale im Altern. Chancen und Aufgaben für
Individuum und Gesellschaft« (Kruse 2010).

dell und normative Alternative zu jenem auf umfassende öffentliche Versorgungsleistungen zielenden und mit hierarchischen Formen politischer Steuerung operierenden, »heroischen Wohlfahrtsstaat« (Rüb 2004: 260), wie er sich in der langen Nachkriegszeit in weiten Teilen Europas etabliert hatte. Im Zentrum des Aktivierungsparadigmas steht ein Prozess multipler institutioneller Grenzverschiebungen: zwischen Staat und Markt, Verwaltungsbürokratie und Zivilgesellschaft, öffentlicher und privater Wohlfahrtsproduktion – sowie zwischen Einzelwohl und Gemeinwohl, Rechten und Pflichten, Nehmen und Geben. Im Kern versteht sich der aktivierende Staat als einer, der die Logik seiner sozialpolitischen Interventionen umzustellen versucht: weg von dem fürsorglichen Schutz seiner Bürger und Bürgerinnen vor allfälligen Risiken der Marktexistenz – und hin zu deren Ermutigung und Befähigung zur eigenständigen Nutzung der Chancenstruktur entwickelter Marktgesellschaften.[94] Aus als passiv und abhängig beschriebenen Hilfeempfängern sollen aktive, selbstbestimmte Sozialakteure werden: Was in der sozialpolitischen Aktivierungsphilosophie zunächst namentlich auf erwerbsfähige Langzeitarbeitslose gemünzt war, gilt aus dieser Perspektive grundsätzlich für die gesamte Sozialstaatsklientel[95] und über den ganzen Lebenslauf hinweg.

Die im Zeichen der Programmatik aktivierender Sozialpolitik stehende Emergenz des produktiven Alters vollzieht sich, jenseits der seit den späten 1970er Jahren wissenschaftlich wie medial auf Dauer gestellten »Krise« des Sozialstaats, im Spannungsfeld eines dichten Netzes gesellschaftlicher Anschlussdispositive. Dazu gehört zum einen die im Jahr 2000 lancierte und gegen die diagnostizierte strukturelle Wachstumsschwäche der europäischen Ökonomien gerichtete »Lissabon-Strategie«, mit der für die Europäische Union das Entwicklungsziel formuliert wurde, binnen eines Jahrzehnts zum »wettbewerbsfähigsten und dynamischsten wissensgestützten Wirtschaftsraum der Welt« zu werden.[96] Zum anderen sind die in diesem Kontext zentralen

---

94 | Der international wohl wichtigste sozialwissenschaftliche Stichwortgeber der europäischen Aktivierungspolitik drückt dies so aus: »rather than tame, regulate, or marginalize markets so as to ensure human welfare, the idea is to adapt and empower citizens so that they may be far better equipped to satisfy their welfare needs within the market« (Esping-Andersen 2002: 5).

95 | Auf einer im Rahmen des »Europäischen Jahrs der Menschen mit Behinderungen« 2003 veranstalteten Fachtagung des BMFSFJ bezog der bereits erwähnte Ministerialdirektor Tack den politisch anvisierten Paradigmenwechsel »von der Fürsorge [...] zur Selbstbestimmung« (Tack 2003: 13) auf sämtliche sozialpolitische Adressatengruppen: »Ob mit oder ohne Behinderung, wer selbstbestimmt leben will, muss Kompetenz und Engagement zeigen im Rahmen seiner Möglichkeiten.« (Ebd.: 14)

96 | Umfangreiche Hintergrundinformationen hierzu finden sich auf der offiziellen – auf dem Stand von April 2010 archivierten – Homepage der Europäischen Kommission

politischen Programmformeln der Wissensgesellschaft bzw. der Inklusion zu nennen, die beide auf die neue bzw. wiederkehrende gesellschaftliche Zentralität von Erwerbsarbeit verweisen: Im Strukturwandel zur wissensbasierten Dienstleistungsökonomie werden der Mobilisierung des gesellschaftlichen Humankapitals und der Einbindung möglichst breiter Bevölkerungskreise in den Arbeitsmarkt wettbewerbspolitisch herausragende Bedeutung zugesprochen.[97] Als deutsche Übersetzung der Lissabon-Strategie kann die von der rotgrünen Bundesregierung Anfang 2003 verkündete »Agenda 2010« gelten, die erklärtermaßen auf eine umfassende Erneuerung des Sozialstaats zugunsten von »mehr Wachstum und Beschäftigung« zielte – und in deren Zusammenhang die zunehmende Bedeutung des politisch-programmatischen Appells an die Eigenverantwortung der SozialstaatsbürgerInnen zu sehen ist.[98] Schließlich zählt zu den alterspolitisch relevanten Anschlussdispositiven die ebenfalls mit der rot-grünen Regierungsübernahme einsetzende Debatte um die Bürgergesellschaft und die damit verbundene, über ein ganzes Jahrzehnt hinweg andauernde diskursive Hochkonjunktur des Bürgerschaftlichen Engagements, das damit zu einem der wichtigsten Programmelemente aktivierender Sozialpolitik avancierte.[99] Die Popularisierung Bürgerschaftlichen Engagements knüpfte einerseits an traditionelle Formen des Ehrenamts an, andererer-

---

[http://ec.europa.eu/archives/growthandjobs_2009/, letzter Zugriff 3.8.2013]. Als Nachfolgestrategie wurde 2010 die Agenda »Europa 2020« verabschiedet, mit der – nun nicht mehr agonalen – programmatischen Zielformulierung »intelligentes, nachhaltiges und integratives Wachstum« [http://ec.europa.eu/europe2020/index_en.htm, letzter Zugriff 3.8.2013].

97 | Die im Rahmen der – auf dem Luxemburger EU-Gipfel 1997 ins Leben gerufenen – »Europäischen Beschäftigungsstrategie« formulierten Leitlinien stellen daher regelmäßig die Erhöhung der Beschäftigungsquoten insbesondere von Frauen und älteren Arbeitnehmern, das »Lebenslange Lernen« sowie die Förderung von Selbstständigkeit und Unternehmertum in den Mittelpunkt.

98 | Die sozialpolitisch zentrale Passage der Regierungserklärung des damaligen Bundeskanzlers Gerhard Schröder – »Wir werden Leistungen des Staates kürzen, Eigenverantwortung fördern und mehr Eigenleistung von jedem Einzelnen abfordern müssen« – ist seither gleichsam zum geflügelten Wort der Aktivierungspolitik geworden. Kernstück der nachfolgenden Reformen waren bekanntlich die so genannten »Hartz-Gesetze« zur Modernisierung der Arbeitsmarktpolitik. Zum Wortlaut der Regierungserklärung vgl. Deutscher Bundestag, Plenarprotokoll 15/32 [http://dip21.bundestag.de/dip21/btp/15/15032. pdf, letzter Zugriff 3.8.2013], Zitat S. 2479; der Stenografische Bericht vermerkt an dieser Stelle übrigens: »(Beifall des Abg. Detlef Parr [FDP])«.

99 | Von entscheidender katalytischer Bedeutung war diesbezüglich die Ende 1999 erfolgte Einsetzung der Enquête-Kommission »Zukunft des Bürgerlichen Engagements« durch die rot-grüne Bundesregierung (Deutscher Bundestag 2002a). Als einer der wich-

seits an der Selbsthilfebewegung der 1970er Jahre sowie an der nachfolgenden sozialarbeiterischen Praxis entlehnte Konzepte von *empowerment*, die jeweils mit Debatten um die Nachhaltigkeit der sozialen Sicherungssysteme und die Erneuerung des sozialen Zusammenhalts zusammengeführt wurden.

Auf die Lebensphase und Lebenslage Alter bezogen – und damit auf eine ganz spezifische Art und Weise miteinander verknüpft – wurden all diese, zunächst durchweg altersunabhängigen und -indifferenten Deutungen und Diagnosen, Prozesse und Strukturen allerdings erst über die Meta-Thematik des demografischen Wandels. Hierzulande aufgrund der Geschichte national-sozialistischer Bevölkerungspolitik und der damit einhergehenden bevölke-rungspolitischen Zurückhaltung in der Nachkriegszeit vergleichsweise spät entdeckt, prägten die Debatten um die alternde Gesellschaft die bundesdeut-sche Öffentlichkeit nach der Wiedervereinigung in zuvor ungekanntem Ma-ße.[100] Dabei war die politisch-mediale Rezeption der allseits konstatierten »de-mografischen Herausforderung« (BMFSFJ 2006b: 3) keineswegs nur durch nüchtern-deskriptive Feststellungen wie jene charakterisiert, die etwa die FDP in ihrem Programm zur Bundestagswahl 1994 traf: »Der Anteil älterer Men-schen an der Gesamtbevölkerung wird sich aufgrund der demographischen Entwicklung in den nächsten Jahren weiter erhöhen.« (FDP 1994: 92)[101] Zwei Legislaturperioden später beschreibt die CDU/CSU in ihrem Wahlprogramm die Gegenwart als eine »Zeit, in der sich die Gewichte der Altersgruppen deut-lich verschieben« (CDU/CSU 2002: 38), und trifft eine Aussage, die sich als kleinster gemeinsamer Nenner des demografischen Wissenshaushalts im neu-en Jahrtausend bezeichnen lässt: »immer mehr ältere und zunehmend weni-ger junge Leute prägen das Bild unserer Gesellschaft« (ebd.). Die Vision von »immer mehr« Älteren, eines langfristig-linearen Wachstums der Altenpopu-

---

tigen Stichwortgeber auch in dieser Debatte erwies sich der damalige Bundeskanzler persönlich (Schröder 2000; vgl. Neumann 2013).

100 | Dies hat sicher ebenso mit einem neu gewonnenen politischen Selbstbewusst-sein der »Berliner Republik« wie – erneut – mit der Regierungsübernahme von Sozialde-mokraten und Grünen im Jahre 1998 zu tun, aber auch mit sozialstrukturellen Faktoren, etwa den anhaltend niedrigen und durch den extremen Geburtrückgang in den ost-deutschen Bundesländern nach der Wende weiter gesunkenen Fertilitätsraten. Auch in diesem Feld war die Tätigkeit und Berichtslegung einer Enquête-Kommission des Bun-destages (vgl. Deutscher Bundestag 2002b) von nicht unerheblicher diskurspolitischer Bedeutung. Es ist übrigens eine bemerkenswerte Koinzidenz, dass die Einsetzung der beiden Enquête-Kommissionen zum Bürgerschaftlichen Engagement und zum Demo-grafischen Wandel praktisch zeitgleich – am 15. bzw. 16. Dezember 1999 – erfolgte.

101 | Selbst in dieser eher zurückhaltenden Formulierung ist allerdings mit der Aussa-ge, der Altenanteil werde sich »weiter« erhöhen, bereits ein dramatisierendes Moment enthalten.

lation also, wird seit den 1990er Jahren zum festen Bestandteil der öffentlichen Verständigung über die gesellschaftliche Zukunft. Und in den unterschiedlichsten Varianten wird diese – fraglos als Dystopie gerahmte – Vision semantisch dramatisiert, von der anstehenden »Rentnerschwemme« (taz 1997_2) bis zur »Altenrepublik Deutschland« (BILD 2006_4), in die sich die Bundesrepublik bis zum Jahr 2050 verwandeln werde.[102] »Vergreisung: Deutschland ist das Altenheim der EU« mahnt der *SPIEGEL* mit neidischem Blick auf die Nachbarn schon heute (SPIEGEL 2011_1).

»Die Alterspyramide droht umzukippen, den Alten gehört die Zukunft« (taz 1995_5): Was für die Alten erfreulich klingen mag, muss für die Gesellschaft insgesamt als Bedrohung erscheinen. Im Effekt ihrer Verschränkung mit den allfällig kursierenden Diagnosen sozialstaatlicher Finanzierungsengpässe und Leistungsprobleme ebnen die allgemein akzeptierten Prognosen zum Wandel der gesellschaftlichen Altersstruktur einer grundlegenden Neubestimmung des Alters die Bahn. Im Kontext des erwarteten Wandels verändern sich auch die politisch-sozialen Rollenzuschreibungen und Erwartungshaltungen an die Älteren und an das Leben im Ruhestand: Wenn »immer mehr« Ältere zum Problem werden, können – und müssen – sie dann nicht auch zu dessen Lösung beitragen?[103]

Active Ageing:
Die Geburt des produktiven Alters aus dem Geist des Unruhestands

Die Vorstellung eines produktiven Alters entspringt in den späten 1990er Jahren maßgeblich einem – sozialwissenschaftlich gespeisten – politischen Diskurs, der wiederum entscheidend von der europäischen Ebene ausging. *Active Ageing*, ein ursprünglich von der Weltgesundheitsorganisation der Vereinten

---

102 | Auch wo ein solch düsteres Bild der demografischen Zukunft vermeintlich dementiert werden soll – in BILD etwa von dem »Director Zukunft global denken« der Bertelsmann-Stiftung, Andreas Esche – wird es sogleich wieder aktualisiert: »Esche glaubt nicht an einen ›Staat von gebrechlichen Greisen‹« (BILD 2006_4).

103 | Als prototypisch in diesem Sinne können die Ausführungen des späteren hessischen Ministerpräsidenten Roland Koch vor der Senioren-Union der CDU gelten: »Der Vorsitzende der Wiesbadener CDU-Landtagsfraktion, Koch, nannte die Gestaltung eines harmonischen Zusammenlebens von Älteren und Jüngeren eine zentrale Frage der Zukunft. Den älteren Menschen sollte mehr als bisher die Möglichkeit gegeben werden, ihre Erfahrungen und ihre Vorstellungen in die Gesellschaft einzubringen. Die soziale Marktwirtschaft und das Gesundheitssystem in Deutschland können nach Auffassung Kochs nur erhalten werden, wenn es eine ›aktive Bürgergesellschaft‹ gebe, bei der auch die ›sehr agilen älteren Menschen‹ Aufgaben übernähmen. Es sei der Irrtum der siebziger Jahre zu korrigieren, daß der Staat für alles zuständig sei.« (FAZ 1997_2)

Nationen erdachtes Politikkonzept (WHO 2002), entwickelte sich um die Jahr-tausendwende zum europapolitischen Mobilisierungsbegriff (Boudiny 2012; Walker 2010), der ebenso weitreichende wie nachhaltige Folgen für die Poli-tikformulierung in den Mitgliedsstaaten hatte.[104] Als Schlüsseldokument der *Active Ageing*-Strategie der EU lässt sich rückblickend die offizielle Mitteilung der Europäischen Kommission »Towards a Europe for All Ages« (European Commission 1999) identifizieren. Im Kontext des für das Jahr 1999 von der UNO ausgerufenen »International Year of Older Persons« stehend, gibt dieses *policy paper* dem Leitbild des aktiven Alterns eine unverkennbar produktivis-tische Note, die sich etwa in den nachfolgend veröffentlichten Altenberichten der Bundesregierung praktisch unverändert wiederfinden wird.

Die politische Botschaft des Kommissionstextes lautet, die statistisch ver-längerte Lebenszeit der europäischen BürgerInnen mit neuem Leben zu fül-len: »Increases in longevity raise the issue of ›adding life‹ to these extra years.« (Ebd.: 21) Die entscheidende Passage des Papiers nimmt jene Verknüpfung von demografischer Herausforderung einerseits und den Ressourcen der Älteren als gesellschaftliches Potenzial zur Bewältigung eben dieser Herausforderung andererseits vor, die im Verlauf des folgenden Jahrzehnts auch im deutschen Kontext zunehmend hegemonial werden wird: »The very magnitude of the de-mographic changes at the turn of the 21st century provides the European Union with *an opportunity and a need to* change outmoded practices in relation to older persons. Both within labour markets and after retirement, there is the potential to facilitate the making of greater contributions from people in the second half of their lives. The capacities of older people represent a great reservoir of re-sources, which so far has been insufficiently recognised and mobilised.« (Ebd.; Hervorhebung im Original)

Zwei Wissenselemente werden hier von der europäischen Politik als selbst-verständlich (voraus-)gesetzt. Zum einen ist dies die unausweichliche Alte-rung der europäischen Gesellschaften.[105] Zum anderen werden die zukünftig

---

104 | Dass europäische und nationalstaatliche Politiken material wie symbolisch in-einandergreifen und die einen ohne die anderen schon seit geraumer Zeit nicht mehr zu denken – und zu analysieren – sind (Buckel 2011), wird in der sozialwissenschaftlichen Forschung immer noch nicht hinreichend berücksichtigt. Das altenpolitische Feld der letzten beiden Jahrzehnte erweist sich geradezu als Musterbeispiel dieser Vernetzung – ebenso wie der Verflechtung von Wissenschaft und Politik bzw. der Bedeutung von Wissenschaftsförderung im Kontext von europäischem *policy-making*.

105 | Wobei sich auch die Europäische Kommission nicht scheut, der demografischen Herausforderung in drastischen Worten Ausdruck zu geben: »This issue will become more important as the number of ageing people is rapidly growing, with the large co-horts of baby boomers approaching retirement age and with the explosion in the number of those who live well into their 80s and 90s.« (European Commission 1999: 21)

älteren Menschen als fraglos kompetent dargestellt: »The baby-boom generation is probably the most resourceful, best-educated and healthiest generation to date.« (Ebd.: 12) Von den materiellen, intellektuellen und physischen Ressourcen der alternden Großkohorten der Babyboomer-Generation – die ohne Rücksicht auf sozialstrukturelle Differenzierungen als durchweg privilegiert vorgestellt werden – wird wiederum unmittelbar auf deren potenzielle Nutzung geschlossen: »They are thus ideally positioned to make the best use of the opportunities offered by gains in longevity.« (Ebd.) In der Wissensordnung des produktiven Alters erscheint es unmittelbar naheliegend, die Alten als potenziellen Produktivfaktor zu verstehen – und diese produktiven Potenziale auch zu realisieren, und zwar im Erwerbsleben ebenso wie in der Nacherwerbsphase. Die in dem Kommissionspapier skizzierte »productive agenda« (ebd.: 13) rund um das Alter[106] umfasst dementsprechend unterschiedlichste Politikbereiche und Maßnahmenbündel, von der Erhöhung des Rentenzugangsalters bis zum lebenslangen Lernen, von einer präventiven Gesundheitspolitik bis zu effektiveren Ansätzen der beruflichen Rehabilitation.[107] Dass eine produktive Nutzung der Ressourcen des Alters aber nicht nur eine gesellschaftliche bzw. gesellschaftspolitische Aufgabe, sondern auch eine Mission der Älteren selbst darstellt, daran lässt die Europäische Kommission keinen Zweifel aufkommen: »Demographic ageing will force European society to adapt and European people to change their behaviour.« (Ebd.: 8)[108] Auch dieses individuelle, subjektive Moment im »neuen Geist« des aktiven Alters ist konstitutiv für die weitere Ausformung des Produktivitätsdispositivs.

Das politische Motto »adding life to years« ist insofern gleichbedeutend mit der Aufforderung an die Alten, ihrem Leben nicht einfach nur Jahre hinzuzu-

---

106 | Zur sozialwissenschaftlichen Fundierung einer solchen Politik vgl. z.B. Walker 2002, Myles 2002.

107 | Als entsprechend vielfältig und unterschiedlich erwiesen sich auch die jeweiligen nationalen Politiken zur Altersaktivierung (Hamblin 2013; Ervik/Lindén 2013). Anders als im deutschen Fall spielte die stärkere Strukturierung und Institutionalisierung des Nacherwerbslebens in den meisten Mitgliedsstaaten dabei eher eine untergeordnete Rolle.

108 | Dass die EU-Kommission dabei in all den genannten Belangen von effektiven Möglichkeiten politischer Intervention ausgeht – »The extent to which these societal and behavioural changes can be brought about in a positive way will depend largely on the choice of policies put forward at European, national and local level.« (European Commission 1999: 8) –, mag Ausweis einer gewissen Selbstüberschätzung der Politik sein. Mit Blick auf einige einschlägige Felder wie etwa das der Erwerbstätigkeit älterer ArbeitnehmerInnen wird man den entsprechenden Politiken, zumal mit Blick auf die Bundesrepublik, allerdings eine bemerkenswerte Effektivität der Zielerreichung – »What we need to do is to change the retirement behaviour of people.« (Ebd.: 13) – nicht absprechen können.

fügen, sondern aus diesen gewonnenen auch produktive Lebensjahre zu machen. Das etwa in der deutschen Altenhilfepolitik schon früh – in den 1970er Jahren (Baumgartl 1997: 173) – etablierte und in das Unruhestandsdispositiv eingegangene Leitbild des aktiven Seniors, der sich in »Aktivität, Frohsinn und Geselligkeit« (Schmidt/Zeman 1988: 276) ergeht, genügt zum Ende der 1990er Jahre nicht mehr den im Zeichen des demografischen Wandels sich regenden politischen Ansprüchen an das Alter. Jedenfalls »Aktivität ›an sich‹, Frohsinn ›als solcher‹ und Geselligkeit ›mit wem auch immer‹« (ebd.: 276f.) scheinen nun kein Ausweis gelingenden Ruhestandslebens mehr zu sein – gefragt sind jetzt ältere Mitbürger, die ihre vorhandenen Ressourcen in ökonomisch wie sozial produktiver Weise mobilisieren. Auch in dieser Hinsicht setzt das Dokument der Europäischen Kommission den Maßstab und mit der Metapher des ungenutzten Reservoirs auch den Grundton zukünftiger Debatten: Die kompetenten Jungen Alten stellen gleichsam einen ungehobenen Schatz dar, »a wealth of under-utilised experience and talent« (European Commission 1999: 6). Wobei der Hinweis auf die Unterausnutzung vorhandener Erfahrungen und Qualifikationen den impliziten Schluss offenbart, dass es für deren Ausschöpfung bislang nicht allein an politischer Initiative oder institutionellen Strukturen mangelte – sondern dass auch die wohlausgestatteten Alten selbst diesbezüglich (noch) nicht (all) das getan haben, was sie (potenziell) hätten tun können.

Erfahrung verpflichtet: Das Alter in der Verantwortung

Die in gewisser Weise naturalistische Vorstellung des Alters als Rohstoff, den es gerade in einer alternden und (im strengen Sinne) rohstoffarmen Gesellschaft zu fördern und verarbeiten gelte, beginnt in der deutschen Öffentlichkeit bereits in den frühen 1990er Jahren zu reifen. »Verschlafen die Deutschen ihr Altern?« fragt die *tageszeitung* gewohnt doppeldeutig anlässlich der Veröffentlichung des Ersten Altenberichts der Bundesregierung (BMFS 1993) und stellt mit diesem mahnend fest: »Der Eintritt ins siebte Lebensjahrzehnt kann in Zukunft nicht mehr bedeuten, aus einer berufszentrierten Arbeitsgesellschaft in eine passive, stille Rentnerrolle abgeschoben zu werden. [...] Nur halbherzig wird versucht, das Potential Älterer sinnvoll zu nutzen.« (taz 1993_2) Damit sind bereits zu diesem frühen Zeitpunkt die beiden zentralen Dimensionen des spätestens in den 2000er Jahren dominant und wissensprägend werdenden Topos der Potenziale des Alters gesetzt (vgl. Kapitel 4.2). Zum einen wird die Abschiebung der Alten auf das Altenteil und deren Passivierung, die versuchte oder praktizierte Stillstellung ihrer Lebenslust, problematisiert. Zum anderen wird das Vorhandensein von Kapazitätsreserven argumentativ gleichgeschaltet mit deren Mobilisierung: Was sind die Kompetenzen der Alten wert, wenn sie nicht als Ressourcen – dies der Zentralbegriff des Dritten Altenberichts (BMFSFJ 2000) – nutzbar gemacht werden?

Auf diese Frage ließe sich prinzipiell auch eine Antwort denken, die den Eigenwert von Alterskompetenzen betont, also das fähige und befähigte Alter als Wert an sich und für den alten Menschen selbst in den Mittelpunkt stellt. Eine derartige Antwort findet sich allerdings im Verlauf der vergangenen beiden Jahrzehnte immer seltener. Stattdessen wird – und darin ist die öffentliche Neuverhandlung des Alters durchaus repräsentativ auch für andere Felder gesellschaftspolitischer Reorientierung – von der bloßen Existenz einer Ressource unmittelbar auf die gebotene Nutzung derselben geschlossen. Nicht mobilisierte Kompetenzen werden in dieser Lesart als Problem und Defizit neu verknüpft. »Alter leben« heißt nun »Verantwortung übernehmen« – so der Titel des von der BAGSO (Bundesarbeitsgemeinschaft der Senioren-Organisationen e.V.) unter der Schirmherrschaft von Angela Merkel veranstalteten 9. Deutschen Seniorentages 2009 in Leipzig.

Symptomatisch für diese dispositive Verknüpfung ist eine gemeinsame Unterstützungserklärung praktisch aller relevanten Spitzenorganisationen des altenpolitischen Felds zum Bundesprogramm »Aktiv im Alter«[109], in der die Verkopplung von demografischem Wandel einerseits, einem verantwortungsbewussten, ressourcenreichen und nutzbringenden Alter andererseits geradezu in Reinform vollzogen wird. »In Deutschland werden in Zukunft weniger Menschen leben«, so beginnt diese Erklärung, um sogleich auf das eigentliche Problem zu verweisen: »Vor allem aber werden sie älter sein als heute. Diese demografische Entwicklung wird die wirtschaftliche und soziale Lage in unserem Land in den nächsten Jahren zunehmend prägen und die Verantwortung älterer Menschen für die Gesellschaft wird wachsen.« Diese zunehmende gesellschaftliche Verantwortung ergibt sich aber nicht allein als Gesetz der großen Zahl, sondern vor allem aus dem Humankapital, das die Älteren in sich tragen: »Die Menschen in Deutschland werden nicht nur älter, sie bleiben auch länger aktiv« – und ihre Aktivitätsbereitschaft, ihre potenziellen Aktivitäten, stellen ein gesellschaftliches Kapital dar. »Häufig haben sie die Zeit, diese Potenziale für sich und für andere einzusetzen und ihre Bereitschaft, sich zu engagieren, nimmt zu.«

Die Vorstellung, dass die vielfältigen Potenziale alter Menschen genutzt und dass sie vor allen Dingen sinnvoll genutzt und gefördert werden müs-

---

109 | Vgl. BMFSFJ 2007; die folgenden Zitate stammen aus diesem (nicht paginierten) Dokument. An der Erklärung beteiligt waren neben dem Bundesseniorenministerium die zuständigen Ministerien der Länder, die kommunalen Spitzenverbände, die Verbände der Freien Wohlfahrtspflege sowie die Bundesarbeitsgemeinschaft der Seniorenorganisationen. Offizieller Partner des Programms war u.a. der Versicherungskonzern Generali-Holding AG (SPIEGEL 2008 27).

sen – zum Wohl der Älteren selbst wie der Gesellschaft – etabliert sich in den 2000er Jahren sukzessive auch als parteipolitischer Konsens.[110] Auffällig sind dabei jedoch deutliche Ungleichzeitigkeiten und unterschiedliche Akzentsetzungen. Wo die Grünen und die FDP als Vorreiter einer Aktivierung des Alters gelten können (vgl. auch Kapitel 4.3) und relativ offen von der Bedeutung des Alters für die Zukunftschancen des Wirtschaftsstandortes sprechen, bleibt das Lob der Erfahrung der älteren Generation bei den Volksparteien lange Zeit in instrumenteller Hinsicht zurückhaltender[111] und geht insbesondere bei der CDU/CSU bis in die 2000er Jahre hinein stärker mit dem Hinweis auf die durch Lebensleistung verdiente Ruhe einher. Nichtsdestotrotz weiß auch die CDU/CSU schon Mitte der 1990er Jahre: »Gerade ältere Menschen haben eine Fülle von Kenntnissen und Erfahrungen, auf die unsere Gesellschaft nicht verzichten kann.« (CDU/CSU 1994: 36)

Ob nun Parteien, Politik oder Wirtschaft, Wissenschaft oder Medien: Stets steht bei der Entdeckung der Potenziale des Alters eine ganz spezifische Ressource im Mittelpunkt, nämlich die Lebenserfahrung bzw. das Erfahrungswissen älterer Menschen. Dass die Alten über Erfahrung verfügen, darf als das im Kontext des Produktivitätsdispositivs normalisierte Wissen schlechthin gelten, als ein von allen Akteuren offensichtlich geteilter und wechselseitig einander versicherter Wissensbestand, als Erfahrungswissen zweiter Ordnung gewissermaßen: Alle wissen von der Erfahrung zu berichten, dass Erfahrungswissen *die* Ressource des Alters ist. Und alle vergewissern und bestätigen sich auch gegenseitig darin, dass dieses Erfahrungswissen gesellschaftlich von großem Nutzen sein könnte – und deswegen auch genutzt werden sollte. Die in diesem Zusammenhang immer wiederkehrende Metapher ist die des Schatzes, der (noch) im Verborgenen liegt und nur darauf wartet, entdeckt zu werden – und der sich dadurch auszeichnet, dass er nicht, wie der aus Abenteuerromanen geläufige Goldschatz in einer verwitterten Kiste, nur einmal verwertet werden kann, sondern dass seine Nutzung, zumal in Anbetracht der gestiegenen und weiter steigenden ferneren Lebenserwartung älterer Menschen, geradezu auf Dauer zu stellen ist. Den »Erfahrungsschatz der Älteren« (FAZ 1988_6), genauer: ihren »großen« (BMFSFJ 2006b: 3), »reichen« (SPD 2005: 35), »schlummernden« (SPIEGEL 1999_5) »Wissens- und Erfahrungsschatz« (BMFSFJ 2006a: 93) heben zu müssen, der »heute weitgehend gering bewertet wird und brach liegt« (ebd.) und der »unaufhaltsam zerrinnt« (FAZ 1994_1), wenn die Alten ihn nicht wahlweise in der Erwerbs-

---

110 | So formuliert die FDP Anfang der 2000er Jahre programmatisch: »Auf ihre Erfahrungen und ihr Wissen kann die moderne Gesellschaft nicht verzichten, ohne Schaden zu nehmen.« (FDP 2002: 51)

111 | So heißt es im Wahlprogramm der SPD von 1998: »Von der Lebenserfahrung und dem Engagement der Älteren kann die gesamte Gesellschaft profitieren.« (SPD 1998: 55)

arbeit »an die Jüngeren weitergeben« (taz 2002_6) oder qua »ehrenamtlicher Mitarbeit in der Altenhilfe« (BMFSFJ 2006a: 337) ihren AltersgenossInnen zugutekommen lassen – es gibt kein anderes dispositives Deutungsmuster, das ähnlich fest verankert und verbreitet wäre wie jenes vom »Erfahrungsschatz der älteren Menschen« (CDU/CSU 1994: 36; taz 2007_10). Und das Motiv der Erfahrung wird im Laufe der Zeit in einem Maße nicht nur selbstverständlich, sondern geradezu verdinglicht, dass es in gewisser Weise als ein zwar immaterielles, aber gleichwohl substanzhaltiges Objekt des Produktivitätsdispositivs wirkt: Alte Menschen zählen nicht mehr zum »alten Eisen«, ihre Lebens- und Berufserfahrung gilt nun als wertvoller Rohstoff.[112]

Ist das Loblied auf den »Erfahrungsreichtum« (FAZ 2003_5) der Alten ganz explizit gegen die klassische Defiziterzählung des Alters gerichtet, so ruft es allerdings sogleich ein anderes, übergeordnetes Defizit auf: »Deutschland muss den reichen Erfahrungsschatz der älteren Menschen nutzen« (SPD 2005: 35). Wer oder was aber steht einer solchen Nutzung brachliegender Alterspotenziale eigentlich entgegen? Im Produktivitätsdispositiv finden sich auf diese Frage zwei Antworten: Die eine verweist auf die fehlenden institutionellen Rahmenbedingungen für eine effektive Mobilisierung des Alters und steht hinter den (im folgenden Abschnitt zu diskutierenden) aktivitätspolitischen Modellprogrammen der 1990er und 2000er Jahre; die andere lautet, dass es die Alten selbst seien, die ihrer effektiven Aktivierung im Wege stünden. Diese zweite Antwort markiert die Schnittstelle des Produktivitätsdispositivs zu der im Untersuchungszeitraum zunehmend dominant werdenden Semantik der »Eigenverantwortung«. Zumindest vorübergehend zum Leitmotiv gesellschaftspolitischer Diskurse geworden (Wiesner/Nonhoff 2005), blieb der Verantwortungstopos im alterspolitischen Feld keineswegs bloße Rhetorik, wie man sie standardmäßig etwa in liberalen Wahlprogrammen vermutet (und auch findet): »Verantwortung kennt keinen Ruhestand. Und Eigenverantwortung lässt sich nicht in Rente schicken.« (FDP 1998: 47) Vielmehr fand er materialen Niederschlag in einschlägigen Reformen der Alterssicherung, die ausdrücklich auf die Notwendigkeit verstärkter Eigenverantwortlichkeit im Zeichen des demografischen Wandels Bezug nahmen: so etwa mit der zu Be-

---

112 | Die Gesamterzählung von den Jungen Alten und ihrem Erfahrungsschatz einerseits, einer durch Nutzung desselben ihre Altenfreundlichkeit demonstrierenden Gesellschaft andererseits findet sich im Kurzformat in folgendem von Peter Hahne formulierten »Gedanken am Sonntag« (BILD 2011_2): »Man kann diese aktiven ›jungen‹ Senioren nicht einfach aufs Altenteil abschieben. Wir brauchen nicht nur eine kinder-, sondern auch eine alten-freundlichere Gesellschaft, die die Fähigkeiten der Senioren auch schätzt und will. Das ›Altes-Eisen‹-Denken muss aus unseren Köpfen verschwinden, stattdessen sollten wir froh sein, welch riesiges Potenzial wir in der Lebens- und Berufserfahrung der Älteren haben.«

ginn des Jahrzehnts eingeführten Riester-Rente, die auf Förderung der Eigeninitiative zur privaten Aufstockung des ansonsten sinkenden Rentenniveaus
setzt, oder dem 2008 in Kraft getretenen Gesetz zur Altersgrenzenanpassung,
das ältere Arbeitnehmer bei Strafe spürbarer Rentenabzüge zu verlängerter
Erwerbstätigkeit (»Rente mit 67«) anhält.

Während die Älteren als Erwerbstätige somit durchaus autoritativ – also
qua finanzieller Sanktion – in die Pflicht eines eigenverantwortlichen Beitrags
zur Bewältigung des demografischen Wandels genommen wurden,[113] bleiben
die parallel entstehenden Formen einer politischen Steuerung des nacherwerblichen Engagements älterer Menschen vergleichsweise weich und entsprechende Bemühungen weitestgehend im Bereich des Appellativen. Dabei
lassen sich zwei Spielarten der Ansprache und Inanspruchnahme älterer Menschen als verantwortliche Subjekte unterscheiden. Auf der einen Seite wird die
schon gegenwärtig vorhandene, zumal aber die zukünftig wachsende Verantwortungsbereitschaft der Alten ohne Weiteres unterstellt und als belastbares
Faktum behauptet: »Die Rentner von morgen werden [...], nachdem sich der
Staat aus vielen Aufgabenbereichen zurückzieht, zunehmend gesellschaftliche
Verantwortung übernehmen« (BILD 2006_4), ist sich der Leiter der »Aktion
Demographischer Wandel« der Bertelsmann-Stiftung sicher, und auch die
bereits zitierte, von einem breiten institutionellen Bündnis getragene Erklärung zum Bundesprogramm »Aktiv im Alter« kündet von einem produktivi-
tätsethischen Altersoptimismus: »die Verantwortung älterer Menschen für die
Gesellschaft wird wachsen« (BMFSFJ 2007). Was in dieser Aussage allerdings
ebenfalls mitschwingt, nämlich ein Anflug moralisierender Mahnung, bildet
die andere Seite der alterspolitischen Verantwortungssemantik. Am weitesten
in Richtung einer moralischen Anrufung nach dem Motto »Alte sollen sozial
werden« (taz 2007_17; vgl. Aner et al. 2007) geht dabei zweifelsohne die in
ihrer Bedeutung kaum zu überschätzende Altenberichterstattung der Bundesregierung – ihre diesbezügliche Positionierung wird im Zeitverlauf immer
deutlicher: »Eine selbst- und mitverantwortliche Lebensführung im Alter ist
aus der Perspektive der Sechsten Altenberichtskommission durchaus im Sinne
einer normativen Anforderung zu interpretieren.« (BMFSFJ 2010: 21) Gegenüber dem Unruhestandsdispositiv wird die Verantwortungszuschreibung
an die Älteren hier strukturell erweitert: Sie sind nicht nur angehalten, die
Schädigung der Allgemeinheit (bzw. der Jüngeren[114]) etwa durch unterlassene

---

113 | Ein Wertbezug, der sich – parallel zur Einforderung einer der veränderten gesell-
schaftlichen Altersstruktur angepassten Personalpolitik der Betriebe – auch in den Medien durchsetzt: »Wir müssen eben mit dafür sorgen, dass wir mit 55 noch attraktiv für
den Arbeitgeber sind.« (taz 2006_2)

114 | Die Metapher hierfür ist vor allem in den jüngeren Altenberichten die Rede von
dem Beitrag der Älteren zum »Zusammenhalt der Generationen« (BMFSFJ 2006a) bzw.

Gesundheitsvorsorge zu vermeiden, sondern werden darüber hinaus aufgefordert, im positiven Sinne einen gesellschaftlichen Zusatznutzen zu produzieren. »Potenziale zu entwickeln und zu verwirklichen« (ebd.) wird »für jeden einzelnen älter werdenden Menschen« (ebd.) zur Frage gelebter Verantwortung erklärt – »nicht nur gegenüber der eigenen Person, sondern auch gegenüber der Gemeinschaft« (ebd.).

Produktive Aktivität:
Der Beitrag der Wissenschaft zur Neubestimmung des Alters

Es sollte nicht als Ausweis einer (ja in der Tat nicht unüblichen) Selbstüberschätzung der Wissenschaft und ihrer Wirkungsmacht gelten, wenn an dieser Stelle darauf hinzuweisen ist, dass für den politischen Siegeszug des Aktivitätsparadigmas und dessen allmähliche produktivistische Umdeutung die fachliche Expertise und das politische Engagement von Akteuren des wissenschaftlichen Feldes maßgebliche Bedeutung hatten. Die Schnittstelle wissenschaftlich-politischer Interaktionsprozesse und gewissermaßen das Einfallstor für die Politisierung wissenschaftlichen Wissens bildeten seit den frühen 1990er Jahren (und bilden bis heute) die Altenberichte der Bundesregierung bzw. die von dieser mit der Berichterstattung beauftragten Expertenkommissionen. In ihrer personellen Zusammensetzung wie in ihrer inhaltlichen Ausrichtung dokumentieren diese nicht zuletzt auch den wissenschaftspolitischen Sieg einer verhaltensorientierten Psychogerontologie über eine stärker verhältniszentrierte Sozialgerontologie in dem die deutsche Fachwelt der 1980er Jahre bestimmenden »Streit der Fakultäten« (vgl. Kapitel 4.3; van Dyk/Lessenich 2009b: 25-33).

Vor diesem Hintergrund ist – selbstverständlich mit Einschränkungen und von Ausnahmen abgesehen – eine gewisse Konvergenz der Positionen zu beobachten. Es war die Kritik an der Förderung eines »ziellosen Aktivismus« (Zeman 1997: 308) in der Altenarbeit und Altenhilfe, die seit Ende der 1980er Jahre zu einer ersten Öffnung der Sozialgerontologie für Fragen einer »Produktivität des Alters« (Knopf et al. 1989) führte, die über die Möglichkeiten hinausging, »Freizeit als Chance des Ruhestands zu nutzen« (Schmidt/Zeman 1988: 275). Diese Öffnung wiederum konvergierte mit dem politischen Bedeutungszuwachs eines psychogerontologischen Wissens, der nicht unwesentlich der Person Ursula Lehrs als zur Bundesministerin gewordenen Wissenschaftlerin geschuldet war. Gleich der Erste Altenbericht der Bundesregierung, von Lehr nach ihrem Amtsantritt in Auftrag gegeben[115], zeigte sich nicht vorrangig

---

zur »Generationensolidarität« im Sinne der Orientierung ihres Alltagshandelns auf einen »intergenerationalen Bezug« (BMFSFJ 2010: 68).

115 | Zum Vorsitzenden der ersten Altenberichtskommission ernannte Lehr, die vor ihrer Berufung ins Kabinett Helmut Kohls im Jahre 1988 Professorin für Gerontologie

der institutionellen Förderung individueller Autonomie oder der Analyse sozialer Lebenslagen verpflichtet, sondern suchte seine politischen AdressatInnen auf das zu orientieren, was in nachfolgenden Altenberichten mit dem (hier noch nicht bemühten) Begriff der Potenziale des Alters belegt werden sollte: »Politik sollte die bei älteren Menschen erhaltene Leistungsfähigkeit berücksichtigen und Möglichkeiten ihrer Nutzung unterstützen.« (BMFS 1993: 236) Fragen sozialer Ungleichheit(en), prominent in der sozialgerontologischen Lebenslagenforschung vertreten (z.B. Kohli 1985; Backes/Clemens 1999), spielen bis heute in der Altenberichterstattung eine untergeordnete Rolle.

Es ist schließlich die beiden Seiten gemeinsame aktivitätstheoretische Perspektive und vor allen Dingen die geteilte Motivation einer Überwindung von negativen Altersbildern, die die – auch im institutionellen Kontext der Altenberichtskommissionen – zumindest an der Oberfläche zu beobachtende Konvergenz von psycho- und sozialgerontologischen Positionen erklärt. Die Transformation des aktiven Senioren zum produktiven Jungen Alten als Leitfigur der deutschen Altenpolitik tragen letztlich beide Fraktionen mit, denn unter dem semantischen Schirm der »Potenziale« finden wissenschaftlich-politische Priorisierungen sowohl des individuellen wie des gesellschaftlichen Nutzens, entweder der persönlichen oder aber der institutionellen Voraussetzungen von Altersproduktivität ihren Platz. Und neben Lehr, die auch nach ihrer Amtszeit als Ministerin und anschließend Bundestagsabgeordnete im altenpolitischen Feld aktiv blieb und seither unermüdlich für die Selbstverpflichtung der Älteren auf ein kompetentes Älterwerden wirbt[116], war es mit Hans-Peter Tews ein bekannter Sozialgerontologe, der in den 1990er Jahren zu einem der maßgeblichen Befürworter einer Wiederverpflichtung des Alters wurde: »Von den kompetenter gewordenen Alten kann man ja doch schließlich fordern, dass sie ihre Kompetenzen auch einsetzen.« (Tews 1994: 56)

Gegenwärtig wird das alterspolitische Feld vom wissenschaftlichen Konzept einer »mitverantwortlichen Lebensführung« dominiert, das in der Altenberichterstattung der 2000er Jahre eine zentrale Rolle spielt und sich seit Ende des Jahrzehnts auch in parteipolitischen Verlautbarungen wiederfindet (z.B. SPD 2009). Das Konzept der »Mitverantwortung«, das die propagierte gesellschaftliche Nutzung der Potenziale des Alters grundiert, geht auf den lang-

---

an der Universität Heidelberg gewesen war, ihren Doktorvater, den emeritierten Bonner Psychologieprofessor Hans Thomae, den stellvertretenden Vorsitz übernahm ihr früherer Mitarbeiter, der Heidelberger Privatdozent Andreas Kruse.

116 | Seit 2009 Vorsitzende der an allen jüngeren altenpolitischen Modellprogrammen mitwirkenden Bundesarbeitsgemeinschaft der Senioren-Organisationen (BAGSO), steht einer ihrer vielgefragten Standardvorträge unter dem Titel »Langlebigkeit verpflichtet zu einem gesunden und kompetenten Älterwerden« [vgl. z.B. www.guetersloh. de/Z3VIdGVyc2xvaGQ0Y21zOjM4NzUw.x4s, letzter Zugriff 3.8.2013].

jährigen Kommissionsvorsitzenden Andreas Kruse zurück (z.B. Kruse 2005a: 453ff.; 2005b) und hat von sozialgerontologischer oder alterssoziologischer Seite kaum substanzielle Kritik erfahren. Die Bedeutung Andreas Kruses im gerontologischen und altenpolitischen Feld ist derzeit kaum zu überschätzen und zugleich Ausweis der weiterhin einflussreichen psychogerontologischen Linie in der Tradition Ursula Lehrs.[117] Mit Ausnahme des Vierten Altenberichts war Kruse Mitglied aller bisherigen Altenberichtskommissionen, stellvertretender Vorsitzender der ersten sowie Vorsitzender jener zum Dritten, Fünften, Sechsten und (aktuell) Siebten Altenbericht. Ferner leitete er von 2001 bis 2008 als Vorsitzender die 25-köpfige interdisziplinäre Expertenkommission »Ziele in der Altenpolitik« der Bertelsmann-Stiftung und fungierte von 2006 bis 2010 als Vorsitzender der Kommission »Altern« des Rates der Evangelischen Kirche Deutschlands (EKD), seit 2011 ist er als Mitglied der Zukunftskommission der Bundeskanzlerin Leiter der Arbeitsgruppe »Generationenbeziehungen«. Sein Konzept der Mitverantwortung sowie die von ihm favorisierte Perspektive einer (Wieder-)Verpflichtung des Alters (vgl. auch Expertengespräch Kruse, Anhang III) finden sich somit an äußerst prominenter Stelle in unterschiedlichsten politischen und gesellschaftlichen Kontexten wieder.

Geförderte Freiwilligkeit:
Modellprogramme für bürgerschaftliches Engagement

Die Altenberichte weisen bei aller Fokussierung auf die individuellen Potenziale immer wieder – und von Beginn der Berichterstattung in den frühen 1990er Jahren an – darauf hin, dass es nicht zuletzt strukturelle Rahmenbedingungen seien, die einer neuen Normalität des sozial verantwortlichen Alters entgegenstünden. Dabei stehen im Zentrum des wissenschaftlich-politischen Anliegens aber weniger die sozialstrukturellen Voraussetzungen einer aktiven Lebensführung, also die materielle und gesundheitliche Infrastruktur eines potenziell produktiven Alters, als vielmehr die Frage der konkreten Opportunitätsstrukturen für gesellschaftlich nützliche Aktivitäten älterer Menschen. Im Sinne dieser Fokussierung auf die institutionelle Seite der Engagementförderung verfolgten in den vergangenen zwei Jahrzehnten zahlreiche Modellprogramme – insbesondere des Bundes, aber auch einiger Länder – das Ziel, Gelegenheitsräume für soziale Aktivitäten älterer Menschen zu eröffnen. Zum historischen Kontext dieses Rückgriffs auf ältere und jetzt alterspolitisch gewendete Vorstellungen einer »neuen Subsidiarität« (Heinze 1985), im Sinne der öffentlichen Förderung von gesellschaftlicher Selbstorganisation, ge-

---

117 | Kruse war seit 1986 wissenschaftlicher Mitarbeiter von Ursula Lehr am neu gegründeten Institut für Gerontologie der Universität Heidelberg und wurde 1997 als Nachfolger Lehrs an die Heidelberger Universität berufen.

hören zweifelsohne die eingangs benannten Diagnosen einer demografisch bedingten Erschöpfung des überkommenen Sozialstaatsmodells. »Die alternde Gesellschaft zwingt den verteilungseifrigen Sozialstaat zunehmend dazu, die Grenzen seiner materiellen Leistungsfähigkeit zu erkennen und nach immateriellen Beweisen seiner Fürsorge zu suchen«, heißt es dazu in der *FAZ* (2001_1) anlässlich der Veröffentlichung des Dritten Altenberichts. Die Behauptung eines Zwangs zur sozialpolitischen Umsteuerung und die Deutung von Engagementpolitik als neuem, gleichsam postmaterialistischem Modus staatlicher »Fürsorge« verweisen dabei auf eine zentrale, komplexitätsreduzierende Verknüpfung: Auch für das Alter stehen die Zeichen der Zeit auf aktivierender Gewährleistung statt auf passivierender Versorgung (Vogel 2004).

Ihren institutionellen Ursprung haben einschlägige Modellprogramme zur Ermöglichung von Altersaktivität in der 1979 gegründeten und seit 1984 vom Land Nordrhein-Westfalen geförderten Initiative »Zwischen Arbeit und Ruhestand« (ZWAR), die sich der Aktivierung der Selbsthilfepotenziale frühpensionierter Älterer in der krisengeschüttelten Ruhrregion verschrieben hatte (vgl. Kapitel 4.3). Ist dieses Programm rückblickend allerdings eher noch im Rahmen einer klassisch »sozialdemokratischen«, auf die Bearbeitung sozialer Ungleichheiten bezogenen Altenhilfepolitik zu verorten, so kann das bereits erwähnte Modellprogramm »Seniorenbüro« (1992-1997), mit dem der Bund zugleich die politische Initiative (bzw. Metainitiative) in diesem Feld an sich zog, als Brückenprojekt an der Schwelle zu einer stärker bürgergesellschaftlich orientierten Politik der Förderung des produktiven Engagements älterer Menschen gelten.[118] Ganz explizit wird hier bereits davon ausgegangen, dass unter den Jungen Alten eine neue »Bedürfnislage« (Klages 1999: 13) gesellschaftlicher Verantwortungsbereitschaft bestehe: »Die Seniorenbüros haben die Aufgabe, älteren Menschen Möglichkeiten aufzuzeigen, wie sie ihre in Beruf, Familie und Gesellschaft gewonnenen Erfahrungen und Kenntnisse in freiwilliges Engagement umsetzen und einen unverzichtbaren Beitrag für die Gesellschaft leisten können.« (Braun/Claussen 1997: 29) In der institutionellen Selbstbeschreibung bieten sie den organisatorischen Rahmen, um »eine ›Rollenlücke‹ für Ältere in unserer Gesellschaft« (ebd.: 79) zu schließen und

---

118 | In der Beurteilung von Aner/Hammerschmidt war zwar die bereits seit 1986 bestehende Berliner Landesinitiative »Erfahrungswissen Älterer gewinnen und nutzen« der »Vorläufer aller anderen auf Nutzung der produktiven Potenziale gerichteten Förderprogramme« (2008: 262); mit ihrem Fokus auf Bekämpfung »der sozialen Ausgrenzung und ›Ghettoisierung‹ älterer Menschen« (Becker/Rudolph 1994: 73) ist sie aber letztlich wohl doch eher noch im Rahmen der überkommenen altenpolitischen Programmatik zu verorten. Vgl. zur Gesamteinschätzung einer zunehmenden Einbettung der Modellprogramme in den sich etablierenden bürgergesellschaftlichen Diskurs auch Zeman/Schmidt 2001.

»Chancen für eine neue Verantwortungsübernahme der älteren Generation« (ebd.) zu eröffnen.[119]

In dieselbe Lücke stößt auch das Programm »Erfahrungswissen für Initiativen« (EFI, 2002-2006), an dem sich zehn Bundesländer beteiligten und bei dem es im Kern um die Ausbildung so genannter »seniorTrainerInnen« ging – älterer Menschen, die nach Beendigung ihres Erwerbslebens als MultiplikatorInnen und StrukturbildnerInnen bürgerschaftlichen Engagements wirken.[120] Dieses – in der Mehrzahl der teilnehmenden Länder nach Auslaufen der Bundesförderung fortgeführte – Programm stellt sich nun ganz offen und offensiv in den Dienst des produktiven Alters: »Insbesondere der älteren Generation kommt angesichts der demografischen Herausforderung eine zunehmend wichtige Rolle zu. Sie verfügt nach der Berufs- und Familienphase über einen großen Schatz an Erfahrungswissen und Zeit. Dieses Potenzial gilt es, für die Gesellschaft nutzbar zu machen.« (BMFSFJ 2006b: 3) Die Idee einer selbstbezogenen, eigennützigen Betätigung Älterer tritt ganz in den Hintergrund zugunsten der Vorstellung, dass nur gemeinwesendienliche Aktivitäten – »zum Wohle aller Alters- und Bevölkerungsgruppen vor Ort« (ebd.: 3) – auch eine erfüllende, sinnvolle und unterstützungswürdige Beschäftigung darstellen. Gemeinwohlorientierung der Alten und gesellschaftliche Anerkennung des Alters gehen Hand in Hand – soziale »Inklusion«, in den 2000er Jahren zum programmatischen Schlüsselkonzept sozialpolitischer Intervention gereift (Bernhard 2010), setzt in dieser Lesart gelebte soziale Verantwortung voraus: »SeniorTrainerinnen [...] zeigen, dass Ältere Verantwortung für das Gemeinwesen übernehmen und damit einen Platz in der Mitte der Gesellschaft haben.« (Ebd.: 10)

---

119 | Die Seniorenbüros haben sich mithilfe des 1997 beendeten Bundesförderprogramms fest institutionalisiert, nach Auskunft der »Bundesarbeitsgemeinschaft Seniorenbüros« (BaS) bestehen derzeit bundesweit rund 300 Einrichtungen. Die BaS als Trägerorganisation sieht ihr Organisationsziel heute in der Förderung des freiwilligen Engagements der »aktiven Generation 50+«: »Menschen über 50 Jahren sind heute so fit, aktiv und zahlreich wie zu keiner Zeit vorher. Die Arbeit der BaS trägt dazu bei, ihre Potenziale zu nutzen, ihre Selbstständigkeit zu fördern und ihre gesellschaftliche Beteiligung zu stärken.« [www.seniorenbueros.org/index.php?id=6, letzter Zugriff 3.8.2013]

120 | Im Zuge der ersten Förderphase hatten rund 1.000 Personen die Ausbildung absolviert. Die soziale Selektivität institutioneller Engagementförderung tritt bei diesem Programm besonders deutlich zutage: »Etwa 70 % [der seniorTrainerInnen] hatten während ihrer Erwerbstätigkeit eine Leitungsposition inne oder waren gar als Führungskraft eingesetzt« (Aner/Hammerschmidt 2008: 266) – kein Zufall, wenn man die typische Tätigkeitsbeschreibung der AdressatInnen liest, bei der es »um die Organisation von internationalen Hilfstransporten, um die Konzeption von PC-Schulungen oder um Projekte zur Unterstützung des Quartiermanagements in Kommunen geht« (BMFSFJ 2006b: 5).

Es passt in dieses Bild institutionellen Wandels im Feld der Altenpolitik, dass mit der Überführung des Bundessozialhilfegesetzes in das Sozialgesetzbuch zum 1.1.2005 die Unterstützung des gesellschaftlichen Engagements zum vorrangigen Leistungsmerkmal der öffentlichen Altenhilfe erklärt wird.[121] Entsprechend wechseln sich gegen Ende des Untersuchungszeitraums einschlägige Programme und Projekte der Bundesregierung in rascher Folge ab: von dem 2008 begonnenen Programm »Aktiv im Alter«[122] über die Informationskampagne »Zähl Taten, nicht Falten« (2009) der Initiative »Alter schafft Neues«[123] bis zu der im Jahr 2012 initiierten demografie- und generationenpolitischen Strategie namens – die Projekttitel werden im Laufe der Zeit immer sprechender[124] – »Jedes Alter zählt« (BMI 2012)[125]. Diese Welle immer neuer, aktivierender (Modell-)Programme stößt dabei allerdings keineswegs auf ungeteilte Zustimmung der Akteure im alterspolitischen Feld: Es sind vor allem die lokalen Trägerorganisationen der Altenhilfe, die die Kurzatmigkeit und »Projektitis« der Programmpolitik kritisieren, die eine langfristige Planung und kontinuierliche Altenarbeit erschwere (z.B. Diakonie 2011: 16).

---

121 | Im neuen § 71 Abs. 2 SGB XII heißt es diesbezüglich: »Als Leistungen der Altenhilfe kommen in Betracht: 1. Leistungen zu einer Betätigung und zum gesellschaftlichen Engagement, wenn sie vom alten Mensch gewünscht wird [...].« Der einschränkende Zusatz steht in auffälligem Kontrast zu der weitergehenden Position einer gesellschaftlichen Mitverantwortung als normativer Anforderung an alle dazu fähigen Älteren, wie sie praktisch zeitgleich im Fünften Altenbericht der Bundesregierung (BMFSFJ 2006a) formuliert wird – ein Hinweis darauf, dass der wissenschaftliche den politischen Diskurs gleichsam vor sich her treibt.

122 | Dieses sollte »das Leitbild des Aktiven Alters in den Kommunen verankern und eine ›soziale Bewegung‹ für eine aktive Rolle älterer Menschen in der Gesellschaft in Gang setzen« [www.bmfsfj.de/BMFSFJ/aeltere-menschen,did=119136.html, letzter Zugriff 3.8.2013].

123 | »Die Initiative ›Alter schafft Neues‹ will die Chancen und Potenziale einer älter werdenden Gesellschaft fördern und einen wichtigen Impuls zur Stärkung des Engagements älterer Menschen in der Gesellschaft geben. [...] Die Kampagne macht eindrucksvoll klar: Kompetenz und Einsatz kennt keine Altersgrenzen.« [www.bmfsfj.de/BMFSFJ/aeltere-menschen,did=119136.html, letzter Zugriff 3.8.2013]

124 | In diesem Sinne ist auch das zwischen 2006 und 2009 unter dem Motto »Langlebigkeit verpflichtet« betriebene Qualifizierungsprogramm des Landesseniorenrats Baden-Württemberg interessant [http://lsr-bw.de/unsere-projekte/langlebigkeit-verpflichtet/, letzter Zugriff 3.8.2013].

125 | In einer im Rahmen dieser Strategie lancierten Anzeigenkampagne antwortet z.B. der »ehrenamtlich ausländische Studenten« betreuende »Rentner Franz Roser« auf die alle passivistischen Ruhestandsklischees aktivierende Frage »Als Rentner nur noch Enten füttern?« ganz engagiert: »Ich kümmere mich lieber um junge Leute aus aller Welt.«

Wenn schon, denn schon: Die Demografie als Chance wider Willen

Die dargelegten Dynamiken im wissenschaftlichen wie im politischen Feld manifestieren sich in der die jüngere Entwicklung des Altersdispositivs kennzeichnenden Tendenz, den demografischen Wandel zunehmend nicht mehr als bloße Bedrohung, sondern als produktive Herausforderung zu rahmen. Während die großen meinungsbildenden Printmedien bis in die jüngste Vergangenheit immer wieder Warnmeldungen über demografische Wohlstandsrisiken[126] und hedonistische Seniorenmilieus verbreiten,[127] bemühen sich die Akteure der Alterspolitik sichtlich, die »alternde Gesellschaft« als eine gesellschaftspolitische Chance zu rekonstruieren. Der im Frühjahr 2012 vorgestellten »Demografiestrategie« der Bundesregierung stellt sich daher nicht mehr die Frage, »ob sich etwas ändern wird, sondern wie und was wir daraus machen« (BMI 2012: 6), und die flankierende amtliche Öffentlichkeitsarbeit unter dem Motto »Jedes Alter zählt« sucht einen problembewussten Optimismus zu verbreiten: »Die Bevölkerung wird in Deutschland deutlich altern [...]. Viele Menschen machen sich deswegen Sorgen. Sorgen, die nicht unbegründet sind. Aber wir können etwas tun.«[128]

Was angesichts »begründeter Sorge« zu tun wäre, liegt dabei nach mehr als 15 Jahren der sukzessiven produktivistischen Durchdringung des Unruhestandsdispositivs auf der Hand. Und ebenso gut eingeführt ist mittlerweile die Vorstellung, dass aus einem produktiven Umgang mit der demografischen Herausforderung allumfassender Nutzen gezogen werden könnte: Blieben die Alten länger jung und nutzten ihre Potenziale auf sinnvolle Weise, so werde sich die gesellschaftliche Alterung letztlich als allseits, nämlich für die Alten selbst wie auch für die Gesellschaft als Ganze, profitables Unternehmen erweisen.[129] Als diskursprägend im Sinne dieser Vorstellung von der Aktivierung

---

126 | Ein regelmäßiger Anlass hierfür ist die Veröffentlichung der koordinierten Bevölkerungsvorausberechnung von Bund und Ländern (vgl. zuletzt Statistisches Bundesamt 2009).

127 | Dies gilt für *SPIEGEL* (»Bald sieht Deutschland ganz schön alt aus«, SPIEGEL 2008_30; »Vergreisung: Deutschland ist das Altenheim der EU«, SPIEGEL 2011_1), *BILD* (»2050 Altenrepublik Deutschland«, BILD 2006_2), *FAZ* (»Reiche Ruheständler«, FAZ 2008_12) wie *taz* (»Besser leben und schöner sterben«, taz 2008_13) gleichermaßen. Die *Süddeutsche Zeitung* fragt unter dem sprechenden Titel »Das kann böse enden« in dramatischem Gestus danach, wohin »die Risikoscheu einer überalterten Gesellschaft« führen werde (SZ 2011_1).

128 | Vgl. die Selbstbeschreibung der Demografiestrategie im Internetportal der Bundesregierung [www.bundesregierung.de/Webs/Breg/DE/Themen/Demografiestrategie/ _node.html, letzter Zugriff 3.8.2013].

129 | Vgl. explizit zu den wirtschaftlichen Potenzialen des Alters Heinze et al. 2011.

des Alters als gesellschaftspolitischer *Win-win*-Strategie erwies sich erneut die Europäische Union, die *Active Ageing* seit Ende der 1990er Jahre als ein großes – insbesondere auch generationenübergreifendes – Positivsummenspiel zu präsentieren suchte: »All generations stand to gain something important from policy changes which enable and motivate older persons to become and remain more active.« (European Commission 1999: 22)[130] Indem die Politik ein entsprechendes Anreizsystem etabliere, werde es älteren Menschen strukturell möglich »to lessen their dependency and disability« (ebd.) – was nicht nur ihnen selbst zugutekomme, sondern zugleich auch die gesellschaftlich zu tragende »Alterslast« zu verringern helfe: »This would help reconcile the clear aspiration of older individuals for long, good-quality lives and the legitimate concerns of society about minimising the costs of demographic ageing.« (Ebd.)

Dieser neue Argumentationsmodus – das Altern als individuelle und kollektive Chance zu begreifen und im selben Atemzug das legitime Interesse »der Gesellschaft« an der je persönlichen Nutzung dieser Chance zu betonen – wird im Verlauf der 2000er Jahre sowohl in den Altenberichten der Bundesregierung wie auch in den Wahlprogrammen der Bundestagsparteien vielstimmig reproduziert. Die wissenschaftlich mittlerweile etablierte Überzeugung, dass eine Altenpolitik »mit Geselligkeitsangeboten nach dem Kaffeefahrtmodell [...] an der Bedürfnislage der ›jungen‹ Alten, aber auch an der gesellschaftspolitischen Bedarfslage vorbei« (Klages 1998: I) gehe, wird parteiübergreifend übernommen und im Gegenzug jedenfalls deklaratorisch Besserung versprochen. Von rechts bis links, in Volks- wie Klientelparteien gleichermaßen ist man sich – nachdem sich schließlich auch die CDU/CSU vom wohlverdienten Ruhestand verabschiedet hat – im Grundsatz einig: »Gerade ältere Menschen verfügen über Erfahrungen und Kompetenzen, auf die auch in der modernen Welt von heute nicht verzichtet werden kann« (CDU/CSU 2002: 38), »Deutschland muss den reichen Erfahrungsschatz der älteren Menschen nutzen, im Berufsleben und im bürgerschaftlichen Engagement« (SPD 2005: 35), »Die Generation über 50 hat ein zur Zeit längst nicht genutztes Potenzial sowohl für den Arbeitsmarkt als auch für die Entwicklung der Gesellschaft« (Bündnis 90/ DIE GRÜNEN 2005: 18), »Wir wollen [...] die großen Ressourcen nutzen, die im Wissen und den Lebenserfahrungen älterer Menschen liegen« (FDP 2005:

---

130 | Wichtigster wissenschaftlicher Stichwortgeber auf EU-Ebene war dabei der britische Soziologe Alan Walker, der an der Konzeption der europapolitischen *Active-Ageing*-Strategie maßgeblich beteiligt war und sich jedenfalls zu Beginn von ihrer potenziell allumfassenden Konsensfähigkeit überzeugt zeigte: »The beauty of this strategy is that it is good for everyone.« (Walker 2002: 137) In seinen späteren Publikationen zum Thema ist dieser Optimismus allerdings einer deutlich skeptischeren Position gewichen (vgl. z.B. Walker 2010).

36), »DIE LINKE tritt für eine umfassende Förderung des bürgerschaftlichen Engagements ein« (DIE LINKE 2009: 48).[131]

Was sich in diesem Kontext vor allen Dingen seit Beginn der 2000er Jahre verbreitet, ist die Vorstellung, dass es insbesondere positive Altersbilder seien, die als Medium einer verbesserten Nutzung von Altersressourcen fungieren könnten, und dass ein entsprechender Wandel gesellschaftlicher Altersbilder – im Sinne des Bildes von den Älteren wie auch deren Bild von sich selbst – durch politische Intervention herbeizuführen sei. Der Tenor dieser rasant an Einfluss gewinnenden Verknüpfung *positive Altersbilder/Ressourcennutzung* wird schon im Dritten Altenbericht aus dem Jahr 2000 gesetzt: »Eine wichtige Frage ist, mit welchen Altersbildern sich der ältere Mensch selbst identifiziert. Die Antwort auf diese Frage entscheidet mit darüber, inwieweit dieser seine Ressourcen für ein unabhängiges Leben nutzt, inwieweit er sich darum bemüht, durch eigene Aktivität zur möglichst langen Aufrechterhaltung der Ressourcen beizutragen, und inwieweit er das Engagement für andere Menschen – d.h. die Bereitstellung von Ressourcen – als persönlich bedeutsame Aufgabe wertet.« (BMFSFJ 2000: 65) Der Sechste – einstweilen letzte – Altenbericht (BMFSFJ 2010) ist dann insgesamt der Suche nach Altersbildern gewidmet, »die die ›Chancen des Alters‹ betonen« (BMFSFJ 2000: 65), wobei hier Altersbilder in verschiedenen gesellschaftlichen und institutionellen Kontexten – so im Recht, in den Medien oder in der Pflege(politik) – im Zentrum stehen. Positive Altersbilder gelten dabei gleichermaßen als Voraussetzung wie als Folge produktiver Potenzialenutzung, ist das Versprechen der gesellschaftlichen Anerkennung und Teilhabe im Alter durch produktives Engagement doch wesentlicher Bestandteil des produktivistischen *Win-win*-Versprechens. Mit der Zentralstellung positiver Altersbilder als Dreh- und Angelpunkt des Produktivitätsdispositivs geht dabei die fortgesetzte Klage über die Persistenz negativer Altersbilder einher (z.B. BILD 2005_19; taz 2008_11; BMFSFJ 2010: 32).

Obwohl das Ziel einer Überwindung defizitbehafteter Altersstereotype in Gerontologie wie Altenarbeit eine lange Tradition hat, dauerte es bis Mitte der 2000er Jahre, bis die Negativstereotypisierung des höheren Lebensalters – im angelsächsischen Raum schon lange als *ageism* diskutiert (Butler 1975) – offensiver in einen diskriminierungspolitischen Kontext gerückt wurde. Nun erschienen erste Artikel, die die Diskriminierung des Alters mit anderen Diskriminierungsformen vergleichen und auf die US-amerikanische Debat-

---

131 | Im (nicht unwesentlichen) Detail gibt es neben der sehr ungleichzeitigen Entwicklung aber durchaus bedeutsame Differenzen – von der stark ökonomistischen Konnotation der FDP-Programmatik, sich einen Nutzungsverzicht der Alterspotenziale »nicht länger leisten« (FDP 2009: 37) zu können, bis hin zur Einschränkung der Linkspartei, ehrenamtliche Freiwilligenarbeit dürfe »nicht als Lückenbüßer für einen Abbau des Sozialstaates missbraucht werden« (DIE LINKE 2009: 48).

te verweisen: »Menschen jenseits der 50 werden von dem getroffen, was die Amerikaner ›ageism‹ nennen und was wir mit Altersrassismus übersetzen könnten.« (SPIEGEL 2004_2)[132] Eine erste Institutionalisierung hat diese Perspektive mit der Verabschiedung des Allgemeinen Gleichbehandlungsgesetzes (AGG) im Jahr 2006 gefunden, mit dem im deutschen Recht erstmalig – unter bestimmten Bedingungen – eine Diskriminierung entlang des Differenzierungsmerkmals Alter ausdrücklich verboten wird (Gaier/Wendtland 2006). Nichtsdestotrotz bleibt die Verknüpfung *Altersbilder/Diskriminierung* randständig gegenüber der engen Verschränkung von positiven Altersbildern mit produktiver Potenzialnutzung.

»Alter schützt vor Jugend nicht«: Ambivalenzen der Verjüngung

Dass das neue Bild vom produktiven Alter letzten Endes nur über performativ-praktische Akte auch gesellschaftliche Akzeptanz finden wird, ist jedenfalls den ExpertInnen der Altenberichterstattung von vornherein klar: »Damit sich diese Sichtweise in der veröffentlichten und öffentlichen Meinung tatsächlich durchsetzen kann, müssen diese Ressourcen aber nicht nur beschrieben, sie müssen tatsächlich gesellschaftlich genutzt werden.« (BMFSFJ 2000: 16) Erst in der alltäglichen gesellschaftlichen Wahrnehmung älterer Menschen als aktive und lebendige, leistungsfähige und beteiligungsbereite MitbürgerInnen – so die Überlegung – kann das im kollektiven Wissenshaushalt fest verankerte Defizitbild des Alters überwunden werden und einem Positivbild von der bzw. dem Jungen Alten weichen.

Während aber die soziale und physische »Verjüngung des Alters« (Tews 1990) – im Kontext des Unruhestandsdispositivs zum weitgehend selbstverständlichen Element der Wissensordnung geworden – als wesentliche Basis einer solchen »Positivierung« des Alters gilt, wird in den 2000er Jahren die Ambivalenz der Positivattribuierung eines verjüngten Alters offenkundig: Die

---

132 | Ein wesentliches Ereignis stellte in diesem Zusammenhang das Erscheinen des in 14 Sprachen übersetzten, kontroversen Bestsellers »Das Methusalem-Komplott« des Mitherausgebers und Feuilleton-Chefs der FAZ, Frank Schirrmacher (2004), dar. In verkaufsfördernder Endzeitsemantik – »Die Menschheit altert in unvorstellbarem Ausmaß. Wir müssen das Problem unseres eigenen Alterns lösen, um das Problem der Welt zu lösen.« – schildert Schirrmacher einen zukünftigen Krieg der Generationen in der alternden Gesellschaft und ruft die Babyboomer-Generation als zukünftige Alte auf, einen Gegenangriff gegen Jugendwahn und Altersdiskriminierung zu starten. Durch Vorabdrucke im *SPIEGEL* sowie eine begleitende Artikelserie in der *BILD* war das Thema »Alters-Rassismus« plötzlich – und vorübergehend – in der Öffentlichkeit, wobei Schirrmacher mehrheitlich Dramatisierung und Panikmache unterstellt wurde. Zur umfangreichen medialen Rezeption vgl. z.B. SPIEGEL 2005_3; FAZ 2004_2; taz 2004_4.

öffentliche Beobachtung des jungen Alters erweist sich gerade angesichts der Konjunktur positiv-produktivistischer Altersbilder als zutiefst zweideutig, ja zwiespältig, changiert sie doch strukturell zwischen hoffnungsfroher Sympathiebekundung und skeptischer Distanznahme. In ihrer durchgängig konstatierten »neuen Jugendlichkeit« bewegen sich die Jungen Alten offensichtlich auf einem schmalen Grat der gesellschaftlichen Respektabilität, hart an der Grenze zwischen produktivem Potenzial und potenzieller Peinlichkeit – und leben damit, so insbesondere die mediale Darstellung, in der beständigen Gefahr des Absturzes in die Wahnwelten »ewiger Jugend«.

»Der Wunsch, das Altern zu vermeiden, das Leben auf seinem Höhepunkt anzuhalten und allen Menschen das Glück der ewigen Jugend zu verbürgen, ist uralt« (FAZ 1988_6) – und der »Jungbrunnen« (FAZ 1983_5) als Symbol des überhistorischen Menschheitstraums vom »Abschaffen des Sterbens« (SPIEGEL 2005_5) durchzieht über zwei Jahrzehnte hinweg als Topos die publizistische Debatte um das Alter(n).[133] Doch während die Verjüngung des Alters im Kontext des Unruhestands zunächst positiv grundiert ist, auf neue Möglichkeiten und Kompetenzen verweist sowie die Überwindung eines Lebens im Zeichen von Schaukelstuhl, Krückstock und Kittelschürze verheißt, greift mit der Normalisierung der Verjüngung die Klage über ein zu viel des Guten um sich. »Alter schützt vor Jugend nicht« (BILD 1988_1): Dies, so die Botschaft, ist einerseits – zumal unter gegebenen demografischen Bedingungen – verständlich, andererseits aber doch auch bedenklich. Denn es gibt eben zugleich eine dunkle Seite des jungen Alters, die allseits in einer kulturell erzwungenen und individuell betriebenen Anpassung der Alten an »das gesellschaftliche Leitbild eines Jugendideals« (FAZ 2003_5) gesehen wird. Die »beinahe kultische Vergötzung von Jungsein und Jugendlichkeit« (FAZ 1984_7) in »einer Welt, die immer mehr dem Jugendwahn verfällt« (BILD 2008_16), ist während des gesamten Untersuchungszeitraums Thema der medialen Berichterstattung – und stets Gegenstand beißender Kritik. Sie gewinnt aber seit Ende der 1990er Jahre derart an Präsenz und Einfluss, dass sie neben den Potenzialen des Alters zum bestimmenden Medienthema wird.[134] Es sind vor allem die »jugendwahn-

---

133 | Interessanterweise zusammen mit der gleichfalls notorischen, im Prinzip aber kontradiktorischen Feststellung, dass erst in den spätmodernen Gesellschaften des Westens – »anders als in vielen Ländern Asiens [...] und in Afrika« – »die jahrtausendelang tief verwurzelte Achtung vor dem Alter« (SPIEGEL 1999_7) verlorengegangen sei.

134 | Womit sich die medialen Akteure – indem sie das Bild vom jugendlichen Alter zugleich auf die eine oder andere Weise selbst produzieren und reproduzieren – in einem performativen Widerspruch befinden. So heißt es etwa in dem sich ansonsten besonders jugendkultkritisch gebenden SPIEGEL über den damaligen Bundesaußenminister Joschka Fischer: »Fischer, wieder schlank und elastisch, ist vorbildlich: Er hat, deutlich sichtbar, seine Lebensuhr zurückgedreht. Durch Askese, bei Müsli und Mineralwasser,

sinnige Konsumgesellschaft« (taz 2003_13), der Boom von *Anti-Ageing*-Ange-
boten und -Produkten sowie die das Alter auf Jugend trimmende Werbung[135],
die kritisch ins Visier genommen werden (taz 2001_1; FAZ 2002_8). Aber
auch die Senioren-Union wird zur Angriffsfläche, wenn die FAZ den Jugendwahn der Konservativen moniert, die »Malle für Kurzentschlossene« oder
einen »Haushüterservice« für Verreiste anbieten würden (FAZ 2003 _5) – der
Signifikant Jugendwahn erweist sich damit als äußerst deutungsoffen.[136]

Dass sich hierzulande »ein obsessiver Jugendkult ausgebreitet« (FAZ
2001_10) habe, ist nach allgemeinem medialem Dafürhalten nicht nur der
Werbung und Konsumindustrie, sondern auch den Alten selbst geschuldet.
Die Beobachtung, dass »die Älteren nicht älter werden wollen« (FAZ 1987_1)
und »als ›fidele Alte‹ mit allem zu tun haben möchten, nur nicht mit dem
Alter« (taz 1989_4), war schon in den späten 1980er Jahren Anlass für leise
aufkeimende Kritik an der zunehmend unruheständischen, tendenziell dekadenten Lebensführung Junger Alter gewesen. Die große Welle der Kritik
und des Unbehagens im Angesicht von »jung gebliebenen Greisen« (SPIEGEL
2000_2) bricht sich jedoch erst im Kontext des Produktivitätsdispositivs Bahn:
Unterstützt durch »Heerscharen von Helfern« (FAZ 2002_8), die ihnen zur
Seite stünden, suchten die Alten »die Spuren des Alterns [zu] vertuschen«
(ebd.). Gerade weil sie als »Graue Panther im Wellnessland« (taz 2003_10) immer fitter, gesünder und aktiver sind bzw. wirken, gerade weil viele den Platz
auf der Ofenbank tatsächlich verlassen haben und stattdessen vor drei Jahr-

---

hat er seiner alternden Generation gezeigt, wie es gelingen kann, die Phase der Jugend-
frische bis ins sechste Lebensjahrzehnt zu prolongieren.« (SPIEGEL 2000_7) Im Übrigen
darf – unter dem Motto »So bleiben Sie jung« (APO 1998_1) – ohnehin immer gerne
Jeder, insbesondere wenn er/sie prominent ist, der Journaille sein bzw. ihr persönliches
»Jungbleiben-Rezept« (Super Illu 1997_8) preisgeben.

135 | Auch die gesundheitliche und körperliche Verjüngung des Alters findet hier
ihren Niederschlag (vgl. zu neuen Altersbildern in der Werbung z.B. Femers 2007; Kühne 2005). In einer Studie zu »Best Agern« in der Werbung für den Zeitraum von 1987
bis 2006 kommen Burgert und Koch zu dem Schluss, dass sich der gesundheitliche
Zustand der abgebildeten Älteren seit 1997 signifikant verbessert hat (Burgert/Koch
2008: 172).

136 | Seit Mitte der 2000er Jahre werden mit der öffentlichen Entdeckung des drohen-
den Fachkräftemangels zudem Arbeitgeber und Betriebe bezichtigt, das »Unternehmen
Jugendwahn« (SPIEGEL 2006_17) zu betreiben: Es sei etwas faul im Staate Deutschland, »solange man zwar in Büchern und Werbung die fitten Siebzigjährigen feiert, in
Unternehmen aber [...] Fünfzigjährige als ›alte Eisen‹ betrachtet« (FAZ 2005_6). Tatsächlich ist diese Problematisierung von Jugendorientierung jedoch etwas anders gelagert, geht es hier doch nicht darum, die »Alten« zu »Jungen« zu machen, sondern das
höhere Lebensalter aus den Betrieben auszugliedern.

zehnten noch ungewöhnlichen Hobbies frönen – und paradoxerweise gerade
weil ihr produktives Engagement eingefordert wird keimt in der Öffentlichkeit
die Sorge, sie könnten gar nicht mehr als Alte – sprich als Andere – erkennbar
sein und bleiben.

Was hier aufscheint, sind die bei aller Aktivitäts- und Produktivitätsorientierung engen Grenzen der sozialen Akzeptanz altersunangemessener Formen
der Lebensführung – die unwürdige Greisin kehrt in neuem Gewande zurück:
»Vielleicht muss man sich an den Gedanken gewöhnen, dass demnächst in
unseren Fußgängerzonen jung gebliebene 65-Jährige ihren Ruhestand ver-
trödeln, indem sie mit ihren Skateboards über Waschbetonblumenkübel und
Alutreppengeländer schaben«, zitiert der *SPIEGEL* (2006_14) leicht resigniert
einen Journalisten und Buchautoren – und lässt einen Wissenschaftler bekla-
gen: »Die Alten rücken den Jungen dermaßen auf den Pelz, dass die kaum
noch Luft zum Atmen haben« (ebd.). Während zugleich allerorten lebenslanges Lernen als wesentliches Moment eines aktiven Alters propagiert wird, ern-
ten Ältere, die tatsächlich Plätze in Hörsälen besetzen – und sie damit Medien-
berichten zufolge den jungen Studierenden streitig machen – vor allem Spott
und Kritik. In diesem Lichte besehen erscheint es schon kaum mehr überraschend, dass auf die den Jungen Alten attestierte »neue Lust in reifer Schale«
(SPIEGEL 1999_6) in einer geradezu regressiven Weise reagiert wird, nämlich
mit einer erneuerten Lust auf Differenz. Gegen die ostentative Verjüngung des
Alters wird hier einer – auch geschlechterpolitisch bezeichnenden – Position
Raum gegeben, die den alten Zeiten nachtrauert, als man den Über-30-Jähri-
gen noch als dem Anderen der Jugend trauen konnte: »Es ist schon seltsam,
dass die Großmütter von unseren Straßen nahezu verschwunden sind. Ich er-
innere mich, dass ich diese Frauen mit den grauen Haaren als Kind auch deshalb mochte, weil sie sich anders kleideten, anders rochen, oft nach Kölnisch
Wasser, weil sich ihre Wangen so weich anfühlten, wenn man ihnen einen
Kuss gab, weil sie andere Geschichten erzählen konnten. Womöglich sind wir
dabei, einen ganzen Lebensabschnitt von Frausein an den Jugendwahn zu ver-
schenken.« (SPIEGEL 2007_6)

Brecht vs. Precht: Unwürdige Greise, gestern und heute

Die Sozialfigur altersunangemessen sich verhaltender, sprich herrschende Alterszuschreibungen mehr oder weniger souverän missachtender älterer Menschen durchzieht
die mediale Berichterstattung über das Alter über unseren gesamten Untersuchungszeitraum hinweg – bis in die jüngste Vergangenheit hinein. Als literarische Figur ist ein
solches, aus der ihm zugedachten Rolle fallendes, Alter aus Bertolt Brechts Erzählung
»Die unwürdige Greisin« bekannt. Entstanden 1939 und veröffentlicht 1949 im Rahmen
seiner »Kalendergeschichten«, erscheint der kurze Text noch aus heutiger Sicht wie ein

Lehrstück darüber, mit welchen sozialen Reaktionen die Alten zu rechnen haben, wenn sie sich dem gesellschaftlichen Altersbild verweigern.

Großmutter des Ich-Autors und 72-jährig beim Tod ihres Ehemanns, verbringt Brechts Greisin die zwei Jahre ihres Witwendaseins auf durchaus unbotmäßige Weise. Es sind keine großen Dinge, die sie sich zu Schulden kommen ließe, sondern nur die kleinen, selbstbestimmten Revolutionierungen ihres Alltags, die ihre Umwelt und zumal ihre Kinder verstören: das bisschen Luxus des Stadtbesuchs und der Umgang mit wenig standesgemäßer Bekanntschaft, ein Hauch von Eigenständigkeit und Eigensinn, eine irgendwie irritierende Lebenslust. »Was für eine Nachricht! Großmutter, die zeit ihres Lebens für ein Dutzend Menschen gekocht und immer die Reste aufgegessen hatte, aß jetzt im Gasthof! Was war in sie gefahren?« Dass sie nicht in der überkommenen Großmutterrolle aufgeht und – ohne das Wissen der potenziellen Erben – eine Hypothek auf das elterliche Haus aufnimmt, dass sie »mit ihrem Familienleben abgeschlossen zu haben« schien und »sich gewisse Freiheiten gestattete, die normale Leute gar nicht kennen«: damit dokumentiert sie einen die gesellschaftliche Normalität des (weiblichen) Alters erschütternden Anspruch auf ein »Stück eigenes Leben« (Elisabeth Beck-Gernsheim) am Lebensende. Als sie nach diesem letzten Abschnitt »bewusst gelebten Lebens« (Leopold Rosenmayr) stirbt, hatte sie – mit diesen Worten schließt Brecht seine Erzählung – »die langen Jahre der Knechtschaft und die kurzen Jahre der Freiheit ausgekostet und das Brot des Lebens aufgezehrt bis auf den letzten Brosamen«.

Was sich bei Brecht als literarische Feier einer subversiven, gesellschaftliche Konventionen unterlaufenden Lebensführung im Alter liest, verweist zugleich auf den realen sozialen Hintergrund eines in der Öffentlichkeit für mindestens verstörte, nicht selten aber auch vergiftete Nachfragen sorgenden Alters, das es sich nach Wahrnehmung Dritter gut gehen lässt – und sei es nur ein klein wenig. Diese Konstellation ist keineswegs Geschichte. Vielmehr wiederholt sich Brechts Geschichte immer wieder, bis heute. Als öffentlicher Ankläger eines unwürdigen Greisentums und einer von diesem zur Schau gestellten »Mentalität von verzogenen Kindern« agierte hierzulande zuletzt Richard David Precht. Precht, in den letzten Jahren insbesondere fernsehmedial allgegenwärtiger Populärphilosoph, brach Ende des Jahres 2011 in der Talkshow »Anne Will« eine Lanze für ein verpflichtendes Soziales Jahr für RentnerInnen. Dabei zielt sein Plädoyer für ein im Zweifel administrativ herbeigeführtes gemeinwohldienliches Leben im Alter sozialstrukturell auf »die Mitte der Gesellschaft«: Gerade im Zeichen der Finanzmarktkrise und ihrer Hintergründe müssten die Mittelschichten als »Träger der Moral« mobilisiert werden. »Auf die Oberschicht können wir uns in Moralfragen beim besten Willen nicht verlassen« – auf den älteren Durchschnittsdeutschen aber doch zumindest in zweiter Instanz, denn der zunächst notwendige Zwang zum sozialen Engagement werde sich, einmal etabliert, alsbald schon in Freiwilligkeit verkehren.

Wie Brechts Erzählung vor dem Hintergrund der konkreten sozialhistorischen Konstellation eines materiell in der Regel bestenfalls mit dem Nötigsten versorgten Alter spielt, so sind auch Prechts (mit stimmlosem P) Gedanken zur geistig-moralischen Wende unserer Zeit erkennbar gesellschaftshistorisch gerahmt. Es sei gewissermaßen die ihr zugefallene Gnade der späten Geburt, die es angezeigt und angemessen erscheinen lasse, die heutige Altengeneration für gesellschaftliche Zwecke heranzuziehen. Da sie den Krieg nicht erlebt und im Leben keine Trümmer weggeräumt habe, solle sie nun anderweitig zum Arbeitsdienst an der Gemeinschaft herangezogen werden: »Die Generation, die jetzt in Rente geht, die goldene, die eine beispiellose Wirtschaftsprogression erlebt hat und vom Krieg verschont wurde, muss in die Pflicht genommen werden.« Die Alten, so die Botschaft, hätten zumindest einen Teil der von ihnen genossenen Friedensdividende zurückzuzahlen – der von den Medien vorhergesagten »Empörung aufgeschreckter Gutmenschen und Senioren-Lobbyisten« (*BILD*) über des Philosophen Vorschlag zur Altersgüte zum Trotz. Denn was für alle gelte oder jedenfalls gelten sollte – »Ist es nicht selbstverständlich, dass jeder Staatsbürger sich seinem Gemeinwesen verpflichtet fühlt?« (*Christ & Welt*) –, müsse für die Alten erst recht in Anspruch genommen werden können.

Und die Moral aus der Geschicht': Die Zeiten ändern sich – die Feindbilder aber nicht. Oder genauer: Sie passen sich dem jeweiligen Stand der gesellschaftlichen Produktivkräfte an. Geht es bei Brechts unwürdiger Greisin noch um ganze zwei Jahre individueller, später und bescheidener Lebensfreude, so zeichnet Precht das Bild einer Großgeneration privilegierter AltersrentnerInnen, die sich anschicken, »nach ihrem Eintritt in den Ruhestand zwanzig, dreißig oder gar vierzig Jahre ohne Aufgabe in der Gesellschaft zu leben« (*Die Welt*).

Was für eine Nachricht! Statt sich für uns zu verzehren, zehren die Alten von heute das Brot ihres langen Lebens auf – womöglich bis auf den letzten Brosamen. Was ist in sie gefahren?[137]

Und wenn es mehrheitlich denn doch nicht die grauhaarige Großmutter ist, die zurückgesehnt wird, so ist gleichwohl – vor allem in Medien und Werbung – das Bestreben bezeichnend, für die nicht hochaltrigen Älteren eine – positiv attribuierte – Differenzkategorie zu finden, die sie eindeutig von Menschen in den mittleren Lebensjahren zu unterscheiden vermag. Die Frage, wie sie denn nun zu adressieren und zu benennen seien, diese anderen, neuen Jungen Alten, durchzieht die gesamten 2000er Jahre und die Vorschläge sind ebenso vielfältig wie bemüht: von *Silver Surfern* über *Best Ager* bis hin zu *Goldies*. »Alte sind heikel. Das beginnt schon beim Namen, denn alt darf man die Alten nie nennen. Aber was dann? Senioren? Das riecht zu streng nach Mundgeruch.

---

137 | Quellen: »Anne Will«, TV-Talkshow auf Das Erste vom 7.12.2011 (»Malochen bis 67 und dann arm – ist das sozial?«) – sowie die Vor- und Folgeberichterstattung: »Rentner sollen ran – ›Werther‹ muss raus« (Stern 2011_1); »Richard David Precht fordert soziales Pflichtjahr für Rentner« (SäZ 2011_1); »Haben Rentner die Mentalität verzogener Kinder?« (Die Welt 2011_1); »Precht hat recht: Rentner sollen sich engagieren!« (BILD 2011_2); »Alles was Precht ist« (Christ & Welt 2011_1).

Die ›neuen Alten‹? Die ›50plus-Generation‹? Oder die ›Master Consumers‹, wie Bernd Michael, Geschäftsführer der Düsseldorfer Agentur Grey, sie gern umschmeichelt?« (SPIEGEL 1999_6) Das Anliegen, die Alten von Negativstereotypen des Alters zu befreien, sie zugleich aber eindeutig als vom Alter Gezeichnete zu zeichnen und von den Anderen zu unterscheiden, erweist sich letztlich als übermächtig und treibt immer neue Blüten.

Wir wollen unsere guten alten Alten in aktiv-produktiver Neuauflage wiederhaben: Auf widersprüchlichere Weise als im Produktivitätsdispositiv könnte das Alter kaum verhandelt werden. Mit großem wissenschaftlich-politischem und, mit etwas Zeitverzögerung, auch medialem Aufwand werden die Ressourcen der Jungen Alten beschrieben, deren Potenziale betont und die Notwendigkeit ihrer Nutzung beschworen, die alten Zerrbilder des bloß hilfsbedürftigen und passiven oder aber hedonistischen und gesellschaftsvergessenen Alters hingegen bekämpft und dementiert. Zugleich werden aber genau diese Bilder immer wieder aufs Neue bestätigt und aktualisiert[138] – und auch auf diese Weise der offenkundig tiefsitzende gesellschaftliche Wunsch nach altersstruktureller Eindeutigkeit bedient und reproduziert: hier die Jungen, da die Alten; hier die Jugend, da ihr Anderes. Gerade weil die Jungen Alten den »normalen« Erwachsenen mit ihrer mitverantwortlich-produktiven Lebensführung so nahe rücken (sollen), wird diesen dabei irgendwie auch mulmig zumute, bricht sich ein medial vermitteltes Bedürfnis nach Differenz und Unterscheidung Bahn, das in der jüngeren Vergangenheit eher an Fahrt gewinnt, als dass es an Bedeutung verlöre.[139] Tatsächlich dürfte es auch dieser komplexen

---

138 | Und sei es gerade im Modus des Dementierens: Ursula Lehr etwa weist unermüdlich (so etwa anlässlich des Tages der älteren Generation, vgl. z.B. Pressemitteilung 4/2010 der BAGSO vom 6.4.2010) öffentlich darauf hin, dass es nicht die Rolle älterer Menschen sei, »hinter dem Ofen zu sitzen und auf das Ende zu warten oder sich im Konsum- und Reiserausch zu ergehen« – natürlich in dezidiert altenfreundlicher Absicht.

139 | Dazu passt die Tatsache, dass auch die Wohlmeinenden unter den alterspolitischen Akteuren den älteren Menschen konsequent Kompetenzen – Gründlichkeit und Zuverlässigkeit, Loyalität und Abgeklärtheit, Ruhe und Reife – zusprechen, die nicht gerade als die Leitmotive der flexibel-kapitalistischen Wissensgesellschaft gelten können. Nicht zufällig ist daher die Vorstellung einer nicht an sich, sondern (nur) im Verbund mit den spezifischen Fähigkeiten jüngerer Beschäftigter gegebenen Attraktivität älterer Arbeitnehmer – »ein neues Bündnis von Jung und Alt« (Bündnis 90/Die Grünen 2009: 119) – ein immer wiederkehrender Topos auch im Mediendiskurs. So berichtet z.B. der *SPIEGEL* über die Personalstrategie eines großen deutschen Einzelhandelskonzerns, der »künftig nicht ausschließlich auf ältere Mitarbeiter setzen will, sondern auf eine gesunde Mischung aus älteren, erfahrenen Mitarbeitern und jungen Kollegen. Denn altersgemischte Teams bringen nicht nur die besten Arbeitsergebnisse, sie stellen auch den notwendigen Wissens- und Erfahrungstransfer in den Unternehmen sicher.« (SPIEGEL 2006_23)

Konstellation geschuldet sein, dass lesbare, komplexitätsreduzierende Abkürzungen des Produktivitätsdispositivs über (eigene) Objekte, Körperbilder oder
typisierte Praktiken bislang kaum existieren: Zu diffus ist die Gemengelage
aus Angleichung und Unterscheidung, Anpassung und Abkehr – und zu wirk-
mächtig sind die typisierten Differenzen des Ruhestands- und Unruhestandsdispositivs, die zur Kennzeichnung des Alters als unterscheidbares Anderes
auch im Produktivitätsdispositiv fortlaufend erneuert werden.

Einsprüche: Das produktive Alter in der kritischen Reflexion

Es sind aber nicht nur diese inneren Spannungen und unaufhörlichen Bekräf-
tigungen vermeintlich überkommener Altersbilder, die das aus dem Unruhestandsdispositiv sich entwickelnde, gegen dieses und das Ruhestandsdispositiv
sich konstituierende Produktivitätsdispositiv des Alters als ein – einstweilen –
brüchiges Arrangement erscheinen lassen. Zu diesem wesentlichen Befund
unserer Untersuchung tragen auch wissenschaftliche und mediale Positionen
bei, die gegen eine einseitig produktivistische Deutung des aktiven Alters –
bzw. eine einseitig positive Deutung des Altersproduktivismus – Einspruch
erheben.

Im Prinzip wenig überraschend, ist es allen voran die in den Altenberichten dokumentierte wissenschaftliche Expertise, die sich bemüht, eine differenzierte Sicht auf das Alter und dessen Veränderung zu präsentieren. Wenig
überraschend, weil man derartige Differenzierungen im Kontext wissenschaftlicher Kommunikation erwarten darf – und weil die jeweils vielen hundert Seiten Berichtsumfang hinreichend Raum lassen für die Darstellung der ganzen
Vielfalt individueller Lebens- und Bedarfslagen, Ressourcenausstattungen und
Teilhabeansprüche von jüngeren und älteren, gesunden und pflegebedürftigen, mobilen und dementen, wohlhabenden und einkommensschwachen,
einheimischen und migrantischen alten Menschen in Deutschland. Nicht nur
diesem wissenschaftlichen Anspruch werden die Altenberichte in der Tat –
und im Zeitverlauf sogar zunehmend – gerecht. Sie thematisieren zudem explizit auch politische Handlungslogiken, die den Intentionen der ExpertInnen
zuwiderlaufen – etwa die Tatsache, dass das von ihnen identifizierte »Human-
vermögen« der Älteren »gerne auch als Ersatz für sozialstaatliche Leistungen
gesehen« (BMFSFJ 2000: 66) werde, womit »die Gefahr einer Instrumentalisierung der Potenzialdiskussion« (BMFSFJ 2006a: 50) bestehe.[140]

Gleichwohl ist festzustellen, dass die Altenberichte faktisch selbst der zu
Recht monierten »unzulässigen argumentativen Verkürzung – und insofern

---

140 | Vgl. in diesem Sinne auch den Punkt »Instrumentalisierung des Engagements
verhindern/Soziale Voraussetzungen schaffen« im Rahmen der politischen Handlungs-
empfehlungen des Fünften Altenberichts (BMFSFJ 2006a: 225 bzw. 274).

[dem] Missbrauch – des in der Gerontologie entwickelten Leitbilds eines aktiven und produktiven Alters« (BMFSFJ 2000: 66) Vorschub leisten – und diesen
Eigenbeitrag zur Komplexitätsreduktion des produktiven Alters weitgehend
unreflektiert lassen. So verbreiten die zentralen öffentlichkeitsrelevanten Passagen – Einleitung und Zusammenfassung – schon des Fünften Altenberichts
vorrangig die Botschaft, »dass über die bereits genutzten Potenziale des Alters
hinaus noch weitere Potenziale vorhanden sind, die derzeit nicht abgerufen
werden« (BMFSFJ 2006a: 260), jedoch sehr wohl abgerufen werden könnten
und sollten. Wird hier aber immerhin noch, gewissermaßen im Kleingedruck-
ten[141], ein zumindest Teilbereiche der Aktivierungspolitik charakterisierender
»sozialökonomischer Utilitarismus« (ebd.: 218) kritisiert, so sind derartige Vorbehalte aus dem jüngsten, Sechsten Altenbericht praktisch vollkommen verschwunden.[142] Vielmehr machen die ExpertInnen in den für die öffentliche
Aufmerksamkeit entscheidenden Passagen unmissverständlich klar, dass eine
»selbst- und mitverantwortliche Lebensführung Älterer [...] durchaus im Sinne
einer normativen Anforderung zu interpretieren« sei (BMFSFJ 2010: 21) – und
lassen an der im Wortsinne Gemeinwohlverpflichtung der Alten keinen Zweifel: »Das für jeden einzelnen älter werdenden Menschen bestehende Recht,
Potenziale zu entwickeln und zu verwirklichen, korrespondiert auch für jeden
einzelnen Menschen – im Rahmen der jeweils bestehenden Möglichkeiten –
mit Pflichten, nicht nur gegenüber der eigenen Person, sondern auch gegenüber der Gemeinschaft.« (Ebd.)

Gerade mit Blick auf derartige Verpflichtungsmotive wie auch auf mögliche strukturelle Überforderungen des Alters im Zeichen seiner produktivistischen Mobilmachung (van Dyk/Lessenich 2011) regt sich parallel jedoch
durchaus medialer Widerspruch – und zwar nicht nur im Sinne einer weh-
mütigen Erinnerung an jene politischen Charaktereigenschaften, die (angeblich) »das Mitgefühl gegenüber Altersrentnern einst prägten« (FAZ 2003_5),
und auch nicht allein in Form einer stellvertretenden Anwaltschaft für den
durchschnittlichen Rentnerhaushalt, die sich namentlich in der BILD oder (als
ostdeutsches Pendant) der Super Illu findet. Vielmehr wird die veränderte institutionelle Anspruchshaltung an die Jungen Alten – »des Arbeitsmarktes auf
ungeschmälertes Leistungsvermögen, der Versicherungen auf einen kosten-
neutralen Lebensabend, der Gesellschaft insgesamt auf allzeit fittes, freund-
liches und optimistisches Erscheinungsbild« (FAZ 2002_6) – kritisch reflek-

---

141 | Vgl. den Abschnitt »Ambivalenzen der Engagementförderung« (vgl. BMFSFJ 2006a:
218ff.).

142 | Hier findet sich nur mehr im Zusammenhang mit Ausführungen zu der von den Kir-
chen wahrgenommenen »politisch-anwaltliche[n] Funktion für die Rechte der Älteren«
(BMFSFJ 2010: 215) der Hinweis, dass diese »vor einer Überbewertung der Potenziale
des Alters und ihrer Instrumentalisierung warnen« (ebd.).

tiert: »Da wird ein enormer Druck aufgebaut« (taz 2008_11). Und es wird auf das vergiftete Alterslob (Göckenjan 2009) hingewiesen, das im Widerspruch zur sozialen Realität der Alterserfahrung stehe: »Neuerdings werden wir Älteren geradezu bejubelt: hervorragend ausgebildet, erfolgreich im Beruf, liebevolle Mütter, dazu sportlich und mühelos zehn Jahre jünger aussehend, als sie sind. Danke für die Blumen. Was viele im Alltag erleben, passt so gar nicht zu diesen Lobeshymnen.« (Brigitte Woman 2008_1) Die politisch suggerierte Identität individueller und gesellschaftlicher Interessen an einem aktiven und produktiven Alter könne sich, so die Negativvision, »nur zu leicht in einen Anspruch der Allgemeinheit an das Subjekt verkehren: Krankheit und Leiden werden dann, sofern bei ihnen eine Zurechenbarkeit des einzelnen unterstellt werden kann, unter gesellschaftliche Ächtung gestellt.« (FAZ 2002_6)

Dass diese Vermutung nicht ganz aus der Luft gegriffen ist, zeigen wissenschaftlich-politische Positionen, die nicht nur in den üblicherweise thematisierten Altersleistungen – »working longer, retiring more gradually and seizing opportunities for active contributions after retirement« (European Commission 1999: 22) –, sondern selbst am Lebensende noch Potenziale für eine sozial produktive Lebensführung sehen: »This is true even in the face of fading faculties and growing dependency.« (Ebd.) Der Sechste Altenbericht etwa verweist ausdrücklich darauf, »dass der Begriff der Aktivität mit Blick auf die letzte Lebensphase nicht aufgegeben werden muss« (BMFSFJ 2010: 71), und steht damit für neuartige, erst in jüngster Zeit sich vollziehende epistemische Verknüpfungen im Rahmen des Produktivitätsdispositivs. Nun nämlich wird die Produktivitätsidee auch für das hohe und pflegebedürftige Alter und damit für den kranken, gebrechlichen, hinfälligen Körper anschlussfähig. Und es wird erstmals denkbar, dass »Produktivität und Aktivität mit Blick nicht nur auf das Leben, sondern auch auf Sterben und Tod« (ebd.) zu Leitmotiven altenpolitischen Handelns werden können – die entsprechenden »Umdeutungsleistungen« (ebd.) vorausgesetzt, »die Menschen des vierten Lebensalters in der richtigen Weise würdigen, ohne sie ins Licht der Unproduktivität und damit eines negativen Altersbildes geraten zu lassen« (ebd.: 70). Was über die Betonung der produktiven Potenziale noch des letzten Lebensabschnitts offenbar als Akt der Aufwertung von Hochaltrigkeit intendiert ist[143], indiziert zugleich die neuerliche Ausweitung der aktivitätspolitischen Kampfzone. »Aktiv zu altern ist heute geradezu Verpflichtung« (Lehr 2011: 11), und zwar eine

---

143 | Solch offensiven Akten der Positivierung des abhängigen Alters im wissenschaftlichen Kontext korrespondieren im medialen Raum vereinzelte entproblematisierende Deutungen etwa demenzieller Erkrankungen: »Sie will die Demenz nicht als Krankheit verstanden wissen, sondern als Stufe, auf der man alles abgeworfen hat: ›In diesem Alter braucht sich niemand mehr zu verstellen. Die machen mir nichts vor und ich weiß genau woran ich bin – phantastisch!‹« (SPIEGEL 2008_5)

lebenslängliche – von der Wiege[144] bzw., was die Alten selbst betrifft, von der Rente bis zur Bahre.

Junge Alte – oder die »Quadratur des Greises«

Die Medien und Werbung umtreibende Suche nach einer passenden Adressierung der ins Visier genommenen Älteren gilt in gewisser Weise auch für die auf Aktivierung angelegte Altenpolitik: Auch sie muss im Prinzip die heikle Aufgabe einer ebenso unverfänglichen wie verfangenden Ansprache einer gesellschaftlichen Teilpopulation lösen, die – fasst man sie wie zu Marketingzwecken als Altersgruppe 50+ – heterogener kaum sein könnte[145], von der man aber im Grunde genommen, und grundsätzlich über die gesamte Restlebensspanne hinweg, dasselbe erwartet: nämlich aktiv und produktiv zu altern.

Wo aber in diesem Sinne aktivierungspolitisches *diversity management* gefragt wäre – und der Verweis auf die »Vielfalt des Alters« (BMFSFJ 2010: VI) sich im Laufe der Zeit geradezu zur Standardsentenz des wissenschaftlich-politischen Altersdiskurses entwickelt –, setzt sich doch immer wieder eine Tendenz zur Homogenisierung des öffentlich gehandelten Bildes der Jungen Alten durch: »Ja, sie sind dynamisch, beharrlich und gut in Form. Nein, sie sind keine Abziehbilder aus der Werbung, keine grinsenden Corega-Tabs-User, deren Leben einer Soap-Opera zwischen Malkurs, Kreuzfahrt und Frischzellenkur gleicht. Diese Menschen machen sich Gedanken über den Tod, werden krank und wieder gesund, helfen ihren Mitmenschen und damit sich selbst. So einfach, so gut. Darüber hinaus vermitteln sie ein umfassendes Bild davon, wie man in Deutschland derzeit alt werden kann, ohne zu verkümmern oder sich selbst zu unterfordern.« (SPIEGEL 2008_5)

Auf welch konkrete Art und Weise diese aktiven Alten sich nun aber dadurch selber fordern, dass sie anderen helfen, welche ihrer Aktivitäten faktisch

---

144 | »*Altern ist ein lebenslanger Prozess.* Wie wir uns als Kind, als Jugendlicher, als junger Erwachsener verhalten, das beeinflusst unseren Alternsprozess im Seniorenalter.« (Lehr 2003: 5; Hervorhebung im Original)

145 | So moniert die *taz*, »dass der Begriff »Generation 50plus« gegenüber allen Fünfzig- bis Hundertjährigen eine Umverschämtheit« sei (taz 2004_13). Die auf einer Onlinebefragung von knapp viertausend 50- bis 70-Jährigen basierende »50+ Studie« (Otten 2008) etwa identifiziert in ihrem Sample drei Typen von relevanter gesellschaftlicher Größe und Bedeutung, von denen nur einer jene auf etwa ein Fünftel ihrer Altersgruppe bezifferten Älteren umfasst, »auf die das öffentlich diskutierte Bild der jungen Alten am ehesten zutrifft. Wir reden hier von der Milieuoberschicht der bürgerlichen Etablierten, den postmodernen Intellektuellen und den experimentierfreudigen Leistungsträgern.« (Ebd.: 205) Zum sozialstrukturellen *bias* des Aktivitätsparadigmas vgl. auch Graefe/ Lessenich 2012.

als »Werte erzeugendes, sozial nützliches Verhalten« (Tews 1996: 189) zu verstehen sind und also dem Anspruch einer »überpersönlichen Verantwortung«
(Schimany 2003: 373) des Alters genügen können: das bleibt in dem von uns
beobachteten gesellschaftlichen Kommunikationsprozess letztlich – und bis
zuletzt – unklar und unterbestimmt.[146] Im öffentlichen Diskurs des vergangenen Jahrzehnts werden Tätigkeiten und Verhaltensweisen unter positiven
Produktivitätsverdacht gestellt, die unterschiedlicher kaum sein könnten. Teilweise wird bereits das Konsumhandeln der Jungen Alten als gleichsam proto-
produktive Tätigkeit gedeutet: Als aktiv Nachfragende auf Konsumgüter- und
Dienstleistungsmärkten mutieren die »Best Agers« (taz 2005_1) der Babyboomer-Generation dann zum »Kaufkraftphänomen« (SPIEGEL 2004_2) der
»Silver Agers« (FAZ 2008_2). Dem Idealtypus produktiven Alters näher kommen allerdings sicherlich jene Älteren, die in sich selbst – ihre Bildung, ihre
Gesundheit, ihre körperliche und geistige Fitness – investieren und damit die
Chance generieren, dass von den Renditen ihres Investitionsverhaltens nicht
nur sie allein, sondern auch Dritte profitieren. Der Produktivitätsidee im engeren Sinne schließlich entsprechen die Jungen Alten genau genommen dann,
wenn sie länger erwerbstätig bleiben bzw. auch nach der Verrentung noch
einer bezahlten Beschäftigung nachgehen[147] – oder zwar unbezahlt, dafür aber
unmittelbar wertschöpfend tätig sind, sei es als nachberuflicher Unternehmensberater oder als intragenerationale Altenhelferin.[148]

---

146 | Dies gilt im Grunde genommen auch für den wissenschaftlichen Diskurs – und
zwar für »harte« Positionen wie etwa Tews' (1994) Plädoyer für eine Responsibilisierung
des Alters ebenso wie für »weichere« Positionierungen in der gerontologischen Diskussion (z.B. Knopf et al. 1999), die zwar das Verpflichtungsmotiv explizit ablehnen, der
Notwendigkeit einer sozialen Verantwortungsübernahme älterer Menschen aber nicht
weniger eindeutig das Wort reden.

147 | In beiderlei Hinsicht hat die »Marktnähe« älterer Menschen in der jüngeren Ver-
gangenheit stark zugenommen: So hat sich die Erwerbsquote der 60- bis 64-Jährigen in
den letzten zwei Jahrzehnten mehr als verdoppelt (von 1991 20,8 % auf 2010 44,2 %,
vgl. Garloff et al. 2012), seit dem Jahr 2000 ist zudem die Zahl der Rentner mit einem
Minijob um fast 60 % (von 480.000 auf 760.000 Personen 2011) gestiegen – darunter
waren zuletzt etwa 120.000 Menschen, die 75 Jahre und älter sind (vgl. SZ 2012_1).

148 | Die 2009 gestartete Kampagne des Bundesseniorenministeriums »Zähl Taten,
nicht Falten« zur Förderung des bürgerschaftlichen Engagements älterer Menschen
ist in diesem Sinne bemerkenswert nicht nur wegen des Alters der präsentierten Vor-
bilder, sondern auch aufgrund der erwerbsgesellschaftlichen Konnotation (sowie der
geschlechterspezifischen Codierung) der amtlich beworbenen Tätigkeiten. Während ein
82-jähriger ehrenamtlicher Unternehmensberater mit der Aktivitätsbeschreibung »Er
hat 12 Manager beraten, 5 Existenzen aufgebaut und 3 Pleiten verhindert. In der letzten
Woche.« vorgestellt wird, heißt es bei einer 83-jährigen ehrenamtlichen außerschuli-

Was die »vitalen Rentner des 21. Jahrhunderts« (Bruns et al. 2007: 30) damit alles leisten, leisten können und leisten können sollen, muss auch aus ihrer eigenen Sicht als eine »Quadratur des Greises« (SPIEGEL 1996_6) erscheinen – wir werden uns dieser Perspektive im Weiteren ausführlich zuwenden. Aus der Perspektive der dispositiven Verknüpfungen rund um das Motiv des produktiven Alters jedenfalls entsteht in der Gesamtschau durchaus der Eindruck, »dass gegenwärtig das Altern kulturell neu erfunden wird« (taz 2008_12). Die im Parteiprogramm der FDP zur Bundestagswahl 2009 formulierte Einsicht – »Wir können es uns nicht länger leisten, Kenntnisse, Kompetenzen und Kreativität älterer Menschen brachliegen zu lassen« (FDP 2009: 37) – ist zum Ende des Untersuchungszeitraums zum nicht nur parteiübergreifenden, sondern auch Politik und Wissenschaft, Wirtschaft und Medien verbindenden Wissen geronnen.[149] Und nicht nur demografiepolitisch haben sich mit Blick auf die Leistungsbilanz des Alters neue Selbstverständlichkeiten entwickelt. Zugleich lässt sich rückblickend auch biografiepolitisch eine schleichende Umdeutung der Leistungsbilanzen Älterer feststellen: Von der Idee des »wohlverdienten Ruhestands« und der damit verbundenen Deutung des gesetzlichen Rentenanspruchs als »Gegenleistung für die Lebensleistung der Rentner« (CDU/CSU 1983: 25), von einem biografisch-retrospektiven Leistungsverständnis also, wird allmählich umgestellt auf einen zukunfts- und entwicklungsorientierten, prospektiven Leistungsbegriff im Sinne der Thematisierung und Imaginierung dessen, was ältere Menschen im Verlauf ihres weiteren Lebens noch zu leisten imstande sind bzw. sein werden. Und diese biografiepolitische Umstellung wird wiederum demografiepolitisch gerahmt – denn »[d]er demografische Wandel bringt es mit sich, dass die gesellschaftlichen und wirtschaftlichen Zukunftsaufgaben von weniger und im Durchschnitt älteren Menschen bewältigt werden müssen. Die Potenziale älterer Menschen müssen

---

schen Pädagogin: »Sie hat 8 Männer geliebt, getröstet, gescholten und ihnen vergeben. Alles diese Woche.« [www.ftd.de/karriere/karriere/:plakatkampagne-wer-hinter-dem-vorzeige-senior-steckt/470516.html, letzter Zugriff 3.8.2013]

149 | Die strukturanaloge Argumentationslogik hatte sich zuvor bereits im sozialpolitischen Feld der Förderung weiblicher Erwerbstätigkeit etabliert, wo es zum hegemonialen Wissensbestand wurde, dass man sich die ungleiche Ausschöpfung des weiblichen Arbeitsvermögens gegenüber dem männlichen Humankapital in Zukunft schlicht nicht mehr werde leisten können: »Ideological predilections aside, it should be evident to all that we cannot afford *not* to be egalitarians in the advanced economies of the twenty-first century.« (Esping-Andersen 2002: 3, Hervorhebung im Original; vgl. dazu Lessenich 2004.) Nicht umsonst werden dann im Rahmen der wissenschaftlichen Begleitung etwa des Programms »Erfahrungswissen für Initiativen« (EFI) auch Modellrechnungen zum unmittelbaren monetären Nutzen eines »seniorKompetenzteams« angestellt – und dieser auf über 200.000 Euro pro Jahr beziffert (Engels et al. 2007: 154f.).

daher deutlich stärker als bisher genutzt werden.« (BMFSFJ 2006a: 4) Statt
der Lebensleistung nun das Leistungsleben, aus Haben wird Soll: Als Jungem
Alten, so soll es scheinen, ist dem Pensionär nichts zu schwer.

4.5 »VETERANEN DER ARBEIT«: DAS ALTERSDISPOSITIV DER SPÄTEN DDR

Die sich überlagernden und ineinander überleitenden Dispositive des Ruhestands, des Unruhestands und der Produktivität erzählen noch nicht die ganze
Geschichte der gesellschaftlichen Neuverhandlung des Alters im Deutschland
der vergangenen drei Jahrzehnte. Zu Beginn unseres Untersuchungszeitraums lässt sich im staatssozialistischen Teil Deutschlands ein ganz eigenes,
parallel prozessierendes Altersdispositiv bestimmen. Zwar weist dieses durchaus Anschlussstellen an das im Westen sich etablierende Motiv des aktiven
Alters auf und die produktivistische Note, die das Alter in der späten DDR
erhält, fließt ihrerseits mit ein in die aktivgesellschaftliche Neubestimmung
der Nacherwerbsphase seit den 1990er Jahren. Doch jenseits dieser Verbin-
dungslinien der zwei deutschen Alterswelten vor und nach der Wende ist der
zu DDR-Zeiten entstandene Vergesellschaftungsmodus des Alters auf eine
Weise spezifisch und auch widersprüchlich, die einer genaueren Betrachtung
bedarf – nicht zuletzt deshalb, weil das Altersdispositiv der DDR zumindest
mittelbar prägend war für die altersbezogenen Deutungen und Dispositionen
der von uns befragten älteren Menschen in Ostdeutschland.

Zwei Strukturmerkmale der DDR-Gesellschaft durchdringen historisch
auch das staatssozialistische Altersdispositiv. Zum einen ist die DDR rückblickend mit einigem Recht als radikalisierte Arbeitsgesellschaft bzw. – im
Gegensatz zur bürgerlichen – als »arbeiterliche Gesellschaft« (Engler 1999;
vgl. auch Kohli 1994) beschrieben worden, in der die Arbeit zum kulturell hegemonialen Leitwert und die Arbeiterexistenz zum institutionell abgesicherten Lebensführungsmuster aufgestiegen war. »Gesellschaftlich nützliche Tätigkeit«, so hieß es in Artikel 24 Absatz 2 der DDR-Verfassung von 1968, »ist
eine ehrenvolle Pflicht für jeden arbeitsfähigen Bürger. Das Recht auf Arbeit
und die Pflicht zur Arbeit bilden eine Einheit.«[150] Auch das Alter war aus diesem gesellschaftlichen Arbeitszusammenhang nicht grundsätzlich entlassen,
galt doch Arbeit als die Quelle sozialer Teilhabe schlechthin – und die sozialistische Gesellschaft nahm für sich in Anspruch, »die bewußte Teilnahme
aller ihrer Bürger am gesellschaftlichen Leben« (Gutsche et al. 1982: 61) zu
gewährleisten.

---

150 | www.verfassungen.de/de/ddr/ddr68-i.htm, letzter Zugriff 23.7.2013.

Zum anderen war die DDR eine strukturell politisierte Gesellschaft, in der staatliche Planungs- und Kontrollinstanzen, Verwaltungs- und Exekutivorgane »das unbedingte Gestaltungsmonopol der Gesellschaft und des Lebens der Bevölkerung« (Huinink/Mayer 1993: 152) für sich reklamierten. Der Versuch einer »organisationsgesellschaftlichen« (Pollack 1990) Durchdringung aller sozialen Verhältnisse und Beziehungen mündete in einer – erneut jedenfalls dem Anspruch nach – Fundamentalpolitisierung des Lebens und der Lebensläufe der DDR-BürgerInnen, die auch vor dem höheren Lebensalter nicht Halt machte. Vielmehr war gerade die Einbeziehung auch der Älteren in arbeitsgesellschaftliche Strukturen und Mechanismen, ihr »verarbeiterlichtes« Leben nach dem Arbeitsleben, ein charakteristisches Element einer in diesem Sinne politisierten alltäglichen Lebensführung zu Zeiten des Staatssozialismus. Dass RentnerInnen im Verlauf der DDR-Geschichte zunehmend – und gruppenübergreifend – als »Arbeitsveteranen« bezeichnet wurden, hatte somit durchaus mehr als bloß metaphorische Bedeutung: Waren die Alten auch aus dem unmittelbaren Produktionsgeschehen entlassen, so blieben sie ihm und den aktiven Werktätigen doch im Arbeiter- und Bauernstaat selbst nach dem Ende ihres Arbeitseinsatzes in vielfältiger Weise verbunden; der institutionelle Zugriff auf die Lebensführung im Alter wurde zu keinem Zeitpunkt im Sinne einer entpflichteten Lebensphase suspendiert.

Sozialismus kennt keinen Ruhestand: Das verdiente Alter

Zu dem politischen Selbstverständnis und den lebenspraktischen Selbstverständlichkeiten der DDR gehörte es, dass das Alter – anders als im bundesdeutschen Sozialstaat der Nachkriegszeit (vgl. Kapitel 4.1) – nicht komplett aus dem Systemzusammenhang gesellschaftlicher Arbeit ausgegliedert wurde. Galt im Westen die Verrentung als vollständiger und endgültiger Abschied von der Erwerbsarbeit und die Altersrente als der verdiente Lohn für ein erfülltes, aber eben auch vollendetes Arbeitsleben, so ragte im Osten die Erwerbsarbeit gleichsam in das Rentenalter hinein. Der Institution des finanziell gesicherten Ruhestands, die im Westen seit den 1960er Jahren die Basis der gesellschaftlichen Aushandlung von Altersbildern und Altenhilfepolitiken bildete, korrespondierten im Osten Bilder und Politiken, die den alten Menschen als Veteranen der Arbeit konstruierten. Der Verweis auf die Arbeits- bzw. Arbeiterrolle der nunmehr Altgedienten bezog sich dabei zwar auch, aber keineswegs allein und im engeren Sinne auf deren Stellung und Leistung im wirtschaftlichen Produktionsprozess. Vielmehr rief er zudem ihre Lebensleistung der Mitwirkung am Aufbau einer neuen Gesellschaft auf bzw. ihre – im emphatischen Sinne historischen – politischen Kämpfe in Erinnerung: Die Veteranen der Arbeit waren immer auch als die Veteranen des gesellschaftlichen Kampfes gegen den Faschismus, gegen die Restauration kapitalistischer Verhältnisse und für die Verwirklichung des Sozialismus auf deutschem Boden angesprochen. Die gesellschaftliche Fürsorge und das Recht auf Teilhabe, die in offizieller staatssozialistischer Deutung den Alten zukommen sollten und zustanden, galten daher als »ihrer reichen Kampf- und Lebenserfahrung« (ND 1988_28) geschuldet, »als Beweis der Achtung, des Wohlwollens und der Dankbarkeit gegenüber den Veteranen der Arbeit, die mit ihren Leistungen zum Werden und Wachsen unserer fast 40jährigen Republik beitrugen« (ND 1988_34). Der zentralen westdeutschen Ruhestandsverknüpfung *Erwerbsarbeit/Lebensleistung/verdienter Ruhestand* korrespondierte in der DDR damit eine gänzlich andere Verknüpfung von Alter und Verdienst, begründete doch der Veteranenstatus einen Anspruch auf aktive Teilhabe und Fürsorge.

Das Wissen um den Wert der Integration, also der Teilhabe, Teilnahme, Beteiligung auch und gerade der Arbeitsveteranen an der sozialistischen Gesellschaft, lässt sich als das Schlüsselelement in der Verknüpfungsordnung des DDR-Altersdispositivs rekonstruieren. »Ein wesentlicher Grundsatz der marxistisch-leninistischen Sozialpolitik«, so heißt es zu Beginn der 1980er Jahre in einer repräsentativen gerontologischen Kollektivpublikation, »besteht darin, die älteren und alten Bürger mit ihren Fähigkeiten und Erfahrungen an der Entwicklung des gesellschaftlichen Lebens zunehmend zu beteiligen.« (Eitner/Eitner 1982: 196)[151] Der objektive wie subjektive Anspruch der Älteren, ein integraler Teil dieses Lebens zu bleiben, wird dabei direkt aus ihrer vorherigen Rolle aktiver Teilhabe am gesellschaftlichen Arbeitsprozess abgeleitet: »Wer in der sozialistischen Gesellschaft gewohnt war, mitzudenken und mitzuwirken, der will auch im Alter nicht abseits stehen« (Gutsche et al. 1982: 75).

Im Alter nicht abseits zu stehen, das heißt in der sozialistischen Gesellschaft, auf die eine oder andere Weise in arbeitsbezogene Lebens- und Praxiszusammenhänge eingebunden zu sein bzw. zu bleiben. Systematisch lassen sich zwei Formen der »arbeiterlichen« Integration älterer Menschen unterscheiden. Zum einen und insbesondere zeichnete sich das Erwerbssystem der DDR durch eine tatsächlich – namentlich im Vergleich zu damaligen westdeutschen Verhältnissen – hohe Beschäftigungsquote unter den Arbeitsveteranen aus: Schätzungen zufolge waren Ende der 1980er Jahre rund 15 Prozent

---

151 | Der Verweis auf den Grundsatz der »zunehmenden« gesellschaftlichen Beteiligung Älterer ist typisch für das institutionalisierte Steigerungsversprechen nicht nur der staatssozialistischen Sozialpolitik, das von der politisierten wissenschaftlichen Literatur der DDR zumeist ungefiltert reproduziert wird: »Die Grundlage bildet das ökonomische Grundgesetz des Sozialismus, das eine ständige Verbesserung der materiellen und kulturellen Lebensniveaus der gesamten Bevölkerung, einschließlich der Rentner, garantiert.« (Dan 1984: 112; ähnlich Werling 1982: 84.)

der RentnerInnen nach wie vor berufstätig (FES 1987: 21).[152] Durch eine ausgeprägt präventive Dimension, schon im betrieblichen Alltag, sollten »günstige Voraussetzungen für Berufstätigkeit im Rentenalter« (Erpenbeck 1988: 360) geschaffen werden – etwa durch leistungsadäquate Arbeitsplätze, zusätzliche vergütete Urlaubstage oder die Möglichkeit zur Teilzeitbeschäftigung, arbeitsmedizinische Kontrollen und einen erhöhten Kündigungsschutz. Zum anderen blieben die aus der Werktätigkeit ausgeschiedenen Älteren »ihren« Betrieben, und damit auch dem betrieblichen Sozialkontext, häufig über die Mitgliedschaft in entsprechenden Veteranengruppen und -klubs sowie die mehr oder weniger regelmäßige Beteiligung an deren Aktivitäten nicht nur ideell, sondern ganz alltagsweltlich verbunden.

Für die »Verarbeiterlichung« des Alters in der DDR in Form einer wenn auch nicht quantitativ, so doch kulturell normalisierten Rentnererwerbstätigkeit gab es aus systemischer Sicht – neben der ideologischen Überhöhung der Arbeit als anthropologische Konstante – durchaus handfeste Gründe, nämlich den strukturell erhöhten Arbeitskräftebedarf der staatssozialistischen Volkswirtschaft.[153] Seit Anfang der 1960er Jahre galt die politische Vorgabe, in »allen Zweigen der Volkswirtschaft [...] die Möglichkeit zum Arbeitseinsatz von Rentnern zu prüfen« (Hoffmann 2010: 40), das Arbeitsgesetzbuch von 1978 verpflichtete die Betriebe, Arbeitsplätze für Bürger höheren Lebensalters und geminderter Arbeitsfähigkeit einzurichten: »Altersrentnern ist die weitere berufliche Tätigkeit nach ihren Fähigkeiten und Wünschen zu sichern.« (§5 AGB, vgl. Helwig 1980: 22) Von besonderer Erklärungskraft für die Attraktivität auch im Rentenalter fortgesetzter betrieblicher Arbeit dürften aber mikrosoziale Faktoren gewesen sein, zu denen wesentlich die im Durchschnitt eher kärglichen Altersrenten[154] der Arbeitsveteranen zählten sowie die durch die be-

---

152 | Wobei von einer über die Zeit gesehen »eindeutig rückläufigen Entwicklung des allgemeinen Rentnerbeschäftigungsgrades in der DDR« (Fischer 1982: 189) auszugehen ist. Schwitzer (1990: 9) zufolge hatte die entsprechende Beschäftigungsquote zu Beginn der 1970er Jahre noch deutlich über 20 % gelegen.

153 | Der vermag auch die außerordentlich hohen weiblichen Erwerbsquoten in der DDR (mit) zu erklären. Vgl. zur Rentnererwerbstätigkeit auch Mrochen 1980: 28-51; Bouvier 2002: 221-228.

154 | Die materielle Lage der AltersrentnerInnen in der DDR ist ein Kapitel für sich, das ausführlicher Erörterung bedürfte. Denn zum einen sagen die – recht niedrigen – nominalen Rentenhöhen ohne die Berücksichtigung von Kaufkraftrelationen, der staatlichen Subventionierungspraxis bei Grundbedarfsgütern und der Strukturen und Mechanismen informellen Wirtschaftens nur bedingt etwas über die reale Versorgungssituation von Rentnerhaushalten aus (Mrochen 1980: 90-97; Bouvier 2002: 229-234). Zum anderen war die Deutung der Lebenslagen älterer Menschen vor 1989/90 einer der wichtigsten Einsätze im innerdeutschen sozialpolitischen Systemwettbewerb, weswegen die

triebliche Integration eröffneten Möglichkeiten, an informellen Versorgungs-netzwerken teilzuhaben.[155]

In welcher Weise aber auch immer diese Faktoren zusammengespielt haben mögen: Im arbeitsintegrationszentrierten Altersdispositiv der DDR kristallisiert sich in den 1980er Jahren eine gänzlich andere Konzeption von gewürdigter Lebenserfahrung und geschätztem Erfahrungswissen älterer Menschen heraus als in der Bundesrepublik, nämlich – so das Mitglied des Politbüros des ZK der SED Werner Lamberz – »der Erfahrung jener, die den Weg aus der Vergangenheit in das Heute ebneten« (zit.n. Kirschnek 1980: 7). In diesem Bild vom sozialistischen Arbeitsveteranen haben weder die Lebens-form des Ruhestands – oder gar der in Westdeutschland zeitgleich forcierte Vorruhestand – noch ein privatistischer, bloß freizeitorientierter Unruhestand einen Platz. Vielmehr findet der sozialistische Arbeitsveteran durch eine ins Alter verlängerte Tätigkeit und Geselligkeit seinen Platz in einer Gesellschaft, die ihm – als lebendiges Verbindungsglied der Vergangenheit nicht nur mit der Gegenwart, sondern auch mit der Zukunft – ihre Fürsorge angedeihen lässt (Denninger/Richter 2010).[156]

Lang lebe die Organisationsgesellschaft: Das versorgte Alter

Tätigsein – Geselligsein – Fürsorge: So lautete denn auch das Motto, unter das die Volkssolidarität ihre Tätigkeit stellte, nachdem der VIII. Parteitag der SED 1971 die »Einheit von Wirtschafts- und Sozialpolitik« beschlossen und da-mit faktisch die Notwendigkeit sozialpolitischer Intervention selbst noch in der sozialistischen Arbeitsgesellschaft anerkannt hatte (Bouvier 2002: 239).

Urteile auf beiden Seiten entsprechend ungleich ausfallen: Während man im Westen die strukturelle Unterversorgung der älteren Bevölkerung hervorhob – »verglichen mit dem Durchschnitt der Rentner in der Bundesrepublik führt der DDR-Rentner ein ärmliches oder zumindest ärmlicheres Leben« (FES 1987: 17) –, wurde im Osten die stetig sinken-de Zahl erwerbstätiger RentnerInnen auf »verminderte materielle Motivationen infolge kontinuierlicher Rentenerhöhungen« (Fischer 1982: 189) zurückgeführt.

155 | In anschaulicher Weise wusste eine der von uns befragten ExpertInnen zu be-richten, dass in der DDR faktisch »alt« war, wer in informellen Versorgungsnetzwerken nichts mehr anzubieten hatte – was das »Hängen« auch der Älteren an betrieblichen Sozialzusammenhängen erklären könne (Experteninterview Leppert, vgl. Anhang III).

156 | Die äquivalente westdeutsche Sozialfigur zum DDR-Arbeitsveteranen in den 1980er Jahren wären die »Trümmerfrauen« – deren unter rein materiellen Versorgungs-gesichtspunkten diskutierte und dementsprechend (nach einem Urteil des Bundesver-fassungsgerichts im Jahr 1992) rentenrechtlich bearbeitete Soziallage jedoch den sig-nifikanten, systemspezifischen Deutungs- und Bedeutungsunterschied beider Figuren deutlich macht.

Die Volkssolidarität (VS), unmittelbar nach Kriegsende als Winterhilfeaktion gegründet und in den 1950er Jahren »zu einer Massenorganisation sozialistischer Prägung umstrukturiert« (Mrochen 1980: 122), war seit 1969 in ihren Organisationszielen auf die Betreuung älterer Menschen festgelegt. Vor dem Hintergrund eines im internationalen Vergleich (auch mit den sozialistischen Bruderstaaten) hohen Rentneranteils an der DDR-Bevölkerung[157] sah die Volkssolidarität »eine ihrer Hauptaufgaben darin, im Bündnis mit allen anderen gesellschaftlichen Kräften durch ihre politisch-kulturelle und politisch-soziale Arbeit bei den älteren Menschen die Gewißheit zu verstärken, gleichberechtigte Mitglieder unserer [...] sozialistischen Menschengemeinschaft zu sein und sie an allen Errungenschaften unserer sozialistischen Gesellschaftsordnung teilhaben zu lassen« (Käthe Kern[158] zit.n. Mrochen 1980: 124). Neben den nicht nur als Produktionsstätten, sondern zugleich auch als sozialpolitische Organisationseinheiten fungierenden Betrieben war die Volkssolidarität der zentrale institutionelle Akteur des staatssozialistischen Altersdispositivs, über den der staatliche Integrationsauftrag »organisationsgesellschaftlich« zu realisieren versucht wurde.

Mitte der 1980er Jahre hatte die Volkssolidarität etwa zwei Millionen Mitglieder – »vor allem ältere Menschen, die von der VS betreut werden und dafür einen geringen Beitrag entrichten« (FES 1987: 38), – und organisierte zu deren Unterstützung fast 200.000 Ehrenamtliche. Emblematisch für das Fürsorgeideal der DDR-Altenpolitik[159] war die Institution der Hauswirtschaftspflege, »mit der die Volkssolidarität die Betreuung der Rentner durch Familie und Staat ergänzt« (ND 1983_19). Die Hauswirtschaftspflegerinnen erledigten für die von ihnen versorgten Rentnerhaushalte nicht nur Einkaufsgänge, Kochdienste und Arbeiten zur »Erhaltung der Wohnlichkeit« (Schwitzer/Kohnert 1982: 20), sondern verrichteten auch Pflegetätigkeiten und kümmerten sich –

---

157 | »In der DDR lebten im Jahre 1978 etwa 3,3 Millionen Menschen über 60 Jahre, rund 20 % der Gesamtbevölkerung der DDR. Damit war 1978 der Anteil älterer und alter Menschen in der DDR, gemessen an der Gesamtbevölkerung, der höchste im Weltmaßstab.« (Otto/Strohe 1982: 173)

158 | Katharina (Käthe) Kern, in der Weimarer Republik SPD-Politikerin und später NS-Widerstandskämpferin, zählte in der DDR zu den Mitbegründerinnen des Demokratischen Frauenbunds Deutschlands (DFD) und war bis zu ihrem Tod 1985 Vorstandsmitglied desselben.

159 | Auch dieses war in der DDR-Verfassung verankert, deren Artikel 36 in systemtypischer Fortschrittsdiktion feststellte: »(1) Jeder Bürger der Deutschen Demokratischen Republik hat das Recht auf Fürsorge der Gesellschaft im Alter und bei Invalidität. (2) Dieses Recht wird durch eine steigende materielle, soziale und kulturelle Versorgung und Betreuung alter und arbeitsunfähiger Bürger gewährleistet.« [www.verfassungen.de/de/ddr/ddr68-i.htm, letzter Zugriff 23.7.2013]

als wichtiges Moment der öffentlich-offiziellen Selbst- und Fremdbeschreibung der Organisation – um das seelische Wohl der Arbeitsveteranen. Den einschlägigen ExpertInnen galt die Hauswirtschaftspflege als »eine sehr weitgehende Betreuungsform, die eine von menschlicher Wärme und hohem Verantwortungsbewußtsein getragene Versorgung älterer Bürger beinhaltet« (ebd.), und die Parteipresse wusste von der praktischen Umsetzung des programmatischen Anspruchs zu berichten: »In dem Eichsfeldkreis Mühlhausen werden täglich 502 ältere Bürger von 120 Hauswirtschaftspflegerinnen der Volkssolidarität liebevoll umsorgt. 1988 wollen sie 139.000 Stunden dafür leisten.« (ND 1988_1)[160] Und auch die medial verbreiteten Stimmen der Umsorgten selbst gaben Zeugnis davon, dass hier mehr geleistet wurde als kapitalistisch-effizienzorientierte Satt-und-Sauber-Pflege: »›Frau Nagel bringt uns stets die Fröhlichkeit ins Haus‹« lässt etwa »der 89jährige Karl Planitz« den Reporter des *Neuen Deutschland* »gleich zu Beginn unseres Besuchs« (ND 1988_25) wissen.[161]

Ebenfalls auf der Meso-Ebene organisationaler Umsetzung von staatlichen Integrationszielen und im Sinne der Produktion sozialistischer Gemeinschaftlichkeit operierten die so genannten Timurs: Gruppen von Jugendlichen[162], die sich gewissermaßen als Nachwuchshauswirtschaftspflegende in Akten gelenkter Generationensolidarität übten. Ihre »freiwilligen« Hilfen – »Sie sorgen für eine warme Stube, gehen einkaufen, erledigen die Gänge zum Waschhaus und bringen ›Freude ins Haus‹« (Für Dich 1983_3) – wurden in der veröffentlichten Meinung der DDR als Realisierung eines über das rein Materielle hinausgehenden Versorgungsanspruchs älterer Menschen und zugleich auch als Ausweis eines umfassenden Sorgeversprechens der Jüngeren verhandelt: »Kerstin und Manuela [haben sich] wie viele andere Pioniere fest vorgenommen, noch lange für ihre zu betreuenden Bürger da zu sein, sie ihre kindliche Fürsorge und Wärme spüren zu lassen« (ebd.). Im Verbund mit einer von den ehrenamtlichen »Volkshelfern« der Volkssolidarität, aber auch ganz alltäglich vollzogenen Nachbarschaftshilfe einerseits – »Da nehmen Mieter von nebenan den Älteren Wege ab und sehen regelmäßig nach, wie es geht und steht.«

---

160 | »Die Hauswirtschaftspflegerinnen stehen in einem Arbeitsrechtsverhältnis mit der Volkssolidarität. 1980 wurden 43.630 Hauswirtschaftspflegerinnen für die soziale Betreuung dieser [älteren] Bürger wirksam.« (Schwitzer/Kohnert 1982: 20)

161 | Der Hauswirtschaftspflegerin wird denn auch insgesamt ein hervorragendes Arbeitszeugnis ausgestellt: »Zur vollen Zufriedenheit erledigt sie auch die Einkäufe und guckt zudem jeden Mittag bei Familie Planitz vorbei, ob alles in Ordnung ist oder Hilfe benötigt wird.« (ND 1988_25)

162 | In der DDR waren praktisch alle SchülerInnen als Jungpioniere bzw. Thälmann-Pioniere organisiert, bevor sie ab dem 14. Lebensjahr in die Freie Deutsche Jugend (FDJ) aufgenommen wurden.

(ND 1988_28)[163] –, unterschiedlichsten Ritualen der öffentlichen Beglückwün-
schung, Ehrung und Würdigung älterer Menschen[164] andererseits präsentierte
sich die DDR als Inbegriff gelebter Altenfreundlichkeit. Ein Bild des sozial integrierten Alters, das zum integralen Bestandteil staatssozialistischer Selbstbeschreibung wurde: »Achtung vor dem Alter, Hilfsbereitschaft und Fürsorge
gegenüber Älteren kennzeichnen unter anderem das moralische Niveau einer
Gesellschaft. Unter unseren gesellschaftlichen Verhältnissen wurde in dieser
Hinsicht so viel getan wie nie zuvor in der deutschen Geschichte.« (Für Dich
1985_3)

Wissenschaft für den Sozialismus: Das aktive Alter

Doch eben nicht nur für gesellschaftliche Fürsorglichkeit allein stand das
sozialistische Fortschrittsversprechen, sondern für deren systematische
Verschränkung mit der funktionalen Integration älterer Menschen in die
Arbeitsgesellschaft. Die staatlichen Betriebe spielten in diesem Sinne – wie
gesehen – eine Doppelrolle der produktiven Vergesellschaftung und sozialen
Vergemeinschaftung der Arbeitsveteranen. In der Erfüllung dieser doppelten
Integrationsfunktion wurden sie, ebenso wie die Volkssolidarität als zentraler
Akteur im Feld der »komplexen Betreuung« (Mrochen 1980: 52-75) Älterer,
wissenschaftlich begleitet von einer akademisch institutionalisierten, aber
stark politisierten, ihrem Selbstverständnis nach sozialistischen Gerontologie,
als deren Zentralorgan die *Zeitschrift für Alternsforschung* fungierte. In ihrer
»sozial engagierten Arbeit« (Fischer 1982: 188) und ihrer funktionalen Orientierung an der Förderung der »Berufstätigkeit älterer und alter Menschen«
(ebd.) folgte die DDR-Gerontologie »dem generellen Anspruch der entwickelten sozialistischen Gesellschaft, die einheitliche Reproduktion der Arbeitskraft in ihrer extensiven und intensiven Form nicht nur als eminent wichtigen
Wachstumsfaktor der sozialökonomischen Entwicklung zuzuordnen, sondern
sie damit auch direkt den vitalen humanistischen Zielstellungen des Sozialismus dienlich zu vollziehen« (ebd.).

---

163 | In der Parteipresse wurde diese zivilgesellschaftliche Praxis – ganz antietatis-
tisch – in einen Gegensatz zu einem entsozialisierten Kapitalismus gebracht. So berichtet das *Neue Deutschland*, in der *Frankfurter Allgemeinen* sei »nachzulesen [gewesen],
daß man bei der Sorge um die Älteren nicht auf Nachbarschaftshilfe setzen dürfe [...]. In
den Wohngebieten unserer Städte und Dörfer bewährt sich gerade die Nachbarschaftshilfe als eine schöne und von der Volkssolidarität geförderte Tradition.« (ND 1988_28)
164 | »Im Pflegeheim ›Paul Riebeck‹ in Halle feierte am Freitag Antonie Baier ihren 106.
Geburtstag. [...] Am Morgen brachten ihr der Stadtsingchor und Musikschüler ein Geburtstagsständchen.« (ND 1988_2) Vgl. auch VBD Thüringen 2005.

Das in den 1980er Jahren wissenschaftlich propagierte »Leitbild vom aktiven älteren Bürger« (Werling 1982: 92-94) bezog sich dementsprechend zwar wesentlich auch auf das staatsverwaltungswirtschaftliche Anliegen, das produktive Arbeitsvermögen der Werktätigen so lange wie möglich zu erhalten. Kaum weniger zentral aber zielte das sozialistische Aktivitätsverständnis zugleich auch auf die politische Vergesellschaftung des Alters. Unter den fünf Lebensbereichen, in denen die normative Idee vom »engagierten und integrierten älteren Menschen« (ebd.: 92) auch nachberuflich zu realisieren sei, rangierte dessen Beteiligung am politischen Leben, etwa in Form der »Mitarbeit in gesellschaftlichen Gremien« (ebd.: 93), ganz oben.[165] Die sozialistische Gesellschaft, so lautete das gerontologisch gestützte Wissen über das Alter in der DDR, biete »durch die völlig neue Qualität ihres demokratischen Systems der gesellschaftlichen Mitwirkung« (Gutsche et al. 1982: 74) gerade für »die älteren und lebenserfahrenen Bürger« (ebd.) ein breites Feld für politisches Engagement und »gesellschaftlich nützliche Tätigkeiten« (ebd.).

Damit hielt das Altersdispositiv des zweiten deutschen Staats einerseits mehr oder weniger offenkundige Anschlüsse nicht nur an das in der Bundesrepublik jener Zeit sich etablierende Aktivitätsverständnis[166] bereit, einschließlich der daran anknüpfenden Präventionsidee einer im Sinne gesunder Langlebigkeit notwendigen, »umfassenden Vorbereitung auf das Alter« (Ries 1983: 217). Auch das Produktivitätsmotiv wird im DDR-Dispositiv bereits aufgerufen, wenn die älteren BürgerInnen als »nicht mehr wegzudenkende Aktivposten« (Volkssolidarität 1980: 18) nicht allein des gesellschaftlichen Engagements, sondern zudem der fortgesetzten Werktätigkeit ins Spiel gebracht werden – und dies in einer sich im Westen erst einige Jahre nach der Wiedervereinigung einstellenden Diktion: »Eine der Reserven des gesellschaftlichen Arbeitsvermögens, die es auszuschöpfen gilt, besteht in der Sicherung einer sinnvollen, auf die Entwicklung der Persönlichkeit gerichteten Weiterbeschäftigung unserer älteren Bürger.« (Eitner/Eitner 1982: 196)

Andererseits aber organisierte das staatssozialistische Altersdispositiv, in seiner bleibenden und parallel mitgeführten Fürsorgeorientierung, auch die Reproduktion des Bildes von den schwachen, leistungsgeminderten, hinfälligen Alten – ein Bild, das in eigentümlichem Kontrast zu jenem des rüstigen

---

165 | Als weitere Bereiche werden von Werling (1982: 93) die »Anteilnahme an den Problemen der jüngeren Generation«, »Persönlichkeitsstabilisierende und -entwickelnde Freizeitnutzung«, »Die eigene Gestaltung des persönlichen Lebens« sowie »Ausreichende soziale Kontakte« genannt.

166 | In ihrer scharfen Kritik von Vorstellungen und Modellen eines defizitären bzw. desengagierten Alters schließt die DDR-Gerontologie bisweilen auch explizit an einschlägige westdeutsche WissenschaftlerInnen wie Ursula Lehr und Hans Thomae an (Eitner 1975: 81; Dan 1984: 112).

Veteranen der Arbeit steht. Logische Kurzschlüsse von Alter und Hilfsbedarf – »Ältere und hilfsbedürftige Bürger brauchen Ihren Schutz und Ihre Hilfe« (Für Dich 1983_10) – durchziehen die öffentliche Kommunikation über die Älteren und durchkreuzen das gleichzeitig produzierte Wissen um die wertvolle Veteranenaktivität: »Neben dem Vorbild der Erwachsenen brauchen Kinder auch ihrem Verständnis angemessene Begründungen und Erklärungen, warum sie sich dem Alter gegenüber stets hilfsbereit, rücksichts- und achtungsvoll verhalten sollen.« (Für Dich 1985_3) Wie zur selben Zeit in Westdeutschland ist es auch in der DDR das gerontologische Wissen, das solchen Defizitbildern entgegentritt und deren Folgen problematisiert, die sich beispielsweise in dem qualifikationsunangemessenen betrieblichen Einsatz von älteren Werktätigen und insbesondere von Altersrentnern äußern: »Ihre zum Teil geübte Versetzung an die Pforte, den Aufzug oder die Küche betrachten sie kaum als wünschenswerte altersadäquate Maßnahme.« (Ries 1985: 213)[167]

Fürsorgliche Plansollerfüllung: Das beobachtete Alter

Wie die wissenschaftlichen Instanzen operierten auch die von uns analysierten staatlichen bzw. staatsnahen Medien als wissenspolitische Transmissionsriemen der staatssozialistischen Altersprogrammatik. Als wichtigste Quelle im medialen Feld kann das Parteiorgan *Neues Deutschland* gelten, das vor 1989 tonangebend war auch für die Informationspolitik der nachgeordneten, regionalen und lokalen Parteipresse. Das *ND* berichtete über die gewünschte Realität eines aktiv-versorgten Alters im Modus sozialistischer Plansollerfüllung, wie er der DDR-Öffentlichkeit auch von den allfälligen offiziellen Vollzugsmeldungen aus dem Produktionssektor geläufig war: »In Städten und Dörfern des Bezirkes gibt es 35 Klubs und 30 Treffpunkte der Volkssolidarität. In ihnen finden ältere Menschen Geselligkeit, Unterhaltung und vielfältige Möglichkeiten zur Betätigung. So bestehen 254 Zirkel unterschiedlichster Interessengebiete und 29 Veteranenchöre.« (ND 1983_12)

Zeichnete sich dieses Berichtsformat immer neuer Einblicke in die fürsorgepolitische Erfolgsstatistik durch sein hohes Maß an Lesbarkeit im Sinne der Offensichtlichkeit von öffentlichen Aktivitäten rund um das Alter aus, so blieb die mediale Darstellung des Alters als solchem damit zugleich typischerweise abstrakt und leblos. AltersrentnerInnen treten im *ND*, soweit nicht Objekte der Fürsorglichkeit von Volkssolidarität und Nachbarschaftshilfe, durchweg als arbeitsame Veteranen auf, die Wohnungen renovieren, bei der Spielplatz- und Parkpflege mit anpacken oder »mit Flaschen, Gläsern und Altpapier hantie-

---

167 | Soweit von diesen Maßnahmen noch nicht verrentete ältere Beschäftigte betroffen waren, kann man sie durchaus auch als funktionales DDR-Äquivalent zur westdeutschen Praxis der Frühverrentung verstehen.

ren, wenn die Sekundärrohstofferfassung im Wohngebiet auf dem Programm steht« (ND 1988_40). Doch in den alltäglichen Presseoden an die »tüchtigen Helfer« (ND 1983_16), die ihre »fleißigen Hände rühren, um volkswirtschaftlich Nützliches zu schaffen« (ND 1988_30), ist kein Platz für die lebendige Beschreibung von Alltagspraxen »wirklicher« Subjekte, bleibt die Zeichnung der alten Menschen vielmehr seltsam oberflächlich und stereotyp. Auch Differenzierungen zwischen Jungen Alten und Hochaltrigen sind in der sozialistischen Veteranenprosa kaum zu finden.

Das gilt im Kern ebenfalls, wenngleich auf etwas andere Weise, für die Frauenzeitschrift *Für Dich*, auch wenn hier die beiden Seiten gelebter sozialistischer Gemeinschaftlichkeit – die gesellschaftliche Fürsorge für das Alter und die Dienste der Alten an der Gesellschaft – stärker reportagenförmig präsentiert wurden. Lange Zeit eines der Presseorgane, die sich eine relative Autonomie gegenüber der staatlichen Medienkontrolle zu bewahren wussten, wurde die Zeitschrift in den 1980er Jahren »wieder auf Linie gebracht« (Schwarz 1993: 195) und wirkte seither aktiv mit am Lob des sozialistischen Alters. Entsprechend eindimensional und holzschnittartig wirken auch hier die vorgeführten Altersfiguren – bis hinein in die Namensgebung: »61 Jahre ist Fritz Hacke in der Grube geblieben. Bis zu seinem 75. Lebensjahr. Er wollte noch keine Ruhe, wollte gebraucht werden. ›Man muß seine Arbeit gut und ordentlich machen‹ – das ist seine wichtigste Lebensmaxime.« (Für Dich 1983_12) Und nennt sich der ewige Bergarbeiter zufällig Herr Hacke, sucht die 61-jährige Irmgard Wolf passenderweise, angesichts der Einsamkeit, die sie zuhause erwarten würde, die Geborgenheit der Betriebsgemeinschaft: »Ich bin allein, ohne Familie. Da hängt man doppelt am Betrieb.« (Für Dich 1984_1) In einem wesentlichen Punkt unterscheidet sich die Berichterstattung in der *Für Dich* jedoch von den Verlautbarungen des *Neuen Deutschland*: Während die älteren Subjekte im *ND* in deutlichem Kontrast zum Ruhestands- und Unruhestandsdispositiv weitgehend körperlos bleiben – sowohl was ihre Physis als auch was ihr Aussehen betrifft – spielt der Körper in der Illustrierten *Für Dich* eine dem westdeutschen Unruhestandskörper vergleichbare Rolle. Gute Ernährung (Für Dich 1983_7) und die Wichtigkeit regelmäßigen Trainings für die Gesundheit (Für Dich 1988_10) werden in der Rubrik »Guter Rat« oder in Gestalt von Reportagen über agile, körperlich aktive Ältere (1983_14) vermittelt. Anders als im Unruhestandsdispositiv gibt es jedoch keine (über Sofa, Fernseher oder Altenheim) typisierte Kehrseite des passiven oder hinfälligen Ruhestandskörpers, auch wenn dieser natürlich implizit hinter den guten Ratschlägen für eine aktive Lebensführung aufscheint.

Mitten im Kollektiv-Leben: *Für Dich* und das Alter

Was dem Käfer der Trabi und Nudossi für Nutella, war unter den Frauenzeitschriften die *Für Dich*: das einschlägige Konsumgüter-Konkurrenzprodukt der DDR, die *FÜR SIE* der sozialistischen Frau. Seit 1963 erscheinend, hatte *Für Dich* – anders als etwa die Ost-*Brigitte* namens *Sybille* – ein deutlich systemspezifisches Profil: »Woche für Woche wenig Mode und Make-up, dafür viel aus Produktion und Politik« (Petzold 1983). Entsprechend häufiger als in den auf »Schnittmuster ohne politische Linie« (ebd.) setzenden Frauenillustrierten, und zumal häufiger als in denen der Bundesrepublik, war hier die Lebenswelt auch der – so die Sprachregelung – »betagten Mitbürger« bzw. Mitbürgerinnen Thema. Und auf ihre charakteristische Weise als Frauenmagazin spiegelte die Berichterstattung der *Für Dich* in den 1980er Jahren den im staatssozialistischen Deutschland herrschenden fürsorglich-kollektivistischen Blick auf das Alter wider.

Zu dem offiziellen, von *Für Dich* mit gezeichneten Bild gehörte einerseits die umfassende Versorgung des verdienten Alters – denn, so ruft eine Leserinnenzuschrift in Erinnerung, die »jetzt Älteren waren es doch, die all das schufen, was wir bisher erreicht haben«. Nicht nur angesichts der gesellschaftlichen Aufbauleistung der Arbeitsveteranen und -veteraninnen, sondern auch im Lichte des sozialistischen Selbstverständnisses mahnt die (ausschließlich aus Frauen bestehende) Redaktion zumal ihre jüngeren Leserinnen immer wieder zu altenfreundlichem Verhalten: »Achtung vor dem Alter, Hilfsbereitschaft und Fürsorge gegenüber Älteren kennzeichnen unter anderem das moralische Niveau einer Gesellschaft.« Und sie berichtet regelmäßig über den erfreulich breiten Anklang dieses Appells: Groß sei nicht nur »die Fürsorge für ältere Menschen durch die Volkssolidarität und die Veteranenbetreuung in den Betrieben«, beeindruckend seien namentlich auch die Leistungen jener »quirligen Pioniere«, die – »wie der Held der spannenden Erzählung von Arkadi Gaidar ›Timur und sein Trupp‹« – älteren Menschen alltagspraktische »Timurhilfe« leisteten und für sie nicht etwa nur »die Kohlen aus dem Keller« holten, sondern ihnen auch »Freude ins Haus« brächten. Für immer mehr Ältere, so erfährt die Leserin der *Für Dich* von Betroffenen, ist dieses Haus zudem ein Platz »in einem schönen Feierabendheim, wo wir sehr liebevoll betreut werden«. Eine zu ihrem 70. Geburtstag vom Rat der Stadt Altenburg mit einer »ferngeheizten Einraum-Wohnung mit Balkon, Küche, Bad und WC« im Neubaugebiet bedachte Rentnerin verbindet in der Leserbriefrubrik ihre Äußerung von »Glück und Stolz« angesichts dieses öffentlichen Geschenks mit der Bekundung spontanen Reziprozitätswillens: »Meinen Dank gegenüber meiner Stadt will ich abstatten, indem ich in meinem neuen Wohnbezirk wieder die Hauptkassierung der DFD[Demokratischer Frauenbund Deutschlands]-Mitgliedsbeiträge übernehme.«

Was hier im Einzelfall aufscheint, zeichnet sich in der *Für Dich* ganz generell als die andere Seite der staatlichen Fürsorglichkeit ab: Die älteren DDR-BürgerInnen sind umtriebig und machen sich nützlich. Denn – darauf weist die Zeitschrift vorsorglich hin – »je mehr Vorsorge wir treffen, desto weniger Fürsorge ist später nötig«. Und vor allen Dingen »die weitere Teilnahme am gesellschaftlichen Arbeitsprozeß« sei es, die den Alten das

Gefühl gebe, dazuzugehören, »wichtig für das Kollektiv« zu sein. »Auch nach der Rente mitten im Leben zu stehen, aktiv zu sein, eine Aufgabe zu haben« – das ist es, was in der *Für Dich* gutes Altern ausmacht. Und dabei geht es nicht nur um die Mitwirkung in »Volkskunstkollektiven« wie etwa dem »Chor der fröhlichen Rentner«, sondern um staatsbürgerliche Aktivitäten aller Art: »Interesse am politischen Geschehen, an den Vorgängen im Betrieb und im Territorium, Mitarbeit in gesellschaftlichen Gremien« seien nicht nur ein ehrenvoller Dienst an der sozialistischen Idee, sondern wirkten zugleich auch als »Jungbrunnen im wahrsten Sinne des Wortes«.

Auf den Seiten der *Für Dich* erscheint die DDR als große Zugewinngemeinschaft, in der auch die Alten ihren festen Platz haben. Bis ans Ende der Existenz des anderen deutschen Staates dominiert dabei der Tonfall nur wenig verklausulierten staatssozialistischen Selbstlobs – so etwa wenn Rentner zu Protokoll geben, sich »in unserem sozialistischen Staat [...] keine Sorgen um unseren Lebensabend« machen zu müssen; oder wenn die Redaktion vorsichtshalber noch einmal daran erinnert, dass »unter unseren gesellschaftlichen Verhältnissen« – in der *Für Dich* regiert das »wir« – so viel für die Älteren getan werde »wie nie zuvor in der deutschen Geschichte«. Als diese die DDR wider Erwarten dann doch überholt hatte, öffnete sich die ostdeutsche Frauenzeitschrift auch für neue und in einschlägigen Journalen ansonsten kaum präsente Themen wie das »Recht auf Sexualität« älterer Frauen oder den Vorruhestand als »für ehemalige DDR-Bürger neuer Status«, dessen »psychische Verarbeitung [...] von den Betroffenen immer wieder als problematisch empfunden« werde. Aber zu diesem Zeitpunkt war das Ende auch der *Für Dich* bereits besiegelt. Mit der Ausgabe 24/1991 wurde sie, nur 28-jährig, mitten aus dem Leben gerissen.[168]

Zwischen Arbeit und Fürsorge: Brüche und Widersprüche des DDR-Dispositivs

»Allgemeiner Grundsatz der Politik unseres Staates ist es, *alle* Bürger in die aktive Gestaltung der sozialistischen Verhältnisse einzubeziehen [...]. Die Wirtschafts- und Sozialpolitik der SED [...] entspricht deshalb auch voll und ganz dem Anliegen der Betreuung der älteren Bürger und ihrer aktiven Teilnahme am gesellschaftlichen Leben der DDR.« (Gutsche et al. 1982: 61; Hervorhebung im Original) Betreuung und Teilnahme, Fürsorge und Produktivität, öffent-

---

168 | Quellen: »Gesund und munter in den Tag!« (Für Dich 1983_2); »Wenn die Timurs kommen« (Für Dich 1983_3); »Fleißige Arbeit zahlt sich aus!« (Für Dich 1983_4); »Danke fürs neue Heim« (Für Dich 1983_13); »Achtung vor Älteren haben« (Für Dich 1985_3); »40 Jahre Volkssolidarität« (Für Dich 1985_6); »Geburtstagsständchen« (Für Dich 1988_7); »Leben helfen« (Für Dich 1988_8); »Wenn das Rentenalter naht« (Für Dich 1988_10); »Sex über sechzig« (Für Dich 1991_3); »Werden Vorruheständler wie Rentner behandelt?« (Für Dich 1991_7).

liche Versorgung des Alters und aktive Beteiligung der Alten: In der historischen Gesamtschau weist das Altersdispositiv der (späten) DDR als hochgradig
politisierte, vielgliedrige Verknüpfung von *Veteranen der Arbeit und des Auf-
baus/sozialistische Bürgerschaftlichkeit/Teilhabe/Fürsorge/Gemeinschaftlich-
keit* durchaus sichtbare Spannungen, Brüche und Widersprüche auf. Wie in
so vielen anderen Belangen auch, war die DDR in ihrer Wissens- und Praxisordnung des Alters bei genauerer Betrachtung eine weitaus vielfältigere und
facettenreichere Gesellschaft, als es die westdeutsche Standardrekonstruktion
(vor wie nach der Wende) von dem normierten Leben und dem grauen Alltag
im Osten wahrhaben und -machen möchte.

Zu den mehrdeutigen Elementen des staatssozialistischen Altersdispositivs
gehörte allen voran die der offiziellen Programmatik einer Einheit von Wirt-
schafts- und Sozialpolitik entsprechende, ökonomischen Wertschöpfungs-
wie sozialen Wertschätzungserwägungen Rechnung tragende Förderung der
Rentnererwerbstätigkeit. Denn zum einen stand hinter der gesellschaftlichen
Selbstverständlichkeit werktätiger Arbeitsveteranen nicht zuletzt auch die
real existierende, der sozialistischen Fortschrittssemantik widersprechende
Unterversorgung von Rentnerhaushalten. Zum anderen wurde die politisch
erwünschte wie auch von den Älteren selbst – und sei es notgedrungen – ge-
wollte Fortführung der Berufstätigkeit[169] faktisch von nicht wenigen Betrieben
umgangen bzw. unterlaufen, wovon die im Zeitverlauf sinkenden Beschäfti-
gungsquoten von (insbesondere männlichen) RentnerInnen sowie die übliche
Praxis ihrer Abschiebung auf unterwertige Arbeitsplätze zeugen.[170] In ganz
ähnlicher Weise bildete die Tatsache, dass die DDR, zumal gemessen an dem
hohen Anteil älterer Menschen unter ihren BürgerInnen, unter einer strukturellen Unterausstattung mit Betreuungsangeboten in Pflege- und Feierabend-
heimen litt (Mrochen 1980: 108-121; Bardehle/ISD 1990), den empirischen
Hintergrund für die politische und mediale Popularität der Institution der
Hauswirtschaftspflege. Und die in der DDR verbreitete Praxis von Nachbar-
schaftshilfen und lokaler Spontansolidarität, die öffentlich als Ausweis einer
im Systemwettbewerb überlegenen sozialistischen Sozialität gefeiert wurde,
war eben auch, und sicherlich nicht zuletzt, allgegenwärtiger Ausdruck von

---

169 | Sozialgerontologische Analysen aus den 1980er Jahren verwiesen darauf, »daß
Weiterarbeit im Rentenalter von älteren Menschen überwiegend befürwortet wird« (Erpenbeck 1988: 360), die Zahlen der tatsächlich werktätigen RentnerInnen aber deutlich darunter lägen und längerfristig zurückgingen.

170 | Für die Betriebe schien die Beschäftigung von Älteren – ganz wie in der Bundesre-
publik auch – produktivitätspolitisch wenig interessant zu sein. Schwitzer kommt daher
rückblickend zu dem Fazit: »Eine tatsächliche soziale Integration fand nur ansatzweise
statt.« (2001: 352)

systemischen, mangelwirtschaftsbedingten Kooperationszwängen der Bürger-
Innen bei der Organisation ihres Lebensalltags.

Es passt in dieses Bild altersdispositiver Doppeldeutigkeiten, dass sich in
der DDR-Gerontologie der 1980er Jahre wissenschaftlich-politische Positionierungen finden lassen, die – noch ganz im Zeichen der Würdigung sozialistischen Arbeitsveteranentums stehend – in bemerkenswerter Weise Motive und
Metaphern des späteren gesamtdeutschen Produktivitätsdispositivs vorweg-
nehmen: »Wir müssen doch berücksichtigen, daß eine große Stärke der älteren Bürger gerade in ihrer umfangreichen Lebenserfahrung, in ihren Erfahrungen bei der Verwirklichung der großen revolutionären Umwälzungen, die
sich in unserem Land in den letzten drei Jahrzehnten vollzogen haben, liegt.
Uns obliegt es, diesen Schatz zu heben, sie aber haben die Verpflichtung, ihn
nutzbar für Gegenwart und Zukunft weiterzugeben.« (Kirschnek 1980: 13)[171]
Im Kontext der DDR wird damit die – auch in der BRD allgegenwärtige – Lebenserfahrung Älterer in ganz anderer Weise verknüpft und als Erfahrung im
Kampf gegen das kapitalistische Konkurrenzmodell sowie im Einsatz für den
revolutionären Aufbau einer sozialistischen Alternative ausgewiesen. In schar-
fem Kontrast zu dieser Würdigung des Alters als gesellschaftlicher Ressource ist hingegen das den nicht mehr arbeitsfähigen RentnerInnen nach dem
Mauerbau obrigkeitlich gewährte Recht auf Übersiedelung in den Westen zu
sehen. Der staatssozialistische Freifahrschein für ökonomisch als minder produktiv erachtete Bevölkerungsteile lässt nicht nur die offizielle Wertschätzung
der Alten als vermeintlich unverzichtbare Aktivposten der sozialistischen Gesellschaft in einem anderen Licht erscheinen, sondern gibt auch der auf die
Arbeitsveteranen gemünzten *Win-win*-Rhetorik der staatsnahen Sozialgerontologie einen nochmals anderen Zungenschlag: »So verbinden sich ihre persönlichen Interessen mit den gesellschaftlichen Interessen zu ihrem eigenen
und zum Nutzen aller.« (Ebd.)

Standen die Veteranen der Arbeit also letztlich doch, anders als die politische, wissenschaftliche und mediale Selbstbeschreibung der DDR es gesellschaftlich gewusst wissen wollte, »[a]m Rande der sozialistischen Arbeitsgesellschaft« (Hoffmann 2010)? So eindeutig wird sich dies im Nachhinein
nicht behaupten lassen können.[172] Sicherlich war die lebensweltliche Nähe der

---

171 | Ganz ohne sozialistisch-revolutionäre Geschichtssymbolik verweist auch die *Für
Dich* im Zusammenhang mit der öffentlichen Sorge um das Alter darauf, dass das sor-
genfreie Altern eine Frage der Gegenseitigkeit und damit des Beitrages auch der Alten
selbst sei: »Gesundheit und Lebensfreude bis ins hohe Alter – das wünscht sich wohl
jeder. Ausgefülltsein und Zufriedenheit, Tatkraft und Wohlbefinden kommen: aber nicht
von allein.« (Für Dich 1988_10)

172 | Hoffmann bezieht dieses Urteil im Wesentlichen auf die materielle Unterversor-
gung der älteren Menschen in der DDR und »die deutliche Verbesserung des Lebens-

DDR-AltersrentnerInnen zum System gesellschaftlicher Arbeit und zum betrieblichen Arbeitsprozess in den 1980er Jahren deutlich präsenter, intensiver und unmittelbarer, als dies zur selben Zeit in der Bundesrepublik der Fall war. Die wie auch immer ideologisch überhöhte und empirisch gebrochene Realität eines arbeitenden Alters prägte das Leben der Älteren ebenso wie die altersbezogenen Erwartungen der Jüngeren. Zugleich aber offenbart beispielsweise die populäre DDR-Fernsehserie »Rentner haben niemals Zeit«[173] einen Alltag mit vielen »klassisch« ruheständlerischen Momenten und einer auffällig geringen erwerbsförmigen oder politischen Überformung der alltäglichen Lebensführung. Die politisierte Sozialgerontologie ließ wiederum keinen Zweifel daran, dass das Zeitalter des »eigentlichen« sozialistischen Alters erst noch bevorstehe – wenn nämlich die ersten sozialistisch sozialisierten Nachkriegskohorten ins Rentenalter einträten: »Erst für die im Sozialismus erwachsen Gewordenen trifft in *vollem* Maße eine Begriffsbestimmung des höheren Alters und des Alterns zu, mit der in Abbildung reale[r] Sachverhalte eine positiv-wertende Akzentsetzung in den Vordergrund treten kann. Das trifft also für die in ein geschichtlich revolutioniertes Berufs- und Arbeitsleben, in allmählich sich wandelnde Wohn- und Freizeitbedingungen, in ein von Grund auf umgewälztes Staats- und Rechtssystem, in den Prozeß der ideologischen und kulturellen Revolution integrierten Älterwerdenden zu.« (Gutsche et al. 1982: 69; Hervorhebung im Original) So weit sollte es allerdings nicht mehr kommen – der Staatssozialismus ging unter, bevor er sich alterspolitisch vollständig verwirklichen ließ.[174]

---

standards der ostdeutschen Rentner durch die Übernahme des westdeutschen Rentensystems« (2010: 5) nach der Wende.

173 | Die Serie wurde 1977/1978 produziert und lief bis zum Ende der DDR immer wieder mit großem Erfolg im Ostfernsehen. Im Mittelpunkt der 20-teiligen Serie steht das Rentnerehepaar Anna und Paul Schmidt, das mit viel Einfallsreichtum die Alltagsprobleme seiner Familie, Freunde und NachbarInnen zu lösen versteht.

174 | Der »staatswissenschaftlichen« Vision des sozialistischen Alters stand freilich schon zu Zeiten der DDR deren demografische Realität gegenüber. So finden sich unmittelbar vor der Wiedervereinigung Quellen, die darauf verwiesen, dass die Überlebenswahrscheinlichkeit älterer Menschen (über 65) in der DDR im Zeitraum 1963/66 bis 1981/82 – anders als im kapitalistischen Ausland – nicht etwa zu-, sondern abgenommen habe: »Bei den westeuropäischen Ländern einschließlich der BRD alt [...] sind signifikante Mortalitätsreduktionen im Altersbereich jenseits des 55. Lebensjahres bis zum 85. Lebensjahr in den 60er, 70er und 80er Jahren eingetreten [...]. Für die ehemalige DDR-Bevölkerung sind hier synchron gegenläufige Prozesse zu ihrem Nachteil abgelaufen [...]. Die sogenannte ›neue Ära der verminderten Alterssterblichkeit‹ ist für die ehemalige DDR-Bevölkerung noch nicht eingetreten.« (Wiesner 1990: 38) Vgl. zur

Anschaulich zeigt sich im Ost-West-Vergleich, wie gleiche Elemente in verschiedenen dispositiven Kontexten in sehr unterschiedlicher Weise eingebunden und mit Bedeutung versehen sein können. Auch im DDR-Korpus spielt beispielsweise der Fernseher als Objekt des Nacherwerbslebens eine zentrale Rolle, er wird aber in so vielfältiger Weise verknüpft, dass er anders als im Westen – wo er im Verein mit dem Sofa das gesamte Ruhestandsdispositiv mobilisiert – keinen komplexitätsreduzierenden Knotenpunkt darstellt: So findet sich auch in der DDR die Verknüpfung von Fernseher und körperlicher Passivität,[175] stärker noch aber ist der Fernseher Ausweis von Modernität und einem privilegierten Zugang zu kultureller Abwechslung. Er ruft zudem weniger häusliche Vereinzelung, denn Vergemeinschaftung auf, die dem Umstand geschuldet war, dass nicht alle einen Fernseher – zumal einen Farbfernseher – besaßen:»Im Jahr ihres 40jährigen Betriebsjubiläums wird Irmgard Wolf ›Verdienter Mitarbeiter‹. Die Urkunde überreicht ihr der Minister. Für die mit einer Geldsumme verbundene Auszeichnung kauft sie sich einen Farbfernseher und lädt ihre zehnköpfige Brigade zu einer großen Feier ein.« (Für Dich 1984_1) Der Garten wiederum, im Westen ebenfalls Insignie eines häuslichen Ruhestandslebens, spielte in der DDR als einem System des alltäglichen Mangels eine große Rolle für die Selbstversorgung sowie für die Erzeugung von Tauschgütern. Die große Bedeutung der Gartenkultur – nicht nur im Alter – wird zudem als »kleine Republikflucht« gedeutet (Expertengespräch Nolde, vgl. Anhang III), galt der Garten doch als einzig unkontrollierter Raum außerhalb der eigenen Wohnung. Vom Garten ausgehend entfaltet sich im Kontext der DDR also eine gänzlich andere Erzählung als im westdeutschen Ruhestandsdispositiv.

Auch wenn das Altersdispositiv der DDR – zumal in seinen institutionellen Facetten und organisationalen Vermittlungen – mit dem Staatssozialismus untergegangen ist, zeitigt es als Wissens- und alltagspraktische Ordnung selbstverständlich Langfristfolgen, insoweit es auf die eine oder andere Weise in den Dispositionen, Habitualisierungen und Mentalitäten der alternden und älteren Ostdeutschen auch über die Auflösung des sozialistischen Staatswesens hinaus nachwirkte. Nach 1990 erlebten die ehemaligen DDR-BürgerInnen erneut ihre – unter nunmehr gänzlich veränderten Vorzeichen stehende – Integration in ein geschichtlich revolutioniertes Berufs- und Arbeitsleben, in

---

demografischen Entwicklung auch Otto/Strohe 1982, die der DDR bis Mitte der 1990er Jahre einen absoluten Rückgang der Bevölkerung im Rentenalter prognostizierten.

175 | »Erfahrungsgemäß gibt es unter älteren Menschen viele Sportenthusiasten. Interessiert verfolgen sie ihre Spezialdisziplinen an Originalschauplätzen, per Zeitung, Rundfunk, Fernsehen. Wer allerdings glaubt, das Sitzen vor der ›Röhre‹ und die übliche Hausarbeit seien ebensoviel wert wie eigenes Sporttreiben, der irrt.« (Für Dich 1988_10)

allmählich sich wandelnde Wohn- und Freizeitbedingungen, in ein von Grund auf umgewälztes Staats- und Rechtssystem, in den Prozess der ideologischen und kulturellen Revolution der gesellschaftlichen Verhältnisse. Diesem radikalen sozialen Wandel waren alle Altersgruppen ausgesetzt – die älteren Arbeitnehmerkohorten ganz konkret einer massiven Frühverrentungspolitik, »die mehrere Jahrgänge förmlich vom Arbeitsmarkt fegte« (Kraatz/Sproß 2008: 18).[176] Die von uns geführten Interviews mit ostdeutschen AltersrentnerInnen zeugen davon, wie grundlegend und nachhaltig die früheren Arbeitsveteranen in spe vom jähen Ende der Arbeitsgesellschaft DDR getroffen wurden.

4.6 Fazit: Dispositive des Alters im Wandel

Das höhere Lebensalter, der Prozess des Alterns und das Leben im Ruhestand sind in vielerlei Hinsicht in Bewegung und – dabei stets aufeinander verwiesen – einem Prozess der umfassenden gesellschaftlichen Neuverhandlung ausgesetzt. Obwohl unsere Analyse eine diachrone Entwicklung vom Dispositiv des »wohlverdienten« Ruhestands über das Dispositiv des Unruhestands hin zum Produktiven Alter offenbart, zeigen sich zugleich augenfällige Überlagerungen der Dispositive, Ungleichzeitigkeiten der vielschichtigen Entwicklung, institutionelle Beharrungskräfte sowie Praktiken, die neuen Wissensordnungen trotzen.

Wie die Untersuchung gezeigt hat, weisen die Kontexte der Neuverhandlung des Alters weit über altersspezifische Fragen hinaus und unterliegen im Untersuchungszeitraum von fast drei Jahrzehnten permanenten Veränderungen, mit dem Systemwechsel in der ehemaligen DDR als radikalstem Kontextbruch. Aber auch der wohlfahrtsstaatliche Paradigmenwechsel in der Bundesrepublik oder die Entstehung einer kommerzialisierten Freizeitkultur haben während des Untersuchungszeitraums eine Bedeutungsverschiebung etablierter ruhestands- und altersbezogener Wissensordnungen und Praktiken bewirkt. Die Multidimensionalität der Analyse hat schließlich dafür sensibilisiert, nicht vorschnell von elaborierten Argumentationen und Wissensordnungen auf ihren tatsächlichen Einfluss zu schließen, und umgekehrt das, was weniger Worte bedarf, aber auf andere Weise verankert – verkörpert, habitualisiert oder institutionalisiert – ist, zu unterschätzen. Die Analyse des Aussagencharakters

---

176 | Die nachfolgenden Kohorten älterer ArbeitnehmerInnen nahmen dann typischerweise den Weg über die Arbeitslosigkeit in die Rente: »Im Jahresdurchschnitt 2004 waren in den neuen Bundesländern 46,6 % der NeurentnerInnen zuvor arbeitslos, in den alten Ländern 16,9 %.« (Bäcker et al. 2008: 366f.) Drei Viertel der ostdeutschen AltersrentnerInnen im Rentenzugang 2005 mussten Rentenabschläge – in Höhe von durchschnittlich 10,2 % (Männer) bzw. 12,6 % (Frauen) – hinnehmen (ebd.: 414).

nicht-sprachlicher Formen in Gestalt von Objekten, Körpern, Praktiken oder bestimmten Institutionalisierungen – ihrerseits natürlich in sprachliche Form gegossen –, war somit konstitutiv für die Bestimmung der Dispositive und ihrer zentralen Knotenpunkte.

Im Anschluss an ein Resümee der im Vergleich aufeinander bezogenen Dispositive und ihre Einbettung in die einschlägige Literatur erörtern wir im Folgenden, inwiefern sich das aktive Alter seit Anfang der 1980er Jahre sukzessive als einflussreicher leerer Signifikant herauskristallisiert. In Abgrenzung zur verworfenen Hochaltrigkeit sowie im Kontext der sich während des Untersuchungszeitraums herauskristallisierenden Aktivgesellschaft trägt der leere Signifikant aktives Alter das Potenzial zur hegemonialen Schließung einer (zunächst) heterogenen und auch kontroversen Neubestimmung von Alter und Leben im Ruhestand – einer Schließung im Sinne des produktiven Alters.

Das Dispositiv des Ruhestands

Grundlegend für das Ruhestandsdispositiv ist die für das Selbstverständnis der Bundesrepublik und des deutschen Wohlfahrtsstaates zentrale Institution der Gesetzlichen Rentenversicherung (vgl. Kapitel 4.1). Trotz der in materieller wie symbolischer Hinsicht kaum zu überschätzenden Bedeutung dieser Institution ging mit der Großen Rentenreform Ende der 1950er Jahre keine Vermittlung eines praktischen Lebensmodells einher. Nicht die »wohlverdiente Ruhe«, sondern die »Sicherheit« im Alter (als Signum des Sicherheitsbedürfnisses der Gesellschaft) stellte den zentralen Topos im Kontext der Institutionalisierung der lebensstandardsichernden Rente dar. Der materiellen Absicherung des Ruhestands korrespondierte also zunächst keine Rahmung des Ruhestands*lebens* im Sinne einer alltäglichen Praxis, der Topos der politisch und gesellschaftlich induzierten »rollenlosen Rolle« bringt diese Situation treffend auf den Punkt. Gerd Göckenjan (2000) hat in seiner historischen Studie zum Bedeutungswandel des Alters gezeigt, dass sich der mit der Rentenreform 1957 geschaffene Sozialrentner erst seit den späten 1960er Jahren sowie vornehmlich in den 1970er Jahren sukzessive zum Ruheständler wandelte.

In der *BILD*, in der Illustrierten *Super Illu* sowie in den Wahlprogrammen der Volksparteien finden wir bis in die 2000er Jahre hinein positive Attribuierungen (wohl)verdienter Ruhe und Fürsorge, wenn auch mit deutlich abnehmender Tendenz. Mehrheitlich werden Charakteristika des Ruhestandslebens jedoch während des gesamten Untersuchungszeitraums als negative Abgrenzungsfolie aufgerufen, wobei dies häufig implizit und quasi *ex negativo* geschieht, wenn verhandelt wird, wie das in Rede stehende »neue« unruheständische oder produktive Nacherwerbsleben (nicht) aussieht oder auszusehen habe. Eine heterogene Diskurskoalition aus konservativen, liberalen und alternativen Qualitätsmedien, den Grünen und der FDP sowie zahlreichen ExpertInnen hat sich schon früh den »Avantgarde-Gruppen« der Neuen Alten, Fragen der sinnstiftenden Aktivität und partiell auch der Altersdiskriminierung zugewendet und das Ruhestandsleben als überkommene Kontrastfolie aufgerufen.

Vor diesem Hintergrund hat sich ein Ruhestandsdispositiv herauskristallisiert, in dem die Lebensstandard sichernde Rente des Familienernährers verknüpft ist mit der Idee einer durch lebenslange Arbeit verdienten Entpflichtung und Ruhe, der räumlichen Dimension der eigenen vier Wände und des eigenen Gartens als Sinnbild des Rückzugs aus dem öffentlichen Raum, dem Objekt des Sofas oder Schaukelstuhls als (H)Ort der – je nachdem – Geruhsamkeit, Faulheit und körperlichen Inaktivität sowie dem Fernseher als Ausweis typischer Beschäftigung. Der Ruhestandskörper, der in dieses Dispositiv eingewoben ist, setzt sich zur Ruhe und ist ohne Spannkraft, faltig und gebückt; graue Haare und gedeckte Kleidung lassen die RuheständlerInnen körperlich unsichtbar werden. Gerüstet mit Krückstock und Rollator als typische Insignien des Alters ist die Institution der Kaffeefahrt praktisches Sinnbild der Aktivität des (räumlich wie geistig) eingeschränkten Ruheständlers, der versucht, aus dem als leer und trist gezeichneten Ruhestandsalltag auszubrechen. Das Ruhestandsleben ist in allen Quellen in auffälliger Weise stereotypisiert, reichen doch durchgängig einzelne Objekte, Körperbilder und Institutionen aus, um ein ganzes Lebensmodell aufzurufen. Während das in der Gesetzlichen Rentenversicherung institutionalisierte Sicherheits- und Erwerbsentpflichtungsversprechen auch bei den KritikerInnen des Ruhestandslebens weitgehend positiv grundiert und offenkundig so fest verankert ist, dass es selten elaboriert wird, verweisen die konkreter auf den Ruhestands*alltag* bezogenen Verknüpfungen auf ein ausgeprägt defizitbehaftetes Bild des (Ruhestands-)Alters. Die umfassende Problematisierung des Vorruhestands in den 1980er Jahren, skandalisiert unter dem Topos des vorzeitigen »Pensionärstodes«, macht deutlich, was seinerzeit befürchtet wurde: das Übergreifen von rollenloser Rolle und sozialem Ableben auf das Lebensjahrzehnt vor der Regelaltersgrenze.

Nichtsdestotrotz geht es, wie das Beispiel der Kaffeefahrt zeigt, auch im Kontext des Ruhestands um Aktivität(en) und es würde zu kurz greifen, dem aktiven Unruhestand oder dem produktiven Alter lediglich einen passiven Ruhestand entgegenzusetzen: Zu beobachten ist in medialen wie wissenschaftlichen Quellen vielmehr eine Bestimmung dessen, *was* als Aktivität qualifiziert – und was gerade *nicht* (vgl. zur qualitativen Differenzierung von Aktivitäten Katz 2005: 122f.). Anders als im Kontext von Unruhestand und produktivem Alter sind die Ruhestandsaktivitäten mehrheitlich häuslich (also räumlich begrenzt), von anderen organisiert (z.B. institutionalisiert in der geschlossenen Altenarbeit), niedrigschwellig und als wenig anspruchsvolle Beschäftigung zum Zeitvertreib gerahmt. Zusammenhänge zwischen Aktivität und dem Verlauf des Alternsprozesses spielen hier noch keine Rolle. Die Verknüpfung von

Aktivität/Gesundheit/Selbstständigkeit gewinnt erst im Kontext des Unruhestandsdispositivs an Bedeutung und entwickelt sich zu dessen organisierendem Moment.

Der Unruhestand

Aus der retrospektiv gewonnenen Kontrastfolie des (wohlverdienten) Ruhestands erwächst der Unruhestand als geistig und körperlich bewegtes Leben, dem Motto »Wer rastet, der rostet« verschrieben. Es sind vor allem wissenschaftliche Wissensbestände, die in das neu entstehende Bild einer »unruheständigen« Lebensführung im Alter eingehen, nämlich das Wissen um die Plastizität des alten Körpers – einschließlich des alternden Hirns – und um die zahlreichen Kompetenzen des Alters, um die sich ein Normativ des eigentätigen Funktionserhalts rankt: Es ist die gelebte Praxis des Kompetenzerhalts durch sinnstiftende (Freizeit-)Aktivitäten und gesunde Lebensführung, die über eine Vielfalt von Praktiken, Objekten, Institutionen und Körperbildern aufgerufen wird. Insignien des Ruhestandslebens – Haus und Garten, Sofa und Fernseher, Seniorennachmittag und Kaffeefahrt – dienen als Abgrenzungsfolie, ohne dass die mit der Institution des Ruhestands verbundene Entpflichtung oder gar die materielle Sicherung durch die Rentenversicherung in Frage gestellt würde. Der Idee der Plastizität verhaftet, wonach Altern bis zur Grenze der Hochaltrigkeit keineswegs biologisches Schicksal sei, wird dem auf dem Sofa einrostenden Ruhestandskörper der bewegte und sportive Unruhestandskörper entgegengesetzt, aufgerufen durch Insignien des modernen Unruhestands, wie den Walking-Stöcken, dem Aktivurlaub in den Bergen oder dem Seniorenstudium. Bewegung, richtige Ernährung und Training der »grauen Zellen« gelten als Heilmittel, denn der Unruhestandskörper muss erarbeitet werden und dafür ist – das wird schon in den 1980er Jahren deutlich – das alternde Individuum selbst verantwortlich. Wer auf eine entsprechende Lebensführung verzichtet, dem drohen, so ist typisiert zu lesen, ein Leben im Rollstuhl oder eine Existenz im Pflegeheim. In beiden Fällen wird über ein Objekt bzw. eine Institution eine ganze Erzählung des verworfenen, abhängigen Alters am Rande der Gesellschaft aufgerufen.

Mit dem Unruhestand tritt neben die Defizitperspektive auf das Ruhestandsalter eine von ExpertInnen forcierte Kompetenzoffensive, die – einflussreich medial und politisch flankiert – vor Augen führt, dass das höhere Lebensalter nicht nur im Hinblick auf seine materielle Absicherung zu gestalten ist. Kompetenz und Sicherheit bleiben dabei (noch) insofern unverbunden, als dass die Kompetenzzuschreibung das in der Rentenversicherung institutionalisierte Sicherheitsversprechen nicht berührt. Zwar ruft die zentrale Verknüpfungskette *Plastizität des Alters/Lebensführung/Eigeninitiative/Kompetenzerhalt* auch die Frage der »Schadensminderung« im Sinne des Gemeinwohls auf, diese bezieht sich aber allein auf Fragen der Krankheit und Pflegebedürftigkeit bzw. die dadurch entstehenden Kosten, nicht aber auf die lebensstandardsichernde, Absicherung des Lebensunterhalts und die damit verbundene Erwerbsentpflichtung.

Die Entstehung des Unruhestandsdispositivs sowie die Verbreitung der damit aufgerufenen Lebensweisen – vom größer werdenden Reiseradius über ein neues Konsumverhalten und die Zunahme sportlicher Aktivitäten hin zur wachsenden Bedeutung von selbstverwirklichungsorientierten Lebensstilen – sind nur mit Bezug auf gesellschaftliche Anschlussdispositive zu verstehen, die weit über die wissenschaftliche Kompetenzoffensive und die in den 1980er Jahren an Fahrt gewinnende Problematisierung des Vorruhestands hinausweisen: ein umfassender gesundheitspolitischer Paradigmenwechsel hin zur Salutogenese sowie ein Paradigmenwechsel der Sozialen Arbeit von der Betreuung zum *empowerment*, die Debatte um das Ende der Arbeitsgesellschaft, die faktische Reduzierung von (Wochen- und Lebens-)Arbeitszeit sowie die neue Rolle des freizeitbezogenen Konsums, die zunehmende Bedeutung von Selbstentfaltungswerten sowie eine im Kontext von Prozessen der Flexibilisierung und Individualisierung zunehmende Bedeutung von Fragen der Lebensstilvielfalt – all diese Kontexte rahmen und begründen zentrale Verknüpfungen des Unruhestandsdispositivs. Tatsächlich wurde im Windschatten der sich individualisierenden Konsum- und Freizeitgesellschaft der Ruhestand nicht nur durch eine gerontologische – politisch und medial sekundierte – Expertenoffensive »von oben«, sondern auch alltagspraktisch »von unten« durch eine neue Teilkohorte von eher privilegierten RentnerInnen aufgebrochen. Zeitgleich wurde dieser Kohorte durch die kompetenzorientierte Gerontologie quasi wissenschaftlich bescheinigt, dass es sie tatsächlich geben kann.

Zugleich hat die mehrdimensionale Analyse aber gezeigt, dass die programmatische Neubestimmung von Altersrollen und -aktivitäten nur bedingt Auskunft über ihre gesellschaftliche Akzeptanz bzw. ihre Umsetzung in konkreten organisationalen Kontexten gibt. Während z.B. der Topos des lebenslangen Lernens und die Bedeutung von Bildung im Alter mit dem Unruhestandsdispositiv zu zentralen Elementen der Nacherwerbserzählung werden, offenbaren zahlreiche mediale Beiträge, dass Ältere, die z.B. tatsächlich Hörsäle besuchen, als störend betrachtet und lächerlich gemacht werden. Eine starke Diskrepanz zwischen Programmatik und Alltagspraxis zeigt sich ferner für den Bereich der Sozialen Altenarbeit, in dem seit Ende der 1970er Jahre ein grundlegender Paradigmenwechsel von der Betreuung und organisierten Geselligkeit hin zu *empowerment* und Selbstorganisierung zu verzeichnen ist. Wie sowohl empirische Studien als auch mediale Berichte und Zeitungsannoncen für Seniorenveranstaltungen zeigen, hat sich faktisch aber in vielen Bereichen eine Praxis der geselligen Seniorennachmittage erhalten, wenn auch häufig neu etikettiert.

Jungvolk ohne Hörraum: Der Generationenkampf im Kleinformat

Seit Jahren steht die Programmatik des »Lebenslangen Lernens« hoch im Kurs, wird das Erfahrungswissen der Älteren als gesellschaftlich zu nutzendes Potenzial gewürdigt und insbesondere das Zusammenwirken von Jung und Alt als Erfolgsrezept zur Bewältigung des demografischen Wandels und seiner Folgen beschworen. Das aktive Engagement gilt als »Beitrag älterer Menschen zum Zusammenhalt der Generationen« – so der Untertitel des Fünften Altenberichts der Bundesregierung (vgl. BMFSFJ 2006). Werden die abstrakt geschätzten Aktivitäten lebenslangen Lernens jedoch konkret und real, besuchen die Leute auf ihre alten Tage noch einmal die heiligen Hallen der Universität, dann schlägt der Tonfall einer Debatte, die den SeniorenstudentInnen gerne als emblematische Figur eines in die gesellschaftliche Produktivitätsgemeinschaft integrierten Alters anruft, auf bemerkenswerte Weise in Distanz und Ablehnung, ja bisweilen auch Gehässigkeit um. Der Lernwille der Älteren mutiert hier zum selbstsüchtig-fremdschädigenden Konsum eines gesellschaftlich knappen Gutes, die »Unstillbare Neugier nach mehr« (*FAZ*) nimmt geradezu bedrohliche Züge an.

Interessanterweise ist es insbesondere die gut bildungsbürgerliche *FAZ*, die sich daran stört, dass »ältere Semester« (*FAZ*) das »späte Vergnügen« (ebd.) suchen. Vor ihrer Haustüre hat die Goethe-Universität 1982 die erste »Universität des dritten Lebensalters« ins Leben gerufen – in der Bundesrepublik, denn an der Humboldt-Universität gab es schon seit 1978 eine eigene »Veteranenuniversität« (*ND*). Was die westdeutschen Altstudierenden angeht, so wird deren Entscheidung zur erst- oder nochmaligen Immatrikulation als aktiver Protest gegen den Ruhestand gewertet: »Briefmarken sammeln, Kreuzworträtsel lösen, den Hund Gassi führen – daran haben die gesetzten Damen und Herren offenbar kein Interesse.« (*FAZ*) Was in das gesellschaftliche Bild vom Unruhestand passt, trägt zugleich Elemente seiner Kritik in sich: »Die Altenfraktion fühlt sich sichtlich wohl im akademischen Betrieb« (ebd.), will sich »genußvoll bilden« (ebd.), »ohne jedoch einen Abschluß zu erwerben« (ebd.). Hier wird – auf für das konservative Blatt doch eher schmerzhaft Weise – klar, wie eine neue Generation selbstbewusster Alter damit beginnt, sich allseits sichtbar gesellschaftliche Räume zu erobern: »Das bezeugen nicht nur jene Rentner, die in hautengen Radlerhosen und grellfarbenen Joggingkostümen südliche Küsten erobern. Auch die Garde der Alten, die sich eine wissenschaftliche Frischzellenkur verordnet haben, fordert ihr Recht ein.« (*FAZ*)

Was man den bildungsfreudigen Alten gönnen könnte, erhält in der medialen Beobachtung – und dies zur Mitte der 1980er Jahre verstärkt – Züge einer unangemessenen Inanspruchnahme von Ressourcen, die im Umkehrschluss den jüngeren Kohorten abgehen. Ein wiederkehrendes Motiv in den einschlägigen Reportagen sind die Hörsaalplätze, die Seniorenstudierende als rüstige Frühaufsteher ihren jungen und gestressten StudienkollegInnen wegnehmen – namentlich die privilegierten Ränge, denn die »gesetzten Damen und Herren« (*FAZ*) sitzen »besonders gern ... in der ersten Reihe« (ebd.) bzw. belegen »eine halbe Stunde vor Beginn die vordersten Reihen« (ebd.): »Die jüngeren Kommilitonen, die von einer entlegenen Veranstaltung in die Vorlesung gehetzt kommen, haben dann das Nachsehen und müssen auf dem Gang Platz nehmen.« (Ebd.) Für jeden mit dem Universitätsleben Vertrauten ist der studentische Kampf um die ersten Reihen – selbst in überfüllten Hörsälen – zwar erkennbar ein Phantom, doch gleichwohl: Die grell gezeichneten Szenen eines von den Alten zulasten der Jungen gewonnenen Verteilungskonflikts dokumentieren den in den Medien zyklisch beschworenen gesellschaftlichen Generationenkampf gewissermaßen im akademischen Kleinformat. »Die Interessengegensätze zwischen Jungen und Alten werden größer werden. Die Angebote dürften schon bald die Erwartungen der Senioren nicht mehr erfüllen.« (*SPIEGEL*) Schon in der Gegenwart entdeckt die *FAZ* unter den bildungsaktiven Alten einen »neuen Strebertypus«, der sich im Zweifel als »Streikbrecher« (ebd.) gegen den – von der »Zeitung für Deutschland« traditionell unterstützten – Kampf der jüngeren Semester »für mehr Mitbestimmung und gegen höhere Studiengebühren« (ebd.) betätigt.

Im Frankfurter Fall wurden die Beschwerden über das raumgreifende Verhalten der SeniorInnen offenbar so laut, dass die Universitätsleitung – »Die Universität ist keine Zirkusveranstaltung.« (*FAZ*) – dem grauen Treiben Einhalt gebieten zu müssen glaubte, indem sie die Studierendenbeiträge für Ältere deutlich anhob. Wie es sich gehört, konnten die Betroffenen die über den Preismechanismus vollzogene Regulierung ihrer Übernachfrage nach Bildung durchaus nachvollziehen: »Die meisten zeigten Einsicht für die Regelungen, da sie den jungen Studenten gerade in den stark frequentierten Fächern nicht die Plätze streitig machen wollten.« (Ebd.) Und jedenfalls in diesem Punkt einer stärkeren finanziellen Eigenverantwortung lebenslang Lernender teilten auch andere, als linksliberal geltende Medien die Frankfurter Position: »Warum sollen ältere Studenten, die schon in der Jugend ein Studium absolviert haben, nicht im Alter die Studiengebühren zahlen, die für einen Langzeitstudierenden erhoben werden?« (*SPIEGEL*) – zumal, so die Zusatzinformation, die Seniorenstudierenden durchweg über »ein gefülltes Bankkonto« (*taz*) verfügten.

Was bleibt, ist der Eindruck, dass die wissenschaftlich wie politisch als *Win-win*-Strategie deklarierte Förderung der aktiven gesellschaftlichen Teilhabe älterer Menschen im wirklichen Leben tendenziell unter Gemeinwohlschädigungsverdacht gestellt und im Sinne eines aktiven Jugendschutzes zu behindern gesucht wird. Der mediale Blick in den universitären Alltag vermittelt das Bild eines Jungvolks ohne Hörraum, allen voran (Historikerjugend, aufgepasst!) in »den drei Traumstudiengängen der Senioren – Geschichte, Kunstgeschichte und Archäologie« (*FAZ*). Die Anklänge an Topoi nicht nur des allgemeinen Demografie-, sondern speziell auch des Migrationsdiskurses sind unüberhörbar: von der drohenden »Überalterung der Hörerschaft« (ebd.) bis zur bereits herrschenden Realität eines »die ohnehin schon überfüllten Hörsäle« (ebd.) bevölkernden »weißhaarigen Studentenheers« (*SPIEGEL*) – eines »Hörerstroms«, so die besonders besorgte *FAZ*, »der in den nächsten Jahren noch deutlich anschwellen dürfte« (ebd.). Also über die »2,1 Prozent aller heute Studierenden, Gasthörer inklusive«, hinaus, auf die der *SPIEGEL* die »Invasion der alten Semester« (ebd.) beziffert.

Die Universität der Zukunft als »Oma Mater« (*SPIEGEL*)? Für die Qualitätsmedien ein Schreckensbild: Ein unbändiger »Lernhunger im Alter« (*FAZ*) treibt entfesselte BildungsbürgerInnen an, die immer mehr Hirnfutter wollen. Von diesem unstillbaren Verlangen zeugt selbst noch die »späte Lust auf Platon« (*FAZ*) – weil Seniorenstudierende natürlich »an Platons Phaidon, der Frage der Unsterblichkeit der Seele, interessiert sind« (*SPIEGEL*). Diese Alten: einfach nicht totzukriegen.[177]

Nichtsdestotrotz verallgemeinert sich das »kompetente Alter«, das in den 1980er Jahren noch der Avantgarde der Neuen Alten zugeschrieben wurde, im Folgejahrzehnt in Beschreibung wie Anspruch zusehends. Dass Menschen im Ruhestand (noch) Kompetenzen haben (können) wird zunehmend selbstverständlicher, wobei der Topos der (geistigen und körperlichen) Verjüngung des Alters im Vergleich zu vorherigen Generationen wesentlich zur gesellschaftlichen Verankerung des Dispositivs beiträgt. Vor diesem Hintergrund wird mit Blick auf die materielle Absicherung des RentnerInnendaseins die Dekadenz der UnruheständlerInnen zu einem neuen Thema – würden diese doch, so der lauter werdende Tenor, in Zeiten wohlfahrtsstaatlicher Erschöpfung und gesellschaftlicher Alterung allzu häufig auf Kosten der »Jungen« reisend das Nacherwerbsleben genießen. Einflussreich durchkreuzt wird diese Entwicklung jedoch weiterhin durch Bilder des bescheidenen, »kleinen« Rentners, der die wohlverdiente Ruhe auch dringend braucht, und der uns vor allem in der *BILD* begegnet.

Das Produktive Alter

Die zentralen Verknüpfungen des Unruhestands werden seit Ende der 1990er Jahre und verstärkt seit Mitte des vergangenen Jahrzehnts durch ein neues dispositives Arrangement überlagert. Sprechend für die Ordnung des zunehmend produktiv gerahmten Alters ist eine Kampagne des Bundesseniorenministeriums aus dem Jahr 2009, die unter dem Slogan »Zähl Taten, nicht Falten« alte Menschen dazu auffordert, bürgerschaftlich aktiv zu werden. Darin liegt denn auch der entscheidende Unterschied des Produktivitäts- zum Unruhestands-Dispositiv: Die Kompetenzen, die den verjüngten Alten nun zugeschrieben werden, gelten als Potenziale eines produktiven Tätigwerdens zum Nutzen der Allgemeinheit und begründen damit den zumindest impliziten Aufruf, sich durch Realisierung dieser Potenziale sozial verantwortlich zu

---

177 | Quellen: »Veteranenuniversität besteht seit zehn Jahren« (ND 1988_38); »Ältere Semester drücken die Schulbank« (taz 1995_1); »Wenn die späte Lust auf Platon erwacht« (FAZ 1998_4); »Unstillbare Neugier nach mehr« (FAZ 1998_3); »Invasion der alten Semester« (SPIEGEL 2004_6); »Man ist milder gestimmt« (SPIEGEL 2004_7); »Ältere Semester sind nicht überall erwünscht« (FAZ 2005_4); »Mit 70 zurück in den Hörsaal« (FAZ 2006_8).

zeigen. Wo Kompetenzen im Kontext des Unruhestands »neu« entdeckt und positiv attestiert wurden und die Erwartung an die Älteren sich weitestgehend auf den aktiven Kompetenzerhalt beschränkte, birgt die neue Fokussierung auf Potenziale eine sehr viel weitergehende Aufforderung und schlägt einen direkten Bogen zur (materiellen) Sicherheit des Ruhestandslebens: Potenziale als im Wortsinne noch nicht ausgeschöpfte Möglichkeiten sollen als Gegenleistung für die gewährte Sicherheit mobilisiert werden.

Die Sicherheit im Alter ist damit – anders als in den Jahrzehnten zuvor – nicht mehr Signum für das Sicherheitsbedürfnis der Gesellschaft, sondern wird ganz im Gegenteil zu deren Bedrohung – so die verbreitete Deutung im Kontext der einflussreichen Anschlussdispositive der wohlfahrtsstaatlichen Erschöpfung, der sozialpolitischen Aktivierung und der vermeintlichen »Überalterung« der Gesellschaft. Nimmt der Unruhestand im Kontext der Debatten um das Ende der Arbeitsgesellschaft seinen Ausgang, so hat sich das Blatt in den 2000er Jahren radikal gewendet: Im Rahmen von propagiertem Fachkräftemangel und prekarisierter Vollerwerbsgesellschaft (Dörre 2013) stehen die Zeichen – nicht nur in Deutschland, sondern in ganz Europa – auf Lebensarbeitszeitverlängerung (European Commission 2009: 56), die »Rente mit 67« ist hierzulande der manifeste Ausdruck dieser Dynamik. Die Verknüpfung *Nacherwerbsleben/Verantwortung* wird im Zuge dessen neu ausbuchstabiert: Während im Ruhestandsdispositiv die Gesellschaft Verantwortung für die Älteren trägt und im Unruhestand der gesellschaftlichen Verantwortung für die materielle Absicherung des Nacherwerbslebens die Verantwortung für das eigene geistige und körperliche Wohl korrespondiert, sind die RuheständlerInnen im Produktivitätsdispositiv dafür verantwortlich, durch die gemeinwohldienliche Entfaltung ihrer Potenziale eine Erosion der Solidarität zwischen den Generationen zu verhindern. Die zentrale Verknüpfungskette des Produktivitätsdispositivs *Wohlfahrtsstaatlich-demografische Doppelkrise/Potenziale des Alters/Verantwortung/Produktivität/Aufwertung des Alters* ruft die Potenzialenutzung sowohl als gesellschaftliche Notwendigkeit (Stichwort Ressourcenorientierung) als auch als ethisches Gebot (Stichwort: Integration und Aufwertung der Älteren) auf, die in Gestalt einer *Win-win*-Unterstellung untrennbar miteinander verbunden werden: Was die Gesellschaft braucht, nutzt »den Alten« – und umgekehrt. Modellprogramme der zuständigen Ministerien (»Aktiv im Alter«, »Zähl Taten, nicht Falten«, »Erfahrungswissen für Initiativen« – um nur eine kleine Auswahl zu nennen), Senior-TrainerInnen und Mehrgenerationenhäuser stehen paradigmatisch für erste Institutionalisierungsversuche des produktiven Alters, rufen aber (noch) in keiner Weise das ganze Dispositiv des Produktiven Alters auf, wie es beim Ruhestand, aber auch beim Unruhestand anhand typisierter objekt-, körper-, praxis- oder institutionenbasierter Aussagen zu beobachten ist.

Wo der Unruhestand gerade durch die Verschränkung einer medial popu-
larisierten, wissenschaftlichen Expertise mit den Alltagspraktiken und Lebens-
führungen der Neuen Alten an Fahrt und Einfluss gewann, ist das produktive
Alter zunächst eindeutig ein – wenn auch wissenschaftlich sekundiertes –
politisches Projekt »von oben«. Die Institutionalisierung ist mit Ausnahme
der mehrheitlich abgelehnten regulativen Institution der Rente mit 67 noch
schwach ausgeprägt – und auch betrifft diese erst zukünftige Ältere –,[178] der
(diskurs)politische Wirbel um Modellprogramme, neues Ehrenamt und Mehrgenerationenhäuser steht bislang in keinem Verhältnis zu ihrer tatsächlichen
Relevanz. Sprechend für diese Diskrepanz ist die bis zum Ende des Untersuchungszeitraums verbreitete Klage, dass die Älteren ihrer neuen moralischen
Verantwortung für ein produktives Alter (noch) nicht hinreichend nachkämen.
Zugleich aber knüpft das Produktivitätspostulat mit der Akzentuierung von
Eigenverantwortung, Aktivierung und Generationengerechtigkeit an überaus
einflussreiche (Anschluss-)Dispositive an, die eine sukzessive Etablierung der
vergleichsweise neuen Wissensordnung auch dann befördern dürften, wenn
die altersspezifischen Institutionalisierungen von begrenzter Reichweite sind
und vorerst bleiben sollten – wir kommen auf diese Frage abschließend mit
Blick auf das aktive Alter als leerem Signifikanten zurück.

Während es in den 1990er Jahren um die Kompetenzen des Alters etwas
ruhiger geworden war, da ihre Existenz zunehmend selbstverständlicher wurde, taucht die Thematik in der zweiten Hälfte der 2000er Jahre in neuem Ge-
wand wieder auf: Die Persistenz negativer Altersbilder in der Gesellschaft wie
auch auf Seiten der adressierten Älteren wird zum zentralen Erklärungsfaktor
dafür, dass eine »Hebung« der Potenziale des Alters nicht in der gewünschten
wie geforderten Weise gelingt. Verbunden ist diese Diagnose mit einem Im-
petus der wissenschaftlich-politischen Aufklärung, dem zufolge der breiten
Öffentlichkeit die »richtigen« – sprich positiven – Altersbilder zu vermitteln
seien. Der Sechste Altenbericht der Bundesregierung »Altersbilder in der Gesellschaft« folgt genau diesem präskriptiven Ziel, wenn es heißt, dass es eines
neuen Leitbildes des Alters bedürfe, »das die Fähigkeiten und Stärken älterer

---

178 | Ganz anders stellte sich die Diskussion zwanzig Jahre zuvor im US-amerikani-
schen Kontext dar, wo die Institution des Ruhestands nicht nur von ApologetInnen einer
liberalen, deregulierten Ökonomie in Frage gestellt wurde, sondern auch von der linken *Grassroot*-Organisation der Grauen Panther, der einflussreichen altenpolitischen
Lobbyorganisation AARP, WissenschaftlerInnen aus dem Kontext der marxistisch in-
spirierten *Political Economy of Ageing* sowie VertreterInnen der *ageism*-Forschung.
Die Abschaffung der verpflichtenden Renteneintrittsgrenze, die 1986 mit dem *Age
Discrimination in Employment Act* vollzogen wurde, war zentrales Anliegen der ameri-
kanischen Altenbewegung und gilt allen Akteuren bis heute als erfolgreicher Akt der
Anti-Diskriminierung (van Dyk/Lessenich 2009a: 18f.; Estes et al. 2003: 76f.).

Menschen betont und dazu beiträgt, dass diese ihren Beitrag in Wirtschaft und Gesellschaft leisten können« (BMFSFJ 2010: V).

Der starke Fokus auf positive Bilder eines leistungsfähigen Alters bedeutet dabei keineswegs, dass das junge Alter nicht mehr in Differenz zum (vermeintlich alterslosen) Erwachsenenleben gezeichnet wird. Während im Unruhestandsdispositiv die Verjüngung des Alters als zentrales organisierendes Element fungiert, findet sich seit Mitte der 1990er Jahre mit schnell wachsender Popularität die – vor allem mediale – Problematisierung eines um sich greifenden Jugendwahns unter den Älteren: Anstatt würdevoll zu altern, würden diese im Kontext einer kommerzialisierten *Anti-Ageing*-Kultur zunehmend versuchen, künstlich jung zu bleiben. Die Linie zwischen einem positiv gerahmten, verjüngten und produktiven Alter einerseits und der als peinlich kodierten, jugendwahnhaften Überschreitung angemessener Altersrollen andererseits erweist sich, wie unsere Analysen zeigen, als eine sehr feine. Die Jungen Alten sollen im Hinblick auf Produktivität und Engagement den Menschen im Erwerbsalter ähnlicher werden, dabei aber doch deutlich als »Andere« zu unterscheiden bleiben. Ausdruck dieser ambivalenten Gleichzeitigkeit von erwünschter Gleichheit (als »normale« Erwachsene) und Differenz (als »junge« *Alte*) ist auch der überaus präsente Dispositivstrang zur Bezeichnung der Jungen Alten als KonsumentInnen von Produkten, Angeboten und Dienstleistungen: Die Adressierten seien nicht mehr, so der Tenor, die klassischen Alten von gestern und fühlten sich deshalb als SeniorInnen oder ältere MitbürgerInnen nicht mehr angesprochen (Stichwort: Verjüngung). *Silver Surfer*, Junge Alte, Generation 50 plus, *Goldies*, *Knowies*, *Best Ager* – eines wird bei all diesen Bezeichnungsversuchen und ihrer populären Erörterung deutlich: Eine einfache – je nach Kontext variierende – Adressierung als schlichte Erwachsene scheint dem gesellschaftlichen Differenz-Bedürfnis nicht Genüge zu tun.[179]

---

179 | Vgl. diesbezüglich auch Otten (2008: 211): »Das Verwirrspiel um ›Junge Alte‹, ›Neue Alte‹ oder 50+-Alte hängt mit der simplen Tatsache zusammen, dass Männer und Frauen heute zwischen 50 und 70 Jahren schlicht und ergreifend nicht alt sind, aber erwartungsgemäß alt sein sollten. Nur die rhetorische Fixierung auf dies ohnehin künstliche Altersmuster in Konfrontation mit dem am Klischee gemessen nicht altengerechten Aussehen und Verhalten der beobachteten Personen macht die Pointe aus. Es wäre genau so, als würden wir uns über die Tatsache echauffieren, dass die Schimmel der Kavallerie neuerdings mehrheitlich nicht weiß sind, weil sie braun sind, und Begriffe einführen wie ›Braune Schimmel‹ oder ›Neue Schimmel‹, um diesen Umstand zu beschreiben.«

»Veteranen der Arbeit«

Das Dispositiv »Veteranen der Arbeit«, dessen Existenz sich, da an jene der DDR gebunden, auf die 1980er Jahre beschränkt, vereint interessanterweise Elemente aus allen drei Dispositiven. Das dem Ruhestandsdispositiv korrespondierende Motiv der verdienten Versorgung und Fürsorge rekurriert dabei nicht in erster Linie auf die Erwerbsbiografie, sondern auf den im lebenslangen Kampf gegen Faschismus und Kapitalismus erworbenen Veteranenstatus. Im Topos des Veteranen schwingt, anders als im Westen, stets etwas Heroisches mit, das über die Ableistung einer Erwerbspflicht hinausgeht. Zugleich spielt das im Kontext des Unruhestands popularisierte Konzept der Plastizität des Alter(n)s und der aktiven Gestaltung der geistigen und körperlichen Gesundheit im Sinne eines Funktionserhalts auch in der DDR eine sehr große Rolle. Wie im Westen mit starker wissenschaftlicher Unterfütterung aus dem Bereich der Gerontologie versehen – auch im Rekurs auf westdeutsche Ansätze der Psychogerontologie –, lautet das politisch von oberster Stelle propagierte Motto für das Alter: Erhalt der Funktion durch Nutzung der Funktion. Verbunden mit diesem Motiv des Funktionserhalts war jedoch nicht nur die Idee der Lebensqualitätssteigerung und Schadensminderung, sondern auch das Postulat eines produktiven Einsatzes der Funktionen für das sozialistische Kollektiv, dem auch die Verrenteten weiterhin verpflichtet sein sollten. Mit einem im Vergleich zum Produktivitätsdispositiv etwas anders gelagerten *Win-win*-Versprechen wurde das menschliche Bedürfnis nach lebenslanger, produktiver Betätigung für den Sozialismus vorausgesetzt. Es ist wenig erstaunlich, dass ein Rückgriff auf solch sozialistisch gerahmte produktivistische Altersnormen nach 1990, im Kontext des Produktivitätsdispositivs, nicht stattgefunden hat, ja öffentlich tabu war.

Das Dispositiv »Veteranen der Arbeit« sensibilisiert im Vergleich mit den westdeutschen bzw. gesamtdeutschen Dispositiven sowohl für die Kontingenz konkreter Verknüpfungen – so wird das Recht auf (Für-)Sorge eben an den Veteranenstatus statt an die Erwerbsbiografie gebunden – als auch dafür, dass ähnliche oder gleiche Elemente in anderen Kontexten eine andere Bedeutung einnehmen und andere Erzählungen aufrufen können. Garten und Fernseher, im Westen Insignien eines zurückgezogenen, eher passiven Ruhestandslebens, mobilisieren in der DDR ganz andere Verknüpfungen: Der Garten spielt in einem System des alltäglichen Mangels eine große Rolle für die Selbstversorgung sowie die Produktion von Tauschgütern; auch wird die große Bedeutung der Gartenkultur als »kleine Republikflucht« gedeutet. Der Fernseher wiederum, zumal der Farbfernseher, war weniger mit Passivität und geistiger Erschlaffung als vielmehr mit technischer Modernität und einem privilegierten Zugang zu kulturellen Gütern verknüpft.

Der Wandel der Dispositive im Kontext der Forschungsliteratur

Ganz grundsätzlich sind die Ergebnisse der Dispositivanalyse in einen für die westlichen Industriegesellschaften identifizierten Trend der aktivitäts- und produktivitätsorientierten Neubestimmung des Nacherwerbslebens einzuordnen – einer Neubestimmung, die vor allem als Versuch einer Positivattribuierung des Dritten Lebensalters zu lesen ist (Bass/Caro 2001; van Dyk/Lessenich 2009). Während in den USA bereits in den 1980er Jahren eine Wende zum Produktivitätsmodell zu verzeichnen ist (Butler/Gleason 1985), ist die produktivistische Orientierung nicht nur in Deutschland – wie unsere Analysen zeigen –, sondern auch auf europäischer Ebene und in anderen europäischen Ländern jüngeren Datums und gewinnt erst in den 2000er Jahren an Fahrt (Moulaert/Biggs 2012; Erlinghagen/Hank 2008). Konzeptionell wird in der deutschsprachigen wissenschaftlichen Diskussion gemeinhin zwischen einem auf den Erhalt der physiologischen und psychischen Kapazitäten zielenden erfolgreichen oder kompetenten Alter sowie einem stärker auf den gesellschaftlichen Nutzen von Aktivitäten fokussierenden Konzept des aktiven oder produktiven Alters unterschieden (z.B. Schroeter 2006: 51f.). Während die inhaltliche Weitung des Aktivitätsfokus über die »Autoproduktivität« hinaus zur »Heteroproduktivität« (Amann 2007: 247ff.) in ihrer grundlegenden Tendenz weitgehend unstrittig sind, erweisen sich die jeweiligen Etiketten, zumal im internationalen Kontext, als kontingent. So ist *successful ageing* im angelsächsischen Kontext weniger psychogerontologisch fundiert als mit *Anti-ageing*-Politiken verwoben (Rowe/Kahn 1998); und während der Topos des *active ageing* im US-amerikanischen Kontext vor allem für Körper und Geist trainierende Aktivitäten im Sinne des Kompetenzerhalts verwendet wird, fungiert *active ageing* auf EU-europäischer Ebene, aber auch in Veröffentlichungen internationaler Organisationen, als Oberbegriff für ein Nacherwerbsleben des Post-Ruhestands (z.B. Walker 2002). Die Autoren Moulaert und Biggs haben in einer umfassenden Studie internationaler politischer Dokumente – von der WHO über die UN und die OECD bis hin zur europäischen Kommission – aufgezeigt, dass es im Kontext von *active ageing* in den 1990er Jahren zunächst zwei Narrative gab: Das Narrativ des »wellbeing«[180] – mit einem starken Fokus auf körperliche und geistige Gesundheit sowie soziale Teilhabe – und jenes der Produktivität. Auf europäischer Ebene sei nun, so die empirisch gestützte These der Autoren, in den 2000er Jahren eine radikale Verschiebung hin zum produktivistischen Pol zu verzeichnen, der zudem sukzessive als erwerbsförmige Produktivität kurzgeschlossen werde (Moulaert/Biggs 2012; vgl. ähnlich: Boudiny 2012: 4f.).

---

180 | Beispielhaft die weite Definition der WHO: »Active ageing is the process of optimizing opportunities for health participation and security in order to enhance quality of life as people age.« (WHO 2002:12)

Wiewohl die grundsätzliche Entwicklungstendenz bestätigend, werfen unsere Ergebnisse doch auf einige Aspekte dieser Entwicklung ein etwas anderes Licht, was sowohl den Spezifika des deutschen Kontextes als auch dem Untersuchungsdesign geschuldet ist, das über die Analyse von *Policy*-Dokumenten und wissenschaftspolitischen Analysen hinausweist. So kann für den deutschen Kontext nicht die Rede davon sein, dass die Perspektive des *wellbeing* aus der Debatte um ein aktives Alter verschwindet. Vielmehr findet eine neue, für die Konstitution des Produktivitätsdispositivs überaus bedeutsame Verknüpfung statt: Die produktivistische Perspektive hebelt das Versprechen der Lebensqualitätssteigerung nicht aus, sondern bindet es in die *Win-win*-Erzählung vom gleichzeitigen gesellschaftlichen wie individuellen Nutzen eines produktiven Alters ein. Ferner zeigt unsere Analyse, dass für das Produktivitätsdispositiv nicht von einer Engführung der Produktivitätsperspektive auf erwerbsförmiges Engagement gesprochen werden kann. Trotz der Rente mit 67 sowie einem umfassenden Rückbau bei zunehmender Delegitimierung von Frühverrentungsoptionen stehen nicht-erwerbsförmige, produktive Tätigkeiten in Gestalt bürgerschaftlichen Engagements, der Weitergabe von Erfahrungswissen in Organisationen und Initiativen, der Nachbarschaftshilfe, von Pflege und Kinderbetreuung im familiären Kontext im Zentrum der Neuverhandlung des Nacherwerbslebens. Ferner hat unsere mehrdimensionale Analyse den Blick dafür geöffnet, dass jenseits der expliziten politischen Neubestimmung des höheren Lebensalters etablierte Institutionen und Praktiken fortwirken, die nicht in vergleichbarerer Weise als Wissensordnungen expliziert und entwickelt werden. So wäre die bis zum Ende des Untersuchungszeitraums strukturierende Kraft des Ruhestandsmodells bei einer auf die Rekonstruktion wissenschafts-politischer Wissensordnungen beschränkten Analyse nicht in dieser Deutlichkeit zu Tage getreten. Vor allem aber hat die Analyse die Bedeutung des über zwei Jahrzehnte einflussreichen Unruhestandsdispositivs aufgezeigt, das in seiner zentralen Scharnierfunktion zwischen Ruhestand und produktivem Alter in der Forschung systematisch unterbelichtet bleibt. Entwicklungen und Veränderungen im Zeitverlauf werden hier oft zugunsten der permanenten, häufig geschichtslosen »Neuentdeckung« des Alters analytisch vernachlässigt. Instruktive Analysen zur Neuverhandlung des Alters in den 1980er Jahren (z.B. Kohli et al. 1993; Karl/Tokarski 1989) werden im Kontext des Produktivitätsdispositivs kaum zur Kenntnis genommen, womit auch der zunächst sehr kritische sozialgerontologische Blick marginalisiert wird.

Mit dem fast drei Jahrzehnte umfassenden Untersuchungszeitraum der Dispositivanalyse schließen wir deshalb eine substanzielle Forschungslücke, offenbart doch gerade die diachrone Entwicklung der Dispositive mitunter Erstaunliches. So zeigt sich beispielsweise, dass im Kontext der Neuverhandlung des Alters die Abgrenzungsfolie des klassischen Ruhestandslebens – verbunden mit einem Altersbild der strickenden Oma und des Lehnstuhlopas – über

drei Jahrzehnte hinweg weitgehend erhalten bleibt: Schon Anfang der 1980er
Jahre erfahren wir, dass die Ruheständlerin nicht mehr die »gütige alte Frau
mit dem schlohweißen Haar und dem Enkelkind auf dem Schoß«, sondern
»jung, schön, vital« ist (BILD 1983_34); und obwohl diese Frau und die in den
1980er Jahren ausgerufenen Neuen Alten faktisch die Elterngeneration der
Jungen Alten der späten 2000er Jahre sind, ist die Referenzfolie der Großmutter doch bis zuletzt dieselbe geblieben (z.B. SPIEGEL 2007_6). Auch die Frage,
wie die Neuen Alten der 1980er Jahre zu Hochaltrigen geworden sind und
inwiefern im Zuge dessen logischerweise auch eine neue Hochaltrigkeit aus-
zurufen wäre, spielt weder politisch, noch wissenschaftlich oder medial eine
Rolle (vgl. zur Kritik der Geschichtslosigkeit des »neuen« Alters auch van Dyk/
Lessenich 2009b: 29). Dass nicht einmal in Erwägung gezogen wird, dass sich
die Hochaltrigkeit der Neuen Alten möglicherweise von der Hochaltrigkeit
vorheriger Kohorten unterscheiden könnte, offenbart einmal mehr, dass das
höchste Alter jenseits des Sozialen verortet wird und bleibt.

Erst in der allerjüngsten Vergangenheit erfährt Hochaltrigkeit im Kontext
des Produktivitätsdispositivs eine neue, bislang schwach ausgeprägte Verknüpfung, die in eine andere Richtung weist: Im Sechsten Altenbericht der Bundesregierung sowie in einigen wissenschaftlichen Beiträgen sind Bemühungen
um eine Neubestimmung von Produktivität zu beobachten, die zum Ziel haben, auch der Höchstaltrigkeit produktive Facetten abzugewinnen. Die lauter
werdende Kritik an einem rein verrichtungsbezogenen Pflegekonzept, das auf
Rehabilitation weitgehend verzichtet, ist ebenso wie der Verweis auf die Vor-
bildfunktion der Hochaltrigen ein Ausdruck dieser Entwicklung.

Altersbilder im Kontext der Dispositive

Insgesamt konnten für den Untersuchungszeitraum vier Dimensionen negativer Altersbilder unterschieden werden, die mit unterschiedlichen Überlagerungen und Schwerpunkten in die Dispositive eingewoben sind: Im Kontext
der politisch-wissenschaftlichen Aufwertung des (jungen) Alters zeichnet sich
eine Abkehr von (erstens) Defizitperspektiven des geistigen und körperlichen
Verfalls sowie (zweitens) negativen, verhaltensbezogenen Altersstereotypen
(Geiz, Starrsinn, Besserwisserei, Unflexibilität etc.) ab. Dabei werden Verfall
und Abbau für das Vierte Lebensalter gerade durch die Betonung der Plastizität im Dritten Lebensalter festgeschrieben. Die deutliche Lockerung der Nega-
tiv-Verknüpfung *Alter/Krankheit/Abbau/Abhängigkeit* bleibt damit an eine
bestimmte Lebensphase gebunden. Seit den 1990er Jahren entwickeln sich zudem neu akzentuierte Defizitperspektiven auf das junge Alter, die als Defizite
zweiter Ordnung bezeichnet werden können, da sie weniger die mit dem höheren Lebensalter verbundenen Einschränkungen thematisieren, als vielmehr
die Umgangsweisen der Älteren mit Kompetenzen, Potenzialen und Alters-

rollen. Einflussreich wird in diesem Zusammenhang, wie dargelegt, (drittens) die Problematisierung des Jugendwahns der Älteren, denen ganz im Sinne von Brechts »unwürdiger Greisin« ein trotz aller Verjüngungsemphase altersinadäquates Verhalten unterstellt wird. Als ebenso gewichtig erweist sich die in den 2000er Jahren im Kontext des Produktivitätsdispositivs an Fahrt gewinnende Defizitdiagnose, dass die Älteren (viertens) die ihnen eigenen Potenziale nicht in angemessener Weise ausschöpfen würden – zulasten der gesellschaftlichen Generationensolidarität.[181] Analysen, die grundsätzlich darauf abheben, dass der Blick auf Ältere seit den 1980er Jahren in fast allen westlichen Industrienationen deutlich positiver geworden sei (z.B. Boudiny 2012: 2), verkennen diese Defizitdiagnosen zweiter Ordnung und verallgemeinern stattdessen die beiden erstgenannten Dimensionen.

Neben diesen konkreten Dimensionen negativer Altersbilder bleibt die Verknüpfung von Alter und Defizit trotz umfassender Aufwertungsbestrebungen während des Untersuchungszeitraums auf unterschiedlichsten Ebenen erstaunlich stabil. Das Alter fungiert auch in den 2000er Jahren noch als »Signifikant des Mangels« (Kunow 2005: 33): des Mangels an Jugend, Flexibilität, Gesundheit, Normalität usw. Es sind, so das Ergebnis unserer Dispositivanalysen, vor allem drei Quellen, die diese Mangeldiagnosen kontinuierlich nähren und erneuern: erstens die unangefochtene Negativattribuierung von Hochaltrigkeit (als »wahrem« Alter); zweitens die Skandalisierung und Problematisierung des demografischen Wandels als Prozess der »Überalterung«, die von einem grundlegend negativen Altersbild und der Vorstellung eines »normalen« (»gesunden«) Bevölkerungsaufbaus zeugt; sowie drittens eine spezifische Form der Positivattribuierung des jungen Alters, die stets eine negative Kehrseite aufruft. Wenn die Gesellschaft »den Tatendurst der Jungen wie die Erfahrung der Alten« (FDP 1987) braucht, wird zugleich attestiert, dass der Tatendurst den Älteren fehlt; wenn die Gesellschaft auf die »neuen Ideen der Jungen« angewiesen ist, um vorwärts zu kommen, während die Älteren ihre Erfahrung einbringen, um vorhandenes Wissen zu nutzen (SPD 2002), ist es keine Frage, von welcher Gruppe Fortschritt und Dynamik ausgeht. Der ambivalenten Gleichzeitigkeit von Angleichung an die mittleren Lebensjahre und Differenzsetzung als Junge Alte ist der Umstand geschuldet, dass sich viele der den Älteren zugeschriebenen Fähigkeiten deutlich von Positivattribuierungen des Erwachsenenalters unterscheiden: Während im flexiblen Kapitalismus Kreativität, Schnelligkeit und Beweglichkeit, Flexibilität, Mobilität, unternehmerischer Geist und bisweilen gar Nonkonformität gefordert sind (Bröckling

---

181 | Diesbezüglich korrespondieren unsere Ergebnisse mit der Medienanalyse der Sprach- und Kommunikationswissenschaftlerin Caja Thimm, die in den 1990er Jahren eine Verschiebung vom Defizitbild des pflegebedürftigen und hinfälligen Alters zum Bild der »Ausbeuter und Kriegsgegner der Jugend« (Thimm 2000: 65f.) ausmacht.

2007; Sennett 1998), zeichnen sich die Jungen Alten, so die Darstellung in unterschiedlichsten Quellen, vornehmlich durch ihr Erfahrungswissen, durch ihre Verlässlichkeit und Verbundenheit, Gewissenhaftigkeit und Loyalität, ihre Bescheidenheit und Ausgeglichenheit aus. Faktisch stellen sie mit all ihren Eigenschaften das genaue Gegenteil des unternehmerischen Selbst oder des flexiblen Menschen als zentralen Sozialfiguren des Gegenwartskapitalismus dar. Erst diese Kontextualisierung lässt die impliziten Negativkonnotationen der expliziten Positivattribuierung des jungen Alters sichtbar werden. Während die Persistenz negativer Altersstereotypen gut erforscht ist (z.B. Quéniart/Charpentier 2011; Rothermund 2009) und im wissenschaftlich-politischen Kontext auf einen Mangel an Information über die Potenziale des Alters zurückgeführt wird (BMFSFJ 2010: V), bleiben die Bedingungen der systematischen Erzeugung von negativ kodierter Differenzsetzung in der Forschung unergründet.

Das aktive Alter als leerer Signifikant

Von besonderem Interesse ist schließlich die Frage, inwiefern der sich abzeichnende Paradigmenwechsel zum produktiven Alter das Potenzial für eine hegemoniale Schließung dessen birgt, was seit Anfang der 1980er Jahre verhandelt wird: die Ausbuchstabierung eines aktiven Alters in Abgrenzung zum Ruhestand. Das aktive Alter strukturiert als positive Referenz die dispositiven Verknüpfungen während des gesamten Untersuchungszeitraums und weist alle Merkmale eines flottierenden, deutungsoffenen Signifikanten auf. Und obwohl »Alter« wie »Aktivität« bei genauerer Betrachtung in hohem Maße unbestimmt sind, werden im Kontext des Unruhestands sowie später des produktiven Alters spezifische Lesarten eines aktiven Alters fixiert.

Zunächst ist die extreme Deutungsoffenheit dessen, was als Alter ausgewiesen wird, augenfällig: Der Signifikant Alter changiert permanent und bezeichnet im Feld von 50 bis 100 Jahren praktisch jedes denkbare Lebensalter.[182] Trotz dieser erstaunlichen Bandbreite, der sichtbaren Evidenz des (individuellen) Alterns als Prozess sowie der empirisch gut belegten Ausdifferenzierung von Altersübergängen im Lebenslauf (Graefe et al. 2011) funktioniert der Code »alt« in den Dispositiven weiterhin eindeutig binär im Sinne einer alt-jung-Polarität,[183] die hierarchisch angeordnet ist: Egal wie positiv »das Al-

---

182 | Manchmal dürfen sich sogar die 40-Jährigen schon angesprochen fühlen: »Das Bremer Veranstaltungszentrum ›Aladin‹ feiert bereits jeden ersten Sonntag im Monat eine ›Wir um 50‹-Disco-Sause. Die Altersgruppe der 40-60-Jährigen entspreche schließlich ›heute rein gar nicht mehr nur dem Bild von lieben Omis und Opis bei Kaffee und Kuchen‹, werben die Veranstalter.« (SPIEGEL 2006_14)

183 | »Jung und Alt lernen voneinander«, »Gesunde Mischung zwischen Jung und Alt«, ›Jung für alt/Alt für jung« – Beispiele für diese Binarität sind unendlich (vgl. kritisch auch

ter« attribuiert wird, eine Herauslösung aus dieser Hierarchie findet zu keinem Zeitpunkt statt, wodurch alle Versuche der einseitigen Aufwertung des
Alters fortlaufend torpediert werden. Tatsächlich wird der polare Gegensatz
»alt-jung« auch durch die in den 2000er Jahren an Bedeutung gewinnende Betonung der Vielfalt des Alters nicht erschüttert, bleibt der Vielfaltstopos doch
durchgängig zu unbestimmt, als dass er die hierarchische Polarität – mit dem
Alter als Signifikanten des Mangels – durchbrechen könnte: Einmal zielt die
Betonung von Vielfalt auf die breite Altersspanne und die parallele Existenz
eines leistungsfähigen und eines betreuungsbedürftigen Alters, ein andermal
geht es um Unterschiede zwischen Männern und Frauen, zwischen Kopf- und
Handarbeiter/innen, um verschiedene Lebensstile oder aber um vielfältige
Weisen des Alterns.[184]

Auch der Topos der Aktivität, der den Mangel des Signifikats Alter heilen
soll, ist auf den ersten Blick in hohem Maße unbestimmt: Aktivität begegnet
uns als angeleitete Beschäftigung im Kontext geschlossener Altenarbeit, als
selbstgestaltete Freizeitbeschäftigung, als Praxis des Kompetenz- und Funktionserhalts, als altersspezifischer, gemeinwohldienlicher Beitrag zur Gesellschaft (Stichwort Erfahrung), manchmal auch als altersunspezifischer Beitrag
im Sinne der Kontinuität eines aktiven Lebens und – sehr selten – als wider-
ständiges oder politisches Handeln. Obwohl Aktivitäten gesundheitsschädlich,
umweltzerstörend, belästigend, belastend oder eintönig sein können – man
denke an physisch und psychisch belastende Pflege oder gesundheitsgefähr-
dende Arbeitsbedingungen –, ist im Kontext von Unruhestand und produktivem Alter die enge Verknüpfung von Aktivität mit positiven Dimensionen
wie Erfüllung, Anerkennung, Partizipation oder Produktivität sowie von

---

Buchen/Maier 2008: 10ff.; für den institutionellen Kontext des Mehrgenerationenwoh-
nens beispielhaft Reinecke et al. 2012: 22f.). Auch in der Konzeption standardisierter
Umfragen wird die Binarität als bedeutungsvoll vorausgesetzt. So fragte Emnid Ende
der 1990er Jahre »Glauben Sie, dass sich das Verhältnis zwischen Jung und Alt in den
vergangenen zehn Jahren verbessert hat, verschlechtert hat oder gleichgeblieben ist?«
(SPIEGEL special Nr. 2/1999: 18)

184 | Der Prominenz des Vielfalt-Topos korrespondiert die zunehmende Marginalisie-
rung von Fragen sozialer Ungleichheit während des Untersuchungszeitraums. Dem Zeitgeist entsprechend nahm diese Entwicklung ihren Ausgangspunkt mit der Verdrängung
von alternssoziologischen Lebenslagenansätzen aus der öffentlichen Diskussion der
1980er Jahre – zugunsten der Popularisierung psychogerontologischer Modelle. Die
starke Polarität »alt-jung« und ihre Popularisierung in Gestalt der Verheißung von Ge-
nerationenkämpfen haben wesentlich dazu beigetragen, dass soziale Ungleichheiten
innerhalb des konstruierten Alters-Pols aus dem Zentrum der Debatte verschwunden
sind (vgl. kritisch auch: Buchen/Maier 2008: 12f.; grundsätzlich zum Klassencharakter
der Neuverhandlung des Alters Graefe/Lessenich 2012)

Nicht-Aktivität mit negativen Attributen wie Verfall, Einsamkeit, Langeweile, Verantwortungslosigkeit unverbrüchlich. Parallel ist die erfolgreiche Verknüpfung des Ruhestandslebens mit Nicht-Aktivität festzustellen, obwohl es dabei faktisch um die Disqualifizierung spezifischer Aktivitäten geht, z.b. niedrigschwelliger Alltagsaktivitäten wie Fernsehen oder aber angeleiteter Aktivitäten im Seniorenzentrum. Tatsächlich offenbart die Entwicklung vom Ruhestand über den Unruhestand zum produktiven Alter ein zunehmend enger gefasstes Aktivitätsverständnis.[185] Aktivität wird mit starker gerontologischer Fundierung zunächst zur Verheißung im Lebenskampf gegen Verfall und Abhängigkeit – sprich gegen die Hochaltrigkeit:»The association of activity with well-being in old age seems so obvious and indisputable that questioning it within gerontological circles would be considered unprofessional, if not heretical. The notion of activity, a recurring motif in popular treatises on longevity since the Enlightenment, today serves as an antidote to pessimistic stereotypes of decline and dependency.« (Katz 2005: 121) Mit dem Produktivitätsdispositiv wird das Aktivitätsverständnis dann weiter verengt, indem eine zunehmende Hierarchisierung der Aktivitäten je nach ihrem gesellschaftlichen Nutzen stattfindet.

In der Verknüpfung von Aktivität und Alter zum politisch, medial wie wissenschaftlich überaus populären aktiven Alter bzw. *active ageing* (Walker 2002; Marhánková 2011; Ney 2004; Motel-Klingebiel/Simonson 2012)[186] wird die Aktivität zum Garanten gegen den konstitutiven Mangel des Alters, auch wenn das Konzept inhaltlich zunächst unbestimmt bleibt (Clarke/Warren 2007; Boudiny 2012: 2ff.). Tatsächlich spricht bei aller Deutungsoffenheit einiges dafür, das aktive Alter als leeren Signifikanten zu lesen, der als Knotenpunkt die Heterogenität von Deutungen, Praktiken und Institutionalisierungen eines aktiven Alter(n)s in radikaler Abgrenzung vom hinfälligen Alter als verworfenem Anderen vereinheitlicht. Im Kontext des Unruhestandsdispositivs wurde die eigenverantwortliche Sorge für den Alternsprozess und die Prävention abhängiger Hochaltrigkeit auf das Engste mit dem Konzept der Aktivität verbunden. Im Zuge eines zunehmend enger gefassten Aktivitätsverständnisses sowie einer Radikalisierung der Verantwortungsperspektive ist aktuell eine Festschreibung des aktiven Alters als produktives Alter denkbar: Zwar weist das produktive Alter als allgegenwärtige Wissensordnung jenseits der Lebensarbeitszeitverlängerung – wie gesehen – einen noch geringen Institutionalisierungsgrad auf, zugleich wird das Dispositiv aber über hegemoniale

---

185 | Gelten Anfang der 1980er Jahre mitunter noch das Kartenspiel oder das Puzzlen als sinnstiftende Alternativ-Aktivitäten zum Fernsehen, fungieren sie in den 1990er oder 2000er Jahren bereits als Beispiele für ein betuliches Ruhestandsleben.

186 | 2012 wurde das »Europäische Jahr für aktives Altern und Solidarität zwischen den Generationen« ausgerufen.

Anschlussdispositive der Aktivierung, der wohlfahrtsstaatlichen Krise, der Neuakzentuierung bürgerschaftlichen Engagements sowie der gesellschaftlichen »Überalterung« einflussreich stabilisiert.

Tatsächlich war und ist es gerade die gewisse Deutungsoffenheit des aktiven Alter(n)s, die es ermöglicht hat, dass sich unterschiedlichste Akteure positiv auf ein je nach Perspektive changierendes Konzept beziehen und gemeinsam zu seiner Verankerung beitragen – ohne deshalb in gleicher Weise Einfluss auf die faktische Fixierung des Konzepts zu haben. Wie die Dispositivanalyse gezeigt hat, spielen ungewöhnliche Diskurskoalitionen für die aktivitätsgeleitete Neuverhandlung des Alters in den vergangenen drei Jahrzehnten eine herausragende Rolle. Liberale und alternative Kräfte haben, im medialen wie parteipolitischen Feld, mit ganz unterschiedlichen Interessen vereint an der Problematisierung des klassischen Ruhestandsmodells gearbeitet; AltersforscherInnen, denen an einer Überwindung des Defizitmodells des Alter(n)s gelegen ist, haben in faktischer Kooperation mit ApologetInnen wohlfahrtsstaatlicher Erschöpfung die politische Hinwendung zum produktiven Alter weitgehend affirmativ begleitet (Ausnahmen bestätigen wie immer die Regel, vgl. z.B. Aner 2002; Aner/Hammerschmidt 2008; Schroeter 2002) und damit aus ganz anderen Motivlagen faktisch einer Ausweitung von neoliberal konturierten, ressourcenorientierten Aktivierungslogiken auf das Ruhestandsalter das Wort geredet. Die weitgehende Ausblendung der gesellschaftlichen Kontextualisierung von Alters- und Ruhestandspolitiken leistet diesem nicht intendierten Kurzschluss Vorschub: »Das viel-, ja einstimmige Lob der – nichtmarktförmigen – Aktivität im Alter entspringt einer wissenschaftlich-politischen Position, die im Kampf gegen das gesellschaftlich verbreitete Defizitbild des Alters praktisch jedwede Form des nacherwerblichen Tätigseins gutheißt – und für die umgekehrt jeder Zweifel an der Güte von Altersaktivierung quasi-automatisch in den Ruch der Altenfeindlichkeit geraten muss.« (van Dyk/Lessenich 2009b: 35f.) Da zugleich aber auf eine theoretisch-konzeptionelle Fundierung von Altersdiskriminierung und Altersstereotypisierung im Anschluss an einschlägige angelsächsische Debatten weitgehend verzichtet wird (vgl. als Ausnahme z.B. Brauer/Clemens 2010), wurde das *Win-win*-Versprechen des Produktivitätsdispositivs, das die Einheit von gesellschaftlichem und individuellem Nutzen im Sinne einer (automatischen) Aufwertung des Alters verheißt, zusätzlich abgesichert. Dass negative Altersbilder und -stereotype sowie Diskriminierungsphänomene auch dann ein Problem sind, wenn sie *nicht* der Nutzung der Potenziale des Alters im Wege stehen, ist als Problematisierung aus der Neuverhandlung des Alters weitgehend verschwunden – ganz im Gegenteil zum angelsächsischen Kontext, wo eine Sensibilisierung für und eine Bekämpfung von *ageism* im Kontext des produktiven Alters öffentlichkeitswirksam verbreitet und rechtlich verankert wurde (Hinterlong et al. 2001: 5f.).

Inwiefern eine hegemoniale Fixierung des aktiven Alters im Sinne des Produktivitätsdispositivs zukünftig tatsächlich gelingen wird, ist letztlich aber nicht nur von der Flankierung durch einflussreiche Anschlussdispositive abhängig, sondern auch davon, in welcher Weise diese Fixierungen anschlussfähig sind an die alltäglichen Erfahrungen und Deutungen der Subjekte – zumal bei einem derart erfahrungs- und praxisgesättigten Gegenstand wie dem Leben im Ruhestand. Mit dieser Perspektive auf die »Lesbarkeit« der Dispositive kommen wir nun zur Analyse der Erzählungen der von uns interviewten älteren Menschen.

5. Junge Alte im Interview

5.1 Erzähltes Leben

Um der Verschränkung von Dispositiv- und Subjektebene in ihrer Zirkularität Rechnung zu tragen, nähern wir uns den subjektiven Dispositionen und Disruptionen auf der Basis von Interviewtexten. Im Zentrum der Analyse der Interviewtexte steht dabei die Frage, ob und inwiefern die (partielle) hegemoniale Schließung der gesellschaftlichen Neuverhandlung des Alters durch den leeren Signifikanten des aktiven Alters an die Alltagserfahrungen, -deutungen und -praktiken der Befragten anschließt, durch diese stabilisiert oder aber auch durchkreuzt, unterlaufen, modifiziert wird. Erlaubt der leere Signifikant aktives Alter es den Subjekten, ihre Lebenserfahrung zu einer konsistenten Geschichte zu organisieren – und gelingt auf diesem Weg seine hegemoniale Universalisierung (Žižek 2001: 243)?

Die erhobenen Interviewtexte liegen in unterschiedlichen, gleichwohl ineinander übergehenden Modi des Sprechens vor: Die durch die offenen Einstiegsfragen erzeugten Erzählungen, die über einen *plot* – einen roten Faden – verbunden werden, sind von den eher beschreibenden oder argumentierenden Abschnitten zu unterscheiden, die sowohl in die Narrationen eingelassen sind als auch den stärker durch Fragen und Konfrontationen strukturierten zweiten Interviewteil prägen. In erster Linie beschreibend sind beispielsweise die Antworten auf die Frage nach dem typischen Tagesablauf, argumentierend hingegen die Reaktionen auf das Statement »Die Alten liegen den Jungen auf der Tasche«. Narrative Passagen bieten den Interviewten die größten Freiheiten, ihre eigenen Relevanzen und Themen zu setzen, weshalb den Anfangssequenzen – in unserem Fall den Narrationen zum Erwerbsübergang und Ruhestand(serleben) – besondere Aufmerksamkeit in der Auswertung zu Teil wird (zur Bedeutung der Anfangssequenz vgl. Bude 1985: 310). Wir folgen mit dieser Differenzierung allerdings nicht der strengen Textsortentrennung der Narrationsanalyse, teilen wir doch die Kritik, dass reine Formen der Textsorten empirisch kaum auffindbar sind (Mey 2000: 147). Vor allem aber nehmen wir nicht an, dass Erzählungen im Interview einen Einblick in die Erfahrungsaufschichtungen der Interviewten bieten (»Homologie von Erzählung und

Erfahrung«), während beschreibende und argumentative Passagen eher inter-
aktiven Interviewsituation geschuldet seien (Schütze 1987; kritisch vgl. Bude
1985). Wir gehen stattdessen davon aus, dass auch die Erzählungen dem Rechtfertigungskontext des Interviews geschuldet sind und damit Produkt des Zu-
sammenwirkens von Interviewerinnen und Befragten. Der gesamte Interview-
text wird damit als Resultat sozialer Interaktion begriffen, als kommunikatives
Erzeugnis (Tuider 2007: 22; Reh 2003) einer dialogischen Interviewvariante –
in Abgrenzung zur Enthaltsamkeit des Interviewers im narrativen Interview,
dessen Aufgabe es ist, die Interviewten möglichst wenig von der Darstellung
ihrer inneren Erfahrungsaufschichtung abzulenken (zur Kontrastierung von
Erzähl- und Situationsdynamik vgl. Mey 2000: 143ff.). Im Sinne der *Narrative
Gerontology* (Kenyon et al. 2001; Ray 2002) betrachten wir die im Interview
erzeugten narrativen Konstruktionen als kulturelle Produktionen, die sowohl
dispositiv strukturiert sind als auch das kreativ-eigensinnige Resultat der Verarbeitung dispositiver Versatzstücke mit individuellen Erlebnissen.[1]

Das erzählende Selbst, die narrative Subjektivität, geht – so die zentrale
Annahme der *Narrative Gerontology* – seiner erzählten Erfahrung nicht voraus,
sondern entsteht performativ im permanenten »restorying« (Kenyon/Randall
2001: 5) der eigenen Lebensgeschichte. Die Erzählung ist dabei nicht bloße
Fiktion oder Illusion, sie ist ein »Schlüsselmoment im Prozess der Realitäts-
konstruktion« (Kaufmann 2004: 160). Zentral sind in diesem Sinne der krea-
tive Charakter der Narrationen und ein Konzept von Erfahrung, das diese eher
als ein immer wieder neu hervorzubringendes Produkt und weniger als in der
Vergangenheit erzeugtes Material aktueller Narrationen begreift. Vergangene
Erfahrungen werden in der Gegenwart bzw. in Bezug auf die Gegenwart erzeugt: »From a narrative point of view, although it is true that the stories of
older persons involve a considerable past dimension, a past life, and include
patterns of meaning created earlier on, this past is being reconstructed or res-
toried reactively in serving the present. People ascribe present meaning to or
express present metaphors of past events. In one sense the past exists only
as it is remembered and created and recreated in the interaction with present
and future experiences and with the meaning, interpretations, and metaphors
ascribed to those experiences.« (Kenyon et al. 1999: 46)[2]

Für die Interviewtexte gilt damit ebenso wie für den Korpus der Dispositivanalyse, dass Bedeutung eine Funktion des Kontextes ist und dass auch die

---

1 | Vgl. im Kontrast dazu die nahezu deterministisch anmutende gouvernementalitäts-
theoretisch gerahmte »biographische Selbstthematisierung eines Subjekts als Praxis
der Subjektivierung«, verstanden als »›selbstredende‹ Übernahme diskursiver Setzun-
gen in die Selbstkonzeption eigener Identität« (Hanses 2010: 252f.).

2 | Oder wie Gubrium und Holstein (2002: 163) es knapper formulieren: »Narrativity
designs experience through time.« (Gubrium/Holstein 2002: 163)

Kontexte von (Lebens-)Erfahrungen im Wandel begriffen sind, dass sie im wahrsten Sinne des Wortes »mit der Zeit gehen«: Das erzählende Selbst rekontextualisiert seine/ihre Erfahrungen im Hier und Jetzt, eingebettet in den Rahmen der konkreten Interviewsituation und zirkulär rückgekoppelt an die vielschichtigen, sich im Laufe eines Lebens wandelnden dispositiven Kontexte. Wo die *Narrative Gerontology* dazu neigt, die Freiheit und offene Kreativität der »storytelling creatures« (Randall/Kenyon 2004: 333) überzubetonen und die (dispositiven) Kontexte des *storytelling* zu vernachlässigen, zielt das theoretisch-methodologische Design dieser Untersuchung gerade auf die zirkuläre Verschränkung von Narration und Kontext. Zentral ist die Annahme, dass nur von im Dispositiv ausgewiesenen (dabei durchaus widerstreitenden oder konkurrierenden) intelligiblen Sprecherpositionen aus erzählt werden kann (Reh 2001: 45), wobei diese Positionen im Prozess ihrer Adaption zugleich verschoben bzw. modifiziert werden. Die *storytelling creatures* verfügen mit Butler (1998: 46ff.) gesprochen eben nicht souverän über ihre Äußerungen, sondern zitieren und modifizieren Zitiertes – schießen damit aber durchaus (partiell) über die gesellschaftlichen Dispositive hinaus. Zugleich sensibilisiert die Perspektive der *Narrative Gerontology* für die »kleinen« Kontextwelten der Akteure (z.B. den gelebten Ruhestand der eigenen Eltern, den eigenen Gesundheitszustand, das Leben auf dem Dorf etc.; vgl. Gubrium/Holstein 2002: 170). Ohne die kleinen und großen Kontextwelten gegeneinander ausspielen zu müssen, hilft dieser Fokus auf die je individuellen Kontexte, das Bewusstsein für die Unabschließbarkeit der Kontextbedingungen wachzuhalten – verführt doch eine pragmatische Bestimmung von Kontexten, wie wir sie mit dem Unruhestands- und Produktivitätsdispositiv sowie den skizzierten Anschlussdispositiven vorgenommen haben, schnell dazu, diese als erschöpfend zu behandeln.

Narratives Selbst und erzähltes Leben: »Aufforderung« zu Kohärenz und Kontinuität

Erzählungen, die das Leben in der Nacherwerbsphase, den Rentenübergang wie das Alter(n) zum Thema haben, weisen starke biografische Züge auf und werden – mehr oder weniger explizit – eingebettet in ein Konzept des Selbst. Entscheidend ist nun, dass auch das Erzählen der Lebensgeschichte und der narrative Entwurf des eigenen Selbst nicht vollkommen frei und offen vonstattengehen: Sie sind strukturiert durch fest verankerte Vorstellungen gelungenen Subjektseins in der (spät)modernen Gesellschaft, die wesentlich auf Kohärenz, Widerspruchsfreiheit und positive Entwicklungslogiken rekurrieren. BiografieforscherInnen haben aufgezeigt, wie Inverviewte sich – nicht nur, aber eben auch in Interviewsituationen – aufgefordert fühlen, eine »kohärente Ganzheit« (Schäfer/Völter 2005: 169) zu präsentieren, die aufgrund des Authentizitäts- und Wahrheitsanspruchs der Erzählung dazu führt, dass sich die

Erzählenden »die sprachliche Objektivierung des Erinnerten in der Regel als ›Wahrheit über sich selbst‹ aneignen« (ebd.). Schäfer und Völter sehen hier frei nach Althusser eine »Selbstanrufung des Subjekts« (ebd.) am Werke, die statt der einfachen Reproduktion von Erfahrungen einer (vereindeutigenden) »lebensgeschichtliche[n] Produktion« (ebd.: 170) gleichkommt. Auch Kaufmann betont in seinen Ausführungen zur »Erfindung des Ich«, dass die biografische Erzählung der »vereinheitlichenden Vereinfachung« dient: »Sie übertüncht unablässig das Zögern und die Inkohärenzen und verjagt den kleinsten Widerspruch, und dies auf die allerlogischste Weise, denn sie ist genau das Instrument, das es erlaubt, ein vielgestaltiges, heterogenes, zersplittertes konkretes Leben zu vereinheitlichen.« (Kaufmann 2004: 160) Um nahezu jeden Preis müsse ein roter Faden des Lebens geknüpft und an diesen angeknüpft werden: »Die Vorstellung, dass eine Kontinuität besteht, ist wichtiger als der Wahrheitsgehalt der Inhalte.« (Ebd.)

Vor diesem Hintergrund gilt es, den auf Kohärenz und Kontinuität getrimmten Zugzwängen biografischen Erzählens in der Auswertung der Interviewtexte Rechnung zu tragen und den Blick für potenzielle Brüche, Inkohärenzen und Fragmentierungen zu schärfen. Die Frage der Kohärenz und Kontinuität stellt sich mit Blick auf die Thematik des Ruhestands und des Alters in besonderer Weise und Dringlichkeit, sind die Menschen doch zugleich mit der Erwartung lebensgeschichtlicher Kontinuität und persönlicher Kohärenz wie mit der gesellschaftlich tief verankerte binären Opposition »alt-jung« konfrontiert.[3] Diese doppelte Strukturierung schärft den Blick für die mögliche Gleichzeitigkeit von »stories of self-sameness and difference« (Gullette 2004: 123). Mit Jean-Claude Kaufmann gehen wir zudem davon aus, dass die auf Vereinheitlichung zielende biografische Identität erst durch die für die konkrete Alltagsbewältigung relevante »unmittelbare Identität« komplettiert wird, die weniger einheitlich als vielmehr fragmentiert und heterogen ist: Konkreter kontextualisiert als das biografische Selbst, ist sie »eine Antwort, die sofort gegeben werden muss, um dem Handeln eine bestimmte Richtung zu verleihen«, sie ist eine Bedingung des Handelns, »ein working self-concept« (Kaufmann 2004: 177)[4] – das im Zweifelsfall retrospektiv in ein Konzept biografischer Identität eingepasst wird.

---

3 | »Older identities might easily become stuck [...] in the sense that we are the same people who will age or who have been young, and yet we are encouraged to think of this continuum as a binary opposition.« (Biggs 2004a: 49)

4 | Kohli (1981: 504) geht (noch) davon aus, dass sich die reflexive, durch biografische Selbstthematisierung auszeichnende Subjektivität und die »romantische Subjektivität«, »die mit den Begriffen ›Unmittelbarkeit‹ und ›Spontanität‹ angesprochen ist« (ebd.), unversöhnlich entgegen stehen – und entscheidet sich für die reflexive Subjektivität als die ihm zufolge »realistischere Variante«.

Diese unmittelbare Identität und die durch sie angeleiteten Handlungen, Informationen und Erlebnisse werden durch eine »Identitätsschablone« (Kaufmann 2004: 113) gefiltert und nur dann integriert bzw. internalisiert, wenn sie – im Sinne der Kohärenz – »nicht zu unstimmig sind« (ebd.). Manche Interviewten geben Hinweise darauf, nach welchen Schablonen sie ihr Leben filtern, indem sie explizit ein Selbstkonzept formulieren (z.B. »Ich war schon immer ein sehr unabhängiger Mensch«, »Ich bin eine Person, die....«) und mit diesen »identity statements« (Rubinstein 2002: 146) eine Leseanleitung für ihr erzähltes Leben formulieren. Neben formulierten Selbstkonzepten sind im Gesprächsverlauf wiederkehrende »Lebensthemen« (z.B. die in jungen Jahren von den Eltern verweigerte Ausbildung, das Verlassenwerden durch den Ehepartner u.ä.) ein Hinweis darauf, nach welchen Kriterien Befragte ihre Erzählungen strukturieren.

Gesagtes, Ungesagtes und Unsagbares

Wenn das (biografische) Erzählen im Interview nicht als einfache Reproduktion und Abbildung vergangener Erfahrungen, sondern als situationsspezifischer, interaktiver Produktionsprozess begriffen wird, stellt sich auch die Frage nach der Aufrichtigkeit bzw. Authentizität der Befragten im Interview neu: Während – in unterschiedlichen Ausprägungen – häufig versucht wird, methodisch dafür Sorge zu tragen, dass das im Interview Gesagte auch das Gemeinte und das Gemeinte die Wirklichkeit ist (vgl. kritisch: Schneider 2007: 397), verschiebt sich vor diesem Hintergrund die Aufmerksamkeit hin zu den Produktionsbedingungen des Gesagten wie Ungesagten – im konkreten Rechtfertigungskontext des Interviews wie natürlich darüber hinaus. Im Umkehrschluss bedeutet dies nicht, dass die Divergenz von Erzählung und Praxis (sofern sie feststellbar ist) nicht von Interesse im Prozess der Auswertung ist: Sie ist dies allerdings nicht um des Nachweises einer als problematisch erachteten Unaufrichtigkeit willen, sondern im Hinblick auf die Analyse der Erzeugungsbedingungen dieser Diskrepanz. Im Fall einer starken Divergenz von Erzählung und Praxis in Bezug auf das Ausmaß und die Gestalt von Aktivität(en) wäre deshalb – um ein Beispiel zu nennen – zu fragen, inwiefern und warum die Interviewsituation als gesellschaftlich situierter Rechtfertigungskontext ausgeprägte Aktivitätsbekundungen erzeugt.

Tatsächlich geht es aber nicht nur um die Produktionsbedingungen des Gesagten, sondern ebenso um die des Ungesagten und Unausgesprochenen.[5]

---

5 | Vom Ungesagten (aber potenziell Sagbaren) ist wiederum das Unsagbare zu unterscheiden, verstanden als das, »wovon in der Tat nur geschwiegen werden kann, nicht weil es infolge von Normen, Tabus nicht sagbar wäre [...], sondern weil es als Sagbares unserem (Alltags-)Denken gar nicht zur Verfügung steht« (Schneider 2007: 406).

Hiermit schließen wir eine Leerstelle der *Narrative Gerontology*, die dazu neigt, aus dem Blick zu verlieren, was alles nicht erzählt, trotzdem aber potenziell erlebt, erfahren, empfunden wird – zumal Menschen dazu neigen, das Besondere und nicht das Alltägliche zu vergegenwärtigen (Kaufmann 2004: 104ff.). Die Analyse des erzählten Lebens geht deshalb – ebenso wie die Analyse der Dispositive – einher mit der Suche nach Spuren im Material, die auf Ungesagtes, auf Implizites verweisen. Die Suche wird dadurch erschwert, dass es sich ebenso um aktiv Verheimlichtes wie um Unwichtiges oder um Selbstverständliches handeln kann (Lenz 1991: 56, Mey 2000), das keiner Artikulation bedarf – »zumindest solange es keinerlei Irritation ausgesetzt ist« (Schneider 2007: 405). Es gilt also zu fragen: Welche gesellschaftlichen Tabuzonen markieren mögliche Auslassungen? Welche Hinweise auf potenziell Selbstverständliches geben uns die Dispositivanalysen? Welche Codewörter rufen Ungesagtes auf, verweisen auf Abwesendes? Finden sich Irritationen in den Interviewtexten, die Befragte herausfordern, als selbstverständlich Angesehenes zu explizieren? Und schließlich: Welche Rolle spielt – gesagt oder ungesagt – die Figur des aktiven Alters in den Erzählungen des (Nacherwerbs-) Lebens der Befragten? Wie sieht das zirkuläre Verhältnis von (pragmatisch bestimmten) Dispositiven, subjektiven Dispositionen und den über die dispositive Infrastruktur hinausweisenden Disruptionen aus? In diesem Sinne interessieren wir uns im Folgenden weniger für die einzelnen Biografien als dafür, welche dispositiven Anhaltspunkte, Spuren und Auslassungen, aber auch welche überschießenden Erfindungen oder Eigensinnigkeiten wir in den Interviewtexten finden.

5.2 Die Interviewten

5.2.1 Kurzcharakterisierung der Interviewten und ihrer Generationenlagerung

Alle Interviewten sind wohnhaft in Jena oder Erlangen und zwischen 1938 und 1950 geboren, also zum Zeitpunkt des Interviews zwischen 72 und 60 Jahren alt. Von einer Ausnahme abgesehen, in deren Fall der Rentenübergang erst sechs Monate zurück liegt, sind alle Interviewten seit mindestens einem Jahr im Ruhestand oder in der passiven Phase der Altersteilzeit. Die überwiegende Mehrheit der Befragten ist in den vorgezogenen Ruhestand gegangen, 16 der 55 Befragten über das Blockmodell der Altersteilzeit, womit der Anteil etwas über dem bundesdeutschen Durschnitt im Jahr 2008 liegt.[6] Nur vier Interviewte –

---

6 | Im Jahr 2008 nutzten 10 % der anspruchsberechtigten Personen zwischen 55 und 59 sowie mehr als 25 % der 60- bis 64-Jährigen die Altersteilzeit, wobei das Blockmo-

drei Männer und eine Frau – sind mit der Regelaltersgrenze von 65 oder später verrentet worden.

Sechs Interviewte sind geringfügig beschäftigt, davon drei Frauen aufgrund ihrer prekären Lebenslage aus finanziellen Gründen sowie zwei Männer und eine Frau intrinsisch motiviert als Selbstständige. Drei Frauen sind konkret auf der Suche nach Erwerbsarbeit, davon zwei aus finanziellen Gründen sowie eine sehr gut situierte Interviewte, die Anregung und Anerkennung sucht.[7] Damit sind im Sample die fortgesetzt Erwerbstätigen – verglichen mit der verrenteten Bevölkerung unter 70 – unterrepräsentiert: Die *Generali Altersstudie 2013* weist eine Erwerbsquote von 20 % für die Altersgruppe der 65- bis 69-Jährigen aus, wobei es sich mehrheitlich um geringfügige Zuverdienste handelt (Generali Zukunftsfonds/Institut für Demoskopie Allensbach 2013: 89; Nowossadeck/Vogel 2013). Bestätigt wird die große Bedeutung selbstständiger Erwerbsarbeit nach der Rentengrenze, sind repräsentativen Befragungen zufolge doch 25 % der Selbstständigen nach 65 noch erwerbstätig und von den 65- bis 70-jährigen Erwerbstätigen die Hälfte Selbstständige (Otten 2008: 97).

Mit 26 von 55 Befragten ist fast die Hälfte des Samples – und damit ein für die Alterskohorte sehr hoher Prozentsatz – ehrenamtlich aktiv, davon deutlich mehr Frauen (16) als Männer (9). Elf der ehrenamtlich Aktiven kommen aus Jena, darunter zwei Befragte mit einem sehr geringen Jahresstundenumfang, vierzehn aus Erlangen, auch hier zwei Befragte mit wenigen Stunden im Jahr. Der *Deutsche Alterssurvey* stellt zwar eine Engagementquote von 54 Prozent für den Bereich außerberuflicher gesellschaftlicher Partizipation in der Altersgruppe der 55- bis 69-Jährigen fest, fasst darunter neben ehrenamtlichen Tätigkeiten aber auch die Teilnahme an außerhäuslichen Bildungsaktivitäten im Zeitraum von zwölf Monaten vor der Befragung (Naumann/Romeu Gordo 2010).[8] Aufgrund uneinheitlicher Definitionen unterscheiden sich die Engagementquoten in unterschiedlichen Surveys aber auch dann erheblich, wenn Bildungsaktivitäten nicht berücksichtigt werden (vgl. zu Problemen der Ope-

---

dell eindeutig bevorzugt wird (Naumann/Romeu Gordo 2010: 132). Anspruchsberechtigt sind ArbeitnehmerInnen, die das 55. Lebensjahr vollendet haben und innerhalb der letzten fünf Jahre vor Beginn der Altersteilzeit mindestens 1.080 Kalendertage (ca. drei Jahre) versicherungspflichtig beschäftigt waren.

7 | Zu dieser deutlichen Zweiteilung der im Ruhestand Erwerbstätigen in Prekarisierte einerseits und Privilegierte, intrinsisch Motivierte andererseits vgl. Scherger et al. 2012 (mit dem treffenden Titel »Between Privilege and Burden«).

8 | Jede dritte Person bildet sich den Ergebnissen zufolge außerhäusig, jede sechste Person bildet sich und ist ehrenamtlich aktiv und nur sehr wenige – nämlich 5 % – sind ausschließlich ehrenamtlich aktiv, ohne zusätzlich an Bildungsveranstaltungen teilzunehmen (ebd.: 134f.).

rationalisierung und Vergleichbarkeit Künemund 2006b).[9] Der *Freiwilligensurvey* ermittelt mit 37 % für die Gruppe der 60- bis 69-Jährigen die höchste Engagementquote, wobei hier alle freiwillig geleisteten Aktivitäten in organisierten Kontexten (so z.B. auch die Mitgliedschaft im Sportverein) und nicht im engeren Sinne ehrenamtliches Engagement erfasst werden (Gensicke 2008: 124). Im *Survey of Health, Ageing and Retirement in Europe* (SHARE) werden sehr viel niedrigere Engagementquoten von 13 % ausgewiesen: Gefragt wird hier, ob in den letzten vier Wochen vor der Befragung ehrenamtliches Engagement geleistet wurde (Erlinghagen/Hank 2009). In unserem Sample erfüllen 22 von 55 Personen und damit 40 % dieses Kriterium, wobei die Mehrheit, wie dargelegt, Frauen sind.[10] Diese außerordentlich hohe Quote ist zum einen der Überrepräsentation von AkademikerInnen im Sample geschuldet, da mit steigendem Bildungsgrad die Engagementquoten deutlich zunehmen (Naumann/Romeu Gordo 2010: 136f.; Generali Zukunftsfonds/Institut für Demoskopie Allensbach 2013: 345). Noch entscheidender dürfte jedoch der Feldzugang sein, der vor allem über lokale Aktivitätskontexte sowie Zeitungsannoncen erfolgte. Versuche, den hier angelegten Aktivitäts- und Bildungs*bias* durch persönliche Ansprache von Menschen in Einkaufszentren, Wartezimmern von Arztpraxen sowie bei der Jenaer und Erlangener Tafel zu durchbrechen, waren nur von bescheidenem Erfolg gekrönt.

Die von den Interviewten ausgeübten ehrenamtlichen Tätigkeiten bestätigen schließlich Forschungsergebnisse, dass die mit großer öffentlicher Aufmerksamkeit bedachten, im Kontext von Modellprogrammen geförderten neuen Engagementbereiche (z.B. »Erfahrungswissen für Initiativen« oder das

---

9 | Die Ergebnisse der *Generali Altersstudie 2013* zeigen eindrücklich, wie der Engagementgrad je nach konkreter Fragestellung variiert: Die Frage, ob sie sich außerhalb von Familie und Beruf engagieren, beantworten 45 % der 65- bis 85-jährigen Befragten mit »ja«; die Frage nach einem Ehrenamt oder privater Mitarbeit in Gruppen und Organisationen bejahen nur 24 % (Generali Zukunftsfonds/Institut für Demoskopie Allensbach 2013: 345).

10 | Die hier zitierten Erhebungen zu ehrenamtlichem Engagement und Freiwilligenarbeit weisen trotz unterschiedlicher Definitionen und Erhebungsmethoden alle eine höhere Engagementquote für Männer als für Frauen aus: Laut dem *Deutschen Alterssurvey* waren 2008 z.B. 24 % der Männer und 16 % der Frauen im Alter von 55 bis 69 Jahren ehrenamtlich in Vereinen, Gruppen, Organisationen aktiv. Unser Sample weist nicht nur aufgrund des erhobenen Engagements der befragten Personen in eine andere Richtung: Viele Befragte sprechen darüber hinaus in den Interviews von ihrem Eindruck, dass die verrenteten Männer passiver seien und weniger Wert auf außerhäusige Aktivitäten legten: »Da gibt's doch einige Männer, die so sind. Die nix mit ihrer Freizeit anzufangen wissen, außer, vielleicht Fernsehen und Verreisen, manche verreisen ja nichtmal.« (Frau Schott, Z 484ff.)

Modellprogramm »Seniorenbüro«) neben den klassischen Engagementfeldern im Kontext von Vereinen, Kirchengemeinden und Wohlfahrtsverbänden in der Praxis kaum eine Rolle spielen (Aner 2002: 67; Generali Zukunftsfonds/Institut für Demoskopie Allensbach 2013: 344).

Die Generationenlagerung der Interviewten

Die Erlanger Befragten sind größtenteils der so genannten 1968er-Generation zuzurechnen (Bude 1995), die Jenaer Befragten gehören der so genannten »integrierten Generation« (Motel-Klingebiel et al. 2010) in der DDR an, die unter den Bedingungen des Aufbaus groß geworden ist. Während die »68er« die Liberalisierung der bundesrepublikanischen Gesellschaft vorantrieben, steht die »integrierte Generation« Ostdeutschlands für die »ideologische und kulturelle Verhärtung der Gesellschaft« (ebd.: 393) nach den Anfangsjahren des Aufbruchs. Im Vergleich mit der Vorgängergeneration der »45er« (West) und der »Aufbaugeneration« (Ost) sowie den nachfolgenden Babyboomern gelten die »68er« und die »integrierte Generation« als die Generationen mit den größten Ost-West-Unterschieden (ebd.). Das im engeren Sinne (Nach-)68er Milieu der intellektuellen Postmaterialisten umfasst *Sinus*-Berechnungen zufolge zwar nur eine Minderheit in der Gruppe der 50- bis 70-Jährigen, nämlich 13 Prozent (Otten 2008: 191). Es besteht aber weitgehende Einigkeit und empirische Evidenz dahingehend, dass diese Orientierung bei der westdeutschen Bevölkerung über das Kernmilieu hinaus ausgestrahlt und die Werthaltungen anderer Milieus beeinflusst hat (Inglehart 2008). Im »Wirtschaftswunderland« großgeworden, hat die Generation der 68er mehrheitlich vom Bildungsboom profitiert und der männliche Teil blickt in der Regel auf ein klassisch fordistisches Normalarbeitsverhältnis zurück (Allmendinger 1994; Naegele 2010). Unter Ausblendung der geschlechtsspezifischen Ungleichheiten gilt diese Generation im Vergleich zur Aufbaugeneration der 45er sowie den nachfolgenden Generation der Babyboomer, die nicht nur mit der großen Anzahl Gleichaltriger, sondern auch mit zunehmend unsicheren Erwerbsbiografien konfrontiert ist, als (einmalig) privilegierte Generation.

Ganz anders sieht die Situation für die Ostdeutschen aus: Die Jahrgänge der »integrierten Generation«, die zum Zeitpunkt der Wende jünger als 50 waren, gelten aufgrund der abgebrochenen Erwerbskarrieren in Teilen als »Wendeverlierer« (Motel-Klingebiel et al. 2010: 29), wobei eine prekäre Lebenssituation oder schwierige Wende-Bewältigung häufig mit einer gewissen DDR-Nostalgie einhergeht.[11] In unserem Sample findet sich diese Kombination in unterschiedlicher Ausprägung bei acht von 30 Jenaer Befragten. Als rentenpolitische Sandwichgeneration ist diese sowohl im Vergleich zu den älteren

---

11 | Zum Typus der nostalgischen »Ostalgiker« vgl. auch Meyen (2013: 218f.).

DDR-Generationen als auch zu den jüngeren Jahrgängen, die 1990 die 40 noch nicht überschritten hatten, strukturell benachteiligt. Während die zum Zeitpunkt der Wende bereits Verrenteten von einer Umstellung der Rente auf Basis des Rentenüberleitungsgesetzes vom Juni 1991 profitierten, die mit einer deutlichen Verbesserung der Versorgungslage einherging[12], zahlte sich die Anrechnung der Rentenpunkte für die »nur« 20 bis 30 Jahre andauernde Beschäftigung unserer Befragten zu DDR-Zeiten deutlich weniger aus. Aufgrund der Stilllegung zahlreicher Betriebe in Ostdeutschland (so auch in Jena) folgten für einen großen Teil dieser Alterskohorte nach der Wende Jahre der Arbeitslosigkeit und/oder prekären Beschäftigung – mit entsprechenden Konsequenzen für die Rentenanwartschaften[13]. Weder standen den 40- bis 50-Jährigen die Frühverrentungsmöglichkeiten oder das von 1990 bis 1993 an über 55-Jährige ausgezahlte Altersübergangsgeld zur Verfügung (Zähle/Möhring 2010: 335f.), noch hatten sie wie die jüngeren Kohorten die reale Chance, sich erwerbsbiografisch auf die neuen Arbeitsmarktbedingungen einzustellen. Die sechs Befragten im Sample, die aus Arbeitslosigkeit in den Ruhestand gewechselt sind, stammen alle aus Jena; acht weitere JenenserInnen blicken auf Phasen der Arbeitslosigkeit und Beschäftigungsunsicherheit im Nachgang der Wende zurück und haben zum Teil deutliche Einbußen im Hinblick auf Lohn und Qualifikation in Kauf nehmen müssen, um wieder in Beschäftigung zu kommen. Neben der erheblich größeren Beschäftigungsunsicherheit in den neuen Bundesländern sind im Ost-West-Vergleich auch die differierenden Frauenerwerbsquoten zu berücksichtigen: Aus der Kohorte der von uns Interviewten, die zum Zeitpunkt der Wende zwischen 40 und 50 Jahre alt waren, arbeiteten 1991 69,5 % der 40- bis 45-Jährigen und 66,1 % der 45- bis 50-jährigen Frauen aus den alten Bundesländern, im Vergleich zu 94,8 % bzw. 93,9 % der Frauen in den neuen Bundesländern (Breiholz 2004: 666). Dieser Unterschied tritt im Sample nicht gleichermaßen zu Tage, da auch in Erlangen – mit einer Ausnahme – ausschließlich Frauen ausgewählt wurden, die aus Beschäftigung in Rente gegangen sind; nichtsdestotrotz weisen die Erlanger Frauen höhere Teilzeitquoten und längere Erwerbsunterbrechungen in jüngeren Jahren auf.

Da sich die Lebensphase Alter »stärker als andere Phasen voraussetzungsbehaftet, aber auch widerständiger gegen die kurzfristigen Effekte aktueller

---

12 | Die Durchschnittsrente der ostdeutschen Männer stieg damit von 739 DM auf 1794 DM, die der ostdeutschen Frauen von 524 DM auf 1069 DM (Schwitzer 1999: 845).

13 | Die Zugangsrenten der 2009 verrenteten Männer in den neuen Bundesländern liegen im Schnitt etwa 200 Euro unter den Bestandsrenten; für die Frauen verhält es sich ähnlich. Dies dürfte u.a. auf die gebrochenen Erwerbsbiografien und die verbreitete Niedriglohnbeschäftigung unter den jüngeren ostdeutschen Kohorten zurückführen sein [www.sozialpolitik-aktuell.de/alter-datensammlung.html#id-1966, letzter Zugriff 4.8.2013].

Veränderungen« zeigt, gehen einschlägige Untersuchungen davon aus, »dass das höhere Lebensalter noch lange durch Effekte unterschiedlicher Lebensläufe in Ost und West sowie den Systemwechsel geprägt sein wird« (Motel-Klingebiel et al. 2010: 388). Inwiefern dies zutrifft, wird auf Basis der Interviews im Folgenden zu analysieren sein.

Die Interviewten in der Darstellung

Die 55 Interviews kommen im Folgenden in ganz unterschiedlichen Formen und Formaten zum Tragen. Manchmal interessiert der Wortlaut aus den Interviewtexten und einzelne Äußerungen werden zur Illustrierung eines Arguments herangezogen, in anderen Fällen kommt es eher auf den Äußerungskontext eines Sachverhalts an und der einzeltextliche Wortlaut ist nachrangig. Auch die Rolle der Interviewten selbst variiert in den unterschiedlichen Analyse- und Darstellungsformaten: Während die Einzelpersonen in der Typenbildung hinter den entwickelten Typiken zurücktreten (vgl. Kapitel 5.4), geben beispielsweise die essayistischen Gruppenvergleiche (im Anschluss an Kapitel 5.3 und 5.4) den Befragten und ihren biografischen wie alltagskulturellen Besonderheiten mehr Raum. Der zweischrittigen Vorgehensweise einer sinn- wie soziogenetischen Typenbildung ist es zudem geschuldet, dass mitunter typisierte Aussagengehalte ohne Rückbezug auf die soziale Position der SprecherIn und damit thematische Akzentuierungen interessieren, während in anderen Fällen der biografische Kontext wie die sozio-ökonomische Position von zentraler, da (mit) erklärender Bedeutung für die Soziotypik – z.B. des Typus »zufriedener Ruheständler« – sind. Auch dort, wo die Interviewten nicht (mehr) als Einzelpersonen erkennbar sind, bilden sie und ihre Erzählungen aber immer das Fundament der folgenden Ausführungen.

5.2.2 Die Aktivität(en) der Interviewten

Da die Frage der Aktivität im Ruhestand bzw. der Aktivierung des Alters im Zentrum der Untersuchung steht, bleibt zu klären, wie Aktivitäten ge- bzw. erfasst und analysiert werden können. Auch wenn das Hauptaugenmerk der Untersuchung auf der subjektiven Bedeutung und Bewertung von Aktivitäten durch die Akteure liegt – womit eine Leerstelle standardisierter Aktivitätserhebungen geschlossen wird (Kolland 2010: 356; Scherger et al. 2011: 167) –, ist eine Systematisierung und begrenzte Quantifizierung von Aktivitäten durch die AutorInnen notwendig, um die Vergleichbarkeit zwischen den Interviews zu gewährleisten. Auf Basis des standardisierten Tätigkeitsbogens, den die Interviewten im Anschluss an das Interview ausgefüllt haben, sowie auf Grundlage der Auskünfte über Aktivitäten im Interview selbst haben wir – im Bewusstsein der damit verbundenen Probleme – eine Einschätzung des

Aktivitätsgrades und -radius der Interviewten vorgenommen. Die Möglichkeit, an diesem Punkt allein den expliziten Äußerungen und Selbsteinschätzungen der Befragten zu folgen und z.B. diejenigen, die sich als »rund um die Uhr« beschäftigt beschreiben, automatisch als »sehr aktiv« zu führen, scheidet aus verschiedenen Gründen aus: Die Funktion dieser Kommunizierung von Beschäftigtsein ist – wie wir im Folgenden zeigen werden – nur dann zu verstehen, wenn Aktivitätsniveau und -radius der Befragten ebenfalls in die Analyse einbezogen werden. Es ist von entscheidender Bedeutung, vor welchem alltagspraktischen Hintergrund welche Erzählungen über (In-)Aktivität(en) erzeugt werden, weshalb neben übergreifenden Makrokontexten (wie der Generationenlagerung oder der Ost/West-Verortung) auch die lokalen (Mikro-) Kontexte von Äußerungen zu berücksichtigen sind. In der Betrachtung des Zusammenspiels von (erzählten) Praktiken und aktivitätsbezogenen Deutungen geht es dabei nicht darum, die Interviewten der Lüge, Unaufrichtigkeit oder des falschen Bewusstseins zu überführen, sondern um die Frage, wie (erzählte) Praktiken und Deutungen bzw. Rahmungen ineinandergreifen und wie Aktivitäten je nach Kontextualisierung unterschiedlich interpretiert werden. Da wir auch im Hinblick auf Inhalt und Ausmaß von Aktivitäten auf die Selbstauskunft der Interviewten angewiesen sind und die unterschiedliche Gewichtung bzw. das Verschweigen oder Herunterspielen bestimmter Aktivitätsbereiche aus der Forschung hinlänglich bekannt sind (Kolland 2010; Venn/ Arber 2011), wird hier nicht die »Realität« mit der Erzählung konfrontiert, sondern es werden unterschiedliche Ebenen und Dimensionen des Erzählens und Berichtens aufeinander bezogen.

Entscheidend ist nun, nach welchen Kriterien berichtete Aktivitäten systematisiert und quantifiziert werden, welche Aktivitäten in der Analyse also überhaupt als solche Berücksichtigung finden, ist doch eine umfassende Erfassung oder gar Messung von Aktivität konstitutiv unmöglich. Ein weiter Aktivitätsbegriff, der unterschiedslos alles umfasst, was mentalen oder physischen Aufwand erfordert, wäre für eine differenzierte Analyse unterschiedlicher Pfade (mehr oder weniger) aktiven Alter(n)s wenig weiterführend. In der Forschungsliteratur zum aktiven Alter werden unterschiedliche Kategorisierungen von Aktivitäten vorgenommen, an die wir in einigen Punkten anschließen, um dann eine eigene Systematisierung vorzunehmen. In Abgrenzung von einem un(ter)bestimmten Aktivitätsbegriff wählen wir im Anschluss an Amann einen weiten Produktivitätsbegriff zur Qualifizierung von Aktivität: »Produktivität ist unter dieser Perspektive jedweder Beitrag der verschiedenen Generationen zur Gestaltung der Welt, im hier gemeinten Verständnis zur Lebensqualität aller.« (Amann 2007: 272) Auf dieser Basis lassen sich heteroproduktive und autoproduktive Tätigkeiten differenzieren (Amann 2006: 30ff.), wobei unter Heteroproduktivität solche *Tätigkeiten* erfasst werden, die klassischerweise als produktive Aktivität geführt werden und unmittelbar Nutzen stiftend für andere sind: Aktivität als etwas »[that] creates societal value, whether or not it is reimbursed« (Rowe/Kahn 1997: 434), also Erwerbsarbeit ebenso wie ehrenamtliches freiwilliges Engagement und *care work* (Pflege- und Betreuungstätigkeiten), aber auch Nachbarschaftshilfe. Während einige Arbeiten zum aktiven Alter sich auf dieses Feld heteroproduktiver Aktivität konzentrieren, ergänzen die meisten Studien das (hetero-)produktive Engagement durch die Kategorien Sport und Freizeit, verbunden mit weiteren Differenzierungen dessen, was als Freizeit analysiert wird: Houben et al. (2004) fügen den Säulen Erwerbsarbeit, *Care*-Arbeit, Freiwilligenarbeit und Sport »active recreation outdoors (e.g. participation in club life)« hinzu, Avramov/Maskova (2003) berücksichtigen Hobbies und Reisen. Scherger et al. (2011) unterscheiden die drei Freizeitdimensionen »Teilnahme an kulturellen Aktivitäten«, »Betreiben eines Hobbies« und »(aktive) Mitgliedschaft in Vereinen oder Organisationen«. Bei all diesen Aktivitäten handelt es sich um autoproduktive Tätigkeiten, die darauf zielen, die Lebensqualität der ausübenden Personen zu erhöhen, die aber nicht oder nicht unmittelbar Nutzen stiftend für andere sind. Gerade in Bezug auf Freizeitaktivitäten findet sich in der Literatur zudem die problematische Differenzierung in aktive und passive Freizeit, wobei insbesondere das im Stundenumfang bedeutsame Fernsehen in der Regel als passive Freizeit gewertet wird (z.B. Avramov/Maskova 2003; kritisch: Boudiny 2012: 7f.). Aber auch andere Aktivitäten finden häufig keinen Eingang in die Positivliste von (Freizeit-)Aktivitäten: »While the methodological difficulty with translating and codifying everyday behaviour into activity lists presents one problem, the omission of particular activities from the lists presents another. Activity studies are often morred to traditional moral virtues; sex, drinking, and gambling, for example, are rarely registered. Indeed, what many activity checklists indicate as appropriate, normal, and healthy activities for older individuals are those which coincide with middle-class moral.« (Katz 2005: 131)[14]

Im Wissen um die Probleme der (stets wertenden) Kategorisierung von Aktivitäten und der damit einhergehenden Tendenz, gängige Hierarchisierungen von Aktivität und Passivität zu reproduzieren, haben wir uns für folgendes Vorgehen entschieden: Anders als viele standardisierte Aktivitätserhebungen verzichten wir darauf, Aktivitäten als Freizeit zu kategorisieren, und überlassen diese Einschätzung den Interviewten selbst.[15] Für die Einschätzung des

---

14 | Nicht nur das Spielcasino als Ort aktiven Alterns dürfte man vergeblich in solchen Listen suchen, bereits die Operationalisierung von Kulturveranstaltungen, die in allen Aktivitätserhebungen einen zentralen Stellenwert einnimmt, spricht Mittelschichts-Bände: Während Theater-, Oper- oder Konzertbesuche stets abgefragt werden, tauchen bereits das Kino oder auch Sportveranstaltungen deutlich seltener in Aktivitätserhebungen auf.

15 | Entgegen der in der Literatur üblichen Definition von Freizeit als »time free from the necessity of maintaining oneself and one's dependents« (Cutler/Hendricks 1990: 172)

Aktivitätsgrads werden alle heteroproduktiven Aktivitäten berücksichtigt (Erwerbsarbeit, ehrenamtliches Engagement, Nachbarschaftshilfe, Pflege und Enkel- bzw. Kinderbetreuung) sowie alle autoproduktiven Aktivitäten, die in strukturierten Kontexten (z.B. aktive Mitgliedschaft im Kegelverein, Besuch eines Sprachkurses, Fernstudium via Internet, Wandern mit der Wandergruppe) oder unstrukturiert außerhalb des eigenen Hauses stattfinden (z.B. Besuch von Kultur- und Sportveranstaltungen oder des Fitnessstudios, Kurz- und Fernreisen). Damit bleiben unstrukturiert-autoproduktive Aktivitäten im häuslichen Kontext unberücksichtigt, ohne dass ihnen deshalb jedoch ihr potenziell produktiver Charakter (im Sinne der Steigerung von Lebensqualität) abgesprochen würde. Es handelt sich insbesondere um die zur unmittelbaren Ermöglichung des eigenen Lebens gehörenden Aktivitäten (vor allem Hausarbeit und Körperpflege) sowie niedrigschwellige häusliche Tätigkeiten wie Fernsehen, Lesen, Fotos sortieren oder Kreuzworträtsel lösen. Grundlage für dieses Auswahlkriterium sind Forschungsergebnisse, die zeigen, dass es diese (häuslichen) Aktivitäten sind, die unabhängig von Alter, Schicht und Gesundheitszustand von fast allen Menschen im Ruhestand ausgeübt und mehrheitlich (wenn auch in unterschiedlichem Ausmaß) intensiviert bzw. gedehnt werden (Scherger et al. 2011: 165f.; Nimrod 2007; Künemund 2006a: 317ff.). Mit der Bestimmung des Aktivitätsniveaus nehmen wir deshalb keine Differenzierung in »passive« und »aktive« Tätigkeiten vor, sondern zielen auf die Erfassung von Tätigkeiten, die über das in allen Befragtengruppen verbreitete häusliche Normalmaß an Hausarbeit, Körperpflege und Entspannung hinausgehen.

Es ist der große Vorteil des qualitativen Untersuchungsdesigns, dass es einen flexiblen Umgang mit diesen – aus den dargelegten Gründen – nicht unproblematischen Kriterien ermöglicht. So wird im Fall der für viele unserer Interviewten wichtigen Gartenarbeit je nach Rahmung entschieden, inwiefern sie Berücksichtigung im Aktivitätsniveau findet, macht es doch einen Unterschied, ob der Vorgarten gleichsam mit der Nagelschere bearbeitet, in größerem Umfang Subsistenzwirtschaft oder aber hobbymäßige Rosenzucht betrieben wird. Reproduktionsarbeit wird anders bewertet, wenn noch Kinder oder weitere Personen (außer der PartnerIn) im Haushalt leben oder die Reproduktionsarbeit durch die Veränderung von Lebensumständen (z.B. durch Verwitwung) als besonders belastend kommuniziert wird. Insgesamt tragen wir dem durch viele Studien bestätigten und auch im vorliegenden Material evidenten Umstand Rechnung, dass die Hausarbeit auch im Ruhestand bei zusammenlebenden Paaren größtenteils von der Frau übernommen wird (Engstler et al. 2004: 218f.). Auch der Ausschluss unstrukturiert-autoproduktiver Aktivitäten im häuslichen Raum ist letztlich nicht kategorisch, fließen

---

nehmen die meisten Interviewten eine andere Zuordnung vor und betrachten z.B. ehrenamtliches und politisches Engagement explizit nicht als Freizeit.

doch Aktivitäten wie das regelmäßige Schreiben an einer Autobiografie oder das Training auf dem Hometrainer in die Aktivitätseinschätzung mit ein. Hingegen findet Spazierengehen – obwohl außerhäusig – keine Berücksichtigung, da es sich um eine jener niedrigschwelligen Alltagsaktivitäten handelt, die von fast allen Menschen im Ruhestand mit höherer Intensität ausgeführt werden (Scherger et al. 2011: 165).[16]

Auf Basis dieser (flexiblen) Kriterien unterscheiden wir zwischen den Kategorien der nicht oder kaum Aktiven, Aktiven im (gestuften) Mittelfeld, Aktiven und sehr Aktiven. Als »sehr aktiv« bewerten wir Interviewte mit einem – über die genannten typischen Alltagsaktivitäten hinausgehenden – Aktivitätsumfang von mehr als 30 Wochenstunden, als aktive Interviewte solche, die im Umfang von ca. 20-30 Stunden aktiv sind. Im deutlich abgestuften Mittelfeld finden sich Personen mit sechs bis 20 Stunden Aktivität, die nicht oder kaum Aktiven bewegen sich im Stundenumfang von bis zu fünf Stunden wöchentlich. Die Stundenwerte sind ungefähre Richtwerte, zumal es bei einigen Aktivitäten trotz Tätigkeitsbogens schwer ist, den genauen Stundenumfang zu bestimmen, so insbesondere bei Nachbarschaftshilfe und unstrukturiert-autoproduktiven Aktivitäten außer Haus. Neben dem ungefähren quantitativen Umfang interessiert insbesondere die Bandbreite bzw. Heterogenität der Aktivitäten sowie der Umstand, ob es sich um heteroproduktives oder autoproduktives Engagement handelt.

Ausgehend hiervon richtet sich der Untersuchungsfokus im Folgenden auf die Selbsteinschätzung der Befragten und die Rahmung bzw. Kontextualisierung ihrer Aktivitäten. Es wird aufzuzeigen sein, wie die Deutung des eigenen Lebens und der ausgeführten Aktivitäten abhängt vom jeweiligen Orientierungsrahmen für das Nacherwerbsleben, von den Vergleichsmaßstäben (der als faul bewertete Nachbar *versus* die eigene Erwerbsvergangenheit) und/oder den jeweiligen Altersbildern. Das Verhältnis von Selbsteinschätzung und Aktivitätspraxis könnte empirisch variantenreicher nicht sein: Wir finden vollzeitaktive Interviewte, die sich für faul halten und sich schämen, ihren Tagesablauf zu schildern, weil sie denken, sie könnten noch mehr machen; und andererseits kaum Aktive, die sich als hyperaktiv begreifen, weil sie täglich das Haus verlassen, was man aus ihrer Sicht als RuheständlerIn nicht mehr tut. Zugleich finden wir Interviewte, die sich trotz mittleren Aktivitätslevels inaktiv wähnen, weil sie gemessen am von ihnen angestrebten Unruhestand nicht aktiv genug sind oder weil sie aufgrund finanzieller oder gesundheitlicher Einschränkungen nicht allen Aktivitäten nachgehen *können*, die sie gerne ausüben würden.

---

16 | Dass auch diese niedrigschwelligen Alltagsaktivitäten unterschiedlich gerahmt werden können, bringt ein Befragter auf den Punkt, wenn er betont: »Wenn ich auf den Landgrafen hoch laufe, dann ist das auch ›ne Beschäftigung. Obwohl dann letztendlich ein anderer sagt, naja, du bist ein bisschen spazieren gegangen.« (Herr Fichte, Z 423ff.)

Hinzu kommt, dass auch einzelne Aktivitäten – und nicht nur das Nacherwerbsleben als solches – unterschiedlich gerahmt werden. So haben Venn und
Arber (2011: 204ff.) gezeigt, wie selbst eine vermeintlich eindeutige Praxis wie
der Mittagsschlaf unterschiedlich kontextualisiert und gedeutet wird: als Re-
generation, die unmittelbar weitere Aktivität ermöglicht; als Aktivität, die Zeit
füllt (»using time up«); aber auch als Ausdruck von Passivität und Faulheit. Ein
weiteres eindrückliches Beispiel ist die unterschiedliche Rahmung von Pflegetätigkeiten: Hier haben Untersuchungen gezeigt, dass Pflege weniger zum
Wohlbefinden beiträgt als andere Aktivitäten (z.B. Siegrist/Wahrendorf 2009:
320ff.), was neben der hohen physischen und psychischen Belastung auch darauf zurückgeführt wird, dass sie selten als selbstgewählt empfunden, sondern
im Modus des Sachzwangs bzw. der Selbstverständlichkeit ausgeführt wird.
Wie bedeutsam der Ausübungsmodus ist, zeigen zwei weibliche Interviewte in
unserem Sample, die die Pflege des Vaters bzw. der Mutter als freie Entscheidung beschreiben (»Wenn ich wollte, könnte ich das auch schlagartig anders
machen.«; Frau Bauer, Z 639) und sich mit ihrer Entscheidung für die Pflege
als selbstwirksam und selbstbestimmt erleben. Die Pflegeverantwortung ist
hier nicht erzwungene Einschränkung, sondern »wirklich eine Aufgabe. Und
das war schön für mich.« (Frau Jan, Z 253) Ganz anders die Interviewte Frau
Ulrich, die die Pflege ihres Mannes als große Belastung erlebt und vor diesem
Hintergrund ihre sonstigen Aktivitäten als »Belohnung« (Z 610) und »Ausgleich« (Z 236) rahmt.

Neben Umfang und Bandbreite der ausgeübten Aktivitäten geht es im Folgenden also um das komplexe Verhältnis von Praxis, Kontextualisierung und
Wahrnehmung, um die Relationierung verschiedener Aktivitäten und den Modus ihrer Ausführung – und nicht zuletzt um die Frage, in welchem Bezug
aktivitätsbezogene Ausführungen der Interviewten zu den gesellschaftlichen
Dispositiven des Ruhestands, des Unruhestands und des Produktiven Alters
steht. Tatsächlich offenbart die folgende Analyse sowohl den großen Einfluss
konkreter Dispositive auf die Orientierungen der Interviewten wie auch erhebliche »Unordnung«, die durch eigenwillige Verknüpfungen, überraschende
Themensetzungen und auf den ersten Blick widersprüchliche Positionierungen erzeugt wird.

5.3 DIE SPÄTE FREIHEIT DES RUHESTANDS UND DIE *VITA ACTIVA*

In diesem Kapitel verfolgen wir das Ziel, auf das Nacherwerbsleben bezogene
Kontextualisierungen und Verknüpfungen herauszuarbeiten, die sich durch
eine Mehrzahl der Interviewtexte hindurch ziehen. Die Überlagerung von Al-
ters- und Nacherwerbsbildern wird in diesem Zusammenhang eine zentrale
Rolle spielen. Im Vordergrund steht dabei das Gemeinsam-Typische der Inter-

viewtexte in Relation zu den gesellschaftlichen Dispositiven; biografische oder sozialstrukturelle Verortungen und Erklärungen werden einstweilen noch nicht in die Analyse einbezogen. Der Analyse der (interview)textübergreifenden Linien, Kontextualisierungen und Verknüpfungen wird abschließend die Erörterung von »Ausnahmen« an die Seite gestellt, die ihrerseits im Hinblick auf sozialstrukturelle und/oder biografische Besonderheiten erörtert werden.[17]

5.3.1 Die Freiheit des Nacherwerbslebens

Die Auswertung der 55 Interviews hat – von wenigen Ausnahmen abgesehen[18] – die fortgesetzte Prägekraft des Ruhestandsdispositivs offenbart, das der großen Mehrheit der Befragten als Bezugsrahmen dient, wenn auch mit unterschiedlichen Vorzeichen – als positive Orientierung oder aber als negative Abgrenzungsfolie. Auch wenn wir verschiedenen Elementen des Ruhestandsdispositivs in den Interviewtexten in häufig erstaunlich gleich lautender Diktion begegnen, sind diese doch weit davon entfernt, das Dispositiv einfach fortzuschreiben. Es entsteht vielmehr eine gewisse »Unordnung« dadurch, dass selten die ganze Geschichte erzählt, d.h. die gesamte Verknüpfungskette aufgerufen wird, dass manche Teilelemente positiv, andere negativ attribuiert werden, dass wir Abkürzungen finden oder Verknüpfungen, die unter der Überschrift »Ruhestand« faktisch zum Unruhestandsdispositiv überleiten. In anderen Fällen werden recht ruhestandstypische Orte und Praktiken – wie der Garten oder die Teilnahme am Seniorennachmittag – als Ausweis eines ruhestandsuntypischen Lebens angeführt und mit einem Plädoyer für ein aktives Leben versehen. Zugleich steht die Zeit nicht still und selbst Interviewte, für die der Ruhestand ein weitgehend positiver Orientierungsrahmen ist, modernisieren einzelne Elemente der Erzählung, so dass beispielsweise die äußerlichen Insignien in Gestalt von Krückstock, Dutt, Kittelschürze und gedeckter Kleidung weitgehend als veraltet gelten und zum Sinnbild des Ruhstands der eigenen Eltern oder Großeltern werden. Die flächendeckende Konstatierung einer Verjüngung des Alters durch unsere Befragten schreibt sich hier, wie im Folgenden zu sehen sein wird, in das Ruhestandsdispositiv ein.

Aller »Unordnung« zum Trotz erweist sich die Verankerung des Ruhestands als verdiente, legitime und finanziell (gut) abgesicherte Erwerbsentpflichtung als weitgehend ungebrochen. Immer wieder geäußerte Vermutun-

---

17 | Es handelt sich dabei um die (1) Irrelevanz des Orientierungsrahmens Ruhestand, (2) das Erleben der Erwerbsentpflichtung als Ausgrenzung statt als (späte) Freiheit, (3) das seltene Eingeständnis des Leidens an Leere und Langeweile, (4) die Kommunizierung von Zeitwohlstand sowie (5) die Selbstdarstellung als faule und passive Persönlichkeit.

18 | Vgl. Ausnahmegruppe (1) im Anschluss an Kapitel 5.3.

gen, dass der Ruhestand als klassische Vergesellschaftungsform des Alters zunehmend an Bedeutung verlieren werde, lassen sich durch die vorliegende Untersuchung zumindest für den gegenwärtigen Zeitpunkt nicht bestätigen. Wie stark verankert die Institution des Ruhestands als Erwerbsentpflichtung ist, zeigt sich nicht zuletzt auch daran, dass nur fünf Interviewte die Rente mit 67 ohne Einschränkung begrüßen. Zwei Argumentationsstränge dominieren diesbezüglich bei den KritikerInnen, die beide – in unterschiedlicher Weise – den (verdienten) Ruhestand aufrufen. Zahlreiche Befragte verweisen darauf, dass die Menschen in vielen Berufsgruppen vor allem körperlich, aber auch psychisch nicht zu einer verlängerten Lebensarbeitszeit in der Lage seien, die Erhöhung des Renteneintrittsalters also an der (Leistungs-)Realität vorbeigehe: »Wer einen richtigen Beruf hat und richtig gearbeitet hat, na der schafft das mit 67 nicht mehr« (Frau Grunow, Z 168). Viele Interviewte differenzieren nach Berufsgruppen und weisen – neben dem in der öffentlichen Debatte omnipräsenten Dachdecker – auf besonders anstrengende Tätigkeitsfelder hin: »wenn ich mir vorstelle, jemand arbeitet am Fließband und soll dann mit 67 immer noch diese kleinen Teilchen da zusammen, das geht doch sicher nicht [...] sind da körperliche Grenzen gesetzt.« (Frau Weinert, Z 975ff.) Und auch auf die zunehmende psychische Belastung in vielen Berufen wird als Ablehnungsgrund angeführt: »Mit 67 generell ist es, es ist sehr lang, es ist sehr lang. Und es sind ja nicht mal so sehr, was heutzutage kommt, die körperlichen Krankheiten, sondern die psychischen, dass die Psyche nicht mehr mitmacht.« (Frau Jan, Z 1567ff.)

Eine noch größere Gruppe betont, dass es keine entsprechenden Arbeitsplätze für ältere ArbeitnehmerInnen gäbe, womit die Rente mit 67 eine faktische Rentenkürzung sei – was einhellig kritisiert wird: »Die Politik muss sich mal hinstellen und muss sagen, Freunde, ihr sollt nicht bis 67 arbeiten, nee, wir geben euch erst Geld ab 67, so ist die richtige Redewendung.« (Herr Kegel, Z 890ff.)[19] Zugleich lassen viele anklingen, dass Ältere nicht nur erwerbsentpflichtet sind, sondern in Zeiten knapper Arbeitsplätze auch ein geringeres Recht auf (Weiter-)Arbeit haben als Jüngere. Auch die Frage nach der Möglichkeit freiwilliger Weiterarbeit wird mehrheitlich unter den Vorbehalt gestellt, dass damit jüngeren Menschen keine Arbeitsplätze weggenommen werden. Die in angelsächsischen Ländern (auch unter Älteren) verbreitete Lesart, dass es sich genau bei dieser Abwägung des Rechts auf Arbeit um Altersdiskrimi-

---

19 | Was die finanzielle Absicherung des Ruhestands angeht, findet sich in zahlreichen Interviews eine Problematisierung von (gegenwärtig und zukünftig zunehmender) Armut im Alter. Eine signifikante Minderheit bezweifelt und kritisiert, dass alle RuheständlerInnen ihres Alters über ausreichende finanzielle Ressourcen verfügen und männliche Ruheständler aus Erlangen heben die – von ihnen begrüßte – Absicherung ihrer Generation als Privileg hervor, welches es für ihre Kinder nicht mehr geben werde.

nierung handele (Nelson 2007: 58f.; Walker 2006: 64f.), kommt in unserem Sample nicht zum Tragen. Die das Interview abschließende, konfrontierende Frage »Liegen die Alten den Jungen auf der Tasche?« erzeugt schließlich bei vielen eine – zuweilen ausgesprochen elaborierte – Verteidigung des deutschen Rentensystems und des durch Beitragszahlungen erworbenen Anrechts auf Alterssicherung: »Ich habe ja meine eigene Altersversorgung, hab ich selber einbezahlt und die ess ich halt jetzt auf« (Frau Altenberger, Z 722f.), formuliert eine Befragte etwas flapsig. Und beispielhaft für viele betont der Befragte Herr Fluss: »Außerdem haben die Alten gearbeitet ihr ganzes Leben lang. Haben sich ihre Rentenpunkte erkämpft, erarbeitet.« (Z 748f.)

Die Freiheit und ihre Ambivalenzen

Die »späte Freiheit« (Rosenmayr 1983) von Termindruck, Arbeitsstress und Erwerbszwängen sowie eine neue Zeitsouveränität werden in der überwiegenden Zahl der Interviews positiv hervorgehoben[20]: Viele Antworten auf die Einstiegsfrage, was die Befragten persönlich mit dem Ruhestand verbinden, klingen ähnlich: »Dass ich aus dem Arbeitsleben ausgeschieden bin und machen kann was ich will. Das ist schon mal ein sehr großer Vorteil, dass ich keine Zwänge habe.« (Herr Brand, Z. 3ff.) Oder die ehemalige Sekretärin Frau Reiter: »Freiheit. Ungebunden sein, die Zwänge des Berufslebens hinter mich zu lassen.« (Z 3f.) Auch Frau Ruthe, die als Laborleiterin beschäftigt war, betont die Zeitsouveränität: »ich genieße, dass ich jetzt meine Zeit frei einteilen kann und dass ich das tun kann, was ich während meines Arbeitsprozesses, also wo ich nie Zeit dafür hatte.« (Z 2ff.) Der Jenaer Ingenieur Herr Kegel hebt den Beginn eines neuen Lebensabschnitts hervor, »wo man über die gesamte Zeit, die man hat am Tag und in der Nacht frei verfügen kann. Und somit nicht mehr Zwängen unterliegt« (Herr Kegel, Z 5ff.). Die Sprachdozentin Frau Schneider betont kurz und knapp: »Ich lasse mich nicht mehr von Terminen hetzen. Ich mache nur noch das, was ich will, nichts anderes.« (Frau Schneider, Z 16f.) Ohne dass es in der Regel ausgeführt wird, bilden Entfremdung und Fremdbestimmung in der Erwerbsarbeit die implizite Schlussregel, die die Konklusion der Freiheit des Ruhestands verständlich werden lässt – und dies gilt, wie die zitierten Beispiele zeigen, keineswegs nur für Beschäftigte in einfachen Berufen mit wenig Entscheidungs- und Handlungsspielraum. Im Vordergrund steht für viele der Interviewten der Wert der Autonomie im klassischen Sinne der Selbstgesetzgebung und damit der selbsttätigen Zielsetzung – eine Form der alltäglichen Lebensgestaltung, die für die Befragten zu Zeiten der Erwerbstätigkeit mehrheitlich nicht möglich war. Der zuletzt als freigestellter Betriebsrat tätige Herr Schmied bringt auf den Punkt, was bei

---

20 | Vgl. diesbezüglich die Ausnahmegruppe (2) im Anschluss an Kapitel 5.3.

den meisten implizit bleibt: »Jeder Mensch braucht ein Stück Zeit in seinem ganzen Leben. Und wenn er das nicht hat, wenn er sozusagen in der Maloche ist [...] und er keine Möglichkeit zur Selbstentfaltung irgendwo hat, dann muss er's wenigstens im Alter haben.« (Z 1180ff.) Alltagspraktischer Ausdruck insbesondere der im Ruhestand neu gewonnenen Zeitsouveränität ist das von vielen Interviewten hervorgehobene und geradezu zelebrierte gemütliche Frühstück, ohne Zeitdruck und mit ausführlicher Zeitungslektüre verbunden.

Das Frühstück – ein frühes Stück später Freiheit

Auch im bewegten Seniorenleben gibt es Orte und Horte der Ruhe und des Genusses – einer davon ist das Frühstück. Erkenntnisse der Freizeitforschung, denen zufolge gerade im Alter das Frühstück, genauer: das Frühstück zu zweit, »deutliche Züge des Rituals« trage (so »Professor Opaschowski«, der von den Medien üblicherweise in Anspruch genommene Experte zum Thema, im *SPIEGEL*), bestätigen sich in unseren Interviews. Das gemeinsame Frühstück steht für viele der Befragten am Anfang eines gelungenen Tages – und es steht in ihrer Selbstbeschreibung durchaus stellvertretend für die »späte Freiheit« (Leopold Rosenmayr) des Nacherwerbslebens. Nicht unbedingt spät, aber »lange aufstehen« (Herr Hippe), womöglich gar »ohne Wecker aufstehen« – »einfach aufstehen, wenn ich wach bin« (Frau Reiter), was zumeist eher früh der Fall ist –, dann »in Ruhe« und »gemütlich« (Frau Reiter), »gepflegt« (Herr Kupfer) und »ausgiebig« (Frau Star), womöglich sogar »sehr ausgiebig« (Frau Gerhard), vor allem aber »gemeinsam« frühstücken und dabei »Zeitung lesen« (was fast alle sich einschlägig äußernden Älteren hervorheben): so sieht ein Stück Ruhestand im Altersalltag aus. »Drei Viertel der Rentner frühstücken ausgiebig«, berichtet 1983 die *FAZ* – um dies allerdings sogleich zu problematisieren: »aber nur ein Drittel übt regelmäßig eine Sportart aus [...]. Im Laufe der Zeit kommt es dann zu einem Verhalten wie im Urlaub – man schläft lange, man liest ausgiebig Zeitung und frühstückt gemütlich.« Die Befürchtung, aus den Jungen Alten könnten verwöhnte Dauerurlauber werden, ist nach unseren Befunden allerdings wenig begründet. Selbst bekennende Frühstücksfans scheinen es mit dem Genuss in der Frühe nicht zu übertreiben: »Aber wir sitzen zusammen, im Wintergarten hier, und lesen Zeitung gemeinsam, unterhalten uns halt über die Inhalte. Und das kann schon bis zu einer Stunde dauern.« (Herr Kupfer) Eine Stunde, die wohl – da hat der *SPIEGEL* vermutlich Recht – »keine Antwort auf die Sinnfrage« geben kann, »die sich für diesen lange währenden Lebensabschnitt noch einmal stellt«. Aber vielleicht doch eine Stunde, die man Menschen gönnen kann, für die das morgendliche Ritual (»Also ich liebe Frühstück«, Frau Blau; »Also ich genieße den Morgen. Frühstück ist für mich das Wichtigste«, Herr Pfarr) ein wichtiges Stück der Altersfreude darstellt – das »jetzt [...] auch mal ein bisschen länger dauern« (Herr Andersen) darf. Zumindest »Pfarrer Sommerauer« zeigt, ebenfalls 1983, in der *BILD* Aufgeschlossenheit für den auch von ihm selbst genossenen »reich gedeckten Frühstückstisch«, denn er weiß: »›Wer am Morgen gut isst, ist tagsüber ein besserer Christ.‹« Amen.[21]

Zugleich erzählt diese starke Akzentuierung von Freiheit und Zeitsouveränität, die in Variationen und Abstufungen die meisten Interviewtexte durchzieht, nicht die ganze Geschichte: Einige Interviewte hätten sich u.a. Bedingungen (geringerer Stundenumfang, weniger Verantwortung, größere Flexibilität) durchaus eine Weiterarbeit vorstellen können, wenn auch häufig nur bis zur Regelaltersgrenze oder wenig darüber hinaus. Auch sind es zuweilen die konkret als belastend oder sich verschlechternd wahrgenommenen Arbeitsbedingungen und nicht die Erwerbsarbeit *per se*, die den entpflichteten (und mehrheitlich vorzeitigen) Ruhestand umso heller erstrahlen lassen.[22] Einige formulieren ihre Ambivalenz bezüglich des Rentenübergangs ganz explizit: »Ja, es gibt neue Freiheit, würde ich sagen, [aber] auch ein Stück Verlust von Berufstätigkeit und da so von Erfolg und von, ja solchen Punkten, die in der Berufstätigkeit Bedeutung haben.« (Herr Kuhle, Z 7ff.) Mit noch stärkerem Akzent auf dem Anerkennungsverlust betont Herr Schiffer: »Wenn man so ne bisschen Führungsposition hat und kommt nach Hause dann ist das weg. Da ist was weg. Das, da gibt's nix mehr denn, nicht da muss man sehen, dass man klarkommt.« (Z 403ff.)

Herr Schiffer steht auch beispielhaft für eine heterogene Gruppe, die einen eher schwierigen Eingewöhnungsprozess erlebt (hat) und sich unter der Überschrift »Ruhestand lernen« zusammenfassen lässt: Er beschreibt, wie er es mit seinen Hobbies Kegeln, Wandern und Computerarbeit langsam schafft, den Übergang trotz Anerkennungsverlust zu bewältigen und die Freiheit des Ruhestands zu genießen. Die Erzieherin Frau Schott, die aus einem Zustand akuter Erschöpfung heraus in den vorzeitigen Ruhestand ging, hat sich im ersten Winter nach der Verrentung immer wieder gewünscht, doch noch einige Stunden arbeiten zu können: »Da war's mir irgendwie manchmal so in dieser tristen Jahreszeit, nicht direkt langweilig, kann ja auch Handarbeiten oder lesen und dies und das, aber es ist anders. [...] Das hat sich jetzt aber gelegt.«

---

21 | Quellen: »Die zufriedene Mehrheit« (FAZ 1983_10); »So bleib ich jung und gesund« (BILD 1983_21); »Die haben einen Drang zum Leben« (SPIEGEL 1987_1).

22 | »Ich hatte ja [...] mit der aufkommenden EDV schon zu tun und alles was da mitkommt. [...] Und das hat mich derartig herangenommen, nicht zuletzt, weil mein Chef so ein Dummkopf war. [...] Und dann habe ich ihm [gesagt], wenn endlich mal ordentlich gearbeitet wird, um so ein System zum Laufen zu bringen, dann...dann hänge ich mich noch mal voll rein. [...] und habe gesagt, wenn nicht, dann gehe ich in einen [...] vorgezogenen Ruhestand. [...] meine Erwartung im Ruhestand war lediglich endlich dieses verfluchte Geschäft vom Hals zu haben.« (Herr Dietrich, Z 24ff.)

(Z 321ff.) Und auch Frau Weimann, die mit 60 in die passive Phase der Altersteilzeit wechselte, betont: »Also es ist nicht so einfach, aber man gewöhnt sich dran und wenn man sich dran gewöhnt hat, dann ist es okay.« (Z 4ff.) Neben dem Verlust von Anerkennung sind es die konkrete Alltagsgestaltung und bei Paaren Anpassungsschwierigkeiten in der Partnerschaft, die sich als Herausforderungen erweisen: Bei aller kommunizierten Erleichterung, Entlastung und Befreiung läuft in vielen Interviewtexten ein Subtext der Ambivalenz mit, der in kaum merklicher Weise die Freizeiterzählung durchkreuzt und andeutet, dass die Alltagsanpassung schwieriger ist (oder war), als es die verbreitete Freiheitsemphase zunächst vermuten lässt, so wenn betont wird, »*eigentlich inzwischen* gerne Ruheständler« zu sein (Herr Hippe Z 4f.; Hervorhebung der AutorInnen). Zugleich verdeutlichen gerade dieser Subtext sowie die verbreitete »Gewöhnungs-Kommunikation« die tiefe Verankerung des Ruhestandsmodells, wird doch vorrangig der Anpassungsprozess problematisiert, nicht aber das Modell selbst.

Strukturierte Freiheit und die »Freiheit zu ...«

Hinter der gewonnenen Freiheit lauert die von den Interviewten wiederholt als solche benannte Gefahr, dass man sich im Alter »hängen lässt« und »irgendwie abgleitet«: »Manchmal kostet's ein bissel Anstrengung, immer dran zu bleiben und sich nicht gehen zu lassen«, räumt der Interviewte Herr Kuhle (Z 39) ein. Ein anderer führt aus: »wenn man älter [ist] oder immer wenn man viel Freiheit, man muss sich trotzdem [...] Regeln schaffen, dass man also nicht irgendwie abgleitet. [...] ich sage mal ganz simpel, wenn jemand in Ruhestand geht und kein Zeitgerüst mehr hat, dann entgleitet ihm oft einmal die Zeit.« (Herr Fritsche, Z 741ff.) Während das Objekt des Weckers das strenge Zeitkorsett der Erwerbsarbeit aufruft und viele Befragte erleichtert betonen, nun auf den morgendlichen Alarm verzichten und ausschlafen zu können, steht die große Mehrheit weiterhin sehr früh auf und erklärt »bis mittags im Bett liegen« zur negativen Chiffre eines passiven Ruhestands: »Wir haben uns von vonherein auch gesagt, wir lassen uns nicht hängen. [...] ich meine, man muss nicht mehr um 6 Uhr aufstehen, aber zu einer endlichen Zeit [...] also bis Mittag gibt's nicht.« (Herr Riesen, Z 197f.) Was früher erzwungen war, erfolgt nun in Eigenregie: Interessanterweise spielt neben der Selbst*bestimmung* der Topos der Selbst*verpflichtung* eine zentrale Rolle in den (Selbst-)Darstellungen. Viele Erzählungen offenbaren, welche Disziplin und Eigeninitiative es erfordert, nach Jahrzehnten (mehr oder weniger) fremdbestimmter beruflicher Tätigkeit einen eigenen Lebensrhythmus zu finden. Eine Befragte resümiert exemplarisch: »Aber den Tag strukturieren ohne dass jetzt, ja, von außen ein Takt kommt. Also das, die große Freiheit ist eigentlich das Schwierigste.« (Frau Altenberger, Z 220ff.) Strukturierte bzw. geplante Freiheit ist ein Stichwort, das wir in vielen Interviews finden: »Eine Freiheit, die ungeplant ist, ist Chaos. Sie müssen auch ihre Freiheit planen.« (Herr Kanter, Z 237)[23]

Wenn die Notwendigkeit der Strukturierung damit begründet wird, dass sonst »die Zeit weg[geht], ohne dass man wirklich substanziell auch ein bisschen Nutzen davon hat« (Herr Kupfer, Z 117f.) stellt sich die Frage, wozu die neu gewonnene Freiheit genutzt werden soll. Wo sich die Mehrheit in Bezug auf die verdiente Erwerbsentpflichtung und den Zugewinn von Freiheit und Zeitsouveränität weitgehend einig weiß, beginnen sich die Geister zu scheiden, wenn es um die Gestaltung und Rahmung des Nacherwerbslebens, also um die konkrete Lebensführung im Ruhestand geht. Der Idee einer »Freiheit *von* (der Erwerbsarbeit)« korrespondiert bei den Interviewten ein Lob der »Freiheit *zu*«, das vielfältiger nicht sein könnte, womit sich die Frage stellt, in welcher Weise die gewonnene Freiheit verknüpft und kontextualisiert wird: Wie unterscheidet sich der Umgang mit der frei gewordenen Zeit? Wie unterscheiden sich die Leben, wenn die einen auf verdiente Ruhe, die anderen auf notwendige Selbstverpflichtung pochen – und manche auf beides? Was bedeutet es, wenn das Reisen für die einen zu einem »normalen«, modernen Ruhestand gehört, von anderen aber als Ausweis ihrer unglaublichen Aktivität im selbst deklarierten Unruhestand ausgewiesen wird? Wie wird der Ruhestand von denen ausbuchstabiert, denen er als positiver Orientierungsrahmen dient? Welche positiven Horizonte treten an seine Stelle, wenn der »wohlverdiente Ruhestand« im Gegenteil als negative Abgrenzungsfolie fungiert? Wie gestaltet sich die Geschlechtsspezifik der Lebensführung, wenn zahlreiche Frauen hervorheben, endlich Zeit für sich persönlich und ihre Interessen zu haben, während die Männer Familienzeit nachholen wollen? Während wir diese Fragen und die damit aufgerufenen Unterschiede in der Rahmung und Gestaltung des Nacherwerbslebens anhand der Nacherwerbstypiken (in Kapitel 5.4) vertiefen, folgen wir hier weiterhin dem Anliegen, die augenfälligen Gemeinsamkeiten und übergreifenden Charakteristika der Interviewtexte herauszuarbeiten. Denn bei allen Unterschieden in Bezug auf die alltägliche Lebensführung und die Rahmung des Nacherwerbslebens sind die rhetorische Abgrenzung gegen einen passiven Ruhestandsalltag (vgl. Kapitel 5.3.2) sowie die grundsätzliche Orientierung an einer *vita activa* als *condition humaine* (Arendt 2011; vgl. Kapitel 5.3.3) verbindende Elemente zwischen den heterogenen Interviewtexten.

---

23 | Die große Sorge, »sich gehen zu lassen«, sowie der daraus resultierende überaus zentrale Stellenwert selbstständiger Zeitgestaltung qua Selbstdisziplinierung und Selbstverpflichtung findet sich auch in anderen qualitativen Untersuchungen zum Rentenübergang bestätigt, so z.B. bei Marhánková 2011: 19ff.

5.3.2 Das passive Ruhestandsleben der Anderen und die Ruhestandsmoderierung

Herr Lange, ein in Haltung und Praxis prototypischer Ruheständler, betont stellvertretend für viele: »Also, ich würde es eher als Aktivitätszustand bezeichnen [denn] als Ruhezustand.« (Z 260) Neben dem positiven Bezug auf die institutionalisierte Erwerbsentpflichtung und neu gewonnene Freiheit(en) fällt in den Interviews die nahezu durchgängige – und vom eigenen Aktivitätsgrad und -radius weitgehend unabhängige – Abgrenzung von einem passiven und leeren Ruhestandsalltag ins Auge, der den meisten als Normalität gilt. Diese tiefe Verankerung eines negativen Bildes vom Ruhestandsalltag, das auch dort die Erzählungen moderiert, wo es gar nicht expliziert wird, ist eines der überraschendsten Ergebnisse der Interviewauswertung.

Abgrenzungsfolie Ruhestandsleben

Wie aber sieht dieses Bild vom Ruhestandsalltag aus? Auffällig ist, dass es häufig kleine Nebenbemerkungen oder beiläufig eingestreute Informationen sind, die eine ganze Erzählung des entleerten Ruhestands aufrufen. Es wird kaum argumentiert und wenig erklärt, die Beiläufigkeit erweist sich als Ausdruck großer Selbstverständlichkeit. So berichtet uns eine Interviewte, die weiterhin geringfügig als selbstständige Logopädin tätig ist, dass sie mit dem Golfspielen begonnen habe, räumt aber ein, dass es ihr eigentlich keinen Spaß mache. Wie sich herausstellt, begreift sie das zeitaufwendige Golfen als Vorbereitung auf ihren tatsächlichen Ruhestand, stellt sie doch wenig später fest: »weil du im Alter, ne, was sollst womöglich den ganzen Tag machen« (Frau Altenberger, Z 240). Nur angesichts der Negativvision großer Langeweile und Leere als impliziter Schlussregel (über die sie mit Ausnahme dieses Halbsatzes nicht spricht) wird das Golfen zu einem sinnvollen Projekt; das eher geringe Vergnügen wiegt weniger schwer als die Angst vor totaler Beschäftigungslosigkeit in der Zukunft. Eine andere Interviewte begründet ihre späte Entscheidung für eine zweite Ausbildung mit der drohenden Ruhestandsalternative: »Und mit 56 hab ich dann beschlossen, ich könnt jetzt entweder jedes Kaffeekränzchen wahrnehmen oder ich mach noch ne Ausbildung.« (Frau Baden, Z 33ff.) Es sind komplexitätsreduzierende Abkürzungen wie diese, die neben ausführlichen Erzählungen die tiefe Verankerung des Bildes vom ereignislosen Ruhestandsalltag ausweisen.

Zentrale Verknüpfungen des Ruhestandsdispositivs, die die alltägliche Lebensführung betreffen, begegnen uns auch im Interviewmaterial, wobei insbesondere die Allgegenwart von Sofa bzw. Sessel und Fernseher als Ausweis eines passiven Ruhestands augenfällig ist. Sofa und Sessel werden mit dem Körperbild der hochgelegten Beine – Ausdruck der Bewegungslosigkeit –, exzessivem Fernsehkonsum sowie der Praxis des »Nichtstuns« (Herr Hitt, Z 568) verbunden – wobei beides nicht notwendigerweise argumentativ entwickelt wird. Es genügt ganz offenkundig, zu erwähnen, dass man sich seinen Ruhestand nicht auf dem Sofa vorgestellt habe, um sich von einer ganzen Lebensform zu distanzieren: »Also, nicht in den Sessel lehnen und die Füße hoch oder so.« (Frau Dersch, Z 300f.) Das deutungsoffene Artefakt Sitzmöbel wird im Kontext von Ruhestand und Alter in Gestalt des Sofas, Sessels, Lehn- oder Schaukelstuhls zur Metapher eines passiven Lebens, die als Knotenpunkt wesentliche Stränge der Ruhestandserzählung abkürzt.

Was das Fernsehen betrifft – ein Thema, das in 48 von 55 Interviews zur Sprache kommt,[24] ohne dass direkt danach gefragt wird – ist bemerkenswert, dass als Abgrenzungsfolie mehrheitlich nicht Fernsehen an sich, sondern Fernsehen »am hellichten Tag« dient. Viele sind der Überzeugung, dass es sich dabei um eine weit verbreitete Ruhestandspraxis handele, sogar bei Menschen, bei denen man nie erwartet hätte, »dass die sich also morgens doch schon die Soaps angucken« (Herr Stiefel, Z 988ff.). »Halt nichts mehr machen außer früh den Fernseher anstellen« (Frau Weimann, Z 383f.) oder »um zehn den Fernseher einschalten. Wie viele das machen« (Herr Schiffer, Z 1195f.): Kaum etwas anderes gilt als ruhestandstypischer. Die große Bedeutung, die der Tageszeit des Fernsehens als Abgrenzungsfolie zukommt, offenbart eine Konstruktion von Freizeit im Sinne eines verdienten Feierabends: Die Ausdehnung der typischen Feierabendbeschäftigung Fernsehen auf den Tag gilt trotz vorhandener Tagesfreizeit als Verletzung eines normalen Tagesablaufs, in dem der Part der Ruhe und des »Füße Hochlegens« eben für den Abend vorgesehen ist – und nicht vorher. Obwohl für eine Mehrheit der Interviewten mehrstündiger täglicher Fernsehkonsum normal ist, verdichtet der Fernseher als Objekt vor diesem Hintergrund die Zeitstruktur einer passiven Lebensführung. Ebenfalls bedeutsam ist die Abgrenzung vom Fernsehen als Ausdruck geistig wenig anspruchsvoller Tätigkeit: »es ist nicht mehr fassbar, was dort einem angeboten wird.« (Herr Liebig, Z 278f.) Diese Abgrenzung findet sich – wenig überraschend – vor allem bei den Bildungsbürgerlichen im Sample, die gern hervorheben, gar keinen Fernseher zu besitzen, ihn fast nie einzuschalten und/oder nur Nachrichten, Dokumentationen und anspruchsvolle Programme zu schauen.[25] Nichtsdestotrotz – bzw. gerade wegen dieser Distinktionshal-

---

24 | Fernsehen ist die in repräsentativen Erhebungen am häufigsten genannte und verbreitete Aktivität im Ruhestand (z.B. Generali Zukunftsfonds/Institut für Demoskopie Allensbach 2013: 141)

25 | Da der Fernseher so durchgängig als Ausweis geistiger und körperlicher Inaktivität dient, ist erwünschtes Antwortverhalten zum eigenen Fernsehkonsum vorprogrammiert. Zugespitzt formuliert gucken die von uns Interviewten qualitativ hochwertige Formate und Bildungsfernsehen nach 20 Uhr, was angesichts des durchschnittlichen Fernseh-

tung – bleibt die Verknüpfung *Fernsehen/Bildung* oder *Fernsehen/sinnvolle Zeitnutzung* schwach entwickelt und genau deshalb ist das Fernsehen nur in Maßen und als Entspannung nach dem Feierabend »erlaubt«.[26]

Sofa wie Fernseher rufen die häusliche Dimension des Ruhestands auf, die als Abgrenzungsfolie eine zentrale Rolle spielt, symbolisiert sie doch den Rückzug aus der sozialen Welt und die Schrumpfung des Lebensradius – in räumlicher wie sozialer Hinsicht.[27] Das verbreitete Bild von RentnerInnen, die »am Fenster stehen und gucken, was die Nachbarn machen« (Herr Brand, Z 281), oder die »das Kissen auf die Fensterbank legen, damit die Ellenbogen nicht weh tun« (Herr Riesen, Z 667f.), steht für ein Nacherwerbsleben, das nur noch passiver Konsum des Lebens der anderen (da draußen) ist. Mit Formulierungen wie »nur zu Hause sitzen und die Zeit abwarten« (Herr Riesen, Z 667) oder sich »in den eigenen vier Wänden [...] zu vergraben« (Frau Schwarz, Z 453) wird der häusliche Ruhestand bildhaft bereits an der Grenze zum (aktiven) Leben verortet. So eindeutig die Abgrenzungsfolie ist, so vielschichtig sind die Varianten von Negativattribuierungen eines auf das eigene Heim beschränkten Ruhestands: Die einen sprechen von den »typischen« Ruheständlern, die »nüscht mehr« machen (Herr Wulf, Z 735), die nach 20 Uhr nie das Haus verlassen (Herr Brand, Z 500) oder für die der Samstagseinkauf das außerhäusige Großereignis der Woche sei (Herr Fichte, Z 309f.). Es handelt sich um die Imaginierung eines so weitgehend passiven und ereignislosen Ruhestandsalltags im eigenen Heim, dass sich auch ihrerseits sehr häusliche Interviewte mit geringem Aktivitätsgrad und -radius ohne Schwierigkeiten von dieser Welt abgrenzen können.

---

konsums der Altersgruppe sowie Untersuchungen zu Einschaltquoten und Programmvielfalt als wenig realistisch einzustufen ist. Umso mehr überrascht die Schlussfolgerung von Otten (2008: 111), der in seiner 50+-Studie auf der Basis von Angaben zum Fernsehverhalten der 50- bis 70-Jährigen zu dem Schluss kommt, diese Altersgruppe würde durchgängig das Bildungsfernsehen dem stumpfen Fernsehgucken vorziehen.

26 | In Abgrenzung zur verbreiteten engen Verknüpfung von Fernsehen und Passivität bzw. passivem Konsum hat Ursula Lehr bereits Ende der 1970er Jahre betont: »Man sollte die orientierenden, informierenden, stimulierenden, die aktivierenden, helfenden und therapeutischen Möglichkeiten des Fernsehens für eine große Gruppe gerade der älteren Menschen nicht übersehen. Gerade für sie kann das Fernsehen ein wichtiges Hilfsmittel zur Entwicklung, zur Erhaltung und auch zur Reaktivierung spezifischer geistiger Funktionsbereiche bedeuten!« (Lehr 1977: 133)

27 | Das Eingeständnis eines Befragten, dass man (gemeint ist er selbst) »nur so stur in seiner Bude hockt« (Herr Fluss, Z 382) stellt eine große Ausnahme im Sample dar. Auch die Verknüpfung der räumlich gebundenen Passivitätsinsignien mit dem eigenen Ruhestand ist eher selten: »Ich seh' uns dann eher so hier, dass wir irgendwann mal einen Stock in der Hand haben und auf der Bank sitzen. Mehr ist das nicht.« (Frau Wulf, Z 679f.)

Für andere hingegen steht die häusliche Dimension für weit mehr: für eine Beschränkung auf den engeren Familienkreis (inklusive Enkel) und das Gewohnte, für den Verlust der Bereitschaft, »über den Tellerrand noch ein bissel rausgucken« (Frau Schwarz, Z 783f.) zu wollen und offen für Neues zu bleiben: »Irgendwo geht manchmal das verloren, ne, dass also dann nur noch Familie und nur noch diese Richtung und ich finde es eben schön, wenn man auch noch aufgeschlossen ist für was Anderes und was Neues kennen lernen will.« (Frau Jan, Z 576ff.) Insbesondere Interviewte mit breitem Interessensspektrum und hohem außerhäusigen Aktivitätenlevel (in Form eines Ehrenamtes, des Besuchs von Kultur- oder Bildungsveranstaltungen, der Pflege eines großen Freundeskreises o.ä.) grenzen sich von Gleichaltrigen ab, deren Leben um Haus, Garten[28], alltägliche Erledigungen und Enkel kreist, selbst wenn damit ein hoher Aktivitätsgrad verbunden ist. Resultat dieser Bandbreite von Deutungen ist, dass sich fast alle Interviewten darin einig wissen, was man nicht möchte und nicht sein soll: zu Hause zu versauern. Dass das »Versauern« aus Sicht der Letztgenannten mitunter der (in der Selbstwahrnehmung) aktive Ruhestand der Ersteren ist, dokumentiert die Deutungsoffenheit des beschränkten häuslichen Ruhestands, die erst die Etablierung der nahezu konsensualen Abgrenzungsfolie ermöglicht.

Aktivitäten der Seniorenarbeit und Altenhilfe spielen – verglichen mit ihrer großen Bedeutung im Ruhstands- und Unruhestandsdispositiv – eine eher untergeordnete Rolle, wenn es um die Abgrenzung von einem negativ kodierten Ruhestandsalltag geht. Gleichwohl kommen organisierte Seniorenangebote zur Sprache, und zwar in zwei kritischen Lesarten: einerseits bezogen auf die

---

28 | Der Garten ist ein gutes Beispiel für eine mit entgegengesetzten Vorzeichen in Bezug genommene Praxis, die gleichwohl von allen Seiten – in starker Übereinstimmung mit dem Ruhestandsdispositiv – als ruhestandstypisch ausgewiesen wird (zur Bedeutung des Gartens für ältere Menschen vgl. Pettigrew/Roberts 2008): Lebenselixier und Hauptbetätigungsfeld der einen, Sinnbild des Ruhstands der eigenen Eltern und Großeltern für die meisten, aber gelegentlich auch Anlass zum Spott ob eines nur minimal über die häusliche Sphäre hinausreichenden Nacherwerbslebens: »Und wenn ich das schon immer höre, ›Und jetzt kann ich mich um meinen Garten kümmern.‹ Wollen Sie 365 Tage im Jahr sich um ihren Garten kümmern?« (Herr Kanter, Z 93ff.) Was den einen erfüllende Aktivität ist, wird von anderen als sinnfreies Zeitfüllen abgewertet: »Wenn die dann im Ruhestand sind, ja, die wissen nicht, was sie machen sollen. Die haben dann ihren kleinen Garten, den machen sie dann.« (Frau Teich, Z 402f.) Eine ähnliche Abgrenzungsrhetorik findet sich auch in Bezug auf Hausarbeit, die als (mehr oder weniger geliebte) Tätigkeit gerade bei den weniger Aktiven im Sample eine große Rolle im Interview spielt, deren überambitionierte Ausübung anderen aber als sinnlose Zeitdehnung gilt: »Aber, ich sage es Ihnen gleich: Ich fummele nicht jeden Tag mit dem Staublappen rum, das mache ich nicht. Nur dass die Zeit vergeht.« (Frau Grunow, Z 836)

mit den Angeboten verbundene Identifikation als alter Mensch, andererseits im Hinblick auf eine Kritik betreuter Aktivität. Eine 67-jährige Befragte, die ob ihrer prekären Lage gerne an den kostenfreien Angeboten der öffentlichen Altenarbeit teilnehmen würde, klagt: »Und wenn man in diese Rentnerveranstaltungen, die gibt's ja wie Sand am Meer, ach nee. Da bin ich noch nicht so weit, wissen Sie. [...] Da gibt's Vorträge und die geben sich große Mühe, aber es, es sind nur richtige Alte, die dahin gehen und die tun dann nichts mehr groß aufnehmen [...] Man ist eben zu jung dann schon dafür, für diese Rentnersachen.« (Frau Blau, Z 538ff.) Tatsächlich dürfte die vergleichsweise geringe Bedeutung entsprechender Angebote im Interviewmaterial Ausdruck dessen sein, dass die 60 bis 70-jährigen Interviewten nicht mehr davon ausgehen, dass diese Angebote für den typischen Ruhestand ihrer Altersgruppe stehen: »Also ich fühl mich da auch nicht von angesprochen« (Herr Heilbronn, Z 590).[29] Hier dürfte die im Unruhestandsdispositiv tief verankerte Annahme der Verjüngung des Alters greifen, auf die im Folgenden zurückzukommen sein wird.[30] Ein Interviewter empfindet sich als große Ausnahme, weil er anders als Gleichaltrige diesbezüglich keine Berührungsängste habe: »Also das war für mich auch nie ne Frage, dass ich da in den Seniorenkreis nicht gehen würde oder so, weil viele dann sagen, Senioren, gehst zu den Alten, also das war für mich nie ne Diskussion.« (Herr Schmal, Z 506ff.) Tatsächlich offenbart sich die Abgrenzung gegen organisierte Seniorenveranstaltungen in den Interviewtexten mehrheitlich implizit darüber, dass Befragte nachdrücklich und häufig mit

---

29 | Stattdessen sind einige der Interviewten selber in der Weise ehrenamtlich aktiv, dass sie in unterschiedlichen Kontexten (z.B. im Altenheim oder in der Kirchengemeinde) Angebote für Ältere – in der Regel Hochaltrige – organisieren und durchführen.

30 | Interessant ist in diesem Zusammenhang auch die Einschätzung des Interviewten Herrn Heilbronn, der als ehemaliger Sozialarbeiter einen Einblick in die Organisation und Struktur der Jugend- und Altenarbeit hatte. Er moniert, dass der Großteil der finanziellen und kreativen Ressourcen in die Jugendarbeit fließe, während Angebote für Ältere systematisch vernachlässigt würden. Als ihn Kollegen nach seiner Verrentung bitten, eine Einschätzung zu den Angeboten für SeniorInnen abzugeben, evaluiert er die entsprechenden Programme und kommt zu dem Schluss: »So was Langweiliges. Das machen die, die so was lesen und rüstig sind, sowieso. Also das brauchen die gar nicht. Und andere erreichst du damit überhaupt nicht. Und und das wird alles nur theoretisch gemacht, irgendwo hinter verschlossenen Türen. Also es ist nichts sichtbar, was sich an diese Zielgruppe eigentlich wendet, spürbar. Gesellschaftlich. Spürbar ist nur die Jugendkultur.« (Z 616ff.) Dreißigjährige SozialpädagogInnen würden ohne Kontakt zu Älteren und deren Bedürfnissen einfach in den Angeboten von Volkshochschulen und Reiseveranstaltern einige Veranstaltungen als Seniorenveranstaltungen ausweisen; was nicht geschehe, sei »mit der Zielgruppe zusammen zu denken. Passiert nicht. Gar nicht.« (Z 628f.)

stolzem Unterton betonen, dass in – wahlweise – ihrer Walkinggruppe, ihrem Diskussionszirkel oder dem Kegelverein auch jüngere Menschen vertreten seien. Der Ausweis, nicht in einer Seniorengruppe zu sein, »adelt«: »Und eben die eine Gruppe, wo wir dann auch immer viel machen, das sind meistens dann ein bissel jüngere Leute. Deswegen sind wir auch ein bissel anders gepolt sozusagen.« (Herr Fritsche, Z 938ff.)[31] Eine andere Interviewte betont: »Wir haben zum Glück, wir sind da sehr fortschrittlich, obwohl es ein alter Verein ist. Wir haben nur zwei ältere, nur zwei Senioren (im Vorstand).« (Frau Michel, Z 273f.)[32]

Seltener, aber gerade bei Bildungsbürgerlichen zu finden, ist die auf Autonomie und Eigeninitiative zielende Kritik an betreuter Aktivität im Besonderen und an Vereinsaktivitäten im Allgemeinen. Kritisiert werden RuheständlerInnen, die sich nicht darum kümmern, »sich selbst zu beschäftigen, sondern sie lassen sich beschäftigen. Ob das jetzt das Fernsehen ist oder ob das irgendeine Vereinsaktivität ist, aber so dass sie selbst versuchen mal was zu machen, das gilt nicht für alle, nein sie lassen sich so ein bisschen mehr an die Hand nehmen.« (Herr Stiefel, Z 958ff.) Entgegen der umfassenden und viel diskutierten Reformen im Feld Sozialer Arbeit, die auf *Empowerment* anstelle betreuter Aktivität zielen, verbinden die Befragten mit Altenarbeit – sofern dieses Feld überhaupt Erwähnung findet – weiterhin geistig wenig anspruchsvolle »Beschäftigungstherapie« in Gestalt von Spielenachmittagen und Kaffeekränzchen.

Der positiven Bezugnahme auf Erwerbsentpflichtung, Zeitsouveränität und Freiheit im Ruhestand korrespondiert also ein negatives Bild des Ruhestands*alltags*, das auf wesentliche Knotenpunkte des Ruhestandsdispositivs rekurriert. Zugespitzt formuliert lässt sich sagen: Die Freiheit des Ruhestands ist

---

31 | Auffällig ist auch, dass selbst Angebote, die sich dezidiert an Menschen im (Vor-) Ruhestand richten, von Interviewten nicht unbedingt als solche gerahmt werden. So besuchen fünf bildungsbürgerliche AkademikerInnen aus Jena regelmäßig den Mittwochskreis »Begegnung und Bildung« der Evangelischen Erwachsenenbildung Thüringen, der 1997 aus dem Projekt »Bildungsarbeit in der nachberuflichen Phase« hervorgegangen ist [www.mittwochkreis.de/index.html, letzter Zugriff 4.8.2013]. Alle Interviewten heben den hohen (intellektuellen) Anspruch der Veranstaltungen hervor, ohne auf das Alter der BesucherInnenklientel einzugehen, und einige geben im Tätigkeitsbogen sogar an, nicht an Veranstaltungen, die sich speziell an SeniorInnen richten, teilzunehmen. Unter Seniorenveranstaltungen verstehen viele (nach wie vor) die typischen »Kaffee- und Kuchen-Angebote« der betreuenden Altenarbeit.

32 | Hier bestätigt sich die seinerzeit wie heute treffende Diagnose Jean Amérys: »Der Alternde ist ein solcher nicht nur für die Jugend, sondern auch für die Jahrgangsgleichen: diese blicken ihrerseits auf die Jungen, auch wenn sie bei diesen keinen Widerblick erwecken, verweigern dem Schicksalsgenossen die Solidarität, suchen Distanz zu nehmen von den Zeichen der Daseinsnegation, das sie in seinen Zügen lesen.« (Améry 1991: 87)

die eigene, seine Entleertheit die der anderen. Die Verknüpfung *Ruhestand/ Leere/Loch/Langeweile* wird in unterschiedlichsten Variationen immer wieder bemüht, um im Gegenzug den eigenen Alltag, das eigene Leben als mehr oder weniger untypisch auszuweisen: »Es hat also bei mir, also dieses Loch, von dem allzu viele sprechen, nicht gegeben«, betont Herr Kanter (Z 34ff.), Herr Pfarr erwähnt mehrfach: »wenn der Ruhestand kommt, für mich gibt's da keine Abstriche, keine Langeweile« (Z 39). Aktivitäten werden häufig nicht intrinsisch mit dem Inhalt der Aktivität, sondern mit dem Ziel verknüpft, »Beschäftigung zu haben. Keine Langeweile zu haben« (Herr Schiffer, Z 1232).[33] Nicht die verdiente Ruhe, sondern Passivität und Leere markieren damit die »rote Linie« der Abgrenzung vom Ruhestandsalltag. Es ist die Bandbreite der aufgerufenen Verknüpfungen, angefangen von *Ruhestand/Füße hochlegen/ Nichtstun* über *Ruhestand/Beschränkung auf Haus und Familie* bis hin zu *Ruhestand/betreute Aktivität/Vereinsmeierei*, die es ermöglicht, dass sich die Mehrheit der Befragten von einem solchen Ruhestandsalltag abgrenzen kann. Obwohl unter Passivität und Leere sehr Unterschiedliches verstanden wird, arbeiten die Interviewten damit gleichermaßen – und parallel zur Positivvision der gewonnenen Freiheit – an der Verankerung einer ruhestandskonnotierten negativen Abgrenzungsfolie mit. Ähnlich wie das Ruhestandsdispositiv erst *ex negativo* im Zuge der Entstehung des Unruhestandsdispositivs ausbuchstabiert wird, entsteht hier in Abgrenzung zum eigenen Leben ganz praktisch die Fiktion eines Ruhestandsalltags, die insbesondere in ihrer radikalen Variante des »Nichts-Tuns« empirisch kaum auffindbar sein dürfte.

Die Vergangenheit als nicht versiegende Quelle der Ruhestandsfiktion

Wesentliche Elemente der Abgrenzungsfolie »passiver Ruhestandsalltag« finden sich in zugespitzter Form in der Rede über Eltern und Schwiegereltern wieder. Auf die Bitte, den eigenen Ruhestand mit dem der Eltern zu vergleichen, antwortet die Mehrheit in auffällig ähnlicher Weise: Von den Ausnahmen abgesehen, die kaum Differenzen ausmachen oder auf charakterliche Be-

---

33 | Vgl. diesbezüglich die Ausnahmegruppe (3) im Anschluss an Kapitel 5.3. - Während Stenner et al. (2010) in einer Studie zu subjektiven Aspekten des aktiven Alter(n)s zu dem Schluss kommen, »that emphasis is thus not placed on the activity as such, but on the active manner of its undertaking« (ebd. 471), legen unsere Forschungsergebnisse nahe, dass der selbstbestimmt-autonome Modus der Ausführung keineswegs für alle, sondern vorrangig für die Bildungsbürgerlichen bedeutsam ist. In vielen Interviewtexten geht es demgegenüber vor allem darum, wie mit »irgendwelchen« Aktivitäten »irgendwie« die Zeit gefüllt werden kann - Autonomie und Selbstentfaltung spielen in diesem Zusammenhang in der Regel keine Rolle.

sonderheiten konkreter Personen verweisen, betonen die Interviewten große generationsbedingte Unterschiede:»das war was ganz Anderes« (Herr Riesen, Z 512),»das sind ganz andere Bedingungen« (Frau Schott, Z 404),»also das kann man nicht vergleichen« (Herr Schiffer, Z 786ff.),»das machen wir heute nicht mehr so« (Frau Bach, Z 359). Der Konsens ist frappierend:»Ist völlig verschieden. Nachkriegszeit, ne. Wirtschaftswunderzeit und so« (Herr Heilbronn, Z 259). Retrospektiv wird das Bild eines radikal eingeschränkten Ruhestandslebens entworfen –»diese Sache, dass man sich mit 65 auf die Ofenbank gesetzt hat« (Herr Kanter, Z 601) –, das mit dem heutigen Leben im Ruhestand kaum zu vergleichen sei. Die kategorialen Unterschiede werden auf ehedem geringere finanzielle und Bildungsressourcen, die wenig ausgeprägte Freizeitkultur der Elterngeneration, den durch Arbeit und Überleben bestimmten Alltag sowie auf körperliche Einschränkungen (durch härtere Arbeit und schlechtere medizinische Versorgung) zurückgeführt. Immer wieder scheint die Deutung einer traditionalistischen Generationenlagerung der Elternkohorten auf, während für die eigene Generation ein in der Tendenz postmaterialistischer Wertewandel – auch bei den Jenaer Befragten – vorausgesetzt wird.[34] Wiederkehrend wird betont, dass die Eltern»keine Bedürfnisse so (hatten). Kein Kino, kein Theater, nix.« (Frau Ruthe, Z 1142), dass das»Interessenspektrum unendlich klein war« (Herr Riesen, Z 520). Ein Interviewter spricht vom Ruhestandsleben seiner Eltern sogar von einem»Leben mit Null« (Herr Hitt, Z 502), im Sinne vollkommener Inhaltsleere.»Die wussten nichts mit sich anzufangen. Außer Spazierengehen.«, betont die Interviewte Frau Teich und ergänzt:»Meine Mutti hat immer nur geglaubt, sie müsste das mal putzen und das mal putzen.« (Z 318ff.) Die in eine strenge Arbeitsethik eingebettete ausgedehnte Beschäftigung mit Haus- und Gartenarbeit dient gerade vielen weiblichen Interviewten als Abgrenzungsfolie:»So, es war immer, immer die Arbeit und der Garten und jeden Tag Kochen und pünktlich aufm Tisch musste das stehen. [...] gab keinen Urlaub und große Freizeit, da war nix.« (Frau Ruthe, Z 1123f.)

Der Hinweis auf eine andere (Frei-)Zeit- und Lebensgestaltung von Eltern und Schwiegereltern hat – für sich genommen – noch keinerlei Altersimplikation und ist zunächst ein reines Generationenargument. Dass der Vergleich nun aber stets mit einer positiv attribuierten Verjüngung der eigenen Generation verknüpft wird, liegt darin begründet, dass die auf Haus und Garten[35] getrimmte Elterngeneration im Ruhestand in der Regel als eindeutig alt identifiziert wird:»Aber das, das waren immer alte Leute. Ich kann das überhaupt

---

34 | Die von Inglehart (2008) als Wertwandel hin zum Postmaterialismus gerahmte Werteverschiebung von »survival« zu »self-expression« findet sich dementsprechend in vielen Erzählungen.

35 | Das Begriffspaar *Eltern/Garten* stellt eine der häufigsten Verknüpfungen im Interviewmaterial dar.

nicht verstehen, wie ich das sagen soll. [...] Mein Vater hat auch studiert, will ich mal so sagen. Aber das waren alte Leute.« (Frau Teich, Z 316ff.). Obwohl es Frau Teich schwerfällt, ihre Alterszuschreibung in Worte zu fassen, zeigt das Zitat, dass es nicht nur um das körperliche Alter, sondern ebenfalls um die vom chronologischen Alter entkoppelte geistig-soziale Dimension geht (»waren *immer* alte Leute«) – andernfalls müsste Frau Teich auch nicht den akademischen Grad ihres Vaters als Gegenargument ausschließen. Den alten Eltern wird die verjüngte eigene Generation entgegengesetzt: Das wissenschaftliche Epistem der Verjüngung des Alters, das als zentraler Knotenpunkt das Unruhestandsdispositiv organisiert, könnte in den Interviewtexten präsenter kaum sein: »Es ist einfach so, dass heute Leute mit 60 oder 65 irgendwie nicht mehr so alt sind als wie vor 30, 40 Jahre, gäh?« (Frau Weimann, Z 416f.) Verknüpft werden mit Blick auf die heutigen Älteren körperliche Gesundheit und Fitness mit geistiger Regheit – »sie interessieren sich noch für viel mehr Sachen als früher« (Herr Veit, Z 396ff.) – und äußerlicher Verjüngung. Letztere wird fast ausnahmslos am Beispiel von Frauen beschrieben – und auch das Bild vom »alten« Alter ist ganz offenkundig ein weibliches: »Diese Generation meiner Eltern [...] die ist ja körperlich wesentlich mehr ausgepowert worden als die heutigen und nach uns kommenden: Die waren ja mit, wenn ich meine Mutter vergleiche, guck heute meine Frau an mit 62, da war meine Mutter dagegen eine alte Frau.« (Herr Kegel, Z 411ff.) Oder Frau Ullrich: »Die sind sehr viel interessierter, wie man sich früher die Omas da vorstellte, mit Kopftuch und Dutt oder so etwas, auf gar keinen Fall. Diese Frauen wirken auch [...] äußerlich nicht so, dass man sie für eine uralte Oma hält. Da würde ich das sagen, sie sind außerordentlich aktiv und interessiert, ja.« (Z 814ff.) Kopftuch und Dutt, »ein Kittelkleid [als] Tagesgewand« (Herr Schmied, Z 957), »der gebrechliche, krumm gehende, am Stock schlurfende Mann oder Frau« (Herr Kanter, Z 606) – es sind insbesondere die äußerlichen Attribute und klassischen Artefakte, über die ein veralteter Ruhestand als Institution der Vergangenheit aufgerufen wird: »Ja, früher hätt ich alt in Verbindung gebracht, dass man eben so in dunklen Sachen geht.« (Frau Ruthe, Z 1181f.) Als Kehrseite dieser Abgrenzungsfolie scheint das Bild einer modernen Generation von UnruheständlerInnen auf, einer Generation, »die ja noch teilhat oder noch teilhaben will« (Herr Kanter, Z 606ff.), »flott angezogen« (Herr Schiffer, Z 789) ist und die verreist »in die Mongolei und dann die Freunde in Berlin und dann die in Hamburg und dann die in Frankfurt und dann nach Vietnam« (Frau Bauer, Z 627f.).

Wie aber passt nun dieses Bild der Verjüngung mit der Persistenz des passiven Ruhestandsalltags als Abgrenzungsfolie zusammen? Auf den ersten Blick gar nicht. Und tatsächlich stellen wir fest, dass beide Perspektiven mitunter recht unverbunden nebeneinander existieren. Das mit den Eltern assoziierte klassische Ruhestandsleben scheint so fest verankert zu sein, dass es als impliziter Maßstab trotz gleichzeitiger Verjüngungskommunikation fortwirkt. Die explizite Wissensordnung der Verjüngung des Alters ist zwar in breiten Kreisen populär, sie scheint aber die material, körperlich und institutionell verdichtete Praxisordnung des Ruhestands, wie sie durch kleine Zwischenbemerkungen und Kurzerzählungen aufgerufen wird, bislang noch nicht nachhaltig durchkreuzt zu haben. Trotz der durchgängigen Abgrenzung von der Elterngeneration nährt das Bild ihres Ruhestands die Abgrenzung von einem (vermeintlich) passiven Nacherwerbsleben bis heute; Vergangenheit und Gegenwart fließen somit eigentümlich ineinander.[36] Nur fünf Interviewte begreifen den negativ attribuierten Ruhestandsalltag als ausschließliches Phänomen der Vergangenheit. Bei der Mehrheit mischt sich – je nach Perspektive – ein modernisiertes Ruhestandsverständnis oder die Orientierung an Dispositiven des Unruhestands bzw. des Produktiven Alters mit der in der Vergangenheit verorteten, zugleich aber beständig reaktualisierten Ruhestandspraxis der Eltern und Großeltern als erstaunlich stabilem negativem Abgrenzungsmotiv.

Ein gutes Beispiel sind die Ausführungen des Interviewten Herrn Fritsche: Ausführlich grenzt er seine Generation von der Elterngeneration ab: »Die früheren Generationen, die die Leute sind früher alt geworden, also im echten Sinne. [...] die haben den Ruhestand gebraucht, um noch ein paar gute Jahre zu haben. Wir sind jetzt die Folgegeneration, wir sind ja, sagen wir mal viel länger viel fitter. Wir können also viel länger aktiv im Alter etwas tun. Was eben die früheren Generationen nicht konnten.« (Herr Fritsche, Z 807) Wenig später beschreibt er dann gleichaltrige Bekannte: »Die sind eben klassisch vom Alter her, etwa so, dass man sagt, [...] naja gut, die sind richtig saturiert. Abends fernsehen, Enkelkinder, sich um Enkelkinder kümmern, was weiß ich, Hauptattraktion ist für die einfach, wenn man mal miteinander zum Essen geht.« (Herr Fritsche, Z 942ff.) Dreierlei lässt sich hier sehen: Erstens gibt es aus Sicht von Herrn Fritsche der konstatierten allgemeinen körperlichen und geistigen Verjüngung zum Trotz weiterhin Menschen, die einen auf die häusliche Sphäre und die Familie beschränkten Ruhestand leben, zweitens stellt dieses Leben doch keine Ausnahme dar, denn er attribuiert es als »klassisch vom Alter her« (Z 942), und drittens zeigt der abfällige Zungenschlag, dass er dies für die heute Alten als nicht mehr zeitgemäß empfindet. Was für die Elterngeneration in Anbetracht der Generationenlagerung sowie der eingeschränk-

---

36 | Passend dazu führt Pahl aus, dass und wie insbesondere die Rolle der Großmutter trotz tiefgreifenden Wandels in der Vorstellung jüngerer Menschen konserviert wird: »›You don't look like a grandmother‹, they say. As tactfully as I can, I reply that I do look like a grandmother; it is the picture of a grandmother inside their heads which has to be adjusted. The new grandmother of today does not have a bag of knitting and an apron; she has a briefcase and a mobile phone and hurries from her office to help with bath and bedtime.« (Pahl 2000: 106)

ten körperlichen, finanziellen, sozialen und Bildungsressourcen mehrheitlich als angemessen bzw. normal empfunden wird, gilt in dieser Form für die eigene Generation ganz offenbar nicht mehr, oder allenfalls in Einzelfällen. Interviewte mokieren sich über Gleichaltrige, die »wie ihre eigenen Großväter« (Herr Carstens, Z 19) rumlaufen, und die Problematisierung der Passivität einer Großcousine – »Von der wissen wir überhaupt nicht, was die tagsüber macht.« (Herr Riesen, Z 433) – wird aufwendig damit begründet, dass sie zwar eine Großcousine, aber keinesfalls älter als der Befragte selbst sei. Der Maßstab bleibt, die Bewertung verändert sich – so kann man die Entwicklung pointiert zusammenfassen.

Zugleich verweist die mitunter verwirrende Gleichzeitigkeit von Verjüngungsemphase und Ruhestandslebens-*bashing* nicht nur auf die prägende Kraft der Vergangenheit, sondern auch auf die (mehr oder weniger explizite) Unterscheidung verschiedener gesellschaftlicher Gruppen: Während die Beispiele der Verjüngung häufig aus dem eigenen Umfeld stammen, bedienen entfernte Verwandte und Bekannte sowie imaginäre Fremde die Abgrenzungsfolie des passiven Ruhestandsalltags. Die zuvor eingeführte Zuspitzung – die Freiheit des Ruhestands ist das eigene, seine Leere das Leben der Anderen – gilt es vor diesem Hintergrund einzuschränken: Tatsächlich sind diejenigen, die allein sich selbst als aktive Ausnahme sehen, deutlich in der Minderheit[37] gegenüber denjenigen, die auch den Freundes- und Bekanntenkreis von Passivitätszuschreibungen ausnehmen. Die Antworten ähneln sich in frappierender Weise und sind Ausdruck des Umstands, dass das Leben von FreundInnen als Spiegel des eigenen Lebens begriffen wird: »Es gibt die, die sich hinsetzen und sagen, ich muss nix mehr machen. Ich hab doch ein Leben lang gearbeitet, ich mach jetzt nix mehr. Die seh ich, aber die sind nicht in meinem Bekanntenkreis.« (Frau Baden, Z. 516ff.) Oder Frau Altenberger über ihre FreundInnen: »Die machen alle wahnsinnig viel. [...] Also da ist keiner dabei, der jetzt vor der Glotze hockt oder so was.« (Z 539ff.) Viele betonen explizit, dass sie nur Freunde haben »die auch aktiv sind« (Herr Hitt, Z 564f.) oder sich »auf einem ähnlichen Level« (Frau Weimann, Z 377f.) bewegen. Diese Abgrenzung geht nicht bei allen, wohl aber bei einigen mit bildungsbürgerlicher Distinktion einher: Menschen aus einfachen Berufen und mit geringen Bildungsressourcen wird unterstellt, weniger in der Lage zu sein, einen aktiven Ruhestand zu gestalten. Der ehemalige Betriebsingenieur Herr Stiefel moniert, dass die Mehrheit der RentnerInnen einen passiven Alltag lebe und ihr Beschäftigtsein nur simuliere, während sein eigenes soziales Umfeld den Unruhestand praktiziere: »Ich meine nehmen Sie das jetzt nicht als hochnäsig, aber welche Bildung habe ich. Und das ergibt sich ganz automatisch durch Ihre Aktivitäten, dass Sie mit

---

37 | Exemplarisch die Befragte Frau Teich: »Gut, es gibt auch welche, die viel dies und das machen, aber ich kenne keinen.« (Z 426f.)

ähnlichen Menschen zusammen kommen. Die, die ich habe, da gilt dieser so genannte Unruhestand.« (Z 988ff.)

Viele Interviewte projizieren den passiven Ruhestandsalltag also vor allem auf entfernte, häufig zudem nicht bildungsbürgerliche Andere, was aufgrund der Überrepräsentation der Bildungsbürgerlichen in unserem Sample besonders evident ist. Bei anderen hat die tiefe Verankerung dieser Negativperspektive dagegen auch die Angst vor der eigenen Ruhestandszukunft genährt: Herr Fichte etwa hatte große Bedenken, dass ihm im Ruhestand »die Decke auf den Kopf fällt« (Z 147), Herr Hitt befürchtete, »dass es eine Zeit wird, wo du mit dir selbst nichts anzufangen weißt« (Z 48). Eingebettet sind diese retrospektiv eingestandenen Sorgen aber mehrheitlich in Erfolgsgeschichten, bekunden die Interviewten doch im gleichen Atemzug, dass sie wider Erwarten »vollbeschäftigt« (Herr Fichte) seien oder dass das Gegenteil eingetreten sei: »Wir haben uns zu viel vorgenommen und tun es eigentlich immer noch.« (Herr Hitt, Z 48f.) Die (antizipierte) Leere tritt also auch hier nicht im eigenen Leben ein. Vor allem aber ist die wider Erwarten erlebte (Voll-)Beschäftigung häufig Ausdruck eines Umstands, den wir als Ruhestandsmoderierung bezeichnen.

Das Phänomen Ruhestandsmoderierung

Die Frage der Aktivität und Zeitgestaltung im Nacherwerbsleben wird in zweierlei Hinsicht durch die Ruhestandsmoderierung beeinflusst: Sie induziert die Planung von Aktivitäten und sie strukturiert die (Selbst-)Wahrnehmung. Eher unspektakulär ist die zukunftsorientierte Planung, die darauf ausgerichtet ist, die infolge des Wegfalls der Erwerbsarbeit antizipierte Leere und Langeweile bereits im Keim zu ersticken: Der soeben zitierte Herr Hitt analysiert selbst, dass er sich angesichts dessen mit geradezu panisch begonnenen, zahlreichen neuen Aktivitäten faktisch übernommen habe. Erinnert sei auch an Frau Altenberger, die in Erwartung der Ereignislosigkeit des Alters mit dem zeitaufwendigen Golfspielen angefangen hat, obwohl es ihr keinen Spaß macht. Einige Interviewte haben ihren Rentenübergang wiederum bewusst auf das Frühjahr gelegt, um sich nach eigenem Bekunden im ersten halben Jahr noch mit Gartenarbeit ablenken zu können – auch hier scheint als impliziter Gegenentwurf die Leere des häuslichen Nacherwerbslebens auf.

Wesentlich interessanter als der Zukunftsbezug ist jedoch die Gegenwartsmoderierung, d.h. der Umstand, dass das Abgrenzungsmotiv der Leere und Langeweile als Vergleichsmaßstab dient, anhand dessen das eigene Leben vermessen wird: Wer den typischen Ruhestandsalltag als inhaltslos verstreichende Zeit imaginiert, wird das eigene Leben aktiver und ausgefüllter wahrnehmen als ohne eine solch moderierende Kontrastfolie. Grundsätzlich gilt für das Sample die Faustregel: Je geringer der eigene Aktivitätsgrad und -radius ist, desto radikaler fällt die Abgrenzung aus, bis hin zur Gleichsetzung von *Ruhestand/Nichtstun/Sozialer Tod*. Verglichen mit dem sozialen Tod entpuppt sich dann jedes gelebte Leben als aktives Leben. Wenn also die Abgrenzungsfolie als moderierender Modus der Deutung und Darstellung des erzählten Lebens nicht berücksichtigt wird, besteht die Gefahr, dem Wortsinn der Erzählungen folgend, Aktivitätsdichte und -radius sowie kommunizierte Zeitknappheit der Leute zu überschätzen. Die Ruhestandsmoderierung erweist sich damit als zentraler Mechanismus, der – in unterschiedlich starker Ausprägung und von einigen Ausnahmen abgesehen – die expliziten Äußerungen der Interviewten in neuer Weise kontextualisiert. Es ist dieser Mechanismus, der bewirkt, dass trotz der im Interviewmaterial versammelten Bandbreite an Orientierungen, Deutungen und Praktiken immer wieder erstaunlich gleich lautende Abgrenzungen erfolgen: Die Distinktion gegenüber einer häuslich gerahmten Passivität eint ein breites Spektrum von Interviewten, auch wenn das, was als Gegenüber dient, keineswegs identisch ist – wie wir am Beispiel der häuslichen Dimension gezeigt haben. Von den unterschiedlichen Ausdrucksformen, die die Ruhestandsmoderierung in den Interviewtexten findet, werden im Folgenden die Thematisierung von Zeitknappheit und der von uns so genannte *busy talk* sowie das Phänomen ausgeprägter Kontinuitätserzählungen eingehender beleuchtet.

Auch wenn es um die subjektive Wahrnehmung von Zeitknappheit geht, ist der Aktivitätsgrad und -radius der Befragten für die Analyse der Ruhestandsmoderierung nicht unerheblich. So gibt es im Sample sechs sehr Aktive, deren heteroproduktives und strukturiert autoproduktives Engagement sich im Umfang von 30 bis weit über 40 Stunden wöchentlich bewegt: Hier finden sich sowohl politisches Engagement im Vollzeitumfang, freiberufliche Erwerbstätigkeit, umfangreiche Pflegeverantwortung und Enkelkinderbetreuung sowie sehr ausgeprägtes ehrenamtliches Engagement. Vier dieser sechs Befragten kommunizieren extreme Zeitknappheit, verbunden mit der konkreten Klage, zu wenig Zeit für sich selbst, die FreundInnen und Hobbies zu haben. Auch bei diesen Befragten finden sich durchaus Anklänge von Ruhestandsmoderierung, wird das Empfinden von Zeitknappheit doch dadurch verstärkt, dass das – auch absolut betrachtet – sehr hohe Aktivitätsniveau durch den Vergleich mit dem Ruhestand Gleichaltriger noch höher erscheint. Interessanter im Hinblick auf die Frage des Erlebens von Zeitknappheit sind jedoch diejenigen Interviewten, die im Ruhestand nicht »quasi berufstätig« sind.

Es kann durchaus als kontraintuitives Ergebnis bezeichnet werden, dass die Kommunizierung von Zeitknappheit angesichts eines realen Zeitgewinns zahlreiche Interviewtexte durchzieht, auch wenn dieses Phänomen aus verschiedenen Untersuchungen zu Zeitnutzung im Ruhestand bereits bekannt ist (z.B. Köller 2007: 130ff.). Zum prototypischen Objekt der Zeitknappheit im Ruhestand wird der Kalender, auf dessen Nutzung und Notwendigkeit ebenso nachdrücklich wie stolz und in der Regel etwas erstaunt hingewiesen wird:

»Also mein Kalender ist voller Termine. Das ist wirklich, jeden Tag«, betont die Interviewte Frau Baden (Z 253f.), Herr Riesen sekundiert: »wir haben im Korridor einen Kalender liegen, da schreiben wir alles rein und der ist immer voll«. Im Textkontext erweist sich häufig, dass ein »voller« Kalender ein Kalender ist, in dem jeden Tag »irgendetwas« drin steht: »Also ich hab früher nie einen Terminkalender gebraucht. Aber als Rentner brauch ich den. Und wenn Sie meinen Terminkalender angucken, [...] wir haben nächste Woche jeden Tag was.« (Herr Schiffer, Z 1108f.) Auf Nachfrage, um was für Aktivitäten es sich denn handele, antwortet der Interviewte nur: »immer Termine, jeden Tag«. Erst die Berücksichtigung der impliziten Schlussregel eines leeren, da terminlosen Ruhestands erlaubt es, die besondere Rolle des Kalenders zu verstehen, der als objekthafte Verdichtung der Ruhestandsmoderierung gelesen werden kann. In anderen Lebensphasen als dem Alter wäre die Nutzung eines Kalenders nicht der Rede wert.

Immer wieder wird von unseren Befragten retrospektiv die Erwartung beschrieben, dass man im Ruhestand ganz viel Zeit haben werde, eine Erwartung, die sich – so die verbreitete Auskunft – nicht realisiert habe: »Weil die Aussicht, dass man ja dann Zeit hat, wo man das alles machen kann, aber die wird, das stellt man dann fest, so toll ist das mit der Zeit dann nicht. Es bleibt dabei, der Tag hat trotzdem weiterhin nur 24 Stunden. Und obwohl ich immer frühmorgens aufstehe, ist es immer noch knapp.« (Friedrich, Z 363ff.) Ein anderer Interviewter erzählt: »Ich hab immer die Rentner nicht verstanden, die bei uns [im Betrieb] dann weg sind. Die hatten nie Zeit. Aber mir geht's heute selber so [...] also man hat wirklich nicht so viel Zeit, wie man sich das vorher vorstellt.« (Herr Schmal, Z 124ff.) Der Titel der in der DDR populären Fernsehserie »Rentner haben niemals Zeit« wird von vielen Jenaer Befragten bemüht, findet sich in der Diktion ähnlich aber auch in Interviewtexten aus Erlangen. Herr Wulf stellt erstaunt fest: »Ich muss sogar sagen, diese Redewendung, Rentner haben niemals Zeit, ich, ich hätte nie geglaubt, dass jeder Tag so ausgefüllt ist. [...] Also ich merk nichts von Langeweile oder irgendwie so was.« (Z 313ff.) Der Eindruck, »nie Zeit zu haben«, wird wesentlich durch die vorherige Erwartung erweckt, »immer Zeit zu haben« und sich langweilen zu müssen. Von der Langeweile spricht etwa Herr Wulf wie von einer unerwarteter Weise nicht ausgebrochenen Krankheit. All dies mündet in eine Praxis des *busy talk*: Gemeint ist das, zumeist abstrakte, Kommunizieren ständigen Beschäftigtseins – bei faktisch eher niedrigem oder mittlerem Aktivitätsniveau. So führt Herr Fichte aus: »Ich hab als Rentner dann mehr, hab ich gedacht, mehr Freizeit. Aber das ist sicher beim Denken geblieben, denn Rentner haben niemals Zeit. [...] Ich bin jeden Tag beschäftigt. Und, und rund um die Uhr.« (Z 6ff.) Die Beschreibung seines »vollen« Tagesablaufs beginnt dann folgendermaßen: »Und um 8 rum geht dann das Leben los, dass ich da was mache. Man geht in den Keller, bastelt irgendwas, baut irgendwas, repariert irgendwas.

Oder geht auf'n Boden und macht da irgendwas, räumt was auf.« (Z 187ff.).
Ganz ähnlich die Ausführungen von Frau Wulf, die ausführlich begründet,
warum sie keine Zeit für außerhäusige Aktivitäten hat: »Du möchtest die Wohnung tipptopp haben, so, das dauert länger, so, dann gehst du mal einkaufen,
so und das ist der Winter jetzt und im Sommer dann, sobald früh der Haushalt
erledigt ist, ab in' Garten, so das war's dann. Und von wegen Erholung, ja, das
ist keine Erholung bei mir.« (Z 283ff.)

In vielen Interviews findet sich eine frappierende Gleichzeitigkeit von *busy
talk* und berichteter Zeitdehnung, also dem Strecken von Tätigkeiten (insbesondere im Bereich der Haus- und Gartenarbeit), um die Tage zu füllen.[38] Die
Negativreferenz auf einen komplett leeren Ruhestandsalltag ermöglicht es,
sogar das Ergebnis der Zeitdehnung als Beleg des ruhstandsuntypischen Beschäftigtseins zu beschreiben. Die Klage über Zeitknappheit und ausgeprägter
busy talk schließen dabei keineswegs aus, dass die Interviewten das – auch aus
ihrer Sicht – erstaunliche Phänomen, nie Zeit zu haben, kritisch reflektieren.
Frau Burkert, die mehrfach darlegt, »immer irgendwie etwas« (Z 496) vorzu-
haben und zu all den Dingen, die sie sich für den Ruhestand vorgenommen
habe, noch gar nicht gekommen zu sein, merkt zugleich an: »Ich meine, was
ich früher nach der Arbeit erledigt habe, das wird ja jetzt auf den Vormittag
verteilt und man sagt, es geht einem immer ein bisschen schwerer von der
Hand. Oder vielleicht ist es auch nur, weil man mehr Zeit hat, dass man sich
mehr Zeit nimmt. Ich habe das noch nicht analysiert.« (Frau Burkert, Z 489ff.)
Frau Burkert ist nicht die einzige, die unschlüssig ist, ob es eher altersbedingte
Verlangsamung oder aber das ruhestandsbedingte Strecken von Tätigkeiten
ist, das dazu führt, permanent beschäftigt zu sein bzw. sich so zu fühlen.[39]
Während Körper als sichtbare Form und Materie (z.B. gebeugt, gebrechlich,
faltig) sowie körpernahe Artefakte (z.B. Stock, Rollstuhl, Herzschrittmacher,

---

38 | Interessant ist in diesem Zusammenhang zudem die verbreitete Praxis der erzähle-
rischen Zeitverknappung, die den *busy talk* forciert, da der für Aktivitäten zur Verfügung
stehende Tag systematisch verkürzt wird. Befragt nach dem typischen Tagesablauf, bekundet Frau Mirow: »Um vier ist sowieso fast der Tag zu Ende, dann beginnt ja im Prinzip nichts Großartiges mehr« (Z 566). Mit ähnlichem Tenor spricht Frau Isar über ihre
morgendlichen Aktivitäten und schließt an: »und wenn ich da nach Hause komme, da
ist meistens schon halb 2 Uhr, da essen wir, na und da ist der Tag schon rum.« (Z 122f.)
39 | Einige Interviewte schreiben den Umstand, dass sie mehr Zeit mit den alltäglichen
Tätigkeiten in Haus und Garten verbringen, eindeutig einer altersbedingten Verlangsamung zu und erklären sich auf diese Weise, warum sie gegenwärtig den ganzen Tag mit
dem beschäftigt sind, was sie zuvor nach Feierabend und am Wochenende erledigt haben. Frau Peters und Frau Nikolaus aber weisen beispielsweise explizit darauf hin, dass
dadurch keine Zeitknappheit entstehe, da man ja durch die Verrentung so viel freie Zeit
dazugewonnen habe.

Walkingstöcke) eine zentrale Rolle in den Verknüpfungsordnungen des Nacherwerbslebens spielen, zeigt das Beispiel der Verlangsamung die Schwierigkeit auf, das »Spüren« des alternden Körpers einzuordnen und zu kommunizieren.

Selbstverständlich ist der skizzierte *busy talk* bei den kaum oder wenig Aktiven am augenfälligsten, aber auch bei Interviewten mit mittlerem oder sogar höherem Aktivitätsgrad stellen wir immer wieder Versicherungen des permanenten Beschäftigtseins fest, die weniger faktischer Dauerbeschäftigung als dem Phänomen der Ruhestandsmoderierung geschuldet sind. Tatsächlich ist Zeitknappheit im Ruhestand ein im gesamten Interviewmaterial präsentes Thema, das von vielen Befragten als typisches Phänomen ausgewiesen[40] und auch von denjenigen aufgerufen wird, die es für sich selber nicht in Anspruch nehmen oder es gar kritisch als Simulation zurückweisen. Ein Interviewter konstatiert lapidar: »Man sagt ja ›Rentner haben niemals Zeit‹. Sag ich auch immer. Als Spaß aber.« (Herr Fluss, Z 604f.)

Es sind vor allem zwei Gruppen, die sich von der Formel »Rentner haben niemals Zeit« abgrenzen – und damit zugleich die Wirkmächtigkeit dieser Perspektive bekräftigen. Die erste Gruppe stellt eine Ausnahme im Sample dar, haben wir es hier doch mit Interviewten zu tun, bei denen es keinerlei Anklänge von Ruhestandsmoderierung gibt. Die vermeintliche Zeitknappheit der RentnerInnen wird kategorisch zurückgewiesen und stattdessen ein neuer »Zeitwohlstand« als ruhestandstypisch kommuniziert.[41] Neben dieser findet sich eine zweite Gruppe, die im Modus der (abgeschwächten) Ruhestandsmoderierung agiert, für sich selbst Zeitknappheit propagiert und zugleich den ruhestandsmoderierten *busy talk* der anderen – vorzugsweise weniger Gebildeten – als Simulation demaskiert. Der bereits zitierte Herr Stiefel, der für sich und sein gebildetes Umfeld den Unruhestand propagiert, spottet: »Ach, die Senioren sind immer unterwegs, die Senioren haben nie Zeit. Das trifft auf ne kleine Gruppe zu. Masse ist es nicht.« (Z 935ff.) Diese Älteren wollten signalisieren: »Ich hab immer was vor, ich sitz hier nicht auf meinem Altenteil. Das ist aber, wenn man nämlich dann diese Fassade wegnimmt, dann sieht das eher trist aus.« (Herr Stiefel, Z 931ff.) Und auch Herr Pfarr – selbst mit niedrigem Aktivitätsgrad und ausgeprägtem *busy talk* (»Also, ich hab genügend zu tun, für mich gerade gibt es keine Ruhe.«, Z 4) – sieht die Zeitknappheit im Ruhestand ausschließlich für die gebildeteren RuheständlerInnen gegeben, sich selbstredend eingeschlossen (Z 745f.). Die Verbreitung der Formel »Rentner, keine Zeit, keine Zeit« (Herr Schmied, Z 934) wird von KritikerInnen auch damit begründet, dass die weniger Gebildeten mit der eigenverantwortlichen Zeitstrukturierung im Ruhestand überfordert seien. Wie bereits am Beispiel

---

40 | »Also die Tage sind eigentlich ausgefüllter als, aber das sagen fast jede, das werden Ihnen vielleicht alle sagen, die hier sitzen.« (Frau Isar, Z 122ff.)

41 | Vgl. Ausnahmegruppe (4) im Anschluss an Kapitel 5.3.

der »strukturierten Freiheit« dargelegt, tritt auch hier zu Tage, dass die Abgrenzungsfolie des leeren Ruhestandsalltags trotz ihrer Deutungsoffenheit einen ausgeprägten Klassencharakter aufweist.

Der durch Affirmation und Abgrenzung wirkungsmächtig verankerte *busy talk* ist von dem Modus zu unterscheiden, den David Ekerdt (1986) *busy ethic* genannt hat: die Verlängerung der (Lohn-)Arbeitsethik in den Ruhestand hinein, die im Streben nach Anerkennung eine Simulation berufsähnlichen Beschäftigtseins hervorbringe.[42] Tatsächlich dürften sowohl das im Interviewkontext auffällige Bestreben, beschäftigt zu wirken, als auch die offenkundige Schwierigkeit, Langeweile oder Leere zu kommunizieren und »zuzugeben«, durch eine tief verankerte Arbeitsethik beeinflusst sein, die mit dem Ruhestand nicht plötzlich abgelegt wird.[43] Auch verwenden Interviewte in auffälliger Weise Erwerbsterminologien, um ihren Beschäftigungsgrad auszuweisen: sie bezeichnen sich selbst als »Selbstständiger« (Herr Hitt), als »voll berufstätig ohne Lohn« (Frau Michel) oder ihren Ruhestand als »ganz viel Arbeit« (Herr Fritsche). Während die *busy ethic* also mit dem einflussreichen Maßstab des Erwerbslebens operiert und – bezogen auf die eigene Biografie – auf einem intertemporalen Vergleich beruht, rekurriert der *busy talk* auf die Abgrenzungsfolie des passiven Ruhestandsalltags im Sinne eines selbstwertdienlichen sozialen »Abwärtsvergleichs«.[44] Wo die *busy ethic* stärker die *Darstellung* des Beschäftigtseins moderiert, enpuppt sich der *busy talk* als im direkten Vergleich mit

---

42 | »In honoring the busy ethic, exactly what one does to keep busy is secondary to the fact that one purpotedly is busy. [...] An individual can take a disparate, even limited, set of activities and spin them together into a representation of a very busy life.« (Ekerdt 1986: 241, 243)

43 | Zu berücksichtigen bleibt aber, dass Ekerdt die *busy ethic* für den US-amerikanischen Kontext entwickelt hat, wo eine lebensstandardsichernde Erwerbsentpflichtung sowie eine Kultur des durch lebenslange Arbeit verdienten Ruhestands nicht in einer dem deutschen Kontext vergleichbaren Weise institutionalisiert worden sind: »After all, a society that traditionally identifies work and productivity as a wellspring of virtue would seem to need some justification for a life of pensioned leisure. How do retirees and observers alike come to feel comfortable with a ›retired‹ life? [...] I will suggest that retirement *is morally managed and letigimated on a day-to-day basis* in part by an ethic that esteems leisure that is earnest, occupied, and filled with activity – a ›busy ethic‹« (Ekerdt 1986: 239; Hervorhebung der AutorInnen) In Deutschland dürfte die Legitimität des Ruhestands, zumal Mitte der 1980er Jahre, die alltägliche Beweisführung des Beschäftigtseins institutionell abgeschwächt haben – ohne dass diese deshalb gänzlich ohne Bedeutung gewesen wäre.

44 | Zur Selbstwert stärkenden Bedeutung von so genannten »Abwärtsvergleichen« vgl. z.B. Fauser 2012: 97ff. Freund und Baltes (2005) weisen darauf hin, dass soziale (Abwärts-)Vergleiche in der Regel zu positiveren Selbstbewertungen führen als temporale

konkreten oder imaginären Gleichaltrigen erfolgte *Wahrnehmungs*moderierung, strahlt doch die eigene Aktivität umso heller, je passiver die anderen
erscheinen.[45] *Ethic* und *talk* schließen sich damit keineswegs aus, im Gegenteil: Die Verankerung des *busy talks* hilft zu verstehen, warum die Konstruktion von (Beschäftigungs-)Kontinuität in Relation zur Erwerbsphase nicht nur
(identitätspolitisch wie sozial) bedeutsam ist, sondern auch vergleichsweise gut
funktioniert – und zwar durch die moderierende Abgrenzungsfolie des passiven Ruhestandsalltags.[46]

Tatsächlich sind neben Zeitknappheit und *busy talk* auch bestimmte Formen der Kontinuitätswahrnehmung und -darstellung Beispiele für den Mechanismus der Ruhestandsmoderierung. Selbstverständlich wäre es falsch, die
erzählerische Verhandlung von Fragen der (Dis-)Kontinuität auf diesen Mechanismus zu reduzieren. Die Parallelität von Veränderungs- und Stabilitäts-
erzählungen liegt wesentlich darin begründet, dass die häufig kommunizierte
Kontinuität des Selbst als erwachsener Mensch mit Diskontinuitäten und Zä-
suren in Bezug auf die konkrete Alltags- und Lebensgestaltung verwoben wird,
dass die Erzählungen also auf unterschiedlichen Ebenen operieren: Erzählungen des Nacherwerbslebens sind in aller Regel »stories of self-sameness and
difference« (Gullette 2004: 123) zugleich.[47] Der Mechanismus der Ruhestandsmoderierung kommt erst da ins Spiel, wo sich die Kontinuitätserzählungen
weniger auf identitätspolitische Fragen denn auf den konkreten Alltag, den
Aktivitätsradius und die Lebensgestaltung beziehen. Eine Befragte erzählt:

Vergleiche mit der eigenen Person – insbesondere, wenn es um Fragen der Gesundheit
und Leistungsfähigkeit geht.

45 | Diese Form der selbstwertdienlichen Abgrenzung gegen »passive Andere« ist auch
aus der jüngeren Forschung zu Menschen im ALG II-Bezug bekannt: »Für nahezu alle
Befragten [LeistungsempfängerInnen] ist der ›passive Arbeitslose‹ eine Distinktionsfi-
gur, die angeblich jeder kennt und von der man sich daher umso vehementer abgrenzen
möchte. Das treibende Motiv für die Anwendung solch negativer Klassifikationen ist die
Selbstentlastung.« (Dörre et al. 2013: 256)

46 | Beide Rahmungen führen, wie bereits angedeutet, zu einer Überakzentuierung
von Aktivität. So warnt auch Ekerdt: »Indeed, gerontologists should be wary about the
extent to which the busy ethic may shape people's responses on surveys about their
leisure, frequency of activities, and experience in retirement. [...] The busy ethic, at
bottom, is self-validating: because it is important to be busy, people will say they are
busy.« (Ekerdt 1986: 243)

47 | Problematisch sind deshalb auch solche Ansätze, die als Voraussetzung gelingen-
den Lebens im Alter die Herausbildung von (kohärenten) *Altersidentitäten* unterstellen
und damit die Möglichkeit von (altersunspezifischen) sozialen *Identitäten im Alter* – im
Sinne von *self-sameness* – konzeptionell ausschließen bzw. sie als Altersverdrängung
problematisieren (vgl. kritisch Graefe 2010b).

»Also den Ruhestand als solchen habe ich eigentlich noch gar nicht so wahrgenommen. Weil außer dem, dass man nicht mehr täglich zur Arbeit muss, hat
man ja trotzdem noch viele Aufgaben, um die man sich viel intensiver kümmern kann.« (Frau Star, Z 3ff.) Auch andere Befragte weisen darauf hin, dass
man bloß »nicht mehr arbeiten geht, gäh? Aber ansonsten habe ich in meinen
Leben nichts geändert. Ich mache immer noch dasselbe.« (Frau Weimann,
Z 60ff.) Herr Kegel betont, dass alles »genau wie im Berufsleben« sei, »nur
dass eben [...] alles bisschen ruhiger zugeht.« (Z 118ff.) – wobei offen bleibt,
worauf die Kontinuität bei ihm mit Ausnahme der regelmäßigen Einnahme
von Mahlzeiten und einer diffus bleibenden »Tagesplanung« bezogen wird.[48]
Wenn auch nicht immer in dieser Radikalität und oftmals überlagert durch
Parallelerzählungen über Anpassungsprobleme im Ruhestand, finden sich in
vielen Interviewtexten Anklänge vergleichbarer Kontinuitätsverlautbarungen.
Wie hängt dies nun mit dem Mechanismus der Ruhestandsmoderierung zusammen? Die Erwartung bzw. Normalitätsannahme einer weitgehenden Leere
und Beschäftigungslosigkeit führt dazu, dass der erlebte Ruhestandsalltag ob
der Radikalität der negativen Abgrenzungsfolie von dieser deutlicher unterschieden wird als von der vorherigen Erwerbsphase. Zugespitzt formuliert:
Wer sich entscheiden soll, ob sein Alltag der Erwerbsarbeit oder dem »Vortod«
näher ist, wird nicht lange zögern. Das Ende der Erwerbsarbeit gerät dann im
Lichte der Kontinuität des Lebens als *vita activa* quasi zur biografischen »Rand-
notiz«, 40 Stunden mehr oder weniger die Woche werden als Marginalie ab-
getan.

5.3.3 Die *vita activa*

In Übereinstimmung mit aktuellen Forschungsergebnissen zeigen unsere
Interviews mit älteren Menschen also vor allen Dingen eines: »being active (is)
universally regarded as desirable and even essential« (Venn/Arber 2011: 203).
Aktiv und bewegt: So soll das Leben sein, hier gibt es kaum Varianzen. Anders als beispielsweise Venn und Arber schlussfolgern,[49] muss diese Haltung
aber nicht unbedingt als Ausdruck einer Übereinstimmung mit aktuellen
politisch-gerontologischen Programmen des aktiven und produktiven Alters

---

48 | Den größten Kontrast zu dieser Perspektive stellt die Ausnahmegruppe der »Zeit-
wohlständlerInnen« dar (vgl. Ausnahmegruppe (4) im Anschluss an Kapitel 5.3), die
trotz mehrheitlich recht hohen Aktivitätsniveaus von einem neuen Leben des Urlaubs
und von Tagen voller Freizeit sprechen.

49 | »In line with policy frameworks that promote the link between ›active ageing‹,
health and independent living, the older people in this study agreed that it was impera-
tive to remain active, productive, healthy and independent past retirement and into old
age.« (Venn/Arber 2011: 211)

gelesen werden.[50] Obwohl sich im Interviewmaterial durchaus auch aktivierungspolitische, produktivistische und/oder auf Responsibilisierung zielende
Perspektiven finden (die Gegenstand des Anschlusskapitels sein werden), ist
die mit der Abgrenzungsfolie des passiv-leeren Ruhestandsalltags korrespondierende Referenz auf den Ruhestand als »Aktivitätszustand« (Herr Lange,
Z 260) grundsätzlicher gelagert: Es handelt sich um eine eher anthropolo-
gisch als politisch oder ideologisch grundierte Vorstellung der *vita activa* als
tätig-schaffender Auseinandersetzung mit der Umwelt. Damit geht einher,
dass viele Interviewte ihre Aktivitätorientierung als eine Frage der Persönlichkeit rahmen: »Ich bin einfach durch meine Art so aktiv immer« (Frau Teich,
Z 337), »Ich bin aktiv veranlagt« (Herr Hitt, Z 156), »Ich bin kein Ruhestandstyp« (Frau Jan, Z 13). Wir haben es hier mit »identity statements« (Rubinstein
2002: 146) zu tun, die als Leseanleitung für das Interview verstanden werden
können, als Hinweise darauf, nach welchen Schablonen die Interviewten ihr
eigenes Leben filtern. Nicht bei allen sind diese Statements so explizit und eindeutig, aber im ganzen Sample gibt es nur zwei Personen, die sich dezidiert als
passive bzw. faule Persönlichkeiten darstellen.[51]

Neben dieser persönlichen Akzentuierung wird die deutungsoffene Vor-
stellung von Aktivität als Ausweis des Lebendig-Seins vor allem durch das
Kontrastbild der abhängigen Hochaltrigkeit als verworfenem Leben genährt.
Die Sprache der Interviewten könnte nicht bildhafter sein, wenn das abhän-
gige, pflegebedürftige Alter als negative Zukunftsvision aufgerufen wird: Die
Rede ist vom »Siechtum« (Herr Konrad, Z 547), vom endlosen »vor sich Hin-
vegetieren« (Frau Weimann, Z 403), vom »Daliegen und Dahinsiechen« (Frau
Wulf, Z 527), von einem Dasein »als lebendiger Fleischklumpen« (Frau Peters,
Z 403). Die Horrorvorstellung des Verlusts von Autonomie, wenn »man dann
wirklich nicht mehr über sein eigenes Leben bestimmen kann« (Herr Liebig,
Z 602f.), kommt viel häufiger zu Sprache als der Tod. Tatsächlich scheint die-
ser mit weniger Schrecken behaftet zu sein als das verworfene Alter, wie die
Interviewte Frau Blechle in drastischer Weise offenbart: Im Anschluss an ihre
Kritik von Altenheimen als Verwahranstalten berichtet sie, zu ihren Kindern
gesagt zu haben: »Erschießt mich, bevor ihr mich in so ein Ding tut« (Z 979f.).
Auffällig ist dabei, dass der Verlust von Selbstständigkeit mit dem Verlust von
Selbstbestimmung (vgl. zu dieser Unterscheidung Kammerer et al. 2012) in
eins gesetzt, die Möglichkeit eines *selbst bestimmten* Pflege- und Betreuungs-

---

50 | Die Möglichkeit altersunspezifischer Aktivitätsperspektiven im Nacherwerbslesen
ist häufig bereits durch die Anlage der Untersuchung ausgeschlossen, da es für die Befragten und Interviewten faktisch nicht möglich ist, sich als aktiv auszuweisen, ohne
dass damit automatisch ein Bezug zum Paradigma des *active ageing* hergestellt wird
(vgl. z.B. Bowling 2008).

51 | Vgl. Ausnahmegruppe (5) im Anschluss an Kapitel 5.3.

kontextes – insbesondere außerhalb des familiären Rahmens – also weitgehend ausgeschlossen wird. Dieser implizite Schluss vom Verlust der Selbstständigkeit auf eine fremdbestimmte Lebenssituation findet im Verweis auf die gerade nicht in einer Sprache des Lebens kommunizierte »Existenz« im Alten- und Pflegeheimen seinen institutionalisierten Ausdruck.[52]

Es ist diese durch Terminologien der Entmenschlichung aufgerufene Kontrastfolie des abhängigen Alters als »Nicht-Leben«,[53] die den Blick dafür öffnet, die Aktivitätsbekundungen der Befragten weniger altersspezifisch im Sinne eines *active ageing* als »vitalistisch« zu lesen – im Sinne vom »Leben als der Güter höchstes« (Arendt 2011: 399). In Bezug auf ganz unterschiedliche Aktivitäten sprechen die Interviewten *wörtlich* davon, dass diese sie »lebendig halten« (Frau Dersch, Z 304), dass sie dank ihrer »mitten im Leben« (Frau Teich, Z 36) stehen, dass diese verhindern, dass sie »eintrocknen« (Frau Blau, Z 614): »Homo faber. Der Mensch muss etwas machen.« (Frau Gerhard, Z 797f.), bringt eine Befragte diese Haltung auf den Punkt. Und eine andere pointiert die Kontrastierung von Tod und Leben: »›Na, wenn du tot bist, da kannst du unendlich im Sarg liegen, aber jetzt noch nicht.‹ Man lebt bloß einmal.« (Frau Ullrich, Z 1034ff.) Ein anderer Interviewter beschreibt einen vitalen und lebensfreudigen 95-jährigen Bekannten und konstatiert: »Und dabei erlebt man, dass der Mensch immer, immer lebt.« (Herr Schmied, Z 790) Und *führt* später aus: »Erfolgreich altern heißt, am Leben teilnehmen. [...] Sich immer überprüfen. Mitmachen. Sich nicht treiben lassen. Sondern aktiv, aktiv am Leben teilnehmen. [...] Das ist eigentlich das ganze Leben. Und das muss im Alter so weitergehen.« (Z 887ff.) Immer wieder finden sich in den Interviewtexten Formulierungen, die Aktivitäten als »normales Leben« rahmen. So ergänzt ein Befragter, nachdem er über eine Gruppe viel reisender Bekannte gesprochen hat: »Und das ist kein Unruhezustand, sondern das ist einfach ein normales

---

52 | Zur engen Verknüpfung der Institution des Pflegeheims mit »dependency« im Sinne des doppelten Verlustes von Selbstständigkeit *und* Selbstbestimmung vgl. auch Clarke/Warren 2007: 476. Gubrium und Holstein wiederum zeigen auf, dass und wie der alternde Körper mit der Institution des »nursing home« verbunden wird, die als diskursiver Anker der Verkörperung des Alters dient: »We age bodily, in other words, as much because our bodies are discursively anchored by a particular institution, as because our bodies grow old.« (Gubrium/Holstein 1999: 537)

53 | Dieser Befund wird gestützt durch Ergebnisse des von Stephan Lessenich und Silke van Dyk geleiteten soziologischen Teilprojekts im Rahmen der interdisziplinären Forschergruppe »Zonen des Übergangs. Dimensionen und Deutungsmuster des Alterns bei jungen, älteren und alten Menschen«: »Das – mögliche – Eintreten von Pflegebedürftigkeit, Hinfälligkeit und Abhängigkeit wird praktisch durchgängig und damit auch weitgehend unabhängig von sozialdemographischen Variablen als ›Ende des Lebens‹ apostrophiert« (Graefe et al. 2011: 304).

Konsumieren von positiven Dingen und sich noch weiter aktiv zu beteiligen am Leben« (Herr Pfarr, Z 812f.).

Homo faber, das ist die These vom Aktivsein als Menschsein,[54] oder in den Worten einer Interviewpartnerin: »die Welt dreht sich, und warum soll der Ältere sich da ausklinken, nur weil er älter ist?« (Frau Michel, Z 961f.). In deutlichem Kontrast zu aktivierungspolitischen Programmen im Kontext des Produktivitätsdispositivs geht es hier um ein ganz grundsätzliches »keeping up with the world« (Stenner et al. 2010: 473) bzw. um »achieving ordinary things of life« (Clarke/Warren 2007: 472), was eine sehr große Bandbreite von Haltungen, Praktiken und eben »Aktivitäten« umfasst.[55] Zugleich werden die differenten Elemente der vitalistisch gerahmten Aktivitätserzählungen aber in komplexitätsreduzierender Weise zu einer imaginären Einheit zusammengeführt, die über die Differenz zum konstitutiven Außen des verworfenen abhängigen Alters stabilisiert wird. Der *homo faber*[56] wird über den leeren Signifikanten des aktiven Alters an aktuelle Aktivitäts- und Produktivitätsdispositive angeschlossen, wodurch schaffende bzw. schaffend lebende Menschen schnell zu aktiven Alten mutieren.[57] Tatsächlich ist es das in Anspruch genommene grundlegende Verständnis einer *vita activa*, das den Signifikanten aktives Alter in hohem Maße lesbar werden lässt – ohne dass dafür ein im engeren Sinne aktivierungspolitisches Verständnis notwendig wäre.

---

54 | »Man muss, natürlich muss man irgendwas tun, man kann nicht, ich sag's einfach mal so, im Bett liegen von früh bis abends und das war's.« (Herr Kegel, Z 252f.)

55 | Vgl. in diesem Sinne auch ein Zitat aus der Studie zur Wahrnehmung und Deutung von *active ageing* von Stenner et al. (2010: 471): »I think active ageing is keeping people, is keeping people interested in living basically.«

56 | Anders als das Konzept des *homo faber* nahelegen könnte, geht es dabei in der Regel nicht darum, etwas »Bleibendes« zu hinterlassen. Artefakte als »materialisiertes« Wissen und Gestalt gewordene Erfahrung (z.B in Form biografischer Aufzeichnungen, dem Ausbau des Familienwohnsitzes o.ä.) spielen eine eher untergeordnete Rolle. Die *vita activa* scheint mehrheitlich ein Leben des Praxisvollzugs zu sein und weniger eines des geschaffenen Produkts.

57 | So kommt beispielsweise Otten in seiner 50+-Studie »Wie die jungen Alten die Gesellschaft revolutionieren« zu dem Schluss, dass die Jungen Alten »die gewonnene Zeit nach dem Berufsleben nicht mit Nichtstun vergeuden, sondern in Tätigkeit investieren (wollen)« (Otten 2008: 117). Aus der Abgrenzung vom Nichtstun – die in quantitativer wie qualitativer Hinsicht ein extrem breites Spektrum von Aktivität und Tätigkeit aufruft – wird unmittelbar und ohne weitere Begründung das Streben nach sinnstiftender, berufsähnlicher und produktiver Aktivität abgeleitet.

Die *vita activa* und die Eigenverantwortung für körperliche und geistige Gesundheit

Die vitalistische Aktivitätsperspektive ist in fast allen Interviewtexten eng verschränkt mit der im Unruhestandsdispositiv verankerten, durch das neoliberal gerahmte Gesundheitsdispositiv auch altersunspezifisch ausgewiesene »Eigenverantwortung« für die körperliche und geistige Gesundheit[58] – und zwar im Sinne einer Prävention des verworfenen »Nicht-Lebens«.[59] Der bewegte Körper des Unruhestandsdispositivs ist – verbunden mit der Devise »ruhen heißt rosten« (Frau Michel, Z 164) – in fast allen Interviews präsent und es finden sich diesbezüglich auch explizite Verweise auf wissenschaftliche Spezialdiskurse: »Ja, ich bewege mich. Ich habe mich immer bewegt. Und mir war Gartenarbeit, Hausarbeit nie zu viel, weil ich sagte, das ist Bewegung. Ja. Und wenn man jetzt die Forschungen liest [...] ich habe mir gesagt, siehst du, das machst du schon Jahrzehnte.« (Frau Jan, Z 371ff.) Die meisten Interviewten heben die Möglichkeit hervor, die körperliche und geistige Fitness aktiv und über die »eigene Einstellung« (Herr Pfarr, Z 818f.) zu beeinflussen, wobei das Ausmaß stark variiert: Während die einen der Überzeugung sind, dass mit der richtigen Lebensführung auch der Demenz vorzubeugen oder ein Tumor zu bekämpfen ist, weisen andere in moderaterer Weise auf das Zusammenwirken von Schicksal und Gestaltungsfähigkeit hin. Davon, dass körperliche und geistige Aktivitäten einem »vorzeitigen« Altern – im Sinne einer Annäherung an die verworfene Hochaltrigkeit oder eines frühen Todes – vorbeugen, sind fast alle überzeugt. Herr Carstens betont, dass man gesünder älter werde, »nicht bloß weil die medizinische Betreuung und Ernährung besser ist, man bewusster lebt, sondern weil man auch tätig ist« (Z 15ff.). Dass es im Sinne der Aktivitätsthese weniger (bzw. weniger »gute«, gesunde) Jahre werden, »wenn man nicht mehr aktiv bleibt« (Herr Schiffer, Z 1275f.), ist ein in den Alltagserzählungen offenkundig fest verankertes Wissen, wobei sich Krankheits- und Altersprävention häufig überlagern. Kategorisch behauptet Frau Teich: »Alt sein ist eine Krankheit. Aber nur wenn man es will. Wenn man es nicht will,

---

58 | In (selbstverständlich) anderer Diktion wurzelt diese Perspektive auch im Altersdispositiv der DDR. So sagt Herr Kegel in seinen Ausführungen über die Wichtigkeit, sich körperlich fit zu halten: »Ich will nicht Phrasen dreschen von Walter Ulbricht, jeder Mann an jedem Ort einmal in der Woche Sport.« (Herr Kegel, Z 170ff.)

59 | In diesem Punkt korrespondieren unsere Ergebnisse mit neueren angelsächsischen Studien, die feststellen, dass den auf geistige und körperliche Gesundheit sowie den zwischenmenschlichen Austausch zielenden Aktivitäten Priorität im Kontext eines aktiven Alterns eingeräumt wird (Bowling 2008: 300f.; Stenner et al. 2010: 470f.). Warren und Clarke (2007: 467) kommen sogar zu dem Schluss, dass die Idee eines »comfortable healthy ageing« der Idee des »active ageing« dezidiert vorgezogen wird.

wenn man sagt: ›Du, ich mach was‹. Man geht wenigstens spazieren oder so
etwas. Bewegung, raus gehen.« (Z 346ff.)

So drastisch der Ausspruch ist, so vage und allgemein bleibt hier wie in vielen Statements die Benennung der Aktivitäten, die dem Altwerden vorbeugen
sollen. Mit dem weiten – oder kritisch akzentuiert: beliebig-diffusen – Aktivitätsverständnis der (frühen) gerontologischen Aktivitätsthese korrespondierend und im Einklang mit jüngeren empirischen Analysen (z.B. Katz 2005)
erweist sich auch in unserem Sample »that activity itself and the benefits deri-
ved from it are not always of great significance, just that *some* or *any* activity is
undertaken« (Venn/Arber 2011: 213; Hervorhebung im Original). Der im Hinblick auf körperliche Fitness stets beschworenen Bewegung ist häufig bereits
mit einem Spaziergang genüge getan und auch die Prävention von »geistige[m]
Siechtum« (Herr Konrad, Z 548) scheint sehr niedrigschwellig möglich zu
sein: »man muss sich bissl interessieren auch« (Frau Blau, Z 1352ff.) »und ja
interessante Sachen anschauen und und und« (Herr Konrad, Z 550).

Die Perspektive einer Prävention vorzeitigen Alter(n)s wird dabei nicht nur
mit dem individuellen Gewinn längerer beschwerdefreier Lebenszeit begründet – »Hat man ja auch sich selbst eine Verpflichtung gegenüber.« (Frau Bach,
Z 172) –, sondern begegnet uns zudem als moralisch grundierte Pflicht, sich
gesund zu halten, um das Gesundheitssystem finanziell nicht zu belasten und
Schaden von der Allgemeinheit abzuwenden. Das weite Aktivitätsverständnis
der vitalistischen Perspektive – *keeping up with the world* – verschränkt sich
hier mit Epistemen aus dem neoliberalen Gesundheits- sowie dem Unruhestandsdispositiv, die eine eigenverantwortliche »Schadensminderungspflicht«
postulieren. Pointierter als Herr Kupfer kann man diese Haltung kaum explizieren: »Erstens meine ich auch, dass die älteren Leute eine Verantwortung
gegenüber der Gesellschaft haben, indem sie schauen, dass sie möglichst, ja,
sich so verhalten, damit sie nicht so schnell der Allgemeinheit zur Last fallen
durch hohe Ausgaben.« (Herr Kupfer, Z 706ff.) Auch Herr Friedrich betont,
dass »schon jeder verpflichtet« sei, sich um seine Gesundheit zu kümmern,
»um finanziell unser System zu entlasten« (Z 1304). Die Selbstverständlichkeit dieses Imperativs ist so fest verankert, dass die Notwendigkeit körperlicher und geistiger Bewegung zwar häufig betont, aber selten begründet oder
argumentativ abgewogen wird. »Weil man eben was machen muss. Also man
muss sich auch zwingen.« (Frau Blau, Z. 909) – so lautet die bemerkenswerte
Kurzversion, verbunden mit der Akzentuierung von Selbstzwang und Selbstverpflichtung. Während bei den meisten berichteten Aktivitäten der Handlungsmodus der Freiwilligkeit und der Selbstverständlichkeit im Vordergrund
steht, wird insbesondere körperliche Bewegung mehrheitlich im Modus der
Verpflichtung und Selbstdisziplinierung erzählt: Das tägliche Gymnastik-
programm wird mit dem Hinweis »Auch wenn ich keine Lust habe, aber ich
mach's.« (Herr Fluss, Z 94f.) versehen. Wie schwer diese Selbstdisziplinierung

teilweise fällt, offenbart der »innere Schweinehund«, der im Zusammenhang mit sportlichen Aktivitäten zur Sprache kommt und Erzählungen gescheiterter Selbstverpflichtung abkürzt. So berichtet Herr Konrad, dass er sich nach einem Bandscheibenvorfall »immer so in ein Fitness-Studio geschafft« (Z 452) habe, es dann habe schleifen lassen und nun nicht mehr hingehe – »der innere Schweinehund« (Z 454), schiebt er hinterher und erläutert mit erkennbar schlechtem Gewissen, dass er eigentlich genügend Zeit hätte, hinzugehen. Das Interview als Rechtfertigungskontext erzeugt bei einigen Befragten elaborierte Erklärungen und Rechtfertigungen einer – so der Tenor – wider besseren Wissens gelebten körperlichen Inaktivität, die als Praxis entschuldbar, aber als Haltung unvertretbar zu sein scheint.

Es ist ein weiter, selbstverständlich komplexitätsreduzierender und Ähnlichkeiten überakzentuierender Bogen, den wir damit zwischen den Interviewtexten aufgespannt haben: Er beginnt bei der positiven Rahmung von Erwerbsentpflichtung, Zeitsouveränität und neuer Freiheit, streift die verbreiteten Ambivalenzen der Freiheit, umfasst die negative Abgrenzungsfolie des passiven Ruhestandsalltags, offenbart den Mechanismus der Ruhestandsmoderierung, ruft den Orientierungsrahmen der *vita activa* auf und öffnet den Blick auf den fest verankerten Imperativ der Eigenverantwortung für körperliche und geistige Gesundheit. Die folgenden Seiten sind nun denjenigen Haltungen und Praktiken gewidmet, die diesen Bogen kreuzen, die die übergreifenden Verknüpfungen aushebeln, sie ignorieren oder umschreiben.

Die Ausnahmegruppen

(1) Ruhestand – na und?

In lediglich fünf Interviews spielt der Orientierungsrahmen Ruhestand keine wichtige Rolle, und zwar weder im Hinblick auf die Dimensionen Erwerbsentpflichtung, Befreiung von Zwängen und Zeitsouveränität noch als auf die Alltagspraxis bezogene Abgrenzungskonstruktion. Schaut man sich die fünf Interviewten genauer an, erstaunt die Irrelevanz des Orientierungsrahmens wenig, gibt es doch bei allen durchweg explizit benannte Gründe für eine alternative Rahmung der Erzählungen. Die 61-jährige Frau Michel und die 72-jährige Frau Fischbach sind seit 20 bzw. 23 Jahren nicht mehr erwerbstätig: Frau Michel ist nach Abwicklung des familieneigenen Betriebes in Jena nicht in die Erwerbsarbeit zurückgekehrt, Frau Fischbach ist 49-jährig krankheitsbedingt erwerbsunfähig aus dem Arbeitsmarkt ausgeschieden. Beide begreifen sich aufgrund ihres umfassenden ehrenamtlichen Engagements als »vollberufstätig ohne Lohn« (Frau Michel, Z 638) bzw. als Person mit »full-time-Job« (Frau Fischbach, Z 119) und kommunizieren eine ausgeprägte Kontinuität des Erwachsenenlebens: Es gab für sie »keinen Schnitt« (Frau Michel, Z 933) durch den (jeweils ungewöhnlich frühen) Erwerbsaustritt. Frau

Fischbach merkt zudem an, dass ihr Zugewinn an Freiheit und Zeitsouveränität nicht an ihre Frühverrentung, sondern an den Tod ihres Ehemanns geknüpft gewesen sei, durch den sie sich zeitlebens erheblich eingeschränkt gefühlt hat (Z 187ff.).

Mit ähnlichen Argumenten markiert auch die 68-jährige Musikpädagogin Frau Peters nicht ihren Rentenübergang als Einschnitt, sondern die Trennung von ihrem Mann: In ihrem Selbstbild ist aus dem Mauerblümchen und Heimchen der mittleren Lebensjahre nach der Trennung eine selbstbewusste und unabhängige Frau geworden, die an die Interessen und Aktivitäten jüngerer Jahre anknüpft, die in der Zeit ihrer Ehe brach lagen. Zur 35-jährigen Interviewerin sagt sie: »Die Interessen, die ich meinetwegen in ihrem Alter gehabt hab oder schon vorher, die sind noch da.« (Z 616f.) Die damit aufgerufene Kontinuitätsperspektive – als Rückkehr zu sich selbst – wird zusätzlich dadurch verstärkt, dass sie weiterhin zehn Stunden wöchentlich als Geigenlehrerin arbeitet.

Auch der vierte im Bunde – der 70-jährige ehemalige Sozialpädagoge Herr Heilbronn – befindet sich nicht im klassischen Ruhestand, da er nach seiner Verrentung mit 62 ein eigenes Yogastudio eröffnet hat, das ihn mindestens 20 Stunden die Woche beschäftigt, weshalb er sich als »berufstätig« (Z 59) beschreibt. Herr Heilbronns Biografie entspricht damit der im US-Kontext üblich gewordenen Untergliederung des Lebens in vier »Kapitel«, wobei das *third chapter* die Jahre von 50 bis 70 oder 75 umfasst und als Phase beruflicher Neuorientierung in der zweiten Lebenshälfte begriffen wird (Lawrence-Lightfood 2009). *Last but not least* erstaunt auch bei dem 69-jährigen promovierten Philosophen Herr Carstens, der auf eine abwechslungsreiche Berufsbiografie zurückblickt, die Irrelevanz des Orientierungsrahmens Ruhestand wenig: Er ist im Vollzeitumfang politisch aktiv und hat sich über dieses Engagement eine Anknüpfung an seine geisteswissenschaftliche universitäre (Aus-)Bildung geschaffen, die er erwerbsförmig in den letzten Jahren seines Berufslebens nicht realisieren konnte. Herr Carstens vertritt zudem ein sozialistisch gerahmtes Konzept produktiven Engagements für die Gesellschaft und geht davon aus, dass alle Menschen aus eigenem Antrieb sinnstiftende Aktivität anstreben. Die Institution des Ruhestands spielt deshalb nicht nur alltagspraktisch, sondern auch ideologisch keine zentrale Rolle für ihn. Es sind somit jeweils spezifische Gründe bzw. das Zusammenspiel unterschiedlicher Faktoren, die den für alle anderen Befragten relevanten Bezugsrahmen Ruhestand zugunsten einer ausgeprägten Kontinuitätsperspektive (Vollzeitengagement, Erwerbsarbeit) bzw. eines alternativen Einschnitts (Tod des Ehemanns, Trennung) außer Kraft setzen.

(2) Ausgrenzung statt späte Freiheit

Während die erzwungene Ausgliederung (»mandatory retirement«) aus der Erwerbsarbeit in angelsächsischen Ländern nicht nur politisch (z.B. Select Commitee on Aging, U.S. House of Representatives 1981), sondern auch von vielen Älteren sowie von Lobbyorganisationen und WissenschaftlerInnen als »enforced idleness« (ebd.), Exklusion und Diskriminierung kritisiert (und in den USA 1986 abgeschafft) wurde (Mayhew 2005), nimmt in unserem Sample nur eine Minderheit von acht Interviewten diese Position in unterschiedlicher Deutlichkeit ein. Dabei sind zwei Gruppen zu unterscheiden: Bei der ersten Gruppe handelt es sich um drei westdeutsche, höher qualifizierte Personen, die grundsätzlich die verpflichtende Ruhestandsgrenze problematisieren und ihrerseits alle als Selbstständige fortgesetzt erwerbstätig sind bzw. dies anstreben, wenn auch in geringerem Stundenumfang als zu früheren Zeiten. Erzwungene Ausgliederung aus Erwerbsarbeit wird also kritisiert, durch den Status als Selbstständige aber nicht selbst erlebt. Die 67-jährige Logopädin Frau Altenberger arbeitet auch nach Aufgabe ihrer eigenen Praxis stundenweise weiter, ebenso der 65-jährige selbstständige Berufsbetreuer Herr Fritsche. Die 72-jährige Sprachlehrerin Frau Schneider, die ihr Leben lang und über die Ruhestandsgrenze hinaus freiberuflich gearbeitet hat, ist nach ihrem Umzug nach Jena wieder auf der Suche nach einer bezahlten Tätigkeit in diesem Bereich. Neben den drei Selbstständigen problematisiert auch die 70-jährige ehemalige Sekretärin der Konzerthausleitung Frau Dersch die verpflichtende Ruhestandsgrenze und beschreibt den durch ihre Tätigkeit im öffentlichen Dienst erzwungenen Rentenübergang mit 65 als schwierigen Einschnitt. Frau Dersch leidet dabei weniger unter dem Verlust von Anerkennung und Status als darunter, die geliebte Arbeit und das mit ihr verbundene künstlerische Umfeld verlassen zu müssen: »Ich hab gebraucht, bis ich da richtig meinen Beruf vergessen konnte. [...] Ich hab da [an dem Haus], möchte sagen, zwei Jahre nicht mehr vorbeigehen können.« (Z 7f.)

Bei den übrigen vier Personen – allesamt Frauen – geht es weniger um die verpflichtende Ruhestandsgrenze im Allgemeinen oder aber das intrinsische Interesse an der ausgeübten Tätigkeit als vielmehr um den mit der (Früh-)Verrentung erlebten radikalen Anerkennungsverlust, der über die von anderen Interviewten beschriebenen Anpassungs- und Übergangsprobleme weit hinausgeht. Die 69-jährige, nach zwei Jahren Arbeitslosigkeit mit 60 verrentete ehemalige Sozialarbeiterin Frau Star antwortet auf die Frage, wie lange sie schon im Ruhestand sei: »Also, ich wurde 1998 nicht mehr gebraucht.« (Z 50) Im Tonfall fassungslos zählt sie ihre Ausbildungen und Qualifikationen auf und beklagt: »Es müssen doch auch Leute gebraucht werden, die Berufserfahrung haben, gerade mit anderen Menschen umzugehen.« (113ff.) Anders als bei Frau Dersch geht es ihr nicht um den Verlust des konkreten Arbeitskontextes, sondern darum, irgendwie »in Brot und Lohn zu kommen« (Z 100). Nicht erwerbsförmige Tätigkeiten erlebt sie als reine Freizeitbeschäftigungen, die den Verlust nicht kompensieren und sie nicht fordern: »Man hat eigentlich noch so viel Kraft und Power. [...] Man möchte irgendwo noch ein bisschen mitreden können.« (Z 460ff.) – ein Anliegen, das für sie nur im Kontext von Erwerbsarbeit zu realisieren ist. Frau Star erlebt sich mit ihrer Einstellung dabei als Ausnahme, alle anderen seien froh, »dass sie die Arbeit hinter sich gebracht haben« (Z 622).

Die Beschreibungen der anderen drei Frauen sind in Tenor und Tonfall ähnlich: Die ebenfalls nach zwei Jahren Arbeitslosigkeit mit 60 verrentete und nun 63-jährige ehemalige Sachbearbeiterin Frau Wulf hat unter ihrer frühzeitigen Ausgliederung so gelitten, dass sie sich in klinische Behandlung geben musste. Über den erzwungenen Rentenübergang sagt sie: »Und da bin ich richtig kaputt gespielt worden« (Z 437). Sie habe »gemerkt, dass ich nicht gebraucht wurde, dass ich alt war und abgewickelt wurde« (Z 670f.). Auch die mit 55 frühverrentete ehemalige Sachbearbeiterin Frau Gerhard (63) erlebte die Verrentung als radikale Ausgrenzung: »Ja, wie altes Eisen, heißt einfach, also ich habe dann so einen Ausdruck geprägt, wir werden entsorgt, nicht mehr gefragt zu sein auf dem Gebiet, was ich kann, was ich weiß, wo ich mich einbringe.« (Z 146ff.) Die heute 72-jährige, mit 60 verrentete Frau Mirow, die als Biologin an der Universität tätig war, antwortet auf die Frage, was sie mit dem Ruhestand verbindet: »Nicht mehr wichtig sein. [...] Früher, wenn man mal fünf Minuten nicht am Arbeitsplatz war, da wurde gerufen: Wo sind Sie? Und so weiter. Und plötzlich läuft alles weiter, ohne dass man noch dabei ist und und gebraucht wird.« (Z 2ff.) Alle vier Frauen leiden darunter bzw. haben darunter gelitten, dass ihre Arbeitskraft zu einem Zeitpunkt, da sie sich selbst noch als hoch leistungsfähig erlebt haben, nicht mehr nachgefragt wurde. Das Vokabular, das sie zur Beschreibung dieses Umstands nutzen, könnte drastischer nicht sein, wählen sie doch dezidiert entmenschlichende Termini wie Entsorgung und Abwicklung oder Metaphern wie »altes Eisen«, um dem Akt der Zwangsverrentung Ausdruck zu verleihen. Auffällig ist schließlich, dass mit Frau Wulf, Frau Star und Frau Gerhard drei der vier Frauen bereits vor ihrem 60. Lebensjahr verrentet wurden, so dass wir es vermutlich eher mit dem Leiden an deutlich vorzeitiger Erwerbsausgliederung zu tun haben als mit einer Problematisierung der Regelverrentung als Akt der Diskriminierung.[60]

(3) Das Eingeständnis von Langeweile

Die große Mehrheit der Interviewten kommuniziert konkrete Aktivitäten und/oder abstraktes Beschäftigtsein[61] und betont, niemals Langeweile zu empfinden: »Aber ich, also ich habe ja keine Minute Langeweile.« (Herr Konrad, Z 2) Während das Thema Langeweile als Abgrenzungsfolie in vielen Erzählungen präsent ist, berichten lediglich vier Interviewte offen davon, selber unter Langeweile und Leere zu leiden. Alle vier sind AkademikerInnen und pflegen keinen *busy talk*, sondern erleben das große »Mehr« an Zeit als schwer zu bewältigende Belastung. So betont die Musikpädagogin Frau Peters trotz ihrer fortgesetzten geringfügigen Beschäftigung und zahlreicher Hobbies: »Ein großes Problem im Alter ist die Langeweile. Also ein ganz, ganz großes Problem. Ich hab, ich kann mich beschäftigen. Ich kann lesen, ich kann Fernsehgucken, ich mache Englisch, ich lerne Sprachen, ich arbeite am Computer usw. Irgendwann ist es aber so, dass Sie nichts mehr aufnehmen können. Dass Ihnen auch der Fernseher auf die Nerven geht.

---

60 | Die Zusammensetzung dieser Ausnahmegruppe bestätigt Forschungsergebnisse, die zu dem Schluss kommen, dass sich Übergang und Leben im Ruhestand umso schwieriger und problematischer gestalten, desto früher, erzwungener und unerwarteter die Erwerbsausgliederung erfolgte (Maier 2000). Wegweisend zu den spezifischen Problemen der Frühpensionierung vgl. auch die Studie »Leben im Vorruhestand« von Kohli et al. (1988).

61 | »Also die Zeit geht schon rum. Auch ohne Arbeit.« (Herr Brand, Z 115)

Und dann kommt diese Langeweile.« (Frau Peters, Z 275ff.) Ähnlich geht es dem seit einem Jahr verrenteten ehemaligen Lehrer Herrn Peukert: »Naja, ich dachte so, ach hast du Ruhe, bis von allem verschont, nur noch für dich verantwortlich und dann hab ich festgestellt, das wird langweilig.« (Z 49ff.) Und er führt fort: »Die Arbeit war weg, das Haus war fertig, der Garten ist fertig, muss man irgendwas machen.« (Z 247) Herr Peukert weist eine starke Erwerbsorientierung auf und es wird im Interview wiederholt deutlich, dass keine der von ihm ausprobierten nicht-erwerbsförmigen Aktivitäten die wahrgenommene Leere des Nacherwerbslebens zu füllen vermag. Ähnlich geht es der 72-jährigen Frau Schneider, die die empfundene Langeweile aber als Übergangsphänomen betrachtet, da es ihr nach einem erst kurz zurückliegenden Umzug nach Jena noch nicht gelungen ist, ihre freiberufliche Tätigkeit wieder aufzunehmen. Als vierter im Bunde spricht auch der aus einer Führungsposition in den Ruhestand gewechselte Herr Veit von den Schwierigkeiten, das »gehörige Zeitloch« (Z 2) auszufüllen. Auffällig ist bei allen vier Interviewten, dass sie hohe Maßstäbe an ihre Aktivitäten anlegen, so dass nicht automatisch »irgendeine« Beschäftigung das Problem der Leere und Langeweile löst. Das, was andere im Sample positiv als »Zeitfüllen« erleben – z.B. die Dehnung von häuslichen Tätigkeiten –, ist für diese Befragten keine Lösung. Auch fällt auf, dass sich alle vier in einem Zwischenstadium zwischen Erwerbsarbeit und Ruhestand befinden, was sie von den zufriedenen ZeitwohlständlerInnen (vgl. die nachfolgende Ausnahmegruppe) unterscheidet: Herr Peukert und Herr Veit sind erst kurz verrentet und wähnen sich nach eigenem Dafürhalten noch in der Anpassungsphase, Frau Peters ist weiter als Musikpädagogin tätig und Frau Schneider ist trotz ihrer 72 Jahre auf der Suche nach bezahlter Beschäftigung. Analytisch interessanter noch als diese vier Personen, die über Langeweile sprechen, sind jedoch eigentlich die 51 Interviewten, die dies *nicht* bzw. nur in nachgerade beschwörender Abgrenzung tun: Das Eingeständnis von Langeweile wird ganz offenkundig als Ausweis des Scheiterns im Nacherwerbsleben begriffen – und die Versicherung, keine Langeweile zu kennen, aufs Engste mit der Orientierung an der *vita activa* verknüpft. Allein die Rahmung als Übergangs- und/oder Anpassungsphänomen scheint Langeweile artikulierbar zu machen.

(4) Zeitwohlstand genießen

Bei den ZeitwohlständlerInnen ist die Zeit weder knapp – wie bei den *busy talkern* – noch ein Problem – wie bei den Gelangweilten –, sondern ein kostbares Gut, das gerade in seiner neuen Üppigkeit genossen und souverän gestaltet wird. Die Gruppe der vier Frauen und drei Männer, auf die dies in besonderer Weise zutrifft, könnte homogener und privilegierter nicht sein: Alle weisen eine ausgeprägt bildungsbürgerliche Orientierung auf, sind – mit Ausnahme von Frau Reiter – AkademikerInnen und verfügen über ein deutlich überdurchschnittliches Haushaltsnettoeinkommen von größtenteils mehr als 3000 Euro im Monat. Alle sind aus ebenso erfüllender wie fordernder bis stressiger Erwerbsarbeit mit hoher Verantwortung selbstgewählt in den (größtenteils vorgezogenen) Ruhestand gegangen[62] und erfreuen sich an dem, was bis dahin stets knapp war: der Zeit. Gerade weil Geld (zum Teil im Überfluss) vorhanden war bzw. ist, stellt Zeit die kostbarste Ressource dar. Zeitwohlstand genießen zu können, setzt ganz offenkundig Wohlstand an materiellen Mitteln voraus. Im Gegensatz zu der bei vielen *busy talkern* ausgeprägten Kontinuitätsperspektive (Tenor: »alles wie immer, außer dass die Arbeit weggefallen ist«) wird der Ausstieg aus der Erwerbsarbeit als deutlicher Einschnitt und Zugewinn an Zeit erlebt: »Insgesamt ist es halt freizügiger, das ist ja ganz klar, weil man ja die 8 bis 10 Stunden zusätzlich zur Verfügung hat. Und da kann man dann schon einiges anstellen.« (Herr Riesen, Z 220ff.)

Der ehemalige Arzt Herr Lange rahmt den Ruhestand wiederholt als »mehr Zeit« (Z 2) – für Familie, FreundInnen und verschiedene Aktivitäten –, die als Kompensation der Zeitknappheit während eines stressigen Berufsleben mit eigener Praxis genossen wird. Der Dominanz von *busy talk* und der Kommunizierung von Zeitknappheit im Sample entsprechend nimmt er das Klagen über Zeitknappheit als rentnertypisch wahr, ist aber der Überzeugung, dass die Zeitknappheit lediglich das aufsummierte Resultat der Zeitdehnung bei alltäglichen Tätigkeiten – und damit eine Schimäre – ist (Z 249ff.). Auch die ehemalige Lehrerin Frau Reiter distanziert sich von dem »berühmten Rentnergruß ›hab keine Zeit, hab keine Zeit‹« (Z 437f.) und betont stattdessen das Geschenk der vielen freien Zeit. Da sie alles, was keine Erwerbsarbeit ist, als Freizeit erlebt, ist sie trotz ihres hohen Aktivitätslevels eine der wenigen im Sample, die betont: »Und so ist einfach der ganze Tag, den empfinde ich als Freizeit.« (Z 139) Bei allen Interviewten dieses Typus finden sich immer wieder ähnliche Formulierungen, es geht darum, dass man jetzt »alles in Ruhe machen« (Frau Ruthe Z 679) kann, dass »viel freie Zeit« (Frau Weinert, Z 67) vorhanden ist, »dass man sich Zeit nehmen kann« (Frau Ruthe Z 69), dass man die »Gestaltungshoheit« (Herr Kupfer, Z 75) über die kostbare Ressource habe, aber auch darum, dass man erst lernen muss, sich die Ruhe »einfach mal [zu] gönnen« (Frau Schwarz, Z 249), ohne ein schlechtes Gewissen zu haben. Zeitwohlstand genießen heißt allerdings keineswegs – bei aller Freude, »auch mal einen halben Tag nichts zu tun« (Herr Kupfer, Z 119) –, die Zeit einfach verstreichen zu lassen. Immerhin vier der sieben ZeitwohlständlerInnen weisen ein hohes Aktivitätsniveau auf, die übrigen bewegen sich im unteren bis oberen Mittelfeld. Gerade weil betont wird, »wie kostbar Zeit« (Frau Schwarz, Z 315) ist, wird sie bewusst erlebt und ggf. investiert: »Ich überlege mir natürlich heutzutage gut, womit ich meine Zeit verbringe. Ich verplempere sie nach wie vor nicht gern.« (Frau Schwarz, Z 247f.) Es geht eher darum, Dinge in Ruhe zu tun, also um den *Modus* des Aktivseins, als um Ruhe im Sinne permanenter Entspannung.

---

62 | Die selbstbestimmte Entscheidung für den Rentenübergang wird dabei auch explizit als ein wesentlicher Grund für die Zufriedenheit mit dem Nacherwerbsleben benannt. Der ehemalige Arzt Herr Lange betont, »dass das ein Unterschied ist, dass ich [...] von mir aus sagen kann, ich möchte jetzt nicht mehr, ich höre auf. Und deswegen vermisse ich das eigentlich überhaupt nicht.« (Z 60ff.)

(5) Passivität und *lazy talk*

Für lediglich zwei Personen im Sample stellt die *vita activa* keinen positiven Orientierungsrahmen dar: Der 70-jährige Jenaer Herr Hippe und der 71-jährige Erlanger Herr Dietrich kommunizieren sich selbst und ihr Leben – mit unterschiedlichen Akzentsetzungen – als faul und passiv und weisen auch tatsächlich jeweils einen sehr niedrigen Aktivitätsgrad und -radius auf. Der ehemalige Ingenieur Herr Hippe begründet seine Passivität nicht altersspezifisch, sondern stellt »Faulheit« als sein wesentliches Persönlichkeitsmerkmal dar. Mehrfach betont er, dass er im Ruhestand das realisieren kann, was er sich als junger Mensch immer gewünscht habe: »Geld zu bekommen fürs Nichtsmachen« (Herr Hippe, Z 4). Auf die Frage, wie sich sein Leben im Ruhestand von der Erwerbsphase unterscheidet, antwortet er nur: »Ja, dass ich das Nichtstun genieße, richtig gerne faul bin.« (Z 154) Während in den übrigen Interviews entweder konkrete Aktivitäten oder abstraktes Beschäftigtsein kommuniziert werden, weist Herr Hippe wiederholt darauf hin, dass »Nichtstun« für ihn das herausragende Merkmal des Ruhestands sei (Z 216). Als einer von ganz wenigen gibt er an, sehr lange zu schlafen, acht Stunden täglich (auch tagsüber) fernzusehen und die Tagesgestaltung allein dem Zufall zu überlassen. Während die meisten Befragten sich *qua* Ruhestandsmoderierung als überdurchschnittlich aktiv einschätzen, verhält es sich bei Herrn Hippe genau andersherum: Die Menschen in seinem Umfeld sieht er, im Gegensatz zu sich selbst, im aktiven Unruhestand: »Denen fällt immer was ein. Vor allem in Bezug auf Reisen und Abwechslung.« (Z 536f.) Immer wieder wird im Interview deutlich, dass sich Herr Hippe der Exzeptionalität seiner Haltung bewusst ist: »Ich weiß, dass es da unterschiedliche Auffassungen gibt, dass sich viele dann [im Ruhestand] engagiert haben.« (Z 217f.) Entsprechend fühlt er sich bemüßigt zu erwähnen: »Hab ich auch mal versucht, das ist aber, hat aber nicht so richtig geklappt, in ehrenamtlicher Tätigkeit. Das war aber nicht so richtig von Erfolg gekrönt, auch möglicherweise, weil es nicht ganz meiner Mentalität entsprach.« (Z 216ff.) Über den starken, positiven Bezug auf Faulheit als Persönlichkeitsmerkmal scheint es Herrn Hippe zudem zu gelingen, Schwierigkeiten erlebter Ausgliederung persönlichkeitsmoderiert abzufedern, indem er sie als mit seiner »Mentalität« korrespondierend rahmt. Dass altersbedingt seine erneute Kandidatur für den Kirchenvorstand mit 66 nicht mehr erwünscht war, habe ihm gezeigt, dass er »so als Person gar nicht gebraucht werde« (Z 640), was aber nicht so schlimm sei: »Ich bedaure das nicht mal so sehr, wie gesagt, da kann ich meiner Faulheit besser und mehr fröhnen (lacht).« (Z 639ff.)

Auch der ehemalige kaufmännische Angestellte Herr Dietrich weist bestimmte Aktivitäten, so insbesondere die Betreuung von Enkelkindern und ehrenamtliches Engagement, altersunspezifisch als mit seinem Wesen unvereinbar zurück: »Das ist etwas, was meine Persönlichkeit nicht hergibt und zwar ganz und gar nicht.« (Z 861) Davon abgesehen macht er aber vor allem eine altersspezifische und endlichkeitsorientierte Perspektive des kontemplativen Rückzugs aus der Welt, der Arbeit an sich und der Auseinandersetzung mit dem Tod stark. Explizit betont er, dass er mit dem Ruhestand ausschließlich

Ruhe verbinde und dass man »nicht andauernd was tun« (Z 436) müsse. Wiederholt finden sich Bemerkungen wie »jetzt reicht es mir langsam« (Z 185) oder »mach ich nicht mehr« (Z 223f.), die seine starke Orientierung auf die Endlichkeit des Lebens und entsprechender Anpassungen des alltäglichen Lebens offenbaren: »Ein gelungener Abend ist für mich die Einsicht, dass es Abend ist.« (Z 655ff.) Die starke Perspektive auf den Ruhestand als letzte Lebensphase scheint bei Herrn Dietrich sowohl durch eine sechs Jahre zurückliegende Krebserkrankung als auch die Schallgrenze des 70. Lebensjahres bedingt zu sein. Dass seine Tage, wie er zugibt, »mit Langeweile angefüllt« (Z 365) sind, belastet ihn zwar mitunter, im Großen und Ganzen empfindet er dies jedoch – im Gegensatz zu den (wenigen) Befragten, die unter Leere und Langeweile leiden – als seinem Alter angemessen. Wo Herr Hippe einen expliziten *lazy talk* pflegt, ist die kommunizierte Passivität Herrn Dietrichs damit Ausdruck radikalen Disengagements.

Dass nur zwei von 55 Interviewten Passivität und Nichtstun positiv rahmen, deutet – nicht zuletzt in Anbetracht des sehr niedrigen Aktivitätsgrads von insgesamt 16 Interviewten – darauf hin, dass es sich dabei um eine schwer sprechbare Facette des (Ruhestands-)Alltags handelt. Martin Kohlis Ende der 1980er Jahre formulierte Vermutung, RuheständlerInnen könnten sich zu PionierInnen einer neuen »Ethik der Faulheit« (Kohli 1988: 383) entwickeln, hat sich ganz offenkundig nicht bewahrheitet. Abgesehen davon, dass das seinerzeit antizipierte Ende der Arbeitsgesellschaft einer Politik der forcierten aktivierenden Arbeitsmarktpolitik und Lebensarbeitszeitverlängerung gewichen ist, erschwert die verbreitete Rahmung des Lebens als *vita activa* ganz offenkundig eine positive Bestimmung des eigenen Lebens jenseits vitalistisch gerahmter Aktivität. Dieser Umstand dürfte zusätzlich durch Dynamiken des Erzählens verstärkt werden, die darauf zielen, »etwas« und nicht »nichts« zu kommunizieren. Indem Passivität eng mit Nicht-Leben verknüpft wird, wird sie für die große Mehrheit unsagbar und bei vielen durch den ruhestandsmoderierten *busy talk* ersetzt. Die Grenzen zwischen Unsagbarem und explizit Verschwiegenem sind dabei durchaus fließend: Die in unserem Sample auffällige Verkürzung der Tage, die in der Darstellung nicht selten nachmittags enden, tilgt Zeiten des Nichtstuns und der Inaktivität aus der Erzählung. Auch wissen wir aus Studien um die Tendenz, dass mit Inaktivität assoziierte Tätigkeiten – wie z.B. der Mittagsschlaf oder Nickerchen während des Tages – systematisch heruntergespielt werden oder eher zufällig, z.B. durch beiläufige Bemerkungen, »ans Licht« kommen (Venn/Arber 2011: 199ff.). So auch in unseren Interviews.

»Also muss ich auch ehrlich sein, Mittagsschläfchen mach ich«

»Bei vielen Menschen wirkt [...] ein kleiner Mittagsschlaf Wunder«, weiß die *Super Illu* 2008 zu berichten. Dass diese gute alte Kulturtechnik gleichwohl selbst im freizeitreichen Alter nicht zu den selbstverständlichen Insignien legitimer Lebensführung zählt, zeigen unsere Interviews in bemerkenswerter Deutlichkeit. Ein gutes Viertel unserer Befragten – neun Männer und sechs Frauen – machen den Mittagsschlaf von sich aus zum Thema. Allerdings erklären sie sich in den seltensten Fällen zu passionierten Anhängern des »Nickerchens« zwischendurch. Vielmehr dominieren manifeste Unsicherheitsbekundungen, ob es überhaupt legitim sei, am helllichten Tage die Augen zu schließen.

Herrn Konrad etwa fällt es offenkundig nicht ganz leicht, sich zu seinem kleinen Laster zu bekennen: »Also ich ich [pff] ich hab dann, also ich gebe zu, muss ich auch sagen, ehrlich, ehrlich sein, Mittagsschläfchen mach ich«. Um einer möglichen, offenbar unterstellten Kritik seines Tuns den Wind aus den Segeln zu nehmen, greift er, wie andere seiner AltersgenossInnen auch, zum verharmlosenden Diminutiv: da wird dann nur »'n kleiner Mittagsschlaf gemacht« (Herr Schiffer), ein kurzes »Schläfchen« (Herr Liebig). In der Kürze liegt also nicht nur – Stichwort *power napping* – die Würze, sondern offenbar auch die Akzeptabilität des Mittagsschlafs. Wird über die Dauer der (mit)täglichen Auszeit überhaupt konkreter gesprochen, dann greift man entweder zu pauschalen Zeitangaben – Herr Fritsche schläft »immer meistens mittags so eine Stunde« – oder stellt, wie Herr Konrad, einigermaßen gewagte Berechnungen an: »Das schwankt zwischen zehn Minuten bis vielleicht eine Stunde, anderthalb Stunden. Meistens ist es kurz, Viertelstunde, so ist ist der Schnitt. Nur kurz abnicken und dann geht's wieder weiter.«

Als eine der wenigen sagt Frau Isar offen, worum es den männlichen Befragten hier allem Anschein nach geht: Sie habe da »auch kein schlechtes Gewissen«, wenn »man auch mal mittags sich mal hinlegt und mal schläft« – wohlweislich »nicht ins Bett« allerdings, »aber so eben aufs Sofa oder eben auf den Liegestuhl oder so was«. Überhaupt ist der Mittagsschlaf im engeren Sinne durchaus männlich. Die weiblichen Befragten erzählen dagegen eher von der mittäglichen »Pause« (Frau Jan) oder »Mittagsruhe« (Frau Star) – und von ihren müden Partnern: »mein Mann macht meistens einen kleinen Mittagsschlaf, das [Pause] da ruhe ich mich dann aus, lese oder mache irgendwas, wenn nicht was anliegt.« (Frau Schwarz) Dass die Mittagsschlafpraxis nicht nur geschlechtsspezifisch, sondern auch sozial so signifikant strukturiert wäre, wie ein Bericht des *SPIEGEL* von 1987 dies nahelegt (»Doppelt so viele Arbeiter wie höhere Angestellte unter den jungen Alten legen [...] ein Schläfchen ein.«), lässt sich auf Grundlage unserer Ergebnisse allerdings nicht ohne Weiteres bestätigen. Doch erweist sich der Mittagsschlaf in unseren Interviews durchaus als ein Objekt sozialer Distinktion: »man entspannt mal«, gibt Herr Carstens zu Protokoll, aber »Mittagsschlaf, wie das andere machen in meinem Alter, gibt es nicht«. Die Rede vom Mittag als Zeit aktiver Muße (»dann erst mal eine halbe Stunde hinsetzen und nochmal die Zeitung fertig lesen«, Herr Riesen) erscheint in diesem Lichte als Motiv und Moment der Distanzierung von herrschenden Altersstereotypen. Und sei es nur den eigenen.[63]

---

[63] | Quellen: »Die haben einen Drang zum Leben« (SPIEGEL 1987_1); »Die jungen Alten« (Super Illu 2008_5).

5.4 Die vielen Welten des Nacherwerbslebens

Auch wenn der Ruhestand als legitimierte und finanziell gut abgesicherte Erwerbsentpflichtung bei einer großen Mehrheit der Interviewten weiterhin positiv gerahmt und fest verankert ist, offenbaren sich über die beschriebenen Ausnahmegruppen hinaus weitere Unterschiede zwischen den Interviewten, wenn die Analyseperspektive innerhalb dieses Rahmens rejustiert wird. Der positive Bezug auf die Freiheit des Ruhestandslebens, der mit der ruhestands-moderierten Affirmation der *vita activa* einhergeht, eröffnet große Deutungs- und Praxisspielräume, was das konkrete Erleben und die Gestaltung der neuen Freiheit angeht (»Freiheit zu«). Auch die diesbezüglichen Ansprüche und Erwartungen an sich selbst wie an andere Menschen im Nacherwerbsleben differieren beträchtlich. In einem zweiten Schritt interessieren wir uns deshalb nun für die Unterschiede zwischen den Interviewten, die wir entlang der herausgearbeiteten Dispositive Ruhestand, Unruhestand bzw. Produktives Alter und den ihnen eigenen Verknüpfungen und Überlagerungen vermessen. Bedeutung als Funktion von Kontexten begreifend, interessiert uns dabei insbesondere, wie ähnliche Sachverhalte (z.B. Zeitknappheit oder Negierung von Langeweile) oder Aktivitäten (z.B. Enkelkinderbetreuung) des Alltagslebens auf unterschiedliche Weise gerahmt werden (können).[64]

Ziel und Ergebnis der folgenden Analysen ist, wie in Kapitel 3 dargelegt, eine sinn- und soziogenetische Typenbildung in Anlehnung an die Dokumentarische Methode: Wir nehmen eine Sortierung der Phänomenebene mit Hilfe der Dispositive vor – fragen also danach, in welcher Relation sich das Orientierungswissen der Befragten zu den Dispositiven bewegt. Und wir bemühen uns um einen Rückbezug der sinngenetischen Typisierung auf sozialstrukturelle Faktoren wie Geschlecht, Milieu/Bildungshintergrund und Ost-/West-Herkunft einerseits, auf die zahlreichen, sich mit diesen Faktoren verschränkenden, unabschließbaren (mehr oder weniger »kleinen«) Kontextwelten der Interviewten andererseits. Zu denken ist hier beispielsweise an Spezifika der Paarbeziehung, die Struktur des Freundeskreises, Besonderheiten des Rentenübergangs, aber auch an den Gesundheitszustand und seine subjektive Wahrnehmung. Eine besondere Bedeutung kommt in diesem Zusammenhang den Altersbildern der Interviewten zu, überlagern sich Fragen des Ruhestands und des Alter(n)s doch in vielfältiger Weise.[65]

---

64 | Vgl. zur unterschiedlichen Rahmung identischer Aktivitätsmuster auch die Analysen von Amrhein (2008: 284ff.).

65 | In die Analyse der Altersbilder sind die Antworten der Interviewten auf die Leitfadenfragen nach der Selbsteinschätzung als »alt« oder »nicht alt« sowie nach den Kriterien für ein erfolgreiches Alter eingeflossen. Darüber hinaus wurden positive und negative Altersstereotype analysiert, die in den Erzählungen der Interviewten explizit

Zusätzlich wird zwischen dem Orientierungsrahmen der Befragten und seiner Enaktierung unterschieden, gibt es doch ganz unterschiedliche Gründe, warum Menschen ihr Leben nicht nach ihren Vorstellungen leben (können). Die Analyse der Interviewtexte hat gezeigt, dass die spezifische Verschränkung von Orientierung und Praxis divergierende Einschätzungen bezüglich des eigenen Aktivitätsgrades oder der Zufriedenheit mit dem eigenen Alltag zu verstehen hilft. Gerade weil in der politisch-medialen Aktivierungsdiskussion vor allem die Verhaltensdimension und das vermeintlich ausbleibende Engagement der adressierten (zu aktivierenden) Akteure problematisiert wird, soll im Folgenden auch für diejenigen Konstellationen sensibilisiert werden, in denen eine ausgeprägte Produktivitäts- und/oder Unruhestandsorientierung durch strukturelle Hinderungsfaktoren *nicht* zum Tragen kommt, d.h. nicht enaktiert wird.

In der Darstellung lassen wir die sinn- und soziogenetische Typisierung unter Berücksichtigung von Orientierung und Enaktierung in sechs Typen münden: Wir unterscheiden den zufriedenen Ruheständler, den beschäftigten Ruheständler, die verhinderte Ruheständlerin, die Unruheständlerin, den/die Produktive(n) sowie die Gebremste. Die Typen werden zunächst im Singular vorgestellt, verstanden als typisierend zugespitzte Positionen im sozialen Raum – gleichwohl empirisch gesättigter als klassische Idealtypen und nicht a priori als Messlatte der Realität entworfen. Die Interviewten »streuen« in unterschiedlicher Distanz und Nähe um diese Typen, wobei einzelne Personen der Figur eines Prototypus nahe kommen. In Anlehnung an die Situationsanalyse von Adele E. Clarke (2012: 165ff.) fokussieren wir analytisch auf den Raum zwischen Personen und Positionen und tragen dem Rechnung, indem auf die Typisierung der Position im Singular die Ausdifferenzierung – z.B. der zufrie-

---

benannt werden oder aber mehr oder weniger implizit aufscheinen. In einer wesentlichen altersbezogenen Frage ist unser Sample zweigeteilt: 25 Interviewte verorten sich dezidiert in einer Kontinuität des Erwachsenenlebens, das aus ihrer Perspektive erst mit dem Übergang in die abhängige, pflegebedürftige bzw. gesundheitlich erheblich eingeschränkte Hochaltrigkeit ihr Ende finden wird. 21 Befragte bezeichnen sich hingegen explizit als alt, sie nehmen also auch das junge Alter im siebten Lebensjahrzehnt in deutlicher Differenz zum vorangegangenen Erwachsenenleben wahr. Vier weitere Befragte, denen wir bei den »altenfeindlichen Alternativen« wiederbegegnen werden, nehmen die Kontinuität des Erwachsenenlebens nur im Selbstbezug an und wähnen sich als altersuntypische Ausnahmen, während andere Menschen gleichen Alters in negativer Weise als Alte etikettiert werden. Der Unterschied zwischen »Kontinuität des Erwachsenenlebens« und »Differenz des jungen Alters« korreliert nur sehr bedingt mit dem Gesundheitszustand der Befragten, erweist sich aber als hoch bedeutsam für die Nacherwerbsorientierungen der Befragten. Die Auswertung der Altersbilder der Befragten fließt dementsprechend in die folgenden Analysen ein.

denen Ruheständler*Innen* – im Plural erfolgt. Die Auswertung hat gezeigt, dass der Radius der Streuung bei den Typen unterschiedlich groß ist, dass der Raum zwischen sozialer Position und konkreten Akteuren also je nach Typus variiert.

Die Doppelstruktur der Typenbildung – im Singular als Ausweis einer typisierten sozialen Position, im Plural als den realen Akteuren folgende Ausdifferenzierung – dient(e) in Analyse wie Darstellung dem Ziel, vorschnelle Homogenisierungen, Komplexitätsreduzierungen und Vereinheitlichungen zu vermeiden. Die Positionskartierungen, die im Auswertungsprozess der grafischen Veranschaulichung der Heterogenität des Feldes dienten (vgl. zur Erstellung von »position maps« Clarke 2012: 165ff.), haben den Blick offen gehalten für Widersprüchliches: für Akteure, die sich beim besten Willen nicht in Relation zu den Typen verorten lassen oder die besondere Misch- bzw. Zwitterfiguren darstellen. An die Darstellung der sechs Typen schließt deshalb ein Abschnitt über »Untypisches« und »Anders-Typisches« an, das durch die Typisierung zuvor künstlich »gereinigt« worden ist.

Im Auswertungsprozess hat sich zudem gezeigt, dass sich die Interviewten hochgradig dahingehend unterscheiden, ob sie von sich aus Bezug auf aktuelle Aktivierungs- und Produktivitätsanrufungen nehmen bzw. ob offensichtlich wird, dass ihnen diese Debatten und Politiken bekannt sind. Während sich in fast allen Interviews Aspekte des Ruhstands- und Unruhestandsdispositivs im Sinne eines weitgehend normalisierten, häufig durch konkrete (Körper-) Praktiken und Objekte vermittelten Alltagswissens finden, nimmt das weniger stark verankerte und etablierte Produktivitätsdispositiv als Referenzgröße eine besondere Rolle ein. Aus diesem Grund beleuchten wir in einem eigenen Kapitel, welche Interviewten sich in welcher Weise in Bezug zum Produktivitätsdispositiv setzen und in welchem Zusammenhang diese Bezugnahme zu den sich herauskristallisierenden Typen steht.

Schließlich tragen wir der Vielfalt unseres Samples dahingehend Rechnung, dass wir in essayistisch gehaltenen Gruppenvergleichen Ost-West-Spezifika diskutieren, die quer zur Typenbildung bzw. zu den für die Typenbildung relevanten Fragen liegen. Hier begegnen wir z.B. den westdeutschen, altenfeindlichen Alternativen oder den ostdeutschen produktiven SystemkritikerInnen. Doch nun betreten zunächst die sechs Typen des Nacherwerbslebens die Bühne.[66]

---

66 | Da es sich um eine nicht-repräsentative, qualitative Untersuchung handelt, steht die inhaltliche Konturierung der Typen sowie ihre soziologisch fundierte Plausibilisierung im Vordergrund und nicht die quantitative Frage, wie viele der Interviewten sich jeweils den Typen zuordnen lassen. Nichtsdestotrotz scheint uns an einzelnen Stellen der Hinweis auf die Anzahl der Befragten, auf die ein Aspekt zutrifft, durchaus interessant, so dass wir diesbezüglich Informationen geben, ohne damit den Anschein einer Quantifizierung der qualitativen Ergebnisse erwecken und entsprechenden Interpretationen

5.4.1 Der zufriedene Ruhestand

Der zufriedene Ruheständler im Singular

Der zufriedene Ruheständler hat ein durchweg positives Ruhestandsverständnis, das über die allgemeine Bejahung als institutionalisierte Erwerbsentpflichtung hinausgeht und auch die (Alltags-)Gestaltung des Lebens in der Nacherwerbsphase umfasst: Während bei anderen Befragten die Frage zentral steht, *wozu* die durch die Erwerbsentpflichtung gewonnene Freiheit und Zeit genutzt werden soll, fokussiert der zufriedene Ruheständler eindeutig auf die »Freiheit *von*«: »Also ich finde am Begriff Ruhestand nichts Negatives. [...] Arbeitsruhestand. Dass die Arbeit ruht. So.« (Herr Lange, Z 262f.) Entpflichtung ist nicht auf die Befreiung von der Erwerbsarbeit beschränkt, sondern zielt auf das Nacherwerbsleben selbst, das im Modus radikaler Freiwilligkeit gestaltet und als verdiente Ruhe begriffen wird: »Also ich sehe das durchaus als ne Phase, die die wofür ich das Recht erworben habe, das auch so zu genießen. Also ich fühle keinerlei gewissermaßen zurückgebliebene Verpflichtung. [...] Sondern ich denke, das steht mir zu. Also insofern dieses Gefühl des Entlassenseins aus den Verpflichtungen und der damit verbundenen inneren Ruhe, das ist also eine entscheidende Veränderung, die ich also genieße.« (Herr Liebig, Z 95ff.) Die Entpflichtung des Ruheständlers wird dabei auch explizit auf nachberufliches Engagement bezogen: »Wenn er in Rente gegangen ist, denn hat er auch das Recht [...] [zu] machen, was er will. Dann kann ihn keiner zwingen.« (Herr Schiffer, Z 1289f.)

Zwar findet sich auch bei diesem Typus die beschriebene Abgrenzung gegen ein allzu passives Ruhestandsleben,[67] orientierungsstiftend ist demgegenüber jedoch nicht Aktivität per se, sondern Entspannung als Kompensation für ein stressiges Berufsleben. Damit verbunden ist die Legitimität, zu faulenzen und auch mal »in Anführungsstrichelchen nix« (Herr Kuhle, Z 233) zu machen – aber in Maßen. Ruhe, Entspannung und Faulenzen sind eingebettet in ein Mindestmaß Aktivität und Phasen des Nichtstuns werden klar begrenzt (»auch mal einen halben Tag« (Herr Kupfer, Z 119). »Sich nicht gehen zu

---

Vorschub leisten zu wollen. Um der deutlichen Geschlechtstypik unserer Typologie Ausdruck zu verleihen, ist die Bezeichnung der Typen im Folgenden bewusst geschlechtsspezifisch gewählt, auch wenn es bei allen Typen Ausnahmen – so z.B. eine weibliche zufriedene Ruheständlerin oder männliche Unruheständler – gibt. Allein der Typus der Produktiven hat kein eindeutiges Geschlecht.

67 | Eine Ausnahme stellen die beiden in Kapitel 5.3.4 vorgestellten Herren Hippe und Dietrich dar, die sich ohne Einschränkung positiv auf das Nichtstun und die Passivität beziehen, die aber davon abgesehen viele Merkmale des zufriedenen Ruheständlers auf sich vereinen.

lassen« (Herr Kuhle, Z 39), dem Tag eine sinnvolle Struktur zu geben und die Notwendigkeit, die freie Zeit zu planen – »ich habe Struktur in meinem Tag« (Herr Friedrich, Z 77) –, ist auch für den zufriedenen Ruheständler zentral. Der Abgrenzung gegen ausufernde Passivität und Strukturlosigkeit des All- tags korrespondiert eine deutliche Kritik hyperaktiver RuheständlerInnen,[68] denen eine altersunangemessene Umtriebigkeit sowie die Verdrängung des Alternsprozesses unterstellt werden. Ein gewisses Maß an Disengagement und die Überzeugung, dass der Staffelstab an die Jüngeren zu übergeben sei, kenn- zeichnet die Haltung des zufriedenen Ruheständlers: »Ich sage mir, jetzt kön- nen auch mal die Jungen.« (Herr Kegel, Z 807) Der zufriedene Ruheständler betrachtet im Gegensatz zu vielen anderen Interviewten das junge Alter nicht als (erwerbsbefreite) Kontinuität des Erwachsenenlebens, sondern als neue Lebensphase mit klarer Endlichkeits- und Differenzperspektive, mitunter be- dingt durch eine eigene Erkrankung oder den frühen Tod eines Elternteils. Vor diesem Hintergrund spielen Introspektion, Selbstreflexion und Ausein- andersetzung mit sich und der eigenen Geschichte eine zentrale Rolle für die Gestaltung des »Lebensabends«, der auch als solcher begriffen wird.[69] Kenn- zeichnend für den zufriedenen Ruheständler ist zudem eine starke Orientie- rung auf die Familie und die häusliche Sphäre, heteroproduktives Engagement außerhalb des nahen sozialen Umfeldes spielt keine Rolle oder wird den fa- milienbezogenen Aktivitäten eindeutig nachgeordnet. Das Aktivitätsniveau ist sehr moderat und bewegt sich im niedrigen Bereich mit Schwankungen bis ins untere Mittelfeld.

Trotz uneingeschränkt positiver Orientierung auf das Lebensmodell Ru- hestand findet sich bei diesem Typus ein im Vergleich zur Elterngeneration modernisiertes Ruhestandsverständnis. So wird auch beim zufriedenen Ruhe- ständler die Eigenverantwortung für Gesundheit groß geschrieben und eine Verpflichtung kommuniziert, »finanziell unser System zu entlasten« (Herr Friedrich, Z 1304) und der Allgemeinheit nicht zur Bürde zu werden.[70] Sport

---

68 | »Und die die die, die bersten vor Aktivität quasi. [...] Also wir beide, Gott sei Dank kann ich sagen wir beide, wir neigen mehr eben dieser ruhigeren Variante zu.« (Herr Liebig, Z 559f.)

69 | Während das Berufsleben stressig und auf das Funktionieren ausgerichtet war, er- mögliche der Ruhestand »auch Konzentration darauf, wer bin ich selbst, um mich selber wieder wahrzunehmen« (Herr Friedrich, Z 20f.). Ein anderer Befragter betont mit ähn- lichem Tenor: »Also man merkt sehr deutlich, wie intensiv eigentlich die Arbeit einen gewissermaßen erfasst hat und wie wenig man eigentlich da auch Veranlassung hatte, sich mit sich selber zu beschäftigen.« (Herr Liebig, Z 65ff.) Der Entfremdung durch Er- werbsarbeit wird hier die Selbstfindung im Ruhestand entgegengestellt.

70 | Zur Verantwortung für den eigenen Gesundheitszustand erklärt der prototypische zufriedene Ruheständler Herr Kegel: »Ja natürlich kann man das beeinflussen. Erstens

und Bewegung spielen dementsprechend eine wichtige Rolle und werden im Gegensatz zum Prinzip radikaler Freiwilligkeit und Entspannung in allen anderen Bereichen im Modus der Selbstverpflichtung ausgeführt. Ein größerer Radius des Reisens sowie eine größere Bandbreite unstrukturierter autoproduktiver Aktivitäten außer Haus (z.b. Kino- oder Konzertbesuche) markiert für diesen Typus die Differenz zu den verrenteten Eltern oder Schwiegereltern.

Während im Sample eine deutlich größere Gruppe als die der zufriedenen Ruheständler eine positive Ruhestandsorientierung aufweist, zeichnet sich der zufriedene Ruheständler dadurch aus, dass es ihm gelingt, sein Nacherwerbsleben auch entsprechend seiner Orientierungen und Ziele zu gestalten. Der Orientierungsrahmen wird erfolgreich enaktiert – ein wesentlicher Grund für die umfassende (Lebens-)Zufriedenheit, die diesen Typus auszeichnet. Das Phänomen der Ruhestandsmoderierung ist auch beim zufriedenen Ruheständler verbreitet, es resultiert daraus jedoch kaum *busy talk* und keine Kommunizierung von Zeitknappheit: Die Tage werden zwar als deutlich voller erlebt als erwartet, das große »Mehr« an Zeit lässt die gewünschte Ruhe und Entspannung aber trotzdem zur Geltung kommen. Die Enaktierung der Ruhestandstypik wird – das zeigt dieser Typus – durch das Leitbild des aktiven Alters nicht grundsätzlich verunmöglicht.[71]

Was lässt sich über die Soziotypik des zufriedenen Ruheständlers sagen? Er ist männlich, Akademiker mit einem (größtenteils leicht, zum Teil deutlich) überdurchschnittlichen Haushaltseinkommen und ist ebenso selbstgewählt[72] wie gerne aus qualifizierter, mehrheitlich erfüllender, häufig stressiger Beschäftigung in den vorzeitigen Ruhestand gegangen. Die Tatsache, den Beruf zu einem guten Ende zu führen bzw. geführt zu haben, um dann den Ruhestand genießen zu können, spielt für ihn eine zentrale Rolle.[73] Diese Soziotypik entspricht Ergebnissen standardisierter Befragungen zum Rentenübergang,

---

mal durch Bewegung, wir wandern auch viel, und durch Ernährung, auch wenn's sehr gut manchmal schmeckt. Und natürlich auch durch geistige Beschäftigung irgendwie.« (Herr Kegel, Z 244ff.)

71 | Dass sich die Aktivierung von Gesundheitsverantwortung aber selbst bei den in Bezug auf Unruhestands- und Produktivitätsmotive eher dispositivfernen zufriedenen Ruheständlern findet, zeugt von der breiten Verankerung der Responsibilisierung in diesem Bereich.

72 | So betont der aus der Selbstständigkeit in den Ruhestand gewechselte Arzt Herr Lange: »Das ist der große Unterschied, wenn ich jetzt ein Angestellter bin und irgendwo tätig bin und ich *muss* aufhören mit 65. Dass das ein Unterschied ist, dass ich dann von heute auf morgen aufhören muss oder dass ich von mir aus sagen kann, ich möchte jetzt nicht mehr, ich höre auf. Und deswegen vermisse ich das eigentlich überhaupt nicht.« (Z 59ff.)

73 | »Ich hab da ein ordentliches Ende gesetzt. Habe eine – vernünftige Übergange gemacht« (Herr Friedrich, Z 36f.) Ein anderer Befragter betont, dass es für ihn wichtig ge-

denen zufolge insbesondere solche Personen im Ruhestand hoch zufrieden sind, die ihre Ziele im Beruf erreicht haben, am Arbeitsplatz einen hohen Handlungsspielraum besaßen und weitgehend selbstbestimmt und geplant bzw. vorbereitet in den Ruhestand gegangen sind (Mayring 2000: 127f.; Olk 2002: 44f.) Zehn Personen in unserem Sample sind diesem Typus zuzurechnen, darunter nur eine Frau. Ost-West-Unterschiede treten erst zu Tage, wenn wir diese Abstraktionsebene der Ähnlichkeiten verlassen und einen zweiten Blick auf Besonderheiten innerhalb der Gruppe werfen.

Die zufriedenen Ruheständler im Plural

Schärft man den Blick für interferierende Kontexte, die die soziotypischen Erfahrungsräume (Geschlecht, Milieu, Berufsbiografie) kreuzen, und berücksichtigt man parallele Orientierungen, die den Horizont des Ruhestands partiell überlagern, treten Unterschiede zwischen den zufriedenen Ruheständlern zutage. So finden sich konträre Akzentuierungen der eigenen Persönlichkeit von faul über normal (»Ich ein ganz normaler Mensch in dieser Beziehung. Ich bin weder so ein ganz Fauler, noch ein ganz Fleißiger.« Herr Kegel, Z 466f.) bis hin zu sehr aktiv, wobei allen gemeinsam ist, die Aktivitätsneigung (auch) als Charakterfrage zu begreifen. Für das Erleben des Rentenübergangs und die Anpassung an das neue Leben erweist sich zudem mehrheitlich die Paarbeziehung als entscheidender Kontextfaktor, der (mit) darüber entscheidet, wie reibungslos der Übergang erlebt wurde. Einige Interviewte berichten von großen Anpassungsschwierigkeiten, während andere die neue gemeinsame freie Zeit als Intensivierung der Paarbeziehung und erfüllende »Wir-Vergesellschaftung« genießen.

Vor allem aber zerfallen die zufriedenen Ruheständler in zwei Gruppen, wenn es darum geht, ihre Lebensform gesellschaftlich zu kontextualisieren: Während die einen im Modus der Selbstverständlichkeit und ohne Bezüge auf Dispositive des Unruhestands und/oder des Produktiven Alters den verdienten Ruhestand als Normalität entwerfen, positionieren sich andere mit Nachdruck und im Modus der Kritik gegen eine wahrgenommene Responsibilisierung: »Also diese permanenten Aufrufe für das Ehrenamt. Unter dem Gesichtspunkt, sonst macht es ja keiner, weil der Staat ja sich rauszieht. Das ist für mich also keine Argumentation. Also ich fühle mich nicht verpflichtet den Staat zu ersetzen.« (Herr Liebig, Z 637ff.) Die Argumentation für die verdiente Ruhe fällt bei dieser Gruppe elaborierter und dezidierter aus, gilt es diesen Befragten zufolge doch, ein Modell zu verteidigen, dem zunehmend die Legitimität entzogen wird. Diese Kritikperspektive ist – wie sich auch bei den Unruhes-

---

wesen sei, dass es »nicht schlagartig geht, sondern einen sinnvollen Übergang hat, ein guter Nachfolger organisiert wird, wie ich mir das vorstelle« (Herr Kupfer, Z 39f.).

tändlerInnen und Produktiven zeigen wird – bei den ostdeutschen Befragten verbreiteter, der Abbau staatlicher Leistungen bei gleichzeitigem Appell an den Bürgersinn (auch) der Älteren wird expliziter und vehementer kritisiert als von Interviewten aus Erlangen (vgl. auch Kapitel 5.5). Dem Topos des erfolgreichen Alter(n)s, auf den die Befragten von der Interviewerin angesprochen werden, werden – verbunden mit einer Kritik leistungsorientierter Perspektiven auf das Alter – Wertideen wie »gutes Altern« (Herr Liebig, Z 598) oder das »schöne Leben« (Herr Kegel, Z 524) entgegengesetzt. Diese KritikerInnen sind unter den zufriedenen Ruheständler besonders zahlreich vertreten.

Unterschiede treten ebenfalls zu Tage, wenn berücksichtigt wird, inwiefern neben der starken Ruhestandsorientierung andere Orientierungsrahmen zum Tragen kommen. So fällt die Modernisierung der Ruhestandsperspektive bei einigen Befragten radikaler aus als bei anderen, der Aktivitätsfokus ist ausgeprägter und konkreter und es finden sich Elemente des Unruhstands- und/oder Produktivitätsdispositivs, die über die Frage der Gesundheitsverantwortung hinausgehen. Frau Nikolaus konstatiert ebenso erstaunt wie erfreut die neuen Möglichkeiten in der Nacherwerbsphase: »Ich meine, wer hat sich früher auf die Rente gefreut oder auf dieses, ja. Aber das man das so aktiv gestalten kann jetzt.« (Frau Nikolaus, Z 659ff.) Klassische Ruhestandsaktivitäten wie die Beschäftigung mit Haus und Garten bezeichnet sie als »so normale Sachen« und betont: »das mach ich auch noch, aber nur, das würd mich nicht ausfüllen« (Z 123f.) und trotz starker Familienorientierung ergänzt sie: »aber mit meinem Mann nur, sag ich Ihnen ganz ehrlich, ist mir zu langweilig« (Z 463). Da sie zugleich aber ausgesprochen ruheorientiert ist, bildet Frau Nikolaus den (noch) ruheständlerischen Pol eines Kontinuums von Frauen, die sich in unterschiedlicher Ausprägung am Unruhestand orientieren, ohne die Mußeperspektive dabei aus dem Blick zu verlieren (vgl. Kapitel 5.4.4).

Herr Kupfer wiederum vertritt explizit ein Modell des verdienten Ruhestands mit einer (kleinen) produktiven Komponente, ist er doch der Meinung, dass man einen Teil der neuen Freizeit zurückgeben bzw. für andere verwenden sollte, was er mit der privilegierten Situation seiner Generation begründet: »Wenn man so vergleicht, wie das vor 100, 150, 200 Jahren war, dann leben wir in einer Zeit, wo wir gar nicht wissen, wie gut es uns geht. Und was uns so geschenkt wurde durch den Umstand, dass wir halt da reingeboren sind. Und deswegen hat man glaub ich schon ein wenig eine Verpflichtung, einen Teil der Zeit wegzugeben zu jemand, der es notwendig hat.« (Z 595ff.) Entscheidend ist für ihn jedoch, dass die gewonnene Zeitsouveränität sowie die gewünschte Ruhe davon nicht maßgeblich beeinträchtigt werden; zusätzlich nimmt er selbstbewusst für sich in Anspruch, seine Zeitressourcen nicht ehrenamtlich, sondern ausschließlich seinen Töchtern zur Verfügung zu stellen. Die Position von Herrn Kupfer markiert einen fließenden Übergang hin zur Gruppe der produktiven Alten und bildet den ruheständlerischen Pol eines

Kontinuums westdeutscher Männer, die sich aufgrund ihrer als privilegiert wahrgenommenen Position in unterschiedlichem Ausmaß verpflichtet fühlen, »etwas zurückzugeben«, obwohl sie zugleich eine (mehr oder weniger stark) ausgeprägte Orientierung auf Ruhe aufweisen (vgl. Kapitel 5.4.5).

5.4.2 Der geschäftige Ruhestand

Der geschäftige Ruheständler im Singular

Der geschäftige Ruheständler hat im Gegensatz zu seinem zufriedenen Pendant ein überaus negatives Ruhestandsverständnis: Abgesehen von der institutionalisierten Erwerbsentpflichtung, die auch von diesem Typus begrüßt wird, fungiert der Ruhestand hier allein als negativer Gegenhorizont und steht für ein Leben der Passivität und Ruhe, das als Norm(alität) unterstellt wird: »Ich habe mir nie so einen Ruhestand gewünscht, dass ich zuhause auf der Couch liege und vielleicht in einer Zeitung lese und mir dann überlege, was ich mit dem Tag anstelle.« (Frau Burkert, Z 13ff.) Damit werden neben der fast allen Befragten eigenen Abgrenzung von Passivität, Leere und Langeweile auch die als ruhestandstypisch erachtete Ruhe[74] und Entspannung sowie das Disengagement und die Orientierung auf den häuslichen Bereich dezidiert zurückgewiesen. Eine starke Hierarchisierung von Tätigkeiten entlang der Unterscheidung drinnen/draußen ist hier vorherrschend, der geschäftige Ruheständler ist keiner, »der gerne zu Hause sitzt« (Herr Fichte, Z 26f.): »Also raus, was tun. Nicht. Das muss sein.« (Herr Pfarr, Z 378)

Mit dem negativen Gegenhorizont »Ruhestand« korrespondiert eine positive Orientierung auf Facetten des Unruhestands,[75] wofür die (starke) Akzentuierung von Aktivität und Beschäftigung, die Orientierung auf die außerhäusliche Sphäre sowie die Kommunizierung des »In-Bewegung-Seins« stehen: »[Mit] Unruhestand meine ich eigentlich nur, dass man immer aktiv ist.« (Frau Burkert, Z 494) Dem Dispositiv des Unruhestands entsprechend geht es dabei nicht um unmittelbar für andere nutzenstiftende (heteroproduktive) Aktivität, sondern um autoproduktives Beschäftigtsein. Anders als beim Typus der Unruheständlerin (Kapitel 5.4.4) sind allerdings die Ansprüche an die Sinnhaftigkeit der Aktivität – trotz anders lautender Bekundungen – nicht sehr hoch, was darin seinen Ausdruck findet, dass häufig nicht auf konkrete Aktivitäten, sondern auf den Tatbestand abstrakten Beschäftigtseins verwiesen wird: »Langeweile kenn ich nicht. Ich bin also immer voll.« (Herr Konrad, Z 59) Der geschäftige Ruheständler hat immer »genug zu tun« (Herr Wulf, Z 332) und

---

74 | »Also, ich hab genügend zu tun, für mich gerade gibt es keine Ruhe.« (Herr Pfarr, Z 4f.)
75 | Eine »gewisse Unruhe« ist aus Sicht des geschäftigen Ruheständlers eine »gesunde Unruhe« (Herr Fichte, Z 432).

auch auf Nachfrage ist es schwierig, Genaueres zu erfahren: »So und dann mach ich meine Mittagsruhe danach, so und dann ist es meistens schon halb drei wieder, da muss ich auch wieder irgendwas tun. Also, irgend ne sinnvolle Beschäftigung hab ich dann auch. Wieder.« (Herr Fichte, Z 205ff.) Dass die Ansprüche an die Gestaltung des Nacherwerbslebens eher gering sind, zeigt sich auch daran, dass der geschäftige Ruheständler – angesprochen auf die Kriterien für ein erfolgreiches Alter – lediglich auf die Sicherung der finanziellen und gesundheitlichen Grundbedingungen sowie auf eine Kontinuität des Gewohnten verweist, während Interviewte, die anderen Typen zuzurechnen sind, konkreter ausführen, was sie (noch) erleben, erreichen oder genießen möchten.

Zeitknappheit ist das zentrale Thema des geschäftigen Ruheständlers, mit dem Tenor: »Es bleibt einfach keine Zeit.« (Herr Pfarr, Z 226) Der Spruch: »Rentner haben niemals Zeit« (Herr Fichte, Z 7f.) wird von niemandem im Sample so häufig in Anschlag gebracht, auch die eigenen Kinder, die sich beschweren – »Mutti, du hast gar keine Zeit mehr für uns« (Frau Grunow, Z 13) –, werden für die Darstellung der Zeitknappheit in Anspruch genommen. Zugleich ist der geschäftige Ruheständler aber auch ein Praktiker der Zeitdehnung[76] und Zeitverknappung, endet sein Tag doch häufig bereits am Nachmittag oder frühen Abend, wodurch der Eindruck der Zeitarmut verstärkt wird: Um vier Uhr »bleibt nicht mehr viel übrig« (Frau Grunow, Z 844) vom Tag, dauert eine Tätigkeit zwei Stunden, »ist der halbe Tag weg« (Herr Wulf, Z 336). Introspektion, Kontemplation und Auseinandersetzung mit dem Selbst und der eigenen Geschichte, die beim zufriedenen Ruheständler mit einem positiven Verständnis vom Lebensabend als letztem Lebensabschnitt einhergehen, spielen beim geschäftigen Ruheständler keine Rolle, wäre hierfür doch – seiner Darstellung folgend – gar keine Zeit vorhanden.

Im Gegensatz zum zufriedenen Ruheständler, der den Ruhestand gegen gesellschaftliche Aktivierung und Indienstnahme des Alters verteidigt, ist der geschäftige Ruheständler kein Dispositivkritiker, ja es fehlt ihm grundsätzlich an einer Wahrnehmung entsprechender gesellschaftlicher Wandlungsprozesse. Ausgehend von der Normalitätsannahme eines passiv gelebten Ruhestands, begreift sich der geschäftige Ruheständler vielmehr als aktive Ausnahme in einem Universum der Ruhe und des Disengagements – wobei er über diese Rolle durchaus selber überrascht ist: Im Gegensatz zum zufriedenen Ruheständler hat er sich nicht vorbehaltlos auf das Nacherwerbsleben gefreut, sondern entsprechend seiner Normalitätsannahmen die Befürchtung gehegt, dass ihm »die Decke auf den Kopf fällt« (Herr Fichte, Z 147). In diesem Sinne hat sich der geschäftige Ruheständler seinen Ruhestand auch »ruhiger vorge-

---

76 | »Was ich früher nach der Arbeit erledigt habe, das wird ja jetzt auf den Vormittag verteilt.« (Frau Burkert)

stellt« (Herr Konrad, Z 58), als er ihn erlebt: »Ich hätte nie geglaubt, dass jeder Tag so ausgefüllt ist.« (Herr Wulf, Z 314) Die hoch ambivalente Haltung zum Ruhestand wird dadurch abgefedert, dass der Rentenübergang anders als beim zufriedenen Ruheständler nicht als tiefer biografischer Einschnitt verstanden wird. Zwar hätten sich ein paar Dinge geändert, »aber ich könnt jetzt nicht sagen, dass ich jetzt nun sage: ›Das ist jetzt mein Ruhestand und das ist mein Arbeitsleben.‹ Im Prinzip ist der Ruhestand ja auch mit ordentlichen Aktivitäten verbunden. Nur sie sind eben anders geartet.« (Frau Burkert, Z 24ff.)

Nichtsdestotrotz bleibt der geschäftige Ruheständler ein Ruheständler, da der positive Orientierungsrahmen des Unruhestands nicht enaktiert wird. Der geschäftige Ruheständler erweist sich als radikaler *busy talker*, der es schafft, sich durch die Konstruktion einer negativen Abgrenzungsfolie »Ruhestand« als aktiver Unruheständler und dementsprechend als »nicht so richtig rentnertypisch« (Herr Fichte, Z 185) zu verstehen – obwohl seine gelebte und im Interview berichtete Praxis ruheständlerischer kaum sein könnte. Das Aktivitätsniveau bewegt sich im niedrigen bis niedrigen mittleren Bereich, der außerhäusige Aktivitätsradius beschränkt sich auf niedrigschwellige, unstrukturiert autoproduktive Tätigkeiten (Wandern, Spazieren gehen, seltener Besuch von Veranstaltungen) sowie ein geringes Maß strukturiert autoproduktiver Tätigkeiten (wie Kegeln oder Singen im Chor).

Während wir ein ruhestandsmoderiertes Erleben von Zeitknappheit und eine leichte Form des *busy talk* bei fast allen Befragten finden, sind die geschäftigen Ruheständler die *busy talker* schlechthin, ist doch die Diskrepanz zwischen Aktivitätsgrad und -radius einerseits sowie ausgeprägter Beschäftigungskommunikation am größten. Auch erfüllt der *busy talk* bei keiner anderen Gruppe eine so offenkundige Funktion: Er fungiert als erfolgreiche Aktivitäts-Simulation »nach innen«, die die gelebte Diskrepanz zwischen dem negativen Gegenhorizont Ruhestand und seiner positiven Enaktierung aussöhnt und zu großer Lebenszufriedenheit führt.

Die Soziotypik des geschäftigen Ruheständlers unterscheidet sich deutlich von der des zufriedenen Ruheständlers: Zwar ist auch er eher männlich, er verfügt aber mehrheitlich über keinen akademischen Abschluss, ist nicht bildungsbürgerlich und mit einem leicht unterdurchschnittlichen Haushaltseinkommen ausgestattet. Der geschäftige Ruheständler hat in klassischen Ausbildungsberufen gearbeitet (Maschinenschlosser, Lagerist, Verkäuferin) oder trotz akademischer Qualifikation in fachfremden Bereichen, unterbrochen von Phasen der Arbeitslosigkeit und/oder Beschäftigungsunsicherheit. Ruhestand bedeutet vor diesem Hintergrund auch die Befreiung von der Sorge, »dass man rausfliegt« (Herr Fichte, Z 2f.). In Anbetracht der Unterrepräsentation von Nicht-Bildungsbürgerlichen im Sample ist die Bildungsverteilung ein sehr deutliches Ergebnis und dürfte entscheidend für den begrenzten Aktivitätsradius der geschäftigen Ruheständler sowie den eher niedrigen Anspruch an die Sinnhaftigkeit der gewählten Beschäftigungen sein. Im Übrigen ist der geschäftige Ruheständler ostdeutsch, was für die weitere Analyse die Frage aufwirft, ob und inwiefern der Topos der verdienten (und genossenen) Ruhe ein mehrheitlich westdeutsches Phänomen ist.

Die geschäftigen RuheständlerInnen im Plural

Zoomt man das Bild näher heran, differenziert sich der geschäftige Ruheständler aus. Und auch hier sind es konträre Akzentuierungen der eigenen Persönlichkeit, die für auffällige Unterschiede verantwortlich zeichnen: Je ausgeprägter das Selbstbild ist, ein »Macher« (Herr Wulf, Z 453) oder jedenfalls kein häuslicher Typ zu sein, desto weniger groß ist trotz negativen Ruhestandsbildes die Überraschung, ein ausgefülltes Nacherwerbsleben zu führen. Wer sich nicht *qua* Persönlichkeit gegenüber einem leeren Ruhestand geschützt sieht, schließt demgegenüber die (drohende) Langeweile für die Zukunft nicht aus: »Also ich habe noch so viel zu tun, dass ich mir noch gar keinen Kopf zu machen brauche, dass es vielleicht irgendwann mal ein bisschen langweiliger würde, im Alter.« (Frau Burkert, Z 43f.) Auch der einzige geschäftige Ruheständler, der über seine Geschäftigkeit hinaus großen Wert darauf legt, seine Erfahrung weiterzugeben, fällt durch sein sehr besonderes Selbstbild auf: Herr Pfarr hält sich für einen außergewöhnlich kritischen Geist, der anders als »die Masse« (Z 1101) die Verhältnisse durchschaut, was ihn aus seiner Sicht verpflichtet, seine Erkenntnisse mit anderen zu teilen.

Vor allem aber unterscheiden sich die geschäftigen RuheständlerInnen dahingehend, wie kritisch und selbstreflexiv sie mit der Frage der gefühlten Zeitknappheit und der Praxis der Zeitdehnung umgehen. Dass alle sich in ähnlicher Weise als zeitknapp erleben, bedeutet nicht, dass dieser Umstand auch in ähnlicher Weise reflektiert würde. Wo die einen wiederholt stark machen, tatsächlich rund um die Uhr vollbeschäftigt zu sein, relativieren andere das Gefühl der Zeitknappheit – »Du bist Rentner. Du hast eigentlich Zeit.« (Herr Pfarr, Z 629) – und versuchen es durch die Umstände des Nacherwerbslebens zu erklären. Fast gleichlautend weisen zwei Befragte darauf hin, dass die Zeit knapp werde, weil man sich mehr Zeit nehme: »Man sagt ja immer, Rentner haben niemals Zeit. Es ist natürlich so, dass man [...] auch alles mit Ruhe und Bedacht macht.« (Herr Konrad, 75f.) Und: »Naja, es gibt ja den schönen Spruch ›Rentner haben niemals Zeit‹, das wissen Sie ja auch. Das ist wirklich so, dadurch, dass man alles viel ruhiger angehen lässt und sich oftmals mehr vornimmt, als man im Endeffekt schafft.« (Herr Brand, Z 393ff.)

Da sowohl der Aktivitätsgrad wie auch die Kriterien für sinnvolle Beschäftigung variieren – so sind die beiden AkademikerInnen Frau Burkert und Herr Pfarr diesbezüglich anspruchsvoller als die Nicht-AkademikerInnen – und die Abgrenzung gegen ein als klassisch verstandenes Ruhestandsleben unterschiedlich stark ausfällt,[77] gibt es auch bei den geschäftigen Ruheständlern fließende Übergänge zu anderen Typen, so insbesondere zu den zufriedenen Ruheständlern und den Unruheständlerinnen. Insgesamt ist der Typus des geschäftigen Ruheständlers jedoch relativ homogen, das Feld der Streuung zwischen Position und Akteuren ist kleiner als bei anderen Typen.

5.4.3 Der verhinderte Ruhestand

Die verhinderte Ruheständlerin ist im Sample zwar mit nur zwei Frauen vertreten, es spricht aber viel dafür, dass es sich um einen zentralen Typus handelt, der von großer Bedeutung ist, um Geschlechtsspezifika des Ruhestandslebens zu verstehen. In Anbetracht der kleinen Fallzahl und der großen Ähnlichkeit der beiden Fälle stellen wir die verhinderte Ruheständlerin ausschließlich im Singular vor.

Die verhinderte Ruheständlerin erweist sich als das genaue Gegenteil des geschäftigen Ruheständlers. Sie hat dem zufriedenen Ruheständler vergleichbar eine sehr positive Ruhestandsorientierung, getragen von der Vorstellung, nach einem erfüllten und anstrengenden Berufsleben den wohlverdienten Ruhestand genießen zu dürfen. Sie schätzt Ruhe und Entspannung und weist eine starke Orientierung auf die Familie und den Partner auf. Wie schon ihr Name andeutet, enaktiert die verhinderte Ruheständlerin diesen Orientierungsrahmen jedoch nicht, sondern lebt ein heteroproduktives Leben mit einem Aktivitätsgrad, der einem Vollzeitäquivalent von 40 Wochenstunden und mehr entspricht: Die verhinderte Ruheständlerin nimmt in hohem Stundenumfang Pflege- und Kinderbetreuungsleistungen innerhalb der Familie wahr, geht zusätzlich zeitaufwendigen ehrenamtlichen Tätigkeiten nach und ist »immer knapp an der Zeit« (Frau Bauer, Z 181), was in ihrem Fall im Gegensatz zu den meisten Interviewten auch tatsächlich zutreffen dürfte. Sie gehört zu dem aus der Literatur bekannten Typus der »Super-Helferin«, die hohe Belastung (vor allem im Bereich der Pflege) nicht durch Einschränkungen in anderen Aktivitätsbereichen, sondern durch besonders ausgeprägtes zusätzliches (ehrenamtliches) Engagement kompensiert (Caro 2008: 84f.). Ihrem klassischen Ruhestandsverständnis entsprechend hat die verhinderte Ruheständlerin ein anderes Nacherwerbsleben erwartet, konnte sie doch den Umfang der auf sie zukommenden Pflege- und Betreuungsverantwortung im Vorfeld nicht ermes-

---

77 | Wo der Befragte Herr Brandt nur betont: »Die Zeit geht schon rum. Auch ohne Arbeit« (Herr Brand, Z 115), grenzen sich andere dezidiert von rein Zeit füllenden Tätigkeiten ab – auch wenn sie ihnen unter Umständen faktisch nachgehen: »Ich fummele nicht jeden Tag mit dem Staublappen rum, das mache ich nicht. Nur dass die Zeit vergeht.« (Frau Grunow, Z 836f.)

sen.[78] So betont sie selbst »Da klafft es bei mir zwischen Theorie und Praxis« (Frau Bauer, Z 2) und ergänzt, dass sich nach einer allerersten ruhigen Phase die Aufgaben summieren: »Also der Teil, wo man so sagt, das ist etwas genießen, [...] das ist eigentlich schon wieder weg.« (Frau Bauer, Z 15f.)

Bemerkenswert ist nun, dass die verhinderte Ruheständlerin aus ihrem hohen Aktivitätsgrad weder eine Distinktion gegenüber weniger Aktiven ableitet noch Ansprüche an vergleichbares Engagement an ihr Umfeld richtet. Auf die Bitte, ihr Nacherwerbsleben mit dem anderer zu vergleichen, was viele Befragte dazu motiviert, sich vom passiven Ruhestandsleben zu distanzieren, sagt sie nur: »Hab ich noch nie gemacht.« (Frau Bauer, Z 530) Im Gegenteil: Partner und/oder FreundInnen, die aus Sicht der verhinderten Ruheständlerin die verdiente Ruhe des Nacherwerbslebens genießen, werden (sogar) bewundert, die eigene Aktivität(-sorientierung) problematisiert oder gar pathologisiert: »Also mein Freund zum Beispiel, der legt sich den ganzen Vormittag ins Bad und macht das am nächsten Tag gleich nochmal. Der kann da so richtig loslassen. Ich habe irgendwie Probleme damit, weil ich denke, eigentlich müsstest du doch etwas tun. Also dieses, sagen wir mal jetzt, den Ruhestand und das Alter in dem Sinne genießen, indem man gar nichts macht, da habe ich Probleme, kriege ich nicht hin.« (Frau Gerhard, Z 472ff.) Dass sie keine Zeit hat, sieht sie als ihr persönliches Problem und nicht – wie viele Befragte – als eine Art Statussymbol: »Bloß, da liegt jetzt bei mir immer das Problem. Alle anderen hätten schon Zeit, nur ich hab keine.« (Frau Bauer, Z 559f.) Die verhinderte Ruheständlerin ist im Unterschied zum verbreiteten *busy talk* ein klarer Fall von *busy body*: das sehr hohe Aktivitätsmaß wird nicht durch entsprechende Beschäftigungskommunikation gedoppelt. Zwar problematisiert sie die gegebene Zeitknappheit und Überlastung, insgesamt steht aber der Inhalt der Aktivitäten im Zentrum der Erzählung. Und wo andere Interviewte ausführlich über Tätigkeiten sprechen, die nur wenige Stunden im Jahr umfassen, neigt die verhinderte Ruheständlerin eher dazu, Aktivitäten zu »vergessen« – die ihr dann erst nach Ende des Interview einfallen oder vom hinzu kommenden Ehemann ergänzt werden.[79]

---

78 | Verschiedene Untersuchungen haben gezeigt, dass Frauen weniger als Männer ein Recht auf Freizeit für sich in Anspruch nehmen und trotz der Vorfreude auf die Entpflichtung des Nacherwerbslebens zahlreiche Familienpflichten übernehmen: »Sie fühlen sich schuldig und stellen ihre Freizeitbedürfnisse hinter Bedürfnisse ihrer Angehörigen zurück.« (Kolland 2010: 358)

79 | Der Umstand, dass sie sich kaum mit Gleichaltrigen misst, sondern ihre eigene ausgeprägte Aktivitätsorientierung zum (problematisierten) Maßstab macht, hat zur Folge, dass es gerade die rund um die Uhr beschäftigte, verhinderte Ruheständlerin ist, die sich mitunter als faul empfindet. Vergleichsmaßstab sind hier Phasen noch größerer Aktivität vor oder sogar nach der Verrentung: »Ja, also ich halte mich für faul. [...] Ich

Die große Bedeutung, die soziale Ehrenämter für die verhinderte Ruheständlerin haben, steht ihrer grundsätzlichen Ruhestandsorientierung nicht
entgegen, wird damit doch nicht das klassische Ruhestandsmodell in Frage
gestellt, sondern ein geschlechtsspezifisches, weitgehend altersunabhängiges
weibliches Lebensmodell umgesetzt, das schon bei der eigenen Mutter erlebt
wurde. Auf die Frage nach ihrer Motivation antwortet die verhinderte Ruheständlerin im Modus der Selbstverständlichkeit und ohne jeden Bezug auf
aktuelle Produktivitätserwartungen: »weil ich schon immer Leute bewundert
habe, die Ehrenämter ausüben« (Frau Gerhard, Z 17), und begründet ihr seit jeher großes Bedürfnis, etwas Soziales zu leisten, biografisch oder mit ihrer Persönlichkeit: »Das mag mit der Kindheit bedingt sein.« (Frau Gerhard, Z 800)
Auch hier wird nicht gewertet: Die verhinderte Ruheständlerin problematisiert den nicht-heteroproduktiven Ruhestand anderer Älterer kaum, sondern
begreift ihn vielmehr als ein alternatives (Lebens-)Modell, das ihr persönlich
nicht entsprechen würde. Dieses Lebensmodell sieht sie zunehmend durch
typische Unruhestandselemente – insbesondere aufwendige Reisen – gekenn-
zeichnet, wobei dies ganz offenkundig das Leben der Anderen ist: »Ja, früher
blieb man halt zu Hause und hat seinen Garten gepflegt und das war dann der
Ruhestand. Und heute macht man das so wie die Nachbarin meiner Mutter.
Man versucht ständig weg zu fahren und in die Mongolei und dann die Freunde in Berlin und dann die in Hamburg und dann die in Frankfurt und dann
nach Vietnam.« (Frau Bauer, Z 627ff.)

Dass ihre Ruhestandsorientierung nicht reine Theorie bleibt, zeigt sich im
Leben der verhinderten Ruheständlerin daran, dass Fragen des Disengagements für sie eine zentrale Rolle spielen und sie keineswegs beabsichtigt, das
aktuelle Aktivitätsniveau bis ins hohe Alter aufrecht zu erhalten. Ruhe, Entspannung und Introspektion sind von großer Bedeutung für sie, so dass die
verhinderte Ruheständlerin bereits vor der regulären Rentengrenze darüber
nachdenkt, wie sie ihr Leben diesen Ansprüchen und Bedürfnissen annähern
kann. Sie übernimmt nicht nur zahlreiche Aufgaben, sondern bemüht sich im
Zweifelsfall auch darum abzugeben – Ehrenämter zu reduzieren und/oder die
Pflege der Eltern zu restrukturieren –, wenn sie feststellt, dass man »das nicht
ewig durchhalten« kann (Frau Bauer, Z 564): »Und für mich war es auch an
der Zeit, doch irgendwann mal eine Bilanz zu ziehen. [...] Und dann habe ich
auch gefunden, dass es doch jetzt an der Zeit ist, doch mal schauen, dass man

---

frühstücke sehr ausgiebig und höre dabei den Deutschlandfunk. [...] Dann bewege ich
mich sehr gerne, aber der Tagesablauf – Gott, das ist mir jetzt richtig peinlich, weil ich
jetzt wirklich so wenig mache.« (Frau Gerhard, Z 418ff.) Sofort greift jedoch die prob-
lematisierende Reflexion dieser Einschätzung: »Aber ich sehe jetzt gerade, och werde
nach meinem Tagesablauf gefragt, da dachte ich, oh Gott, welche Schande [lacht]. Ja,
ich weiß, das bin ich.« (Frau Gerhard, Z 471ff.)

bissel ein paar Verpflichtungen ablegt.« (Frau Gerhard, Z 568) Inwiefern dies dann auch gelingt, ist eine andere Frage.

Die verhinderte Ruheständlerin dieses Typus ist weiblich, westdeutsch und nicht-akademisch. Anders als bei vielen bildungsbürgerlichen Frauen spielen die für die Unruheständlerin typischen autoproduktiven »Selbstverwirklichungs-Aktivitäten« eine untergeordnete Rolle. Obwohl nur zwei Frauen im Sample diesen Typus verkörpern, wird seine Sinn- und Soziogenetik durch zahlreiche Untersuchungen zu geschlechtsspezifischer Arbeitsteilung und der Bedeutung sozialen Engagements im Lebenskonzept westdeutscher (Haus-)Frauen gestützt (Gensicke 2001: 181; Beher et al. 2000: 206ff.). Es ist davon auszugehen, dass sich die Gruppe der verhinderten Ruheständlerinnen als deutlich größer erwiesen hätte, wenn mehr nicht-akademische Frauen und langjährige Hausfrauen im Sample vertreten gewesen wären. Weitere Hinweise auf die Bedeutung dieses Typus gibt das Sample selbst: So finden sich zwei weitere westdeutsche Frauen mit eher klassischer Ruhestandsorientierung, die zwischen dem zufriedenem Ruheständler und der verhinderten Ruheständlerin zu verorten sind. Im Vergleich zum männlichen zufriedenen Ruheständler haben sie ein Aktivitätslevel im oberen mittleren Bereich mit ausgeprägten heteroproduktiven Elementen, im Gegensatz zur verhinderten Ruheständlerin sind sie aber nicht vollzeitbeschäftigt, sondern genießen das Gefühl von Zeitwohlstand und sind mit ihrem Aktivitätsgrad hoch zufrieden. Hier wird deutlich, dass die Ruhestandsorientierung der Befragten stark geschlechtsspezifisch strukturiert ist und für viele Frauen eine den Männern ihres Alters vergleichbare heteroproduktive Entpflichtung schlicht undenkbar ist. Frauen haben, wie aus verschiedenen Untersuchungen bekannt, eher als Männer das Gefühl, kein Recht auf (eigene) Freizeit zu haben und stellen mit häufig großer Selbstverständlichkeit eigene Bedürfnisse hinter die Sorge für andere zurück (z.B. Kolland 2010: 358f.; Koppetsch/Burkart 1999; Kaufmann 1994). Es spricht deshalb viel dafür, dass Frauen einen vergleichsweise aktiven Ruhestand mit größerer Wahrscheinlichkeit als einen »typischen« Ruhestand begreifen und leben; der Übergang zur »Verhinderung« des Ruhestands ist damit – abhängig vom Grad der Belastung – ein fließender.

5.4.4 Der Unruhestand

Die Unruheständlerin im Singular

Die Unruheständlerin trägt ihren Namen, weil ihre Vorstellung vom Nacherwerbsleben mit zentralen Elementen des Unruhestandsdispositivs übereinstimmt und sie diese Orientierung in der Alltagspraxis auch weitgehend realisiert. Sie grenzt sich deutlich von der ruheständlerischen Orientierung auf Haus und Garten ab, und zwar sowohl im Hinblick auf die damit verbundene

räumliche Beschränkung als auch hinsichtlich der Bedeutung von Reproduk-
tions- und Gartenarbeit, der ein untergeordneter Stellenwert zugeschrieben
wird. Wo andere Befragte häusliche Arbeiten dehnen, um den Tag zu füllen,
schränkt die Unruheständlerin diese Aufgaben konsequent ein, um »die zweite oder dritte Lebensphase so gut wie möglich zu nutzen und was davon zu
haben« (Herr Riesen, Z 6ff.) – bevorzugt unterwegs und mit »außerhäuslichen Aktivitäten« (Frau Dersch, Z 106). Die Unruheständlerin propagiert ein
körperlich und geistig bewegtes Leben in der Nacherwerbsphase, getreu der
Devise »Wer rastet, der rostet«: »Also, nicht in den Sessel lehnen und die Füße
hoch oder so, sondern wirklich Unruhe, aktiv heißt das für mich, ne.« (Frau
Dersch, Z 300ff.) Es geht ihr darum, »aus dem Alter was [zu] machen, das ist
es nämlich, nicht sich hinsetzen [...]. Lernen Sie, reisen Sie, machen Sie ja viel,
ja.« (Frau Peters, Z 116ff.)

Während sich die Eigenverantwortung für die körperliche Gesundheit bei
fast allen Interviewten findet, vertritt die Unruheständlerin eine weiter gefass-
te, alltagspraktische Variante der gerontologischen Aktivitätsthese, der zufolge
Aktivität und Beweglichkeit jeder Art wichtig sind und zu einem langen Leben
beitragen: »Ich arbeite auch geistig, wenn ich jetzt einen Tag nicht lese oder
nichts gemacht habe, hab ich ein schlechtes Gewissen, weil ich das innere
Gefühl habe, ich verdumme. [...] Ich glaube, wenn man das nicht macht, wird
man eben auch alt.« (Frau Peters, Z 118ff.) In diesem Sinne spielen Eigeninitiative und Eigenverantwortung im Hinblick auf Aktivität eine herausragende
Rolle (»Man muss von selber gehen«; Frau Isar, Z 855), wobei die Unruheständlerin diese Verhaltensmodi weniger als normative Anforderung (an sich
selbst und andere) formuliert, sondern weitgehend als Selbstverständlichkeit
erachtet.

Ist die Unruheständlerin gesundheitlich eingeschränkt, beklagt sie weniger die Einschränkungen, als dass sie Veränderungen akzeptiert und Strategien selektiver Optimierung durch Kompensation verfolgt – ganz im Sinne
entsprechender psychogerontologischer Konzepte, allerdings ohne dass ihr
diese selbst bekannt wären. Aktivitätsschwerpunkte werden verschoben, die
Freude über das, was noch geht, wird betont, statt den Verlust zu betrauern:
»Und ich freue mich einfach, dass ich eben mit den Schmerzen leben kann,
ohne dass sie mich erschlagen.« (Frau Peters Z 611f.) Gesundheit sei in diesem
Sinne nicht, dass »einem gar nüscht fehlt [...]. Man ist gesund, wenn man das
so akzeptiert, denk ich mal, wie es ist, und wenn man das annehmen kann
und sagt, ach, ich kann das doch nicht und das kann ich noch. Das ist für mich
Gesundheit.« (Frau Ruthe, Z 1233ff.)

Die Unruheständlerin ist durchaus familienorientiert, legt aber viel Wert
auf außerfamiliäre Kontakte, Austausch mit anderen (»denn die Meinung meines Mannes kenne ich ja«; Frau Jan, Z 1107) sowie Autonomie in der Partner-

schaft und Unabhängigkeit von den Kindern.[80] Enkelkinder sind zwar gern gesehen, bilden aber im Gegensatz zu vielen anderen Interviewten nicht den Lebensinhalt und das Hauptgesprächsthema: »Die Familie ist natürlich auch wichtig, aber nicht nur.« (Frau Isar, Z 864) Im Zentrum steht für die Unruheständlerin vielmehr ihr autoproduktives Engagement, sowohl strukturierter wie unstrukturierter Art: sportliche Aktivitäten in einer großen Bandbreite, Meditation, das Erlernen von Fremdsprachen, der Besuch von Bildungs- und Kulturveranstaltungen, Bildungsreisen, die Beschäftigung mit philosophischen, spirituellen und psychologischen Fragen sowie künstlerische Hobbies (Singen, Instrumente spielen, Malen) sind typische Aktivitäten der Unruheständlerin, für die es wichtig ist, nach einem Leben der Familien- und Erwerbspflichten endlich Zeit für sich zu haben: »Ich möchte meine persönlichen Interessen nicht vernachlässigen.« (Frau Jan, Z 41) Hier wird das gemacht, »was man eben entweder irgendwann mal aufgehört hat oder aufgeben musste« (Frau Jan, Z 44f.). In diesem Sinne wird die Zeit zwischen 60 und 80 als »eine sehr schöne Phase« (Frau Peters, Z 123) erlebt, die die Möglichkeit bietet, an frühere Interessen anzuknüpfen und Aufgeschobenes nachzuholen.

Bisweilen geht die Unruheständlerin auch (im Stundenumfang eher geringfügigen) ehrenamtlichen Aktivitäten nach, diesen wird jedoch – anders als im Dispositiv des Produktiven Alters – kein höherer Stellenwert als den autoproduktiven Aktivitäten zugeschrieben.[81] Die Freude an der Tätigkeit und der gewonnene individuelle Nutzen stehen auch beim ehrenamtlichen Engagement im Vordergrund. Leitend für die Unruheständlerin ist auch hier ein Modus der Selbstverständlichkeit, nämlich da mit anzufassen, wo man gebraucht

---

80 | Das Bild der häuslichen Großeltern, die nur noch über ihre Kinder am Leben teilnehmen oder von diesen »bespaßt« werden müssen statt selbst aktiv zu werden, dient als klare Abgrenzungsfolie: »Ich würde es schlecht finden, wenn meine Kinder praktisch auch ein schlechtes Gewissen haben müssten, weil sie sagen, oh, Oma oder Mama und Papa, die unternehmen gar nichts, die sitzen immer nur zu Hause in ihren vier Wänden und kommen aus ihrem Garten nicht raus, das ist ja furchtbar. Es ist doch eigentlich schön, wenn's so ist, dass man eben so sein Leben gestaltet, ohne dass die, der junge Nachwuchs sich Gedanken machen müsste, was können wir mal denen anbieten, damit die endlich mal wieder aus ihrer Hütte rauskommen.« (Frau Isar, Z 881ff.)

81 | »Man hört ja immer wieder, dass auch ältere Menschen an die Uni gehen und auch Vorlesungen hören über Themen, die sie interessieren. Dass sie zur Volkshochschule gehen oder auch noch eben ehrenamtlich tätig sind. [...] Also das zeigt schon, dass ältere Leute auch bereit sind, noch in ihrem Ruhestand was zu leisten, vielleicht auch nur aus Selbstbestätigung, vielleicht auch, um anderen zu helfen.« (Herr Veit, Z 398ff.) Beide Motivationen stehen gleichberechtigt nebeneinander, auch der Umstand, ob es sich um Engagement für andere oder das Verfolgen eigener Bildungsinteressen handelt, wird nicht weiter bewertet.

wird: »ja sicher sag ich dann ja« (Frau Ruthe, Z 1421). Diese Haltung wird nicht nur für die eigene Person, sondern für die Mehrheit der Älteren in Anspruch genommen: »Ich meine, letztendlich, wenn die Senioren, so genannten Senioren angesprochen werden, könntet ihr uns da nicht helfen, da sind die eigentlich, denke ich, die Letzten, die da sagen, nee, ich will meine Freizeit anders verbringen. Ich meine, sie können dann immer noch sagen, das wird mir zu viel.« (Frau Isar, Z 966ff.) Genau diese Möglichkeit der Abgrenzung ist der Unruheständlerin wichtig, insbesondere dann, wenn das Engagement die persönliche Autonomie und Zeitsouveränität sowie die nachgeholte Verwirklichung der eigenen Interessen zu gefährden droht: »Ich bringe mich ein, kenne aber meine Grenzen.« (Frau Jan, Z 1421f.) Die Unruheständlerin ist zufrieden mit ihrem Leben, was nicht unwesentlich dem Umstand geschuldet ist, dass sie es gemäß ihrer Vorstellungen und Prioritäten lebt.

Anders als im öffentlichen Unruhestandsdispositiv weist die Unruheständlerin jedoch nicht nur eine ausgeprägte Aktivitätsorientierung, sondern zugleich eine Wertschätzung von Ruhe und Muße auf, frei nach der Devise: »Wer rastet, der rostet; aber wer hastet, ist selber schuld.« Ganz im Gegensatz zum beschäftigten Ruheständler kennt die Unruheständlerin eher keine Zeitknappheit: Sie tendiert stattdessen zur Ausnahmegruppe der ZeitwohlständlerInnen (vgl. die Essays im Anschluss an Kapitel 5.3) und betont, »alles in Ruhe [zu] machen« (Frau Ruthe, Z 679), obwohl sie deutlich überdurchschnittlich aktiv ist und sich als »recht gut ausgelastet« (Frau Schott, Z 289) empfindet. Die selbstbestimmte Strukturierung der freien Zeit nimmt einen hohen Stellenwert ein: »in meinem Rhythmus, so wie ich das gerne will« (Frau Weinert, Z 151f.).

Auch einige andere Elemente des gesellschaftlichen Unruhestandsdispositivs finden sich bei der Unruheständlerin nicht wieder: Das große Thema Wohnen bzw. (neue, alternative) Wohnformen spielt für sie keine Rolle, die wissenschaftlich, politisch und medial umfassend propagierten (neuen) Kompetenzen des Alters sind für sie (inzwischen) selbstverständlich. Die mediale Schelte der Dekadenz der UnruheständlerInnen, die zu Lasten jüngerer Generationen ihr Leben auf hohem Niveau und in vollen Zügen genießen und durch die Welt reisen anstatt Verantwortung für Angehörige und die Gesellschaft zu übernehmen, wird weder positiv noch kritisch rezipiert – gilt diese Verantwortung der Unruheständlerin doch als weitgehend selbstverständlich. Sie begreift sich keineswegs als dekadent, wohl aber als privilegiert, was mit einer hohen Sensibilität für und Problematisierung von sozialer Ungleichheit im Alter einhergeht: Dass Menschen mit geringen Bildungs- und finanziellen Ressourcen Verantwortung außerhalb der Familie übernehmen, könne man deshalb »auch nicht erwarten. Da kannst du erwarten, dass sie halt für ihre Familie da sind.« (Frau Weinert, Z 896ff.)

Die Unruheständlerin ist, wie schon der zentrale Stellenwert der Befreiung von Familienpflichten zugunsten bildungsorientierter, spiritueller und künstlerischer Autoproduktivität nahelegt, weiblich und bildungsbürgerlich und hat eine eher schwierige Anpassungsphase an den Ruhestand erlebt, den sie nun aber erfolgreich und selbstbestimmt in ihrem Sinne gestaltet. Die ausgeprägt bildungsbürgerliche Akzentuierung der Selbstverwirklichung der Unruheständlerin dürfte in ihrer Deutlichkeit (auch) der Zusammensetzung des Samples geschuldet sein; so ist durchaus ein Unruhestand mit ähnlichen Akzentsetzungen, aber weniger hochkulturellen und selbstverwirklichungsorientierten autoproduktiven Aktivitäten denkbar.

Die Unruheständlerinnen im Plural

Abgesehen davon, dass der Aktivitätsgrad der Unruheständlerinnen breit streut – von einem eher mittleren Niveau bis hin quasi zur Vollbeschäftigung –, treten aus geringerer Distanz und aus wechselnden Blickrichtungen weitere Unterschiede zwischen ihnen zu Tage. Während fast alle Unruheständlerinnen ein explizites Selbstkonzept im Interview entwickeln, das sie als Schlüssel zum Verständnis ihrer Biografie und Identität begreifen, kommen inhaltlich betrachtet sehr unterschiedliche Selbstbilder zum Vorschein. Abhängig davon, ob sich die Befragte eher als »aufgekratzt« und »verrückte Hummel« (Frau Weimann, Z 302), als aktiver »Motor der Familie« (Frau Isar, Z 57), als eine, die man wird »runtertragen müssen von der Bühne« (Frau Dersch, Z 163) begreift oder aber eher als »ausgeglichener Typ« (Frau Schott, Z 498) bzw. »Yin- und Yang-Typ« (Frau Jan, Z 132) fällt die Akzentuierung des Verhältnisses von Aktivität und Ruhe unterschiedlich aus und zwar ganz unabhängig vom jeweiligen Aktivitätsgrad. So betont der »Yin- und Yang-Typ« Frau Jan trotz ihres sehr hohen Aktivitätsgrads: »Ich kenne keinen Stress« (Frau Jan, Z 667), während andere »positiven Stress« (Frau Dersch, Z 243) gerade als Ausdruck eines erfüllten und aktiven Lebens empfinden. Und während die meisten Unruheständlerinnen »Ruhe-*Talke*rinnen« sind, die neben ihrer ausgeprägten Aktivitätsorientierung und -praxis die Bedeutung von Entschleunigung hervorheben und es für wichtig erachten, »dass man mehr Ruhe findet« (Frau Peters, Z 738) als zu früheren Zeiten, weisen andere – mitunter gleichzeitig – durchaus Züge von *busy talk* auf: »Ich hab ja auch meinen Kalender dabei, da stehen eben schon so viele Termine« (Frau Isar, Z 111ff.), denn: »Ich persönlich, ich bin also sehr beschäftigt. So. Von wegen Ruhestand, also nein.« (Frau Dersch, Z 8f.)

Aber nicht nur Selbstbild und Selbstkonzept spielen für die Austarierung des Verhältnisses von Aktivität und Ruhe eine zentrale Rolle, sondern auch die den Erzählungen zugrunde liegenden, mehr oder weniger expliziten Altersbilder der Unruheständlerinnen. Die Mehrzahl der Unruheständlerinnen versteht das junge Alter als Kontinuität des Erwachsenenlebens, die durch die

Verrentung nicht beendet wird, und nimmt erst für die abhängige Hochaltrigkeit eine klare Differenz zum Erwachsenenleben an, die Anpassungen im Verhältnis von Aktivität und Ruhe erzwingt. Eine kleinere Gruppe Unruhständlerinnen propagiert hingegen bereits für ihr Alter einen klaren Bruch zum vorherigen Erwachsenenleben, verbunden mit der Annahme, dass auch mit dem jungen Alter erste Leistungseinschränkungen einhergehen und es dementsprechend ein altersspezifisch angemessenes Aktivitätsniveau gibt. Es findet folglich eine Altersmoderierung der Aktivitätsvorstellung statt, verbunden mit einer stärkeren Betonung von altersangemessener, da notwendiger Ruhe. So problematisiert eine Befragte, »wenn Leute im Alter ungesund aktiv sind« (Frau Peters, Z 752), und vermutet dahinter einen für Geist und Körper schädlichen Versuch, Verpasstes nachzuholen, wodurch die das Alter (eigentlich) auszeichnende Gelassenheit, Weisheit und Ruhe verspielt würde.

Was passiert, wenn ein aktivitätsorientiertes Selbstkonzept (»Ich bin kein Ruhestandstyp«; Frau Jan, Z 13) auf ein verinnerlichtes Altersbild notwendiger Einschränkungen trifft, zeigt das Beispiel der Interviewten Frau Jan: Obwohl ihr Aktivitätsniveau verglichen mit dem anderer Unruheständlerinnen sehr hoch ist und bei deutlich mehr als 30 Wochenstunden liegt, erlebt sie nach dem Tod ihres Vaters, den sie zeitaufwendig gepflegt hat, Phasen des Leerlaufs, die sie vorher nicht kannte. Immer wieder versucht sie im Interview diesen für sie eigentlich unbefriedigenden Zustand durch Rückgriff auf ihr Alter zu rationalisieren und zu normalisieren. Angesprochen darauf, wie es für sie ist, etwas mehr freie Zeit zu haben, sagt sie: »Vom Verstand her sage ich, ist es gut, weil man ja älter wird. Und ich glaube, wenn man älter wird und ständig gefordert wird, ist vielleicht auch nicht gut. Das sehe ich jetzt auch mal vielleicht ein bisschen schon, gesundheitlich und vom Körper her, ja, dass man im Alter schon ein bisschen mehr Ruhe braucht auch für den Körper. Aber was das Interesse und das alles [...] die andere Zeit war schon schön.« (Frau Jan, Z 262ff.) Selbstkonzept und Altersbild stehen hier gegeneinander, wünscht sie sich doch mehr Aktivität als sie selbst für ihr Alter angemessen hält.

Neben unterschiedlichen Akzentsetzungen im Verhältnis von Aktivität und Ruhe unterscheiden sich die Unruheständlerinnen zudem dahingehend, wie viel Selbstverpflichtung dem vorherrschenden Handlungsmodus der Freiwilligkeit und Selbstverständlichkeit innewohnt, ob eher das Einhalten von (freiwillig) eingegangenen Verpflichtungen oder aber die Freiheit betont wird, die Tage nach Lust und Laune zu gestalten: Der Position der »Hedonistin, [...] die nur das macht, was sie gerne macht« (Frau Dersch, Z 201ff.), steht der freiwillige Selbstverpflichter entgegen, der betont: »Wenn man sich da einmal da engagiert hat, dann ist man ja verpflichtet, das auch weiterzutreiben und will eine ordentliche Arbeit leisten. Also insofern wird man Pflichten nicht ganz los.« (Herr Riesen, Z 167ff.) Damit gehen unterschiedliche Akzentsetzungen in der Frage einher, ob Aktivität ein – wenn auch selbstverständliches – Muss ist (»Man muss Aufgaben haben, man muss Ziele haben«; Herr Riesen, Z 697) oder ob alle leben sollen, »wie sie wollen und es für sich richtig finden« (Frau Weimann, Z 244), getragen von der libertären Devise: »Man muss nicht, man kann.« (Frau Weinert, Z 151) Eines eint die Unruheständlerinnen aber auch in diesem Punkt, nämlich die Überzeugung, dass eine »Erziehung« oder Responsibilisierung weniger Aktiver problematisch ist, könne man doch nicht »jemandem, der das nicht empfindet, eine Selbstverständlichkeit beizubringen« (Herr Riesen, Z 814f.).

5.4.5 Das produktive Alter

Der/die Produktive im Singular

Der/die Produktive grenzt sich in deutlicher Weise vom Ruhestandsmodell ab und äußert sich – der Unruheständlerin vergleichbar – in recht abfälliger Weise über RuhständlerInnen, die in der Pflege ihres Gartens aufgehen und sich mit der Führung ihres Haushalts und dem Kontakt zu den Enkelkindern begnügen: »Und wenn ich das schon immer höre: ›Und jetzt kann ich mich um meinen Garten kümmern.‹ Wollen Sie 365 Tage im Jahr sich um ihren Garten kümmern? [...] Ich habe einen Freund, der ist mittlerweile 75 oder 78, der nummeriert die Blätter, wenn sie runterfallen, ja, damit er auch alle einsammeln kann, also.« (Herr Kanter, Z 97ff.) Der Ruheständler, so die Kritik, füllt sein Zeit mit sinnloser Beschäftigung, seine »klassische Rolle« (Herr Fritsche, Z 971ff.) bestehe darin, »sich keine großen Projekte mehr auf[zuhalsen]« (ebd.) und »halt eben normal nur mit der Familie irgendwie alles [zu] machen« (ebd.).

Doch nicht nur das Ruhestandsmodell, auch der Unruhstand dient dem/der Produktiven als negativer Gegenhorizont. Zwar geht es ihm/ihr wie der Unruheständlerin um die sinnvolle Strukturierung der freien Zeit; die Kriterien für Aktivitäten, die diesem Anspruch Genüge tun, unterscheiden sich jedoch grundsätzlich. Wo die Unruheständlerin großen Wert auf den individuellen Nutzen von bzw. die Freude an autoproduktiven Aktivitäten legt und keine Hierarchisierung von auto- und heteroproduktiven Tätigkeiten vornimmt, grenzt sich der/die Produktive explizit vom freizeitorientierten Unruhestand – von »bloßen Freizeittätigkeiten« (Herr Kanter, Z 94) – ab. Der Abgrenzung dient hier nicht der häusliche Ruhestand, sondern eine »selbstbezogene«, allein am eigenen Vergnügen orientierte Aktivität: »Dann kenne ich eine, die hat jede Zeitung, die Zeit, die Frankfurter, die muss die alle lesen. Ich sage: ›Um Gottes Willen, warum musst du die alle lesen? Wenn du die Zeit, die du für die Zeitung da benutzt, mal jemand besuchen gehst, mal etwas Vorlesen gehst. Hier gibt es so Kinder, die brauchen das, dass man mit denen liest oder so.‹« (Frau Teich, Z 377ff.) Der/die Produktive kritisiert UnruheständlerInnen als unsozial (»Die machen sich alle bloß ein schönes Leben.«; Frau Fischbach,

Z 1057) und hebt die Bedeutung und Notwendigkeit heteroproduktiven Engagements hervor – sei es in Gestalt ehrenamtlichen Engagements, in Form von Nachbarschaftshilfe oder als Pflege- und Betreuungsverantwortung im familiären Kontext oder im Freundeskreis. Die Entpflichtung von der Erwerbsarbeit verpflichte, so das Credo der Produktiven, zum unbezahlten Engagement: »Wenn man nicht mehr den Zwang dieser Berufstätigkeit hat und dieses enge Korsett, dann muss man für andere da sein.« (Frau Baden, Z 750f.) Diese Haltung ist grundiert durch ein ausgeprägtes Verständnis von Reziprozität zwischen Individuum und Gesellschaft, die durch den Ruhestand nicht aufgehoben werde. Der Mensch könne nicht sagen »ich erwarte von der Gesellschaft alles, sondern er muss umgedreht der Gesellschaft auch etwas zurückgeben. Deswegen ist auch das, dass man sagt immer, man würde gemeinnützig oder ehrenamtlich irgendwo tätig werden, auch gerade wenn mal älter wird, muss ich sagen, natürlich klar, ist kein Thema. Das sollte so sein. Als Mensch, der in Ruhestand geht, in Anführungszeichen in Ruhestand, heißt, dass er auch jetzt Zeit hat, sich für irgendwas zu engagieren.« (Herr Fritsche, Z 1183ff.) Eine in diese Richtung zielende, gesellschaftliche Ansprache von Menschen im Ruhestand wird explizit begrüßt, sollte sogar »vielleicht ein bissele forciert« (Herr Schmal, Z 600) werden: »Und da müssen die Alten auch mit ran. Es nützt alles nichts. Sehe ich so. Vielleicht muss mehr aufgerufen werden. Mehr gefordert werden [...] man muss die dann mal ein bisschen fordern. Wahrscheinlich kommt von allein da nicht jeder.« (Frau Bach, Z 463ff.) Die Eigenverantwortung für das eigene Wohlergehen und für die physische und mentale Gesundheit wird hingegen als selbstverständlich betrachtet und, verglichen mit anderen Befragten, wenig thematisiert.

Zugleich vertritt der/die Produktive in exemplarischer Weise das *Win-win*-Postulat des Produktivitätsdispositivs, weist er/sie doch auch auf den eigenen Nutzen, die eigene Befriedigung durch heteroproduktives Engagement hin: »Tu etwas Gutes! Und es kommt wieder zurück.« (Frau Michel, Z 193) Die Produktiven sind der festen Überzeugung, dass nur ein auch für andere gelebtes Leben zufrieden macht – was für alle Menschen im Ruhestand gelte, von vielen aber nicht erkannt werde: »Sie können nicht als Ruheständler den ganzen Tag den Spiegel oder den Focus lesen. Das funktioniert nicht. Das verstehen viele Ruheständler eben nicht und sind todunglücklich und fallen wirklich in ein ganz, ganz tiefes Loch.« (Herr Kanter, Z 93f.) Der/die Produktive ist damit weit entfernt von der libertären Vorstellung, dass jeder Mensch nach seiner *Façon* im Ruhestand glücklich werden kann und sollte. Das *Win-win*-Postulat wird durch ein explizit ausformuliertes Selbstkonzept gestützt, das den produktiven Alten als Powertyp, »Planungsmensch« (Herr Kanter, Z 81), als »Ganz-oder-gar-nicht-Typ« (Frau Fischbach, Z 786) ausweist, der die Freiheit des Ruhestands durch ein »Zeitgerüst« (Herr Fritsche, Z 744) strukturiert und sinnvoll zu füllen versteht.

Die propagierte Notwendigkeit heteroproduktiven Engagements im Ruhestand wird dabei in Übereinstimmung mit wesentlichen Elementen des Produktivitätsdispositivs kommuniziert, weist der/die Produktive doch sowohl auf die Folgen des demografischen Wandels für die soziale Absicherung des Alters wie die Finanzierung öffentlicher Leistungen im Allgemeinen als auch auf die Grenzen des Sozialstaats hin, getragen von der Überzeugung, »dass viele Dinge da ehrenamtlicher passieren müssen in Zukunft« (Herr Schmal, Z 600f.): »Also das muss man einfach dann auch akzeptieren. Dass der Staat, die Kommune, die Gewerkschaft, die Parteien einfach sagen, wir können nicht mehr alles bezahlen, wir haben das Geld nicht zur Verfügung. Und wir erlauben uns jetzt einfach, dich aufzufordern, hier dich im Rahmen deiner Möglichkeiten einzubringen. Und zwar ohne Entgelt. Das ist wohl da, ein Zukunftsmodell, auch für, nicht nur für ältere Menschen.« (Herr Schmied, Z 1040ff.) Vor diesem Hintergrund sehen die Produktive das Engagement Älterer als wichtigen Beitrag für eine Solidarität zwischen den Generationen, neigen sie doch im Gegensatz zu anderen Interviewten zu der Einschätzung, dass die Ressourcen für einen verdienten Ruhestand immer weniger gegeben seien. Viele Ältere haben das aus Sicht des/der Produktiven noch nicht begriffen und »legen sich in der Hängematte zurück« (Frau Bach, Z 433).

Emphatischer als andere Befragte betont er/sie die Verjüngung der eigenen gegenüber der Elterngeneration, weshalb das, was als notwendig erachtet wird – das fortgesetzte gesellschaftliche Engagement im Ruhestand – auch als möglich konzipiert wird: »Wir sind ja, sagen wir mal, viel länger viel fitter. Wir können also viel länger aktiv im Alter was tun.« (Herr Fritsche, Z 812f.) 65, da ist man sich einig, sei heute »praktisch kein Alter« mehr (Herr Kanter, Z 601). Der/die Produktive vertritt für sich und/oder für Menschen seines/ihres Alters eine radikale Kontinuität des Erwachsenenlebens, geht es doch letztlich darum, die »bestimmte Art und Weise des Lebens« der mittleren Lebensjahre fortzuführen (Frau Michel, Z 933ff.). Als spezifisch verstandene Kompetenzen des Alters – wie Sorgfalt, Gelassenheit oder Loyalität –, die im Produktivitätsdispositiv von großer Bedeutung sind, spielen angesichts der ausgeprägten Kontinuitätsperspektive in den Erzählungen des/der Produktiven keine Rolle. Die großen, miteinander verschränkten Themen »Konsum im Alter« und »Jugendwahn«, die seit Ende der 1990er Jahre das Produktivitätsdispositiv durchziehen, sind ebenfalls von untergeordneter Bedeutung.

Der/die Produktive stimmt nicht nur ideell mit wesentlichen Elementen des Produktivitätsdispositivs überein, ein heteroproduktives Leben innerhalb wie außerhalb der Familie wird auch von allen Befragten dieses Typus gelebt. Bemerkenswert ist allerdings, dass der/die Produktive nicht zu den sehr Aktiven in unserem Sample zählt und dass die Kommunizierung abstrakten Beschäftigtseins – im Gegensatz zur Darstellung konkreter Aktivitäten und Inhalte – eine herausragende Rolle spielt: »Wir haben eigentlich immer irgendwas.« (Frau Teich, Z 192f.) Der/die Produktive ist nach dem beschäftigten Ruheständler der ausgeprägteste *busy talker*, auch wenn die Diskrepanz zwischen Praxis und Rhetorik aufgrund des mittleren bis höheren Aktivitätslevels weniger drastisch ausfällt.

Umgekehrt sind viele der in großem Umfang (hetero-)produktiv aktiven Befragten nicht als Produktive einzustufen, da der Orientierungsrahmen des produktiven Alters von ihnen nicht geteilt oder sogar explizit kritisiert wird: Dazu gehören sowohl die äußerst aktiven verhinderten Ruheständlerinnen, die sich mit großer Wertschätzung am Ruhestandsmodell orientieren, aber auch die libertär orientierten Aktiven mit hohem bzw. sehr hohem Aktivitätsgrad, die verschiedenen (Zwischen-)Typen – insbesondere der Unruheständlerin, aber auch dem Kontinuum zwischen zufriedener und verhinderter Ruheständlerin – zuzurechnen sind. Anders als die Produktiven argumentieren und leben diese Befragten nach dem Motto: »Jeder wie er möchte, jede nach ihren Bedürfnissen«, so dass Fragen der Responsibilisierung und der (moralischen) Inpflichtnahme für sie keine Rolle spielen. Darüber hinaus findet sich eine Gruppe ostdeutscher Befragter, die zwar eine sehr produktivistische Haltung aufweist und diese auch enaktiert, deren Produktivitätsverständnis jedoch im Gegensatz zum Produktivitätsdispositiv eindeutig sozialistisch grundiert ist und – ganz im Sinne des früheren DDR-Altersdispositivs – auf lebenslange bedeutungsvolle Aktivität für das Kollektiv zielt. Die »Produktiven SystemkritikerInnen« sind aufgrund ihrer Haltung bei gleichzeitig ausgeprägtem heteroproduktivem Engagement die radikalsten KritikerInnen der Neuverhandlung des Alters im Kontext produktivistisch-liberaler Aktivierungspolitiken und somit nicht als klassische »Produktive« einzustufen (vgl. die Ost/West-Essays am Ende dieses Kapitels).

Was die Soziotypik betrifft, ist der/die Produktive eindeutig westdeutsch,[82] wahlweise männlich oder weiblich und interessanterweise deutlich weniger privilegiert in Bezug auf Bildung und Einkommen als der zufriedene Ruheständler und die Unruheständlerin es sind. Das Haushaltseinkommen streut breit und es finden sich eine Reihe nicht bildungsbürgerlich Sozialisierter in dieser Gruppe. Die deutliche Ost-West-Spezifik hängt, wie wir zeigen werden, wesentlich mit einer spezifischen Ehrenamts-Skepsis in den neuen Bundesländern,[83] der größeren Verbreitung einer kritischen Haltung gegenüber

---

82 | Dies trifft auf acht der zehn Produktiven zu. Zusätzlich ist anzumerken, dass die beiden ostdeutschen Frauen, die diesem Typus zuzurechnen sind, untypische ostdeutsche Fälle darstellen, da es sich um die DDR-kritischsten Personen des Samples handelt, von denen eine zudem aus einer Familie selbstständiger Handwerker kommt und eine ausgeprägt unternehmerische Orientierung aufweist.

83 | Eine der beiden ostdeutschen Produktiven merkt explizit an: »Das Ehrenamt gerade im Sozialen ist ja auch enorm. Und der Stellenwert, hm, ist immer noch zu gering ge-

Politiken des Sozialabbaus und der liberalen Aktivierung sowie der bereits erwähnten sozialistischen Grundierung von Produktivität bei einigen Befragten
zusammen. Der auf den ersten Blick erstaunliche Befund in Bezug auf den
Bildungshintergrund der Produktiven wird verständlicher, wenn Berücksichtigung findet, dass viele der (sehr) produktiven bildungsbürgerlichen Interviewten zu einer libertären Haltung tendieren und damit nicht anschlussfähig an
das Produktivitätsdispositiv sind. Wir kommen auf die Gruppe dieser Libertären zurück (vgl. Kapitel 5.4.8).

Die Produktiven im Plural

Folgen wir nun den Produktiven im Plural, entpuppt sich der Typus als sehr
heterogen – gerade im Vergleich zu anderen Typen. Angesichts variierender
Aktivitätsgrade und unterschiedlich stark formulierter Produktivitätserwartungen an andere Ältere unterscheiden sich die Produktiven zunächst dahingehend, wie ausgeprägt die Diskrepanz zwischen formuliertem Anspruch und
eigener Lebensrealität ist. Während einige Befragte weitgehend leben, was
sie kommunizieren, fallen Lebenswirklichkeit und Erwartungen bei anderen
deutlich auseinander. Frau Blechle, die als einzige im Sample ein verpflichtendes soziales Jahr für RentnerInnen propagiert, ist selber nur wenige Stunden im Jahr im Bereich des Natur- und Tierschutzes ehrenamtlich aktiv und
auch die unregelmäßige Betreuung ihrer Enkelin ist weit von dem entfernt,
was für viele Frauen und Männer im Sample Alltag ist. Der Befragte Herr
Kanter wiederum ist einer der enthusiastischsten Verfechter der Rente mit 67
und der einzige, der eine Differenzierung nach Berufsgruppen für überflüssig
hält. Obwohl selber aufgrund großer beruflicher Belastung mit 55 freiwillig in
den Vorruhestand gegangen – er hat in leitender Funktion bei einem großen
Unternehmen gearbeitet –, findet er, dass ein 67-Jähriger »doch locker 35 Stunden« (Herr Kanter, Z 746ff.) arbeiten könne und dass dies auch für Dachdecker
gelte, wenn sie lernen würden, sich richtig zu bewegen.

Von variierenden Diskrepanzen im Hinblick auf Orientierung und Enaktierung abgesehen, lassen sich die Produktiven grundsätzlich in zwei Gruppen unterteilen: Die eine, eher bildungsbürgerliche Gruppe findet eigenverant-
wortliches Engagement in der Gesellschaft (altersunabhängig) grundsätzlich
erwartbar und auch einklagbar, aber auch – mehr oder weniger – selbstverständlich;[84] die andere, weniger bildungsbürgerliche Gruppe spricht sich dezi-

---

schätzt. Und hier, in Ostdeutschland, ist es immer noch, noch mehr gering geschätzt.«
(Frau Michel, Z 650f.)

84 | »Jaja, dass man also nicht nur immer Rechte für sich einfordert, sondern auch die
Verpflichtung gegenüber der Gemeinschaft auch einhält. Sehe ich als selbstverständlich an.« (Herr Fritsche, Z 1209f.)

dierter für die Forcierung notwendigen Engagements (zu) passiver Älterer aus. In der ersten Gruppe spielen Eigenverantwortung und Selbstorganisation eine zentrale Rolle, der Produktive dieses Typs betont mit einem Anflug von Stolz, ein »vereinsungeeigneter Mensch« (Herr Fritsche, Z 1009) zu sein und stattdessen die Dinge lieber selber in die Hand zu nehmen. In dieser Gruppe findet sich ein eher wohlwollender Blick auf Menschen im Ruhestand, von denen viele, so die Einschätzung der Interviewten, ihrer Verantwortung durchaus nachkämen: »In den aller aller meisten Fällen möchten alle noch was geben.« (Herr Kanter, Z 608) Ein anderer Interviewter tritt zwar explizit für die moralische Verpflichtung ein, »dass man nicht nur im Seniorenalter sozusagen in den Tag hinein lebt und sein Geld ausgibt, für persönliche Freuden. Sondern dass man, dass man einfach auch sagt, ich muss ein Stück zurückgeben, ich muss was tun.« (Herr Schmied, Z 1112ff.) Er fügt aber sofort hinzu: »Und ich glaube, es gibt viele Menschen, die so wie ich auch dann sagen, ja, ja, da mach ich mit.«

Trotz der grundsätzlichen Befürwortung einer moralischen Responsibilisierung der eigenen Altersgruppe finden sich in dieser Gruppe zudem kritische Untertöne, die deutlich vom Produktivitätsdispositiv abweichen. Mit dem – durchaus dispositivkompatiblen – Bewusstsein, einer privilegierten Generation anzugehören, die in der Lage und in der Pflicht ist, etwas »zurückzugeben«, ist zugleich eine gewisse Sensibilität für soziale Ungleichheit sowie eine Einschränkung des Adressatenkreises von Aktivitätsaufforderungen verbunden: »Das gilt natürlich nicht für die Oma oder den Opi, der 700 Euro Rente bekommt.« (Herr Kanther, Z 690) Die Privilegierung der eigenen Generation wird zudem weniger im verbreiteten Sinne kommuniziert, dass saturierte Ältere hart arbeitenden Jüngeren auf der Tasche liegen würden, sondern sie geht einher mit einer Kritik der Prekarisierung von Arbeits- und Lebensbedingungen, von der jüngere Kohorten betroffen sind. Nicht die Älteren haben aus dieser Perspektive »zu viel«, sondern die Jüngeren »zu wenig«. Auch im Hinblick auf das Ausmaß der Inpflichtnahme sowie die damit verbundene Einschränkung der (Wahl-)Freiheit Älterer finden sich in dieser Gruppe kritische Töne: »Also es ist richtig. Die alten Menschen müssen in der Verantwortung sein, aber das Maß ist wie?«, fragt die Interviewte Frau Michel (Z 1063ff.). Sie problematisiert die Gefahr der Ausbeutung Älterer und fügt hinzu: »Es kann nicht so sein, dass der Staat sich darauf ausruht, auf das Altenteil zu bauen.« (Frau Michel, Z 1074f.) Bei allen berechtigten Ansprüchen müssten die älteren Menschen die Freiheit behalten, »dass man einfach dann sagt, nein jetzt nicht, das kann ich mir auch herausnehmen, weil ich schon älter bin und weil ich das ehrenamtlich tue« (Frau Michel, Z 922ff.). Es komme, so Herr Kanter, auf die richtige Mischung an, »von Pflichten, die man gerne auf sich nimmt, und der Freiheit, Entscheidungen treffen zu können, etwas anderes zu machen« (Herr Kanter, Z 594f.).

Ganz anders in der zweiten Gruppe: Unter diesen Produktiven ist die Auffassung vorherrschend, dass im Ruhestand niemand (mehr) bereit sei, Verantwortung zu übernehmen und dass die wenigen Aktiven – respektive sie selbst – seltene Ausnahmen darstellen. Diese Haltung ist teilweise grundiert durch ein extrem negatives (und im Sample sehr seltenes) verhaltensbezogenes Altersbild, demzufolge (andere) ältere Menschen schmarotzend und unsozial lediglich die Hand aufhielten und ihre Privilegien ausnutzten: »Ich kann mich nicht hinsetzen und sagen, so, das war's. Noch dazu wo's alle 90 werden wollen. Und alle in Vorruhestand wollen. Das geht nicht.« (Frau Baden, Z 831f.) Frau Teich betont, die Älteren »könnten auch sich mehr einsetzen für andere. [...] Aber da finden Sie keinen. Was ich heute sehe, da glaube ich kaum, da findet man kaum welche, die da Verantwortung übernehmen.« (Frau Teich, Z 475ff.) Frau Blechle findet sogar, dass RuheständlerInnen nichts Sinnvolles tun, »außer Hetzen [...] oder Preise vergleichen oder weiß der Teufel von Geschäft zu Geschäft jagen. [...] Es gibt so viel Möglichkeiten für Ehrenämter, da hätten die alle eine Aufgabe.« (Frau Blechle, Z 777f.) Um ein solches Engagement sicher zu stellen, befürwortet sie als einzige im Sample eine formale Verpflichtung von Menschen im Ruhestand. Dass sich diese Interviewten als aktive Ausnahmen wahrnehmen, könnte mit dadurch bedingt sein, dass sie sich in einem weniger privilegierten Umfeld bewegen als die Befragten der ersten Gruppe – einem Umfeld, in dem insbesondere das außerhäusige heteroproduktive Engagement niedriger ausfällt als in bildungsbürgerlichen Milieus (Generali Zukunftsfonds/Institut für Demoskopie Allensbach 2013: 351).

Fokussieren wir auf Geschlechtsspezifika unter den Produktiven, treten weitere bzw. andere Gemeinsamkeiten und Unterschiede zu Tage. Bei einigen Frauen finden sich deutliche Anzeichen der Überlastung und der Unzufriedenheit. Trotz ausgeprägter Produktivitätsorientierung weisen sie deshalb eine Nähe zu den verhinderten Ruheständlerinnen auf: Die im Umfang eines Vollzeitäquivalents aktive Frau Fischbach – die einzige sehr aktive Produktive – würde gerne weniger machen, schafft es aber nicht, an sie herangetragene Aufgaben abzulehnen und lässt sich immer wieder »Arbeit aufdrängen« (Frau Fischbach, Z 217). Ihre große Ambivalenz bezüglich ihres Engagements kommt zum Ausdruck, wenn sie feststellt: »Ich weiß gar nicht, warum ich das mache eigentlich. Ich mach das halt. Und da rutscht man immer weiter rein. Das ist das. Aber es wird schon anerkannt und das ist auch wieder schön dann.« (Frau Fischbach, Z 1092) Anders als die verhinderten Ruheständlerinnen formuliert sie zwar einen starken moralischen Anspruch an alle Älteren, sich ehrenamtlich in die Gesellschaft einzubringen, aber auch sie kommuniziert ihre Überlastung als persönliches Problem und merkt bedauernd an, »naja, ich weiß nicht, ob ich das überhaupt kann, mich so einfach hinsetzen.« (Frau Fischbach, Z 1062ff.) Ganz ähnlich ist die Problematisierung von Frau Baden, die ihre hohe Belastung damit begründet, dass man im Ruhestand

»die Ausrede ›ich habe keine Zeit‹ nicht mehr verwenden kann« (Frau Baden, Z 3ff.). Auch sie betrachtet es als ihr persönliches Problem, dass sie »nicht Nein sagen kann, ne« (Z 373ff.) und fügt hinzu: »Das lern ich jetzt auch. Ich lern jetzt, in manchen Situationen nicht mehr Hier zu schreien. Wenn's um Arbeit geht.« (Ebd.) Für diese Frauen geht es eindeutig nicht darum, eigeninitiativ aktiv zu werden bzw. zu sein, sondern darum, zu lernen, sich abzugrenzen, um den Umfang heteroproduktiver Aktivität mit den eigenen Vorstellungen und Wünschen in Übereinstimmung zu bringen.

Neben dieser Nähe produktiver Frauen zu den verhinderten Ruheständlerinnen finden sich weitere fließende Übergänge zu anderen Typen, die die Geschlechtsspezifik der Typen »Unruheständlerin« und »zufriedener Ruheständler« stützen. Frau Bach etwa weist trotz ihres starken Fokus auf produktive Aktivität und Responsibilisierung eine Nähe zur Unruheständlerin auf, spielen autoproduktive Selbstverwirklichungsaktivitäten für sie doch eine zentrale Rolle und das, ohne gegenüber dem heteroproduktiven Engagement abgewertet zu werden: »Also endlich Zeit für mich zu haben. Einfach das zu tun, was mir Spaß macht.« (Frau Bach, Z 23f.) Bei den westdeutschen Männern Herr Kanter, Herr Schmied und Herr Schmal finden sich wiederum ausgeprägte Ruhestandsmomente: Diese Männer bilden das Ende eines Kontinuums, das seinen Anfang bei den zufriedenen Ruheständlern mit leichter Produktivitätsakzentuierung nimmt. Die grundsätzliche Freiheit des Ruhestands spielt für sie eine zentrale Rolle und wird durch das propagierte Maß an eigeninitiativem Engagement nicht in Frage gestellt. Das produktive Alter bleibt begründungslogisch eingebettet in einen wohlverdienten Ruhestand, brauche doch jeder Mensch »ein Stück Zeit in seinem ganzen Leben. Und wenn er das nicht hat, wenn er sozusagen in der Maloche ist [...] muss er's wenigstens im Alter haben.« (Herr Schmied, Z 1180ff.) Am stärksten ausgeprägt ist die ambivalente Haltung im Spannungsfeld von Entpflichtung und Responsibilisierung bei Herrn Schmal, der einerseits einen Sachzwang zur Altersproduktivität in Zeiten demografischen und wohlfahrtsstaatlichen Wandels unterstellt, andererseits aber die Entpflichtung des wohlverdienten Ruhstands nicht vollständig preisgeben mag: »Wenn man mehr als 40 Jahre, sag mal, gearbeitet hat, [...] dann ist es die Frage, ob dann mit dem Eintritt in die Rente nicht irgendwann mal die Zeit kommt, wo man sagt, und jetzt lehn ich mich zurück. Ich hab in meinen Leben schon genügend getan, und es ist ne Frage, das hört man immer wieder, und und ich denke, irgendwo muss man sich auch sagen, wenn man [...] so lange der Allgemeinheit irgendwas zukommen hat lassen, ob dann nicht irgendwann die Zeit eintritt, wo man sagt, und jetzt reicht's eigentlich, ne.« (Herr Schmal, Z 563ff.)

5.4.6 Das gebremste Alter

Die Gebremste im Singular

Die Gebremste erweist sich als Pendant der verhinderten Ruheständlerin, fallen bei ihr doch gleichfalls Orientierungsrahmen und Enaktierung deutlich auseinander, wenn auch mit umgekehrten Vorzeichen: Wo jene durch ein hohes Maß an heteroproduktiver Aktivität am positiv besetzen Ruhestand gehindert wird, zeichnet sich diese durch eine ausgeprägte Unruhestands- und/oder Produktivitätsorientierung aus und entwirft von sich selbst das Bild einer »Frau der Tat« (Frau Blau, Z 55) mit großem Aktivitätsbedürfnis, die offen und »interessiert an allem« ist (Frau Ullrich, Z 340). Sie hat ihrer Orientierung entsprechend eine interessante, abwechslungsreiche Nacherwerbsphase mit erfüllender Aktivität erwartet, die sich aus unterschiedlichen Gründen nicht realisiert, wobei insbesondere finanzielle Prekarität, Einschränkungen durch den Ehemann, Verwitwung und Ausgrenzungserfahrungen im Kontext von Erwerbsarbeit und Ehrenamt eine zentrale Rolle spielen. So unterschiedlich die Gründe für das Ausbremsen gewünschter Aktivität sind, so durchgängig erweist sich, dass es eine Kumulation von Hinderungsgründen ist, die die Gebremste davon abhält, das Leben im Ruhestand nach ihren (Aktivitäts-) Wünschen zu gestalten. Weder Unruhestand noch produktives Alter werden infolgedessen in der erwarteten und/oder gewünschten Weise enaktiert, was zu Unzufriedenheit führt und das Gefühl erzeugt, im »Unbefriedigtstand« (Frau Knappe, Z 567) zu sein. So beklagt die Gebremste: »Im Moment ist das für mich nicht als erfolgreich anzusehen, wie ich im Moment lebe.« (Frau Schneider, Z 571f.)[85] Trotz eines mittleren Aktivitätsgrades nimmt sie sich als unterbeschäftigt und (eher) inaktiv wahr, bleibt die realisierte Aktivität doch weit hinter dem zurück, was sie sich vorstellen könnte. Hinzu kommt, dass der mittlere Aktivitätsgrad der Gebremsten nicht nur auf selbst gewählte Aktivitäten, sondern auch auf finanziell notwendige geringfügige Beschäftigung zurückgeht, so dass für einige – wenn auch nicht alle – eine »Zwangsaktivierung« vorliegt. Die Gebremste erweist sich diesbezüglich als das Gegenteil des geschäftigen Ruheständlers, der sich trotz niedrigen Aktivitätsgrads als sehr ausgefüllt erlebt.

---

85 | Damit bildet die Gebremste einen starken Kontrast zu denjenigen – durchgängig privilegierten – Befragten, die in großem Vertrauen auf ihre Selbstwirksamkeit selbstverständlich davon ausgehen, ein erfolgreiches Alter zu leben (»so wie meins«; Herr Heilbronn, Z 417), »sonst würden wir so nicht leben« (Frau Weinert Z 734f.). Die Möglichkeit, dass äußere Rahmenbedingungen es erschweren könnten, den Ruhestand gemäß der eigenen Vorstellungen und Prioritäten zu leben, wird von diesen Befragten nicht einmal in Betracht gezogen.

Die Gebremste ist, wie die bereits benannten Hinderungsgründe nahelegen, weiblich mit einem deutlich unterdurchschnittlichen Haushaltseinkommen, das teilweise nur durch fortgesetzte Erwerbstätigkeit oberhalb der
Armutsschwelle liegt. Warum die Gebremste mit größerer Wahrscheinlichkeit
ostdeutsch als westdeutsch ist, wird verständlich, wenn wir die unterschiedlichen Hinderungsgründe eingehender betrachten.

Die Gebremsten im Plural

Die Gebremsten unterschieden sich sowohl dahingehend, ob sie sich eher an
einem produktiven Alter und/oder am Unruhestand orientieren, als auch in
der Frage, wodurch sie sich in der Enaktierung gebremst fühlen. Diejenigen
Gebremsten, die zur Ausnahmegruppe der »Ausgegrenzten« gehören, fühlen
sich durch das Ruhestandsmodell grundsätzlich aufs Abstellgleis geschoben,
sie können ihre Vorstellung eines erwerbsförmig-produktiven Alters unter den
gegebenen Rahmenbedingungen nicht oder nur mit großen Abstrichen hinsichtlich der Qualität der ausgeübten Arbeit realisieren. Der Ruhestand bleibt
für diese Frauen ohne positive Zugewinne, verbunden mit dem grundlegenden Gefühl, »nicht mehr wichtig [zu] sein. Die Zeit selber, für sich nur noch zu
nutzen.« (Frau Mirow, Z 2ff.) Sinn- und bedeutungsvolle Aktivität ist für diese
Älteren untrennbar an erwerbsförmige Produktivität und gesellschaftlichen
Nutzen geknüpft, alle anderen Aktivitäten sind für sie »eigentlich nur ne Freizeitbeschäftigung. So, man vermisst dann eigentlich was. Man hat eigentlich
noch so viel Kraft und Power.« (Frau Star, Z 461f.) Anders als die große Mehrheit der Befragten möchten diese Frauen nicht eine späte Freiheit genießen,
sondern weiter in die Pflicht genommen werden, bringt doch freiwilliges Engagement – auch heteroproduktiver Art – aus ihrer Sicht nicht das gewünschte
(produktive) Resultat: »Ich weiß, ich könnte viel mehr schaffen. Wenn es sein
müsste. Aber da keine Anforderungen gestellt werden. Die Anforderungen,
die an mich gestellt werden, erfülle ich.« (Frau Mirow, Z 598) Hier unterscheiden sich die ostdeutschen Gebremsten deutlich von westdeutschen Frauen im
Sample, denen es gelingt, den Verlust der Erwerbsarbeit durch verstärktes ehrenamtliches Engagement zu kompensieren und den eigenen Ansprüchen an
gesellschaftlich nützliche Aktivität auf diese Weise Genüge zu tun (vgl. die
Essays am Ende dieses Kapitels).

Tatsächlich erweisen sich aber auch die Strukturen ehrenamtlicher bzw.
freiwilliger Arbeit nicht immer als förderlich für das gewünschte heteroproduktive Engagement: Der Wissenschaftler Herr Liebig, der sich nach seiner
Verrentung einem Projekt zur Geschichte seiner Disziplin gewidmet hat, lässt
sein Engagement langsam auslaufen, da er keine Anerkennung durch seine
ehemaligen Kollegen erfährt: »Es hat keiner gefragt, willst du denn nicht noch
ein bisschen weitermachen.« (Herr Liebig, Z 651) Der 69-jährige Herr Rie-

sen antizipiert das Ende seines Engagements, wenn er über sein Ehrenamt als Prüfer bei einem Berufsverband abgeklärt sagt: »Irgendwann wird mal Schluss sein, irgendwann werden die auch mal sagen, wir wollen, die Prüfungskommission soll nicht zu alt sein.« (Herr Riesen, Z 231f.) Die Erlanger Befragte Frau Knappe, die seit ihrem 19. Lebensjahr beim Katastrophenschutz einer Hilfsorganisation aktiv war, wurde seit ihrem 60. Lebensjahr nicht mehr zu Weiterbildungen eingeladen, woraufhin sie sich sukzessive zurückgezogen hat. Auf die Nachfrage, warum sie schließlich ganz aufgehört habe, antwortet sie resigniert: »Naja, weil das einfach halt dann, weil ich auch zu alt wurde.« (Frau Knappe, Z 633f.) Ihr wurde keine Alternative in den Strukturen der Organisation angeboten und jenseits dessen fühlt sich die Interviewte trotz lebenslangen Engagements überfordert zu überblicken, welche Angebote und Möglichkeiten es für ihr Alter gäbe: »Also irgendwas hab ich eigentlich immer ehrenamtlich gemacht. Und würde das auch weitermachen, wenn ich das könnte. Ne, aber ich wüsste jetzt gar nicht, was jetzt da noch wäre.« (Frau Knappe, Z 646ff.)

Der Umstand, dass einige der Gebremsten ihre ehrenamtliche »Abstinenz« damit begründen, dass sie sich nicht vorstellen können, sich im Altenheim oder im Rahmen von Besuchsdiensten für Ältere zu engagieren, offenbart, wie sehr ehrenamtliche Arbeit für weniger privilegierte Frauen dieser Generation mit sozialem Ehrenamt im Allgemeinen sowie der Sozialen Arbeit mit Hochaltrigen im Besonderen verknüpft ist – und wie wenig mögliche Alternativen zu ihnen durchdringen. Frau Mirow kritisiert explizit, dass Ältere vor allem für Tätigkeiten in Altenheimen gesucht würden: »Würd ich nicht als so günstig ansehen [...]. Man ist froh, wenn man selber noch nicht dort sein muss.« (Frau Mirow, Z 1078ff.) Frau Knappe, der eine ehrenamtliche Tätigkeit im Altenheim angeboten wurde, betont, dass sie sich nach der vierjährigen Pflege und der Trauer um ihre Tante kein Engagment »in diese Richtung« vorstellen könne: »Damit werd ich noch depressiver als ich eh schon bin.« (Frau Knappe, Z 10ff.)

Neben diesen Hürden für die Realisierung heteroproduktiven Engagements fühlen sich die Gebremsten mehrheitlich durch ihre finanzielle Situation an der Ausübung eines aktivitätsorientierten Ruhestands gehindert: »Ohne Geld sieht's mau aus.« (Frau Blau, Z 533) Das Geld, »womit wir unsere großen Dinge, die wir noch vorhaben, eigentlich finanzieren wollten« (Frau Star, Z 39ff.), wird infolge von Trennung, Arbeitslosigkeit und/oder Frühverrentung für den Alltag verbraucht statt für den erträumten Trekkingurlaub – oder aber es war nie vorhanden. Frau Knappe hat sich auf den Ruhestand gefreut, weil sie dachte, »dass man viel mehr Möglichkeiten hat« (Frau Knappe, Z 108f.), dann aber festgestellt, dass alles viel teurer geworden ist als zu früheren Zeiten: »Da [vor 20 Jahren] hätte man malen können, tanzen können, Gymnastik, und, wie gesagt, Sprachen lernen, irgendwelche Kunst, also geschichtliche Dinge, also. Ich interessiere mich immer noch für sehr viel, ich hätte überhaupt keine Probleme meine Zeit damit zu verbringen, aber es ist eben alles ein finanzielles Problem.« (Frau Knappe, Z 111ff.) Auch Frau Blau hat von einem aktiven Nacherwerbsleben geträumt:»Ach, ich hab gedacht: ›Wenn du in den Ruhestand gehst, dann fahr ich, guck ich mir die Welt an, mach ich mir schöne Reisepläne und natürlich, lern ich noch ne Sprache. [...] Dann kam der Ruhestand etwas, wie gesagt, abrupter wie ich gedacht habe. Geld war nicht da. Wenn wir heute, braucht man ja alles Geld. Da war schon nichts mit Reisen.« (Frau Blau, Z 514ff.) Die einzigen kostenfreien Veranstaltungsangebote seien die klassischen Rentnerveranstaltungen, die es wie Sand am Meer gäbe, von denen sie sich aber nicht angesprochen fühlt:»Man ist eben zu jung dann schon dafür, für diese Rentnersachen.« (Frau Blau, Z 539ff.) Da Frau Blau ein überaus negatives Ruhestandsbild hat und sich nicht vorstellen kann, zu Hause »bis Mittag im Bette« (Z 601) zu liegen, geht sie in Ermangelung des erträumten Unruhestands nicht nur aus finanzieller Notwendigkeit, sondern auch aus Überzeugung einem anstrengenden (täglichen) Putzjob nach, der sie »irgendwie noch lebendig« (Z 613) hält. Dass ihre Zeit oder ihr Engagement jenseits des Putzens in heteroproduktiver Weise gefragt sein könnte, kommt ihr – wie einigen ostdeutschen Frauen – infolge ihrer Wendeerfahrung nicht in den Sinn: Damals wollte sie »gerne die neue Welt mitgestalten, ja. Wie man so schön sagt. Aber leider haben sie uns nicht gebraucht dazu. Und da blieb dann nur noch das Putzen übrig. War sehr bitter, diese Erkenntnis.« (Frau Blau, Z 17ff.) In Ermangelung anderer Möglichkeiten ist dieses Putzen nun zum zentralen Lebensinhalt im Ruhestand geworden.

Neben mangelhaften Opportunitätsstrukturen für (nicht-)erwerbsförmiges Engagement und finanzieller Prekarität erweist sich die Rolle des Ehemanns als bedeutsam. Einige Frauen fühlen sich durch den weniger aktiven Partner erheblich in ihrem Aktionsradius eingeschränkt, wobei offen bleiben muss, inwiefern dies real der Fall ist oder aber antizipiert wird. So würde sich Frau Star gerne nach einer ehrenamtlichen Tätigkeit umsehen, schränkt aber ein:»Es ist nur so, ich glaube mein Mann würd ich dem alles versauen, alles was der in der Woche sich vorgenommen hat und tun möchte. Wenn ich jetzt mit solchen Wünschen käme, hab ich manchmal schon gedacht, wenn ich, ich auf eigenen Füßen, also wenn ich allein wär, würde ich sicher viel aktiver sein.« (Frau Star, Z 633ff.) Auch Frau Ullrich fühlt sich durch ihren pflegebedürftigen Partner in ihrem Aktivitäts- und Austauschbedürfnis ausgebremst, wobei weniger die Pflegearbeit und die körperlichen Einschränkungen des Mannes – der im Rollstuhl noch mobil ist – im Vordergrund stehen als der Umstand, dass er es nicht gut heißt, wenn sie (zu) vielen außerhäusigen Aktivitäten nachgeht oder Sozialkontakte pflegt. Obwohl sie ein sehr positives Unruhestandsbild hat, gerne kulturelle Veranstaltungen und Lesungen besucht, das Reisen liebt und aufgrund der großen Introvertiertheit ihres Mannes viel Wert auf außerfamiliäre Kontakte legt, schränkt sie all diese Aktivitäten ein:»Das

mache ich nicht, weil er das nicht will.« (Frau Ullrich, Z 368ff.) Die restrikti-
ve Haltung ihres Mannes erklärt sie geschlechtsspezifisch damit, dass seine
krankheitsbedingte eher passive Rolle schwer für ihn zu akzeptieren sei, weshalb sie versucht, ihm durch ihre Zurückhaltung entgegenzukommen. Auch
die zum Zeitpunkt des Interviews bereits verwitwete Frau Fischbach sagt rückblickend auf die Zeit mit ihrem Ehemann: »Er hat mich oft sehr gebremst.«
(Frau Fischbach, Z 553) – ihr hohes Aktivitätsniveau konnte sie erst nach seinem Tod realisieren. Frau Peters wiederum hat sich von ihrem als phlegma-
tisch beschriebenen Ehemann getrennt, der selber nichts gemacht und ihre
Aktivitäten stets abgewertet habe – und nach der Trennung so etwas wie einen
zweiten Frühling erlebt: »Wie ich da Freunde bekommen hab, wie ich da wei-
tergebildet wurde, wofür da Interessen sind, dass man aufgeschlossener wird
und eben nicht das Heimchen ist.« (Frau Peters, Z 102ff.)

Während im Fall von Frau Fischbach und Frau Peters der Tod des Mannes
bzw. die Trennung – bei aller Ambivalenz – auch als Befreiung erlebt wird, entpuppt sich bei anderen die Verwitwung als ein wesentliches einschränkendes
Moment:[86] »Es ist durch den Tod meines Mannes alles ganz anders geworden.
Wir wollten eigentlich schöne Reisen machen.« (Frau Schneider, Z 135ff.) Und
auch für Frau Mirow platzen mit dem plötzlichen Tod des Ehemanns viele Ru-
hestandsträume: »Das hat sich dann ja praktisch plötzlich geändert, als mein
Mann gestorben ist. Und insofern hatte ich mir vorher meinen Ruhestand
schon interessanter und lebhafter und so vorgestellt.« (Frau Mirow, Z 15ff.) Beide Frauen haben große Probleme, sich an das Alleinsein zu gewöhnen und
von den gemeinsam geplanten Aktivitäten Abstand zu nehmen bzw. ihnen alleine oder mit anderen nachzugehen. Die verwitwete Frau Baden beschreibt
im Interview, dass durch den Tod ihres Mannes ihre gewohnten Handlungs-
und Aktivitätsstrukturen komplett zusammengebrochen seien und sie »wie
gelähmt« (Frau Baden, Z 215) war, während Herr Stiefel mit dem Tod seiner
Frau nach eigenem Bekunden einen wesentlichen Motor für außerhäusige und
soziale Aktivitäten verloren hat und mit der alleinigen Übernahme von Haus-
und Gartenarbeit überfordert ist.

Gesundheitliche Einschränkungen spielen als »bremsende« Faktoren
ebenfalls eine Rolle, haben aber – mit Ausnahme von Depressionen – in der
Regel zur Folge, dass die Befragten die nicht mehr möglichen Aktivitäten kompensieren, den Umfang einschränken oder Alternativen finden: »Und das ist
ganz wichtig auch zu sagen, was schaff ich. Wenn ich etwas nicht schaffe,
sag ich, gut, ich lass es liegen, oder wenn ich es zeitlich nicht bringe, brauch
ich das unbedingt oder brauch ich es nicht? Ich lass es dann sein und set-
ze Prioritäten.« (Herr Pfarr, Z 688ff.) Auffällig ist, dass gesundheitsbedingte

---

86 | Zu Verwitwung als einschneidendem, geschlechtsspezifisch strukturiertem Le-
bensereignis vgl. im Überblick z.B. Fauser 2012: 102ff.

Einschränkungen weniger problematisiert und beklagt werden als die zuvor genannten Faktoren, was wesentlich mit ihrer Rahmung zu tun haben dürfte: Viele Befragte betonen, dass gelungenes Altern bedeute, die mit dem Alternsprozess verbundenen »Zipperlein« wie auch die größeren körperlichen Beeinträchtigungen zu akzeptieren und das Beste daraus zu machen;[87] gerade diese gelassene Akzeptanz wird von vielen als positives Altersmerkmal hervorgehoben. Auffällig ist zudem, dass der Gesundheitszustand der Interviewten nicht mit dem Aktivitätsgrad korreliert, sind es doch einige der sehr Aktiven, die am stärksten unter gesundheitlichen Beeinträchtigungen leiden.[88]

Tatsächlich sind viele unserer Befragten durch den einen oder anderen bremsenden Einfluss beeinträchtigt, doch gelingt es ihnen – auch über gesundheitliche Einschränkungen hinaus –, partielle de-aktivierende Einschränkungen abzufedern oder so zu kompensieren, dass keine umfassende Unzufriedenheit mit dem gelebten Ruhestand entsteht. Nicht jede finanziell prekäre Person im Sample fühlt sich grundsätzlich in ihrem Aktivitätsradius eingeschränkt (vgl. aber den Exkurs im Anschluss), nicht alle Frauen und Männer der Ausnahmegruppe der »Ausgegrenzten« bleiben durch den erzwungenen Erwerbsausstieg dauerhaft passiviert; und manche Witwen schaffen es nach einer ersten Trauerphase, Alternativen zu den gemeinsam geplanten Aktivitäten zu finden – oder erleben den Tod des Partners sogar als Chance auf (mehr) Aktivität.

Im Gegensatz zu diesen Personen gelingt es den sechs Frauen, die wir im engeren Sinne als umfassend Gebremste bezeichnen, nicht annähernd, das gewünschte, aktivitätsorientierte Nacherwerbsleben zu enaktieren, und in allen Fällen ist dafür eine Überlagerung verschiedener Hinderungsgründe verantwortlich. Es scheint diese Mehrfachbelastung zu sein, die eine Kompensation oder die Realisierung von Alternativen erschwert. Frau Schneider etwa trauert nicht nur um ihren Ehemann, sondern ist durch die Verwitwung, verbunden mit den Folgen der Finanzmarktkrise, auch mit finanziellen Einschränkungen konfrontiert, die sie zum Wegzug aus dem teuren Frankfurt a.M. zwingen. Im Alter von 72 Jahren muss sie sich in Jena, wo sie bis zur Wende ihr Leben verbracht hat und wo ihr Bruder mit Familie lebt, komplett neu orientieren, was sich sowohl im Hinblick auf soziale Kontakte als auch auf gewünschte

---

87 | »Erst das Herz. Dann vor zwei Jahren der halbe Darm raus. Und das, ich pack das alles, weil eben der Allgemeinzustand wahrscheinlich gut ist, ne. Ja. Mein Fuß, naja, ich hab eine angeborene Lymphschwäche und das, da staut sich was und da krieg ich Lymphdrainagen. Dann hab ich ein, ach mit dem kann ich leben. [...] Das ist, muss man auch annehmen. Aber, solang man rumlaufen kann, ist okay.« (Frau Baden, Z 673ff.)

88 | Zu berücksichtigen ist diesbezüglich natürlich, dass gesundheitlich erheblich eingeschränkte Personen, die zu einer selbstständigen Lebensführung nicht mehr in der Lage sind, in unserem Sample nicht vertreten sind.

Aktivitäten als schwierig erweist. Frau Knappe fühlt sich nicht nur durch ihre finanziell prekäre Lage in ihrem Aktionsradius eingeschränkt, sondern sie hat auch nach 40 Jahren den altersbedingten Verlust ihres Ehrenamtes bei einer Hilfsorganisation zu verkraften, ohne dass sich für sie eine Alternative auftut. Hinzu kommt, dass sie durch gesundheitliche Einschränkungen nicht mehr Wandern und Radfahren kann – einige der wenigen Aktivitäten, die kein Geld kosten – und dass sie infolge der Trauer um ihre Tante, die sie mehrere Jahre intensiv gepflegt hat, von Depressionen geplagt wird. Auch Frau Mirow leidet unter Depressionen und Einsamkeit nach dem Tod ihres Mannes und kann keinen Sinn mehr in dem entdecken, was sie tut. Das Gefühl, für nichts und niemanden mehr von Bedeutung zu sein, wird dadurch verstärkt, dass sie ihre Verrentung nicht verkraftet hat: Sie leidet dauerhaft unter der erzwungenen Ausgliederung, die es aus ihrer Sicht unmöglich macht, weiterhin ein produktives und nützliches Mitglied der Gesellschaft zu sein. Frau Star leidet in ähnlicher Weise unter dem Verlust der Erwerbsarbeit und fühlt sich zusätzlich durch ihren Ehemann eingeschränkt, der aus ihrer Sicht alternative Aktivitäten – wie ein Ehrenamt – nicht dulden würde. Aufgrund der finanziell prekären Lage des Ehepaares sind zudem ihre Träume von einem mit Wanderreisen ausgefüllten Ruhestand geplatzt. Auch Frau Blau sieht sich aufgrund ihrer extrem prekären finanziellen Situation außer Stande, den mit Reisen, Sprachen lernen und Computerkursen erfüllten Unruhestand zu leben, den sie sich gewünscht hat; dieser Umstand trägt zu ihrer sozialen Isolierung bei, unter der sie als langjähriger Single leidet – gehört zu einem erfüllten Nacherwerbsleben für sie doch neben dem notwendigen Geld auch ein Partner. Die Suche hat sie resigniert aufgegeben.[89] Frau Ullrich wiederum leidet darunter, dass ihr deutlich passiverer und introvertierter Ehemann ihren Aktivitätsradius einschränkt, wobei dies nur mittelbar mit seiner Pflegebedürftigkeit zusammenhängt. Durch die Pflegeverantwortung[90] fällt es ihr aber erheblich schwerer,

---

89 | Die Geschlechtsspezifik der Resignation könnte deutlicher nicht formuliert sein und deckt sich mit einschlägigen Forschungsergebnissen (z.B. Fauser 2012: 109f.): »Netten Partner, hab ich auch alles schon versucht. Es bleibt so. Ein Mann in meinem Alter geht nicht mehr. [...] Einer, der sich hat scheiden lassen, der will keine Alte. Der will, nimmt eine Junge. [...] Aber einer, wo die Frau gestorben ist, der will eine gute Köchin, die daheim schön kocht und macht und, oder die sauber macht. [...] Na also, das fehlte noch, nee.« (Frau Blau, Z 558ff.)

90 | Insgesamt ist es auf Basis unseres Samples nicht möglich, Aussagen über den passivierenden Einfluss von Pflegeverantwortung zu treffen, da die wenigen zum Zeitpunkt des Interviews oder in den Jahren zuvor pflegenden Personen sowohl unterschiedliche Umgangsweisen damit gefunden haben als auch divergierende Rahmungen der Pflegetätigkeit vornehmen. Während Frau Ullrich die Pflege ihres Mannes als Belastung kommuniziert und andere Aktivitäten als »Belohnung« (Z 610) und »Ausgleich«

sich abzugrenzen. Als Frau ohne Führerschein und in einer Wohnlage mit schlechter Anbindung an den öffentlichen Nahverkehr ist sie zudem erheblich in ihrer Mobilität eingeschränkt.

Die gebremsten Frauen bilden damit eine deutliche Kontrastfolie zu jenen männlichen zufriedenen Ruheständlern, die in kritischer Abgrenzung gegen gesellschaftliche Aktivierungspostulate den wohlverdienten Ruhestand hochhalten. Die Gebremsten hingegen würden dem Postulat – in unterschiedlicher Weise – gerne entsprechen, werden durch die Überlagerung von passivierenden Rahmenbedingungen aber nachhaltig daran gehindert.

Exkurs zur Prekarität

Tatsächlich greift finanzielle Prekarität bei allen Betroffenen – und nicht nur bei denjenigen, die als umfassend Gebremste einzustufen sind – in erheblicher Weise in den Aktionsradius ein, und zwar sowohl in passivierender Hinsicht als auch in zwangsaktivierender Weise durch die Notwendigkeit, Geld zu verdienen. Neben Zukunftssorgen (»dass irgendwann einmal das Geld alle sein wird schlicht und ergreifend«, Frau Gerhard, Z 530ff.) ist die Unmöglichkeit von Reisen bzw. der eingeschränkte Bewegungsradius das am häufigsten kommunizierte Thema.

Die Thematik erweist sich als sehr schambehaftet – zwei Interviewten ist ihr Haushaltseinkommen so peinlich, dass sie es nicht angeben. Und die Prekären, die nicht zu den Gebremsten zählen, betonen nachdrücklich und wiederholt im Interview, dass sie trotz der bekundeten Einschränkungen mit ihrem Leben zufrieden sind: »Ich kriege so wenig Rente, obwohl ich immer gearbeitet habe, ich jammre nicht, mir geht's trotzdem relativ gut.« (Frau Peters, Z 27ff.) Obwohl Frau Peters nur zu Kirchenkonzerten geht, die keinen Eintritt kosten, was für sie als Musikerin von großer Bedeutung ist, und an einigen Aktivitäten ihrer besser situierten Freundinnen nicht teilnehmen kann, betont sie: »Und es gibt genügend Möglichkeiten, mit wenig Geld auch was zu machen.« (Frau Peters, Z 97f.) Auch Herr Fluss ist von Menschen umgeben, die – verglichen mit seinen Einkünften – Renten in dreifacher Höhe beziehen und kann seine 400 Kilometer entfernt lebende Tochter nur alle zwei Jahre besuchen, weil das Zugticket so teuer ist. Auf die Frage nach seinem Ruhestandsleben antwortet er hypothetisch: »Man kann all das machen, was man könnte, wenn man [...]

(Z 236) rahmt, hat Frau Bauer in der Pflege ihrer Eltern eine für sie erfüllende Aktivität gefunden, die ihr das Gefühl gegeben hat, tatsächlich gebraucht zu werden. Vor allem aber ist bei den wenigen Fällen kein auffällig negativer Zusammenhang zwischen Aktivitätsgrad (außerhalb der Pflege) und Pflegeverantwortung festzustellen, geht es doch auch bei Frau Ullrich eher um die schwierige Persönlichkeit des Ehemannes als um die Pflege im engeren Sinne.

wenn man könnte. Wie wenn man Geld hätte oder sonst was, also da könnte man viel mehr machen, aber bin auch so zufrieden.« (Herr Fluss, Z 38ff.) Da er durch die starke Verschuldung nach der Scheidung von seiner zweiten Ehefrau schlimmere Zeiten gewohnt ist, scheint diese Erfahrung als Kontrastfolie seine bescheidene Zufriedenheit mit der Gegenwart zu moderieren: »Ich mach mir kleine Freuden. Ich kauf mir mal ein Buch und mal eine CD. Und da freu ich mich [lacht].« (Herr Fluss, Z 435f.) Auch die prekäre Lebenssituation von Frau Blechle wird durch ungewöhnliche Lebensbedingungen moderiert, findet sie doch eine äußerst unkonventionelle Lösung, ihren alltäglichen Bedarf zu decken: »Naja, also normalerweise radel ich früh Vormittag los und ich überfalle sämtliche freien Supermarktcontainer nach Lebensmitteln. [...] Ich gehe nicht zur Tafel. Das ist mir einfach zu blöd, da mit zig Leute anzustehen und, und nur zwei Euro zahlen und noch Fahrtkosten. Ich radel einfach rum, was Norma wegschmeißt.« (Frau Blechle, Z 127ff.) Indem sie das Containern nicht nur aus purer Not betreibt, sondern zu einer Frage der Lebenseinstellung macht, gelingt es ihr, mit Stolz von ihrer Container-Aktivität zu berichten: »Ich käme mit dem bisschen Geld zurecht, aber ich sehe das einfach nicht ein, dass so viele wenig Geld haben oder andere verhungern und bei uns wird das in den Müll geschmissen, was noch verwertbar ist.« (Frau Blechle, Z 149ff.)

Die kommunikative Interviewsituation scheint, das zeigen insbesondere die Erzählungen von Frau Peters, Herrn Fluss und Frau Blechle, das Bedürfnis zu erzeugen, der Interviewerin zu verdeutlichen, dass man mit wenig Geld nicht automatisch unglücklich ist oder auf der Verliererseite des Lebens steht; auch kommt ein gewisser Stolz darüber zum Ausdruck, die prekäre Situation zu bewältigen. Obwohl diese Interviewten wiederholt ihre Zufriedenheit betonen und sich mit den Einschränkungen entweder abgefunden oder aber partielle Kompensationen gefunden haben, wird in allen Fällen deutlich, welche Herausforderung es darstellt, mit wenig Geld ein selbstbestimmt aktives Leben im Ruhestand zu führen. Immer wieder scheint auch eine altersmoderierte Deutung von Prekarität auf, wenn Interviewte die Einschränkung des Aktivitätsradius und der Bedürfnisse als Altersspezifik umdeuten und betonen: »Also bestimmte Dinge braucht man im Alter nicht mehr so viel. Von daher braucht man nicht mehr so viel Geld, das stimmt.« (Frau Knappe, Z 611ff.)

5.4.7 Der Aktivitätsgrad der Interviewten im Lichte der Typisierung

Wie anhand der Typen demonstriert, zeichnen sich diese durch spezifische Aktivitätsgrade aus. Zugleich gibt es aber diesbezüglich große Überschneidungen zwischen den Typen, die einen zweiten Blick wert sind: So haben die zufriedenen wie die geschäftigen Ruheständler ein eher niedriges Aktivitätsniveau mit einzelnen »Ausreißern« ins (untere) Mittelfeld, die verhinderten

Ruheständlerinnen hingegen ein sehr hohes, das der Unruheständlerinnen streut vom Mittelfeld bis hin praktisch zur Vollbeschäftigung, während die Produktiven sich ebenfalls im (tendenziell oberen) Mittelfeld bewegen, mit wenigen »Ausreißern« nach oben. Die Gebremsten streuen ebenfalls breit, von einem sehr niedrigen Niveau bis hin ins obere Mittelfeld. Damit finden sich insbesondere im Mittelfeld vielfältige Überlagerungen, aber auch die Aktiven und sehr Aktiven verteilen sich auf insgesamt drei Typen: die verhinderten Ruheständlerinnen, die Unruheständlerinnen und die Produktiven.

Richten wir den Blick auf die 15 Befragten, die einen hohen (21-30 Stunden) und sehr hohen (30 Stunden und mehr) Aktivitätsgrad aufweisen, zeigt sich ein sehr deutliches Profil dieser Gruppe: Diese Interviewten sind mehrheitlich weiblich, westdeutsch und bildungsbürgerlich und empfinden von einer Ausnahme abgesehen ihr Leben als Kontinuität des Erwachsenenlebens. Der (sehr) hohe Aktivitätsgrad korreliert mehrheitlich mit einer ausgeprägt libertären Haltung, der zu Folge alle Menschen so leben sollen, wie sie möchten. Nur eine Minderheit der 15 Aktiven verknüpfen ihr eigenes Aktivitätsverständnis mit einer (zum Teil eher schwach ausgeprägten) normativen Erwartungshaltung an das Engagement anderer. Ganz anders sieht das Profil der Kontrastgruppe der 15 nur geringfügig aktiven Befragten (0-9 Stunden wöchentlich)[91] aus: Diese sind mehrheitlich männlich, nicht bildungsbürgerlich sowie eher ost- als westdeutsch. Mehr als die Hälfte dieser Interviewten vertreten eine deutliche Differenzperspektive auf das eigene (junge) Alter und empfinden sich nicht (mehr) als in der Kontinuität des Erwachsenenlebens stehend.

Wie bereits an anderer Stelle erwähnt, deckt sich die Geschlechtsspezifik des Engagementumfangs mit den Eindrücken vieler InterviewpartnerInnen. So führt Frau Schwartz aus: »Nach meiner Erfahrung sind die Frauen, auch in unserem Freundeskreis, die Aktiveren, was das anbelangt. [...] Gerade wenn ich an ehrenamtliche Tätigkeit und so, da tun sich die Männer ein bissel schwerer, habe ich den Eindruck. Die muss man manchmal schubsen. Also wenn ich auch bei meinem Mann, ich muss den immer mal ein bissel überreden.« (Z 846ff.) Herr Heilbronn berichtet von Gesprächen unter Frauen in seinem Yogastudio: »Und dann höre ich reihenweise, und nicht selten, häufig, dass die sich über ihre Männer beschweren. Ne. Der ist jetzt in Rente, jetzt sitzt er den ganzen Tag zu Haus rum.« (Herr Heilbronn, Z 435ff.) Diese Schilderungen sprechen ebenso wie die eindeutige Geschlechtsspezifik des Aktivitätsniveaus dafür, die in quantitativen Untersuchungen ausgewiesenen niedrigeren Engagementquoten von Frauen kritisch zu reflektieren. Es ist eine ebenso offene wie spannende Frage, ob und inwiefern die geschlechtsspezifischen Engagementquoten tatsächlich unterschiedlichem Einsatz oder aber

---

91 | Diese Gruppe umfasst die Interviewten mit niedrigem Aktivitätsgrad (0-4 Stunden) sowie das untere Mittelfeld mit 5 bis 9 Stunden.

(auch) unterschiedlichen Definitionen von Aktivitäten und einem geschlechtsspezifischen Antwortverhalten geschuldet sind: Wie aus Erhebungen zur geschlechtsspezifischen Verteilung von Hausarbeit bekannt ist, neigen Frauen
stärker als Männer dazu, Tätigkeiten als selbstverständlich und alltäglich zu
betrachten und nicht explizit auszuweisen (z.B. Kaufmann 1994). Es ist nicht
unwahrscheinlich, dass dies auch für Betreuungs- und Pflegeleistungen im
Ruhestand oder für ehrenamtliche Tätigkeiten, insbesondere im sozialen Bereich, gilt. So wundert sich eine Interviewte über das von Männern initiierte,
institutionalisierte Helfernetz in Erlangen, in dem plötzlich alles als Ehrenamt
deklariert werde: »Und dann kamen's zur mir und haben gefragt, ob sie das
mit eintragen dürfen, wenn der Hartmut mir mal was hilft. Also für mich ist
das eine Nachbarschaftshilfe, das mach ich nebenbei.« (Frau Baden, Z 726f.)

5.4.8 Untypisches und »Anders-Typisches« durch Perspektivwechsel

Wie gezeigt, streuen die Befragten in unterschiedlicher Entfernung um die typisierten Positionen, mit fließenden Übergängen zwischen den Typen. Nichtsdestotrotz lassen sich 45 der 55 Interviewten recht eindeutig im näheren oder
weiteren Umfeld eines Typus verorten. Bei den restlichen zehn Interviewten
handelt es sich entweder um Personen, die derart zwischen den Typen zu
verorten sind, dass sie keinem einzelnen Typus zuzurechnen sind, oder um
Menschen, bei denen besondere biografische Faktoren dazu führen, dass das
Interview sich in deutlicher Weise vom Sample abhebt. Bei den »Mischtypen«
überlagern sich entweder in ausgeprägter – häufig auch thematisch gebundener – Weise verschiedene Orientierungsrahmen oder aber es handelt sich um
eine so besondere Verbindung von Orientierung und Enaktierung, dass sie
sich über das Einzelbeispiel hinaus nicht typisieren lässt. So findet sich eine
sehr aktive, hochproduktive Frauen, die der festen Überzeugung ist, ein ganz
normales Ruhestandsleben zu führen, ebenso wie ein in Orientierung und
Enaktierung recht typischer Produktiver, der nicht produktive AltersgenossInnen in deutlicher Weise abwertet, zugleich aber einer der elaboriertesten
Kritiker des produktiven Alters ist. Eine weitere Befragte begrüßt in emphatischer Weise die erwerbsbezogene Responsibilisierung in Form der Rente mit
67 und darüber hinaus, im Hinblick auf Fragen des ehrenamtlichen Engagements führt sie aber den verdienten Ruhestand ins Feld – hier passt weder die
Zuordnung zu den zufriedenen Ruheständlern noch die zu den Produktiven.

Nicht in dem von uns vorgeschlagenen Sinne typisierbar sind darüber hinaus Befragte mit sehr besonderen Lebensumständen, die das Interview strukturieren: Ein Beispiel ist der 63-jährige Herr Fluss, der krankheitsbedingt seit
elf Jahren erwerbsunfähig verrentet ist. Der Rentenübergang wird in seinen
Erzählungen jedoch überlagert durch die drei Jahre später erfolgte Scheidung
von seiner zweiten Ehefrau, die zu hoher Verschuldung, schweren Depressio-

nen und massivem Übergewicht geführt hat. Alle Erzählungen von Herrn Fluss kreisen darum, dass es ihm gelungen ist, sich aus diesem Tief wieder heraus zu kämpfen, die Depressionen zu überwinden, abzunehmen und die Schulden sukzessive abzubauen. Verglichen mit den ersten Ruhestandsjahren nach der Scheidung ist er zum Zeitpunkt des Interviews trotz eines – wie er selber feststellt – monotonen Alltags hoch zufrieden mit seinem Leben und stolz darauf, was er geschafft hat. Anders als bei vielen anderen männlichen Interviewten bezieht sich dieser Stolz aber eben nicht auf seine berufliche Lebensleistung – um die es im Interview nur am Rande geht –, sondern auf den Umgang mit dieser einen spezifischen Lebenssituation. Seine Erzählung des *surviving and overcoming* überlagert alle gängigen Ruhestandsfragen, so dass er nicht in Relation zu den Typen zu verorten ist.

Die Bestimmung der sechs Typen produziert aber nicht nur »Untypisches«, sondern sie verdeckt zugleich auch Regelmäßigkeiten und Gemeinsamkeiten zwischen verschiedenen Typen, die nur bei einem anders gelagerten Aufmerksamkeitsfokus in den Vordergrund treten würden – wie bereits beim Aktivitätsniveau zu sehen war. Obwohl wir diese Komplexitätsreduktion mit der Entscheidung für die Typenbildung bewusst in Kauf nehmen, sollen zwei alternative Sortierungen der Interviews in aller Kürze ergänzt werden, die für das Thema Leben im Ruhestand von besonderem Interesse sind: die Unterscheidung und Gruppierung der Befragten entlang ihrer Haltung gegenüber anderen RuheständlerInnen (»die Libertären«) sowie die Sortierung anhand ihrer Aktivitäts- und Engagementplanung für die Zukunft (»die AussteigerInnen).

»Alle wie sie wollen« – die Libertären

Eine alternative Sortierung ergibt sich, wenn wir weniger den Orientierungsrahmen und die Praxis der in Rede stehenden Interviewten in den Blick nehmen als ihre Erwartungen und Ansprüche an andere Menschen im Nacherwerbsleben, wobei wir uns im Folgenden auf eine besondere Gruppe konzentrieren: Ins Auge fallen sieben Ältere, die sich durch einen hohen oder sehr hohen Aktivitätsgrad auszeichnen und ihr (auch heteroproduktives) Engagement ganz im Sinne des *Win-win*-Versprechens des Produktivitätsdispositivs als erfüllend und in jeder Hinsicht Nutzen stiftend erleben. Zugleich leiten sie daraus aber – und das zeichnet sie aus – keinerlei Ansprüche an andere ab, sind sie doch der festen Überzeugung, dass alle nach Belieben glücklich werden sollen. Prototypisch ist die Reaktion einer Interviewten auf die Aussage aus dem Sechsten Altenbericht, dass ältere Menschen die Verpflichtung hätten, ihre Ressourcen verantwortungsvoll einzusetzen: »Gibt Leute, die besuchen Leute im Krankenhaus, die niemand haben und lesen, ja in Altenheimen vor und das kann man alles machen. Manch einer macht das auch gerne. Erstens muss man's aber auch können und dann, denk ich mir, muss man es auch wollen.« (Frau Ruthe, Z 1274ff.)

Wir finden diese libertären Aktiven unter den Unruheständlerinnen, unter denjenigen Interviewten mit (sehr) hohem Aktivitätsgrad, die nicht eindeutig einem Typus zuzuordnen sind, sowie unter den verhinderten Ruheständlerinnen. Obwohl ihre eigene Praxis in hohem Maße dispositivkompatibel ist – ihr Leben also gewissermaßen die Verkörperung des produktiven Alters darstellt –, erweisen sich die Libertären neben den zufriedenen RuheständlerInnen als die radikalsten KritikerInnen einer Inpflichtnahme des Alters (vgl. Kapitel 5.5), geht es ihnen doch weniger um Inhalt und Ergebnis einer Tätigkeit oder Aktivität, als darum, dass sie im Modus der unbedingten Freiwilligkeit ausgeführt wird: »man muss nicht, man kann« (Frau Weinert, Z 151). Autonomie im Sinne von Selbstgesetzgebung spielt für die libertären Aktiven eine zentrale Rolle – anders als bei den zufriedenen RuheständlerInnen jedoch nicht als nachträglich gewährter Verdienst für eine Lebensleistung, sondern generell als Voraussetzung eines zufriedenen Daseins. Die libertären Aktiven sind eine in jeder Hinsicht privilegierte Gruppe: reich an finanziellen, sozialen und Bildungsressourcen und mit der eigenen Lebensführung sowie dem Aktivitätsgrad ausgesprochen zufrieden. Es ist neben der libertären Grundhaltung auch die eigene Wahrnehmung dieser Privilegierung, die die Libertären davon abhält, andere mit den Maßstäben ihres Lebens zu messen. Wie bereits angedeutet, ist die Existenz dieser Gruppe mit erklärend dafür, dass im Umfeld des Typus des/der Produktiven Bildungsbürgerliche und Menschen mit (sehr) hohem Aktivitätsgrad erstaunlich wenig vertreten sind.

Geplantes Disengagement im Ruhestand – die AussteigerInnen

Die Interviews stellen Momentaufnahmen bewegten Lebens dar und fixieren sie – und es ist vor allem diese Momentaufnahme, die unsere Typisierung anleitet. Eine quer zu den sechs Typen liegende Sortierung der Interviews ergibt sich, wenn darüber hinaus Veränderungen von Aktivität(en) im Zeitverlauf sowie Zukunftspläne Berücksichtigung finden. Während in der öffentlichen Diskussion um ein aktives und produktives Alter stets die *Aufnahme* von Aktivitäten im Zentrum steht, spielt in einigen Interviews der vollzogene oder für die Zukunft geplante *Ausstieg* aus Aktivitäten eine zentrale Rolle. Es gibt natürlich zahlreiche alltägliche Gründe, warum Menschen Aktivitäten einstellen – von Zufällen und veränderten Interessenlagen angefangen über gesundheitliche Einschränkungen bis hin zur Veränderung von Opportunitätsstrukturen. Von besonderem Interesse aber ist eine heterogene Gruppe von Interviewten, die explizit anführen, dass sie ihr bisheriges Engagement nicht bis ins hohe Alter oder gar bis zum Tod fortsetzen wollen – ganz im Gegensatz zu denjenigen Befragten, die erst dann aufhören wollen, »wenn sie mich dann runtertragen müssen von der Bühne« (Frau Dersch, Z 163), oder die betonen: »Aber wenn Arbeit und Hobby und eigene Interessen eine Einheit sind, dann ist es egal, ob Sie bis 67 oder bis 80 oder bis zum Tod arbeiten.« (Herr Hitt, Z 647ff.) Im Gegensatz zu den zufriedenen Ruheständlern setzen die »AussteigerInnen« das Disengagement jedoch nicht mit der Institution des Ruhestandes gleich, sondern vollziehen/planen den Rückzug innerhalb des Nacherwerbslebens nach selbst gesetzten Grenzen und/oder (Alters-)Übergängen. Bei manchen Befragten sind bereits erste Schritte in diese Richtung erfolgt, bei anderen liegt das Disengagement noch in der nahen oder ferneren Zukunft.

Der vollzogene, gewünschte und/oder geplante Rückzug bezieht sich bei allen sieben Personen, für die diese Frage eine große Rolle spielt, auf heteroproduktive Aktivitäten, dabei mehrheitlich auf ehrenamtliches Engagement. Es ist die Rahmung des Engagements als Arbeit, die mit dafür verantwortlich zu sein scheint, dass der Erwerbsentpflichtung vergleichbar das Bedürfnis nach Engagemententpflichtung kommuniziert wird – und zwar lange bevor körperliche oder geistige Einschränkungen den Ausstieg mehr oder weniger erzwingen würden. So betont die in der kirchlichen Seniorenarbeit aktive 69-jährige Frau Teich: »Also ich habe bis jetzt noch nicht das Gefühl, dass ich im Ruhestand bin, aber ich meine durch den Druck meiner Seniorenarbeit. Ich weiß nicht, ob man das so, es ist für mich wie eine Arbeit. Ich muss immer aktiv sein, was besorgen, Referenten und dergleichen. Und ich werde jetzt eigentlich so langsam da aussteigen, aber nur so langsam. Und ich denke, dann geht mein Ruhestand los.« (Frau Teich, Z 119ff.) Auch der gleichaltrige Herr Stiefel möchte sein Ehrenamt als Vorsitzender einer seniorenpolitischen Interessenvertretung niederlegen, hegt er doch die Sorge, »dass ich dann quasi noch Vorstand bin und werde dann beerdigt. Nein, das nein, also dann irgendwann kommt der Punkt.« (Z 664f.) Explizit führt er aus, dass er sich seinen 70. Geburtstag als Altersgrenze gesetzt hat, obwohl er »keine gesundheitlichen Probleme« spüre, »gar nichts Gravierendes. [...] Na ich sag mir auch: Alles hat seine Zeit.« (Z 647f.) Auch wenn es nicht mehr die klassische Ruhestandsgrenze ist, wirkt hier das Bild fort, dass es einen altersbedingten Moment gibt, an dem es angezeigt ist, sich von den öffentlichen Schauplätzen zurückzuziehen.

Auch die Interviewten Herr Konrad (69) und Herr Heilbronn (70) erleben den Übergang ins achte Lebensjahrzehnt als einschneidende Veränderung, die den Wunsch nach Reduzierung von Verpflichtungen und Belastungen nährt. Herr Konrad betont: »Mit 60, da war ich noch voll im Saft.« (Z 92), während er nun stärker mit seinen Kräften haushalten müsse und insbesondere die umfangreiche Enkelkinderbetreuung einschränken möchte. Herr Heilbronn, der selbstständige Betreiber eines Yogastudios, spricht ausführlich darüber, dass er seit wenigen Monaten das Bedürfnis verspüre, kürzer zu treten und Verantwortung abzugeben. Er ist selbst überrascht über diese Entwicklung, konstatiert er doch nach eigenen Angaben keinen körperlichen oder geistigen Abbau oder anderweitige gesundheitliche Einschränkungen. Vielmehr sei es ein vages Gefühl, weniger belastbar zu sein, und erstaunt über sich selbst stellt er fest: »Ich lass mich viel lieber beorganisieren dann, fahr woanders hin, wo andere das organisieren. Also das hab ich früher nie gedacht. Und dieser Gedanke, weniger selber zu organisieren, sondern woanders was zu genießen, was andere machen.« (Herr Heilbronn, Z 203ff.) Zum ersten Mal im Leben stellt er fest, dass er den Staffelstab gerne weitergeben würde: »Das sind alles Sachen, die können jetzt andere machen und so. Und der Gedanke ist mir noch nie gekommen!« (Z 209ff.)

Etwas anders akzentuiert ist das selbstgewählte bzw. gewünschte Disengagement bei den drei ehrenamtlich (sehr) aktiven Frau Baden, Frau Fischbach und Frau Gerhard, die entweder als Kompensation für den frühen Verlust der Erwerbsarbeit oder aber weil es ihnen schwer fällt, an sie adressierte Ansprüche zurückzuweisen, mehr Aufgaben und Verpflichtungen übernommen haben, als ihnen nach eigenem Bekunden gut getan hat. Weil man im Ruhestand »die Ausrede, ich habe keine Zeit, nicht mehr verwenden kann« (Frau Baden, Z 4f.), haben sie sich viel »Arbeit aufdrängeln lassen« (Frau Fischbach, Z 217), durch die sie sich zunehmend überlastet gefühlt haben und deren Umfang sie ihrem Alter als nicht (mehr) angemessen empfinden: »Und, man muss sich vielleicht zurücknehmen. [...] Das ist der Lauf der Zeit und des Lebens.« (Frau Baden, Z 655ff.) Auch die erst 63-jährige Frau Gerhard, die nach ihrer frühen Verrentung im Alter von 55 Jahren fast acht Jahre lang quasi Vollzeit in sechs Ehrenämtern gearbeitet und sich in einen Burnout-Zustand katapultiert hat, beginnt sukzessive damit, die ehrenamtlichen Aufgaben zu reduzieren: »Ja gut, ich meine, ich war halt ein bissel müde. Ich war einfach ein bisschen müde.« (Frau Gerhard, Z 555ff.) Doch auch über die akute Erschöpfung hinaus hat sie aktiv beschlossen, einen Schnitt zu machen: »Und für mich war es auch an der Zeit, doch irgendwann mal eine Bilanz zu ziehen und zu, ganz konkret zu überlegen, ob ich das noch weiter machen will oder nicht.« (Frau Gerhard, Z 568ff.)

Die Gruppe der AussteigerInnen zeigt einmal mehr den großen Einfluss des Ruhestandsdispositivs, bedeutet ein Leben als Unruheständlerin oder als Produktive zum Zeitpunkt des Interviews doch keineswegs automatisch, dass die Fortführung dieses Lebens bis an die Grenze und das Ende der Leistungsfähigkeit angestrebt wird. Die Idee einer über die Erwerbsarbeit hinausgehenden Entpflichtung und Entbindung von Verantwortung, das Bedürfnis nach (mehr) Ruhe und Zeit – auch bzw. gerade bevor gravierende körperliche und/oder geistige Einschränkungen einzutreten beginnen –, findet sich auch bei Befragten, die nach der Verrentung zunächst zahlreiche heteroproduktive Aufgaben übernommen haben. Mit Ausnahme von Frau Gerhard, die aufgrund ihres ehrenamtsbedingten Burnouts ein Sonderfall ist, sind alle AussteigerInnen zwischen 69 und 72 Jahre alt und seit mindestens acht Jahren, zum Teil seit mehr als zehn Jahren, im Ruhestand. Wenn wir die Streuung der Befragten um die sechs Typen dynamisieren, deutet sich mit den AussteigerInnen an, dass die Gruppe der zufriedenen Ruheständler mit der Zeit anwachsen dürfte: Zu den klassischen Ruheständlern, die mit der Verrentung ein umfassendes Disengagement propagieren und leben, würden sich diejenigen gesellen, die nach zehn oder mehr Jahren produktiven und bewegten Nacherwerbslebens einen selbstbestimmten Rückzug anstreben und ihren Aktionsradius bewusst reduzieren. Dieser von den AussteigerInnen um das 70. Lebensjahr vollzogene Schnitt korrespondiert mit einer im angelsächsischen Raum an Bedeutung gewinnenden Differenzierung von Altersphasen: Anstelle der Unterscheidung von drittem und viertem Lebensalter entlang des Kriteriums der Hochaltrigkeit – häufig operationalisiert anhand der chronologischen Altersgrenze von 80/85 Jahren – wird ein drittes und viertes »Kapitel« des Lebens unterschieden (Lawrence-Lightfood 2009): Das dritte Kapitel, das die Jahre zwischen ca. 50 und 70 umfasst, wird als zweite Hälfte des Erwachsenenlebens verstanden, an die dann die Lebensphase des Alters anschließt. Zwar finden sich im Sample viele Befragte um die 70, die einen solchen Schnitt nicht vornehmen, zugleich deuten aber auch Erzählungen von Interviewten, die nicht im engeren Sinne als AussteigerInnen zu qualifizieren sind, darauf hin, dass manche Aufgaben mit Beginn des achten Lebensjahrzehnts zunehmend als Belastung empfunden oder aber als nicht mehr (alters-)angemessen betrachtet werden: Der 69-jährige Herr Riesen kündigt im Interview bereits an, dass er bald sein Ehrenamt als Prüfer der Industrie- und Handelskammer aufgeben werde, da die Prüfungskommissionen nicht zu alt sein dürfen; die 70-jährige Frau Dersch, die in zwei Bands spielt und regelmäßig in Diskotheken tanzen geht, äußert zugleich Bedenken, ob es eine richtige Entscheidung war, im Alter von 70 mit einer neuen ehrenamtlichen Tätigkeit zu beginnen: »Ich hab Bedenken, dass ich es nicht schaffe. [...] Warum? Weil, es ist was völlig Neues jetzt [...] Und, im Alter geht man, ist man nicht mehr so geistig auch beweglich. Das ist einfach so.« (Frau Dersch, Z 384ff.)

Essays über Ost/West-Unterschiede

Anders als bei den sechs Nacherwerbstypen erhalten die Interviewten in den folgenden Essays ein »Gesicht« und werden in ihrem biografischen Kontext erkennbar. Anhand der vier Gruppenvergleiche werden augenfällige Ost-West-Unterschiede zur Darstellung gebracht, die quer zu den Nacherwerbstypen liegen, da hier Aspekte und Besonderheiten in den Vordergrund treten, die über die grundlegenden Typisierungsfragen der Nacherwerbsorientierung und -enaktierung hinausgehen. Obwohl es sich jeweils um kleine Gruppen von Interviewten handelt, werden in den Essays doch in paradigmatischer Weise Ost- bzw. West-Spezifika erkennbar, die im Rückgriff auf die einschlägige Literatur und Forschung, aber auch im Lichte der vorab analysierten medialen Texte plausibilisiert werden können.

(1) Die altersfeindlichen Alternativen

Die ausschließlich westdeutschen Alternativen bilden eine Gruppe, die in mehrfacher Hinsicht heraussticht: Sich selbst im Post-68er-Gestus als unkonventionell und eman-zipiert darstellend, nehmen sie eine ruhestandskritische Perspektive ein, die mit einer altersfeindlich gerahmten Abgrenzung von den als konservativ-konventionell erach-teten »normalen« Menschen ihres Alters einhergeht. Eine solche Perspektive ist uns bereits in ähnlicher Weise bei der links-alternativen taz begegnet (vgl. die Miniatur in Kapitel 4.3). Tendenzen in diese Richtung finden sich bei einer Reihe der westdeut-schen Befragten, prototypisch verkörpert werden die Alternativen von Frau Dersch, Herrn Fritsche und Frau Blechle.

Die 70-jährige, verwitwete Frau Dersch hat als Sekretärin in einer Kulturinstitution ge-arbeitet und ist seit fünf Jahren im Ruhestand. Sie hat sich der Institution und dem dazugehörigen künstlerischen Umfeld sehr verbunden gefühlt, was ihre ausgeprägt bildungsbürgerliche, intellektuell-künstlerische Orientierung erklärt. Der 65-jährige promovierte Herr Fritsche ist verheiratet und arbeitet weiterhin geringfügig (ca. zehn Stunden die Woche) als Selbstständiger in einem sozialen Beruf. Nach einer Krebs-erkrankung im Alter von 55 Jahren hat er zum ersten Mal den Stundenumfang seiner Tätigkeit reduziert, wenige Monate vor dem Interview erfolgte die weitere Absenkung auf das geringfügige Niveau. Die 65-jährige Frau Blechle ist geschieden und seit vier Jahren im Ruhestand. Zuletzt arbeitete sie unter prekären Bedingungen als Verkäuferin in einer Bäckerei, im Ruhestand verfügt sie über weniger als 800 Euro monatlich.

Alle drei grenzen sich von einem klassischen Ruhestand(-sbild) und den aus ihrer Sicht »normalen« Ruheständlern ab: »Also, nicht in den Sessel lehnen und die Füße hoch oder so, sondern wirklich Unruhe, aktiv heißt das für mich, ne«, betont Frau Dersch (Z 300ff.). Sie verkümmere, wenn sie sich nicht bewege, sei »immer viel unterwegs« (Z 17), lebe sehr intensiv und habe wenig Zeit. Frau Dersch ist vor allem autoproduktiv vielseitig aktiv: Sie spielt in zwei Bands, nimmt Klavierunterricht, lernt Sprachen, malt, geht ins Theater und zum Tanzen in die Disco. Außerdem beginnt sie zum Zeitpunkt des Interviews gerade ehrenamtlich in einem Frauenhaus zu arbeiten. So soll es weiterge-hen bis mindestens 80: »Ich sag immer, wenn sie mich dann runtertragen müssen von der Bühne, dann höre ich glaub ich auf, aber so – macht Spaß, ja.« (Z 162f.) Sie betont, dass sie froh sei, noch keine Enkelkinder zu haben, da sie diese bei ihrem Lebensstil gar nicht gebrauchen könne.

Diese ungewöhnliche Abgrenzung von der Rolle der Oma findet sich auch bei Frau Blechle, die sich durch die Betreuung ihrer Enkelin stark eingeschränkt fühlt. Es war ihr ungewöhnlicher Traum vom Ruhestand, einige Wochen mit Fahrrad und Schlafsack ziellos umherzufahren und die Freiheit zu genießen, denn auch für sie ist der Ruhestand ein körperlich bewegter – vier Stunden verbringt sie täglich auf dem Rad. »Naja aber wie gesagt, dann hat meine Tochter vor vier Jahren das Kind gekriegt und dann war es aus, ne, jetzt braucht sie mich hier oft einmal.« (Z5ff.) Sie würde neben ihrem (wenig zeitaufwendigen) Engagement bei einer Naturschutzorganisation gerne ein weiteres Ehrenamt übernehmen, fühlt sich dazu aber durch die Einschränkung der Enkelkindbetreuung nicht in der Lage. Ruhestand ist für sie gleichbedeutend damit, dass alte Menschen sinnlos ihre Rente verprassen (z.B. durch regelmäßige Ausflüge in Wirtshäuser), ohne etwas für die Gesellschaft zu tun.

Auch Herr Fritsche grenzt sich vom klassischen Ruhestandsmodell ab: Er betont, dass er aufgrund seiner fortgesetzten geringfügigen Berufstätigkeit noch gar nicht richtig im Ruhestand sei und dass er auch darüber hinaus viele Projekte habe, so dass »Ruhestand« für ihn vor allem »viel Arbeit« (Z 35) bedeute. Seine hinzukommende, verrentete Ehefrau bekräftigt: »Ich sage immer, unter der Woche, wir sind wie, wenn wir berufstätig wären.« (Z 644) Herr Fritsche hat tatsächlich ein vergleichsweise hohes Aktivitätsniveau: Neben seiner beruflichen Tätigkeit übernimmt er eine ehrenamtliche Betreuung, wirkt als Seniorberater in einem von ihm gegründeten Berufsverband, kümmert sich einmal wöchentlich um seinen pflegebedürftigen Schwager, baut mit großem Zeitaufwand sein Elternhaus um und pflegt zwei Gärten. Herr Fritsche gehört ebenso wie Frau Dersch zu den Wenigen im Sample, die von sich aus die verpflichtende Ruhestandsgrenze problematisieren und sich für die Möglichkeit unbegrenzter, freiwilliger Weiterarbeit aussprechen – und zwar hier und jetzt und nicht wie die produktiven SystemkritikerInnen für eine imaginierte, radikal reformierte bzw. revolutionierte Tätigkeitsgesellschaft. Während Frau Dersch aus der eigenen negativen Erfahrung argumentiert, als Beschäftigte des öffentlichen Dienstes mit 65 in den Ruhestand gezwungen worden zu sein, obwohl sie sehr gerne noch weitergearbeitet hätte, benennt Herr Fritsche seinen eigenen fließenden Übergang als Selbstständiger als positives Modell. Auf die Freiwilligkeit der Weiterarbeit und adäquate Angebote pochend, betont er: »Wir brauchen einfach eine Ausweitung der Freiheit für das Alter, damit eben der alternde Mensch die Freiheit hat, eben entweder krank zu sein oder mal eine Auszeit zu nehmen oder mal was für sich zu tun oder halt eben auch zu sagen, okay ich möchte halt doch noch irgendwas tun, aber vielleicht ein bissel was Leichteres, so in der Richtung.« (Z 1325ff.)

Auf den Ruhestand seiner Eltern angesprochen, betont er – ganz im Sinne der Verjüngungsthese –, dass die Menschen in früheren Generationen früher alt geworden seien: »Die haben den Ruhestand gebraucht, um noch ein paar gute Jahre zu haben. Wir sind jetzt die Folgegeneration, wir sind ja, sagen wir mal, viel länger viel fitter. Wir können also viel länger aktiv im Alter etwas tun.« (Herr Fritsche, Z 810ff.) Seine Mutter habe im Ruhestand noch ein paar Reisen gemacht, sich um ihren Alltag und die Familie gekümmert: »Das war halt ein stark eingeschränktes Spektrum, mit relativ wenig Engagement.« (Herr Fritsche, Z 818f.) Was für seine Eltern noch angemessen war, findet Herr Fritsche für seine Generation nicht mehr vertretbar; mehrfach grenzt er sich von dem ab, was er die »klassische Ruhestandssituation« (Z 897f.) nennt, die er u.a. bei seinen ehemaligen Schulkameraden ausmacht: »Richtig saturiert. Abends fernsehen, Enkelkinder [...] Hauptattraktion ist für die einfach, wenn man mal miteinander zum Essen geht.« (Z 944ff.) Er kritisiert den beschränkten Fokus auf die Familie und obwohl er weniger negativ über Enkelkinder spricht als Frau Blechle und Frau Dersch, wird doch deutlich, dass er die Freiheit genießt, (noch) keine Betreuungsverantwortung zu haben. Die Kritik des klassischen Ruhestands geht bei Herrn Fritsche einher mit einer deutlichen Abgrenzung gegenüber den als konservativ und konventionell angesehenen Gleichaltrigen: »Wir sind also, ich sag mal in Anführungszeichen relativ emanzipiert. Und haben dadurch ein wenig ein anderes Rollenbild und Weltverständnis. Wir sind früher politisch auch recht aktiv gewesen. Und sehen da alles ein bissel anders.« (Z 935ff.) Im Verweis auf das frühere politische Engagement verortet Herr Fritsch sich selbst und seine Frau als (Post-)68er, die ob ihrer Unkonventionalität mit Gleichaltrigen wenig anfangen können: Das Paar umgibt sich deshalb im Freundeskreis mit jüngeren Leuten, mit denen sie sich eher auf einer Wellenlänge sehen und durch die sie angespornt würden, fit zu bleiben. Herr Fritsche betrachtet sich selbst als sehr untypisch für sein Alter, weil er – anders als seiner Meinung nach in seinem Alter üblich – noch größere Projekte angehe. Vom klassischen Vereinsengagement grenzt er sich ab und betont, lieber selber Gruppen zu gründen – was er mit dem Berufsverband auch getan hat – als sich den Regeln von anderen unterzuordnen.

Auch Frau Dersch präsentiert sich in ausgeprägter Weise als außergewöhnliche, unkonventionelle und emanzipierte Frau, die das macht, was sie möchte, auch wenn sie – wie mit ihren regelmäßigen Discobesuchen – aus dem (Alters-)Rahmen fällt: »Naja, ich fall da immer schon ein bisschen aus dem Muster. Das höre ich auch von anderen. Aber, mir macht das dann Spaß, ein bisschen einfach anders zu sein als die anderen, ne.« (Z 261ff.) Wie bei Herrn Fritsche geht die Selbstwahrnehmung und -darstellung als unkonventionelle Individualistin mit einer starken Abgrenzung gegenüber anderen älteren Menschen einher, mit denen sie aus ihrer Sicht nichts gemein hat: »Ich denke, die Unterschiede sind auch die, dass es für jedes Alter gewisse Konventionen gibt, ne. Und da bin ich jetzt gerad nicht dabei, bei den 70-Jährigen, so denke ich. Viele sind so bieder, wenn Sie wissen, was ich meine. [...] Wenn ich dann so oft sehe, wie Thema Vorgarten, wie die Blüten so genau stehen und mit'm Nagelschäler das Gras geschnitten ist, das ist mir ein Gräuel.« (Z 275ff.) Frau Dersch ist der Überzeugung, dass gerade viele Frauen ihres Alters benachteiligt und unfrei sind, dass sie nicht so leben, wie sie eigentlich möchten, während sie selbst als Hedonistin nur das macht, was sie »gerne macht« (Z 201).

Während Herr Fritsche und Frau Dersch in ihrer (selbst) wahrgenommenen Besonderheit in recht typischer Weise dem Bild autonomieorientierter Post-68er entsprechen, fällt Frau Blechle sowohl in ihrer Weltsicht wie auch in ihrer Alltagspraxis tatsächlich stärker aus dem Rahmen: Sie verbindet ihre täglichen Radtouren damit, zu containern, das heißt sie sammelt Lebensmittel ein, die von Supermärkten weggeworfen werden. Bei der örtlichen »Tafel« für Lebensmittel anzustehen, wie es andere Bedürftige tun, lehnt sie ab, sie macht aber auch deutlich, dass sie nicht nur aus der Not heraus containert: »Es ist eigentlich eine Grundeinstellung von mir, ich käme mit dem bisschen Geld zurecht, aber ich sehe das einfach nicht ein, dass so viele wenig Geld haben oder andere verhungern und bei uns wird das in den Müll geschmissen, was noch verwertbar ist.« (Z 148ff.) Ihre Ausbeute teilt sie nicht nur mit ihrer Tochter, sondern auch mit anderen Bedürftigen, an die sie Lebensmittel, aber auch gesammelte Kleidung weitergibt. Sie kritisiert die egoistische Verrohung der Gesellschaft und moniert, dass jeder nur noch versuche, sein Schäfchen ins Trockene zu bringen. Demgegenüber sieht Frau Blechle sich selbst als Anarchistin und Kämpferin und spricht über ihren Traum, gemeinsam mit ihrer Tochter und anderen Gleichgesinnten ein Haus zu besetzen. Lachend erklärt sie: »Ich hab noch nie in meinem Leben eine Vorstrafe gehabt. Da wird man halt im Alter kriminell. Also wenn man halt richtige Leute fände, würde ich das sofort machen.« (Z 943f.) Ähnlich wie Herr Fritsche und Frau Dersch stellt sie sich explizit als ungewöhnlich und unkonventionell dar und betont mit einem Anflug von Stolz: »Mein Freund sagt, ich bin verrückt. [lacht] Aber ich muss nicht normal sein, wie der Rest der Gesellschaft.« (Z 153f.) Sie sei immer schon ihrer Zeit voraus gewesen, »einfach fortschrittlicher. Ich habe keine engstirnigen Ansichten. Ich bin tolerant. Intoleranz ist vor allem bei alten Menschen häufig. Das ist für mich etwas total Widerliches.« (Z 562ff.) Frau Blechles Abgrenzung gegenüber älteren Menschen fällt noch heftiger aus als bei Frau Dersch und Herrn Fritsche und trägt ausgeprägt altersfeindliche Züge: Grundsätzlich bedeutet das Alter für sie, geistig unflexibel und »Neuem gegenüber nicht mehr aufgeschlossen« (Z 557f.) zu sein, für ihre »Altersgenossen« findet sie heftige Worte: Nicht nur würden diese ständig aus Langeweile zum Arzt rennen und damit der Gesellschaft zur Last fallen, alte Menschen würden zudem nichts Sinnvolles tun »außer Hetzen oder Preise vergleichen oder weiß der Teufel von Geschäft zu Geschäft zu jagen.« (Z 777f.) Sie ist der festen Überzeugung, dass alte Menschen ihrer Verantwortung für die Gesellschaft nicht nachkommen und dass sie zudem infolge von Nichtstun und Langeweile immer bösartiger würden. Aus diesem Grund ist sie die einzige im Sample, die sich für eine formale Aktivitätsverpflichtung in der Nacherwerbsphase ausspricht: »Dann haben sie wenigstens eine Aufgabe und lassen sich nicht an den Nachbarn aus. Naja, das ist es, denen ist so langweilig, die sind unzufrieden. [...] Wo nur Alte sind, bestärken die sich gegenseitig in ihren Boshaftigkeiten. Wenn jetzt jeder eine Aufgabe hätte und was für ein Gemeinwohl tun müsste, dann wär Ruhe.« (Z 1158ff.)

Die starke Selbstwahrnehmung als außergewöhnlich und unkonventionell hat zur Folge, dass Frau Blechle, Frau Dersch und Herr Fritsche für sich selbst eine radikale Kontinuität des Erwachsenenlebens als »Nicht-Alte« beanspruchen, während die übrigen, »normalen« Gleichaltrigen als »Alte« ausgemacht, unterschieden und abgewertet werden. Die ausgeprägten, verhaltensbezogenen Negativzuschreibungen reichen dabei von Konservatismus über Intoleranz und Unflexibilität bis hin zu Bösartigkeit. Indem Alter mit Konventionalität und Erstarrung gleichgesetzt wird, impliziert das alternative Selbstbild notwendigerweise eine radikale Abgrenzung vom höheren Lebensalter, so dass für diese Gruppe in ganz besonderer Weise der Spruch: »Alt sind nur die Anderen« gilt. Da die Rolle der Oma bzw. des Opas sehr eng mit gängigen Vorstellungen vom Altsein verbunden ist, erstaunt es vor diesem Hintergrund nicht, dass alle drei eine unterschiedlich akzentuierte Distanz zu dieser erkennen lassen.

Nicht zuletzt sind die Alternativen ausgeprägte IndividualistInnen, die Eigenverantwortung und Eigeninitiative stark machen, während den strukturellen Rahmenbedingungen einer gelungenen Nacherwerbsphase eine eher geringe Bedeutung zugeschrieben wird. Sehr dezidiert markiert Frau Dersch die individuelle Verantwortung für das eigene Glück: »Das Einzige, was ich weitergeben kann, ist, zu zeigen, dass man glücklich leben kann. Mit meinem Uraltsprichwort: Jeder ist seines Glückes Schmied. Also, man muss sich bemühen, man kann glücklich leben und das ist für mich ganz wichtig.« (Z 322ff.) Der Typus der Alternativen verdeutlicht in paradigmatischer Weise, wie eine mit den sozialen Bewegungen der 1960er und 1970er Jahre verbundene, auf Autonomie und Selbstbestimmung zielende kritische Haltung in hohem Maße kompatibel mit den Anforderungen einer zunehmend flexibilisierten und liberalisierten Aktivgesellschaft sein kann: Sich selbst als kritische Freigeister wider den gesellschaftlichen Mainstream begreifend, erweisen sich Haltung und/oder Praxis der Alternativen – so insbesondere der ausgeprägte Individualismus, die Ruhestandskritik, die Betonung von Eigenverantwortung bis hin zur Verpflichtungsbejahung – als in hohem Maße diskurskompatibel, auch wenn die Hausbesetzerpläne von Frau Blechle etwas aus dem üblichen Aktivitätsrahmen fallen.

(2) Die produktiven SystemkritikerInnen

Die produktiven SystemkritikerInnen erweisen sich in gewisser Hinsicht als äußerst kompatibel mit der Programmatik des produktiven Alters, da sie sich in Haltung und Praxis vom Ruhestandsmodell, aber auch von einem reinen Unruhestand abgrenzen. Da sie die Idee und Utopie eines produktiven Alters jedoch ideologisch ganz anders rahmen und die gegebenen Rahmenbedingungen liberaler Aktivierungs- und Kürzungspolitik explizit problematisieren, stellen sie eine besondere Gruppe dar: Die drei Jenaer AkademikerInnen Frau Schwarz, Herr Hitt und Herr Carstens verkörpern in paradigmatischer Weise eine sozialistisch grundierte Perspektive auf lebenslanges produktives Tätigsein zum Wohle aller, verbunden mit einer radikalen Kritik sozial ungleicher und ungerechter Lebensverhältnisse im Kapitalismus. Wir finden hier zentrale tätigkeitsbezogene Verknüpfungen des Dispositivs »Veteranen der Arbeit« wieder (vgl. Kapitel 4.5). Gleichwohl handelt es sich bei diesen Interviewten nicht um die klassischen »DDR-Nostalgiker«, haben doch alle drei eine differenziert-kritische Perspektive auf die DDR und benennen in unterschiedlicher Weise durch die Wende entstandene (Freiheits-)Gewinne und neue Möglichkeitsräume. Frau Schwarz war als aktive Katholikin, die ihre Kinder nicht zur Jugendweihe geschickt hat, selber von Sanktionen betroffen, Herr Carstens wurde bei Zeiss strafversetzt, nachdem auf dem Geburtstag seiner Tochter das in der DDR verbotene Lied »Sonderzug nach Pankow« gespielt worden war, und Herr Hitt betont bei aller Kritik, dass es ihm persönlich heute besser gehe als im Sozialismus.

Die 65-jährige Frau Schwarz ist Diplom-Kauffrau, hat mehrere Jahrzehnte – zuletzt als Vertriebsmanagerin – in einem großen örtlichen Unternehmen gearbeitet und gehört zu den wenigen Ostdeutschen im Sample, die ohne Phasen der Arbeitslosigkeit über die Wende gekommen sind. Mit 62 ist sie in die Ruhephase der Altersteilzeit eingetreten, den Übergang hat sie gemeinsam mit ihrem zur gleichen Zeit verrenteten Ehemann bewusst geplant: Um Abstand zur Arbeit zu gewinnen, hat sich das Paar eine Auszeit genommen und ist zu Fuß den Jakobsweg gelaufen: »Wir sind immer so ein bisschen so nebeneinander so hergetrottet [und haben] überlegt, was könnte man machen. Und für mich stand fest, ehrenamtlich machst du in jedem Fall was, ich wusste nur noch nicht was. Und dann habe ich gesagt, irgendwas machst du für die Weiterbildung.« (Z 318) Sie hat dann ein Fernstudium der Theologie begonnen, arbeitet ehrenamtlich alle zwei Wochen in einem Altenheim, hilft gelegentlich bei karitativen Veranstaltungen eines Wohlfahrtsverbandes aus und kann sich gut vorstellen, noch ein weiteres Ehrenamt zu übernehmen. Vehement grenzt sich Frau Schwarz von RuheständlerInnen ab, die nur zu Hause sitzen und Kreuzworträtsel lösen. Sie ist der Überzeugung, dass alle so lange (freiwillig und sinnstiftend) arbeiten können sollten, wie sie wollen, betont aber, dass man dafür das ganze System umstrukturieren müsste, um genügend Arbeitsplätze zu schaffen, da es zwar genug Arbeit gäbe – vor allem im sozialen Bereich –, diese aber im Kapitalismus nicht bezahlt würde. Frau Schwarz begründet ihre konkreten Aktivitäten sowohl instrumentell als auch ideologisch: Ganz im Sinne der Aktivitätsthese unterstreicht sie: »Kann man ja immer wieder lesen und hören, dass das ja auch für die geistige fortschreitende Demenz auch nicht nachträglich ist, wenn man da ein paar Kontakte weiter pflegt oder auch mal neue knüpft. Ja, und Neuem aufgeschlossen gegenüber ist. Das habe ich mir eigentlich vorgenommen, dass ich mich da auf alle Fälle immer mit allem Möglichen noch befasse, dass sich hier die grauen Zellen ein bissel in Bewegung halten.« (Z 786ff.) In ideologischer Hinsicht betont sie ihre Grundeinstellung, dass man für andere da sein müsse, wobei sie ein Konzept der erweiterten Reziprozität vertritt: »Ich finde, die Gesellschaft wird ein Stück besser, wenn man das, was man selber an Gutem bekommen hat, auch dann irgendwie wieder weiter gibt. [...] Wir sind nun mal Kollektivmenschen, wir sind keine Einzelwesen. Und das ist schon wichtig, für die Gemeinschaft ein bisschen was zu tun. Und wo ich das mache oder wie, das ist im Endeffekt egal.« (Z 419ff.)

Frau Schwarz grundiert ihr Aktivitäts- und Reziprozitätsverständnis sowohl christlich als auch sozialistisch und hebt mehrfach die Bedeutung ihrer Sozialisation in der DDR hervor: »Ich weiß nicht, ob ich, wenn ich im Westen groß geworden wäre, ob ich dann zum Beispiel Christ geblieben wäre. Man hat sich dann bewusst dafür entschieden, weil es war schwierig, man war ja nicht konform mit der Gesellschaft.« (Z 1272ff.) Aber auch das sozialistische System habe sie wesentlich geprägt, so »dass man eben nicht nur egoistisch, stur und auf Erfolg ausgerichtet ist, sondern dass man auch auf seinen Mitmenschen achtet und dass man sagt, wir müssen gemeinsam. [...] Ich bin nicht nur für mich allein verantwortlich [...] Wenn ich unter anderen gesellschaftlichen Verhältnissen, vielleicht wär ich da egoistischer geworden.« (Z 1275ff.) Sie ist der festen Überzeugung, dass sie aufgrund dieser Prägung heute »kritischer vielen Dingen gegenüber« ist (Z 1290) und führt auch ihr ausgeprägtes Bewusstsein für Ungerechtigkeiten darauf zurück, dass es in der DDR keine so großen Unterschiede zwischen Arm und Reich gegeben habe. Im starken Kontrast zur positiv aufgeladenen Konjunktur des Erfahrungswissens im öffentlichen Aktivierungsdiskurs betont Frau Schwarz, dass nach 1989 »eine Ellenbogengesellschaft entstanden« (Z 1175) sei, in der Menschen ihre Erfahrung und ihr Wissen nicht mehr teilen, um Probleme kollektiv zu lösen – wie es in der DDR ganz normal gewesen sei –, sondern damit hinter dem Berg halten, um aus dem Wissensvorsprung Kapital zu schlagen. Mit den gesellschaftlichen Verhältnissen ist Frau Schwarz so unzufrieden, dass sie – obwohl sie »noch nie der Typ [war], der streikt« (Z 670) – eigentlich gerne auf die Straße gehen würde; sie ist aber der Überzeugung, dass das sowieso nichts bringen würde.

Der 70-jährige promovierte Diplom-Ingenieur Herr Hitt ist ebenso wie Frau Schwarz im Alter von 62 über geblockte Altersteilzeit aus dem Erwerbsleben ausgeschieden. Vor der Wende hat Herr Hitt in einem eher selbstbestimmten Tätigkeitsbereich beim selben Unternehmen wie Frau Schwarz gearbeitet, musste nach 1989 aber »umsatteln« und bekam eine Stelle im öffentlichen Dienst, die nicht seinem Qualifikationsprofil und -niveau entsprach – eine Umstellung, die ihm schwer gefallen ist. Herr Hitt hatte erwartet, dass sich nach der Verrentung ein großes Loch auftun würde, aber »das Umgedrehte ist eingetreten. Wir haben uns zu viel vorgenommen und tun's auch immer noch.« (Z 50f.) Dies sei aber nicht wirklich belastend, da es sich »ja immerhin um Anforderungen (handelt), die ich mir selber stelle« (Z 52f.). Die große Bedeutung und der große Wert selbstbestimmter und selbstgestalteter Aktivität durchzieht das gesamte Interview. In deutlicher Abgrenzung gegen inaktive Gleichaltrige hebt Herr Hitt seine Aktivitätsorientierung hervor und betont: »Natürlich habe ich nur Freunde, die auch aktiv sind.« (Z 564f.) Herr Hitt betreut mehrmals wöchentlich seine Enkelkinder, hilft gelegentlich ehrenamtlich bei der Vorbereitung von Veranstaltungen bei einer karitativen Organisation und einem großen Wohlfahrtsverband und verbringt viel Zeit mit der Erstellung und Bearbeitung selbstgedrehter Urlaubsfilme, die er im Rahmen des Seniorenprogramms des Wohlfahrtsverbandes vorführt. Hinzu kommen autoproduktive Aktivitäten wie der Besuch der Rückenschule und eines Tanzkurses, die Teilnahme an Computerkursen sowie ausgedehnte Reisen. Ähnlich wie Frau Schwarz ist er mit den sozialen und politischen Verhältnissen sehr unzufrieden, beklagt soziale Ungleichheit und betont: »Wenn die Gesellschaft so weit ist, dass jemand, der arbeitet, noch anschließend zum Sozialamt gehen muss oder der Ältere verarmt, also dann stimmt generell was nicht im System, eindeutig nicht.« (Z 676f.) Anders als andere Befragte, die sich enttäuscht über die Entwicklungen nach 1989 äußern, ist er aber nicht überrascht: »Ich habe den Sozialismus gelebt und ich habe Marx' und Engels' ›Das Kapital‹ gelesen und weiß, was Kapitalismus heißt und dass diese Gesellschaft nicht funktionieren kann.« (Z 679ff.) Er sei aber nicht unglücklich, weil es ihm persönlich besser gehe als im Sozialismus.

Herr Hitt unterscheidet kategorisch zwischen entfremdeter Lohnarbeit und selbstbestimmter, sinnstiftender produktiver Tätigkeit: »Aus meinem eigenen Erleben heraus muss ich sagen, es ist natürlich besser, ich gehe früher in das Rentenalter, um wenigstens noch so viel vom Leben zu haben, wie man's mal vor Arbeitsbeginn als Kind vielleicht hatte und als Jugendlicher. Denn der Arbeitsprozess selbst ist ja doch etwas, was den Menschen voll fordert. Und da bleibt dann nicht so viel Zeit für die eigene Gestaltung, die man dann aber als Rentner voll hat. [...] Aber wenn Arbeit und Hobby und eigene Interessen eine Einheit sind, dann ist es egal, ob Sie bis 67 oder bis 80 oder bis zum Tode arbeiten.« (Z 621ff.) Die Rente mit 67 sei aber auf die normalen Arbeitnehmer zugeschnitten, die »gezwungen sind und vielleicht auch heutzutage in dieser Gesellschaft gezwungen werden, zu vielen Dingen, die sie gar nicht wollen und machen müssen und das dann bis 67 und dadurch verkürzt sich eigentlich ihre Zeit der Entspannung und Erholung, nachdem sie unter dem Stress und dem Zwang standen, dann ist das zu kurz.« (Z 651f.)

Auch auf den im Altenbericht formulierten Anspruch, dass die Älteren sich nach der Verrentung aktiv einzubringen hätten, reagiert er abwehrend: »Nö, das heißt ja von den älteren Menschen noch ein bisschen mehr abzuzocken, als was sie jetzt haben.« (Z 703ff.) Zugleich sinniert Herr Hitt aber darüber, wie man es gesellschaftlich organisieren könnte, dass Menschen ihr Leben lang und bis zum Tod ihre Ressourcen aktiv in die Gesellschaft einbringen. Was auf den ersten Blick wie ein Widerspruch zu seiner Sorge vor »Abzocke« und wie eine elaborierte Ausführung zum Ressourcennutzungsdiskurs klingt, entpuppt sich als Vision für eine ganz andere Gesellschaft – ohne Zwang zur entfremdeten Lohnarbeit und auf Basis einer radikalen Veränderung der Lebenslaufsstruktur: Er ist der Überzeugung »dass es am günstigsten wäre, den Arbeitsprozess insgesamt so zu gestalten, dass es gar nicht diesen älteren Menschen in dem Sinne gibt [...]. Besser wäre, den Gesamtprozess des Menschen arbeitsmäßig so zu gestalten, dass er bis zum Ende tätig ist und damit sich immer einbringt.« (Z711ff.) Ähnlich wie bei Frau Schwarz kommt bei ihm die Grundeinstellung zum Ausdruck, sich ein Leben lang tätig für das Kollektiv bzw. die Gemeinschaft zu engagieren: »Ich bin kein Einzelwesen hier auf dieser Welt, also bring ich mich arbeitsmäßig ein und bring mich auch danach noch ein, mein ganzes Leben bring ich mich für die Menschen ein.« (Z 646ff.)

Anders als Frau Schwarz und Herr Hitt, die mit den gesellschaftlichen Verhältnissen unzufrieden sind, sich aber nicht politisch engagieren, hat sich Herr Carstens das Engagement für einen demokratischen Sozialismus zur Lebensaufgabe gemacht. Herr Carstens ist promovierter Geisteswissenschaftler und hat ebenfalls lange Jahre bei einem großen örtlichen Unternehmen gearbeitet. Er hatte eine Führungsposition inne, die er aufgrund des vorab bereits erwähnten Vorfalls mit West-Liedgut verlor, allerdings wurde er im Betrieb auf einen Alternativposten im Gewerkschaftsbereich versetzt. In den 1980er Jahren erwirbt er nebenbei noch ein Diplom in Philosophie an der Universität Jena. Nach der Wende folgten Jahre der Arbeitslosigkeit, Tätigkeiten als Dozent auf Honorarbasis, Arbeit in einer Werkstatt sowie als Produktionsleiter in einer kleinen Firma. Nach deren Konkurs der Firma machte er sich mit einem Freund im selben Bereich selbstständig, konnte den Betrieb aber nach dessen Tod nicht halten und ging nach der Abwicklung mit 66 in den Ruhestand. Zum Zeitpunkt des Interviews seit drei Jahren verrentet, ist Herr Carstens im Umfang eines Vollzeitäquivalents politisch aktiv: Er ist im Vorstand einer politischen Stiftung, Mitglied im Landesvorstand einer linken Partei, Mitglied der Kommission für politische Bildung beim Bundesvorstand dieser Partei in Berlin, ständiger Delegierter bei einer Gewerkschaft, Organisator und Veranstalter von Demonstrationen gegen Sozialabbau sowie (gemeinsam mit seiner Frau) aktiv in einem Bündnis gegen Rassismus in einer Nachbarstadt.

Auf die Frage, was er mit dem Ruhestand verbinde, antwortet er: »Nicht mehr einer regelmäßigen Tätigkeit nachzugehen, die existenzsichernd sein sollte. Und etwas eigenbestimmter den Tages-, Wochen- und Monats- oder Jahresablauf festzulegen. Das heißt also nicht, in irgendwelche sicher notwendigen Arbeitszwänge eingeordnet zu sein. Aber auf keinen Fall etwa zurücklehnen und gar nichts mehr tun. Also das wäre zumindest aus meiner Sicht eigentlich nicht gut. Hängt sicher auch damit zusammen, dass heute das Lebensalter etwas nach hinten verschoben ist. Das heißt, dass man älter wird und ich denke mal auch deswegen, nicht bloß weil die medizinische Betreuung und die Ernährung besser ist, man bewusster lebt, sondern weil man auch tätig ist.« (Z 8ff.) Mit Herrn Hitt vergleichbar, unterscheidet er klar zwischen Lohnarbeitszwang und selbstbestimmter Tätigkeit und greift dabei wie Frau Schwarz das Credo der Aktivitätsthese auf: »Also wenn ich mich jetzt mit Gleichaltrigen, mit denen ich die Schulbank gedrückt habe vor vielen Jahren, vergleiche, dann denke ich, habe ich den richtigen Weg gewählt. Also manche laufen da rum wie ihre eigenen Großväter schon.« (Z 8ff.) Im Vergleich mit Gleichaltrigen beklagt er deren Passivität und politische Unkenntnis und moniert: »Die gehen eben in den Garten und da sitzen die den ganzen Tag rum und gucken eben, wie das eine wächst und das andere nicht.« (Z 801f.)

Herr Carstens ist, wie schon sein vielfältiges Engagement zeigt, ein vehementer Kritiker der bestehenden Verhältnisse. Die Rente mit 67 kritisiert er auf das Schärfste und weist die klassischen Sachzwangargumentationen mit dem Verweis auf die deutlich gestiegene Produktivität als »große Lüge« und »demographische Keule« (Z 1144) zurück. Die im Altenbericht stark gemachten Voraussetzungen eines produktiven Alters – die gestiegenen finanziellen und Bildungsressourcen – sieht er in dieser Allgemeinheit nicht gegeben und verweist auf die zum Teil sehr niedrigen Renten in den neuen Bundesländern. Herr Carstens rekurriert in seinem Fokus auf ein produktives und aktives Alter nicht auf eine (vermeintliche) gesellschaftliche Notwendigkeit, die Ressourcen Älterer zu nutzen, sondern auf das menschliche Bedürfnis nach erfüllter, kreativer und sinnstiftender Aktivität bis zum Lebensende. Statt einer Aktivierung des Alters sind deshalb aus seiner Sicht geeignete Strukturen gefragt, die den Menschen ein selbstbestimmtes Engagement ermöglichen. Ein solches Engagement könne man nicht »von oben« administrieren, stattdessen müsse man sich mit den angehenden Ruheständlern darüber unterhalten, »ob sie nicht in der Lage sind und auch ein Faible dafür haben, gewisse Kenntnisse weiter zu geben und bestimmte Dinge noch zu leisten, zu denen man vielleicht vorher nicht gekommen ist« (Z 958ff.).

Das Thema einer an den Bedürfnissen und den schöpferischen Möglichkeiten der Menschen orientierten Zeit-, Arbeits- und Lebensgestaltung entwickelt Herr Carstens dabei nicht erst als Gegenmodell zur kapitalistischen Lohnarbeit: Schon zu DDR-Zeiten hat er im Rahmen seiner Führungstätigkeit (ohne Erfolg) versucht, eine flexiblere Arbeits- und Lebensgestaltung umzusetzen, um das »gesellschaftliche Vermögen etwas besser zu nutzen« (Z 194). Zentral steht dabei für ihn die Zufriedenheit der Menschen: »Das ist nicht bloß das, was man zwischen Daumen und Zeigefinger hat, sondern das ist auch die gesellschaftliche Anerkennung und das Bewusstsein, man hat was gebracht ohne Zwang, aus eigenem Antrieb heraus. Ich denke, die Möglichkeiten sind da für viele Menschen sträflich ungenutzt bisher.« (Z 194ff.) Ebenso wie Herr Hitt ist er der festen Überzeugung, dass die Menschen Anerkennung und Bestätigung vor allem durch selbstgewählte, zwanglose Tätigkeit erfahren – und dass es unter den richtigen Rahmenbedingungen auch keines Zwangs und keiner Verpflichtung bedarf, um Menschen zu schöpferischer Tätigkeit zu bewegen. Die fortlaufenden Produktivitätssteigerungen würden es zudem ermöglichen, den Zwang zu entfremdeter Arbeit zu reduzieren und neue Spielräume zu schaffen: »Es wird sich mehr ins Geistig-Theoretische, ins Planerische entwickeln und vielleicht auch mehr diesen freiwilligen Aspekt präferieren, dass man sagt: ›Ich arbeite jetzt mal ein Jahr intensiv und dann lasse ich das wieder sein‹.« (Z 1048ff.)

Alle drei SystemkritikerInnen greifen wesentliche Momente eines produktiven Alters in Abgrenzung zum untätigen Ruhestand ebenso wie zum unproduktiven – vor allem mit Reisen verbundenen – Unruhestand auf: sinnvolle, produktive und gemeinwohldienliche Tätigkeit bis zum Lebensende steht sowohl für sie im Zentrum ihrer Argumentation. Statt diese Perspektive jedoch – wie in der Erzählung des produktiven Alters üblich – mit dem demografischen Wandel und den Grenzen des Sozialstaats zu begründen und die Nutzung der Altersressourcen vor diesem Hintergrund zum Sachzwang in Zeiten drohender Generationenkonflikte und leerer Kassen zu erklären, argumentieren die SystemkritikerInnen mit dem menschlichen Bedürfnis wie dem gesellschaftlichen Bedarf nach lebenslanger sinnstiftender Tätigkeit, sofern diese nicht die Form entfremdeter Lohnarbeit oder oktroyierten Engagements annimmt. In diesem Sinne verzichtet die Produktivitätserzählung der SystemkritikerInnen gänzlich auf die Perspektive der Responsibilisierung, wird doch davon ausgegangen, dass Menschen unter den richtigen Bedingungen freiwillig nach selbstbestimmter Tätigkeit streben. Indem die gesellschaftliche Produktivität und die kollektive Verantwortung jedes Einzelnen nicht an die Stelle von öffentlichen Leistungen und Sicherungssystemen gesetzt werden, sondern durch diese ebenso wie durch eine grundlegende Neubestimmung von Arbeit erst ermöglicht werden sollen, werden zentrale Elemente der Produktivitätserzählung aus dieser herausgelöst und neu verbunden – im Rahmen einer bei allen drei Befragten systemkritisch grundierten Erzählung. Diese Erzählung wird neben der positiven Perspektive auf sinnstiftende Aktivität durch die scharfe Kritik des Abbaus sozialer Rechte zusammengehalten.

Nichtsdestotrotz schließen auch die produktiven SystemkritikerInnen nicht nur mit ihrer eigenen Handlungspraxis an die durch den Aktivierungsdiskurs vermittelten normativen Anforderungen an, sie schreiben diese zudem durch ihre Abwertung anderer Ruhestädter fort. Obwohl die SystemkritikerInnen wiederholt auf die Bedeutung ermöglichender Rahmenbedingungen für schöpferische Produktivität verweisen, grenzen sie sich zugleich von »klassischen« (Un-)Ruheständlern ab. Man möchte nicht so gerne identifiziert werden mit den Unproduktiven, die – so Frau Schwarz – in ihren eigenen vier Wänden sitzend die Tage mit Kreuzworträtseln verbringen, die laut Herrn Carstens im Garten den Pflanzen beim Wachsen zusehen und mit ihren Reisezielen angeben oder die – wie Herr Hitt moniert – ihre Tage auf dem Sofa verbringen und sich im Pauschalurlaub nicht vom Strand weg bewegen. Aller Kritik an der Responsibilisierung dieser Ruheständler zum Trotz findet sich hier eine Abwertungssemantik, wie man ihr auch im *Mainstream* des öffentlichen Produktivitätsdiskurses begegnet.

(3) Entwurzelte und neu Verankerte

Die Entwurzelten und neu Verankerten zeichnen sich durch vergleichsweise frühen und unfreiwilligen Verlust der Erwerbsarbeit bei gleichzeitig hoher Erwerbsorientierung aus. Allesamt Frauen, gelingt es den neu Verankerten aus den alten Bundesländern jedoch durch berufsförmig ausgeübte Ehrenämter sukzessive, den Verlust zu kompensieren, während die ostdeutschen Entwurzelten keinen Ersatz finden, der das entstandene Loch füllen und das erlebte Anerkennungsdefizit ausgleichen könnte. Die im westlichen Modell etablierte weibliche Rolle der karitativ tätigen Hausfrau oder »Zuverdienerin« steht den ihr Leben lang Vollzeit erwerbstätigen Frauen aus den neuen Bundesländern ganz offenkundig als Alternativrolle nicht zur Verfügung. Hier bestätigt unsere Untersuchung eine These, die Hans-Joachim von Kondratowitz bereits Ende der 1990er Jahre formulierte: »Die nach der Vereinigung durchgesetzte massive Reduktion der Frauenerwerbstätigkeit im Osten ist dort mehrheitlich als definitive Einschränkung von Lebensspielräumen erfahren worden und dürfte als Lebenseinschnitt für das zukünftige Alterserleben der Frauen sicher eine entscheidende Bedeutung gewinnen. Zumindest wird man nicht mit einer problemlosen ›Refamilialisierung‹ dieser Frauen und dann mit einer umstandslosen Reaktivierung von ›weiblichem Arbeitsvermögen‹ für Aufgaben im sozialen Bereich in der zweiten Lebenshälfte rechnen können. Dies stellt die Frage nach neuen, selbstbestimmten Lebensformen für die Frauen im Alter für den ostdeutschen Teil noch dringlicher, als dies bereits für den westdeutschen Teil der Fall ist.« (von Kondratowitz 1999: 251) Tendenzen der Entwurzelung ostdeutscher Frauen sowie der neuen Verankerung westdeutscher Frauen finden sich bei einer Reihe von Interviewten, prototypisch verkörpert werden die beiden Gruppen von den Jenaerinnen Frau Star und Frau Mirow sowie den Erlangerinnen Frau Gerhard und Frau Fischbach.

Die zum Zeitpunkt des Interviews 69-jährige Biologin Frau Mirow, die als wissenschaftliche Mitarbeiterin an einem klinischen Forschungsinstitut tätig war, wurde mit 60 Jahren gegen ihren Willen in den Ruhestand verabschiedet. Die Erzählung ihrer Berufsbiografie beendet Frau Mirow mit den Worten: »Und dort bin ich dann, bis ich nicht mehr arbeiten durfte, auch geblieben.« (Z 153) Auch die 69-jährige Sozialarbeiterin Frau Star verlor aus betrieblichen Gründen ihren Arbeitsplatz als stellvertretende Leiterin einer Sozialstation im Pflegebereich und wurde nach einer 2½-jährigen Phase der Arbeitslosigkeit mit 59 Jahren frühverrentet. Den Verlust ihrer Stelle kommentiert sie mit den Worten: »1998 wurde ich nicht mehr gebraucht.« (Z 50) Ähnlich unfreiwillig gestaltete sich auch der frühe Rentenübergang der beiden Erlangerinnen Frau Gerhard und Frau Fischbach. Die 63-jährige Frau Gerhard hat als Sachbearbeiterin in einem größeren Unternehmen gearbeitet, das acht Jahre zuvor den Standort in Erlangen schloss und den Großteil der

MitarbeiterInnen in den Vorruhestand schickte. Für die damals erst 55-Jährige kam die Entlassung aus heiterem Himmel und entsprach gar nicht ihren eigenen Wünschen: »Ja, dazu muss ich voraus schicken, dass mein Ruhestand mich quasi überfallen hat. Der war sehr unfreiwillig.« (Z 3f.) Sie hat den erzwungenen Übergang als traumatisch erlebt und musste sich aufgrund schwerer Depressionen in psychologische Behandlung begeben. Die um fast ein Jahrzehnt ältere, 72-jährige Frau Fischbach ist zum Zeitpunkt des Interviews bereits seit 23 Jahren im Ruhestand. Auch für sie kam der Ruhestand unfreiwillig und ungewünscht: Die kaufmännische Angestellte wurde aufgrund einer chronischen Erkrankung und den damit verbundenen körperlichen Einschränkungen sowie häufigen Krankheitsausfällen gebeten, in Rente zu gehen. Frau Fischbach hat sich dieser Bitte zunächst widersetzt und zwei Mal abgelehnt, wurde dann aber immer nachdrücklicher von ihrem Arbeitgeber gedrängt: »Nein, ich hab absolut nicht kündigen wollen, und dann haben Sie mir gesagt, Du musst kündigen!« (Z 82f.)

Allen vier Frauen macht nach dem erzwungenen Ausscheiden aus der Erwerbsarbeit das Gefühl zu schaffen, nicht mehr gebraucht zu werden: »Und das hat mir sehr große Schwierigkeiten bereitet, als ich in Ruhestand gegangen bin. Früher, wenn man mal fünf Minuten nicht am Arbeitsplatz war, da wurde gerufen: Wo sind Sie? [...] Und, und plötzlich läuft alles weiter, ohne dass man noch dabei ist und, und gebraucht wird.« (Frau Mirow, Z 4f.) Durch den Verlust der Erwerbsarbeit verloren alle vier ihre nach eigenem Bekunden wichtigste Anerkennungsquelle – das »Selbstwertgefühl durch Arbeit« (Frau Gerhard, Z 167). Der Ruhestand wird von diesen Frauen – die der Ausnahmegruppe der »Ausgegrenzten« zuzurechnen sind – nicht als lang ersehnter Lebensabschnitt der (späten) Freiheit und Entpflichtung verstanden, sondern als radikale Ausgliederung und Ausgrenzung, und zwar nicht nur aus dem Erwerbsleben, sondern aus der Gesellschaft. Sie fühlen sich »abgeschoben« (Frau Fischbach, Z 61) und »zum alten Eisen« (Frau Gerhard, Z 13) deklariert.

Trotz der überaus negativen Übergangserfahrungen und einer sehr schwierigen Anpassungsphase gelingt es den beiden westdeutschen Frauen nach einiger Zeit, die infolge der Verrentung erfahrenen Verluste durch die Ausübung verschiedener Ehrenämter annähernd zu kompensieren. Frau Gerhard ging, nachdem sie nach ihrer Verrentung zunächst ein Jahr lang ihre Mutter gepflegt hat, zweitweise sechs zeitaufwendigen Ehrenämtern gleichzeitig nach, was sich zu mehr als einem Vollzeitäquivalent addiert haben dürfte. Ihr Engagement ist dabei breit gefächert, von der Arbeit in einer Naturschutzgemeinschaft über die wöchentliche Hilfe bei der Blutspende einer Hilfsorganisation bis hin zur Pressearbeit für einen christlichen Verein und die Beteiligung an der Übersetzung einer Biografie vom Französischen ins Deutsche. Auch nachdem sie aufgrund von akuter Überlastung einen Teil der Ämter und Tätigkeiten aufgegeben hat, ist sie weiterhin rund 30 Stunden die Woche aktiv. Die 72-jährige Frau Fischbach wiederum ist in unterschiedlichen (senioren-)politischen Interessenvertretungen aktiv und fungiert als Kassenwartin und Vorsitzende eines Kegelvereins. Beide Frauen erleben ihre Ehrenämter und freiwilligen Aktivitäten als Möglichkeit, nach der erfahrenen »Abwertung« (Frau Gerhard, Z 159) durch die Verrentung auch im Nacherwerbsleben Anerkennung zu erfahren: »Für andere einfach da sein und zu wissen, sie schätzen das [...]. Es wird schon anerkannt und das ist auch wieder schön dann.« (Frau Fischbach, Z 957)

Für Frau Gerhard war aus diesem Grund schon vor der Verrentung klar, dass sie ehrenamtlich aktiv sein würde: »Also das war, ja das Erste, was ich mit dem Ruhestand verbunden hatte. Aber auch schon vor meiner Zeit als Arbeitsloser sozusagen, weil ich immer schon Leute bewundert habe, die Ehrenämter ausüben.« (Z 18ff.) In ihren Schilderungen wird sehr deutlich, dass die Rolle der karitativ tätigen (Ehe-)Frau, die ihre freie Zeit nutzt, um Gutes zu tun, als legitime und anerkannte Vergesellschaftungsweise – auch vor dem Ruhestandsalter – betrachtet wird. Angesichts der eigenen Wertschätzung dieser Alternativrolle gelingt es Frau Gerhard, im ehrenamtlichen Engagement das zu finden, was sie mit der Erwerbsarbeit verloren hat. Neben der Anerkennung und dem von beiden Frauen wiederholt betonten großen Vergnügen, das ihr Engagement mit sich bringe, fühlen sie sich vor allen Dingen weiterhin sozial integriert und in Netzwerke eingebunden: »Wir sind eigentlich einer für alle und alle für einen. Das kann man, das kann man sagen. [...] Und wenn einer Hilfe braucht, ist, sind wir da.« (Frau Fischbach, Z 945ff.) Frau Fischbach und Frau Gerhard erfahren sich zudem im positiven Sinne als körperlich und geistig gefordert und betrachten ihr Engagement – ganz einer impliziten Aktivitätsthese folgend – als Arbeit an sich selbst und dem eigenen Alternsprozess, als »Training für die grauen Zellen« (Frau Gerhard, Z 114) und Aktivität mit »körperlichem Nutzen« (Frau Fischbach, Z 508). Die Begründungsmuster für das eigene Engagement entsprechen damit weitgehend der klassischen *Win-win*-Erzählung: »Also viel mehr, als ich im Prinzip investiert habe, kam zurück.« (Frau Gerhard, Z 93)

Dass das ehrenamtliche Engagement als Pendant zur Erwerbsarbeit gedacht wird, zeigt sich schließlich auch an der Charakterisierung der ehrenamtlichen Tätigkeiten als »Jobs« (Frau Gerhard, Z 226) sowie am erlebten hohen Verpflichtungsgrad, der beide Frauen bis an die Grenze ihrer Belastbarkeit bringt. Bei aller Zufriedenheit fühlt sich Frau Fischbach über die Maßen in Anspruch genommen und konstatiert: »Ich wollte das, wenn ich will und wenn ich Lust hab, dann mach ich es. Aber ich, jetzt, jetzt ist das so ein Druck bei mir.« (Z 790ff.) Frau Gerhard wiederum begründet ihren kurz vor dem Interview erfolgten, partiellen Ausstieg aus ehrenamtlichem Engagement neben der Überlastung damit, dass es Zeit sei, sich etwas mehr Ruhe zu gönnen und Bilanz zu ziehen – womit sie sich mit Anfang 60 so etwas wie einen zweiten, für sie akzeptablen Übergang in den Ruhestand geschaffen hat.[92]

---

92 | Die Fallbeispiele Frau Fischbach und Frau Gerhard, aber auch ähnliche Tendenzen bei anderen westdeutschen Interviewten fordern empirische Studien heraus, die stark machen, »dass diejenigen Ruheständler, die ihre Ausgliederung aus dem Erwerbsleben als umfassende Sinnkrise erleben, über keinerlei biografische Sinnressourcen verfügen, um die Ausgliederung aus dem Erwerbsleben produktiv zu verarbeiten und neue Formen des Engagements und Aktivität zu entfalten.« (Olk 2002: 44) Es scheint zumindest prüfenswert, inwiefern die Situation zumindest für westdeutsche Frauen der untersuchten Alterskohorte differenzierter zu betrachten ist.

Ganz anders als bei Frau Fischbach und Frau Gerhard stellt ehrenamtliches Engagement für die beiden Frauen aus den neuen Bundesländern keine adäquate Möglichkeit der Rollenübernahme zwecks Kompensation des Erwerbsarbeitsverlustes dar. Aus der fehlenden Alternative eines Lohnarbeitsersatzes resultiert eine Suche nach Arbeit um jeden Preis: Frau Star hat nach dem Verlust ihrer Stelle buchstäblich alles versucht, um wieder in Arbeit zu kommen, und erlebt es als überaus »frustrierend« (Z 104), dass ihre vielfältigen Qualifikationen und ihre langjährige Berufserfahrung im sozialen Bereich offenkundig nicht mehr gefragt sind: »Es müssen doch auch Leute gebraucht werden, die Berufserfahrung haben, gerade mit anderen Menschen umzugehen!« (Z 113f.) Als alle ihre Versuche misslingen, nimmt sie schließlich einen Minijob als Zustellerin von Werbeprospekten an: »eigentlich nur, um noch ne Beschäftigung, noch ne Aufgabe zu haben« (Z 125f.). Dass die studierte Sozialarbeiterin, die vor Arbeitslosigkeit und Frühverrentung in einer Führungsposition arbeitete, bereit war, diese so deutlich unter ihrem Qualifikationsniveau liegende und nach eigenem Bekunden überaus »stupide« (Z 123) Tätigkeit auszuführen, zeigt deutlich, dass es ihr tatsächlich um Erwerbsarbeit um jeden Preis geht; und zwar unabhängig von finanziellen Motiven, wie sie mehrfach betont.

Das zu DDR-Zeiten verankerte »Recht auf Arbeit«, die Nicht-Existenz von Frühverrentungsregeln, die Normalität und Erwünschtheit von Frauenerwerbstätigkeit sowie der ideologisch überaus zentrale Stellenwert von Arbeit in der ehemaligen DDR (Wolf 1991: 726) haben – das zeigen die Erzählungen von Frau Mirow und Frau Star – deutliche Spuren hinterlassen (vgl. auch Kapitel 4.5) und bedingen die Bewertung des Ruhestands als einer weitgehend »nutzlosen« Lebensphase. So kommentiert Frau Mirow ihren Alltag: »Im Prinzip hat man den ganzen Tag nur eins von rechts nach links geordnet. [...] Das ist mir irgendwie zu wenig, das war das, was mich dann auch so gestört hatte im Rentenalter.« (Z. 201f., 589) Nicht-erwerbsförmige Tätigkeiten, die von anderen Befragten als erfüllend und sinnstiftend beschrieben werden, werten die beiden Frauen als Freizeitbeschäftigung ab, die man lediglich ausführe, »damit man nicht zu Hause sitzt«. Aber: »Zufrieden ist man da nicht.« (Frau Star, Z 639). Das Gefühl, gebraucht zu werden und für die Gesellschaft nützlich zu sein, ist untrennbar mit Erwerbsarbeit verknüpft: »Und es war doch selbstverständlich, dass man irgendwie auch für [...] die Gesellschaft, dass man nützlich ist, dass man [...] ich kann mir das nicht vorstellen, dass Leute ihr ganzes Leben nur für sich und ihre Familie. Das ist mir irgendwie zu wenig, das war das, was mich dann auch so gestört hat im Rentenalter, dass ich jetzt denke, es ist nur noch wichtig, was du machst, dass für dich alles funktioniert und so was. Ich wollte schon irgendwas bewegen.« (Frau Mirow, Z 199ff.)

Obwohl Frau Mirow mit acht Stunden wöchentlich in einer Seniorenorganisation aktiv ist, erfüllen die damit verbundenen Aufgaben und Tätigkeiten diesen Anspruch, weiterhin etwas zu bewegen, für sie nicht. Auch Frau Star betont im Interview wiederholt, wie sehr sie darunter leidet, ihre brachliegenden Potenziale nicht mehr einsetzen zu können: »Das ist gerade so als warte man auf eine sinnvolle Aufgabe.« (Z 460f.) Und an anderer Stelle: »So, man vermisst dann eigentlich was. Man hat eigentlich noch so viel Kraft und Power.« (Z 462f.) Auf die Suche nach Möglichkeiten freiwilligen Engagements hat sie sich trotzdem nicht gemacht. Die bei beiden Frauen zum Ausdruck kommende Ehrenamtsferne bzw. die implizite Abwertung ehrenamtlichen Engagements finden wir mit unterschiedlichen Akzentsetzungen überdurchschnittlich oft bei den ostdeutschen Interviewten. Neben grundsätzlicher Kritik an der Kompensation wohlfahrtsstaatlicher Versorgungs- und Dienstleistungslücken durch unbezahlte Arbeit dürfte hierfür eine in den neuen Bundesländern ausgeprägtere Staats- und Institutionenskepsis entscheidend sein (Schroeder 2010: 19f.; Kollmorgen 2009), die sich auf das zivilgesellschaftliche Engagement überträgt.

Auch wenn dies keineswegs für alle ostdeutschen Interviewten gilt, zeigt sich bei Frau Mirow und Frau Star – wie bei einigen anderen – zudem die Schwierigkeit, eigeninitiativ aktiv zu werden und selbstorganisiert nach möglichen Tätigkeitsfeldern zu suchen. So bekundet die kaum aktive Frau Star: »Ich muss was rumwuseln, [...], ich stehe bei Fuß, wenn mich einer ruft und sagt, [...] kannste mir mal dabei helfen?« (Z 458ff.) Frau Mirow bringt dieses Bedürfnis nach expliziter Ansprache noch deutlicher zum Ausdruck: »Es muss nur, jetzt von der Gesellschaft müssen die die Anforderungen kommen, was die älteren Leute machen sollen.« (Z 1047f.) Auch bei anderen Befragten scheint die Haltung auf, dass es Aufgabe des Staates sei, Bedarfe zu ermitteln, zu operationalisieren und Menschen mit konkreten Anliegen zu adressieren: So betont der Interviewte Herr Wulf explizit, dass er nichts anderes tun könne, als abzuwarten, bis etwas »konkret [...] an mich rangetragen« wird (Herr Wulf, Z 773ff.) und Herr Konrad unterstreicht, obwohl er sich eine Aufgabe wünscht, »müsste mich jemand ansprechen oder wenn mir jetzt jemand sagen würde, du, hör mal, du hast doch damals das und das gemacht und könntest du dir vorstellen [...]« (Herr Konrad, Z 697ff.) – dann wäre er bereit.

Dass der augenfällige Unterschied zwischen dauerhaft Entwurzelten und neu Verankerten an vier Frauenbiografien exemplarisch zum Ausdruck kommt, ist kein Zufall, sind es doch die weiblichen Erwerbsbiografien und Erwerbsorientierungen sowie die diesbezüglichen gesellschaftlichen Erwartungshaltungen, die sich im Ost-West-Vergleich am stärksten unterscheiden. Der umfassenden Erwerbsarbeitssozialisation der ostdeutschen Frauen korrespondiert im Westen bis 1989 das Modell der Hausfrauenehe bzw. das der geringfügig erwerbstätigen Zuverdienerin, zu dem seit jeher ein gewisses Maß an ehrenamtlicher Tätigkeit gehörte. Diese weitgehend altersunspezifische Rolle der karitativ »Helfenden«, die einigen westdeutschen Frauen den Übergang in die erzwungene Frühverrentung erleichtert hat, steht für viele der ostdeutschen Frauen nicht zur Verfügung, so dass wir in dieser Gruppe ein besonders hohes Unzufriedenheitspotenzial finden.

(4) Die Diskriminierungssensiblen

Übereinstimmend mit repräsentativen Untersuchungen zum Erleben altersbezogener Diskriminierungen (z.B. Huxhold/Wurm 2010) spricht nur eine kleine Minderheit der Interviewten davon, Diskriminierung aufgrund ihres Lebensalters erfahren zu haben. Der Schluss, dass es sich deshalb um ein Ausnahmephänomen handeln muss, ist dennoch aus verschiedenen Gründen vorschnell. Neben dem Umstand, dass eine große

Zahl der Interviewten die Missachtung ihrer Erfahrung und ihres Lebenswissens beklagt (vgl. Kapitel 5.5.2), finden sich in den Interviews einige Beschreibungen, die auf erlebte und/oder für die Zukunft antizipierte Altersdiskriminierung hindeuten, wobei eine explizite Rahmung des Beschriebenen als Diskriminierungsakt jedoch ausbleibt. Dabei ist zu berücksichtigen, dass die Idee von Altersdiskriminierung oder »Ageism« im deutschsprachigen Raum – anders als in den angelsächsischen Ländern und im Gegensatz zu Sexismus und Rassismus – alltagsweltlich kaum verankert ist (van Dyk/Turner 2011). Dieser Umstand könnte zur Folge haben, dass es Älteren an einem Konzept fehlt, um das Erfahrene einzuordnen – mit der Folge, dass erlebte Ungleichbehandlungen z.B. auf andere Umstände zurückgeführt oder als »normal« erlebt werden. Vor allem die Internalisierung negativer Altersattribute ist entscheidend dafür, dass erlebte Abwertung von Betroffenen nicht als solche problematisiert, sondern als angemessen empfunden wird – entspricht sie doch einem auf die Verinnerlichung negativer Altersstereotype zurückgehenden »self-inflicted ageism« (Nikander 2002: 214; vgl. auch: Gilleard/Higgs 2000: 135f.).

Vor diesem Hintergrund offenbaren unsere Ergebnisse interessante Ost-West-Spezifika, wenn es um die Frage der Wahrnehmung und expliziten Problematisierung von Altersdiskriminierung geht. Die ostdeutschen »Diskriminierungssensiblen« verbinden die Schilderung und Kritik von Altersdiskriminierung mit einer Grundsatzkritik der kapitalistischen Markt- und Konkurrenzgesellschaft. Angesichts der Erinnerung an lebenslange Arbeitsplatzsicherheit, die betriebliche Einbindung der RentnerInnen und die Bereitstellung altersgerechter Arbeitsplätze gilt ihnen die »Arbeitsgesellschaft« DDR rückwirkend als »altenfreundlich« – ganz im Gegensatz zum westdeutschen Konkurrenzsystem. Die erinnerte Systemdifferenz einerseits, die umfassenden altersbedingten Ausgliederungen der Über-55-Jährigen nach der Wende andererseits scheinen eine lebensweltliche Distanz zu schaffen, die es ermöglicht, Abwertungserfahrungen zu kritisieren, welche anderen Befragten gewissermaßen als selbstverständlich gelten. Ansätze in diese Richtung finden sich bei einigen Jenaer Männern, prototypisch verkörpert werden die Diskriminierungssensiblen von Herrn Kegel und Herrn Konrad. Das Beispiel von Frau Wulf zeigt im Gegensatz dazu, wie die explizite Kritik erfahrener Diskriminierung ihrerseits mit einer ausgeprägten Negativstereotypisierung des höheren Lebensalters einhergehen kann.

Der seit einem Jahr verrentete 63-jährige Diplom-Ingenieur Herr Kegel hat sein Leben lang bei einem großen Jenaer Unternehmen gearbeitet und gehört zu den wenigen im Sample, die nach der Wende weder einen Arbeitsplatzwechsel noch Phasen der Arbeitslosigkeit erlebt haben: »Ich gehöre zu denen, die man heute fast asozial nennt, [...] mit der Schultasche bin ich in einen Betrieb gegangen und bin dort mit der Aktentasche als Vorruheständler wieder raus.« (Herr Kegel, Z 72ff.) Obwohl er mehrfach betont, in der Nachwende-Zeit Glück gehabt zu haben, trauert er der DDR hinterher, sein Urteil – vor allem im Hinblick auf Arbeitslosigkeit, Frühverrentungen und soziale Ungleichheit – ist knapp und deutlich: »Die Wende [hat] eben Haufen Ärger gebracht.« (Herr Kegel, Z 80f.)

Mehrfach beklagt er, dass im Gegensatz zur ehemaligen DDR das Alter und der »Lebensschatz« (Z 672) der Älteren nicht mehr gewürdigt würden und verweist auf die seinerzeit starke Einbindung der »Arbeitsveteranen« in die Betriebe. Die in hohem Maße prekäre Lebenssituation von RentnerInnen in der DDR, die schlechte Versorgungslage Hochaltriger und Pflegebedürftiger oder die mit der Reisefreiheit verbundene ambivalente Botschaft der Verzichtbarkeit der RuheständlerInnen für das System (vgl. Kapitel 4.5), finden bei Herrn Kegel – einem der ausgeprägtesten »DDR-Nostalgiker« im Sample – keine Erwähnung.

Herr Kegel hat vor seiner Frühverrentung selbst Altersdiskriminierung im Betrieb erfahren und berichtet von Mobbing-Attacken, die seiner Einschätzung nach eindeutig an sein Alter anknüpften. Dieser Situation hat er sich durch vorzeitigen Übergang in den Ruhestand entzogen. Er führt die Diskriminierung Älterer im Betrieb, mit der er nicht nur persönlich, sondern auch in seiner Rolle als Betriebsrat konfrontiert war, zum einen auf den Neid der jüngeren KollegInnen zurück, die in der Regel weniger verdienen würden; er sieht zum anderen aber auch eine systemische bzw. systematische Komponente: »Ist aber aus meiner Sicht sogar zum Teil so gewollt, um da bisschen Druck in die Belegschaft zu kriegen.« (Z 299ff.) Er ist der Überzeugung, dass es das in der DDR nicht gegeben habe und führt die Diskriminierung der älteren ArbeitnehmerInnen explizit auf die kapitalistische Konkurrenzgesellschaft zurück – in der die jüngeren KollegInnen nun sozialisiert würden: »Man wird bewusst oder unbewusst von Jüngeren gemobbt, das ist einfach so. Das ist aber erst, muss ich feststellen, seit nach der Wende so in diesem System, dass ein Alter nischt mehr wert ist und am liebsten rausgedrückt wird von den Jungen. Das wird immer schlimmer, diese Ellenbogengesellschaft.« (Z 269ff.) Herrn Kegels Analyse von Altersdiskriminierung ist damit eingelassen in die Diagnose eines Generationenkonflikts, der sich als Systemkonflikt entpuppt, verkörpern die Älteren für ihn doch die Vorzüge der DDR-Arbeitsgesellschaft, während die Jüngeren nur noch der »schnöde Mammon« (Z 318) interessiere. Zugleich geht es ihm durchaus um altersspezifische Implikationen, wenn er in Frage stellt, auf welcher Basis die Jüngeren eigentlich zu dem Schluss kommen würden, »dass ein Alter, älterer Mensch oder Kollege, der vielleicht äußerlich langsamer wirkt« (Z 285), tatsächlich weniger leistungsfähig sei. Vor allem aber spricht er – auf seine langjährige Erfahrung als freigestellter Betriebsrat verweisend – den Umstand an, dass Altersdiskriminierung von vielen nicht als solche erlebt und problematisiert werde, da es häufig schlicht an der Erfahrung fehle, die Altersspezifik einer Benachteiligung oder Abwertung zu erkennen: »Die einen fassen das als Frotzeln auf oder was weiß ich, aber da ich ja von Berufs wegen mit solchen Dingen zu tun hatte, merkt man das schon.« (Z 283)

Anders als Herr Kegel hat der zum Zeitpunkt des Interviews 69-jährige Schlosser Herr Konrad im Nachgang der Wende seine Stelle bei einem Jenaer Unternehmen im Alter von 51 Jahren verloren. Es folgten neun Jahre mit wechselnden Phasen der Arbeitslosigkeit und prekärer Beschäftigung, bevor er im Alter von 60 Jahren verrentet wurde. Die Lebenssituation von Herrn Konrad wird in ökonomischer wie sozialer Hinsicht dadurch abgefedert, dass die deutlich jüngere Ehefrau als Ärztin ein gutes Einkommen bezieht und er sich die Rolle des Hausmannes zu Eigen gemacht hat: »Ich sag immer scherzhaft [...], wir Hausfrauen haben den ganzen Tag zu tun.« (Z 6) Auch Herr Konrad trauert der DDR hinterher und engagiert sich in einem Verein, der an der Revision des negativen DDR-Bildes arbeitet, gelte es doch das, »was ja teilweise auch ein bisschen verdreht wird, wieder geradezurücken« (Z 198f.). Die Partei, der er viele Jahre lang angehörte, hat er zwei Jahre zuvor aus Protest verlassen, da die Politik ihm nicht mehr links genug und zu weit von den DDR-Wurzeln entfernt war. Auch er ist fest davon überzeugt, dass es älteren Menschen in der ehemaligen DDR besser ging als nach der Vereinigung und verweist wie Herr Kegel und eine Reihe weiterer Jenaer Befragter darauf, dass die Menschen bei abnehmender Leistungsfähigkeit nicht einfach aus dem Arbeitsprozess ausgegliedert wurden, sondern die Möglichkeit zur Weiterbeschäftigung in weniger belastenden Bereichen erhielten. Anders als Herr Kegel hat Herr Konrad nicht altersbedingtes Mobbing am Arbeitsplatz erfahren, sondern den Verlust des Arbeitsplatzes mit Anfang 50 und die Unmöglichkeit, wieder in stabile und qualifizierte Beschäftigung zu gelangen, als altersbedingte Diskriminierung erlebt. Er würde sich gerne stärker in die Gesellschaft einbringen, ist aber der Überzeugung, dass seine frühe Ausgrenzung aus der Erwerbssphäre der Beweis dafür ist, dass genau das gesellschaftlich nicht (mehr) gewünscht ist. Eingelassen ist die deutliche Kritik am Umgang mit älteren Menschen in eine ausführliche begründete Systemkritik: »Ich würde ja auch gerne irgendwie mehr helfen, wenn meine Hilfe gefordert würde. [...] Ich hätte da kein Problem, tätig zu sein. Aber, wie gesagt, ich meine, ich war damals 51, wo ich bei [Unternehmen] rausgeflogen bin. [...] Wobei ich sagen muss, [lacht] ich habe, ich war ja aktiver Genosse, ne, und ich bin also auf Parteischulen gewesen. Ich hab mich also intensiv mit Marxismus befasst. Ich bin nicht enttäuscht. Ich hab nichts anderes erwartet. Im Gegensatz zu den Millionen, die damals geschrien haben, wir wollen, wir wollen die Mark [...] nicht ein Punkt, wo ich jetzt sage, [wehklagend] ›hach, das hab ich mir alles ganz anders vorgestellt‹. Ich hab gewusst, wie's kommt. Ich hab's gewusst. Ich hab gewusst, dass unsere Betriebe kaputtgehen.« (Z 672ff.) Und jetzt, wo nur noch das Geld regiere, werde der Integration Älterer in Betrieb und Gesellschaft eben keine Aufmerksamkeit mehr geschenkt.

Bei der Interviewten Frau Blau, die jedoch nur in einer kurzen Passage auf die Thematik zu sprechen kommt, findet sich ein etwas anders akzentuiertes Argument dazu, dass und warum es in der ehemaligen DDR im Gegensatz zu heute keine so ausgeprägte Altersdiskriminierung gegeben habe. Sie verweist auf den konsumvermittelten Jugendwahn, den man in der DDR nicht gekannt habe, und der seit der Wende insbesondere älteren Frauen in den neuen Bundesländern zum großen Nachteil gereichen würde: »Nur jung, schlank und so. Wenn man irgendwo hinkam, auf'n Hintern und auf'n Busen, das war der Blick vom Chef.« (Z 156f.) Auch hier bildet die Kontrastfolie eines anderen Systems die Grundlage für eine dezidiert ausformulierte Kritik.

Im Gegensatz zu den Herren Kegel und Konrad bewertet die 63-jährige ehemalige Sachbearbeiterin Frau Wulf, für die die Thematik ebenfalls eine zentrale Rolle spielt, die Wende positiv. Wie viele der Jenaer Befragten bedauert sie jedoch den Verlust des

solidarischen Miteinanders: »Das ist jetzt ein richtiger Nachteil, dass jeder nur zu seinem Vorteil ist.« (Z 768) Im Alter von 58 Jahren hat Frau Wulf für sie höchst unerwartet
ihren Arbeitsplatz verloren und ist nach zweijähriger Arbeitslosigkeit mit 60 in den Vorruhestand gegangen, was sie nicht als Befreiung, sondern als abermalige Ausgrenzung
erlebt hat, sie sei »ausgesondert worden« (Z 10). Obwohl sich Frau Wulf eigentlich auf
den Ruhestand gefreut hatte, haben die vorzeitige Ausgliederung sowie die im Vorfeld
der Entlassung erlebte Diskriminierung am Arbeitsplatz diese Vorfreude zunichte gemacht. Rückblickend sagt sie: »Und da bin ich richtig kaputt gespielt worden.« (Z 437)
An den Folgen leidet sie, mit schweren Depressionen kämpfend, bis zum Zeitpunkt des
Interviews fünf Jahre später. Obwohl Frau Wulf den Umgang mit ihrer Person vor und
nach der Entlassung als dezidiert altersdiskriminierend einordnet, ist ihre Verarbeitung
doch eine ganz andere als die der beiden männlichen Befragten. So macht zwar auch
sie den Wendekontext und die spezifische Situation in den neuen Bundesländern stark:
»Auf keinen Fall hier im Osten, dass sie im Alter noch gebraucht werden, das kann ich
mir nicht vorstellen, weil ich's ja am eigenen Leib verspürt habe.« (Z 663ff.) Zugleich ist
sie aber ein eindrückliches Beispiel dafür, wie die Negativstereotypisierung des Alters
internalisiert und fortgeschrieben wird. Altersdiskriminierung ist für sie nur insofern
eine Systemfrage, als dass es ihre altersbedingte Arbeitslosigkeit vor dem 60. Lebensjahr in der DDR nicht gegeben hätte. Die Problematisierung der erlebten Diskriminierung
im Alter von 58 Jahren scheint dabei wesentlich mit dem vergleichsweise jungen Alter
zusammenzuhängen, denn die Leistungsfähigkeit von Menschen jenseits der 60 stellt
sie recht unumwunden grundsätzlich in Frage (»wie viele krabbeln schon mit 60 rum
und können nicht mehr«, Z 712), womit sie die Ausgliederung Älterer zugunsten Jüngerer
normalisiert, legitimiert und einer dezidierten Kritik entzieht. Immer wieder problematisiert sie, das viele Ältere – insbesondere Männer – nicht bereit seien, dieser Tatsache
ins Auge zu sehen; so habe ihr Mann »immer noch die Hirngespinste im Kopf, dass er
eventuell noch mal gebraucht würde. Ich sag, dich braucht heut niemand mehr, das ist
so. Bleib jetzt zu Hause.« (Z 215ff.) Ähnlich wie bei Frau Blau kommt bei ihr neben dem
Hinweis auf abnehmende körperliche und geistige Leistungsfähigkeit (»auf dem Bau-
gerüst können sie die Alten auch nicht mehr gebrauchen«, Z 687f.) auch das Aussehen
zur Sprache, das eine wesentlich größere Rolle spiele als zu DDR-Zeiten: »Man ist nicht
mehr attraktiv genug, um in einem Büro zu arbeiten.« (Z 686f.)

Die Haltung von Frau Wulf bleibt letztlich hoch ambivalent, denn bei allem »self-
inflicted ageism« und wiederholt beschriebenen Abbauszenarien scheint doch immer
wieder wenn nicht Kritik, so doch Resignation und Bitterkeit über ihre Situation durch,
die sie dann sogleich rationalisiert und für unausweichlich erklärt: »Und dass ich gebraucht werde, tja, ich hab gemerkt, dass ich nicht gebraucht wurde, dass ich alt war
und abgewickelt wurde. Da kann ich da nicht sagen, irgendwann später brauchen sie
das, das ist nicht. Die sollen erstmal denjenigen, die arbeiten wollen, eine Arbeit richtig
geben [...] und dann brauchen sie die Alten nicht.« (Frau Wulf, Z 662ff.)

Während Herr Kegel und Herr Konrad Altersdiskriminierung als Auswuchs der Wett-
bewerbs- und Konkurrenzdynamik im Kapitalismus begreifen und in der ehemaligen

DDR ein Alternativmodell sehen, das ihre Kritikposition grundiert, zeigt das Beispiel von Frau Wulf, dass die Kritik von Altersdiskriminierung und die Internalisierung von negativen Altersstereotypen im Zweifelsfall Hand in Hand gehen können. Nicht zuletzt demonstrieren die Schilderungen von Frau Wulf und Herrn Konrad beispielhaft, dass es gerade für Interviewte aus den neuen Bundesländern in hohem Maße unverständlich ist, dass man sie erst in vergleichsweise jungen Jahren auf das Abstellgleis gestellt hat, um sie nun zu reaktivieren und ihre Unverzichtbarkeit für die Gesellschaft erklären: »Da kann ich da nicht sagen, irgendwann später brauchen sie das, das ist nicht.« (Frau Wulf, Z 671f.)[93]

5.5 DIE INTERVIEWTEN UND DAS PRODUKTIVITÄTSDISPOSITIV

Während insbesondere das Ruhestandsdispositiv, aber auch zentrale Komponenten und Verknüpfungen des Unruhestandsdispositivs in hohem Maße institutionalisiert sind und/oder Eingang in alltägliche Routinen, Körperpraktiken und Wissensordnungen gefunden haben, ist das Produktivitätsdispositiv – wie dargelegt – ein Dispositiv im Werden, das jenseits der schwachen Institutionalisierung in Modellprogrammen vor allem als Episteme politisch, wissenschaftlich und medial popularisiert wird (vgl. Kapitel 4.4). Alltagspraktisch hingegen fällt – ganz anders als mit Blick auf das Ruhestands- und Unruhestandsdispositiv – die große Zahl der in unterschiedlicher Weise dispositivfernen Interviewten ins Auge. Viele Interviewte sind, selbst wenn sie in ihrer eigenen Alltagspraxis den Produktivitätserwartungen entsprechen mögen, in ihrer Einstellung, Haltung und Weltsicht wenig affiziert von produktivistischen Perspektiven. Dazu gehören beispielsweise jene zufriedenen Ruheständler, die keine Dispositivkritiker sind und die im Interview erkennen lassen, dass der klassische Ruhestand für sie weiterhin das gelebte Normalmodell des Nacherwerbslebens ist. Auch die geschäftigen Ruheständler erweisen sich als dispositivfern, halten sie doch einen weitgehend passiven Ruhestand für die Normalität und sich selbst für (aktive) Ausnahmen. In beiden Gruppen bleiben Bezüge auf eine Neuverhandlung des Alters oder veränderte gesellschaftliche Rahmenbedingungen weitestgehend aus. Die verhinderten Ruheständlerinnen wiederum streben – quasi dispositiv-konträr – an, den Ruhestand zu »lernen« und ihren Alltag (endlich) in ruhigere Bahnen zu lenken. Auch sie nehmen sich eher als Ausnahmen wahr, problematisieren ihre Überlastung zum Teil gar als persönliches Problem. Insgesamt hat die Auswertung auch über die verhinderten Ruheständlerinnen hinaus gezeigt, dass es eine Reihe von

---

93 | »Aus Altersgründen zu scheitern war eine neue, extrem verletzende Erfahrung, die die Ostdeutschen nach 1990 machen mußten.« (Wolfgang Engler 2004: 141)

Frauen gibt, die sich mit ihren heteroproduktiven Pflichten überlastet fühlen und die anstreben, sich besser gegen Ansprüche aus ihrem nahen und weiteren sozialen Umfeld abzugrenzen. Diese Ansprüche werden jedoch nicht als neue, politisch induzierte Produktivitätserwartung wahrgenommen, sondern als Teil ihres normalen Alltags erlebt. Dem Produktivitätsdispositiv diametral entgegengesetzt haben wir es hier – mehrheitlich ausgehend von einem sehr hohen Aktivitätsniveau – mit einem Wunsch nach partieller De-Aktivierung zu tun, der eindeutig geschlechtsspezifisch strukturiert ist.[94]

Tatsächlich sind jedoch keineswegs alle Interviewten dispositivfern: Im Folgenden interessiert uns deshalb, ob und wenn ja welche zentralen Implikationen des Dispositivs – etwa die Produktivitätserwartung oder die in Aussicht gestellte Aufwertung des Alters – die Interviewten explizit wahrnehmen, bewerten und verarbeiten. Anders als im Rahmen der Typenbildung interessiert im Folgenden nicht die Verschränkung von Orientierung und Praxis, sondern in erster Linie die Positionierung in Bezug auf Elemente des Produktivitätsdispositivs. Alle Interviewten wurden explizit mit der Produktivitätserwartung konfrontiert, indem ihnen im letzten Teil des Interviews ein Auszug aus einem Flyer zum Sechsten Altenbericht vorgelegt und sie um eine Positionierung gebeten wurden; die Antworten auf diese Frage fassen wir in einem kurzen Exkurs am Ende dieses Kapitels zusammen. Aber auch unabhängig von diesem Interviewanreiz wird bei 20 von 55 Befragten deutlich, dass ihnen die Debatte um die produktiven Potenziale Älterer und ihrer Nutzung bekannt ist, entweder weil sie bereits vor der Altenberichtsfrage von selbst auf die Thematik zu sprechen kommen oder weil die Reaktion auf den Altenbericht so elaboriert ausfällt, dass die Haltung nicht allein interviewinduziert zu sein scheint. Diese Interviewten kommunizieren die Wahrnehmung einer an Popularität und Präsenz gewinnenden gesellschaftlichen Erwartungshaltung, dass sich Menschen im Ruhestand stärker als bisher einbringen sollen, wobei in diesem Zusammenhang mehrheitlich über ehrenamtliches Engagement gesprochen wird. Fast alle Interviewten dieser Gruppe ordnen ihren Eindruck in größere gesellschaftliche Zusammenhänge ein und benennen in Übereinstimmung mit zentralen dispositiven Verknüpfungen – wenn auch mit unterschiedlichen Bewertungen und Akzentsetzungen – demografische Entwicklungen und den Wandel des Sozialstaats als wesentliche Rahmenbedingungen. Befragte,

---

94 | Als ebenfalls auffällig dispositivfern erweisen sich zwei den Produktiven zuzurechnende Frauen, und zwar erstaunlicherweise diejenigen, die am dezidiertesten für eine verstärkte Inpflichtnahme von RuheständlerInnen plädieren: In hohem Maße altenfeindlich eingestellt betrachten sie alte Menschen – sich selber davon ausnehmend – als faul und verantwortungslos und plädieren für deren stärkere Inpflichtnahme. Sie nehmen aber keinerlei in diese Richtung zielenden Tendenzen wahr und sehen sich selbst als einsame Mahnerinnen in dieser Sache.

denen allein einzelne Maßnahmen – wie insbesondere die Rente mit 67 – bekannt sind, die diese aber nicht in einen größeren Zusammenhang einordnen, werden nicht zu dieser Gruppe gerechnet. Mehrheitlich wird »die Politik« als Akteur der neuen Ansprüche benannt, wobei den Medien als Vermittlungsinstanz eine zentrale Rolle zukommt. Herr Hippe z.B. antwortet auf die Frage, wie man sich gesellschaftlich einbringen könnte: »Ich weiß es aus Presse und Fernsehen, viel durch so genannte ehrenamtliche Tätigkeit.« (Z 630f.) Einige Interviewte nehmen auch Veränderungen im lokalen Kontext wahr, verweisen auf die Arbeit des Seniorenbüros oder das Engagement von Bekannten. Frau Nikolaus, die sich vom Bürgermeister ihres Dorfes regelrecht gedrängt fühlt, ehrenamtliche Aufgaben zu übernehmen, stellt allerdings eine Ausnahme dar.

Elf der 20 Interviewten mit explizitem Dispositivbezug sehen die wahrgenommene Entwicklung kritisch, sechs sind affirmativ – also deutlich zustimmend – und drei in unterschiedlicher Weise ambivalent. Die Affirmativen mit expliziter Dispositivwahrnehmung gehen im Typus der Produktiven auf und werden an dieser Stelle deshalb nicht gesondert verhandelt. Wir konzentrieren uns im Folgenden stattdessen zunächst auf die Gruppe der KritikerInnen der Produktivitätserwartung, die um verschiedene Typen streut, wobei wir auch die von den Ambivalenten vorgebrachten kritischen Aspekte berücksichtigen. Im Anschluss daran fragen wir, welchen Stellenwert das für das Produktivitätsdispositiv zentrale Aufwertungsversprechen an ältere Menschen in den Erzählungen der Interviewten einnimmt. Auch interessiert uns, ob und inwiefern die neu entdeckte Ressource »(Lebens-)Erfahrung« in den Interviews thematisch wird.

5.5.1 Die KritikerInnen der Produktivitätserwartung

Bei den KritikerInnen der Produktivitätserwartung ist der Tenor vorherrschend, dass ältere Menschen derzeit zu Lückenbüßern für eine verfehlte Sozial- und Arbeitsmarktpolitik gemacht werden (sollen) und dass weniger ihre Wertschätzung und Aufwertung in Aussicht steht, als dass ihre Ausbeutung droht. Neben der verbreiteten Kritik an der Heraufsetzung des Rentenalters infolge der Rente mit 67 werden insbesondere die neuen Ansprüche an ehrenamtliches und freiwilliges Engagement – zum Teil äußerst elaboriert – problematisiert. In verdichteter Weise bringt Herr Liebig diese Position auf den Punkt: »Also diese permanenten Aufrufe für das Ehrenamt. Unter dem Gesichtspunkt, sonst macht es ja keiner, weil der Staat ja sich rauszieht. Das ist für mich also keine Argumentation. Also ich fühle mich nicht verpflichtet, den Staat zu ersetzen. Das sag ich jetzt ganz betont. Ich habe nicht die Verpflichtung, den Staat zu ersetzen. Er hat nicht für mich permanent gearbeitet, damit ich immer es gut hatte, sondern ich habe gearbeitet das Leben, damit ich es gut hatte.« (Herr Liebig, Z 637ff.) Explizit wird der durch eigene Arbeit verdiente Ruhestand den staatlichen Ansprüchen an fortgesetzte Aktivität entgegengestellt. Die KritikerInnen monieren, dass die RuheständlerInnen in immer mehr gesellschaftlichen Bereichen als kostenlose Ressourcen eingesetzt würden: »Es wird natürlich auch von der Gesellschaft erwartet, dass man, wenn man, sag ich mal, einigermaßen [...] gesund ins Rentenalter geht, dass man dann noch was tut. Also die Liste für ehrenamtliche Arbeit, die wird immer länger. Wenn ich das manchmal höre, also da können Sie zum Vorlesen in'n Kindergarten gehen, Sie können in der Uniklinik die Bücherei dort betreiben. Sie können, was weiß ich, alles Mögliche machen. Nur kosten darf es nüscht.« (Frau Ruthe, Z 1247ff.) Während die Politik die Älteren als »Ressource Mensch« anzapfe, »um einfach die Lücken, die in unserem System sind auszufüllen« (Herr Stiefel, Z 1126ff.), würden zugleich bezahlte Arbeitsplätze vernichtet: »Alles, was die Rentner ehrenamtlich machen, das ist ja alles ganz gut und schön, aber im Grunde genommen zerstört es ja immer mehr Arbeitsplätze, das ist ja eigentlich das Grundproblem, dass die in allen Gebieten Ehrenamtliche suchen, das geht ja schon in der Schule los, dass sie selbst da zum Vorlesen [...] gäh, bloß eigentlich sind das ja Dinge, die von einer bezahlten Person gemacht werden müssten.« (Frau Weimann, Z 464ff.) Bezug nehmend auf die Neuentdeckung der Ressourcen der Älteren merkt Frau Weimann deshalb an, dass ehrenamtliche Arbeit keine Ressource sei, sondern »eigentlich Ressourcen zerstört« (Frau Weimann, Z 550) – die Ressource bezahlte Arbeit. Das Bewusstsein, durch das eigene Engagement zu solchen Verdrängungsprozessen beizutragen, ist bei den KritikerInnen durchaus verbreitet. Frau Ruthe betont, dass sie eigentlich gerne helfe, die Kirche zu schmücken oder sauber zu machen, ergänzt aber sofort: »Aber wenn dann dort so viele Mitarbeiter entlassen werden und Hilfskräfte. Und ich soll das dann auch noch machen. Das mach ich nicht.« (Frau Ruthe, Z 1333ff.)

Während die (drohende) Ausnutzung bzw. Ausbeutung Älterer in ehrenamtlichen Tätigkeiten eindeutig im Zentrum der Kritik steht, findet sich insbesondere bei den ostdeutschen Frauen auch die Problematisierung der Ausnutzung im privaten Bereich. Es wird moniert, dass die eigentlich schöne Rolle als Großmutter oder Großvater zur notwendigen, strukturellen Ressource werde – auf Kosten eines selbstbestimmten Ruhestands. »Gerade die, die ebend Kinder und Enkel haben, die sind, die werden meines Erachtens auch ausgenutzt. Und was früher selbstverständlich war, dass eine Frau gearbeitet hat und die Kinder hatte, das ist jetzt nicht mehr selbstverständlich. Da muss eben die, die Schwiegermutter noch hin und da die muss kommen zum Bügeln und die muss kommen zum Saubermachen und die jungen Leute, die wollen ja auch, wie man so sagt, ihr Leben genießen.« (Frau Mirow, Z 963ff.)[95] Der Verweis auf die eigene

---

95 | Mit ganz ähnlichem Tenor konstatiert der einzige westdeutsche Kritiker Herr Stiefel prophylaktisch: »Enkelkinder, ja ich würde mich sehr freuen. Aber ich möchte nicht den

Biografie und die Betonung, dass man die Doppelbelastung durch Beruf und Familie alleine gemeistert habe, grundiert eine Kritik, die sowohl auf die unzureichende öffentliche Infrastruktur als auch auf die Anspruchshaltung und geringere Belastbarkeit der jüngeren Generation zielt: Das Familienmodell der Töchter und Söhne würde gar nicht funktionieren, »wenn da nicht Oma und Opa dauernd noch rumspringt. Kind krank, muss die Oma machen [...] ich sag mal, auf der einen Seite können das die Nachkommen in Anspruch nehmen. Und die Alten machen das. Das ging aber bei uns früher so nicht. [...] es wird auch ein Teil, sag ich mal, der Dienstleistungen wird auch solchen Leuten, sag ich mal, einfach zugemutet.« (Frau Ruthe, Z 1252ff.)

Interessanterweise finden sich unter den KritikerInnen – wie immer mit fließenden Übergangen – zwei sehr unterschiedliche Gruppen von Interviewten: solche mit einem affirmativen Ruhestandsfokus, die den zufriedenen Ruheständlern zuzurechnen sind, und solche mit einem ausgeprägten Aktivitäts- und Engagementfokus, die im näheren und weiteren Umfeld der Unruheständlerin und des/der Produktiven zu finden sind. Die zufriedenen RuheständlerInnen, unter denen die KritikerInnen besonders zahlreich vertreten sind, betrachten die wahrgenommene Engagementerwartung grundsätzlich als Zumutung, vertreten sie doch ein eher klassisches Modell der verdienten Ruhe, das sie gegen den Zeitgeist verteidigen: »So wie jetzt auch wieder in den Zeitungen steht, dass die da jetzt das machen sollen, was früher die Bundeswehr oder die nicht zur Bundeswehr wollten, machen, ne. Sollten. Ist doch Quatsch. Der ist in Rente, der kann machen, was er will. Kann ihn doch jetzt keiner mehr zwingen, so jetzt musst du das machen. Nö, muss ich nicht. Da würd ich gegen angehen.« (Herr Schiffer, Z 1288ff.) Der Angriff auf den verdienten Ruhestand wird auch als das Projekt elitärer PolitikerInnen kritisiert, die den Bezug dazu verloren hätten, wie das Leben nach Jahrzehnten harter Erwerbsarbeit aussehe: »Die können solche schlauen Sätze dann ins Papier bringen und die selber ein Einkommen haben, wo sie eigentlich nicht mal die Rente bräuchten. Anders kann man das nicht interpretieren. Denn ein Mensch, der so wie ich, 45 Jahre gearbeitet hat und nicht mal die Hälfte seines Arbeitsverdienstes als Rente bekommt, was soll der denn noch alles machen.« (Herr Kegel, Z 744ff.)

Die übrigen KritikerInnen kritisieren wie die RuheständlerInnen die gesellschaftlichen Rahmenbedingungen der Ressourcennutzung und Aktivierung, setzen aber einen anders gelagerten Akzent: Selber nicht an einem klassischen Ruhestand interessiert, monieren sie, dass es zu wenig sinnvolle Angebote für ältere Menschen gäbe, dass zu wenig über interessante Aktivi-

---

Babysitter machen, damit die beiden Halligalli machen können. [...] Ich bin gerne bereit, ich komm und ich kümmer mich, aber bis zu einem bestimmten Punkt.« (Herr Stiefel, Z 868ff.)

tätsmöglichkeiten informiert werde und vor allem, dass (bereits) geleistete Aktivität zu wenig anerkannt würde – symbolisch wie materiell. Die Chancen, erfüllendes ehrenamtliches Engagement zu realisieren, seien für viele Menschen, »relativ gering. Also man muss schon einen sehr starken Willen haben und dann findet man sicher auch was. Ja, aber, wo gibt es wirklich die Angebote auf den Tisch, wo man sagt, hier da könnten wir jemanden gebrauchen in der Altenbetreuung, in der Kinderbetreuung oder was weiß ich.« (Herr Carstens, Z 1153ff.) Vorherrschend ist der Tenor, dass es keiner Engagementaufrufe oder Verpflichtungsrhetorik bedarf, sondern dass die Menschen bei guten Bedingungen und Angeboten von selber aktiv werden würden – oder es bereits seien: »Ich könnt mir unendlich viele Sachen vorstellen, wenn man daraufhin angesprochen wird und die Bedingungen dafür auch gegeben sind, und auch geschaffen werden [...] Da gibt es bestimmt Leute, die gerne, wenn sie angesprochen werden, da was machen würden, wo eben Leute fehlen.« (Herr Liebig, Z 653ff.)

Grundsätzlich in Frage gestellt wird aber das im Kontext des Produktivitätsdispositivs zentrale *Win-win*-Postulat, dass die gesellschaftlicherseits eingeforderte Aktivität mit den Aktivitätswünschen und -bedürfnissen der adressierten Älteren weitgehend deckungsgleich sei und beiden Seiten gleichermaßen Nutzen stifte. Diese Diskrepanz findet beispielsweise darin ihren Ausdruck, dass einige Befragte im Interview ungefragt erklären, warum sie sich eine ehrenamtliche Tätigkeit mit Hochaltrigen oder Pflegebedürftigen nicht vorstellen können, ist dies doch offensichtlich die von ihnen wahrgenommene gesellschaftliche Erwartungshaltung. Wichtig sei es stattdessen, wie mehrere KritikerInnen ausführen, Engagementformen und Aktivitätsmöglichkeiten nicht »von oben« vorzugeben, sondern an den Wünschen und Bedürfnissen der Älteren anzusetzen: »Ich würde etwas anderes präferieren [...], für diejenigen, die in Ruhestand gehen, mit denen muss man sich unterhalten darüber, das kann man nicht administrieren, ob sie nicht in der Lage sind und auch ein Faible dafür haben, gewisse Kenntnisse weiter zu geben und bestimmte Dinge noch zu leisten, zu denen man vorher vielleicht nicht gekommen ist.« (Herr Carstens, Z 958ff.) In eine ähnliche Richtung geht die Kritik von Herrn Heilbronn, der als Sozialarbeiter Einblick in die Planung der Altenarbeit hatte und moniert, dass mit den Alten als Zielgruppe selbst nicht zusammengearbeitet werde: »Passiert nicht. Gar nicht.« (Herr Heilbronn, Z 628f.)

Folge einer nicht an den Wünschen und Bedarfen Älterer, sondern an sozialen Dienstleistungslücken orientierten Politik sei die (drohende) Ausbeutung und Ausnutzung der Älteren, die wiederum negativ auf deren Engagementbereitschaft zurückwirke – denn diese sei, so die verbreitete Annahme, grundsätzlich gegeben: »Wenn jemand Älteres merkt, dass er jemandem helfen kann, und dass das anerkannt wird, dann macht er es. [...] Aber ich denke, wenn erkennbar wird, dass man ausgenutzt wird, also dann ist die Motivation sehr schnell weg.« (Herr Liebig, Z 643ff.) Viele der KritikerInnen betonen mit unterschiedlichen Akzentsetzungen, dass man »sich nicht ausgenutzt fühlen [darf], wenn man da was tut« (Frau Ruthe, Z 1268f.), was im Umkehrschluss darauf hindeutet, dass genau dieses Gefühl verbreitet ist. Zwar gäbe es »auch Bestrebungen, das Ehrenamt noch mehr, sagen wir mal, anzuerkennen. Aber, eigentlich wird es nicht.« (Frau Michel, Z 643f.) Ein jährliches Essen für die Ehrenamtlichen, wie es die Stadt Jena veranstalte, würde dem Stellenwert der unbezahlten Arbeit nicht gerecht.[96]

Eines sticht unmittelbar ins Auge: Neben der mehrheitlich kritisierten Rente mit 67 ist es das Thema ehrenamtliches Engagement und Freiwilligenarbeit, das die schärfsten Kritiken provoziert, während andere Elemente des Produktivitätsdispositivs – mit Ausnahme der deutlich seltener problematisierten Enkelkinderbetreuung – in der expliziten Kritik kaum eine Rolle spielen: Weder Pflegeverantwortung noch Nachbarschaftshilfe oder lebenslanges Lernen werden von den KritikerInnen in vergleichbarer Weise thematisiert. Das im Unruhestandsdispositiv wurzelnde, aber im Kontext des Produktivitätsdispositivs nicht minder wichtige Plädoyer für den eigenverantwortlichen Erhalt der Gesundheit und Leistungsfähigkeit wird – wie in Kapitel 5.3.3 dargelegt – von fast allen Befragten als selbstverständlich erachtet bzw. ausdrücklich bejaht. Zugleich fällt auf, dass sich kaum jemand der KritikerInnen durch die monierten Aufforderungen tatsächlich genötigt fühlt, wider Willen aktiv(er) zu werden: Die männlichen zufriedenen Ruheständler verteidigen selbstbewusst ihr entpflichtetes Ruhestandsleben, die anderen sind bereits (hoch) aktiv und produktiv – und wissen dies.[97] Die medial vermittelten politischen Erwartungen an gesteigertes ehrenamtliches und freiwilliges Engagement haben sich damit – auch für diejenigen, die sie bewusst wahrnehmen – (noch) nicht zu einer für die konkrete Lebensgestaltung bedeutsamen Anrufung verdichtet. Andere Elemente des Produktivitätsdispositivs hingegen – so insbesondere Unterstützungsleistungen im sozialen Nahraum – gelten den meisten Befrag-

96 | Letztlich sind die Übergänge zwischen den KritikerInnen des Produktivitätsdispositivs und den BefürworterInnen eines anders organisierten und gerahmten produktiven Alters äußerst fließend, wie das Beispiel der als sowohl kritisch wie affirmativ-produktivistisch einzustufenden Frau Michel zeigt: »Und der Staat, das wäre zu einfach, wenn der Staat das ausnutzt, dass die älteren Menschen gesünder und, und, und mehr leisten. Also es ist richtig. Die alten Menschen müssen in der Verantwortung sein, aber das Maß ist wie?« (Frau Michel, Z 1063ff.)

97 | Die einzige Ausnahme stellt die zufriedene Ruheständlerin Frau Nikolaus dar, die sich im dörflichen Kontext vom Bürgermeister gedrängt fühlt, ehrenamtlich aktiv zu werden. Wie schon in anderen Kontexten liegt hier die Vermutung nahe, dass Frauen mit konkreteren Erwartungshaltungen aus dem sozialen Umfeld konfrontiert sind als Männer – und dass dies kein neues Phänomen ist.

ten als so selbstverständlich, dass sie kaum als neue Anforderung wahrgenommen werden.

Wer sind die KritikerInnen? Mit Ausnahme eines aktiven Gewerkschafters aus Erlangen handelt es sich ausschließlich um ostdeutsche Befragte, diese streuen jedoch breit: Wir finden zufriedene Ruheständler ebenso wie Unruheständlerinnen, Produktive und Mischtypen mit ausgeprägtem Aktivitäts- und Engagementfokus, Männer und Frauen, Bildungsbürgerliche und Nicht-Bildungsbürgerliche zu ungefähr gleichen Teilen, wobei die verdienten Ruheständler männlich und eher nicht bildungsbürgerlich, die übrigen eher weiblich und bildungsbürgerlich sind. Das bedeutet zugespitzt: Nicht bildungsbürgerliche Männer tendieren zur Dispositivkritik unter Berufung auf den wohlverdienten Ruhestand, (eher) bildungsbürgerliche Frauen zur Problematisierung der Bedingungen, unter denen Aktivität eingefordert bzw. organisiert wird. Dass die Dispositivkritik so eindeutig ostdeutsch ist, dürfte dabei einer Überlagerung unterschiedlicher Gründe geschuldet sein. In der Erinnerung an ein System, in dem es eine flächendeckende Versorgung mit vor- und nachschulischer Kinderbetreuung gab, in dem Freistellungen vom Arbeitsplatz etwa zur Leitung von Schüler-AGs am Nachmittag üblich und bezahlte Rentnerarbeit in einer Reihe heute privatisierter Sektoren (z.B. Großküchen und Wäschereien) die Regel war, scheint die Sensibilität für die Verlagerung vormals staatlicher Aufgaben auf die Schultern von Freiwilligen größer zu sein als bei den Älteren im Westen. Die Hälfte der 30 ostdeutschen Befragten formuliert ungefragt eine (mehr oder weniger) elaborierte Kritik an Prozessen der Deregulierung, Privatisierung und Vermarktlichung, die mehrheitlich explizit kapitalismuskritisch gerahmt ist: »Denn das, was wir jetzt haben, ist nicht die Demokratie, wir haben die Freiheit des Geldes natürlich und die Freiheit des Geldes ist schon fast die Diktatur des Geldes.« (Herr Hippe, Z 883ff.) Oder in ebenfalls drastischen Worten: »Zu der Zeit, als die Wende war [...] gab's eine soziale Marktwirtschaft, die ist ja abgeschafft worden in den letzten 20 Jahren, das Stück was jeweils sozial dran war, das ist heute eine blanke kapitalistische Wirtschaft und mit Richtung Feudalismus, würde ich behaupten.« (Herr Kegel, Z 1022ff.) Die das Produktivitätsdispositiv grundierende Sachzwangargumentation, die von einer notwendigen Verknappung und Privatisierung öffentlicher (Dienst-)Leistungen ausgehen, wird von diesen Befragten dezidiert zurückgewiesen.[98] Unter den Erlanger Interviewten finden sich lediglich zwei Befragte – der gewerkschaftlich aktive Herr Stiefel sowie der bei einer linken

---

98 | So verweist der Interviewte Herr Carstens auf die enormen Produktivitätssteigerungen und betont: »Alle die Kosten, die entstehen durch ein höheres Alter oder durch eine bessere medizinische und gesundheitliche Betreuung [wären] locker zu realisieren, ohne große Mühe. Das ist also [...] für mich ist das eine große Lüge. Diese, diese demografische Keule herzustellen.« (Herr Carstens, Z 1141ff.)

NGO organisierte Herr Heilbronn –, die in ähnlicher Deutlichkeit in diese Richtung argumentieren.

Hinzu kommt, dass sowohl die ideologische Aufwertung der Arbeit im Sozialismus als »erstes Lebensbedürfnis« beider Geschlechter als auch die Politisierung arbeitszentrierter Lebensführungsmuster (von Kondratowitz 1999)[99] eine ausgeprägte (Lohn-)Arbeitsorientierung vieler Ostdeutscher zur Folge hatte, die die Sensibilität gegenüber der Verdrängung bezahlter Arbeit durch freiwilliges Engagement ganz offenkundig erhöht. Die – auch durch verschiedene repräsentative Studien belegte – größere Ehrenamtsferne Ostdeutscher (z.B. Gensicke 2001: 177; vgl. im Überblick Braun/Klages 2001) bildet aber nicht allein die Kehrseite der Zentralstellung bezahlter Arbeit und der Befürwortung einer öffentlich finanzierten sozialen Infrastruktur, sondern ist nicht selten auch einer Skepsis gegenüber Organisationen, Vereinen und Parteien geschuldet: »Aber so hier Partei und Gewerkschaft oder sonstige Vereine, Kirche und Religion hab ich Null mit am Hut.« (Herr Hitt, Z 985f.) Eine andere Befragte betont, dass sie sich nur in ihrem kleinen dörflichen Umfeld engagiere, »weil ich jetzt nicht, ich bin in keiner Partei oder so, das will ich nicht und will mich da auch nicht so vereinnahmen lassen, will ich jetzt mal so sagen« (Frau Nikolaus, Z 737ff.). Vereine, Verbände oder Gewerkschaften werden durch die Erfahrungen in der DDR schneller als von Westdeutschen mit dem Staat gleichgesetzt, so dass eine kritische Haltung gegenüber politischen Entwicklungen mit größerer Wahrscheinlichkeit zum Rückzug ins Private als zum Engagement in nicht-staatlichen Strukturen führt. Die selber ehrenamtlich engagierte Jenaerin Frau Michel betont, dass »viele Ostdeutsche Ehrenamt gar nicht mögen, weil sie das natürlich mit staatlicher oder mit Vergangenheit verbinden, wie naja, das ist eben so ein staatlicher Druck oder so was. Also, das ist – glaube ich – ein Unterschied, dass das Ehrenamt in der Bundesrepublik ganz anders, da ist es ein Statussymbol.« (Frau Michel, Z 653ff.) Tatsächlich zeigen auch unsere Interviews, dass ehrenamtliches Engagement als mögliches Tätigkeitsfeld von mehr Ost- als Westdeutschen entweder kategorisch abgelehnt (»Also, wenn es bezahlt wird dann ja, aber nicht Ehrenamt«; Herr Brand, Z 704f.), problematisiert oder als Option gar nicht in Betracht gezogen wird. Interessanterweise könnte aber auch der Umstand, dass sich kaum jemand aus dem Kreis der KritikerInnen gedrängt fühlt, im Sinne der Produktivitätserwartung aktiv(er) zu werden, durch die DDR-Sozialisation mit bedingt sein. Denn bei aller Kritik wird von einigen Interviewten auch betont, dass es

---

99 | Frau Ruthe vermutet im Interview, dass unbezahltes Engagement heute mehr anerkannt werde als zu DDR-Zeiten und fügt hinzu: »Ich denke mal auch, dass zu DDR-Zeiten viele Leute, erstmal wurden ja sehr viel mehr Leute überall beschäftigt. So, sag ich mal, wurde ja jeder irgendwie beschäftigt. Ob's sinnvoll war oder nicht, aber es wurde beschäftigt.« (Frau Ruthe, Z 1281ff.)

sich – im Gegensatz zu früher – eben »nur« um normative Erwartungen und nicht um eine Zwangsaktivierung handele: »Während zu DDR-Zeiten das alles in irgendeiner Form gelenkt war, indoktriniert war, ist [es] heute so, dass ich das machen kann, nicht machen muss.« (Herr Hippe, Z 650f.) Und der Befragte ergänzt: »Und ich mache eben nicht. Andere haben den *inneren Zwang*, sich irgendwo einzubringen, einbringen zu müssen. Ich respektiere das durchaus.« (Z 651ff.; Hervorhebung der AutorInnen) Mit ambivalenterer Bewertung, aber gleichem Tenor in Bezug auf Freiwilligkeit und Selbstorganisation kommentiert Frau Isar die heutige Situation im Vergleich zu DDR-Zeiten: »Und das muss jeder von sich aus machen. Es kommt keiner zu Dir nach Hause und sagt, kommt mal. Das fällt aus, das gibt's nicht mehr. Das war mal früher.« (Frau Isar, Z 820ff.)[100]

Schließlich bleibt daran zu erinnern, dass auch die Jenaer Befragten mehrheitlich keine DispositivkritikerInnen sind. Der »Kontext Ostdeutschland« ist mit einer Vielzahl heterogener Anschlusskontexte verwoben, war doch auch die DDR trotz der systembedingt stärkeren Vereinheitlichung der Lebensweisen »kein totalitäres System von völlig amorpher sozialer Homogenität« (Göschel 1999: 113). Gerade die Positionierung zum und im System hat unterschiedliche Erfahrungen und Verarbeitungen ermöglicht und bedingt – und zwar vor wie nach 1989. Exemplarisch für eine dezidiert nicht kritische Positionierung sind die im Hinblick auf die Produktivitätserwartung ambivalente Frau Michel sowie die dispositivaffine Jenaerin Frau Bach[101]. Beide Frauen waren anders als die Mehrheit der Jenaer Interviewten schon zu DDR-Zeiten systemkritisch und entwickeln gerade in Abgrenzung zum System der DDR eine in hohem Maße individualistische und sozialstaatskritische Perspektive, die ihren positiven Bezug auf die Notwendigkeit freiwilligen Engagements grundiert: »Viele aus DDR-Zeiten sehen das nicht so, die wollen immer noch behütet sein, denken der Staat macht alles für mich, da bin ich nicht der Meinung. Also, es muss sich schon jeder selber ein bisschen bewegen.« (Frau Michel, Z 602ff.)

---

100 | Herr Wulf – kein Kritiker – stimmt dem Altenberichts-Passus beispielsweise aus genau diesem Grund zu: »Das würd ich für begrüßenswert halten. Ich muss es ja dann, wenn mir's nicht zuspricht, muss ich's ja nicht machen. So. Zu DDR-Zeiten [...] da gab's nicht so viele Möglichkeiten, und da wurde was halt vorgestellt, und das machst du mit.« (Herr Wulf, Z 871ff.)

101 | »Ja, es wird ja immer wieder ermahnt, die Alten sollen mehr Verantwortung für andere übernehmen. Ja, sehen Sie, das mache ich ja eigentlich mit [Engagement]. Da fühle ich mich ja mit verpflichtet, das mit vorzubereiten. Das ist ja mit viel Arbeit verbunden. Das sind meine Ressourcen, die ich da einsetzen kann.« (Frau Bach, Z 427ff.)

5.5.2 Die Interviewten und das Aufwertungsversprechen

Eines fällt bei fast allen auf, die explizit auf Elemente des Produktivitätsdispositivs Bezug nehmen und sich gegenüber der Produktivitätserwartung verorten – und zwar unabhängig davon, ob sie sich kritisch, ambivalent oder affirmativ positionieren: Das politisch, wissenschaftlich und medial zentrale Versprechen der Aufwertung der Alten infolge ihres produktiven Beitrags zur Gesellschaft spielt so gut wie keine Rolle. Lediglich zwei Interviewte mit einer ambivalenten Positionierung zum Produktivitätsdispositiv sehen in den neuen Ansprüchen an ältere Menschen auch die Chance auf Anerkennung und Selbstwertsteigerung bei den Adressierten. Herr Veit spricht über das Programm des »Seniorexpertensystems« und konstatiert in begeistertem Tonfall: »Also das zeigt schon, dass ältere Leute doch noch gefragt sind und auch bereit sind, noch in ihrem Ruhestand was zu leisten, vielleicht auch nur aus Selbstbestätigung, vielleicht auch, um anderen zu helfen.« (Herr Veit, Z 406ff.) In deutlicher Differenzierung von »Nutzung« und »Ausnutzung« spricht Herr Heilbronn darüber, dass eine Nutzung der Ressourcen Älterer auch eine Form der Anerkennung sei, die »auch ein Selbstwertgefühl der Einzelnen schafft, diese, die da aktiv sind« (Herr Heilbronn, Z 562ff.).

Bei der Mehrheit ist jedoch die Einschätzung vorherrschend, dass das bereits bestehende Engagement nicht genügend anerkannt und wertgeschätzt werde und dass keine diesbezüglich positiven Veränderungen in Sicht seien. Diese Haltung finden wir nicht nur – wie dargelegt – bei den KritikerInnen, sondern auch bei Menschen ohne expliziten Dispositivbezug, die in eher allgemeiner Weise über ehrenamtliches Engagement sprechen. So konstatiert der zufriedene Ruheständler Herr Friedrich in seiner Antwort auf den Altenberichts-Passus: »Aber ich denke, da gibt es ja ohnehin relativ viele Leute, die sich ehrenamtlich engagieren [...]. Und das kann man eigentlich nur fördern. Und meiner Ansicht nach wird das auch nicht genügend anerkannt. Also da denke ich mal, da gibt es auch noch genügend Nachholbedarf, auch was die Anerkennung anbelangt.« (Herr Friedrich, Z 1013ff.)

Die Konjunktur an Modellprogrammen, Enquetekommissionen und Absichtserklärungen, die Entdeckung der Jungen Alten im Kontext von Wohlfahrtsverbänden und Vereinen sowie ihre neue Präsenz in den Medien mindern ganz offenkundig das erlebte und kritisierte Anerkennungsdefizit nicht. Selbst Interviewte, die die Produktivitätserwartung positiv wahrnehmen, sehen mit unterschiedlichen Akzentsetzungen Nachholbedarf in dieser Hinsicht: »Man sollte im Prinzip ja die Alten in die Pflicht nehmen [...], [aber] natürlich auch nicht so nach dem Motto, ja, die können das ja machen, weil sie viel Zeit haben, [sondern so], dass sie sich auch da bestätigt fühlen.« (Frau Isar, Z 976ff.) Einige wenige Interviewte kritisieren ganz explizit das allein instrumentelle Interesse an den Ressourcen Älterer, das mit einer neuen Wertschätzung wenig zu tun habe. Angesprochen auf die Rente mit 67, führt Frau Altenberger in exemplarischer Weise aus: »Mir kommt's nur so vor, als ob das jetzt ein bisschen aus der Not eine Tugend gemacht ist. Es kommt dieser ja, dass halt nicht mehr so viel Arbeitskräfte da sind. Ich bin überzeugt, wenn's genügend Arbeitskräfte wären, dann wären die Senioren nicht interessant. Und dann wären die Frauen nicht interessant. Das ist eigentlich aus einem Mangel heraus wird das, werden die das machen. [...] Also das glaub ich, dass das eine politische Entscheidung ist. Nicht, nicht, eine aus der Überzeugung heraus, dass es gut ist.« (Frau Altenberger, Z 659ff.)

Hinsichtlich der Frage des Aufwertungsversprechens ist von besonderem Interesse, was die Interviewten über die Wertschätzung der (Lebens-)Erfahrung von Menschen im Ruhestand denken, wird diese doch im Kontext des Produktivitätsdispositivs als Primärpotenzial alter Menschen und als wesentliche Ressource des Alters gepriesen. 34 Interviewte sprechen – reflektierend auf der Meta-Ebene – über das Thema Lebenserfahrung im Allgemeinen und die Weitergabe von Erfahrung, Wissen und Kenntnissen im Besonderen. Von einer kleinen Minderheit abgesehen, die Erfahrung als Weisheit fasst und weniger die Weitergabe als die damit verbundene Reifung der Persönlichkeit ins Zentrum stellt, sprechen diese Interviewten – und damit mehr als die Hälfte des Samples – vor allem darüber, dass Erfahrung nicht geschätzt werde und dass es schwer sei, etwas weiterzugeben, ohne auf Zurückweisung zu stoßen. Die Klage über ausbleibende Beachtung und Anerkennung geht häufig mit der Annahme einher, dass es in früheren Zeiten und in anderen Ländern eine größere Wertschätzung älterer Menschen und ihrer Potenziale und Erfahrungen gegeben habe bzw. gibt: »Und wir leben ja leider Gottes auch in einer Welt, wo die Erfahrung ja überhaupt nichts mehr bringt.« (Frau Jan, Z 1387) Eine andere Interviewte konstatiert im Ländervergleich: »Deutschland tut sich schwer mit den alten Menschen und ich bin immer sehr enttäuscht, weil ich ja auch in andere Länder komme, dass alte Menschen, dass die Weisheit der alten Menschen ja ganz anderen Stellenwert hat als bei uns.« (Frau Michel, Z 821) Viele Befragte berichten davon, dass man sich unbeliebt mache mit dem Versuch, sich mit seinen Erfahrungen einzubringen: Aktive Beteiligung – sei es im Familienkontext, am Arbeitsplatz oder in altersgemischten Vereinen – werde häufig als Einmischung und als Besserwisserei wahrgenommen: »Wenn mich jemand nach was fragt, dann versuch ich schon, demjenigen zu helfen, aber von mir aus mach ich so was nicht mehr, da macht man sich auch nur unbeliebt.« (Frau Knappe, Z 585ff.) Frau Isar antwortet auf die Frage, was Menschen im Ruhestand weitergeben könnten: »Ich meine wir wollen auch nicht als Naseweis dastehen.« (Frau Isar, Z 910ff.) Während viele ob der antizipierten Zurückweisung frustriert und verunsichert sind, berichten einige westdeutsche Männer von ihren Strategien des »gewusst wie«: Wie man seine Erfahrungen weitergibt, ohne Abwehrreflexe zu erzeugen – wobei es hier vor allem darum geht, ein gutes »Vorbild« zu sein und »das Klugscheißerische« (Herr Kanter, Z 649) zu vermeiden.

Dieses Selbstbewusstsein, eigentlich etwas zu vermitteln zu haben, für dessen Vermittlung man sich unter »widrigen Umständen« eben etwas einfallen lassen muss, fehlt einem Großteil der ostdeutschen Interviewten. Viele haben durch die Wende eine umfassende Entwertung ihres Wissens erlebt – eine Erfahrung, die sie auf die Frage, was sie im Ruhestand weitergeben könnten, zögerlich reagieren lässt: »Also mit den ›Ressourcen weitergeben‹, ich denke, das ist gar nicht so einfach. [...] Wir [hatten] ja nun gerade so eine Phase [...] durch die Wende eben, dass wir ja eigentlich gar nichts weitergeben konnten, weil ja alles, was wir mal gelernt haben und was wir gemacht haben, war ja nun plötzlich nichts mehr wert.« (Frau Weimann, Z 453ff.) Dabei geht es den Interviewten nicht nur um konkrete Fertigkeiten und Kenntnisse, sondern auch darum, dass ihre der DDR-Sozialisation geschuldete solidarische und kooperative Haltung nur schwer mit den Prämissen kapitalistischen Wirtschaftens vereinbar sei. So ist Herr Kegel skeptisch bezüglich der Weitergabe von Kompetenzen, da »das heute nicht mehr so gefragt ist, hab ich den Eindruck, das soziale Denken in einer Gemeinschaft und in einem Betrieb« (Herr Kegel, Z 314ff.). Frau Schwarz und Herr Konrad wiederum beschreiben ihren Eindruck, dass in der kapitalistischen Ellenbogengesellschaft Erfahrung und Wissen nicht kooperativ geteilt würden, was ihnen fremd ist: »zu DDR-Zeiten war das Gang und Gäbe, also dass jemand gekämpft hat, um sich ein Monopol zu erarbeiten, das gab's da nicht.« (Herr Konrad, Z 598ff.) Mit ähnlichem Tenor betont Frau Schwarz: »Ich kannte das zum Beispiel gar nicht, auch im Umfeld nicht, seine Erfahrungen, sein Wissen hat man weiter gegeben [...] Die Erfahrung habe ich gemacht, als die Leute, die aus dem Westen kamen, die haben das nicht gemacht. Das, was ich weiß, ist mein Kapitel. So kam mir das vor und das fand ich eigentlich und finde ich immer noch sehr schlimm.« (Frau Schwarz, Z 1175ff.)

Bei vielen Ostdeutschen ist es vor allem die wendebedingt frühe Ausgliederung aus dem Arbeitsmarkt, die das Gefühl genährt hat, nicht erst im regulären Ruhestandsalter, sondern bereits in jüngeren Jahren von der Gesellschaft nicht (mehr) gebraucht zu werden (bzw. worden zu sein). So sagt Frau Blau über die Nachwendejahre: »Wir wollten gerne, also ich wollte gerne die neue Welt mitgestalten, ja. Wie man so schön sagt. Aber leider haben sie uns nicht gebraucht, dazu.« (Frau Blau, Z 17ff.) Sie kommt auf das Thema mehrfach zurück und resümiert resigniert: »Sie wollten uns eben nicht. Unser Wissen, das wollten sie nicht haben.« (Frau Blau, Z 165) Auch Frau Wulf, mit 58 Jahren arbeitslos geworden, konstatiert kategorisch: »Auf keinen Fall im Osten, dass sie im Alter noch gebraucht werden, das kann ich mir nicht vorstellen, weil ich's ja am eigenen Leib verspürt habe.« (Frau Wulf, Z 663f.) Verbunden mit einer ausgeprägten Ehrenamtsferne scheint bei einigen Interviewten das Unverständnis auf, warum man sie erst auf das berufliche Abstellgleis gestellt hat, um sie nun mit über 60 aufzurufen, sich einzubringen. Angesprochen auf den Altenberichtspassus, dass ältere Menschen verpflichtet seien, ihre Ressourcen verantwortungsvoll einzusetzen, sagt Herr Konrad z.B.: »Natürlich fühl ich mich verpflichtet. Ich würde ja auch gerne irgendwie mehr helfen, wenn meine Hilfe gefordert würde. [...] Meine, ich war damals 51, wo ich bei Zeiss rausgeflogen bin.« (Herr Konrad, Z 672ff.) Für ihn wie für viele andere Ostdeutsche bleibt offen, was es genau sein könnte, was nun – nach Jahren der Arbeitslosigkeit – (plötzlich) von ihnen erwartet wird.

Das Aufwertungsversprechen des Produktivitätsdispositivs, das Anerkennung und Wertschätzung für die Nutzung der Ressource Erfahrung verheißt, kontrastiert also in mehrererlei Hinsicht mit den Alltags- und Lebenserfahrungen vieler Ostdeutscher, die durch Systemwechsel, Arbeitslosigkeit und/ oder Frühverrentung auf eine doppelte Entwertung ihrer Kompetenzen zurückblicken. Aber auch einige Befragte aus den alten Bundesländern sind der Überzeugung, dass ihre Erfahrungen und Kompetenzen nicht gefragt sind in der Gegenwartsgesellschaft. Zugleich finden sich natürlich, das bleibt abschließend zu erwähnen, zahlreiche Interviewte in Ost und West, die in ihrer Alltagspraxis – häufig im Modus der Selbstverständlichkeit – genau das tun, was PolitikerInnen, WissenschaftlerInnen und JournalistInnen fordern: die sich im privaten wie öffentlichen Raum einbringen, die Wissen und Erfahrungen weitergeben. Und die genau dadurch persönliche Bestätigung erfahren und Erfüllung finden: »Also viel mehr, als ich im Prinzip investiert habe, kam zurück.« (Frau Gerhard, Z 93) Dass damit aber eine Aufwertung der Lebensphase Ruhestand oder gar des Alters verbunden wäre, kommuniziert abgesehen von den zwei eingangs zitierten Ausnahmen niemand.

5.5.3 Reaktionen der Interviewten auf die Altenberichtsrhetorik

»Bei aller Verantwortung der Gesellschaft darf aber nicht übersehen werden, dass die Rechte des einzelnen Menschen mit Verpflichtungen gegenüber der Gemeinschaft einhergehen. Insgesamt sind die heute älteren Menschen im Vergleich zu früheren Generationen gesünder, sie verfügen über einen höheren Bildungsstand und über bessere finanzielle Ressourcen. Nach Auffassung der Kommission leitet sich daraus die Verpflichtung ab, vorhandene Ressourcen verantwortungsvoll einzusetzen.« Dieser Ausschnitt aus einem Ankündigungsflyer zum Sechsten Altenbericht der Bundesregierung wurde den Befragten gegen Ende des Interviews vorgelegt und sie wurden gebeten, dazu Stellung zu nehmen. Der vom Deutschen Zentrum für Altersfragen herausgegebene Flyer diente dem Ziel, die Inhalte des Altenberichts »Altersbilder in der Gesellschaft« einer breiteren Öffentlichkeit zugänglich zu machen.

Die Auswertung der Antworten zeigt mit großer Deutlichkeit, dass nur wenige Personen den Auszug in der vorliegenden Form uneingeschränkt bejahen. Kaum jemand tut dies so dezidiert wie die Interviewte Frau Baden, die »hundertprozentig« zustimmt: Während die jüngeren Gesellschaftsmitglieder ihren Teil durch Erwerbsarbeit und das Großziehen von Kindern quasi automatisch leisten würden, stünden die RentnerInnen gesondert in der Pflicht, ihren Teil beizutragen. »Wir sind eine Gesellschaft [...] Es hat ja jeder seine Aufgabe. Und das ist, ich kann mich nicht hinsetzen und sagen, so, das war's. Noch dazu, wo's alle 90 werden wollen. Und alle in Vorruhestand wollen. Das geht nicht. Ne. Also, da sind wir uns einig. [...] Eine soziale Einheit muss füreinander da sein.« (Z 829ff.) Auch Herr Schmied leitet aus Reziprozitätserwägungen eine spezifische Verantwortung Älterer ab, man habe »ja von der Gesellschaft auch einiges bekommen. Insofern find ich das vollkommen richtig, dass man sich in Zukunft noch stärker als heute einbringen soll, Verantwortung übernehmen soll.« (Z 1038ff.) Während Frau Baden und Herr Schmied in Orientierung und Praxis recht prototypische Produktive darstellen, finden sich auch zustimmenden Kommentare von Interviewten, die sich im restlichen Interview als gar nicht produktivistisch orientiert oder sogar als dispositivkritisch erweisen. So akzeptiert die Interviewte Frau Reiter zwar in ihrer unmittelbaren Reaktion eine besondere Verantwortung der RentnerInnen: »Also das ist sicherlich richtig, also ich bin auch der Meinung, jetzt kann ich in meiner Freizeit mich besser um die Gemeinschaft kümmern [...]. Also jeder [...] kann im Rahmen seiner, wie er es einrichten kann, etwas für die Gemeinschaft tun.« (Z 589ff.) Dieses Statement wird jedoch durch ihre ansonsten eher libertäre Haltung im Interview – hier bereits angedeutet in der Einschränkung »wie er es einrichten kann« – deutlich konterkariert. Herr Fluss wiederum, der wenige Sätze zuvor jegliches freiwillige Engagement weit von sich gewiesen hat, reagiert auf die Altenberichtsfrage komplett zustimmend: »Das, ich seh das genauso. Ich seh das genauso.« (Herr Fluss, Z 677) Die Zugzwänge der Interviewsituation, die aus Sicht vieler Interviewter sehr abstrakten Formulierungen des Flyers sowie der grundsätzliche Sachverhalt, dass es schwieriger ist, eine eigenständige Kritik zu formulieren, als einer Aussage zuzustimmen, dürften diese Reaktionen zu erklären helfen.

Nichtsdestotrotz sind Kritiken unterschiedlicher Reichweite sowie weitgehendes Unverständnis viel verbreiteter als (bedingungslose) Zustimmung. Zwar begrüßen – ob des Abstraktionsgrades der Aussage wenig erstaunlich – fast alle eine grundsätzliche Verantwortung von Menschen für die Gesellschaft. In Frage gestellt wird jedoch die im Flyer formulierte privilegierte Situation heute Älterer sowie die daraus abgeleitete spezifische Verantwortung der älteren Generation. Aber auch der Verpflichtungstopos wird scharf kritisiert, zumal vielfach auf die mangelhaften Rahmenbedingungen für freiwilliges Engagement verwiesen wird. Die meisten Zweifel werden bezüglich des Vor-

handenseins der notwendigen finanziellen, gesundheitlichen und Bildungsressourcen geäußert. Die Befragten kritisieren diese Annahmen als zu pauschal und nehmen ganz im Gegensatz zur Behauptung einer allgemeinen
Besserstellung der heutigen RentnerInnen eine deutliche Ungleichverteilung
eben dieser Ressourcen wahr.[102] Viele finanziell besser gestellte Westdeutsche,
die dem Aufruf grundsätzlich zustimmen, nehmen – nicht selten in etwas
herablassendem Duktus – finanziell weniger Privilegierte (»die Oma oder den
Opi, der 700 Euro Rente bekommt«; Herr Kanter, Z 691) von der Verantwortung explizit aus: »Aber wenn sie halt keine finanziellen Ressourcen haben,
können sie die auch nicht weitergeben, oder? [...] Und wenn sie keinen höheren
Bildungsstand haben und selber agrammatisch reden, dann wäre es besser,
sie würden das nicht weitergeben (lacht). Man kann nicht grundsätzlich davon
ausgehen, dass die [Älteren] wirklich gesünder, reicher, besser gebildet sind.
Aber von denen, die es sind, kann man das erwarten, dass sie mit offenen
Augen halt schauen wo man sich einbringen kann.« (Frau Weinert, Z 901ff.)
Eine Sensibilität für Unterschiede zwischen Ost und West findet sich hingegen
allein bei ostdeutschen Befragten. So antwortet ein Befragter spontan: »Das
haben die geschrieben, die in den alten Bundesländern groß geworden sind.
Und in den alten Bundesländern leben. Die besseren finanziellen Ressourcen
bei Älteren in den neuen Bundesländern würde ich nicht so sehen. Jedenfalls
von der Masse her.« (Herr Pfarr, Z 948ff.) Viele Interviewte verweisen auch auf
Menschen mit gesundheitlichen Einschränkungen und nehmen sie von Ak-
tivitätsanforderungen aus, wobei dieses Thema mehrheitlich im Kontext der
Rente mit 67 zur Sprache kommt.

Neben der Infragestellung der im Flyer pauschal unterstellten Ressourcen
Älterer erntet auch deren explizite Adressierung Kritik. Insbesondere viele der
zufriedenen RuheständlerInnen sind der Auffassung, dass die Älteren ihre
Schuldigkeit getan hätten und nun die Jüngeren am Zuge seien: Eine Inpflichtnahme der Älteren wird zurückgewiesen, »weil wir genügend junge Leute
haben, die wir verpflichten könnten, was für die Gesellschaft zu tun« (Frau
Nikolaus, Z 807f.). Andere Interviewte akzeptieren den grundsätzlichen Anspruch an Ältere – aber nur so lange sich dieser auch an alle anderen richtet. So
stimmt Herr Friedrich zwar zu, dass es eine Verpflichtung gebe »von älteren
Herrschaften natürlich ihr Know-how und ihr Wissen mit einzubringen [...]

---

102 | Dass unter Älteren eine hohe Sensibilität für die Situation von ärmeren Ruhes-
tändlerInnen gegeben ist, zeigen auch die Ergebnisse der *Generali Altersstudie*: Auf die
allgemeine (nicht im Hinblick auf sogenannte »Altersthemen« zugespitzte) Frage »Was
erwarten sie von der Bundesregierung vor allem?« entscheiden sich mit 74 % der Befragten die meisten für den Vorschlag »Die finanzielle Situation speziell von ärmeren
Rentnern verbessern« (Generali Zukunftsfonds/Institut für Demoskopie Allensbach
2013: 325).

natürlich, klar, gerne soll das so sein. Wie jeder andere auch. Damit will ich jetzt aber nicht sagen, die Älteren sind da anders anzusehen als Jüngere oder wer auch immer.« (Herr Friedrich, Z 1011ff.) Und auch Frau Gerhard betont: »Ich kann gut nachvollziehen und ich akzeptiere auch, dass da eine Forderung besteht. [...] Aber bitteschön nicht nur die älteren Leute alleine. Das ist hier sehr einseitig und finde ich nicht gut.« (Frau Gerhard, Z 891ff.) Herr Liebig geht noch einen Schritt weiter und moniert, dass man von den Alten Solidarität erwarte, während man die Jungen im Kapitalismus zum Gegenteil erziehe: »Also, es gibt immer ein Miteinander von Einzelnem und Gesellschaft. Dafür bin ich also ganz, ganz sehr. Ich staune, warum das auf einmal bei den Alten so sehr betont wird, wenn man eigentlich die Jungen permanent dazu erzieht, also egozentrisch zu sein.« (Herr Liebig, Z 680ff.)

Ein verbreiteter Kritikpunkt sind schließlich die fehlenden Informationen und Angebotsstrukturen – insbesondere für ehrenamtliches Engagement. Die Botschaft des Flyers wird von einigen als Rhetorik problematisiert, der zunächst Taten von Seiten des Staates vorauszugehen hätten. Der Interviewte Herr Friedrich stimmt dem Passus zwar voll zu (»Ja, kann ich nur voll unterstreichen.«), schränkt aber sofort ein: »Aber es sollte dann auch so sein, dass die Möglichkeiten eingerichtet werden dazu.« (Herr Friedrich, Z 937f.) Und nachdem er länger über mögliche Angebote und unterstützende Rahmenbedingungen gesprochen hat, resümiert er: »Also ich denke, diese Voraussetzungen müssten gegeben sein und dann denke ich, wird man viele ältere Herrschaften finden, die dazu bereit sind, so was zu machen. Natürlich.« (Herr Friedrich, Z 977ff.) Ganz in diesem Sinne bekundet eine Befragte: »Zum Beispiel, doch, könnte ich mir schon vorstellen, wenn man zum Beispiel ne Liste kriegen würde, wo drauf steht, was wichtig wäre, aber wozu kein Geld da ist, was man tun könnte. Und wenn man sich da was aussuchen könnte, würd ich mir gern was aussuchen.« (Frau Knappe, Z 618ff.)

Geeignete Rahmenbedingungen und Angebotsstrukturen werden von vielen dem heftig kritisierten Verpflichtungstopos als Alternative entgegengesetzt: »Also, wenn jemand positiv das machen möchte, man kann natürlich sagen, man gibt ihnen die Möglichkeit, das zu machen, aber die Verpflichtung, das klingt hier schon 'n bisschen nach Druck. Und Druck darf dort nicht ausgeübt werden. [...] Druck bringt immer wieder einen Widerwillen. Und Widerwillen darf man nicht erzeugen. Man kann das anders machen. [...] man sollte das etwas anders definieren, dass man sagt, Einfluss nehmen, ihnen aufzeigen, welche Möglichkeiten sie alles haben und das alles publizieren, welche Möglichkeiten es gibt und an wen sie sich wenden sollen. Vielfach würden ja viele was machen, aber sie sagen, an wen muss ich mich denn da wenden?« (Herr Pfarr, Z 998ff.)

Während diejenigen, die nicht allein die Älteren adressiert wissen wollen, sich am Verpflichtungstopos stören und auf fehlende Opportunitätsstrukturen hinweisen, das formulierte Anliegen oft nicht grundsätzlich ablehnen, gibt es auch deutlich radikalere Reaktionen. Diese Protagonisten vermuten – und hier finden sich viele der bereits vorgestellten KritikerInnen wieder – »eine andere Absicht dahinter, als sie zum Ausdruck gebracht« (Herr Hippe, Z 714f.) wird, sie sehen ein allein instrumentelles Anliegen gegeben, das darauf hinauslaufe, auf Kosten und zu Lasten älterer Menschen Geld einzusparen. Herr Fichte bemerkt spontan: »Verantwortung zu übernehmen bedeutet doch letztendlich hier sicherlich, länger arbeiten bis zum Gehtnichtmehr. Guter Rentner sein (schlägt auf den Tisch) 65 werden und umfallen.« (Z 565ff.) Und Herr Stiefel wettert: »Man will die Ressource alter Menschen anzapfen. Hier steht ja, es ist eine Art Androhung, wir verlangen von den älteren Menschen sich einzubringen auf Ehrenamtsbasis auch für Altenarbeit, um einfach die Lücken, die die in unserem System sind, auszufüllen.« (Z 1125ff.).

Eine besondere Form der Kritik üben schließlich diejenigen Befragten, die die Aufforderung oder gar Verpflichtung zur verantwortungsbewussten Ressourceninvestition ablehnen, weil die Älteren aus ihrer Sicht bereits in hohem Maße reziprok und verantwortlich agieren. Der Duktus dieser Antworten ist von Unverständnis getragen, wird aus Sicht dieser Personen doch in komplizierter Sprache gefordert, was sie als Selbstverständlichkeit betrachten: »Ich hab das jetzt noch nie so gesehen, dass man die [Verantwortung] vorher nicht gehabt hätte.« (Frau Bauer), »Für mich ist das also ne Selbstverständlichkeit. Das, ich kenn das nicht anders.« (Herr Schiffer, Z1253ff.) Oder: »Also ich kenne viele, die das sowieso machen.« (Frau Altenberger, Z 631). Insbesondere – aber nicht nur – auf die gelebte Verantwortung Älterer im Familienkontext verweisend, sprechen diese Befragten dem Altenbericht faktisch ab, etwas Neues und damit Relevantes zu thematisieren: »Naja, Verantwortung für sich selbst mussten die ja schon immer übernehmen. Das ist ja nichts Neues, jeder für sich selbst. Und für andere übernehmen, ist doch auch schon immer gewesen. Die Älteren haben doch schon in, na auch früheren Zeiten die Kinder dann oder die Enkelkinder betreut, gekocht für die ganze Familie und so was. Das ist doch, da seh ich hier nichts Neues drin.« (Frau Mirow, Z 1039ff.) Oder mit ganz ähnlichem Tenor: »Ich sehe schon diese Verpflichtung gegenüber der Gemeinschaft. Das war ja auch immer der Fall, das ist ja nicht neu. Ne? [...] wenn man so, wie ich jetzt, aus dem ländlichen Lebensbereich, oder meine Eltern, Großeltern sowieso, herkomme, da war's ja in der Großfamilie sowie gegeben.« (Herr Kupfer, Z 643ff.) In eben diesem Erstaunen über die angebliche Notwendigkeit der Aktivierung von – aus Sicht dieser Befragten – bereits aktiven Älteren verbirgt sich im Prinzip die radikalste Kritik am Altenbericht: Hier schwingt der Vorwurf mit, dass – entgegen aller Aufwertungs- und Anerkennungsrhetorik – das vorhandene Engagement nicht gewertschätzt, die gesellschaftliche Realität nicht anerkannt und der von diesen Älteren als selbstverständlich empfundene Beitrag von offizieller Seite schlichtweg ignoriert wird.

Last but not least erweist sich, dass der Passus, der einem für die Öffentlichkeit bestimmten Flyer entstammt, von vielen Interviewten nicht oder erst auf Nachfrage verstanden wird – trotz der Überrepräsentation von Bildungsbürgerlichen im Sample: »Ich weiß nicht, was man hier drunter versteht, in Zukunft noch stärker als heute Verantwortung, für was Verantwortung übernehmen, um Gottes Willen. Was will man denn damit sagen?« (Herr Kegel, Z 736ff.) Eine andere Interviewte wendet sich Hilfe suchend an die Interviewerin: »Ja, also ich weiß jetzt nicht, wozu man verpflichtet werden sollte. Das verstehe ich nicht. Verstehen Sie das?« (Frau Burkert, Z 556f.) Frau Dersch versucht, sich den Passus abschnittweise zu erschließen: »Also dieser zweite Teil hier, das ist ganz klar. Uns geht's besser, wir sind gesünder, was ist noch, wir sind gebildeter, sag ich mal so im Allgemeinen, ne. [...] Ja, aber was meinen die mit vorhandene Ressourcen verantwortungsvoll einsetzen?« (Frau Dersch, Z 354ff.) Eine ganze Reihe Interviewter mokiert sich über die abstrakten Formulierungen, bei denen nicht klar werde, was »in den Köpfen von den Professoren oder wer das hier so verfasst« (Herr Wulf, Z 814f.) vorgehe, ein Befragter leitet seine Antwort mit den Worten ein: »Wenn ich's jetzt mal versuche zu übersetzen, die sind also der Meinung....« (Herr Konrad, Z 647f.)

So vielfältig die Reaktionen sind, so deutlich wird, wie klein die Gruppe derjenigen ist, die sich ohne Einschränkungen einverstanden erklären, obwohl die Zugzwänge der Interviewsituation eine spontane Zustimmung erleichtert haben dürften. Bemerkenswert ist darüber hinaus der Umstand, dass das Anliegen gar nicht von allen Interviewten verstanden und nachvollzogen wird. Zugleich erweisen sich die unmittelbaren Reaktionen auf den zitierten Passus als Momentaufnahmen, die in den größeren Interviewkontext eingeordnet werden müssen.

5.6 FAZIT

Die Auswertung der Interviews war zunächst davon geleitet, das Gemeinsam-Typische der Interviewtexte in Relation zu den ruhestands- und altersbezogenen Kontexten zu akzentuieren, die wir in Gestalt der Dispositive des Ruhestands, des Unruhestands sowie des Produktiven Alters bestimmt haben. Ausgehend von den Verknüpfungsordnungen dieser Dispositive haben wir uns für die Produktionsbedingungen des Gesagten und Ungesagten im Interviewmaterial interessiert und uns um eine Kontextualisierung der wörtlichen Äußerungen sowie der im Vergleich zu den Dispositiven ins Auge stechenden Leerstellen bemüht. Dabei hat sich gezeigt, dass das – durch Schlüsselwörter, Kontexte oder Andeutungen – analytisch erschlossene Ungesagte unterschiedlichen Charakters ist, tritt es doch ebenso als Selbstverständliches wie als Verschwiegenes und Unsagbares auf. Die multidimensionale Analyse der

Interviewtexte hat den Blick dafür geschärft, dass die Wirkmächtigkeit und der Einfluss dispositiver Verknüpfungen häufig nicht in elaborierten Argumentationen, sondern in komplexitätsreduzierenden »Abkürzungen« über typisierte Artefakte (Sofa, Fernseher), Körperbilder (Dutt, gebeugte Körperhaltung), Praktiken (»den Rasen mit der Nagelschere bearbeiten«, »heute nach Vietnam, morgen nach Kanada«) und Institutionen (Umlageverfahren, Seniorenstudium) aufscheint.

Die Interviewstudie hat in aller Deutlichkeit offenbart, dass zentrale Aspekte des Ruhestandsdispositivs weitgehend ungebrochen die Erzählungen der Interviewten strukturieren, so insbesondere die Verknüpfung des Nacherwerbslebens mit der lebensstandardsichernde Rente, der verdienten Erwerbsverpflichtung und gewonnenen Zeitsouveränität, die sich im Topos der »späten Freiheit« verdichten. In der häufig gleich lautenden Betonung der gewonnenen Freiheit und Zeitsouveränität scheint als meist implizite Schlussregel die Entfremdung und Fremdbestimmung in der Erwerbsarbeit auf – und dies gilt keineswegs nur für Niedrigqualifizierte und Interviewte mit geringen Entscheidungs- und Handlungsspielräumen im Arbeitskontext, sondern ebenso für viele der AkademikerInnen im Sample. Obwohl sich auch in unserer Untersuchung zeigt, dass Unzufriedenheit mit dem konkreten Arbeitskontext, die (anstehende) Umstrukturierung von gewohnten Arbeitsprozessen oder wachsende Arbeitsbelastung als *Push*-Faktoren für einen vorzeitigen Rentenübergang wirken können,[103] geht die starke Akzentuierung der Befreiung von Erwerbsarbeit doch in den meisten Fällen über die Unzufriedenheit mit der konkreten Arbeitssituation hinaus.

An diesem Punkt bietet sich ein Vergleich mit der qualitativen Interviewstudie von Backes et al. (2011: 157) zu Übergangsentscheidungen in den Ruhestand an. Während Backes et al. zu dem Schluss kommen: »Diejenigen, die einen frühen Ausstiegspfad nutzen, wollen nicht aus dem Erwerbsleben aussteigen, sondern fliehen vor Zumutungen der je konkreten Arbeitssituation.«, finden sich in unserem Sample eine Reihe von Interviewten, die mit ihrem Arbeitskontext zufrieden waren und sich trotzdem für einen vorzeitigen Ausstieg aus der Erwerbsarbeit entschieden haben. Auch bestätigen unsere Ergebnisse nicht, dass der vorzeitige Rentenübergang inzwischen hoch begründungspflichtig und problematisch ist, »längere Erwerbsarbeit als Entscheidung und Wunsch« (Backes et al. 2011: 157) hingegen nicht, da sie als »eine normale Richtung der Lebenslaufperspektiven« (ebd.) wahrgenommen werde. Es zeigt

---

103 | Die Bedeutung von Faktoren dieser Art, die mangels Alternativen einen vorzeitigen Ausstieg aus dem konkreten Arbeitskontext bedingen können, lässt die in der Literatur mitunter verwendete dichotome Unterscheidung von »Ruhestand als freiwilliger, individueller Entscheidung« und »Ruhestand als Erzwingung« in dieser Gegenüberstellung und Eindimensionalität fragwürdig erscheinen (van Solinge/Henkens 2007).

sich – zumindest in unserem Sample – vielmehr, dass ein Erwerbsausstieg vor dem 65. Lebensjahr von der großen Mehrheit weiterhin als mehr oder weniger normal erlebt wird – was er empirisch betrachtet auch weiterhin ist (Brussig 2012; Bäcker et al. 2009).[104] Auch berichten einzelne Interviewte davon, wie viel Mühe, Hartnäckigkeit und Anstrengung es koste bzw. gekostet habe, bis zur Regelaltersgrenze zu arbeiten, wenn im Arbeitsumfeld vermittelt werde, dass es an der Zeit sei, zu gehen. Trotz des politischen Bestrebens, die Erwerbsquote älterer ArbeitnehmerInnen in Zeiten demografischen Wandels und propagierten Fachkräftemangels zu erhöhen, ist auch die Deutung, dass ein vorzeitiger Erwerbsausstieg einen Dienst an der jüngeren Generation darstelle, weiterhin erstaunlich stark verankert. Insgesamt zeigt sich für unser Sample, dass weniger der Zeitpunkt an sich als vielmehr die Rahmung des Rentenübergangs entscheidend für Zufriedenheit und Wohlbefinden im Nacherwerbsleben ist; große Unzufriedenheit entsteht dabei vor allem durch eine Diskrepanz zwischen gewünschtem bzw. erwartetem und tatsächlichem Renteneintrittsalter (vgl. ähnlich: van Solinge/Henkens 2007: 301). Während Backes et al. (2011: 158) den Wunsch nach berufsbiografisch längerer Erwerbsarbeit »als eine logische Schlussfolgerung« begreifen, die in »dem für Individualisierungsprozesse typischen Bestreben, autonome Entscheidungsoptionen zu erarbeiten« wurzele, kommen wir auf Basis unserer Ergebnisse eher zu dem Schluss, dass mit dem (vorzeitigen) Erwerbsausstieg vielfach eine Hoffnung auf Steigerung von Entscheidungsoptionen und Selbstbestimmung verbunden wird.

Nur eine kleine Minderheit erlebt den Erwerbsausstieg (qua Frühverrentung, Arbeitslosigkeit oder Regelaltersgrenze) als erzwungen und als radikalen Ausschluss statt als späte Freiheit. Die aus angelsächsischen Studien bekannte enge Verknüpfung von *mandatory retirement* mit Diskriminierung, Zwangspassivierung und struktureller Abhängigkeit (*structured dependency*, Townsend 1981), spielt in unserem Sample von diesen Ausnahmen abgesehen keine Rolle. Die ungebrochen starke Verankerung der Institution des Ruhestandes, die auch in der mehrheitlich radikalen Ablehnung der Rente mit 67 zum Ausdruck kommt,[105] zeigt auf, dass große Zurückhaltung geboten ist, wenn es

---

104 | Eine ländervergleichende Studie zu Fragen der Altersübergangskultur hat für Deutschland ermittelt, dass knapp 41 % der Befragten als zumutbare Regelaltersgrenze ein Alter von weniger als 65 Jahren angeben, womit Deutschland sich im europäischen Mittelfeld bewegt: in Frankreich sind es 72,7 %, in Schweden hingegen nur 23 % (Jansen 2013: 242). Immerhin 23,8 % der befragten Deutschen geben als ideales Ruhestandsalter ein Alter von weniger als 60 Jahren an (ebd.); vgl. auch Behr/Hänel 2013.

105 | Laut einer Forsa-Umfrage von 2012 sind 64 % der Gesamtbevölkerung dafür, die Rente mit 67 auszusetzen, das AXA-Ruhestand-Barometer von 2010 ermittelt für die Gruppe der Ruheständler eine Ablehnung der Rente mit 67 durch 59 % der Befragten (FORSA 2012; AXA-Ruhestand-Barometer 2010).

um die Übertragbarkeit von Forschungsergebnissen zur Akzeptanz des Produktivitätsparadigmas – insbesondere zur Erwünschtheit von Erwerbsarbeit im Rentenalter – aus dem angelsächsischen Raum auf den deutschen Kontext geht. Die politisch-programmatische Delegitimierung des »wohlverdienten Ruhestands« im Kontext des Produktivitätsdispositivs hat die Verankerung der Institution Ruhestand als finanziell abgesicherte Freiheit von Erwerbsarbeit bislang nicht substanziell angegriffen.

Das bedeutet jedoch keineswegs, dass deshalb der konkrete Übergang in den Ruhestand unproblematisch verlaufen muss: Viele Interviewte berichten von Schwierigkeiten, sich an den vergleichsweise unstrukturierten neuen Alltag zu gewöhnen und den Tagesablauf selbst zu planen; auch scheinen Probleme und Anpassungsschwierigkeiten in der Paarbeziehung eher die Regel als die Ausnahme zu sein. In gewisser Weise bekräftigt aber gerade die Darlegung der Anpassungsschwierigkeiten die starke normative Verankerung des Ruhestandsmodells, wird doch mehrheitlich eben nicht das Modell selbst, sondern lediglich die Phase des Übergangs problematisiert – und selbst das häufig eher implizit: Nicht selten scheinen die Probleme in der Retrospektive lediglich in kleinen Schlüsselwörtern auf, wenn Interviewte versichern, »inzwischen« ganz gut mit dem Ruhestandsleben klar zu kommen, »nun« auch ein Alltagsarrangement mit dem Partner gefunden zu haben oder »jetzt« die Kollegen nicht mehr zu vermissen. Trotz der Freiheitsemphase scheint in einigen Interviews damit ein Subtext der Ambivalenz auf. Es ist durchaus denkbar, dass bei manchen Älteren die feste Verankerung der an eine Regelaltersgrenze gebundenen Institution Ruhestand dazu führt, dass sich ein faktisches Leiden unter der Norm (der altersgebundenen Erwerbsentpflichtung) als nicht sprech- bzw. problematisierbar erweist: Möglicherweise wird das Problem in solchen Fällen auf die sehr viel konkretere Frage der Bewältigung des in seiner Selbstverständlichkeit aber nicht in Frage gestellten Übergangs umgelenkt. Dieser Aspekt bedarf in Anschlussforschungen erhöhter Aufmerksamkeit.

Die starke Verankerung der Institution Ruhestand ist, wie sich gezeigt hat, nicht gleichbedeutend mit einem ungebrochen positiven Bezug auf das Ruhestandsdispositiv in seiner ganzen Bandbreite: Die Bejahung der verdienten Erwerbsentpflichtung mit Lebensstandardsicherung geht mit einem negativen Bild des Ruhestandsalltags einher, der mit Leere, Passivität und Langeweile verknüpft wird. Verdichtet in den Objekten Sofa und Fernseher, typisiert in der Praxis des »aus dem Fenster Schauens«, die den passiven Konsum des Lebens Anderer aufruft, wird in auffallend komplexitätsreduzierenden Verknüpfungen ein negativer Ruhestandsalltag als Normalität entworfen, von dem fast alle Interviewten sich selbst und ihr näheres Umfeld abgrenzen. Erst die multidimensionale Analyse, die auf implizite Schlussregeln und metaphorische Implikationen körper-, artefakt- und institutionenbasierter Aussagen fokussiert, hat die Wirkmächtigkeit dieser Normalitätsannahme offengelegt – wird sie

doch nur in Ausnahmefällen ausführlich entwickelt und begründet. Zugespitzt formuliert ist der passive Ruhestandsalltag das Leben der (entfernten,
die Mehrheit stellenden) Anderen – eine Deutung, die bei einigen bildungsbürgerlichen Interviewten zudem sozialstrukturell grundiert ist, getragen von
dem Tenor, dass insbesondere die weniger Gebildeten im Nacherwerbsleben
nichts mit sich anzufangen wüssten. Zugleich erweist sich, dass die Verknüpfung des Ruhestandsalltags mit Leere, Passivität und Häuslichkeit durchaus
deutungsoffen ist, verstehen die Interviewten darunter doch je nach Kontextualisierung ihrer Erzählungen sehr Unterschiedliches: Wo den einen bereits
niedrigschwellige Alltagsaktivitäten wie Haus- und Gartenarbeit, Spazierengehen und gelegentliche Beschäftigung mit den Enkeln als aktives Gegenmodell zum »normalen« Ruhestandsalltag gelten, betrachten andere gerade diese
Beschränkung auf die alltäglichen Pflichten als Ausweis eines leeren und ereignislosen Nacherwerbslebens.

Bei aller Deutungsoffenheit wird dabei immer wieder deutlich, dass es das
Ruhestandsleben vorheriger Generationen ist, das die negativ kodierte Ruhestandspraxis als Normalität und Messlatte begründet und weiterhin »nährt«.
Die einflussreiche Verknüpfung gegenwartsbezogener Normalitätsannahmen mit Praktiken der Vergangenheit bleibt dabei mehrheitlich implizit und
scheint vor allem *ex negativo* auf, wenn Interviewte hervorheben, was sie tun,
damit die angenommene wie suggerierte Normalität nicht eintritt. Der große
Einfluss dieser vergangenheitsgespeisten, impliziten Norm ist umso erstaunli-
cher, als dass sie einhergeht mit einem gewandelten Altersbild, das an das wissenschaftliche Wissen der Verjüngung des Alters im Vergleich zu vorherigen
Generationen anschließt – ein Wissen, das als zentraler Knotenpunkt das Unruhestandsdispositiv organisiert. Die im Nachgang zur Berliner Altersstudie
seit Mitte der 1990er Jahre popularisierte Diagnose, wonach die 70-Jährigen
der Gegenwart um fünf Jahre verjüngt (wie) die 65-Jährigen der vorherigen
Generation seien, hat sich als in hohem Maße anschlussfähig an die Alltags-
wahrnehmungen von Menschen im siebten Lebensjahrzehnt erwiesen, auch
und gerade im Vergleich mit der Elterngeneration: Das wissenschaftliche Spezialwissen ist in diesem Fall – und zwar ganz unabhängig von Orientierungsrahmen und Alltagspraxis – zum »Lebensführungswissen« (Post 2009: 62)
geworden. Der durch zahlreiche Studien belegte Umstand, dass ältere Menschen sich fast durchgängig jünger fühlen als sie tatsächlich sind (Westerhoff/
Tulle 2007: 250f.; Schroeter 2012: 187ff; Graefe et al. 2011: 302), dürfte wesentlich zu dieser Verankerung beigetragen haben – obgleich dieses Gefühl in der
Regel eher die Abgrenzung von Gleichaltrigen und die Wahrnehmung von
Exzeptionalität als eine Diagnose kollektiver Verjüngung begründet (vgl. auch:
Marhánková 2011: 26ff.).

Bei aller »Lesbarkeit« der wissenschaftlichen Verjüngungsdiagnose und
ihrer Anschlussfähigkeit an Alltagserfahrungen der Leute wirkt gleichzeitig

immer noch der vorgestellte Ruhestandsalltag der Elterngeneration als Vergleichsmaßstab auch dort weiter, wo explizit eine große Generationen-Differenz betont und damit die Anwendbarkeit des Maßstabs eigentlich obsolet geworden ist. Dispositive können, das zeigt sich hier, widersprüchliche Elemente enthalten, die – zumal auf unterschiedlichen Ebenen der Verankerung und Inkorporierung – zumindest zeitweise unverbunden nebeneinander stehen: Nicht jede Verknüpfung wird durch die Hinzufügung neuer Deutungen sofort überschrieben. Zugleich offenbart die Überlagerung von Verjüngungsdiagnose und vergangenheitsgespeister Ruhestandsannahme die komplexe Verschränkung von Alters- und Ruhestandsbildern: Die Verschränkung scheint dort auf, wo die unterstellte Normalität des ereignislosen Ruhestandsalltags für die Elterngeneration angesichts des seinerzeit harten Lebens und frühzeitigen Alterns als angemessen betrachtet wird, während die heute Älteren angesichts der angenommenen Verjüngung für das gleiche Leben kritisiert werden.

Die enge Verknüpfung des Ruhestandsalltags mit Passivität, Leere, Ereignislosigkeit und Langeweile ist deshalb von so großer Bedeutung, weil hier ein zentraler Mechanismus zu Tage tritt, der die expliziten Äußerungen der Interviewten kontextualisiert und in neuer Weise zu lesen hilft: Erst dieser Mechanismus, den wir Ruhestandsmoderierung genannt haben (vgl. Kapitel 5.3.2), hilft zu verstehen, warum und vor allem wie es einer großen Mehrheit der Interviewten gelingt, sich selbst als ausgesprochen aktiv wahrzunehmen und sich dabei nicht selten als Ausnahme zu begreifen. Es ist die Annahme der passiven Ruhestandsnormalität, die das Ruhestandserleben moderiert und angesichts der Flexibilität dieser Vergleichsfolie das eigene Leben selbst in solchen Fällen als (ausgesprochen) aktiv erscheinen lässt, in denen Aktivitätsgrad und -radius faktisch niedrig sind. Die systematische Überschätzung und Überakzentuierung der eigenen Aktivität (vgl. zu dieser Diagnose auch Knopf et al. 1999: 112f.) durch diese Form des (fiktiven) sozialen Abwärtsvergleichs tritt zwar bei den weniger Aktiven im Sample am deutlichsten zu Tage, findet sich in unterschiedlichen Ausprägungen aber auch bei anderen Interviewten. Zugleich gibt es interessanterweise viele (sehr) Aktive die auf selbstwertdienliche »Abwärtsvergleiche« mit anderen RuheständlerInnen verzichten.

Die Ruhestandsmoderierung begründet den in den Interviewtexten ebenso verbreiteten wie augenfälligen *busy talk* sowie die damit einhergehende Wahrnehmung von Zeitknappheit (Stichwort »Rentner haben niemals Zeit«) – verdichtet im Objekt des Kalenders. Die Norm der Leistungsgesellschaft, keine Zeit zu haben,[106] wird dadurch erfüllt, dass sie relativ auf den Ruhestandskontext bezogen wird, dessen unterstellte unendliche Zeitfülle und Leere bereits

---

106 | »Wer zugibt, viel Zeit zu haben, disqualifiziert sich selbst und scheidet aus der Gesellschaft derer, die etwas leisten, etwas fordern, etwas erhalten können, aus.« (Luhmann 1971: 156)

durch einen Termin am Tag konterkariert werden kann. Und schließlich hilft die Ruhestandsmoderierung auch zu verstehen, warum nicht wenige Befragte eine Kontinuität ihres Alltags im Vergleich zum Erwerbsleben stark machen, obwohl der Rentenübergang doch nicht nur einen biografischen, sondern vor allem einen alltagspraktischen Einschnitt mit einem erheblichen Zugewinn an freier Zeit darstellt: Die Normalitätsannahme einer weitgehenden Ereignis- und Beschäftigungslosigkeit im Ruhestand führt dazu, dass das eigene Nacherwerbsleben zumeist von dieser Vergleichsfolie radikaler unterschieden wird als von der eigenen Erwerbsvergangenheit.

In Ergänzung zur viel diskutierten *busy ethic* (Ekerdt 1986), die den Blick auf die Übertragung der (Lohn-)Arbeitsethik auf den Ruhestand lenkt, hilft der ruhestandsmoderierte *busy talk* zu verstehen, warum und wie es auch weniger Aktiven tatsächlich gelingt, sich als ausgesprochen aktiv und beschäftigt wahrzunehmen. Während die Ethik affirmativ auf Lohnarbeitsnormen rekurriert und diese neu kontextualisiert, lebt der *talk* von der Zurückweisung einer vermeintlichen Ruhestandsnormalität, die in der Schärfe ihrer Konturen (fast) jedes Leben als aktives erstrahlen lässt. Wird dieser Mechanismus verkannt, besteht die Gefahr, allein den expliziten Aktivitätserzählungen der Interviewten zu folgen, ihre spezifische Kontextualisierung aber zu übersehen und damit die Überakzentuierung aktiver Selbstbilder zu affirmieren.[107]

Ebenso groß ist die Gefahr, von der durchgängigen Affirmation von Aktivität und Aktiv-Sein auf den Erfolg altersbezogener Aktivierungspolitiken zu schließen (so z.B. in der Tendenz Venn/Arber 2011; Bowling 2008). Zwar finden sich, wie unsere Analyse gezeigt hat, explizite wie implizite Anschlüsse an das Unruhestands- und Produktivitätsdispositiv; die ebenso grundsätzliche wie – von zwei Ausnahmen abgesehen – flächendeckende Aktivitätsorientierung ist damit aber nicht hinreichend erklärt. Entscheidend ist vielmehr, dass die durchgängige Affirmation von Aktivität in ihrer Grundsätzlichkeit über die altersbezogenen Dispositive hinausweist: So fassen einige Interviewte die eigene, aktivitätsorientierte Haltung und Praxis explizit als Persönlichkeitsmerkmal auf (»Ich bin von jeher aktiv veranlagt«), das im Ruhestand nicht an Bedeutung verliert. Vor allem hat sich gezeigt, dass Aktivität, in hohem Maße vitalistisch gerahmt, als Ausweis des Lebendig-Seins und Im-Leben-Stehens verstanden wird. In deutlichem Kontrast zu gesellschaftlichen Erwartungen an

---

107 | Mitunter, wenn auch keineswegs durchgängig, wird dieser Mechanismus der Ruhestandsmoderierung verstärkt durch ein negatives, verhaltensbezogenes Altersbild, von dem sich die Interviewten selbst ausnehmen. In besonders ausgeprägter Weise findet sich diese an Altersstereotypen reiche Abwertung anderer RuheständlerInnen – so insbesondere als desinteressiert, passiv, störrisch und konservativ – bei der Gruppe der altenfeindlichen Alternativen (vgl. zur Negativstereotypisierung Gleichaltriger auch die Ergebnisse von Marhánková 2011: 26ff.).

(hetero-)produktive, Nutzen stiftende Aktivität geht es den Interviewten mehrheitlich um ein ganz grundsätzliches »keeping up with the world« (Stenner et al. 2010: 473), das eine sehr große Bandbreite von Haltungen, Praktiken und Aktivitäten umfassen kann. Diese äußerst heterogene Bandbreite von Aktivitäten wird durch die Abgrenzung gegenüber einem konstitutiven Außen – der abhängigen Höchstaltrigkeit – vereinheitlicht und stabilisiert: Wo das höchste Alter, aufgerufen über den hinfälligen Körper, den verwirrten Geist und die Institution des Pflegeheims, als »Nicht-Leben« droht, wird die vitalistische Konnotation von Aktivität im jüngeren Alter verständlich, birgt doch der passive Ruhestand eine gefährliche Nähe zum verworfenen Leben des höchsten Alters. Das ebenso allgemeine wie vitalistische Aktivitätsverständnis wird – und das ist für die Neuverhandlung des Alters ganz entscheidend – unter den aktuellen Diskursbedingungen von deutenden BetrachterInnen (vor)schnell als aktives und produktives Alter der Jungen Alten kurzgeschlossen (vgl. zu diesem Aspekt ausführlich Kapitel 6).

Dieses Verständnis einer *vita activa* als *conditio humana* steht, das ist offensichtlich, in deutlichem Kontrast zur verbreiteten Lesart des passiven und ereignislosen Ruhestandsalltags, der damit implizit an den Rändern des Lebens platziert wird. Damit wird aber einmal mehr verständlich, warum die Selbstakzentuierung als (eher) passiv, die Beschreibung des eigenen Alltags als leer und unausgefüllt oder das Zugeständnis von Langeweile für die meisten Interviewten[108] nicht nur unangenehm zuzugeben, sondern in viel radikalerer Weise nicht denk- und sagbar sind – verweisen sie doch an den Rand des Lebens bzw. sogar darüber hinaus. Langeweile tritt, das zeigen auch andere Untersuchungen, höchstens als »Problem ›der anderen‹« (Doehlemann 1991: 13) auf.[109] In diesem Sinne ist die in einigen Interviews nachgerade beschwö-

---

108 | Wenige Ausnahmen bestätigen die Regel – vgl. die Ausnahmegruppe (3) im Anschluss an Kapitel 5.3.

109 | So ermitteln Umfragewerte zum Empfinden von Langeweile im erwerbsbefreiten Alter in den vergangenen Jahrzehnten konsequent und ohne große Schwankungen niedrige Zustimmungswerte (Pieper 1976: 298f.; Generali Zukunftsfond/Institut für Demoskopie Allensbach 2013: 46). Lediglich 13 % der 65- bis 69-Jährigen stimmen aktuell der Aussage zu »Man hat so viel Zeit, dass man sich manchmal langweilt.« (Generali Zukunftsfonds/Institut für Demoskopie Allensbach 2013: 46) Ob Langeweile deshalb tatsächlich kein Problem ist, ist nicht ausgemacht und sollte mit Blick auf die Frage der »Unsagbarkeit« zumindest kritisch reflektiert werden. Grundsätzlich gilt soziale Unterforderung in Form eines Mangels an »Erwartungen, Aufforderungen und Anforderungen seitens der Mitwelt« (Doehlemann 1991: 105) neben starker Verregelung von Handlungsvollzügen als wesentliche Quelle existenzieller (d.h. nicht allein situativ bedingter) Langeweile. Doch selbst diejenigen Interviewten in unserem Sample, die den Rentenübergang im Gegensatz zur Mehrheit als Ausgrenzung erlebt haben und die genau über

rende Versicherung, keine Langeweile zu kennen, auf das Engste mit der *vita activa* als *conditio humana* verbunden, »the avoidance of boredom« wird als »very fundamental human urge« (Frankfurt 1999: 89) erkennbar.

Die vitalistische Aktivitätsperspektive ist in fast allen Interviewtexten eng verschränkt mit der Bekräftigung von Eigenverantwortung für die körperliche und geistige Gesundheit – und zwar im Sinne einer Prävention des verworfenen »Nicht-Lebens«. Die Verknüpfung von *Gesundheit/Eigenverantwortung/ Prävention/Entlastung der Allgemeinheit*, die uns in variierenden Facetten und Verschränkungen in den meisten Interviews begegnet, bildet nicht nur einen wesentlichen Strang des Unruhestandsdispositiv, sondern war – selbstverständlich in anderer Diktion – auch im DDR-Kontext einflussreich und wird zudem durch das neoliberal gerahmte Gesundheitsdispositiv auch altersunspezifisch ausgewiesen. Ähnlich der alltäglichen Verarbeitung der Verjüngungsdiagnose ist auch der Spezialdiskurs eigenverantwortlicher Gesundheitsprophylaxe zum verallgemeinerten »Lebensführungswissen« (Post 2009) geworden.

Zugleich offenbart aber gerade das Gesundheitsbeispiel, dass Lebensführungswissen nicht gleichbedeutend mit Lebenspraxis ist: So erweist sich die Interviewsituation in Bezug auf Fitness und sportliche Aktivitäten in ganz besonderer Weise als Rechtfertigungskontext, erklären doch auffällig viele Interviewte unaufgefordert und entschuldigend, warum sie zu wenig oder keinen Sport betreiben, sich zu wenig bewegen oder nicht gesund genug essen. Neben dieser wiederkehrend mit dem »inneren Schweinehund« und mangelnder Selbstdisziplin begründeten Diskrepanz zwischen Lebensführungswissen und alltagspraktischer Ausführung zeigt sich aber auch, dass die von den Interviewten zur Sprache gebrachten Präventionsaktivitäten in vielen Fällen auffällig vage bleiben: niedrigschwelliges Spazierengehen, »irgendwelche« Aktivitäten und geistige Beweglichkeit werden bereits als Gesundheitshandeln gerahmt. Hier offenbart sich eindrücklich, wie die Orientierung am eigenverantwortlichen Gesundheitspostulat eingepasst werden kann in eine niedrigschwellige Alltagspraxis der *vita activa*, die mitunter recht weit entfernt ist von der im Gesundheitsdispositiv ausgewiesenen Lebensführung.[110] Während sportliche Aktivitäten für viele Interviewte tatsächlich eine – häufig im Ver-

---

diese Form der Unterforderung klagen, legen größten Wert darauf, darzulegen, dass sie sich beschäftigen können – und sei es mit der zeitlichen Dehnung von Hausarbeit, die sie nicht ausfüllt.

110 | Tatsächlich geben 44 % der 65- bis 69-Jährigen und 40 % der 70- bis 74-Jährigen an, wöchentlich Sport zu treiben, immerhin 49 % (65-69 Jahre) bzw. 54 % (70-74 Jahre) sind selten oder nie sportlich aktiv (Generali Zukunftsfonds/Institut für Demoskopie Allensbach 2013: 272). Im Jahr 1986 galt dies bei den Über-65-Jährigen allerdings noch für 84 % (ebd.: 274).

gleich mit den (Schwieger-)Eltern akzentuierte – wachsende Rolle spielen, finden wir im Sample damit auch eine »rhetorische Modernisierung« des Ruhestands, der alltagspraktisch vom bewegten Unruhestand nur bedingt affiziert ist.

Die Perspektive auf das Gemeinsam-Typische der Interviewtexte in Relation zu den Dispositiven hat gezeigt, dass und wie zentrale Elemente und Verknüpfungen des Ruhestands und des Unruhestandsdispositivs verwoben werden, so insbesondere die Affirmation der institutionalisierten, verdienten und gesicherten Erwerbsentpflichtung als »späte Freiheit« mit den – in unterschiedlicher Weise ausgedeuteten – Unruhestandselementen der Verjüngung und Gesundheitsverantwortung. Die Grenzen zwischen modernisiertem Ruhestand und Unruhestand erweisen sich dabei als fließend: Während in den öffentlichen Dispositiven eine Akzentuierung des Unruhestands als Gegenmodell zum überkommenen Ruhestand vorherrschend ist, stellen wir in den Interviews interessante Verschränkungen fest, die je nach Perspektive sowohl als Modernisierung von Ruhestandselementen gelesen werden können (es wird ge*walked* statt spaziert, nach Kanada gereist statt nach Kärnten) als auch als *Mainstreaming* von Unruhestandselementen (z.B. die Verjüngung des Alters als verbreiteter Wissensstand).

Typen des Nacherwerbslebens

Die großen Linien der Interviewtexte – die Orientierung auf Erwerbsbefreiung und Zeitsouveränität, der Modus der Ruhestandsmoderierung, die Orientierung an einer *vita activa* sowie das Lebensführungswissen der Verjüngung und Gesundheitsverantwortung – sind zugleich so deutungsoffen, dass wir ausgehend von dieser Basis unterschiedliche Typen des Nacherwerbslebens auszumachen konnten. Wo die »Freiheit *von* Erwerbsarbeit« die Erzählungen der meisten Interviewten grundiert, werden große Deutungs- und Praxisspielräume offenkundig, wenn es um das konkrete Erleben und die Gestaltung der neuen Freiheit geht – die »Freiheit *zu*....« ist ebenso kontrovers wie vielfältig und wird auf ganz unterschiedliche Weise gerahmt. In einem zweiten Schritt haben wir uns deshalb für die Unterschiede zwischen den Interviewten interessiert und sie entlang der Dispositive Ruhestand, Unruhestand und Produktives Alter vermessen. Bedeutung als Funktion von Kontexten begreifend, interessierte dabei insbesondere, wie ähnliche Sachverhalte oder Aktivitäten auf unterschiedliche Weise gerahmt werden (können). Mit diesem Fokus schließen wir an solche Arbeiten zu Altersaktivität an, die eine ausschließlich quantitativ orientierte Vermessung von konkreten Aktivitäten und Zeitverwendungen problematisieren und auf die qualitative Dimension von Aktivität im Sinne ihrer subjektiven Bedeutung und Kontextualisierung verweisen (vgl. z.B. Ling/Luo 2012: 328; Stenner et al. 2010: 475). Ein solcher Fokus sensibilisiert zudem für unterschiedliche Zweck-Mittel-Relationen von Aktivitäten, die insbesondere im Verhältnis von Aktivität und Zeit ins Auge fallen: Wo es den einen alltagspraktisch darum geht, möglichst viel Zeit zu »füllen«, Aktivitäten also als Mittel zum Zweck der Bewältigung von Zeit begriffen und ausgeführt werden, ist es anderen ein Anliegen, die Zeit zu »nutzen«, um einen außerhalb der Zeitfüllung liegenden Zweck zu erfüllen – z.B. um fit zu bleiben, Versäumtes nachzuholen oder Kontakte zu schließen (vgl. zu dieser Unterscheidung auch Münch 2012).[111]

Darüber hinaus hat sich gezeigt, dass die Vielfalt des Nacherwerbslebens erst dann in ihren unterschiedlichen Facetten ersichtlich wird, wenn sich die Analyse nicht auf die Orientierungsrahmen und Deutungen der Interviewten beschränkt, sondern diese in Relation setzt zu ihrer Enaktierung, also zur gelebten Alltagspraxis – die ihrerseits auf Basis der Interviewtexte sowie des standardisierten Tätigkeitsbogens analysiert wurde. In Anlehnung an die Dokumentarische Methode rekurriert die Typenbildung damit auf die je spezifische Verschränkung von Orientierungsrahmen und Enaktierung, so dass kongruente und inkongruente Muster sichtbar werden: Neben dem zufriedenen Ruheständler, der Unruheständlerin und dem/der Produktiven, denen es weitgehend gelingt, ihre Orientierungen zu leben, finden sich mit der verhinderten Ruheständlerin, dem geschäftigen Ruheständler und der Gebremsten drei Nacherwerbstypen, die sich gerade durch das Auseinanderfallen von Orientierung und praktischer Realisierung auszeichnen – und das mit sehr unterschiedlichen Folgen.

Zunächst aber begegnen wir dem *zufriedenen Ruheständler* mit einem durchweg positiven Ruhestandsverständnis: Die Idee der Entpflichtung ist für ihn nicht auf die Befreiung von Erwerbsarbeit beschränkt, sondern zielt auf das Nacherwerbsleben selbst, das als verdiente Ruhe – bei gleichzeitiger Abgrenzung von Leere und Passivität – begriffen wird. Kennzeichnend ist hier eine starke Orientierung auf die Familie und die häusliche Sphäre. Während im Sample eine deutlich größere Gruppe als die der zufriedenen Ruheständler eine vergleichbar positive Ruhestandsorientierung aufweist, zeichnen sich diese dadurch aus, dass es ihnen gelingt, ihr Nacherwerbsleben tatsächlich entsprechend ihrer Orientierung – und gleichsam am Leitbild aktiven Alters

---

111 | Dass auch die Gruppe der »ZeitnutzerInnen« äußerst heterogen ist, zeigt sich anhand der unterschiedlichen Bedeutung von Artefakten als Produkt (sinnvoller) Zeitnutzung: Wo es den einen eher im Sinne Hannah Arendts (2011: 161ff.) um das Herstellen geht, das sich in konkreten Dingen und Erzeugnissen materialisiert – dem renovierten Elternhaus, der Autobiografie, dem selbstgezogenen Gemüse –, stehen bei anderen Interviewten Formen des »Handelns« (ebd.: 213ff.) in Gestalt der Arbeit am Selbst und der eigenen Entwicklung, der Pflege von Sozialkontakten und/oder des politischen Engagements im Zentrum. Fließende Übergänge liegen hier selbstverständlich auf der Hand.

vorbei – zu führen. Dieser Umstand trägt wesentlich zu der bekundeten Zufriedenheit bei. Der zufriedene Ruheständler ist männlich, Akademiker mit einem überdurchschnittlichen Haushaltseinkommen und selbstgewählt aus qualifizierter Beschäftigung in den vorzeitigen Ruhestand gegangen. Die KritikerInnen einer produktivistischen Aktivierung des Alters sind unter den zufriedenen Ruheständlern besonders häufig vertreten. Die Gruppe der zufriedenen Ruheständler dürfte mit fortschreitendem Alter der von uns untersuchten Alterskohorte anwachsen: So streben die von uns als »AussteigerInnen« bezeichneten Interviewten ein (sukzessives) Disengagement aus ehrenamtlichen und außerhäusigen Aktivitäten rund um das 70. Lebensjahr an – und zwar weitgehend unabhängig von ihrem Gesundheitszustand.

Der *geschäftige Ruheständler* hat hingegen ein überaus negatives Ruhestandsverständnis, dem eine positive Orientierung auf Facetten des Unruhestands korrespondiert. Die Ansprüche an die Sinnhaftigkeit von Alters(alltags)aktivitäten sind jedoch eher niedrig, was darin seinen Ausdruck findet, dass häufig nicht auf konkrete Tätigkeiten, sondern auf den Tatbestand des Beschäftigtseins *an sich* verwiesen wird: Der geschäftige Ruheständler hat »immer genug zu tun« und ist »jeden Tag vollauf beschäftigt«, die Zeit »irgendwie« zu füllen ist für ihn handlungsleitend. Nichtsdestotrotz bleibt er ein Ruheständler, da der positive Orientierungsrahmen des Unruhestands nicht gelebt wird. Der geschäftige Ruheständler erweist sich mithin als *busy talker* schlechthin, der sich trotz niedrigen Aktivitätsgrades als nicht so richtig rentnertypisch wahrnimmt – obwohl sein Alltag ruheständlerischer kaum sein könnte. Er ist ein männlicher Typus, verfügt eher über eine nicht-akademische Ausbildung sowie über ein leicht unterdurchschnittliches Haushaltseinkommen.

Die *verhinderte Ruheständlerin* stellt in diesem Lichte besehen das genaue Gegenmodell dar: Sie hat dem zufriedenen Ruheständler vergleichbar eine positive Ruhestandsorientierung, ohne diese jedoch praktisch umzusetzen. Stattdessen lebt sie ein hochgradig heteroproduktives, auf (mehr oder weniger signifikante) Andere gerichtetes Leben als »Super-Helferin«, die hohe Belastungen (vor allem im Bereich der Betreuung und Pflege) nicht durch Einschränkungen in anderen Aktivitätsbereichen kompensiert – und durchaus damit hadert, sich nicht »abgrenzen« zu können. Die verhinderte Ruheständlerin bestätigt die aus der Forschung bekannte Geschlechtsspezifik, dass es Frauen tendenziell schwerer fällt als Männern, Freizeit für sich zu beanspruchen, weshalb sie dazu neigen, ihre Bedürfnisse und Interessen hinter Sorgetätigkeiten für andere zurückzustellen (z.B. Kolland 2010: 358f.). Bemerkenswert ist, dass die verhinderte Ruheständlerin aus ihrem hohen Aktivitätsgrad weder eine Distinktion gegenüber weniger Aktiven ableitet noch Ansprüche an ein vergleichbares Engagement anderer formuliert. Die große Bedeutung, die sie sozialen Ehrenämtern beimisst, steht ihrer grundsätzlichen Ruhestandsorientierung insofern nicht entgegen, als damit nicht das klassische Ruhestandsmodell in Frage gestellt, sondern vielmehr ein geschlechtsspezifisches, weitgehend altersunabhängiges weibliches Lebensmodell praktiziert wird. Die verhinderte Ruheständlerin ist weiblich, westdeutsch und dem nicht-akademischen Milieu zugehörig.

Die Unruheständlerin trägt ihren Namen, weil ihre Vorstellung vom Nacherwerbsleben mit zentralen Elementen des Unruhestandsdispositivs übereinstimmt und sie diese Orientierung in der Alltagspraxis auch weitgehend realisiert. Sie ist durchaus familienorientiert, legt aber Wert auch auf außerfamiliäre Kontakte, auf Austausch mit anderen, Autonomie in der Partnerschaft und Unabhängigkeit von den (Enkel-)Kindern.[112] Im Zentrum ihres Handelns steht autoproduktives, selbstbezogenes Engagement: sportliche und kulturelle Aktivitäten, Fremdsprachenerwerb und Bildungsreisen, künstlerische Hobbies und die Beschäftigung mit spirituellen Fragen sind typische Aktivitäten der Unruheständlerin, für die es – als Bildungsbürgerin – wichtig ist, nach einem Leben voller Familien- und Erwerbspflichten endlich Zeit für sich zu haben. Ganz im Gegensatz zur verhinderten Ruheständlerin weist die Unruheständlerin damit auf einen neuen Frauentypus hin, der die Gelegenheitsstrukturen des Ruhestands dafür nutzt, den biografisch erlebten Mangel an Freizeit und Selbstbestimmung zu kompensieren.

Der/die Produktive grenzt sich in deutlicher Weise nicht nur vom Ruhestandsmodell, sondern auch vom Unruhstand ab: Wo die Unruheständlerin große Freude an autoproduktiven Aktivitäten hat, kritisiert er/sie einen freizeitorientierten, allein am eigenen Wohlbefinden ausgerichteten (Un-)Ruhestand und hebt die Bedeutung und Notwendigkeit gesellschaftlichen Engagements hervor. Die Entpflichtung von der Erwerbsarbeit verpflichte zum bürgerschaftlichen Engagement, eine entsprechende gesellschaftliche Ansprache von Menschen im Nacherwerbsleben wird explizit begrüßt. Der/die Produktive stimmt nicht nur mit wesentlichen Wissenselementen des Produktivitätsdispositivs überein, das propagierte heteroproduktive Leben wird auch tatsächlich selbst geführt. Bemerkenswert ist allerdings, dass die Produktiven nicht zu den (sehr) Aktiven in unserem Sample zählen und entgegen zahlreicher Untersuchungen, die einen starken Zusammenhang zwischen sozio-ökonomischem Status und Engagement ausweisen, nicht besonders privilegiert sind.

Die Gebremste schließlich erweist sich als Gegenpart zur verhinderten Ruheständlerin, fallen bei ihr doch gleichfalls Orientierungsrahmen und Praxis in extremer Weise auseinander, wenn auch mit umgekehrten Vorzeichen: Wo

---

112 | Verschiedene AutorInnen haben darauf hingewiesen, dass sich für das Feld der sozialen Kontaktpflege traditionelle Geschlechterrollen von Frauen durchaus als Ressource für das Nacherwerbsleben erwiesen haben (z.B. Krekula 2007: 161; Calasanti 2009: 473): Frauen leiden deutlich seltener als Männer unter Kontaktarmut und pflegen einen größeren Freundes- und Bekanntenkreis außerhalb der Familie.

jene durch ein hohes Maß heteroproduktiver Aktivität an einem positiv besetzten ruheständlerischen Leben gehindert wird, zeichnet sich diese durch
eine ausgeprägte Unruhestands- und/oder Produktivitätsorientierung aus
und entwirft von sich selbst das Bild einer »Frau der Tat«. Sie hat eine abwechslungsreiche Nacherwerbsphase mit erfüllender Aktivität erwartet, die
sich aus unterschiedlichen Gründen aber nicht realisieren lässt, wobei insbesondere finanzielle Prekarität, Ausgrenzungserfahrungen im ehrenamtlichen
Kontext und Einschränkungen durch den Ehemann eine maßgebliche Rolle
spielen. Weder Unruhestand noch produktives Alter werden infolgedessen in
gewünschter Weise gelebt, was zu großer Unzufriedenheit führt. Der Typus
der Gebremsten ist weiblich und verfügt über ein deutlich unterdurchschnittliches Haushaltseinkommen. Der im Vergleich mit anderen Interviewten mittlere Aktivitätsgrad der Gebremsten geht daher auch nicht vorrangig auf selbst
gewähltes Engagement, sondern auf die finanziell notwendige Aufnahme bzw.
Beibehaltung geringfügiger Beschäftigung zurück, so dass hier in gewissem
Sinne eine »Zwangsaktivierung« vorliegt.

Im Lichte der Bestimmung dieser sechs Typen hat sich gezeigt, dass Nacherwerbsorientierungen und -enaktierungen eng mit den Altersbildern der
Interviewten verschränkt sind: Die Ruhestandsorientierung und -praxis geht
mehrheitlich mit einer Perspektive auf das Dritte Lebensalter als eigener, dis-
tinkter Lebensphase sowie einer erhöhten Sensibilität für die Endlichkeit des
Lebens einher, während prototypische Unruheständlerinnen oder Produktive
eher eine Kontinuität des Erwachsenenlebens bis zur Grenze der Hochaltrigkeit stark machen (vgl. zur langen Kontinuität des Erwachsenenlebens auch
Graefe et al. 2011). Die augenfällige Flexibilität und Elastizität der Alterskategorie, die wesentlich zur »Lesbarkeit« der Verjüngungsdiagnose beiträgt, hat
nichtsdestotrotz deutliche Grenzen (vgl. Jones 2006): Unabhängig davon, wie
alt die Interviewten sind und sich fühlen, nimmt sich niemand explizit als
jung wahr und ausnahmslos alle beschreiben ihren Gesundheitszustand al-
tersmoderiert, was die mitunter auffällige Diskrepanz von gesundheitlichen
Einschränkungen und positiver Selbsteinschätzung erklärt. Der Gesundheitszustand wird, anders als in jüngeren Jahren üblich, nicht absolut bewertet,
sondern in Relation zum Alter – was, verstärkt durch den Einfluss defizitbehafteter Altersbilder, in der Regel zu einem positiven Ergebnis führt.

Die soziogenetische Auswertung hat den großen Einfluss von Geschlecht,
sozioökonomischer Lage, Bildung und Ost-West-Hintergrund für das je spezifische Zusammenspiel von Orientierung und Enaktierung im Alltagsleben
offengelegt. Zugespitzt lässt sich sagen: Je westdeutscher, männlicher und
in sozio-ökonomischer Hinsicht privilegierter eine interviewte Person ist,
desto wahrscheinlicher haben wir es mit einem zufriedenen Ruheständler
zu tun. Dieses Ergebnis ist insbesondere im Hinblick auf die sozio-ökonomische Privilegierung bedeutsam: Ob des signifikanten Zusammenhangs von

Engagementquoten und sozio-ökonomischem Status (vgl. z.B. Generali Zu-
kunftsfonds/Institut für Demoskopie Allensbach 2013: 151) sowie der stärker
intrinsisch geprägten Arbeitsorientierung Höherqualifizierter ist in der (Al-
terns-)Forschung die Position vorherrschend, dass die in finanzieller und sozialer Hinsicht Bessergestellten vor allem unter den Aktiven und Produktiven
sowie den weiterhin an Erwerbsarbeit Interessierten zu finden sind (z.B. Bröscher et al. 2000: 35f.). Ohne den Zusammenhang von kulturellem, sozialem
und ökonomischem Kapital und Engagement negieren zu wollen, der sich auch
in unserem Sample bestätigt findet, zeigt der Typus des zufriedenen Ruheständlers aber, dass auch die gegenteilige Rolle auf eine überdurchschnittliche
Kapitalausstattung angewiesen ist: Die erfolgreich und selbstbewusst enaktier-
te Ruhestandsorientierung erfordert offenkundig Ressourcen, die nicht allen
gleichermaßen zur Verfügung stehen. Es scheint – und das unterscheidet die
zufriedenen von den weniger privilegierten geschäftigen Ruheständlern – ein
gewisses Anerkennungspolster aus einer selbstbestimmt beendeten, erfolgreichen Berufsbiografie notwendig zu sein, um ohne Beschäftigungssimulation
und ausgeprägten *busy talk* den Ruhestand als Ruhestand vertreten zu können
und ihn gesellschaftlichen Anforderungen und/oder Erwartungen aus dem
sozialen Nahraum entgegenzusetzen. »Ist ein früher Ausstieg als ›verdienter
Ruhestand‹ überhaupt noch möglich?« fragen Backes et al. (2011: 158) in ihrer
explorativen Studie zum Rentenübergang – unsere Antwort lautet mit Blick auf
die mehrheitlich frühverrenteten zufriedenen Ruheständler eindeutig »Ja«, allerdings nur mit den entsprechenden finanziellen, biografischen und sozialen
Ressourcen.

Zugleich zeigt sich anhand des geschäftigen Ruheständlers, dass ein negatives Ruhestandsbild und eine positive (Alternativ-)Orientierung am Unruhestand keineswegs der Enaktierung eines überaus klassischen Ruhestandsalltags entgegenstehen müssen – wenn eine Moderierung der Diskrepanz von
Orientierung und Enaktierung durch ein subjektives Gefühl des aktiven Beschäftigtseins gelingt. Am Beispiel des geschäftigen Ruheständlers zeigt sich
exemplarisch und mit aller Deutlichkeit die Wirkung der Ruhestandsmoderierung, die die Selbstwahrnehmung strukturiert. Anders als bei den zufriedenen Ruheständlern ersetzt der selbstwertdienliche Abwärtsvergleich entlang
einer fiktiven Norm das fehlende Anerkennungspolster, haben wir es doch mit
einer im Hinblick auf Einkommen, Bildung und Berufsbiografie eher unter-
privilegierten Gruppe zu tun.

Mit den zufriedenen und geschäftigen Ruheständlern kontrastieren die
weiblichen Figuren der verhinderten Ruheständlerin und der Gebremsten in
auffälliger Weise: Während die verhinderte Ruheständlerin ihre positive Ruhestandsorientierung aufgrund von Betreuungs- und Pflegetätigkeiten sowie der
Übernahme sozialer Ehrenämter nicht enaktieren kann (vgl. zur überdurchschnittlichen Belastung von Frauen mit Betreuungs- und Pflegeverpflichtun-

gen Hank/Buber 2009; Haberkern/Szydlik 2008), weisen die gebremsten Frauen eine Unruhestands- und/oder Produktivitätsorientierung auf, deren Realisierung durch die Überlagerung struktureller Hemmnisse ausgebremst wird. Die Gebremsten sind im wahrsten Sinne des Wortes der lebende Ausdruck dafür, dass die »active ageing option« nicht allen in gleicher Weise offen steht (Walker 2002: 131) und bestätigen Forschungsergebnisse, wonach insbesondere Frauen mit niedrigem sozio-ökonomischem Status eine besondere Risikogruppe darstellen, wenn es um Wohlbefinden und Zufriedenheit im Ruhestand geht (z.B. Mayring 2000: 128). Die in den Erzählungen der Interviewten zu Tage tretende de-aktivierende Wirkung von finanzieller Prekarität, von Diskriminierung im ehrenamtlichen Kontext sowie von wendebedingten Ausgliederungserfahrungen stellt eine der großen Leerstellen in der aktivitätsfokussierten öffentlichen Neuverhandlung des Alters dar, auf die wir im Abschlusskapitel zurückkommen.

Die sowohl bei den verhinderten Ruheständlerinnen wie bei den gebremsten Frauen in entgegengesetzter Weise zu Tage tretende, nicht moderierte Diskrepanz von Orientierung und Enaktierung führt zu einem höheren Grad an Unzufriedenheit als wir ihn bei den männlich geprägten Ruhestandstypen finden. Wo die Diskrepanz bei den geschäftigen Ruheständlern durch den Mechanismus der Ruhestandsmoderierung abgefedert wird, sind bei den Frauentypen Überlastung und De-Aktivierung die Folge. Der Befund größerer Unzufriedenheit wird zusätzlich durch den Umstand verstärkt, dass insbesondere ostdeutsche Frauen Schwierigkeiten haben, erfüllende Alternativrollen jenseits der Erwerbsarbeit zu finden, so dass die Enaktierung des gewünschten produktiven Alters bei diesen Frauen im Extremfall bereits daran scheitert, dass eine fortgesetzte Erwerbsarbeit nicht möglich ist. Damit bilden privilegierte, westdeutsche Männer mit erfüllter Berufsbiografie einerseits und in mehrfacher – besonders auch ökonomischer – Hinsicht gebremste, ostdeutsche Frauen mit in der Regel erzwungenem Berufsausstieg andererseits die Extrempole der soziogenetischen Typisierung, wenn es um Zufriedenheit, Wohlbefinden und Erfüllung im Nacherwerbsleben geht.[113]

---

113 | Zur Korrelation von Wohlbefinden bzw. Zufriedenheit und Wohlstand im Ost/ West-Vergleich vgl. auch Gerstdorf/Wagner 2010: 436f. Die Autoren führen den Umstand, dass die Lebenszufriedenheit, die gemeinhin erst wenige Jahre vor dem Tod sinkt, in Ostdeutschland signifikant früher einknickt, wesentlich auf das Wohlstandsgefälle zurück. Auch im *Deutschen Alterssurvey* werden, mit steigender Tendenz, Unterschiede in der subjektiven Bewertung des eigenen Ruhestandslebens ausgewiesen: »Fast zwei Drittel der 65-85-Jährigen aus den neuen Bundesländern und vier Fünftel aus den alten Bundesländern bewerten ihre Situation im Ruhestand im Jahr 2008 als gut oder sehr gut.« (Motel-Klingebiel et al. 2010: 403)

Wie die verhinderte Ruheständlerin und die Gebremste ist auch die Unruheständlerin weiblich, allerdings streuen um diesen Typus vor allem Frauen mit höherem kulturellem und ökonomischem Kapital; bildungsbürgerlich konturierte Selbstverwirklichungsaktivitäten spielen hier eine zentrale Rolle. Zwar stellt die Unruheständlerin in diesem spezifischen Zuschnitt einen besonderen Typus dar, die Ränder des Typus sind gleichwohl äußerst offen. Dies liegt zum einen am *Mainstreaming* zentraler Unruhestandselemente, wie wir am Beispiel der Verjüngungsdiagnose und der Gesundheitsverantwortung gesehen haben. Zum anderen spielen aber auch die verbreitete Ausweitung des Aktivitätsradius (so vor allem in Bezug auf Reisen) sowie eine gewisse alltägliche Modernisierung von Aktivitäten eine zentrale Rolle dafür, dass die Übergänge zwischen modernisierter Ruhestandspraxis und gelebtem Unruhestand fließend sein können. Nichtsdestotrotz ist die Unruheständlerin mit ihrem spezifischen Aktivitätsfokus und -zuschnitt als Typus von besonderem Interesse: Es zeigt sich, dass die postmaterialistisch grundierte Orientierung auf Selbstverwirklichungsaktivitäten, biografische Selbstreflexion und (alltags-)praktische Selbstfindung – anders als häufig unterstellt (z.B. Quéniart/Charpentier 2011: 15f.) – kein übergreifendes Generationenphänomen im Sinne einer (Post-)68er-Generationenlagerung darstellt, sondern in deutlicher Weise geschlechtsspezifisch und soziostrukturell grundiert ist (vgl. zu letzterem auch Graefe/Lessenich 2012: 312).

Im Hinblick auf die Sozialfigur des/der Produktiven hat sich die Doppelperspektive auf Orientierung und Enaktierung als besonders fruchtbar erwiesen, wurde doch erst infolge dieser Differenzierung erkennbar, dass es einen großen Anteil praktisch Produktiver gibt, die zugleich scharfe KritikerInnen der Produktivitätserwartung sind bzw. ein ganz anders gerahmtes Konzept von Produktivität vertreten – und damit nicht dem Typus des/der Produktiven zuzurechnen sind. Eindrückliches Beispiel sind die (vornehmlich westdeutschen) praktisch-produktiven Libertären, die querliegend zur Typologie als Gruppe erkennbar werden, wenn wir die Erwartungshaltung an andere RuheständlerInnen zentral stellen: Sie vertreten radikale Freiwilligkeit als Lebensprinzip und durchkreuzen damit in sehr grundsätzlicher Weise die Verknüpfung *Alter/Potenzial/moralische Verpflichtung*. Die (ostdeutschen) »Produktiven SystemkritikerInnen« hingegen rahmen ihren Produktivitätsfokus dezidiert sozialistisch als lebenslanges Engagement für das gesellschaftliche Kollektiv und problematisieren die neoliberale Sachzwanglogik der gegenwärtigen Altersaktivierung. Dass es sich bei beiden Gruppen um Menschen mit hohem kulturellem und ökonomischem Kapital handelt, hilft den auf den ersten Blick erstaunlichen Umstand zu erklären, dass die in Orientierung *und* Praxis Produktiven deutlich weniger privilegiert sind als die zufriedenen Ruheständler oder die Unruheständlerinnen. Stellt man den eher mittleren Aktivitätsgrad der meisten Produktiven in Rechnung und berücksichtigt, dass nur einige von ihnen eine verschärfte Responsibilisierung ihrer AltersgenossInnen tatsächlich gut heißen – statt das produktive Engagement als selbstverständlich zu unterstellen – erweisen sich dispositivaffine Produktive *par excellence* als Rarität. Angesichts der im Sample ausgeprägten Negativstereotypisierung des klassischen Ruhestandsalltags ist dieses Ergebnis durchaus bemerkenswert, könnte doch genau diese Haltung eine Zustimmung zur Aktivierung der als passiv imaginierten (anderen) RuheständlerInnen bedingen. Abgesehen von der genannten, kleinen Minderheit ist aber gerade dies nicht der Fall. Hier zeigt sich mit Blick auf die ebenso vitalistisch gerahmte wie niedrigschwellige *vita activa*, dass sich die Vorstellungen eines aktiven Lebens auf Seiten der meisten Interviewten offensichtlich nicht mit den Maßstäben produktivistischer Altersaktivität und dem sich abzeichnenden politischen Modus ihrer Erzeugung decken. Wenn wir danach fragen, wo sich die in sozioökonomischer Hinsicht Privilegierten in unserem Sample finden, fällt die Antwort eindeutig aus: Sie streuen entweder um die kongruenten Typen des zufriedenen Ruheständlers und der Unruheständlerin oder sie finden sich unter den hoch aktiven Interviewten, die als Libertäre oder Produktive SystemkritikerInnen zentrale Verknüpfungen des Produktivitätsdispositivs durchkreuzen.

Zugleich haben die Gruppenminiaturen, in denen die Interviewten in ihren biografischen Kontexten sichtbar werden, gezeigt, dass erst die Verschränkung der »großen« sozialstrukturellen Faktoren mit den »kleineren« Kontextwelten der Befragten, konkrete Orientierungen und Praktiken lesbar macht und schematische Komplexitätsreduzierungen vermeidet. So ist neben Ost/West-Herkunft natürlich die je konkrete Haltung zum System (damals wie heute), die soziale Position in der ehemaligen DDR sowie die konkrete Wendeerfahrung von Bedeutung – mit dem Ergebnis, dass seinerzeit Dissidente oder zu DDR-Zeiten Selbstständige den westdeutschen Interviewten ähnlicher sind als den meisten Ostdeutschen. Im Westen wiederum stellt sich die Frage, ob und inwiefern sich Interviewte als Teil einer (Post-)68er-Generation begreifen und wie diese Perspektive sich in die Orientierungsrahmen einschreibt. Wie selbstverständlich Pflege- und Betreuungsaktivitäten im Familienumfeld empfunden werden, hängt schließlich maßgeblich vom Verhältnis zu Kindern und Eltern, der Existenz von Enkeln sowie insbesondere der räumlichen Nähe ab.

Die Interviewten und das Produktivitätsdispositiv

Anders als das Ruhestands- und das Unruhestandsdispositiv ist das Produktivitätsdispositiv ein Dispositiv im Werden, das zwar von einflussreichen Anschlussdispositiven gespeist wird – hier ist vor allem an die Krisendispositive des demografischen Wandels und der wohlfahrtsstaatlichen Erschöpfung zu denken –, das jenseits der schwachen Institutionalisierung in Modellprogrammen und der hoch umstrittenen Rente mit 67 bislang aber vor allem als gesellschaftliche Wissensordnung und politische Programmatik popularisiert wird. An die Alltagserfahrungen, Orientierungen und Bedürfnisse der von uns untersuchten Alterskohorte scheint das Dispositiv nur in Ausnahmefällen anzuschließen, stellen dispositivaffine Produktive im Sample doch eine Rarität dar. Das bedeutet umgekehrt jedoch nicht, dass die Mehrheit der Interviewten dezidierte KritikerInnen des Produktivitätsdispositivs wären, zumindest wenn man von der nahezu durchgängigen Ablehnung der Rente mit 67 absieht: Die an die Typenbildung anschließende Verortung der Interviewten in Relation zu Elementen und Verknüpfungen des Produktivitätsdispositivs hat gezeigt, dass nur bei gut einem Drittel eine explizite, nicht interviewinduzierte Dispositivwahrnehmung erkennbar ist. In diesen Fällen geht es vor allem um die Wahrnehmung einer gestiegenen Erwartungshaltung an ehrenamtliches Engagement und umfassende Enkelbetreuung unter den Bedingungen abnehmender wohlfahrtsstaatlicher Ressourcen und Angebote, wobei die wahrgenommene Erwartung vor allem medial vermittelt ist und weniger im lokalen Kontext erfahren wird.

Die dezidierten KritikerInnen des Produktivitätsdispositivs sind mit überraschender Eindeutigkeit ostdeutsch, wobei hier eine interessante Geschlechtsspezifik zu Tage tritt: Nicht bildungsbürgerliche Männer tendieren zur Dispositivkritik unter Berufung auf den wohlverdienten Ruhestand, (eher) bildungsbürgerliche Frauen zur Problematisierung der Bedingungen, unter denen Aktivität eingefordert bzw. organisiert wird: Sie verweisen auf fehlende Rahmenbedingungen für erfülltes Engagement, problematisieren die drohende Ausbeutung von Altersressourcen bei gleichzeitiger Untergrabung bezahlter Arbeit und stören sich am normativen Verpflichtungsduktus. Dass die Dispositivkritik so eindeutig »ostdeutsch« ist, dürfte dabei einer Überlagerung unterschiedlicher Gründe, insbesondere aber der Erinnerung an einen umfassenden – wenngleich nicht durchgängig eingelösten – öffentlichen Versorgungsanspruch für das Alter zu Zeiten der DDR, geschuldet sein. Neben den ostdeutschen KritikerInnen sticht vor allem die große Anzahl dispositivferner Interviewter ins Auge: Viele sind – selbst wenn die eigene Alltagspraxis den Produktivitätserwartungen entspricht – wenig affiziert von produktivistischen Einstellungen und Perspektiven. Beispielhaft seien jene zufriedenen Ruheständler genannt, die keine Dispositivkritiker sind und die im Interview erkennen lassen, dass der klassische Ruhestand für sie weiterhin das gelebte »Normalmodell« des Nacherwerbslebens ist; Bezüge auf eine Neuverhandlung des Alters oder veränderte gesellschaftliche Rahmenbedingungen bleiben hier komplett aus. Die verhinderten Ruheständlerinnen wiederum streben – quasi dispositiv-konträr – an, den Ruhestand »zu lernen« und ihren produktiven Alltag (endlich) in ruhigere Bahnen zu lenken. Auch sie begreifen diesen ruhigeren Alltag also weiterhin als die Norm(alität), von der allein sie persönlich abweichen.

Insgesamt zeigt sich, dass das Deutungsangebot des Produktivitätsdispositivs, das der ressourcenorientiert-produktivistischen Perspektive die normativ-ethische Begründung des *Win-win*-Versprechens zur Seite stellt, kaum Anschlussstellen in den Erzählungen der Interviewten findet: Die Verknüpfung *Erfahrungswissen Älterer/Notwendigkeit der Nutzung im Sinne des Gemeinwohls/gesellschaftliche Aufwertung des Alters* erweist sich im Alltag der Adressierten als nicht lesbar. Die überwiegende Mehrheit der Interviewten ist der Überzeugung, dass das Erfahrungswissen von älteren ArbeitnehmerInnen und Menschen im Ruhestand nicht (mehr) gefragt ist, eine Haltung die bei vielen Ostdeutschen ob der zusätzlichen Entwertung von Erfahrungswissen im Nachgang der Wende besonders ausgeprägt ist. Diese Überzeugung ist so tief verankert und gilt als so selbstverständlich, dass sie häufig erst in der überraschten Reaktion auf den das Gegenteil propagierenden Passus zum Sechsten Altenbericht expliziert wird. Auch die auf Seiten der Interviewten häufig durchscheinende Überzeugung, dass Ältere zugunsten von Jüngeren auf Erwerbsarbeit zu verzichten hätten, rekurriert eher auf klassische Argumentationen zur Frühverrentung denn auf die produktivistische Programmatik der wirtschaftlich notwendigen Nutzung von »Alterskompetenz«. Und wo im Bereich des Ehrenamtes und freiwilligen Engagements faktisch auf die Ressourcen und Kompetenzen Älterer zurückgegriffen wird, konstatiert eine ganze Reihe von Interviewten Anerkennungs- und Wertschätzungsdefizite – in symbolischer wie materieller Hinsicht. Dass die empfundene radikale Entwertung und ausbleibende Anerkennung des Erfahrungswissens älterer Menschen im beruflichen, ehrenamtlichen und privaten Kontext dennoch eher selten explizit problematisiert geschweige denn als Altersdiskriminierung thematisiert wird, deutet darauf hin, dass es an Konzepten und Ressourcen mangelt, um diese als Normalität erlebte Erfahrung zu skandalisieren, dass wir es hier also mit dem Unsagbaren zu tun haben: »Ageism [...] is widespread, generally accepted, and largely ignored. Stereotypes that underlay the pervasiveness of ageism have become so embedded in our perceptions of human life that they are taken for granted and have become inexamined tacit assumptions.« (Angus/Reeve 2006: 138; vgl. ähnlich: Macnicol 2004: 23)[114]

---

114 | Nelson weist darauf hin, dass auch die sozialwissenschaftliche Forschung selbst von der »Ageism-Blindheit« nicht ausgenommen ist: »One of the major reasons why research on ageism lags far behind the volume of empirical interest generated by racism and sexism is the institutionalized nature of ageism. That is, age prejudice is so pervasive throughout society that virtually everyone knows about the stereotypes, and yet few regard the stereotypes as on the same par as prejudice based on sex or race.« (Nelson 2007: 60)

6. Leben im Ruhestand

Der Neuverhandlung des Alters in der Aktivgesellschaft seit Anfang der 1980er Jahre bis in die Gegenwart nachgehend, haben wir mit den unterschiedlichen Textformaten in diesem Buch den Versuch unternommen, einen Einblick in die Heterogenität und Komplexität des Gegenstandes zu gewähren. Abschließend wollen wir uns nun in bewusster Vereinfachungshaltung darauf konzentrieren, einige aus unserer Sicht zentrale Linien und gesellschaftspolitische Implikationen der Untersuchung aufzuzeigen.

Dass beim Alter nicht mehr alles beim Alten ist, steht heute außer Frage: der demografische Wandel, die zunehmende Anzahl Hochaltriger und Pflegebedürftiger, die Re-Strukturierung der Altersvorsorge, die soziale und physische Verjüngung der Älteren, die Adressierung von Älteren als KonsumentInnen und der Boom von *Anti-Ageing*-Angeboten, die Verlängerung der Lebensarbeitszeit, die Rede von *Silver Surfern* und produktiven Alten – die Liste ließe sich noch lange fortsetzen. Im politischen, wissenschaftlichen und medialen Feld besteht weitgehende Einigkeit darüber, dass wir gegenwärtig mit grundlegenden Veränderungen des höheren Lebensalters wie des Lebens im Ruhestand konfrontiert sind, bei selbstverständlich divergierenden Einschätzungen dieser Entwicklung. Doch so präsent die Thematik und so weitreichend der diagnostizierte Wandel ist, so randständig bleibt im deutschsprachigen Raum die dezidiert soziologische Analyse dieser Entwicklung – und so kursorisch die empirische Fundierung des (auch international ausgemachten) Trends vom Ruhestand zum aktiven Alter. Analytisch wird die Neuverhandlung des Alters zumeist mit Blick auf die altersspezifischen Kontexte – insbesondere des demografischen Wandels, der Verjüngung des Alters und der Frage der Generationensolidarität – verhandelt, während gesellschaftstheoretische Implikationen und (vermeintlich) altersunspezifische Kontexte, etwa Prozesse der sozialpolitischen Aktivierung und der Individualisierung von Verantwortung im flexiblen Kapitalismus, durchweg unterbelichtet bleiben (vgl. kritisch van Dyk/Lessenich 2009c; Schroeter 2002). Was bei aller wissenschaftlichen Bearbeitung und Durchdringung des Themenfeldes fehlt, ist eine systematische, verschiedene gesellschaftliche und gesellschaftspolitische Felder integrierende Fortschreibung der historischen (Diskurs-)Geschichte des Alters in die Gegenwart der Aktivgesellschaft.[1]

Diese Leerstelle im Blick haben wir uns gefragt: Inwiefern greifen Verhaltensanforderungen der »Aktivierung«, von »Selbststeuerung« und »Eigenverantwortung«, wie sie im Erwerbssystem zunehmend dominant geworden und in der Sozialfigur des »Arbeitskraftunternehmers« (Voß/Pongratz 1998) oder des »unternehmerischen Selbst« (Bröckling 2007) analytisch verdichtet worden sind, auf das Leben im Ruhestand sowie auf die Welt der Lebensführung im Alter (Backes et al. 2004) über?

Damit haben wir eine doppelte Untersuchungsperspektive formuliert: Erstens galt es, systematisch zu bestimmen, inwiefern aktivgesellschaftliche Prämissen und Anforderungen eine auch auf das höhere Lebensalter zielende Übersetzung gefunden haben, inwiefern also die These eines Paradigmenwechsel vom verdienten Ruhestand zur Aktivierung des Alters empirisch für den deutschen Kontext standhält. Dieses Erkenntnisinteresse hat seine Umsetzung in der den Zeitraum von 1983 bis 2011 umfassenden Dispositivanalyse gefunden, anhand derer wir die vielschichtigen Kontexte individuellen Alter(n)s analysiert haben. Ziel der Dispositivanalyse war es, nicht allein veränderte Deutungsmuster und Wissensordnungen des Alters und Ruhestands in den Blick zu bekommen, sondern die Neuverhandlung des Alters im Zusammenspiel unterschiedlicher Dimensionen sozialer Wirklichkeit zu analysieren. Dabei haben wir uns insbesondere für die Verknüpfung von wissens-, institutionen-, körper- und objekthaften Elementen sowie ihre praktische Vermittlung interessiert. Auf dieser Basis haben wir uns zweitens, inspiriert durch die an Foucault anschließende Gouvernementalitätsforschung, für die Frage interessiert, inwiefern von einer (neuen) Regierung des Alters im Zeichen des demografischen Wandels und der sozialpolitischen Transformation gesprochen werden kann. Indem gouvernementalitätstheoretische Analysen Regierung als ineinander verwobenes und in sich spannungsreiches Verhältnis von Fremdführung und Selbstführung konzipieren, sensibilisieren sie für den bedeutsamen Umstand, dass die Älteren nicht oder jedenfalls nicht nur zu aktivierbaren Subjekten gemacht *werden*, sondern dass diese – in dem Maße und in der Weise, wie sie ihre Aktivitätspotenziale entdecken – *selbst* an ihrer Konstitution und Funktion als aktive Alte mitwirken.

Anstatt genau diese Praxis zu erkunden, ist in den Gouvernementalitätsstudien zumeist eine protoempirische Gleichschaltung von Programm und Praxis zu beobachten – in unserem Fall wäre das der Kurzschluss gesellschaftlicher Anrufungsfiguren des aktiven Alter(n)s mit entsprechenden Subjektivierungsweisen, Wissensordnungen und Praktiken auf Seiten der adressierten

---

1 | Für eine (Diskurs-)Geschichte des Alters bis in die frühen 1990er Jahre vgl. zentral Göckenjan (2000).

Jungen Alten. Diese würden dann, so die im Kern recht strukturalistische Annahme, tatsächlich im Sinne der alterspolitischen Aktivierungsprogrammatik
tätig. Wir haben hingegen gefragt: Ist das so? Und wenn ja, bei wem und in
welcher Weise? Damit haben wir uns der empirischen Erkundung der öffent-
lich-privaten, politisch-subjektiven Koproduktion im Prozess der – in diesem
Sinne wirklich *gesellschaftlichen* – Neuverhandlung des Alters zugewendet.[2]
Diesen Fragen und dem damit umrissenen Anliegen korrespondiert die qualitative Interviewstudie mit 55 Männern und Frauen im siebten Lebensjahrzehnt
als zweite Säule unserer empirischen Untersuchung.

Mit dem begrifflich-konzeptionellen Ensemble Dispositive – Dispositionen – Disruptionen haben wir den Blick für das zirkuläre gesellschaftliche
Verhältnis von Dispositiven und Subjekten geschärft: Wie wir im Anschluss an
poststrukturalistische und hegemonietheoretische Ansätze argumentiert und
anhand der altersbezogenen Dispositive Ruhestand, Unruhestand und Produktives Alter gezeigt haben, sind Dispositive, egal wie einflussreich sie sein
mögen, nicht statisch. Sie sind vielmehr Ort und Gegenstand hegemonialer
Kämpfe um die Fixierung gesellschaftlicher Formationen, die ihrerseits konstitutiv unabgeschlossen sind und immer offen für aufsprengende »Wucherungen« und den Einfluss unerwarteter Kontexte bleiben. Dieser Doppelfigur aus
hegemonialer Fixierung und konstitutiver Instabilität korrespondiert auf der
Ebene der Subjekte unser Doppelfokus auf Dispositionen und Disruptionen:
Dieser sensibilisiert für die Gleichzeitigkeit der dispositiven Strukturierung
von Entscheidungs- und Erfahrungsräumen – also ihrer partiellen Fixierung –
wie ihrer performativen, disruptiven Überschreitung. Dispositive und die sich
in diesen Kontexten herauskristallisierenden Anrufungsfiguren stellen keine
sozialen Determinanten, sondern gewissermaßen Spielanleitungen für die
Subjekte dar, die innerhalb dispositiv strukturierter Felder mit erheblichen
Praxis- und Deutungsspielräumen agieren. Im zirkulären Vergleich der Ergebnisse von Dispositivanalyse und Interviewstudie war für uns die Frage leitend,

---

2 | Vor allem in der angelsächsischen Altersforschung finden sich inzwischen erste Stu-
dien, die sich um eine empirische Fundierung der Gouvernementalitätsanalyse auf der
Subjektebene bemühen bzw. diese anmahnen (vgl. z.B. konzeptionell Laliberte Rudmann 2006; für einen gouvernementalitätstheoretischen Rahmen mit ethnografischer
Fundierung Marhánková 2011). Im deutschsprachigen Kontext findet sich eine Mikro-
fundierung von Gouvernementalitätsdiagnosen vor allem für das Themenfeld Körper
und Körperpolitik (z.B. Denninger/Höppner 2010; Duttweiler 2010). Auffällig ist jedoch,
dass selbst in Studien, die an der Vermittlung von Programmatik und Praxis interessiert
sind, das konkrete *Wie* der Vermittlung im Fokus steht und selten das *Ob*, womit die
grundsätzliche Wirkmächtigkeit der Programme – bei aller Sensibilität für Umschreibun-
gen und Umdeutungen in der Verarbeitung – in der Regel auch hier unterstellt wird (z.B.
Post 2009: 62ff.; Laliberte Rudman 2006: 184).

welche Leerstellen, Umdeutungen, Widersprüche, Ähnlichkeiten, Doppelungen etc. sich im wechselseitigen Bezug des Materials aufeinander finden: Wo und wie festigen und schließen die Subjekte die dispositiven Regime des Ruhestands, Unruhestands und Produktiven Alters, wo hingegen schießen sie über diese hinaus? Und wie werden die Dispositive im Zuge dessen ihrerseits re-strukturiert und womöglich auch destabilisiert?

Vom Ruhestand zum Aktiven Alter?

Das aktive Alter strukturiert als positive Referenz die dispositiven Verknüpfungen während des gesamten Untersuchungszeitraums der vergangenen drei Jahrzehnte: »Aktivsein ist zu einer Zauberformel im Hinblick auf das Altern geworden.« (Tokarski 1998: 110) Und obwohl »Alter« wie »Aktivität« bei genauerer Betrachtung in hohem Maße unbestimmt sind, werden im Kontext des Unruhestands sowie später des Produktiven Alters spezifische Lesarten eines aktiven Alters fixiert. Eingebettet in eine sukzessive Individualisierung von Verantwortung ist eine gleichzeitige Ausweitung und Verengung des Aktivitätsverständnisses sowie eine zunehmende Hierarchisierung von Aktivitäten zu beobachten. Im Kontext des Ruhestandsdispositivs war Aktivität als angeleitete Beschäftigung im Rahmen von Altenarbeit sowie als niedrigschwellige Freizeitgestaltung im häuslichen und familiären Umfeld gerahmt und das Leben im Ruhestand von gesellschaftlichen Erwartungen weitgehend befreit: Dies hatte sowohl zur Folge, dass von Menschen im Ruhestand jenseits dessen keine konkreten Aktivitäten erwartet wurden, als auch, dass der ihnen normativ zugestandene Aktivitätsradius in hohem Maße begrenzt war. Die Verantwortung für dieses Leben wurde eindeutig auf Seiten öffentlicher Institutionen verortet und war im engeren Sinne auf lebensstandardsichernde materielle Versorgung angelegt.

Mit dem Unruhestandsdispositiv findet im Lichte neuer Lebensstile (eher privilegierter) Älterer und im Zeichen sich wandelnder gesellschaftlicher Rahmenbedingungen eine Neuakzentuierung des Verhältnisses von Alter, Aktivität und Verantwortung statt: Angesichts der verbreiteten Praxis der Frühverrentung, des empirischen wie symbolischen Bedeutungsgewinns der Freizeitgesellschaft, der wachsenden konsumbasierten Lebensstilvielfalt, fortschreitender Individualisierung sowie eines gesundheitspolitischen Paradigmenwechsels wurde das Ruhestandsmodell von unterschiedlichen Seiten und Akteuren aufgebrochen. Eine zentrale Rolle für die Kanalisierung dieses Wandels hat die starke mediale und politische Rezeption psychogerontologischer Analysen gespielt, die in Abgrenzung zu Defizitmodellen des Alters die Kompetenzen des Dritten Lebensalters, die Plastizität des Alternsprozesses und die Möglichkeiten der individuellen Arbeit an sich selbst stark machten. Erstmalig trat das Ruhestandsalter damit als ein jenseits der materiellen wohlfahrtsstaatlichen Absicherung gestaltbarer Lebensabschnitt ins öffentliche Bewusstsein. Vor diesem Hintergrund fand eine Spezifizierung von Aktivität als zielgerichtetes Tätigwerden im Sinne des Kompetenzerhalts durch sinnstiftende (Freizeit-)Aktivitäten, gesunde Lebensführung und ein körperlich bewegtes Leben statt. Neben die Verantwortung der öffentlichen Hand für die materielle Sicherung des Lebensabends trat die Verantwortung der Individuen für ihr »gutes«, »erfolgreiches« Altern. Und dies einerseits mit Blick auf die Steigerung der individuellen Lebensqualität im Alter, andererseits getrieben von der aufkommenden Krisendiagnostik des demografischen Wandels – mit Blick auf eine Schadensminderungspflicht gegenüber der Gesellschaft. Die Verantwortung, möglichst lange gesund, fit, beweglich und unabhängig zu bleiben und der Gesellschaft die mit Krankheit und Pflegebedürftigkeit verbundenen Kosten zu ersparen, wurde sukzessive an die alternden Individuen übertragen. Eigenverantwortung und Selbstsorge, aber auch über den häuslichen Bereich und die Familie hinausweisende Möglichkeiten und Perspektiven von Aktivität und Bewegung verknüpften sich im Zuge dessen zu Vorstellungen eines aktiven Alters. Dass parallel nicht nur eine soziale Verjüngung der neuen Alterskohorten zu verzeichnen war, von denen immer weniger dem Ruhestandsbild der strickenden Oma oder des im Lehnstuhl sitzenden Opas zu entsprechen schienen, sondern zudem eine signifikante physische Verjüngung gegenüber vorherigen Generationen nachgewiesen werden konnte, stützte die kompetenzbasierte Neuverknüpfung von Alter, Aktivität und Verantwortung zusätzlich.

Seit Ende der 1990er Jahre findet allmählich, und zunächst noch vereinzelt, eine Ausweitung der Verantwortungszuschreibung an die RuheständlerInnen statt, die anders als im Kontext des Unruhestandsdispositivs an das wohlfahrtsstaatliche Sicherungsversprechen des Ruhestands rückgebunden wird, das nun nach fortgesetzter Gegenleistung verlangt: Eigenverantwortung für die körperliche und geistige Gesundheit im Sinne einer gesteigerten Selbstsorge wird ergänzt um das Konzept der »Mitverantwortung«, verstanden als Ausweitung des autoproduktiven Aktivitätsradius auf heteroproduktive Tätigkeiten, die unmittelbar Nutzen stiftend für Andere und die Gesellschaft als Ganze sind. Der materiellen Sicherung des Ruhestandslebens korrespondiert nun eine – jenseits der Rente mit 67 vorerst nicht rechtlich kodifizierte – gesellschaftliche Erwartungshaltung an konkrete gemeinwohldienliche Aktivitäten. Das Prinzip der Leistung und Gegenleistung, das bis zu diesem Zeitpunkt diachron über den institutionalisierten Lebenslauf organisiert war, wird damit zwar nicht suspendiert, aber durch eine starke »Gegenwartskomponente« ergänzt, rechtfertigt doch der Nachweis einer erfüllten Erwerbsbiografie keine umfassende Entpflichtung im Ruhestand mehr. Der in Rede stehende Aktivitätsradius wird erneut ausgeweitet, während die Kriterien für gesellschaftlich gewünschte, geförderte und mit zunehmender Intensität auch geforderte Aktivität strenger und enger werden: Bürgerschaftliches Engagement, verlängerte Erwerbsarbeit, Weitergabe von Erfahrungswissen in institutionalisierten Kontexten, umfassende Übernahme von Enkelkinderbetreuung, aber auch die Bereitschaft zu Pflegeverantwortung angesichts struktureller Defizite der Pflegepolitik markieren hier die zentralen Pfeiler. Nicht mehr die Kompetenzen des Alters werden im aufklärerischen Gestus einer Überwindung des Defizitmodells des Alters hervorgehoben und gelobt, sondern es wird auf »Potenziale« hingewiesen, die als im Wortsinne noch nicht ausgeschöpfte Möglichkeiten von den Älteren selbsttätig zu heben sind. Im Produktivitätsdispositiv wird die angestrebte Indienstnahme der Potenziale Älterer auf das Engste verschränkt mit einem gleichzeitigen Teilhabeangebot an die Älteren, sei doch – so der Tenor des *Win-win*-Versprechens – das gemeinwohldienliche Engagement nicht nur unabdingbar für die Gesellschaft, sondern zugleich förderlich für die Lebensqualität, die gesellschaftliche Anerkennung und die soziale Inklusion im Alter.

Parallel bleiben, das zeigt unsere Dispositivanalyse, allerdings wesentliche Verknüpfungen des Ruhestands- und Unruhestandsdispositivs auch im Produktivitätsdispositiv einflussreich und werden fortlaufend modernisiert und umgeschrieben. Während die mit dem Unruhestand bedeutsam werdende Individualisierung der Gesundheitsverantwortung sowie der Rekurs auf die Kompetenzen des verjüngten Alters umstandslos anschlussfähig an das produktive Alter sind, erweisen sich auch die in der Hierarchisierung des Produktivitätsdispositivs eigentlich abgewerteten autoproduktiven Freizeitaktivitäten älterer Menschen weiterhin von herausragender Bedeutung, wenn es um das gelebte Nacherwerbsleben geht. Obwohl es seit Mitte der 1990er Jahre eine starke dispositive Verknüpfung gibt, die die dekadenten und zulasten der arbeitenden jungen Generation gehenden Lebensführungsmuster der »Freizeitalten« problematisiert, werden Ältere im Kontext der zunehmenden Kommerzialisierung von Freizeit- und *Anti-Ageing*-Angeboten sowie der auch im Ruhestand an Bedeutung gewinnenden Vergesellschaftung über Konsum zugleich als aktive und kaufkräftige KonsumentInnen adressiert.[3]

Selbst Elemente und Verknüpfungen des Ruhestandsdispositivs werden nicht einfach ersatzlos durch das Produktivitätsparadigma überschrieben, auch wenn die Verknüpfung *Alter/verdiente Ruhe/Entpflichtung* beträchtlich an gesellschaftlichem Einfluss und politischer Verankerung verliert. *BILD* und die Illustrierte *Super Illu* haben ebenso wie die CDU/CSU erst seit den 2000er Jahren überhaupt an die Debatten um aktives Alter(n) angeschlossen. Gerade diese Medien bedienen bis in die Gegenwart hinein mit einem – wie unsere Interviewauswertung zeigt – recht treffsicheren Gespür für die Popula-

---

3 | Zur Parallelität von konsum- und produktivitätsbasierten Anrufungsfiguren vgl. auch Laliberte Rudman 2006: 189f.

rität des verdienten Ruhestands bei den Älteren immer wieder zentrale Ruhe-
standsmotive. Über die Gesetzliche Rentenversicherung und das Umlageverfahren behält das Ruhestandsmodell – der Einführung der Riesterrente, der Absenkung des Leistungsniveaus und der graduellen Heraufsetzung des Rentenalters zum Trotz – zudem eine starke institutionelle Verankerung, die auch heute noch eine Moralökonomie des verdienten Ruhestandslebens aufruft, wie nicht zuletzt die Begründungsfiguren der Kritik unserer Interviewten an der Rente mit 67 offenbaren.

Die komplexe Überlagerung der Dispositive bei gleichzeitigem Bedeutungsgewinn produktivistischer Normen wird exemplarisch deutlich an den kontroversen Reaktionen auf den Philosophen Richard David Precht, der im Dezember 2011 in der TV-Talkshow »Anne Will« zum Thema »Malochen bis 67 und dann arm – ist das sozial?« ein verpflichtendes Soziales Jahr für RentnerInnen vorschlug. Der Vorschlag provozierte in der Sendung wie in den kommenden Tagen einen Sturm der Entrüstung und Kritik – vor allem von Seiten politischer Akteure und begleitet von medialen Stimmen, die den Philosophen zugleich dafür lobten, eine – so der Tenor – unangenehme »Wahrheit« endlich auszusprechen.[4] Der damit in die Debatte gebrachte Modus der Verpflichtung stellte den Stein des Anstoßes dar, denn die KritikerInnen erklärten die *formale* Entpflichtung des Nacherwerbslebens im Rückgriff auf eine modernisierte Ruhestandsnorm für unantastbar: Anstelle der materiell gesicherten Ruhe des Lebensabends wird nun das Privileg der Freiwilligkeit gesellschaftlicher Beiträge des Alters als durch die erwerbsbiografische Lebensleistung erworben und verdient gerahmt. Zugleich wurde bei aller Aufregung eines deutlich: Die KritikerInnen monierten, dass Precht den Menschen im Ruhestand unrecht tue, da viele von ihnen durchaus bereits freiwillig aktiv seien (so z.B. die Reaktion der ehemaligen Bundesseniorenministerin Ursula von der Leyen) und sich keineswegs ausschließlich vergnügen würden: »Man darf nicht so tun, als ob die Älteren alle auf Mallorca sitzen«, betonte der SPD-Bundestagsabgeordnete Ottmar Schreiner in der Diskussion mit Precht. Damit wies er, wie so viele, die von Precht aufgerufene Verknüpfung *Ältere/Dekadenz/Verantwortungslosigkeit* als empirisch falsch zurück, schrieb faktisch aber die Delegitimierung der kritisierten Lebensweise – in diesem Fall des untätigen Überwinterns in der Mittelmeersonne – fort. Der Konflikt entzündete sich neben der Verpflichtungsfrage also weniger daran, *ob* Ältere für die Gesellschaft produktiv sein *sollen*, sondern darüber, *wie* sehr und in welcher Weise sie es bereits *sind*.

---

4 | Dem in dieser Debatte wiederkehrenden Motiv der »unwürdigen Greise« ist eine unserer essayistischen Miniaturen in diesem Band gewidmet (vgl. Kapitel 4.4).

Das aktive Alter und die *vita activa*

Dem fortwirkenden Einfluss von Ruhestands- und Unruhestandselementen zum Trotz ist – wie hier nochmals skizziert – eine deutliche Entwicklung hin zur Individualisierung von Verantwortung sowie zur Hierarchisierung von Aktivitäten mit Blick auf deren gesellschaftlichen Nutzen zu verzeichnen. Die einflussreiche Neuverknüpfung von Alter mit Kompetenz und Potenzial (statt mit Defizit und Bürde) gelingt über die Klammer des aktiven Alters, das seine Gestalt im Laufe der gut zweieinhalb Jahrzehnte unserer retrospektiven Beobachtung gleichwohl grundlegend gewandelt hat. Mit dieser Entwicklung geht eine Neuakzentuierung negativer Altersbilder für das junge Alter einher – von Defiziten erster Ordnung im Sinne körperlicher und/oder geistiger Einschränkungen hin zu Defiziten zweiter Ordnung im Sinne ihrer ausbleibenden oder unzureichenden Potenzialenutzung zum Schaden der Gesellschaft. Durch Aktivität – und nur durch Aktivität – können Ältere zu »guten BürgerInnen« werden und sich von Defizitbildern des Alters, erster wie zweiter Ordnung, befreien (vgl. kritisch Hepworth 1995; Katz 2005). Aktivität rahmt damit – soweit es um das junge Alter geht – das »legitimized field of social inclusion« (Biggs 2001: 311).

Obwohl mit der zunehmenden Hierarchisierung von Aktivitäten eine wachsende Zahl konkreter Tätigkeiten in Ungnade fällt (nicht nur das genannte »Überwintern auf Mallorca«, sondern auch »gestrige« Freizeitaktivitäten wie Fernsehen, Kreuzworträtsel lösen oder die Teilnahme an Kaffee- und Kreuzfahrten), wird gleichzeitig eine durchweg positive Lesart von Aktivität (an sich) festgeschrieben. Dieser auf den ersten Blick erstaunliche Befund erklärt sich dadurch, dass die problematisierten Aktivitäten erfolgreich als Nicht-Aktivität bzw. als negativ attribuierte Kehrseite von Aktivität gerahmt werden, so wenn Fernsehen in Aktivitätserhebungen unter »passiver Freizeit« gelistet wird. Andere Aktivitäten wiederum tauchen in der Debatte gar nicht erst auf: Ebenso wenig wie Kompetenz je als Kompetenz gelesen wurde, z.B. das Postulat des Kompetenzerhalts zurückzuweisen,[5] finden wir Aktivität als *aktive* Verweigerung der in Anspruch genommenen Potenziale oder überhaupt als – im weitesten Sinne – politische Aktivität. Die zu Hochzeiten der Neuen Sozialen Bewegungen sowie angesichts des Erstarkens der Grauen Panther in den

---

5 | Vgl. in diesem Sinne z.B. Knopf (1989: 231): »Wenn Kompetenz in der Gerontopsychologie die Möglichkeiten des alternden Menschen meint, die es ihm erlauben, Transaktionen mit seiner Umwelt auszuüben, die ihm ermöglichen, ›sich zu erhalten, sich wohlzufühlen und sich zu entwickeln‹, dann schließt diese Kompetenz eben auch die Entscheidung darüber ein, ob ein älterer Mensch sich seiner sozialen Umwelt als kompetent und mit Erfahrungswissen begabt präsentieren möchte oder nicht.«

frühen 1980er Jahren noch angelegte Verknüpfung von Alter und politischem Aktivismus spielt schon seit den 1990er Jahren so gut wie keine Rolle mehr.

Wie verhält sich die hier aufgezeigte Entwicklung des aktiven Alters nun zu den Aktivitätsvorstellungen und Praktiken der Interviewten, oder mit Stephen Katz (2005: 122) formuliert: »What happens to activity [...] when it enters the narrative practices of older people and the inside of aging?« (Katz 2005: 122) Die Befragten zeichnen sich durch ein mehrheitlich positives Verständnis von Aktivität, eine häufige Bezugnahme auf die Bedeutung von Aktivität(en) im Nacherwerbsleben sowie eine ausgeprägte Selbstwahrnehmung als aktive Menschen aus. Zugleich konstatieren wir eine feste Verankerung der Moralökonomie der verdienten Erwerbsentpflichtung und »späten Freiheit«, die ihrerseits mit einem negativen Bild des Lebens im Ruhestand einhergeht, das mit Leere, Passivität und Langeweile verknüpft wird. Der – häufig implizit – als Normalität unterstellte passive Ruhestandsalltag ist dabei der Alltag der (entfernten) Anderen, von dem das eigene (aktive) Leben sowie das Leben des näheren oder weiteren Umfeldes in positiver Distinktion unterschieden und abgegrenzt wird.[6] Es ist dabei der von uns identifizierte Mechanismus der Ruhestandsmoderierung, der es der überwiegenden Mehrheit der Interviewten ermöglicht, sich als ausgesprochen aktiv wahrzunehmen: Die Annahme der passiven Ruhestandsnormalität moderiert das Ruhestandserleben und lässt das eigene Leben selbst in solchen Fällen als aktiv erscheinen, in denen Aktivitätsgrad und -radius faktisch niedrig sind – denn mehr als »gar nichts« machen definitiv alle. Interessanterweise ist die produktivistische Defizitperspektive auf Junge Alte, also der Vorwurf, dass diese ihre Potenziale (noch) nicht angemessen nutzen würden, dennoch kaum anschlussfähig an die Erzählungen der Interviewten: Weniges wird so empört und entschieden zurückgewiesen wie das Deutungsmuster, Ältere würden den Jüngeren auf der Tasche liegen und nicht genug für die Gesellschaft tun. Dieses Ergebnis ist angesichts der unterstellten Normalität und Alltäglichkeit eines durch Leere und Passivität gekennzeichneten Ruhestandsalltags durchaus erstaunlich. Dass diese Wahrnehmung weder eine dispositivkompatible Defizitperspektive auf Menschen im Ruhestand noch eine Befürwortung der forcierten Indienstnahme der Ressourcen der (vermeintlich) passiven Anderen begründet, lässt erahnen, dass trotz aller Kritik einer inaktiven Lebensführung die Idee des *qua* Erwerbsbiografie verdienten Ruhestands weiterhin gesellschaftlich fest verankert ist.[7]

---

6 | Ähnliche Ergebnisse auf Basis einer ethnografischen Feldstudie finden sich bei Marhánková (2011: 26f.).

7 | In diesem Zusammenhang ist auch zu berücksichtigen, dass Menschen nicht unbedingt »Träger eines kohärenten Dispositionssystems« (Ebrecht 2002: 237) sind. Dies ist zumal dann der Fall, wenn sich unterschiedliche Dispositive im Lebensverlauf über-

Bei aller Affirmation von Aktivität hat sich zugleich gezeigt – und hier offenbart sich abermals die Deutungsoffenheit von »Aktivität« –, dass die Interviewten ein viel vageres Konzept kommunizieren als es uns im Kontext des Produktivitätsdispositivs begegnet. Natürlich finden sich auch Interviewte mit eindeutig produktivistischen Vorstellungen oder sehr hohen Ansprüchen an sinnhafte Freizeitaktivitäten; durchgängig fällt aber vor allem eine vitalistische Rahmung von Aktivität ins Auge, die diese in sehr basaler Weise als Ausweis des Lebendig-Seins und Im-Leben-Stehens begreift. Wir begegnen damit einem Verständnis der *vita activa* als *conditio humana* statt als produktives Leben im Ruhestand. In deutlichem Kontrast zu gesellschaftlichen Erwartungen an (hetero-)produktive, Nutzen stiftende Aktivität geht es den Interviewten mehrheitlich um ein sehr grundsätzliches »keeping up with the world« (Stenner et al. 2010: 473), das eine große Bandbreite von Haltungen, Praktiken und Tätigkeiten umfassen kann – dementsprechend changieren hier die Einschätzungen und Bewertungen der Interviewten beträchtlich.[8]

Das mit der *vita activa* aufgerufene Spektrum von Aktivitäten wird seinerseits durch die ebenso vereinte wie radikale Abgrenzung gegenüber einer posthuman gerahmten, abhängigen Höchstaltrigkeit vereinheitlicht und stabilisiert: Mit Ernesto Laclau gesprochen ist eine Identifizierung der *vita activa* als Einheit (»Logik der Äquivalenz«) zu beobachten, die erst durch eine Logik der Differenz gegenüber diesem radikal Anderen am Lebensende gestiftet wird. Wo das höchste Alter – aufgerufen über den hinfälligen Körper, den verwirrten Geist und die Institution des Pflegeheims – als »Nicht-Leben« droht, wird die vitalistische Konnotation von Aktivität im jüngeren Alter verständlich, birgt doch der als Normalität begriffene passive Ruhestand eine gefährliche Nähe zum verworfenen Leben des höchsten Alters. Nicht etwa der biologische Tod erweist sich hier als entscheidender »Gestalter des Lebens« (Simmel 1918: 109), als »jenes scheinbare Außerhalb des Lebens, das in Wahrheit ein Innerhalb seiner ist« (ebd.: 107), sondern der vorgängige soziale Tod der pflegebedürftig-hinfälligen Höchstaltrigkeit (Hazan 1994: 69).[9] Es ist die Abgrenzung von den

---

lagern, also beispielsweise eine seit frühen Erwachsenenjahren sozialisierte und fest verankerte Ruhestandsperspektive in späteren Jahren durch eine partiell aufgegriffene, emphatische Aktivierungsperspektive durchkreuzt wird.

8 | Dieses Ergebnis findet sich in verschiedenen angelsächsischen Studien bestätigt, die auf die große Bedeutung von niedrigschwelligen Alltagsaktivitäten, ›sozialer‹ Kontaktpflege sowie gesundheitsbezogenen Aktivitäten verweisen, während heteroproduktives Engagement nicht als zentrales Aktivitätsfeld manifest wird (Clarke/Warren 2007; Bowling 2008).

9 | »In the process, the so-called ›real‹ old age – the excluded other that third age cultures deny, ignore or reject – becomes ever more ›mired‹ in the inescapable and unredeemable abjection associated with the fourth age.« (Gilleard/Higgs 2011: 141)

»living dead« (Hazan 2011: 1133), die der *vita activa* ihre strukturierende Kraft verleiht und die in hohem Maße anschlussfähig ist an die mit der politisch-wissenschaftlichen Entdeckung des jungen Alters einhergehende Negativattribuierung von Hochaltrigkeit – institutionalisiert im Alten- und Pflegeheim, das als drohende Kulisse und medial verzerrtes Altersgefängnis während des gesamten Untersuchungszeitraums einflussreich bleibt. Vor diesem Hintergrund verwundert es nicht, dass sich gerade die unruheständlerische Kompetenzoffensive mit Blick auf die Plastizität des Alter(n)s als in hohem Maße anschlussfähig an die Erfahrungen und Ängste von Jungen Alten erwiesen hat. Die vitalistische Aktivitätsperspektive ist in fast allen Interviewtexten eng verschränkt mit der Bekräftigung von Eigenverantwortung für die körperliche und geistige Gesundheit – und zwar im Sinne einer Prävention des verworfenen »Nicht-Lebens«. Der Spezialdiskurs eigenverantwortlicher Gesundheitsprophylaxe und bewusster Lebensführung ist, das zeigen unsere Interviews, zum verallgemeinerten und normalisierten »Lebensführungswissen« (Post 2009) geworden.

Dennoch wäre es vorschnell, von der Bedeutung der *vita activa* und der weitgehenden Affirmation von Aktivität und Aktiv-Sein auf die umfassende gesellschaftliche Akzeptanz altersbezogener Aktivierungspolitiken zu schließen. Solche Rückschlüsse bergen die Gefahr, den Erfolg des Paradigmas – zumal in seiner produktivistischen Wendung – wissenschaftlich mindestens mit zu erzeugen: Obwohl beispielsweise Stenner et al. in ihrer Studie zu subjektiven Perspektiven auf *active ageing* zu dem Schluss kommen, dass es den Interviewten mehrheitlich um niedrigschwellige Alltagsaktivitäten und eine Abgrenzung gegenüber Passivitätszuschreibungen geht, schlussfolgern sie am Ende: »Active ageing was a meaningful concept for the majority of participants.« (Stenner et al. 2010: 474) Venn und Arber (2011: 211) sehen Ältere, die Aktivität positiv rahmen und Wert darauf legen, möglichst lange gesund und unabhängig zu bleiben, automatisch »in line with policy frameworks that promote the link between ›active ageing‹, health and independent living«. Damit werden die Interviewten faktisch für ein sehr viel spezifischeres Konzept von Aktivität und seine erfolgreiche politische Verankerung in Anspruch genommen. Ähnlich problematisch sind entsprechende »Korrespondenzanalysen« zur gesellschaftlichen Verbreitung von (Eigen-)Verantwortung, einem vergleichbar deutungsoffenen Signifikanten. Wenn aus dem Umstand, dass Interviewte »die Notwendigkeit (anerkennen), die Verantwortung für das eigene Handeln zu übernehmen« (Post 2009: 66), eine umfassende Übernahme des sozialpolitischen Altersleitbildes eines »selbstverantwortlichen Seniors« (ebd.) abgeleitet wird, wird offensichtlich, wie kurzschlüssig der Rückschluss ist: Verantwortung für das eigene Handeln zu übernehmen kann von einem erwachsenen Individuum kaum zurückgewiesen werden, meint aber etwas ganz anderes als die Individualisierung von Verantwortung mit Blick auf eine gesunde und/oder produktive Lebensführung.

Die wissenschaftliche Analyse des aktiven Alters muss sensibel für die Deutungsoffenheit von Aktivität und Verantwortung bleiben: Es ist diese Offenheit, die es ermöglicht, dass Akteure sich auch dann positiv auf Aktivität und Verantwortung beziehen (können), wenn sie – wie beispielhaft illustriert – mit den Konzepten durchaus etwas anderes verbinden als im engeren Wissens- und Praxiskontext des aktiven Alters nahegelegt. Aktivität und Verantwortung ermöglichen dabei nicht nur eine semantische Affirmation mit recht unterschiedlichen Implikationen, sondern – das zeigt unsere Untersuchung – auch die Verknüpfung mit einer großen Bandbreite von Alltagspraktiken (vgl. auch Tokarski 1998: 110f.). Zusätzlich ist zu berücksichtigen – und dafür ist das Gesundheitsbeispiel einschlägig –, dass Lebensführungswissen nicht gleichbedeutend mit Lebenspraxis ist. Die auf Nachfrage von Interviewten zur Sprache gebrachten Präventionsaktivitäten bleiben bei vielen auffällig niedrigschwellig und unbestimmt: Gelegentliches Spazierengehen, »irgendwelche« Aktivitäten oder vage Verweise auf geistige Beweglichkeit werden bereits als alltägliche Gesundheitspraxis gerahmt. Hier offenbart sich, wie die Orientierung am eigenverantwortlichen Gesundheitspostulat eingepasst werden kann in eine »kleine« alltagspraktische Welt der *vita activa*, die mitunter recht weit entfernt ist von der im Gesundheitsdispositiv postulierten Lebensführung. Ein nicht unbeträchtlicher Teil der Interviewten nimmt damit eine rhetorische Modernisierung recht klassischer Ruhestandsaktivitäten vor und verknüpft in eigenwilliger Weise Wissensordnungen des Unruhestands und produktiven Alters mit prototypischen Praktiken des Ruhestands.

Die Älteren als Stützen des Produktivitätsdispositivs wider Willen?

Den unterschiedlichen Akzentuierungen von *vita activa* und aktivem Alter zum Trotz, erweist sich die Aktivitätsaffirmation der Interviewten sowie die verbreitete Abwertung der tatsächlich oder vermeintlich Nicht-Aktiven als bedeutsam, wenn es um die Fixierung des aktiven Alters im Sinne des Produktivitätsdispositivs geht. Auch wenn die *vita activa* in gewisser Weise eine aktivgesellschaftliche »Ordnung von unten« (Angermüller 2004: 392) darstellt, wirkt das alltägliche Lob der Aktivität dennoch performativ in dem Sinne, dass an der Delegitimierung von Müßiggang oder »Nichts-Tun« mitgearbeitet wird. Erweisen sich die Älteren damit also – quasi wider Willen – »as active participants in the construction of the discourse of active ageing« (Marhánková 2011: 26f.)? Es liegt zumindest nicht fern, dass sie Teil einer heterogenen Diskurskoalition (Hajer 1995: 65) sind oder werden, die ihren Einfluss gerade dadurch entfaltet, dass sehr unterschiedliche Akteure mit divergierenden Deutungen und Motivationen dieselben Konzepte und Symbole (»aktives Alter«) verwenden. Ebenso wie sich eine recht heterogene Koalition aus Alternativen und Liberalen in der Kritik des Ruhestandsmodells zusammengefunden hat (vgl.

Kapitel 4.3), stimmen vitalistische Junge Alte und wohlmeinende GerontologInnen, die traditionell eine Aktivitätsperspektive auf das Nacherwerbsleben favorisieren, in den vielstimmigen Chor des aktiven Alters ein. Es ist letztlich gerade die Deutungsoffenheit des aktiven Alters, die diese heterogene Bezugnahme ermöglicht, die zugleich durch das konstitutive Außen der verworfenen Höchstaltrigkeit systematisch stabilisiert wird. Neben dieser Einheit stiftenden Stabilisierung ist zu berücksichtigen, dass die heterogenen Bezugnahmen unter asymmetrischen Machtverhältnissen stattfinden: Einflussreiche Anschlussdispositive wie die Problematisierung des demografischen Wandels, die Diagnose der wohlfahrtsstaatlichen Erschöpfung sowie die propagierte Notwendigkeit einer gemeinwohlorientierten Aktivierung der BürgerInnen legen eine hegemoniale Schließung des aktiven Alters im Sinne des Produktivitätsdispositivs nahe, stellen doch gerade die Jungen Alten im Fadenkreuz von Alterung, Sozialabbau und Aktivierung AdressatInnen produktivistischer Anrufungen *par excellence* dar. Im Lichte dieser Kontextbedingungen könnten die adressierten Älteren mit ihrer Aktivitätsemphase also letztlich auch dann an einer hegemonialen Schließung des aktiven Alters (im Sinne des produktiven Alters) mitarbeiten, wenn sie selbst diese Verknüpfung und die darin angelegten Begründungsmuster nicht kommunizieren, ja mitunter gar nicht teilen.

Doch wie wahrscheinlich ist eine solche hegemoniale Fixierung gegenwärtig? Eine kulturelle Hegemonie des produktiven Alters läge dann vor, wenn dieses Dispositiv (vorübergehend) als alternativlos, notwendig und universal verankert wäre. Neben stützenden einflussreichen und/oder hegemonialen Anschlussdispositiven hängt die Hegemonialisierung des produktiven Alters letztlich davon ab, ob dieses Konzept auch geeignet ist, die Erfahrungen der adressierten Älteren in für diese überzeugender Weise zu organisieren. »The acceptance of a discourse depends on its credibility, and this will not be granted if its proposals clash with the basic principles informing the organisation of a group.« (Laclau 1990: 66) Über die augenfällige Aktivitätsemphase in den Interviews hinausgehend bleibt also zu fragen, ob das produktive Alter von den Adressierten auf anderen Ebenen durchkreuzt und in seiner Glaubwürdigkeit unterminiert wird. Und dafür gibt es, sowohl in den Interviews selbst, aber auch in politischen, wissenschaftlichen und medialen Dokumenten, in der Tat zahlreiche Hinweise.

Obwohl im Kontext des Produktivitätsdispositivs wiederholt und von unterschiedlichen Seiten auf das bereits geleistete (freiwillige) Engagement von Menschen im Ruhestand verwiesen wird, ist doch der Tenor vorherrschend, dass die vorhandenen Potenziale nicht im möglichen sowie notwendigen Maße mobilisiert werden. Die Appelle an die moralische Verpflichtung der verrenteten Jungen Alten werden infolgedessen seit Mitte der 2000er Jahre zunehmend dringlicher und schärfer formuliert. Auch die Neuakzentuierung negativer Altersbilder mit Blick auf die Verweigerung gemeinwohldienlicher Aktivität ist Ausdruck der Diagnose, dass eine Universalisierung und Normalisierung des produktiven Alters noch nicht stattgefunden hat, auch wenn mit – im wahrsten Sinne des Wortes – vereinten Kräften daran gearbeitet wird. Unsere Interviews geben vielfältige Hinweise darauf, warum dies der Fall ist. Das im Ruhestandsmodell wurzelnde Versprechen der »späten Freiheit« ist bei den Interviewten – mit Ausnahme des Typus der Produktiven – weiterhin fest verankert. Die vergleichsweise neue Suspension dieser Freiheit im Kontext des Produktivitätsdispositivs scheint die langjährige ruheständlerische Sozialisation für die große Mehrheit nicht innerhalb weniger Jahre aufbrechen zu können. Dies dürfte durch den Umstand verstärkt werden, dass die Produktivitätserwartung – so denn überhaupt – vor allem über die Medien wahrgenommen wird, sich aber – jenseits familiärer Ansprüche im Bereich der Kinderbetreuung und Pflege[10] – bislang nur bedingt in lokale institutionelle und organisationale Kontexte eingeschrieben hat.[11]

Das bedeutet im Umkehrschluss jedoch nicht, dass es unter den Interviewten über die kleine Gruppe der dispositivkompatiblen Produktiven hinaus keine im Alltag hoch produktiven Menschen gäbe, ganz im Gegenteil. Tatsächlich erweisen sich aber ausgerechnet diese Menschen als die schärfsten KritikerInnen des Produktivitätsdispositivs mitsamt seiner aktivierenden und responsibilisierenden Agenda. Sie weisen entweder eine ausgeprägt libertäre Grundhaltung auf (»jeder nach seinen Wünschen und Bedürfnissen«), nehmen sich selbst als in sozialer und ökonomischer Hinsicht privilegiert wahr und möchten davon etwas zurückgeben (erwarten dies aber in keiner Weise von weniger Privilegierten) oder aber sie rahmen – im Falle einiger ostdeutscher Interviewter – ihren Anspruch, produktiv tätig zu sein, dezidiert sozialistisch und kritisieren den Rückzug des Staates aus seiner sozialen Verantwortung. Interessanterweise fühlen sich die vornehmlich ostdeutschen KritikerInnen des produktiven Alters aber von der moralischen Anforderung wenig bedrängt, verweisen sie doch bei aller inhaltlichen Kritik darauf, dass niemand gezwungen sei, sich entsprechend zu verhalten – ganz anders als zu DDR-Zeiten. Die

---

10 | Heteroproduktive Aktivität im Familienkontext wird wiederum von den meisten Interviewten als so selbstverständlich betrachtet, dass sie gar nicht auf die Idee kommen, mit diesen Tätigkeiten ein bestimmtes Paradigma oder spezifische gesellschaftliche Erwartungen zu verbinden. In Reaktion auf einen Informationsflyer zum Sechsten Altenbericht wird sogar explizites Erstaunen formuliert, warum man das, was sowieso alle tun würden, eigens aufschreiben und anmahnen müsse.

11 | Im Rahmen einer empirischen Erkundung intermediärer Vermittlungsprozesse, die wir mit der vorliegenden Studie nur sehr punktuell leisten konnten, wäre auch die Bedeutung von kontextspezifisch variierenden Altersbildern und Erwartungen zu berücksichtigen (Kornadt/Rothermund 2011; Berner/Schwitzer 2012).

Erinnerung an ein Zwangsregime unterminiert hier ganz offenkundig die Kraft normativer Regulierung – ein (langzeithistorisch irgendwie erfreulicher) Aspekt, der in der Gouvernementalitätsforschung bislang vollkommen unberücksichtigt geblieben ist. Unter den Unruheständlerinnen, aber auch bei allen Interviewten mit einer libertären Grundhaltung läuft wiederum die für Angehörige der 68er-Generation nicht untypische Akzentuierung von Selbstverwirklichung und Selbstbestimmung einer Politik der Wiederverpflichtung entgegen (vgl. zu diesem Argument auch: Bröscher et al. 2000: 34).

Auch zeigt sich, dass das für die Rahmung des produktiven Alters zentrale *Win-win*-Versprechen des gleichzeitig individuellen und gesellschaftlichen Nutzens von Altersaktivität kaum anschlussfähig ist an die Erfahrungen und Einschätzungen vieler Interviewter. Wo im Dispositiv die gewünschte heteroproduktive Aktivität stets positiv akzentuiert und mit dem Versprechen der Erfüllung, Lebensqualitätssteigerung und Anerkennung verbunden ist, finden sich in den Interviews zahlreiche Verknüpfungen von Aktivität und Belastung. Dies betrifft sowohl das Ausmaß der Enkelkinderbetreuung oder die psychische und physische Herausforderung durch Pflegeverantwortung als auch Überlastungen und schlechte Erfahrungen im Feld des ehrenamtlichen Engagements. Mangelnde Anerkennung, Altersdiskriminierung im Engagementumfeld, Erschöpfung und Verlust von Zeitsouveränität sind zwar keine vorherrschenden, aber doch wiederkehrende Themen und grundieren – trotz vielfältiger positiver Bezugnahmen auf diese Aktivitäten – eine Problematisierung bürgerschaftlichen Engagements, wie sie im Kontext der Dispositive überhaupt nicht vorkommt. Auch verknüpfen einige Interviewte ehrenamtliches Engagement sehr selbstverständlich – und dabei nicht ohne treffsicheres Gespür für eine entsprechende dispositive Erwartungshaltung – mit der Sorge für Hochaltrige, wozu sie aber nach eigenem Bekunden gerade keine Lust haben. Darüber hinaus weisen die Interviewten mehrheitlich eine hohe Sensibilität für Fragen sozialer Ungleichheit im Nacherwerbsleben auf: Viele betonen – so insbesondere in Reaktion auf den Informationsflyer zum Sechsten Altenbericht (vgl. Kapitel 5.5.3) – die dispositiv verdunkelte Tatsache, dass die den Älteren mit der Produktivitätserwartung zugeschriebenen (sozialen, finanziellen und gesundheitlichen) Ressourcen keineswegs bei allen in gleicher Weise gegeben sind. Viele der von uns befragten älteren Menschen sind – ganz im Sinne von Einsprüchen aus der *Critical Gerontology*[12] – sehr (alltags)sensibel dafür, dass das, was für die einen ein Versprechen und eine Möglichkeit

---

12 | »As ideal subjectivities encourage people with adequate resources to free themselves from ageist attitudes and aging bodies, they simultaneously create a new set of obligations associated with being autonomous, responsible and active ›retirees‹.« (Laliberte Rudman 2006: 196)

sein kann, sich für andere unter Umständen als unerfüllbare Erwartung, als Leistungsdruck und Disziplinierung erweist.[13]

Vor allem aber ist das im *Win-win*-Postulat angelegte Aufwertungsversprechen sowie die propagierte Wertschätzung des Erfahrungswissens von Menschen im Ruhestand[14] für die überwiegende Mehrheit der Interviewten nicht lesbar und wird als leere Politik(er)rhetorik zurückgewiesen. Von einer Minderheit abgesehen, die Erfahrung als Weisheit fasst und weniger die Weitergabe als die selbstbezügliche Reifung der Persönlichkeit ins Zentrum stellt, sprechen die Interviewten vor allem darüber, dass Erfahrung nicht geschätzt werde und dass es schwer sei, als älterer Mensch etwas weiterzugeben, ohne auf Zurückweisung zu stoßen. Verbreitet ist zudem die Einschätzung, dass das bereits bestehende Engagement von Menschen im Ruhestand nicht genügend anerkannt werde und dass diesbezüglich keine positiven Veränderungen in Sicht seien. Das Aufwertungsversprechen, das Anerkennung und Partizipation für die Nutzung der Ressource »Erfahrung« verheißt, kontrastiert dabei in besonderer Weise mit den Alltags- und Lebenserfahrungen vieler Ostdeutscher, die durch Systemwechsel, Arbeitslosigkeit und/oder Frühverrentung auf eine doppelte Entwertung ihrer Kompetenzen und eine zum Teil existenzielle Missachtung ihrer Lebenserfahrungen zurückblicken können (bzw. müssen). Warum ihr Erfahrungswissen nun im Alter plötzlich wieder gefragt sein sollte, bleibt vielen von ihnen – nachvollziehbarerweise – schleierhaft.

Die politische – und wissenschaftlich sekundierte – Antwort darauf, dass das *Win-win*-Versprechen des produktiven Alters von den Adressierten noch nicht in erwarteter Weise aufgegriffen wird, setzt jedoch nicht an diesen diskrepanten Erfahrungen und strukturellen Problemen an, geschweige denn, dass in Betracht gezogen würde, dass die *non-compliance* mitunter auch gewünscht sein könnte.[15] Dass sich produktive Lebensführungsmuster im Ruhestand

---

13 | Zur Vernachlässigung sozialstruktureller Implikationen des produktiven Alters und damit einhergehenden disziplinierenden Effekten für bestimmte Bevölkerungsgruppen vgl. kritisch auch Estes et al. 2003: 74ff.; Backes 2006; van Dyk/Lessenich 2009c; Holstein/Minkler 2009; Graefe/Lessenich 2012.

14 | Zur Problematik dieser Verknüpfung in ethischer Hinsicht vgl. z.B. Martinson/Halpern (2011: 431): »The discourse on civic engagement and volunteerism emerged in response to ageist stereotypes of older adults as useless, burdensome, and greedy people. The civic engagement discourse seeks to counter these stereotypes by asserting that older adults are in fact people who are valuable and worthy because they do contribute to the society through this productive volunteer work. While well-intentioned, this argument connecting a person's worthiness to one's level of contribution is ethically problematic.«

15 | So merkt Pott (2007: 157f.) zum Tenor der Altenberichte kritisch an: »Keine Rede ist davon, dass ich im Alter meine Fähigkeiten, Erfahrungen und mein Wissen [...] nicht

nicht im gewünschten Ausmaß verbreiten – hier wird das »disruptive« Potenzial der Adressierten in Relation zu den Dispositiven offensichtlich – wird vielmehr im klassisch postdemokratischen Politikmodus als Informations- und Vermittlungsproblem gerahmt: Positive, kompetenz- und potenzialeorientierte Altersbilder seien, so der Tenor, sowohl in der Gesellschaft insgesamt wie auch bei den Älteren selbst noch nicht hinreichend verbreitet. Negative Altersbilder werden dabei weniger im Hinblick auf ihre diskriminierenden Implikationen problematisiert, denn in Bezug darauf, dass sie die Erschließung und gesellschaftliche Nutzung der Potenziale des Alters blockierten (prominent: BMFSFJ 2010). Die Propagierung und Verankerung positiver Altersbilder wird vor diesem Hintergrund zu einem zwangsoptimistischen Allheilmittel in einer Debatte über »volunteerism and the good old person« (Martinson/ Halpern 2011: 429), die sich für die Stereotypisierung und Diskriminierung des höheren Lebensalters ansonsten eher wenig interessiert.[16]

Produktive Aufwertung versus Schutz des Alters als differentes Anderes – zwei Irrwege

Indem auf Anschlüsse an die im angelsächsischen Sprachraum elaboriert geführte, politische und wissenschaftliche Diskussion um Altersdiskriminierung (ageism) weitgehend verzichtet wird, unterliegen die wissenschaftlich-politischen Offensiven für positive Bilder eines produktiven Alters dem »fundamental mistake to equate an anti-ageist stance with thinking positive« (Bytheway 1995: 128). Den seit geraumer Zeit zu verzeichnenden Boom positiver Altersstereotype, die ältere Menschen pauschal als – je nachdem – erfahren, kompetent, verlässlich, loyal, leistungsfähig oder hilfsbereit ausweisen, kommentiert Bytheway mit den Worten: »It is far less patronizing, far less self-righteous and far less ageist, to state that: [...] [they] are pretty ordinary. They have lived long lives and survived many experiences.« (Ebd.)[17] In Anlehnung

---

mehr an die Gesellschaft weitergeben möchte, dass ich meine Ruhe haben will, dass ich keine Ehrenämter anstrebe oder statt kulturelle Angebote wahrzunehmen, lieber auf einer Bank im Park sitzen und über die vorbeieilende Jugend ablästern möchte.« (Pott 2007: 157f.)

16 | Dass die Antidiskriminierungsstelle des Bundes das Jahr 2012 zum Themenjahr gegen Altersdiskriminierung ausrief, stellt hier eine erwähnenswerte Ausnahme dar. Allerdings weist der Titel des Themenjahres »Im besten Alter. Immer.« eine große Nähe zu der im Folgenden problematisierten Position auf, eine diskriminierungssensible Perspektive sei gleichbedeutend mit ausschließlich positiven Perspektiven auf das höhere Lebensalter.

17 | In diesem Sinne resümiert auch Brauer: »Es kann nicht darum gehen, unter den Personalverantwortlichen positive Altersstereotype zu verbreiten oder deren Existenz

an Junker kann von einer Konjunktur der »repressiven Idealisierung« (Junker 1973: 13, zit.n. Hohmeier 1978) durch positive Altersstereotype gesprochen werden, die strukturelle Ausschlüsse und gesellschaftlich bedingte Deprivationen eher stärken als unterlaufen dürfte und die zudem zur Tabuisierung von belastenden und einschränkenden Facetten insbesondere des höchsten Lebensalters beiträgt. Positivstereotypisierungen setzen all jene unter Druck, die diesen Bildern nicht entsprechen, und machen diejenigen sprachlos, deren gelebte Erfahrungen sich als dissonant mit dieser Pauschalisierung erweisen (Sandberg 2008: 124).[18] Letztlich bleiben auch positive Bilder Stereotype, die vereinheitlichen und normieren, wo Vielfalt ist, und individuelle Fähigkeiten, Einschränkungen und Bedürfnisse missachten: »Even though positive stereotypes may be intended to reverse the negative trend, being inside a box can be suffocating.« (Andrews 2012: 389)

Zwei weitere Probleme positiver Stereotypisierung haben unsere Analysen offengelegt: Stets wird über die positiven Altersbilder die negative Kontrastfolie mit aufgerufen und in gewisser Weise fortgeschrieben: »Dadurch überwinden sie die negativen Altersklischees nicht, sondern sie fixieren, was sie gleichzeitig kritisieren.« (Zeman 1997: 311) Die negativen Seiten des Alters – das Andere von Aktivität, Produktivität, Leistungsfähigkeit – werden im Lebenslauf »nach oben« verschoben, der pauschalen Positivierung des jungen Alters korrespondiert die Verfestigung von Negativstereotypen der Hochaltrigkeit. Zugleich haben die Analysen des Unruhestands- und Produktivitätsdispositivs gezeigt, dass die Jungen Alten im Hinblick auf Produktivität und Engagement den Menschen in den mittleren Lebensjahren zwar ähnlicher werden, zugleich aber deutlich als »Andere« unterschieden bleiben sollen. Häufig ist zu lesen, der Kreativität, Flexibilität und Innovationskraft der Jungen korrespondiere der Erfahrungsschatz, die Verlässlichkeit, Loyalität und Beständigkeit der Älteren. In einer Gesellschaft, in der »flexibler Mensch« und »unternehmerisches Selbst« (Bröckling 2007) zu prototypischen Sozialfiguren geworden sind, in der sich die Verfallsraten von Informationen beschleunigen, während Wissen immer schneller abrufbar wird – in einer solchen Gesellschaft wirken diese Alterskompetenzen selbst veraltet, auch wenn sie explizit positiv konnotiert sind.

---

als Beleg der ›Altersfreundlichkeit‹ zu missdeuten. Das anspruchsvollere Ziel müsste sein, die Irrelevanz von altersbasierter Auswahl zu vermitteln.« (Brauer 2010: 49)

18 | In recht drastischen Worten moniert Norberto Bobbio: »Wenn ich die Lobreden auf das Alter lese [...] bin ich versucht, das Sprichwort des Erasmus folgendermaßen abzuwandeln: ›Wer das Alter preist, hat ihm noch nicht ins Gesicht gesehen.‹ Zur Verschleierung der Übel des Greisenalters trägt, wenngleich ungewollt und mit den besten Absichten, die ›fröhliche Wissenschaft‹ der Geriatrie in beträchtlichem Ausmaß bei.« (Bobbio 2006: 60)

Ebenso problematisch wie das an produktive Leistungen gebundene Aufwertungsversprechen und die damit einhergehende Positivstereotypisierung des jungen Alters sind Kritiken des produktiven Alters, die auf eine nostalgische Verklärung des klassischen Ruhestandsmodells hinauslaufen. Unter Ausblendung der normierenden, ausgrenzenden und einschränkenden Facetten dieses Modells, das als Unruhestand seit den 1980er Jahren partiell auch »von unten« aufgebrochen wurde, wird das Nacherwerbsleben als »differentes Anderes« gegen seine Aktivierung verteidigt. Hier wird die Übertragung von Aktivitätsnormen der mittleren Lebensjahre auf »das Alter« *per se* als »ageimperialism« (Biggs 2004b) kritisiert und unter Stichworten wie »gerotranscendence« (Tornstam 2005) oder »mature imagination« (Biggs 1999) eine Perspektive auf das höhere Lebensalter entwickelt, die auf Ruhe und Kontemplation, Introspektion und De-Aktivierung setzt. Spezifische Entwicklungsmöglichkeiten des Alters akzentuierend – ohne dass je deutlich würde, wann diese so klar gezogene Differenzlinie beginnt, – betont z.B. Tornstam (2005: 41) einen »shift in metaperspective from a materialistic and rational perspective to a more cosmic and transcendent one«. Moody (2001: 181f.) sieht im Paradigma des produktiven Alters gar den Versuch »[to] make them« – die Alten als Andere – »like us«. Dieser durchweg aktivierungskritisch gerahmte, in der Tendenz aber re-biologisierende Schutz des höheren Lebensalters erweist sich in seiner stereotypen Pauschalisierung als ähnlich repressiv wie die produktivistisch motivierte Aufwertung, ganz unabhängig davon, wie berechtigt die zugrunde liegende Kritik des aktiven und produktiven Alters sein mag.

Statt aktives und produktives Engagement grundsätzlich als altersunangemessen zu problematisieren, gilt es vielmehr die Kritik dafür zu sensibilisieren, dass die politisch angestrebte Nutzung von Altersressourcen im Zweifelsfall wenig mit der Ermöglichung selbstgewählter Altersaktivität zu tun hat. So hat unsere Untersuchung eindrücklich gezeigt, dass gerade die von politischer Seite ausgerufene, besondere Verantwortung und Sorge des jungen Alters für das hohe Alter von den Adressierten zurückgewiesen wird, dass es gerade das ehrenamtliche Engagement im Alten- oder Pflegeheim ist, das unerwünscht ist und, weil als zu belastend antizipiert, ausgeschlossen wird.

Letztlich wird in beiden Perspektiven – dem produktivistischen Aufwertungsversprechen wie dem Schutz des Nacherwerbslebens als differentes Andres – die faktische Vielfalt der Lebensweisen und Bedürfnisse im Ruhestand negiert. Zwar wird im Kontext des Produktivitätsdispositivs kaum ein Topos so häufig bemüht wie eben die Vielfalt des Alters, diese bleibt jedoch in hohem Maße abstrakt und unbestimmt und verweist dort, wo es konkreter wird, vor allem darauf, dass es neben dem hinfälligen höchsten Alter eben auch ein leistungsfähiges junges Alter gibt. Davon, dass das *Win-win*-Versprechen eines produktiven Alters mit einer ernst genommenen Vielfaltsperspektive unvereinbar ist, ist nirgendwo etwas zu lesen: Wie aber soll es möglich sein, dass in einer derart heterogenen Gruppe der Bevölkerung alle gleichermaßen von genau den Aktivitäten profitieren, die von politischen wie wissenschaftlichen StichwortgeberInnen als gesellschaftlich notwendig ausgewiesen werden? Dies ist nur – wenn überhaupt – auf dem Wege ebenso instrumenteller wie stereotypisierender Homogenisierung denkbar, die die Vielfalt suspendiert und einen universalen individuellen Nutzen 60+ unterstellt.

Die Vielfalt des Nacherwerbslebens

Die Interviewstudie hat deutlich gezeigt, dass die Bandbreite dessen, was für ein erfülltes Leben im Ruhestand im Sinne einer individuellen *Win*-Perspektive erforderlich ist, sehr groß ist – und zwar in Abhängigkeit von den Orientierungen und Wünschen einerseits und den Möglichkeiten ihrer Realisierung andererseits. Die zufriedenen Ruheständler und die Unruheständlerinnen unserer Untersuchung schaffen es, ihr Nacherwerbsleben in gewünschter Weise ruhig und entpflichtet respektive autoproduktiv aktiv zu gestalten und damit im Großen und Ganzen das Leben zu führen, das sie sich wünschen.[19] In diesen beiden so unterschiedlichen Gruppen ist die Zufriedenheit entsprechend groß, im Hinblick auf Fragen der Partizipation und Lebensqualität gibt es keinerlei politischen Handlungsbedarf. Zugleich zeigt sich gerade in der Kontrastierung dieser beiden zufriedenen Typen aber, dass weder die Verallgemeinerung aktivgesellschaftlicher noch ruheständlerischer Normen der Vielfalt des Alters gerecht werden kann. Die Produktiven sind den zufriedenen Ruheständlern und den Unruheständlerinnen dahingehend vergleichbar, dass es auch ihnen gelingt, Orientierung und Alltagswirklichkeit weitgehend in Übereinstimmung zu bringen. Zugleich verweist aber gerade dieser am stärksten mit dem Produktivitätsdispositiv korrespondierende Typus auf das nicht eingelöste *Win-win*-Versprechen: Mehrheitlich monieren die Produktiven, dass das unbezahlte familiäre und gesellschaftliche Engagement staatlich und gesellschaftlich nicht hinreichend gewürdigt werde, auch problematisieren nicht wenige die Gefahr der Ausnutzung der unbezahlten Arbeitskraft der Älteren. Es gibt zudem einige produktive Frauen, die gerne weniger produktiv wären, sich überlastet fühlen und darunter leiden, nicht »nein« sagen zu können – in diesen Fällen wäre weniger (Produktivität) eindeutig mehr (Lebensqualität).

Diese Frauen weisen bereits in Richtung des Typus der verhinderten Ruheständlerin, die sich vom zufriedenen Ruheständler, der Unruheständlerin und

---

19 | Ein interessanter Sonderfall sind die geschäftigen Ruheständler, die zwar ein äußerst negatives Ruhestandsbild haben, gleichwohl aber mit vergleichsweise großer Zufriedenheit einen sehr klassischen Ruhestandsalltag leben: Die Diskrepanz überbrücken sie durch einen ausgeprägten *busy talk* und eine ruhestandsmoderierte Selbstwahrnehmung als ausgesprochen beschäftigte Menschen.

dem/der Produktiven dahingehend unterscheidet, dass Orientierung und Praxis gerade nicht in Übereinstimmung gebracht werden können. Die diesem Typus zuzurechnenden Frauen wünschen sich einen aus ihrer Sicht verdienten Ruhestand – hier ähneln sie in Anspruch und Orientierung den zufriedenen Ruheständlern –, sind aber durch Familienpflichten und ehrenamtliches Engagement so stark eingebunden, dass an einen wahrhaft gelebten Ruhestand nicht zu denken ist. Der politische Aufruf, sich stärker in heteroproduktiver Weise für das nahe und weitere soziale Umfeld einzubringen, ist von diesem Frauentypus qua Geschlechtsrolle so stark eingeübt – ja, sie haben nie etwas anderes getan als ihre eigenen Bedürfnisse hinter diejenigen anderer zurückzustellen –, dass hier eher De-Aktivierung statt Responsibilisierung angesagt wäre.

Ganz anders gelagert ist wiederum die Situation für den zweiten weiblichen Typus, der sich durch eine starke Inkongruenz von Orientierungsrahmen und gelebter Alltagspraxis auszeichnet: der Typus der Gebremsten. Mit Blick auf politische Rahmenbedingungen der Ermöglichung eines aktiven und produktiven Alters ist dieser Typus am interessantesten, haben wir es hier doch mit Frauen zu tun, die gerne aktiver wären, aber durch die Überlagerung unterschiedlicher Gründe und Lebensumstände daran gehindert werden. Es sind vor allem die negativen Erfahrungen im Kontext ehrenamtlicher Arbeit sowie die finanziell prekäre Lebenslage – die auch über den engeren Kreis der Gebremsten hinaus de-aktivierende Wirkung entfalten –, an denen eine ermöglichende Förderung gewünschter Aktivität im Ruhestand ansetzen müsste. Tatsächlich passiert jedoch genau das Gegenteil.

So lässt das emphatische politische Versprechen der umfassenden Steigerung von Lebensqualität durch freiwilliges Engagement problematische Aspekte eben dieses Engagements aus der öffentlichen Debatte verschwinden. Neben der von vielen – insbesondere ostdeutschen – Interviewten problematisierten Ausnutzungsgefahr spielt hier auch die Erfahrung von Diskriminierung und Ausgrenzung aufgrund des Lebensalters eine Rolle. Vor allem aber geben die durch finanzielle Prekarität Eingeschränkten als heute noch kleine Gruppe einen Ausblick darauf, wie die Zukunft des Lebens im Ruhestand für immer mehr Menschen aussehen wird. Wenn die finanziellen Mittel für sportliche, kulturelle und soziale Aktivitäten, aber auch für ein ehrenamtliches Engagement fehlen, das ja häufig keineswegs kostenneutral ist, wird das *Win-win*-Versprechen für eine stetig größer werdende Gruppe zur Farce (vgl. van Dyk et al. 2010). Während die Gebremsten mit Blick auf die von ihnen gewünschten auto- und heteroproduktiven Aktivitäten im wahrsten Sinne des Wortes ausgebremst werden, findet gleichzeitig eine Zwangsaktivierung in schlecht bezahlte Minijobs statt, ohne die ein Leben in Armut vorprogrammiert wäre.

Und so wird auch die Zukunft des produktiven Alters wohl anders aussehen, als es die politischen Kampagnen und großformatigen Plakate (»Zähl

Taten, nicht Falten«) der Bundesregierung verheißen. Mit der Absenkung des Leistungsniveaus der Gesetzlichen Rentenversicherung um 20 Prozent bis 2030 sowie der Teilprivatisierung der Altersvorsorge ist ein deutlicher Anstieg von Altersarmut für die nähere Zukunft vorprogrammiert (Butterwegge et al. 2012) und seit 2012 auch verstärkt in der öffentlichen Debatte.[20] Während aktuell auf die Ressourcen einer als privilegiert ausgerufenen RentnerInnengeneration gesetzt wird – was bei aller problematischen Pauschalisierung für größere Teile dieser Kohorten auch zutrifft –, findet parallel eine Politik der Entsicherung, des Abbaus sozialer Rechte und der Deregulierung statt, die an genau diesem Fundament rüttelt. Mit der normativen Delegitimierung des verdienten Ruhestands wird zukünftig eine zunehmende materielle Verunmöglichung dieses Lebensmodells einhergehen, die neben der Entsicherung im Feld der Altersvorsorge zusätzlich durch die Prekarisierung von Erwerbsbiografien forciert wird.

Zugleich wird die um sich greifende Prekarisierung des Erwerbslebens nicht folgenlos dafür bleiben, was Menschen sich für ihr Nacherwerbsleben erhoffen und wünschen. Während zu vermuten wäre, dass nachwachsende Kohorten über ihre Sozialisation in der Aktivgesellschaft anschlussfähiger an Prämissen des produktiven Alters sind bzw. sein werden als die ruhestandssozialisierten heute Älteren, deuten erste Forschungsergebnisse auf eine gegenteilige Entwicklung hin: Gerade weil Erwerbsarbeit zunehmend unsicherer und belastender wird, gerade weil unbezahlte Überstunden Alltag, prekäre Beschäftigungsarrangements und die Sorge um den Arbeitsplatz allgegenwärtig sind, steigt der Wunsch nach einem nicht allzu späten Ruhestand als Befreiung von den Zwängen und Zurichtungen eines deregulierten Arbeitsmarktes (Behr/Hänel 2013). In Zeiten wie diesen könnte die späte Freiheit als Verheißung wie Hoffnung an normativer Kraft eher gewinnen denn verlieren.

Die Neuverhandlung des Alters als Neuverhandlung des Lebens

Die Neuverhandlung des *Alters* in der Aktivgesellschaft ist – so könnte man den Untertitel unseres Buches neu akzentuieren – in vielerlei Hinsicht mehr als das, nämlich eine Neuverhandlung des *Lebens* in der Aktivgesellschaft. Für viele Menschen, zumal Frauen, geht es um mehr als ein Drittel ihres Erwachsenenlebens – ein Drittel, das seinerseits so heterogen, vielfältig und in permanentem Wandel begriffen ist, wie die vermeintlich alterslosen mittleren Lebensjahre zuvor. Wir haben es nicht mehr mit einem letzten Lebensrest zu tun, dessen Erforschung lange Zeit an eine wenig beachtete Bindestrich-Sozio-

---

20 | Die zuständige Ministerin Ursula von der Leyen (CDU) betonte in einem Papier zur Zukunft der Altersvorsorge im September 2012: »Es steht nicht mehr und nicht weniger als die Legitimität des Rentensystems für die junge Generation auf dem Spiel.«

logie ausgegliedert werden konnte – mit der Folge, dass sich das Alter nicht nur
lebensweltlich, sondern auch forschungspraktisch am Rande der Gesellschaft
wiederfand.

Das Alter gewinnt im Zuge steigender gesunder Lebenserwartung aber
nicht nur an quantitativem Umfang und neuer Qualität. Parallel ist zudem
eine partielle Entkoppelung von Alter und Ruhestand festzustellen, die dazu
führt, dass Altersattribute und entsprechende (Selbst-)Verortungen im Lebenslauf »vertagt« werden: Die Negativstereotype des Alters werden zunehmend
an die Hochaltrigkeit geknüpft, die im Sinne eines letzten Lebensrestes der
living dead von den Interviewten mehr gefürchtet wird als der tatsächliche Tod.
Es ist diese Abwehr und Abgrenzung, die die so unterschiedlichen Jungen Alten in ihrer vitalistischen Lebensbejahung eint und die in drastischer Weise
vor Augen führt, dass das hohe und höchste Alter ganz selbstverständlich jenseits des Sozialen verortet wird. Und wo die Abgrenzung eint, differenziert
sich die Selbstverortung aus. Während sich die einen tatsächlich als Junge
Alte begreifen, um sich damit von den Alten Alten abzusetzen, betonen andere
die Kontinuität des Erwachsenenlebens und können mit ihrer Verortung und
Adressierung als Junge/Neue Alte oder aktive SeniorInnen wenig anfangen:
Sie nehmen sich schlicht und ergreifend als »normale« Erwachsene eines bestimmten Alters wahr, weit davon entfernt, diese Lebensphase in Alterskatego-
rien auszuweisen. Während die Ruhestandsjahre also – mit unterschiedlichen
Etiketten – vom letzten Lebensrest zu einer mit (neuem) Leben gefüllten Zeit
werden, strahlt das höhere Lebensalter zugleich und zunehmend auf das ganze
Leben aus: Mit der Verankerung der Plastizitätsperspektive auf das Alter(n),
d.h. der Annahme, dass der Prozess des Alterns sozial gestaltbar und das Alter
performatives Produkt der Lebensführung ist, steht das Leben gleichsam von
Anfang an unter dem Primat der »Altersprävention« – mit dem Ziel, im besten
Fall nach einem produktiven Nacherwerbsleben fit, gesund, kostengünstig –
und ja: ruhig, in Ruhe abzutreten.

Eine Sozialwissenschaft, die das Lebensalter nur an den Rändern des Lebens kennt und im Zentrum ihrer Analysen alterslose erwachsene Subjekte
imaginiert, kann den Herausforderungen einer Gesellschaft des längeren
Lebens und des lebenslangen Alterns nicht (mehr) gerecht werden. Ebenso
kurzschlüssig operiert eine Altersforschung, die das Alter(n) im gesellschafts-
freien Raum wähnt und als solches analysiert. Eine Altersforschung, die von
Aktivgesellschaft und flexiblem Kapitalismus nichts wissen will, die am Produktivitätsdispositiv des Alters mitstrickt statt den zahlreichen Facetten des
Lebens im Ruhestand nachzuspüren, die am Ende nur noch die Potenziale des
Alters kennt: eine solche Altersforschung verspielt jedes Potenzial als kritische
Wissenschaft der »alternden« Gesellschaft.

7. Literatur

Achinger, Hans (1958): *Sozialpolitik als Gesellschaftspolitik. Von der Arbeiterfrage zum Wohlfahrtsstaat.* Reinbek bei Hamburg: Rowohlt.

Alheit, Peter (2011): Biografizität. In: Ralf Bohnsack, Winfried Marotzki & Michael Meuser (Hg.): *Hauptbegriffe qualitativer Sozialforschung.* Opladen: Leske + Budrich, S. 25.

Alkemeyer, Thomas & Paula Villa (2010): Kritische Anmerkungen zu Diskurs- und Gouvernementalitätsforschung aus subjektivationstheoretischer und praxeologischer Perspektive. In: Johannes Angermüller & Silke van Dyk (Hg.): *Diskursanalyse meets Gouvernementalitätsforschung.* Frankfurt a.M. & New York: Campus, S. 315-335.

Allmendinger, Jutta (1994): *Lebensverlauf und Sozialpolitik. Die Ungleichheit zwischen Mann und Frau und ihr öffentlicher Ertrag.* Frankfurt a.M. & New York: Campus.

Amann, Anton (2006): Unentdeckte und ungenützte Ressourcen und Potenziale des Alter(n)s. In: Deutsches Zentrum Für Altersfragen (Hg.): *Gesellschaftliches und familiäres Engagement älterer Menschen als Potenzial.* Berlin: LIT, S. 7-146.

Amann, Anton (2007): Produktives Arbeiten und flexibles Altern: Forschungsprogrammatische Überlegungen zu einem Sozialprodukt des Alters. In: Ursula Pasero, Gertrud M. Backes & Klaus R. Schroeter (Hg.): *Altern in Gesellschaft. Ageing – Diversity – Inclusion.* Wiesbaden: VS, S. 265-288.

Améry, Jean (1991): *Über das Altern. Revolte und Resignation.* München: dtv & Klett-Cotta.

Amrhein, Ludwig (2008): *Drehbücher des Alter(n)s. Die soziale Konstruktion von Modellen und Formen der Lebensführung und -stilisierung älterer Menschen.* Wiesbaden: VS.

Andrews, Molly (2012): Unexpecting age. In: *Journal of Aging Studies* 26, S. 386-393.

Aner, Kirsten (2002): Das freiwillige Engagement älterer Menschen – Ambivalenzen einer gesellschaftlichen Debatte. In: Fred Karl & Kirsten Aner (Hg.): *Die »neuen Alten« – revisited.* Kassel: Kassel University Press, S. 39-102.

Aner, Kirsten (2010): Soziale Altenhilfe als Aufgabe Sozialer Arbeit. In: Kirsten Aner & Ute Karl (Hg.): *Handbuch Soziale Arbeit und Alter*. Wiesbaden: VS, S. 33-50.

Aner, Kirsten & Peter Hammerschmidt (2008): Zivilgesellschaftlich produktiv altern. Eine kritische Analyse ausgewählter Modellprogramme. In: Marcel Erlinghagen & Karsten Hank (Hg.): *Produktives Altern und informelle Arbeit in modernen Gesellschaften. Theoretische Perspektiven und empirische Befunde*. Wiesbaden: VS, S. 259-275.

Aner, Kirsten, Fred Karl & Leopold Rosenmayr (Hg.) (2007): *Die neuen Alten – Retter des Sozialen?* Wiesbaden: VS.

Angermüller, Johannes (2004): Michel Foucault – auf dem Weg zum soziologischen Klassiker? In: *Soziologische Revue* 27 (4), S. 385-394.

Angermüller, Johannes & Silke van Dyk (Hg.) (2010): *Diskursanalyse meets Gouvernementalitätsforschung. Perspektiven auf das Verhältnis von Subjekt, Sprache, Macht und Wissen*. Frankfurt a.M. & New York: Campus.

Angus, Jocelyn & Patricia Reeve (2006): Ageism: A Threat to »Aging Well« in the 21st Century. In: *The Journal of Applied Gerontology* 25 (2), S. 137-152.

Arendt, Hannah (2011): *Vita activa oder vom tätigen Leben*. München & Zürich: Pieper.

Avramov, Dragana & Miroslava Maskova (2003): *Active Ageing in Europe – Volume 1. Population Studies, 41*. Council of Europe Publishing: Strasbourg, S. 1-152.

AXA-Ruhestand-Barometer (2010): *Anhebung des gesetzlichen Renteneintrittsalters: weiterhin starke Ablehnung*. [www.axa.de/servlet/PB/show/1199835/ARB3_Rente_mit_67_22032011.pdf; 02.08.2013]

Bäcker, Gerhard, Martin Brussig, Andreas Jansen, Matthias Knuth & Jürgen Nordhause-Janz (2009): Ältere Arbeitnehmer. Erwerbstätigkeit und soziale Sicherheit im Alter. Wiesbaden: VS.

Bäcker, Gerhard, Gerhard Naegele, Reinhard Bispinck, Klaus Hofemann & Jennifer Neubauer (2008): *Sozialpolitik und soziale Lage in Deutschland. Band 2: Gesundheit, Familie, Alter und Soziale Dienste*. Wiesbaden: VS.

Backes, Gertrud M. (1983): *Frauen im Alter. Ihre besondere Benachteiligung als Resultat lebenslanger Unterprivilegierung*. Bielefeld: AJZ.

Backes, Gertrud M. (2006): Widersprüche und Ambivalenzen ehrenamtlicher und freiwilliger Arbeit im Alter. In: Klaus R. Schroeter & Peter Zängl (Hg.): *Altern und bürgerschaftliches Engagement. Aspekte der Vergemeinschaftung und Vergesellschaftung in der Lebensphase Alter*. Wiesbaden: VS, S. 63-94.

Backes, Gertrud M., Kai Brauer & Wolfgang Clemens (2011): *»Früher oder später wird man nicht mehr gebraucht«. Biographische Perspektiven zum Übergang in den Ruhestand*. Vechta & Berlin: FNA.

Backes, Gertrud M. & Wolfgang Clemens (Hg.) (1999): *Lebenslagen im Alter. Gesellschaftliche Bedingungen und Grenzen*. Opladen: Leske + Budrich.

Backes, Gertrud M., Wolfgang Clemens & Harald Künemund (2004): Lebensformen und Lebensführung im Alter. In: Gertrud M. Backes, Wolfgang Clemens & Harald Künemund (Hg.): *Lebensformen und Lebensführung im Alter.* Wiesbaden: VS, S. 7-22.

Baltes, Margret M. & Leo Montada (Hg.) (1996): *Produktives Leben im Alter.* Frankfurt a.M. & New York: Campus.

Baltes, Paul B. (2002): Erfolgreiches Altern (Interview). In: *GEO* Nr. 8/2002.

Baltes, Paul B. & Margret M. Baltes (1989): Optimierung durch Selektion und Kompensation. Ein psychologisches Modell erfolgreichen Alterns. In: *Zeitschrift für Pädagogik* 35 (1), S. 85-105.

Bardehle, Doris & ISD [Institut für Medizinische Statistik und Datenverarbeitung] (Hg.) (1990): Übersichten zur Betreuungssituation älterer Bürger in der DDR. Berlin: DZA.

Barkholdt, Corinna (Hg.) (2001): *Prekärer Übergang in den Ruhestand.* Opladen: Leske + Budrich.

Barlösius, Eva & Daniela Schiek (Hg.) (2007): *Demographisierung des Gesellschaftlichen. Analysen und Debatten zur demographischen Zukunft Deutschlands.* Wiesbaden: VS.

Bass, Scott A. & Francis G. Caro (2001): Productive Aging: A Conceptual Framework. In: Nancy Morrow-Howell, James Hinterlong & Michael Sherraden (Hg.): *Productive Aging. Concepts and Challenges.* Baltimore & London: The Johns Hopkins University Press, S. 37-78.

Bauer-Söllner, Brigitte (1994): Institutionen der offenen Altenhilfe – aktueller Stand- und Entwicklungstendenzen. In: DZA [Deutsches Zentrum für Altersfragen] (Hg.): *Expertisen zum ersten Teilbericht der Sachverständigenkommission zur Erstellung des ersten Altenberichts der Bundesregierung.* Berlin: DZA.

Baumgartl, Birgit (1997): *Altersbilder und Altenhilfe. Zum Wandel der Leitbilder von Altenhilfe seit 1950.* Opladen: Westdeutscher Verlag.

Becker, Gerhard, Martin Brussig, Andreas Jansen, Matthias Knuth & Jürgen Nordhause-Janz (Hg.) (2009): *Ältere Arbeitnehmer. Erwerbstätigkeit und soziale Sicherheit im Alter.* Wiesbaden: VS.

Becker, Susanne & Werner Rudolph (1994): *Handlungsorientierte Seniorenbildung. Modellprojekte: Konzeptionelle Überlegungen – praktische Beispiele.* Opladen: Leske + Budrich.

Beck-Gernsheim, Elisabeth (1983): Vom »Dasein für andere« zum Anspruch auf ein Stück »eigenes Leben«: Individualisierungsprozesse im weiblichen Lebenszusammenhang. In: *Soziale Welt* 34 (3), S. 307-340.

Beher, Karin, Reinhard Liebig & Thomas Rauschenbach (2000): *Strukturwandel des Ehrenamts: Gemeinwohlorientierung im Modernisierungsprozeß.* Weinheim u.a.: Juventa.

Behr, Michael & Anja Hänel (2013): Höher qualifizierte Angestellte als Lebens-kraftkalkulierer – Eine Herausforderung für die betriebliche Alterspolitik. In: *WSI Mitteilungen* 2/2013, S. 98-106.

Berg, Charles & Marianne Milmeister *(2007)*: Im Dialog mit den Daten das eigene Erzählen der Geschichte finden. Über die Kodierverfahren der Grounded Theory Methodologie. In: *Historical Social Research, Supplement* 19, S. 182-210.

Berger, Peter A. & Stefan Hradil (Hg.) (1990): *Lebenslagen, Lebensläufe, Lebens-stile.* Göttingen: Schwartz.

Berliner Senat (1988): *Erfahrungswissen älterer Menschen nutzen.* Berlin

Berliner Senat (1994): *Erfahrungswissen älterer Menschen nutzen.* Berlin

Berner, Frank & Klaus-Peter Schwitzer (2012): Einführung: Altersbilder und ihre Kontexte. In: Frank Berner, Judith Rossow & Klaus-Peter Schwitzer (Hg.): *Altersbilder in der Wirtschaft, im Gesundheitswesen und in der pflegeri-schen Versorgung. Expertisen zum Sechsten Altenbericht der Bundesregierung, Band 2.* Wiesbaden: VS, S. 9-22.

Bernhard, Stefan (2010): *Die Konstruktion von Inklusion. Europäische Sozialpoli-tik aus soziologischer Perspektive.* Frankfurt a.M. & New York: Campus.

Biggs, Simon (1999): *The mature imagination. Dynamics of identity in midlife and beyond.* Buckingham & Philadelphia: Open University Press.

Biggs, Simon (2001): Toward critical narrativity. Stories of aging in contempo-rary social policy. In: *Journal of Aging Studies* 15 (1), S. 303-316.

Biggs, Simon (2004a): Age, gender, narratives, and masquerades. In: *Journal of Aging Studies* 18, S. 45-58.

Biggs, Simon (2004b): New ageism: age imperialism, personal experience and ageing policy. In: Svein Olac Daatland & Simon Biggs (Hg.): *Ageing and diversity. Multiple pathways and cultural migrations.* Bristol, The Policy Press, S. 95-106.

Biggs, Simon & Jason L. Powell (2009): Eine foucauldianische Analyse des Alters und der Macht wohlfahrtsstaatlicher Politik. In: Silke van Dyk & Stephan Lessenich (Hg.): *Die Jungen Alten. Analysen einer neuen Sozialfigur.* Frankfurt a.M. & New York: Campus, S. 186-206.

BMFS [Bundesministerium für Familie und Senioren] (1992): *Richtlinien für den Bundesaltenplan.* Bek. d. BMFS v. 14.02.1992 – 311 – 3200 – 1/1 -. [www. bmfsfj.de/RedaktionBMFSFJ/Abteilung3/Pdf-Anlagen/PRM-24160-Richt linien-des-Bundesaltenpla,property=pdf.pdf; 02.08.2013]

BMFS [Bundesministerium für Familie und Senioren] (1993): *Erster Altenbe-richt der Bundesregierung. Die Lebenssituation älterer Menschen in Deutsch-land.* Bonn: BMFS.

BMFSFJ [Bundesministerium für Familie, Senioren, Frauen und Jugend] (1998): *Selbstbestimmt wohnen im Alter. Bundesmodellprogramm 1998-2001,* Berlin: BMFSFJ.

BMFSFJ [Bundesministerium für Familie, Senioren, Frauen und Jugend] (2000): *Dritter Bericht zur Lage der älteren Generation. Alter und Gesellschaft,* Drucksache 14/5130, Berlin: BMFSFJ.

BMFSFJ [Bundesministerium für Familie, Senioren, Frauen und Jugend] (2006a): *Fünfter Bericht zur Lage der älteren Generation. Potenziale des Alters in Wirtschaft und Gesellschaft. Der Beitrag älterer Menschen zum Zusammenhalt der Generationen.* Drucksache 16/2190. Berlin: BMFSFJ.

BMFSFJ [Bundesministerium für Familie, Senioren, Frauen und Jugend] (2006b): *Potenziale der Älteren in Kommunen nutzen – Ergebnisse des Bundesmodellprogramms »Erfahrungswissen für Initiativen«.* Berlin: BMFSFJ.

BMFSFJ [Bundesministerium für Familie, Senioren, Frauen und Jugend] (2007): *Alter schafft Neues. Gemeinsame Erklärung zum Programm »Aktiv im Alter«.* Berlin: BMFSFJ.

BMFSFJ [Bundesministerium für Familie, Senioren, Frauen und Jugend] (2010): *Sechster Bericht zur Lage der älteren Generation. Altersbilder in der Gesellschaft,* Drucksache 17/3815, Berlin.

BMI [Bundesministerium des Inneren] (2012): *Jedes Alter zählt. Demografiestrategie der Bundesregierung.* Berlin: BMI.

Bobbio, Norbert (2006): *Vom Alter – De senectute.* Berlin: Verlag Klaus Wagenbach.

Bohnsack, Ralf (2003): Dokumentarische Methode und sozialwissenschaftliche Hermeneutik. In: *Zeitschrift für Erziehungswissenschaft* 6 (4), S. 550-570.

Bohnsack, Ralf (2010). *Rekonstruktive Sozialforschung. Einführung in qualitative Methoden.* Opladen: Barbara Budrich.

Boltanski, Luc & Eve Chiapello (2006): *Der neue Geist des Kapitalismus.* Konstanz: UVK.

Boudiny, Kim (2012): »Active ageing«: from empty rhetoric to effective polics tool. In: *Ageing & Society,* S. 1-22. [Online First: DOI 10.1017/S0144686X1200030X; 02.08.2013]

Bourdieu, Pierre (2001): *Meditationen. Zur Kritik der scholastischen Vernunft.* Frankfurt a.M.: Suhrkamp.

Bouvier, Beatrix (2002): *Die DDR – ein Sozialstaat? Sozialpolitik in der Ära Honecker.* Bonn: J.H.W. Dietz.

Bowling, Ann (2008): Enhancing later life: How older people perceive active ageing? In: *Aging & Mental Health* 12 (3), S. 293-301.

Brauer, Kai (2010): Ageism: Fakt oder Fiktion? In: Kai Brauer & Wolfgang Clemens (Hg.): *Zu alt? »Ageism« und Altersdiskriminierung auf Arbeitsmärkten.* Wiesbaden: VS, S. 21-60.

Brauer, Kai & Clemens, Wolfgang (Hg.) (2010): *Zu alt? »Ageism« und Altersdiskriminierung auf Arbeitsmärkten.* Wiesbaden: VS.

Braun, Joachim & Ingo Becker (Red.) (1998): *Engagementförderung als neuer Weg der kommunalen Altenpolitik. Dokumentation der Fachtagung vom 22. bis 23. September 1997 in Bonn.* Stuttgart: Kohlhammer.

Braun, Joachim & Stefan Bischoff (1998): *Bürgerschaftliches Engagement älterer Menschen: Motive und Aktivitäten. Engagementförderung in Kommunen-Paradigmenwechsel in der offenen Altenarbeit*. ISAB-Berichte aus Forschung und Praxis Nr. 53.

Braun, Joachim & Frauke Claussen (1997): *Freiwilliges Engagement im Alter. Nutzer und Leistungen der Seniorenbüros*. Schriftenreihe Modelprogramm Seniorenbüro des BMFSFJ (Hg.), Bd. 10. Bonn: ISAB.

Braun, Joachim & Helmut Klages (Hg.) (2001): *Freiwilliges Engagement in Deutschland. Freiwilligensurvey 1999. Ergebnisse der Repräsentativerhebung zu Ehrenamt, Freiwilligenarbeit und bürgerschaftlichem Engagement. Band 2: Zugangswege zum freiwilligen Engagement und Engagementpotenzial in den neuen und alten Bundesländern*. Schriftreihe des BMFSJ, Bd. 194.2. Stuttgart: Kohlhammer.

Brecht, Bertolt (1967): Die unwürdige Greisin. In: Bertolt Brecht: *Gesammelte Werke in 20 Bänden*, Band 11 (Prosa 1). Frankfurt a.M.: Suhrkamp, S. 315-320.

Breiholz, Holger (2004): Ergebnisse des Mikrozensus 2003. In: *Statistisches Bundesamt. Wirtschaft und Statistik* 6/2004, S. 663-672.

Bröckling, Ulrich (2007): *Das unternehmerische Selbst. Soziologie einer Subjektivierungsform*. Frankfurt a.M.: Suhrkamp.

Bröckling, Ulrich & Susanne Krasmann (2010): Ni méthode, ni approche. Zur Forschungsperspektive der Gouvernementalitätsstudien – mit einem Seitenblick auf Konvergenzen und Divergenzen zur Diskursforschung. In: Johannes Angermüller & Silke van Dyk (Hg.): *Diskursanalyse meets Gouvernementalitätsforschung. Perspektiven auf das Verhältnis von Subjekt, Sprache, Macht und Wissen*. Frankfurt a.M. & New York: Campus, S. 23-42.

Bröckling, Ulrich, Susanne Krasmann & Thomas Lemke (Hg.) (2000): *Gouvernementalität der Gegenwart. Studien zur Ökonomisierung des Sozialen*. Frankfurt a.M.: Suhrkamp.

Bröckling, Ulrich, Susanne Krasmann & Thomas Lemke (Hg.) (2010): *Governmentality: Current Issues and Future Challenges*. London & New York: Routledge.

Bröscher, Petra, Gerhard Naegele & Christine Rohleder (2000): Freie Zeit im Alter als gesellschaftliche Gestaltungsaufgabe? In: *Aus Politik und Zeitgeschichte* (B 35-36), S. 30-38.

Bruns, Petra, Werner Bruns & Rainer Böhme (2007): *Die Altersrevolution. Wie wir in Zukunft alt werden*. Berlin: Aufbau.

Brussig, Martin (2012): Weiter steigendes Renteneintrittsalter, mehr Renteneintritte aus stabiler Beschäftigung, aber zunehmend geringere Altersrenten bei Langzeitarbeitslosen. Aktuelle Entwicklungen beim Rentenzugang. In: *Altersübergangs-Report* 2012-2. [www.iaq.uni-due.de/auem-report/2012/2012-02/auem2012-02.pdf; 02.08.2013]

Bublitz, Hannelore (2003a): *Diskurs*. Bielefeld: transcript.

Bublitz, Hannelore (2003b): Diskurs und Habitus. Zentrale Kategorien der Herstellung gesellschaftlicher Normalität. In: Jürgen Link, Thomas Loer & Hartmut Neuendorff (Hg.): ›Normalität‹ im Diskursnetz soziologischer Begriffe. Heidelberg: Synchron Publishers, S. 151-162.

Buchen, Sylvia & Maja S. Maier (2008): Älterwerden neu denken. Interdisziplinäre Perspektiven auf den demografischen Wandel. In: Sylvia Buchen & Maja S. Maier (Hg.): Älterwerden neu denken. Interdisziplinäre Perspektiven auf den demografischen Wandel. Wiesbaden: VS, S. 7-27.

Buckel, Sonja (2011): Staatsprojekt Europa. In: Politische Vierteljahrsschrift 52 (4), S. 636-662.

Bude, Heinz (1985): Der Sozialforscher als Narrationsanimateur. Kritische Anmerkungen zu einer erzähltheoretischen Fundierung der interpretativen Sozialforschung. In: Kölner Zeitschrift für Soziologie und Sozialpsychologie 37, S. 310-326.

Bude, Heinz (1995): Das Altern einer Generation. Die Jahrgänge 1938 bis 1948. Frankfurt a.M.: Suhrkamp.

Bude, Heinz (2003): Generation: Elemente einer Erfahrungsgeschichte des Wohlfahrtsstaates. In: Stephan Lessenich (Hg.): Wohlfahrtsstaatliche Grundbegriffe. Historische und aktuelle Diskurse. Frankfurt a.M. & New York: Campus, S. 287-300.

Bührmann, Andrea D. & Werner Schneider (2008): Vom Diskurs zum Dispositiv. Eine Einführung in die Dispositivanalyse. Bielefeld: transcript.

Burgert, Carolin & Thomas Koch (2008): Die Entdeckung der Neuen Alten? Best-Ager in der Werbung. In: Christina Holtz-Bacha (Hg.): Stereotype? Frauen und Männer in der Werbung. Wiesbaden: VS, S. 155-175.

Butler, Judith (1993): Für ein sorgfältiges Lesen. In: Seyla Benhabib, Judith Butler, Drucilla Cornell & Nancy Fraser (Hg.): Der Streit um Differenz. Feminismus und Postmoderne in der Gegenwart. Frankfurt a.M.: Fischer, S. 122-131.

Butler, Judith (1997): Körper von Gewicht. Frankfurt a.M.: Suhrkamp.

Butler, Judith (1998): Haß spricht. Zur Politik des Performativen. Frankfurt a.M.: Suhrkamp.

Butler, Robert N. (1975): Why Survive? Being Old in America. Baltimore & London: John Hopkins University Press.

Butler, Robert N. & Herbert P. Gleason (Hg.) (1985): Productive Aging: Enhancing Vitality in Later Life. New York: Springer.

Butterwegge, Christoph, Gerd Bosbach & Matthias W. Birkenwald (Hg.) (2012): Armut im Alter. Probleme und Perspektiven der sozialen Sicherung. Frankfurt a.M. & New York: Campus.

Bytheway, Bill (1995): Ageism. Buckingham & Philadelphia: Open University Press.

Bytheway, Bill (2002): Positioning Gerontology in an Ageist World. In: Lars Anderssen (Hg.): Cultural Gerontology. Westport & London: Auburn House, S. 59-76.

Calasanti, Toni (2009): Theorizing Feminist Gerontology, Sexuality, and Beyond: An Intersectional Approach. In: Vern L. Bengtson, Merril Silverstein, Norella M. Putney & Daphne Gans (Hg.): *Handbook of Theories of Aging*. New York: Springer, S. 471-485.

Caro, Francis G. (2008): Produktives Altern und ehrenamtliches Engagement in den USA. Konzeptionelle Überlegungen, empirische Befunde und Implikationen für die Politik. In: Marcel Erlinghagen & Karsten Hank (Hg.) (2008): *Produktives Altern und informelle Arbeit in modernen Gesellschaften. Theoretische Perspektiven und empirische Befunde*. Wiesbaden: VS, S. 75-90.

Castel, Robert (2000): *Die Metamorphosen der sozialen Frage. Eine Chronik der Lohnarbeit*. Konstanz: UVK.

Castel, Robert (2005): *Die Stärkung des Sozialen. Leben im neuen Wohlfahrtsstaat*. Hamburg: Hamburger Edition.

Clarke, Adele E. (2012): *Situautionsanalyse. Grounded Theory nach dem Postmodern Turn*. Wiesbaden: VS.

Clarke, Amanda & Lorna Warren (2007): Hopes, fears and expectations about the future: what do older people's stories tell us about active ageing? In: *Ageing & Society* 27, S. 465-488.

Clarke, John (2004): *Changing Welfare, Changing States. New Directions in Social Policy*. London: Sage.

Clemens, Wolfgang (2004): Die Arbeitswelt von morgen: eine »Altenwelt«? In: *Sozialer Fortschritt* 53, S. 280-285.

Conrad, Christoph (1988): Die Entstehung des modernen Ruhestandes. Deutschland im internationalen Vergleich 1850-1960. In: *Geschichte und Gesellschaft* 14 (4), S. 417-447.

Conrad, Christoph (1998): Alterssicherung. In: Hans Günter Hockerts (Hg.): *Drei Wege deutscher Sozialstaatlichkeit. NS-Diktatur, Bundesrepublik und DDR im Vergleich*. München: Oldenbourg.

Coupland, Justine (2009): Discourse, identity and change in mid-to-late-life: interdisciplinary perspectives on language and ageing. In: *Ageing and Society* 29, S. 849-861.

Cumming, Elaine & William Henry (1961): *Growing old. The process of disengagement*. New York: Basic Books.

Cutler, Stephen J. & Jan Hendricks (1990): Leisure and time use across the life course. In: Robert Binstock & Linda K. George (Hg.): *Handbook of Aging and the Social Sciences*. New York: Academic, S. 169-185.

Czada, Roland (2004): Die neue deutsche Wohlfahrtswelt. Sozialpolitik und Arbeitsmarkt im Wandel. In: Susanne Lütz & Roland Czada (Hg.): *Der Wohlfahrtsstaat. Transformation und Perspektiven*. Wiesbaden: VS, S. 127-154.

Dallinger, Ursula & Klaus R. Schroeter (2002): Theoretische Alter(n)soziologie – Dämmertal oder Griff in die Wühlkiste der allgemeinen soziologischen Theorie? In: Ursula Dallinger & Klaus R. Schroeter (Hg.): *Theoretische Beiträge zur Alternssoziologie.* Opladen: Leske + Budrich, S. 7-34.

Dan, Jürgen (1984): Der Rentner in der sozialistischen Gesellschaft. In: *Zeitschrift für Alternsforschung* 39 (2), S. 111-114.

Deleuze, Gilles (1991): Was ist ein Dispositiv? In: Francois Ewald & Bernhard Waldenfels (Hg.): *Spiele der Wahrheit. Michel Foucaults Denken.* Frankfurt a.M.: Suhrkamp, S. 153-162.

Denninger, Tina & Grit Höppner (2010): Schön alt. Eine Diskussion über Studienergebnisse. In: Arranca 43, S. 39-41.

Denninger, Tina & Anna Richter (2010): Bilder des Alters im Sozialismus. Eine Reminiszenz. In: *Mittelweg 36* 19 (5), S. 52-68.

Denninger, Tina, Silke van Dyk, Stephan Lessenich & Anna Richter (2010): Die Regierung des Alter(n)s. Analysen im Spannungsfeld von Diskurs, Dispositiv und Disposition. In: Johannes Angermüller & Silke van Dyk (Hg.): *Diskursanalyse meets Gouvernementalitätsforschung.* Frankfurt a.M. & New York: Campus, S. 207-235.

Derrida, Jacques (1991): Die différance. In: Peter Engelmann (Hg.): *Postmoderne und Dekonstruktion. Texte französischer Philosophen der Gegenwart.* Stuttgart: Reclam, S. 76-113.

Derrida, Jacques (2001): *Limited Inc.* Hg. von Peter Engelmann. Wien: Passagen.

Deutsche Rentenversicherung (2008): *Rentenversicherung in Zahlen 2008.* [www.bpb.de/system/files/pdf/XT68EH.pdf; 03.08.2013]

Deutscher Bundestag (2002a): *Bürgerschaftliches Engagement: auf dem Weg in eine zukunftsfähige Bürgergesellschaft. Bericht der Enquete-Kommission »Zukunft des Bürgerschaftlichen Engagements«.* Drucksache 14/8900. Berlin: Deutscher Bundestag.

Deutscher Bundestag (2002b): *Schlussbericht der Enquête-Kommission »Demographischer Wandel – Herausforderungen unserer älter werdenden Gesellschaft an den Einzelnen und die Politik«.* Drucksache 14/8800. Berlin: Deutscher Bundestag.

Deutscher Bundestag (2006): *Fünfter Bericht zur Lage der älteren Generation in der Bundesrepublik Deutschland – Potenziale des Alters in Wirtschaft und Gesellschaft – Der Beitrag älterer Menschen zum Zusammenhalt der Generationen.* Drucksache 16/2190. Berlin: Deutscher Bundestag.

Deutscher Bundestag (2010): *Sechster Bericht zur Lage der älteren Generation in der Bundesrepublik Deutschland – Altersbilder in der Gesellschaft.* Drucksache 17/3815. Berlin: Deutscher Bundestag.

Diakonie [Diakonisches Werk der Evangelischen Kirche in Deutschland e.V.] (2011): *Altenarbeit im Gemeinwesen. Demografisch geboten – politisch notwendig – verlässlich finanziert.* Stuttgart: Diakonie.

Dieck, Margret & Gerhard Naegele (1989): Die »neuen Alten« – Soziale Ungleich-heiten vertiefen sich! Ein Thesenpapier. In: Fred Karl & Walter Tokarski (Hg.): *Die »neuen« Alten. Beiträge der XVII. Jahrestagung der Deutschen Gesellschaft für Gerontologie.* Kassel: Kasseler Universitätsverlag, S. 167-181.

Dieck, Margret & Gerhard Naegele (1993): »Neue Alte« und alte soziale Un-gleichheiten – vernachlässigte Dimensionen in der Diskussion des Alters-strukturwandels. In: Gerhard Naegele & Hans Peter Tews (Hg.): *Lebensla-gen im Strukturwandel des Alters. Alternde Gesellschaft – Folgen für die Politik.* Opladen: Westdeutscher Verlag, S. 43-60.

Dietz, Joachim & Karl Matheis (2002): *Der Mega-Mann. Fit, gesund und vital – der umfassende Anti-Aging-Ratgeber.* Zürich: Orell Füssli.

Doehlemann, Martin (1991): *Langeweile? Deutung eines verbreiteten Phänomens.* Frankfurt a.M.: Suhrkamp.

Dörre, Klaus (2013): Das neue Elend: Zehn Jahre Hartz-Reformen. In: *Blätter für deutsche und internationale Politik.* 13 (3), S. 99-108.

Dörre, Klaus, Karin Scherschel & Melanie Booth (2013): *Bewährungsproben für die Unterschicht? Soziale Folgen aktivierender Arbeitsmarktpolitik.* Frankfurt a.M. & New York: Campus.

Duttweiler, Stefanie (2010). Fit in die Kiste kommen – Körpertechnologien des Anti-Aging. In: Hans-Georg Soeffner (Hg.): *Unsichere Zeiten? Verhandlun-gen des 34. Soziologie-Kongresse 2008 in Jena,* Wiesbaden: VS, CD.

van Dyk, Silke (2006): *Die Ordnung des Konsenses. Krisenmanagement durch So-ziale Pakte am Beispiel Irlands und der Niederlande.* Berlin: edition sigma.

van Dyk, Silke (2007): Kompetent, aktiv, produktiv? Die Entdeckung der Alten in der Aktivgesellschaft. In: *Prokla* 36 (146), S. 93-112.

van Dyk, Silke (2010): Verknüpfte Welt oder Foucault meets Latour. Zum Dis-positiv als Assoziation. In: Robert Feustel & Maximilian Schochow (Hg.): *Zwischen Sprachspiel und Methode. Perspektiven der Diskursanalyse.* Biele-feld: transcript, S. 169-196.

van Dyk, Silke (i.E.): »Sozialwissenschaftliche Diskursforschung und met-hod(olog)ische Systematisierung – Widerspruch, Gratwanderung, Her-ausforderung?« Eine Debatte mit Robert Feustel, Reiner Keller, Dominik Schrage, Juliette Wedl & Daniel Wrana. Konzept und Moderation: Silke van Dyk. In: DFG Netzwerk Methodologien und Methoden der Diskursanalyse (Hg.): *Kompendium der interdisziplinären Diskursforschung,* i.E.

van Dyk, Silke & Stefanie Graefe (2010): Fit ohne Ende – gesund ins Grab? Kri-tische Anmerkungen zur Trias Alter, Gesundheit, Prävention. In: *Jahrbuch für kritische Medizin* 46, S. 96-121.

van Dyk, Silke & Stephan Lessenich (Hg.) (2009a): *Die jungen Alten. Analysen einer neuen Sozialfigur.* Frankfurt a.M. & New York: Campus.

van Dyk, Silke & Stephan Lessenich (2009b): »Junge Alte«: Vom Aufstieg und Wandel einer Sozialfigur. In: Silke Van Dyk & Stephan Lessenich (Hg.):

Die jungen Alten. Analysen zu einer neuen Sozialfigur. Frankfurt a.M. & New York: Campus, S. 11-48.

van Dyk, Silke & Stephan Lessenich (2009c): Ambivalenzen der (De-)Aktivierung: Altwerden im flexiblen Kapitalismus. In: *WSI-Mitteilungen* 62 (10), S. 540-546.

van Dyk, Silke & Stephan Lessenich (2011): Die graue Ressource. In: *der Freitag* Nr. 3 vom 20.1.2011, S. 11.van Dyk, Silke, Stephan Lessenich, Tina Denninger & Anna Richter (2010): Die »Aufwertung« des Alters. Eine gesellschaftliche Farce. In: *Mittelweg 36* 19 (5), S. 15-33.

van Dyk, Silke & Maren E. Turner (2010): *Active, Productive and Healthy Aging in Germany and the United States. Some insights and critical remarks from a comparative perspective.* Washington & New York: AARP.

Ebbinghaus, Bernhard (2006): *Reforming Early Retirement in Europe, Japan and the USA.* Oxford: Oxford University Press.

Ebrecht, Jörg (2002): Die Kreativität der Praxis. Überlegungen zum Wandel von Habitusformen. In: Jörg Ebrecht & Frank Hillebrandt (Hg.): *Bourdiues Theorie der Praxis. Erklärungskraft – Anwendung – Perspektiven.* Opladen: Westdeutscher Verlag, S. 225-241.

Eco, Umberto (1998): *Lector in fabula. Die Mitarbeit der Interpretation in erzählenden Texten.* München: dtv.

Ehmer, Josef (1990): *Sozialgeschichte des Alters.* Frankfurt a.M.: Suhrkamp.

Eichhorst, Werner (2011): The Transition from Work to Retirement. In: *IZA Discussion Paper* No. 5490.

Eitner, Siegfried & Anneliese Eitner (1982): Berufsarbeit im Alter in gerohygienischer und psychologischer Sicht. In: Autorenkollektiv unter Leitung von Udo-Jürgen Schmidt, Klaus-Peter Schwitzer & Irene Runge: *Altern in der sozialistischen Gesellschaft. Ethische, soziale und medizinische Aspekte.* Jena: VEB Gustav Fischer Verlag, S. 196-205.

Eitner, Siegfried, Wolfgang Rühland & Helmut Siggelkow (Hg.) (1975): *Praktische Gerohygiene. Handbuch der komplexen Betreuung im Alter.* Dresden: Steinkopff.

Ekerdt, David J. (1986): The Busy Ethic: Moral Continuity Between Work and Retirement. In: *The Gerontologist* 26 (3), S. 239-244.

Engels, Dietrich, Joachim Braun & Joachim Burmeister (2007): *SeniorTrainerInnen und SeniorKompetenzteams. Erfahrungswissen und Engagement älterer Menschen in einer neuen Verantwortungsrolle. Evaluationsbericht zum Bundesmodellprogramm »Erfahrungswissen für Initiativen«.* ISAB-Schriftenreihe Nr. 102. Köln: ISAB.

Engler, Wolfgang (1999): *Die Ostdeutschen. Kunde von einem verlorenen Land.* Berlin: Aufbau.

Engler, Wolfgang (2004): *Die Ostdeutschen als Avantgarde.* Berlin: Aufbau.

Engstler, Heribert, Sonja Menning, Elke Hoffmann & Clemens Tesch-Römer (2004): Die Zeitverwendung älterer Menschen. In: Statistisches Bundesamt (Hg.): *Alltag in Deutschland – Analysen zur Zeitverwendung. Forum der Bundesstatistik*, Band 43. Stuttgart: Metzler-Poeschel, S. 216-246.

Erlinghagen, Marcel & Karsten Hank (Hg.) (2008): *Produktives Altern und informelle Arbeit in modernen Gesellschaften. Theoretische Perspektiven und empirische Befunde.* Wiesbaden: VS.

Erlinghagen, Marcel & Karsten Hank (2009): *Engagement und Netzwerke im Alter – Auswertungen mit der ersten und zweiten Welle des SHARE Datensatzes.* Berlin: Wissenschaftszentrum Berlin.

Ernst, Jochen (1993): Der vorzeitige Ruhestand in Ostdeutschland und einige Aspekte der sozialen Lage der Frührentner in den neuen Ländern. In: *Sozialer Fortschritt* 42 (9), S. 211-217.

Erpenbeck, Franz (1988): Berufstätigkeit im Rentenalter unter sozialem Aspekt. In: *Zeitschrift für Alternsforschung* 43 (6), S. 359-361.

Ervik, Rune & Skogedal Lindén (2013): *The Making of Ageing Policy. Theory and Practice in Europe.* Cheltenham: Edward Elgar.

Esping-Andersen, Gøsta (1990): *The Three Worlds of Welfare Capitalism.* Cambridge: Polity Press.

Esping-Andersen, Gøsta (1996): Welfare States without Work: the Impasse of Labour Shedding and Familialism in Continental European Social Policy. In: Gøsta Esping-Andersen (Hg.): *Welfare States in Transition. National Adaptations in Global Economies.* London: Sage, S. 66-87.

Esping-Andersen, Gøsta (2002): Towards the Good Society, Once Again? In: Gøsta Esping-Andersen, Duncan Gallie, Anton Hemerijck & John Myles (Hg.): *Why We Need a New Welfare State.* Oxford: Oxford University Press, S. 1-25.

Estes, Caroll L., Simon Biggs & Christ Phillipson (2003): *Social Theory, Social Policy and Ageing.* Berkshire: Open University Press.

Etzemüller, Thomas (2007): *Ein ewigwährender Untergang. Der apokalyptische Bevölkerungsdiskurs im 20. Jahrhundert.* Bielefeld: transcript.

European Commission (1999): *Towards a Europe for all Ages. Promoting Prosperity and Intergenerational Solidarity. COM (1999) 221 final.* Brussels: Commission of the European Communities.

European Commission (2009): *Monitoring the duration of active working life in the European Union. Final Report.* München. [http://ec.europa.eu/social/BlobServlet?docId=4279&langId=en; 02.08.2013]

Fauser, Cornelia (2012): Lebensereignisse im Alter unter geschlechtsspezifischer Perspektive. In: Gabriele Kleiner (Hg.): *Alter(n) bewegt. Perspektiven der Sozialen Arbeit auf Lebenslagen und Lebenswelten.* Wiesbaden: VS, S. 79-118.

Featherstone, Mike & Mike Hepworth (1993): Images of Aging. In: John Bond, Peter Coleman & Sheila Peace (Hg.): *Ageing in Society. An Introduction to*

Social Gerontology. London, Thousand Oaks & New Delhi: SAGE Publications, S. 304-323.

Femers, Susanne (2007): *Die ergrauende Werbung. Altersbilder und werbesprachliche Inszenierungen von Alter und Altern.* Wiesbaden: VS.

FES [Friedrich-Ebert-Stiftung] (Hg.) (1987): *Rentner in der DDR. Altsein im »Sozialismus«.* Bonn: Neue Gesellschaft.

Fischer, Peter (1982): Sozialökonomische Aspekte der beruflichen Arbeit im höheren Lebensalter. In: Autorenkollektiv unter Leitung von Udo-Jürgen Schmidt, Klaus-Peter Schwitzer & Irene Runge: *Altern in der sozialistischen Gesellschaft. Ethische, soziale und medizinische Aspekte.* Jena: VEB Gustav Fischer Verlag, S. 184-195.

Fischer-Rosenthal, Wolfram (2000): Biographical work and biographical structuring in presentday societies. In: Chamberlayne, Prue, Joanna Bornat, & Tom Wengraf (Hg.): *The turn to biographical methods in social science: comparative issues and examples.* London & New York: Routledge, S. 109-125.

FORSA (2012): *Meinung zur Rente mit 67.* [http://de.statista.com/statistik/daten/studie/12996/umfrage/beibehaltung-oder-ruecknahme-der-rente-ab-67/; 02.08.2013]

Foucault, Michel (1978): *Dispositive der Macht. Über Sexualität, Wissen und Wahrheit.* Berlin: Merve.

Foucault, Michel (1983): *Der Wille zum Wissen. Sexualität und Wahrheit, Band 1.* Frankfurt a.M.: Suhrkamp.

Foucault, Michel (1988): *Archäologie des Wissens.* Frankfurt a.M.: Suhrkamp.

Foucault, Michel (2004): *Geschichte der Gouvernementalität,* 2 Bände, Frankfurt a.M.: Suhrkamp.

Foucault, Michel (2005): *Schriften in vier Bänden. 1954-1988. Band IV.* Frankfurt a.M.: Suhrkamp.

Frankfurt, Harry (1999): *Necessity, Volition, and Love.* Cambridge: Cambridge University Press.

Freund, Alexandra M. & Paul B. Baltes (2005): Entwicklungsaufgaben als Organisationsstrukturen von Entwicklung und Entwicklungsoptimierung. In: Sigrun Flipp & Ursula M. Staudinger (Hg.): *Entwicklungspsychologie des mittleren und höheren Erwachsenenalters.* Göttingen u.a.: Hogrefe, S. 35-78.

Gaier, Reinhard & Holger Wendtland (2006): *Allgemeines Gleichbehandlungsgesetz AGG. Eine Einführung in das Zivilrecht.* München: Beck.

Gardt, Andreas (2007): Diskursanalyse. Aktueller theoretischer Ort und methodische Möglichkeiten. In: Ingo H. Warnke (Hg.): *Diskurslinguistik nach Foucault. Theorie und Gegenstände.* Berlin: De Gruyter, S. 27-53.

Garloff, Alfred, Carsten Pohl & Norbert Schanne (2012): *Alterung der Bevölkerung hat sich kaum auf die Arbeitslosigkeit ausgewirkt,* IAB-Kurzbericht 10/2012. Nürnberg: Institut für Arbeitsmarkt- und Berufsforschung.

Generali Zukunftsfonds & Institut Für Demoskopie Allensbach (2013): *Generali Altersstudie 2013. Wie ältere Menschen leben, denken und sich engagieren.* Frankfurt a.M.: Fischer.

Gensicke, Thomas (2001): Freiwilliges Engagement in den neuen Ländern. In: Bundesministerium für Familie, Senioren, Frauen und Jugend (Hg.): *Freiwilliges Engagement in Deutschland. Freiwilligensurvey 1999, Band 1: Gesamtbericht.* Stuttgart u.a.: Kohlhammer. S. 176-185.

Gensicke, Thomas (2008): Gemeinschaftsaktivität und freiwilliges Engagement älterer Menschen. In: Marcel Erlinghagen & Karsten Hank (Hg.): *Produktives Altern und informelle Arbeit in modernen Gesellschaften. Theoretische Perspektiven und empirische Befunde.* Wiesbaden: VS, S. 119-144.

Gerstdorf, Denis & Gerd G. Wagner (2010): Lebenszufriedenheit am Ende des Lebens in Ost- und Westdeutschland: Die DDR wirft noch einen langen Schatten. In: Peter Krause & Ilona Ostner (Hg.): *Leben in Ost- und Westdeutschland.* Frankfurt a.M. & New York: Campus, S. 429-439.

Gilleard, Chris (2009): Konsum und Identität im Alter. In: Silke van Dyk & Stephan Lessenich (Hg.): *Die jungen Alten. Analysen einer neuen Sozialfigur.* Frankfurt a.M. & New York: Campus, S. 126-137.

Gilleard, Chris & Paul Higgs (2000): *Cultures of Ageing. Self, citizen and the body.* Harlow u.a.: Prentice Hall.

Gilleard, Chris & Paul Higgs (2011): Ageing abjection and embodiment in the fourth age. In: *Journal of Aging Studies* 25, S. 135-142.

Glaser, Barney & Strauss, Anselm (1967): *The Discovery of Grounded Theory. Strategies for Qualitative Research.* Chicago: Aldine.

Göckenjan, Gerd (1993): Alter – Ruhestand – Generationenvertrag? Zum Altersdiskurs aus historisch-struktureller Perspektive. In: *Aus Politik und Zeitgeschichte* B 17/1993, S. 3-10.

Göckenjan, Gerd (2000): *Das Alter würdigen. Altersbilder und Bedeutungswandel des Alters.* Frankfurt a.M.: Suhrkamp.

Göckenjan, Gerd (2009): Vom ›tätigen Leben‹ zum ›aktiven Alter‹: Alter und Alterszuschreibungen im historischen Wandel. In: Silke van Dyk & Stephan Lessenich (Hg.): *Die jungen Alten. Analysen einer neuen Sozialfigur.* Frankfurt a.M. & New York: Campus, S. 235-255.

Göckenjan, Gerd & Eckard Hansen (1993): Der lange Weg zum Ruhestand. Zur Sozialpolitik für das Alter zwischen 1889 und 1945. In: *Zeitschrift für Sozialreform* 39 (12), S. 725-755.

Göschel, Albrecht (1999): Kulturelle und politische Generationen in Ost und West. In: Heinrich-Böll-Stiftung & Lothar Probst (Hg.): *Differenz in der Einheit. Über die kulturellen Unterschiede der Deutschen in Ost und West.* Berlin: Ch. Links, S. 113-131.

Grabka, Markus M. (2013): Aktives Altern – Erwerbstätigkeit und bürgerschaftliches Engagement im Rentenalter. In: *WSI-Mitteilungen* 66 (5), S. 329-337.

Graefe, Stefanie (2010a): Effekt, Stützpunkt, Überzähliges? Subjektivität zwischen hegemonialer Rationalität und Eigensinn. In: Silke van Dyk & Johannes Angermüller (Hg.): *Diskursanalyse meets Gouvernementalitätsforschung. Perspektiven auf das Verhältnis von Subjekt, Sprache, Macht und Wissen.* Frankfurt a.M. & New York: Campus, S. 299-313.

Graefe, Stefanie (2010b): Altersidentität. Zum theoretischen und empirischen Gebrauchswert einer prekären Kategorie. In: *Mittelweg 36* 19, S. 34-51.

Graefe, Stefanie & Stephan Lessenich (2012): Rechtfertigungsordnungen des Alter(n)s. In: *Soziale Welt* 63 (4), S. 299-315.

Graefe, Stefanie, Silke van Dyk & Stephan Lessenich (2011): Altsein ist später. Alter(n)snormen und Selbstkonzepte in der zweiten Lebenshälfte. In: *Zeitschrift für Gerontologie und Geriatrie* 44 (5), S. 299-305.

Gross, Peter (1994): *Die Multioptionsgesellschaft.* Frankfurt a.M.: Suhrkamp.

Gubrium, Jaber F. & James A. Holstein (1993): Family Discourse, Organizational Embeddedness, and Local Enactment. In: *Journal of Family Issues* 14 (1), S. 66-81.

Gubrium, Jaber F. & James A. Holstein (1998): Narrative Practice and the Coherence of Personal Stories. In: *The Sociological Quaterly* 39 (1), S. 163-187.

Gubrium, Jaber F. & James A. Holstein (1999): The nursing home as a discursive anchor for the ageing body. In: *Ageing and Society* 19, S. 519-538.

Gubrium, Jaber F. & James A. Holstein (2002): The Active Subject in Qualitative Gerontology. In: Graham D. Rowles & Nancy E. Schoenberg (Hg.): *Qualitative Gerontology. A Contemporary Perspective.* New York: Springer, S. 154-171.

Gullette, Margaret Morganroth (2004): *Aged by Culture.* Chicago & London: The University of Chicago Press.

Gutsche, Günther, Toni Hahn & Klaus Peter Schwitzer (1982): Entwicklung der Persönlichkeit und Lebensweise älterer Bürger in der entwickelten sozialistischen Gesellschaft. In: Autorenkollektiv unter Leitung von Udo-Jürgen Schmidt, Klaus-Peter Schwitzer & Irene Runge: *Altern in der sozialistischen Gesellschaft. Ethische, soziale und medizinische Aspekte.* Jena: VEB Gustav Fischer Verlag, S. 61-83.

Haberkern, Klaus & Marc Szydlik (2008): Pflege der Eltern – Ein europäischer Vergleich. In: *Kölner Zeitschrift für Soziologie und Sozialpsychologie* 60, S. 78-101.

Hajer, Maarten A. (1995): *The Politics of Environmental Discourse. Ecological Modernization and the Policy Process.* Oxford: Clarendon Press.

Hajer, Maarten A. (1997): Ökologische Modernisierung als Sprachspiel. Eine institutionell-konstruktivistische Perspektive zum Umweltdiskurs und zum institutionellen Wandel. In: *Soziale Welt* 48, S. 107-132.

Hall, Stuart (1994): Alte und neue Identitäten, alte und neue Ethnizitäten. In: Stuart Hall: *Rassismus und kulturelle Identität.* Hamburg: Argument, S. 66-88.

Hamblin, Kate A. (2013): *Active Ageing in the European Union. Policy Convergence and Divergence.* Basingstoke: Palgrave Macmillan.

Hammerschmidt, Peter (2010): Soziale Altenhilfe als Teil kommunaler Sozial(hilfe-)politik. In: Kirsten Aner & Ute Karl (Hg.): *Handbuch Soziale Arbeit und Alter.* Wiesbaden: VS, S. 19-31.

Hank, Karsten & Isabella Buber (2009): Grandparents caring for their grandchildren: Findings from the 2004 survey of health, ageing, and retirement in Europe. In: *Journal of Family Issues* 30, S. 53-73.

Hanke, Christian (2003): Diskursanalyse zwischen Regelmäßigkeiten und Ereignishaftem – am Beispiel der Rassenanthropologie um 1900. In: Reiner Keller, Andreas Hirseland, Werner Schneider & Willy Viehöver (Hg.): *Handbuch Sozialwissenschaftliche Diskursanalyse, Band 2: Forschungspraxis.* Opladen: Leske + Budrich, S. 97-118.

Hanses, Andreas (2010): Biographisches Wissen: heuristische Optionen im Spannungsfeld diskursiver und lokaler Wissensarten. In: Birgit Giese (Hg.): *Subjekt – Identität – Person? Reflexionen zur Biografieforschung.* Wiesbaden: VS, S. 251-269.

Hartung, Anja (2012): Alter(n) als Gegenstand medienbezogener Forschung und Praxis in Deutschland. In: *Medien & Altern. Zeitschrift für Forschung und Praxis* 1 (1), S. 6-21.

Havighurst, Robert J., Bernice L. Neugarten & Sheldon S. Tobin (1964): Disengagement and Patterns of Aging. In: *The Gerontologist* 4.

Hazan, Haim (1994): *Old Age: constructions and deconstructions.* Cambridge: Cambridge University Press.

Hazan, Haim (2011): Gerontological autism: terms of accountability in the cultural study of the category of the Fourth Age. In: *Ageing and Society* 31, S. 1125-1140.

Heinze, Rolf G. (1985): *Neue Subsidiarität. Leitbild für eine zukünftige Sozialpolitik?* Opladen: Westdeutscher Verlag.

Heinze, Rolf G., Gerhard Naegele & Katrin Schneiders (2011): *Wirtschaftliche Potenziale des Alters.* Stuttgart: Kohlhammer.

Helwig, Gisela (1980): *Am Rande der Gesellschaft. Alte und Behinderte in beiden deutschen Staaten.* Köln: Verlag Wissenschaft und Politik.

Hepworth, Mike (1995): Positive ageing. What is the message? In: Robin Bunton, Serah Nettleton & Roger Burrows (Hg.): *The sociology of health promotion. Critical analyses of consumption, lifestyle and risk.* London & New York: Routledge, S. 176-222.

Hinterlong, James, Nancy Morrow-Howell & Michael Sherraden (2001). Productive Aging: Principles and Perspectives. In: James Hinterlong, Nancy Morrow-Howell & Michael Sherraden (Hg.): *Productive Aging. Concepts and Challenges.* Baltimore & London: Johns Hopkins University, S. 3-18.

Hochheim, Evelyn & Ulrich Otto (2011): Das Erstrebenswerteste ist, dass man sich so lange wie möglich selbst versorgt. Altersübergänge im Lebensbereich Wohnen. In: *Zeitschrift für Gerontologie und Geriatrie* 44 (5), S. 306-312.

Hockerts, Hans Günter (1980): *Sozialpolitische Entscheidungen im Nachkriegsdeutschland. Alliierte und deutsche Sozialversicherungspolitik 1945 bis 1957.* Stuttgart: Klett-Cotta.

Hockerts, Hans Günter (2011a): Das Gewicht der Tradition: Die deutsche Nachkriegssozialpolitik und der Beveridge-Plan. In: Hans Günter Hockerts: *Der deutsche Sozialstaat. Entfaltung und Gefährdung nach 1945.* Göttingen: Vandenhoeck & Ruprecht, S. 43-70.

Hockerts, Hans Günter (2011b): Wie die Rente steigen lernte: Die Rentenreform 1957. In: Hans Günter Hockerts: *Der deutsche Sozialstaat. Entfaltung und Gefährdung nach 1945.* Göttingen: Vandenhoeck & Ruprecht, S. 71-85.

Hockey, Jenny & Allison James (2003): *Social Identities across the life course.* Basingstoke & New York: palgrave macmillan.

Hoffmann, Dierk (2005): Leistungsprinzip und Versorgungsprinzip: Widersprüche der DDR-Arbeitsgesellschaft. In: Dierk Hoffmann & Michael Schwartz (Hg.): *Sozialstaatlichkeit in der DDR. Sozialpolitische Entwicklungen im Spannungsfeld von Diktatur und Gesellschaft 1945/49-1989.* München: Oldenbourg, S. 89-113.

Hoffmann, Dierk (2010): *Am Rande der sozialistischen Arbeitsgesellschaft. Rentner in der DDR 1945 – 1990.* Erfurt: Landeszentrale für politische Bildung Thüringen.

Hohmeier, Jürgen (1978): Alter als Stigma. In: Jürgen Hohmeier & Hans-Joachim Pohl (Hg.): *Alter als Stigma oder Wie man alt gemacht wird.* Frankfurt a.M.: Suhrkamp, S. 10-30.

Höhne, Thomas (2003): Die Thematische Diskursanalyse – dargestellt am Beispiel von Schulbüchern. In: Reiner Keller, Andreas Hirseland, Werner Schneider & Willy Viehöver (Hg.): *Handbuch Sozialwissenschaftliche Diskursanalyse. Band 2: Forschungspraxis.* Opladen: Leske + Budrich, S. 389-420.

Holstein, Martha B. & Meredith Minkler (2009): Das Selbst, die Gesellschaft und die »neue« Gerontologie. In: Silke van Dyk & Stephan Lessenich (2009a): *Die jungen Alten. Analysen einer neuen Sozialfigur:* Frankfurt a.M. & New York: Campus, S. 207-232.

Hopf, Christel (1978): Die Pseudo-Exploration – Überlegungen zur Technik qualitativer Interviews in der Sozialforschung. In: *Zeitschrift für Soziologie* 7 (2), S. 97-115.

Hörning Karl H., Anette Gerhard & Matthias Michailow (1990): *Zeitpioniere. Flexible Arbeitszeit – neuer Lebensstil.* Frankfurt a.M.: Suhrkamp.

Houben, Michèle, Veerle Audenaert & Dimitri Mortelmans (2004): Vrije tijd en tijdsbesteding [Freizeit und Zeitverwendung]. In: Thérèse Jacobs, Lieve

Vanderleyden & Lut Vanden Boer (Hg.): *Op latere leeftijd. De leefsituatie van 55-plussers in Vlaanderen.* Antwerpen: Garant, S. 225-252.

Howarth, David & Yannis Stavrakakis (2000): Introducing discourse theory and political analysis. In: David Howarth, Alewtta Norval & Yannis Stavrakakis (Hg.): *Discourse Theory and Political Analysis: Identities, Hegemonies and Social Change.* Manchester: Manchester University Press, S. 1-23.

Huinink, Johannes & Karl Ulrich Mayer (1993): Lebensverläufe im Wandel der DDR-Gesellschaft. In: Hans Joas & Martin Kohli (Hg.): *Der Zusammenbruch der DDR. Soziologische Analysen.* Frankfurt a.M.: Suhrkamp, S. 151-171.

Huxhold, Oliver & Susanne Wurm (2010): Altersdiskriminierung. In: Andreas Motel-Klingebiel, Susanne Wurm & Clemens Tesch-Römer (Hg.): *Altern im Wandel. Befunde des Deutschen Alterssurveys (DEAS).* Stuttgart: Kohlhammer, S. 234-245.

Infratest Sozialforschung, Sinus & Horst Becker (1991): *Die Älteren. Zur Lebenssituation der 55-70jährigen.* Bonn: Dietz.

Inglehart, Ronald F. (2008): Changing Values among Western Publics from 1970 to 2006. In: *West European Politics* 31 (1-2), S. 130-146.

Jansen, Andreas (2013): Kulturelle Muster des Altersübergangs: Der Einfluss kultureller Normen und Werte auf die Erwerbsbeteiligung älterer Menschen in Europa. In: *Kölner Zeitschrift für Soziologie und Sozialpsychologie* 65 (2), S. 223-251.

Jones, Rebecca L. (2006): »Older people« talking as if they are not older people: Positioning theory as an explanation. In: *Journal of Aging Studies* 20, S. 79-91.

Kammerer, Kerstin, Katrin Falk, Josefine Heusinger & Susanne Kümpers (2012): Selbstbestimmung bei Pflegebedürftigkeit. Drei Fallbeispiele zu individuellen und sozialräumlichen Ressourcen älterer Menschen. In: *Zeitschrift für Gerontologie und Geriatrie* 2012. [Online first: DOI 10.1007/s00391-012-0384-5; 02.08.2013]

Karl, Fred & Walter Tokarski (1989): Die »neuen« Alten. Zur Einordnung eines ambivalenten Begriffes. In: Fred Karl & Walter Tokarski (Hg.): *Die »neuen« Alten. Beiträge zur XVII. Jahrestagung der Deutschen Gesellschaft für Gerontologie.* Kassel: Kasseler Universitätsverlag, S. 9-12.

Karl, Ute (2007): Metaphern als Spuren von Diskursen in biographischen Texten. In: *FQS. Forum Qualitative Diskursforschung* 8 (1).

Katz, Stephen (2005): Busy Bodies: Activity, Aging, and the Management of Everyday Life. In: Stephen Katz (Hg.): *Cultural Aging. Life Course, Lifestyle, and Senior Worlds.* Peterborough: Broadview Press, S. 121-139.

Kaufmann, Franz-Xaver (2003a): *Varianten des Wohlfahrtsstaats. Der deutsche Sozialstaat im internationalen Vergleich.* Frankfurt a.M.: Suhrkamp.

Kaufmann, Franz-Xaver (2003b): Sicherheit: Das Leitbild beherrschbarer Komplexität. In: Stephan Lessenich (Hg.): *Wohlfahrtsstaatliche Grundbegriffe.*

Historische und aktuelle Diskurse. Frankfurt a.M. & New York: Campus, S. 73-104.

Kaufmann, Jean-Claude (1994): *Schmutzige Wäsche. Zur ehelichen Konstruktion von Alltag.* Konstanz: UVK.

Kaufmann, Jean-Claude (2004): *Die Erfindung des Ich. Eine Theorie der Identität.* Konstanz: UVK.

Kayser, Susanne (1996): Ältere Menschen als Zielgruppe der Werbung. In: *medien + erziehung* 5, S. 271-280.

Keller, Reiner (2001): Wissenssoziologische Diskursanalyse. In: Reiner Keller, Andreas Hirseland, Werner Schneider & Willy Viehöver (Hg.): *Handbuch Sozialwissenschaftliche Diskursanalyse, Bd. 1: Theorien und Methoden.* Opladen: Leske + Budrich, S. 113-144.

Keller, Reiner (2004): *Diskursforschung. Eine Einführung für SozialwissenschaftlerInnen.* Opladen: Leske + Budrich.

Keller, Reiner (2007): Diskurse und Dispositive analysieren. Die Wissenssoziologische Diskursanalyse als Beitrag zu einer wissensanalytischen Profilierung der Diskursforschung. In: *FQS. Forum Qualitative Diskursforschung* 8 (2).

Kenyon, Gary M., Phillip Clark & Brian de Vries (Hg.) (2001): *Narrative Gerontology. Theory, Research, and Practice.* New York: Springer.

Kenyon, Gary M. & William L. Randall (2001): Narrative Gerontology: An Overview. In: Gary M. Kenyon, Phillip Clark & Brian de Vries (Hg.) (2001): *Narrative Gerontology. Theory, Research, and Practice.* New York: Springer, S. 3-18.

Kenyon, Gary M., Jan-Eric Ruth & Wilhelm Mader (1999): Elements of a Narrative Gerontology. In: Vern L. Bengtson & K. Warner Schaie (Hg.): *Handbook of Theories of Aging.* New York: Springer, S. 41-58.

Kessl, Fabian (2005): *Der Gebrauch der eigenen Kräfte. Eine Gouvernementalität sozialer Arbeit.* Weinheim: Juventa.

Kirschnek, Renate (1980): Die Volkssolidarität in der DDR – Bedeutung und Stellung in unserer Gesellschaft. In: *Vorlesungen der »Universität der Veteranen der Arbeit« an der Humboldt-Universität zu Berlin*, Band 14, 2. Teil. Berlin: Gesellschaft für Gerontologie der DDR, S. 3-18.

Klages, Helmut (1998): Rückblick und Perspektiven der Engagementförderung im Alter. In: Braun, Joachim & Stefan Bischoff (Hg.): *Bürgerschaftliches Engagement älterer Menschen: Motive und Aktivitäten. Engagementförderung in Kommunen-Paradigmenwechsel in der offenen Altenarbeit.* ISAB-Berichte aus Forschung und Praxis Nr. 53.

Klages, Helmut (1999): Rückblick und Perspektiven der Engagementförderung im Alter. In: Joachim Braun & Stefan Bischoff (Hg.): *Bürgerschaftliches Engagement älterer Menschen: Motive und Aktivitäten. Engagementförderung in Kommunen – Paradigmenwechsel in der offenen Altenarbeit.* Stuttgart: Kohlhammer, S. 13-18.

Klein, Ansgar, Hans-Josef Legrand & Thomas Leif (Hg.) (1999): *Neue Soziale Bewegungen: Impulse, Bilanzen und Perspektiven*. Opladen: Westdeutscher Verlag.

Knopf, Detlef (1989): »Erfahrungswissen älterer Menschen nutzen« – Gerontologische Implikationen einer sozialpolitischen Programmatik. In: Detlef Knopf, Ortfried Schäffter & Roland Schmidt (Hg.): Produktivität des Alters. Berlin: DZA, S. 223-231.

Knopf, Detlef, Ottfried Schäffter & Roland Schmidt (Hg.) (1989): *Produktivität des Alters*. Berlin: DZA.

Knopf, Detlef, Gerhard Schäuble & Ludger Veelken (1999): Früh beginnen. Perspektiven für ein produktives Altern. In: Annette Niederfranke, Gerhard Naegele & Eckart Frahm (Hg.): *Funkkolleg Altern 2. Lebenslagen und Lebenswelten, soziale Sicherung und Altenpolitik*. Opladen: Westdeutscher Verlag, S. 97-156.

Kögler, Hans-Herbert (2007): Die Macht der Interpretation: Kritische Sozialwissenschaft im Anschluss an Foucault. In: Roland Anhorn, Frank Bettinger & Johannes Stehr (Hg.): *Foucaults Machtanalytik und Soziale Arbeit. Eine kritische Einführung und Bestandsaufnahme*. Wiesbaden: VS, S. 347-363.

Kohli, Martin (1981): Zur Theorie der biographischen Selbst- und Fremdthematisierung. In: Joachim Matthes (Hg.): *Lebenswelt und soziale Probleme. Verhandlungen des 20. Deutschen Soziologentages zu Bremen*. Frankfurt a.M. & New York: Campus, S. 502-520.

Kohli, Martin (1985): Die Institutionalisierung des Lebenslaufs. Historische Befunde und theoretische Argumente. In: *Kölner Zeitschrift für Soziologie und Sozialpsychologie* 37 (1), S. 1-29.

Kohli, Martin (1987a): Ruhestand und Moralökonomie. Eine historische Skizze. In: Klaus Heinemann (Hg.): *Soziologie wirtschaftlichen Handelns*. Opladen: Westdeutscher Verlag, S. 393-416.

Kohli, Martin (1987b): Altersgrenzen im Schnittpunkt von betrieblichen Interessen und individueller Lebensplanung: Das Beispiel des Vorruhestands. In: *Soziale Welt* 38 (1), S. 92-109.

Kohli, Martin (1988): Ageing as a Challenge for Sociological Theory. In: *Ageing and Society* 8, S. 367-394.

Kohli, Martin (1994): Die DDR als Arbeitsgesellschaft? Arbeit, Lebenslauf und soziale Differenzierung In: Hartmut Kaelble, Jürgen Kocka & Hartmut Zwahr (Hg.): *Sozialgeschichte der DDR*. Stuttgart: Klett-Cotta, S. 31-61.

Kohli, Martin, Hans-Jürgen Freter, Manfred Langehennig, Silke Roth, Gerhard Simoneit & Stephan Tregel (1993): *Engagement im Ruhestand. Rentner zwischen Erwerb, Ehrenamt und Hobby*. Opladen: Leske + Budrich.

Kohli, Martin, Claudia Gather, Harald Künemund, Beate Mücke, Martina Schürkmann, Wolfgang Voges & Jürgen Wolf (1988): *Leben im Vorruhestand*. Düsseldorf: Forschungsberichte der Hans-Böckler-Stiftung.

Kohli, Martin & Martin Rein (Hg.) (1991): *Time for Retirement. Comparative Studies of Early Exit from the Labour Force*. Cambridge: Cambridge University Press.

Kohli, Martin & Jürgen Wolf (1987): Altersgrenzen im Schnittpunkt von betrieblichen Interessen und individueller Lebensplanung: Das Beispiel des Vorruhestands. In: *Soziale Welt* 38 (1), S. 92-109.

Kolland, Franz (1996): *Kulturstile älterer Menschen. Jenseits von Pflicht und Alltag*. Wien u.a.: Böhlau Verlag.

Kolland, Franz (2010): Freizeit im Alter. In: Kirsten Aner & Ute Karl (Hg.): *Handbuch Soziale Arbeit und Alter*. Wiesbaden: VS, S. 355-360.

Köller, Regine (2007): Zeit im Alter – öffentliche oder persönliche Ressource? In: Kirsten Aner, Fred Karl & Leopold Rosenmayr (Hg.): *Die neuen Alten – Retter des Sozialen?* Wiesbaden: VS, S. 127-142.

Kollmorgen, Raj (2009). Umbruch ohne Revolution? Beitritt statt Transformation? Zur Deutung des ostdeutschen Wandels seit 1989 im mitteleuropäischen Kontext. In: *Berliner Debatte Initial* 20 (4), S. 90-103.

von Kondratowitz, Hans-Joachim (1999): Alter und Altern. In: Günter Albrecht, Axel Groenemeyer & Friedrich W. Stallberg (Hg.): *Handbuch soziale Probleme*. Wiesbaden: Westdeutscher Verlag, S. 236-254.

von Kondratowitz, Hans-Joachim (2002): Konjunkturen – Ambivalenzen – Kontingenzen: Diskursanalytische Erbschaften einer historisch-soziologischen Betrachtung des Alter(n)s. In: Ursula Dallinger & Klaus R. Schroeter (Hg.): *Theoretische Beiträge zur Alternssoziologie*. Opladen: Leske + Budrich, S. 113-138.

Koppetsch, Cornelia & Günter Burkart (1999): *Die Illusion der Emanzipation. Zur Wirksamkeit latenter Geschlechtsnormen im Milieuvergleich*. Konstanz: UVK.

Kornadt, Anna E. & Klaus Rothermund (2011): Dimensionen und Deutungsmuster des Alterns. Vorstellungen vom Altern, Altsein und der Lebensgestaltung im Alter. In: *Zeitschrift für Gerontologie und Geriatrie* 44 (5), S. 291-298.

Kraatz, Susanne & Cornelia Sproß (2008): Beschäftigungspolitik für Ältere: Deutschland und seine Nachbarn. In: *Aus Politik und Zeitgeschichte* 18-19/2008, S. 15-23.

Krasmann, Susanne & Michael Volkmer (Hg.) (2007): *Michel Foucaults ›Geschichte der Gouvernementalität‹ in den Sozialwissenschaften. Internationale Beiträge*. Bielefeld: transcript.

Krauß, Jürgen E., Michael Möller & Richard Münchmeier (Hg.) (2007): *Soziale Arbeit zwischen Ökonomisierung und Selbstbestimmung*. Kassel: Kassel University Press.

Krekula, Clary (2007): The Intersection of Age and Gender. Reworking Gender Theory and Social Gerontology. In: *Current Sociology* 55 (2), S. 155-171.

Kruse, Andreas (2005a): Kreativität im Alter als Grundlage mitverantwortlicher Lebensführung. In: Volker Schumpelick & Bernhard Vogel (Hg.): *Alter als Last und Chance*. Freiburg: Herder, S. 439-460.

Kruse, Andreas (2005b): Selbstständigkeit, bewusst angenommene Abhängigkeit, Selbstverantwortung und Mitverantwortung als zentrale Kategorien einer ethischen Betrachtung des Alters. In: *Zeitschrift für Gerontologie und Geriatrie* 38, S. 273-287.

Kruse, Andreas (Hg.) (2010): *Potenziale im Altern. Chancen und Aufgaben für Individuum und Gesellschaft*. Heidelberg: Akademische Verlagsgesellschaft.

Kühne, Bärbel (2005): Wrinkled....Wonderful? Eine semiotische Erkundung neuer Altersbilder in der Werbung. In: Heike Hartung (Hg.): *Alter und Geschlecht. Repräsentationen, Geschichten und Theorien des Alter(n)s*. Bielefeld: transcript, S. 253-274.

Künemund, Harald (2006a): Tätigkeiten und Engagement im Ruhestand. In: Clemens Tesch-Römer, Heribert Engstler & Susanne Wurm (Hg.): *Altwerden in Deutschland. Sozialer Wandel und individuelle Entwicklung in der zweiten Lebenshälfte*. Wiesbaden: VS, S. 289-328.

Künemund, Harald (2006b): Methodenkritische Anmerkungen zur Empirie ehrenamtlichen Engagements. In: Klaus R. Schroeter & Peter Zängl (Hg.): *Altern und bürgerschaftliches Engagement. Aspekte der Vergemeinschaftung und Vergesellschaftung in der Lebensphase Alter*. Wiesbaden: VS, S. 111-134.

Kunow, Rüdiger (2005): Ins Graue. Zur kulturellen Konstruktion von Altern und Alter. In: Heike Hartung (Hg.): *Alter und Geschlecht. Repräsentationen, Geschichten und Theorien des Alter(n)s*. Bielefeld: transcript, S. 21-43.

Laclau, Ernesto (1990): *New Reflections on the Revolution of our Time*. London & New York: Verso.

Laclau, Ernesto (1999): Dekonstruktion, Pragmatismus, Hegemonie. In: Chantal Mouffe (Hg.): *Dekonstruktion und Pragmatismus. Demokratie, Wahrheit und Vernunft*. Wien: Passagen, S. 111-153.

Laclau, Ernesto (2007): *Emanzipation und Differenz*. Wien: Turia + Kant.

Laclau, Ernesto (2010): *Emanzipation und Differenz*. Wien: Turia + Kant.

Laclau, Ernesto & Chantal Mouffe (1991): *Hegemonie und radikale Demokratie. Zur Dekonstruktion des Marxismus*. Wien: Passagen.

Lakoff, George & Mark Johnson (1998): *Leben in Metaphern*. Heidelberg: Carl-Auer-Systeme.

Laliberte Rudmann, Debbie (2006): Shaping the active, autonomous and responsible modern retiree: an analysis of discursive technologies and their links with neo-liberal political rationality. In: *Ageing and Society* 26, S. 181-201.

Langehennig, Manfred (1986): Altentagesstätten. Sozialpädagogische Aktivierung in der konzeptuellen Krise. In: Roland Schmidt (Hg.): *Ausbildung und Praxisfelder für Sozialarbeit und Sozialpädagogik in der Altenarbeit*. Berlin: DZA, S. 317-336.

Langehennig, Manfred (1987): Der lange Abschied von der Arbeitswelt – Zur falschen Alternative von Freizeit- oder Arbeitsorientierung in den sozialen Hilfsangeboten. In: Gertrud Backes & Wolfgang Clemens (Hg.): *Ausrangiert!? Lebens- und Arbeitsperspektiven bei beruflicher Frühausgliederung.* Bielefeld: AJZ, S. 204-224.

Langer, Antje (2008): *Disziplinieren und entspannen. Körper in der Schule – eine diskursanalytische Ethnographie.* Bielefeld: transcript.

Laslett, Peter (1995): *Das dritte Alter. Historische Soziologie des Alterns.* Weinheim & München: Juventa.

Latour, Bruno (2000): *Die Hoffnung der Pandora. Untersuchungen zur Wirklichkeit der Wissenschaft.* Frankfurt a.M.: Suhrkamp.

Latour, Bruno (2006a): Über den Rückruf der ANT. In: Andréa Belliger & David J. Krieger (Hg.): *ANTholotgy. Ein einführendes Handbuch zur Akteur-Netzwerk-Theorie.* Bielefeld: transcript, S. 561-572.

Latour, Bruno (2006b): Über technische Vermittlung: Philosophie, Soziologie, Genealogie. In: Andréa Belliger & David J. Krieger (Hg.): *ANTholotgy. Ein einführendes Handbuch zur Akteur-Netzwerk-Theorie.* Bielefeld: transcript, S. 483-528

Latour, Bruno (2007): *Eine neue Soziologie für eine neue Gesellschaft.* Frankfurt a.M.: Suhrkamp.

Lawrence-Lightfoot, Sara (2009): *The Third Chapter: Passion, Risk, and Adventure in the 25 Years After 50.* New York: Sarah Crichton Books.

Lehr, Ursula (1977): Der ältere Mensch und das Fernsehen. In: Reinhard Schmitz-Scherzer (Hg.): *Praxis der Sozialpsychologie. Band 7: Aktuelle Beiträge zur Freizeitforschung.* Darmstadt: Steinkopf, S. 130-136.

Lehr, Ursula (1988): Vom Achtstundentag zum Nullstundentag. In: *Frankfurter Allgemeine Zeitung* vom 24.3.1988.

Lehr, Ursula (2003): Die Jugend von gestern – und die Senioren von morgen. In: *Aus Politik und Zeitgeschichte* (B 20), S. 3-5.

Lehr, Ursula (2011): Engagement tut gut – Engagement tut Gutes. Bürgerschaftliches Engagement – eine Herausforderung in Zeiten des demografischen Wandels. In: Bundesarbeitsgemeinschaft der Senioren-Organisationen e.V. (BAGSO) (Hg.): *Engagement bewegt Generationen. Dokumentation der Regionalkonferenz im Rahmen des Europäischen Jahres der Freiwilligentätigkeit zur Förderung der aktiven Bürgerschaft 2011.* Bonn: BAGSO, S. 9-13.

Leisering, Lutz (1993): Zwischen Verdrängung und Dramatisierung. Zur Wissenssoziologie der Armut in der bundesrepublikanischen Gesellschaft. In: *Soziale Welt* 44 (4), S. 486-511.

Lemke, Thomas (1997): *Eine Kritik der politischen Vernunft. Foucaults Analyse der modernen Gouvernementalität.* Berlin: Argument.

Lemke, Thomas, Susanne Krasmann & Ulrich Bröckling (2000): Gouvernementalität, Neoliberalismus und Selbsttechnologien. Eine Einleitung. In:

Ulrich Bröckling, Susanne Krasmann & Thomas Lemke (Hg.): *Gouvernementalität der Gegenwart. Studien zur Ökonomisierung des Sozialen.* Frankfurt a.M.: Suhrkamp, S. 7-40.

Lengwiler, Martin & Jeannette Madarász (2010): Präventionsgeschichte als Kulturgeschichte der Gesundheitspolitik. In: Martin Lengwiler & Jeannette Madarász (Hg.): *Das präventive Selbst. Eine Kulturgeschichte moderner Gesundheitspolitik.* Bielefeld: transcript, S. 11-28.

Lenhardt, Gero & Claus Offe (2006): Staatstheorie und Sozialpolitik. Funktionen und Innovationsprozesse der Sozialpolitik. In: Claus Offe: *Strukturprobleme des kapitalistischen Staates. Aufsätze zur Politischen Soziologie.* Frankfurt a.M. & New York: Campus, S. 153-180.

Lenz, Karl (1991): Prozeßstrukturen biographischer Verläufe in der Jugendphase und danach. Methodische Grundlagen einer qualitativen Längsschnittstudie. In: Arno Combe & Werner Helsper (Hg.): *Hermeneutische Jugendforschung.* Opladen: Leske + Budrich, S. 50-70.

Lessenich, Stephan (1999): Ein (un)moralisches Angebot: Reziprozitätsfiktionen im modernen Wohlfahrtstaat. In: Claudia Honegger, Stefan Hradil & Franz Traxler: *Grenzenlose Gesellschaft? Verhandlungen des 29. Kongresses der Deutschen Gesellschaft für Soziologie in Freiburg i.Br. 1998.* Opladen: Leske + Budrich, S. 153-168.

Lessenich, Stephan (2004): Ökonomismus zum Wohlfühlen. Gøsta Esping-Andersen und die neue Architektur des Sozialstaats. In: *Prokla* 136, S. 469-476.

Lessenich, Stephan (2008): *Die Neuerfindung des Sozialen. Der Sozialstaat im flexiblen Kapitalismus.* Bielefeld: transcript.

Lessenich, Stephan (2012a): »Aktivierender« Sozialstaat: eine politisch-soziologische Zwischenbilanz. In: Reinhard Bispinck, Gerhard Bosch, Klaus Hofemann & Gerhard Naegele (Hg.): *Sozialpolitik und Sozialstaat. Festschrift für Gerhard Bäcker.* Wiesbaden: VS, S. 41-53.

Lessenich, Stephan (2012b): Der Sozialstaat als Erziehungsagentur. In: *Aus Politik und Zeitgeschichte* 49-50/2012, S. 55-61.

Lessenich, Stephan (2013): Arbeiten ohne Ende. Der Abschied vom Ruhestand. In: *LE MONDE diplomatique* 06/2013, S. 1 u. 16.

Liang, Jiayin & Baozhen Luo (2012): Toward a discourse shift in social gerontology: From successful aging to harmonious aging. In: *Journal of Aging Studies* 26, S. 327-334.

Link, Jürgen (2005): Warum Diskurse nicht von personalen Subjekten ›ausgehandelt‹ werden. Von der Diskurs- zur Interdiskurstheorie. In: Reiner Keller, Andreas Hirseland, Werner Schneider & Willy Viehöver (Hg.): *Die diskursive Konstruktion von Wirklichkeit. Zum Verhältnis von Wissenssoziologie und Diskursforschung.* Konstanz: UVK, S. 77-99.

Lorey, Isabell (1999): Macht und Diskurs bei Foucault. In: Hannelore Bublitz, Andrea D. Bührmann, Christine Hanke & Andrea Seier (Hg.): *Das Wuchern der Diskurse. Perspektiven der Diskursanalyse Foucaults.* Frankfurt a.M. & New York: Campus, S. 87-96.

Luhmann, Niklas (1971): Die Knappheit der Zeit und die Vordringlichkeit des Befristeten. In: Niklas Luhmann: *Politische Planung.* Opladen: Westdeutscher Verlag, S. 143-164.

Macnicol, John (2004): Analysing Age Discrimination. In: Britt-Marie Öberg, Anna-Liisa Närvänen, Elisabet Näsman & Erik Olsson (Hg.): *Changing Worlds and the Ageing Subject. Dimensions in the Study of Ageing and Later Life.* Aldershot: Ashgate, S. 23-40.

Maier, Gabriele (2000): Zwischen Arbeit und Ruhestand. In: Hans-Werner Wahl & Clemens Tesch-Rämer (Hg.): *Angewandte Gerontologie in Schlüsselbegriffen.* Stuttgart: Kohlhammer, S. 407-411.

Marhánková, Jaroslava Hasmanová (2011): Leisure in old age: disciplinary practices surrounding the discourse of active ageing. In: *Journal of Ageing and Later Life* 6 (1), S. 5-32.

Martinson, Marty & Jodi Halpern (2011): Ethical implications of the promotion of elder volunteerism: A critical perspective. In: *Journal of Aging Studies* 25, S. 427-435.

Martschukat, Jürgen (2004): Diskurse und Gewalt. Wege zu einer Geschichte der Todesstrafe im 18. und 19. Jahrhundert. In: Reiner Keller, Andreas Hirseland, Werner Schneider & Willy Viehöver (Hg.): *Handbuch Sozialwissenschaftliche Diskursanalyse, Band 2: Forschungspraxis.* Opladen: Leske + Budrich, S. 67-95.

Matthes, Joachim (Hg.) (1983): *Krise der Arbeitsgesellschaft? Verhandlungen des 21. Deutschen Soziologentages in Bamberg 1982.* Frankfurt a.M. & New York: Campus.

Mayer, Karl Ulrich & Paul B. Baltes (Hg.) (1996): *Die Berliner Altersstudie.* Berlin: Akademie-Verlag.

Mayhew, Les (2005): Active ageing in the UK – issues, barriers, policy directions. In: *Innovations: The European Journal of Social Science Research* 18 (4), S. 455-477.

Mayring, Philipp (2000): Pensionierung als Krise oder Glücksgewinn? Ergebnisse aus einer quantitativ-qualitativen Längsschnittuntersuchung. In: *Zeitschrift für Gerontologie und Geriatrie* 33, S. 124-133.

Meuser, Michael (2006): *Geschlecht und Männlichkeit. Soziologische Theorie und kulturelle Deutungsmuster.* Wiesbaden: VS.

Mey, Günter (2000): Erzählungen in qualitativen Interviews: Konzepte, Probleme, soziale Konstruktion. In: *Sozialer Sinn* 1 (1), S. 135-151.

Meyen, Michael (2013): *»Wir haben freier gelebt«. Die DDR im kollektiven Gedächtnis der Deutschen.* Bielefeld: transcript.

Moebius, Stephan (2005): Diskurs – Ereignis – Subjekt. Diskurs- und Handlungstheorie im Ausgang einer poststrukturalistischen Sozialwissenschaft. In: Reiner Keller, Andreas Hirseland, Werner Schneider & Willy Viehöver (Hg.): *Die diskursive Konstruktion der Wirklichkeit. Zum Verhältnis von Wissenssoziologie und Diskursforschung*. Konstanz: UVK, S. 127-148.

Moody, Harry R. (2001): Productive Aging and the Ideology of Old Age. In: Nancy Morrow-Howell, James Hinterlong & Michael Sherraden (Hg.): *Productive Aging. Concepts and Challenges*. Baltimore & London: The Johns Hopkins University Press, S. 175-196.

Mooser, Josef (1983): Abschied von der »Proletarität«. Sozialstruktur und Lage der Arbeiterschaft in der Bundesrepublik in historischer Perspektive. In: Werner Conze & M. Rainer Lepsius (Hg.): *Sozialgeschichte der Bundesrepublik Deutschland. Beiträge zum Kontinuitätsproblem*. Stuttgart: Klett-Cotta, S. 143-186.

Motel-Klingebiel, Andreas & Julia Simonson (Hg.) (2012): Aktives Alter – Altern im Wandel. Zu Lebenssituationen, Lebensgefühlen, Bildung und Engagement älterer Menschen. In: *Forum Erwachsenenbildung: Beiträge und Berichte* 45 (1).

Motel-Klingebiel, Andreas, Julia Simonson & Clemens Tesch-Römer (2010): Altern und Alter in Ost und West. Zur Entwicklung der Lebensqualität alternder und alter Menschen seit der Vereinigung. In: Peter Krause & Ilona Ostner (Hg.): *Leben in Ost- und Westdeutschland. Eine sozialwissenschaftliche Bilanz der deutschen Einheit 1990-2010*. Frankfurt a.M. & New York: Campus, S. 387-408.

Moulaert, Thibauld & Simon Biggs (2012): International and European policy on work and retirement: Reinventing critical perspectives on active ageing and mature subjectivity. In: *Human Relations* 66 (1), S. 23-43.

Mrochen, Siegfried (1980): *Alter in der DDR. Arbeit, Freizeit, materielle Sicherung und Betreuung*. Weinheim & Basel: Beltz.

Müller, Jost (2003): Theorie und Kritik der Ideologie. Vom Spätkapitalismus zur Postmoderne. In: Alex Demirovic (Hg.): *Modelle kritischer Gesellschaftstheorie. Traditionen und Perspektiven der Kritischen Theorie*. Stuttgart & Weimar: J.B. Metzler, S. 290-311.

Münch, Anne (2012): »Also dieses enge Korsett ist nicht mehr da.« Zum Umgang mit Zeitsouveränität im Alltag der Jungen Alten. Magisterarbeit, unveröffentlichtes Manuskript. Jena.

Myles, John (2002): A New Social Contract for the Elderly? In: Gøsta Esping-Andersen, Duncan Gallie, Anton Hemerijck & John Myles (Hg.): *Why We Need a New Welfare State*. Oxford: Oxford University Press, S. 130-172.

Naegele, Gerhard (1978): *Soziale Ungleichheit im Alter*. Köln: Hanstein.

Naegele, Gerhard (Hg.) (2010): *Soziale Lebenslaufpolitik*. Wiesbaden: VS.

Naumann, Dörte & Laura Romeu Gordo (2010): Gesellschaftliche Partizipation: Erwerbstätigkeit, Ehrenamt und Bildung. In: Andreas Motel-Klingebiel, Susanne Wurm & Clemens Tesch-Römer (Hg.): *Altern im Wandel. Befunde des Deutschen Alterssurveys (DEAS)*. Stuttgart: Kohlhammer, S. 118-141.

Neckel, Sighard (1993): Altenpolitischer Aktivismus. Entstehung und Variation eines Politikmusters. In: *Leviathan* 21, S. 540-563.

Nelson, Todd D. (2007): Ageism and Discrimination. In: James E. Birren (Hg.): *Encyclopedia of Gerontology*. Amsterdam u.a.: Elseviers Inc., S. 57-64.

Nentwig-Gesemann, Iris (2001): Die Typenbildung der dokumentarischen Methode. In: Ralf Bohnsack, Iris Nentwig-Gesemann & Arnd-Michael Nohl (Hg.): *Die dokumentarische Methode und ihre Forschungspraxis. Grundlagen qualitativer Sozialforschung*. Opladen: Leske + Budrich, S. 275-300.

Neugarten, Bernice L. (1974): Age Groups in American Society and the Rise of the Young-Old. In: *Annals of the American Academy of Political and Social Science* 415 (1), S. 187-198.

Neumann, Daniela (2013): Die Bürgergesellschaft als Freiwilligen-Markt? In: *Zeitschrift für Sozialreform* 59 (1), S. 111-132.

Ney, Steven (2004): Active Ageing Policies in Europe: Between Path Dependency and Path Departure. In: *The ACTIVAGE Project. WP 1-Synthesis Report*.

Niederberger, Andreas & Andreas Wagner (2004): Vom Beharren der Autonomie und der Möglichkeit kritischer politischer Theorie. In: Frankfurter Arbeitskreis Für Politische Theorie und Philosophie (Hg.): *Autonomie und Heteronomie der Politik. Politisches Denken zwischen Post-Marxismus und Poststrukturalismus*. Bielefeld: transcript, S. 171-190.

Nikander, Pekka (2002): *Age in action: Membership work and stage of life categories in talk*. Helsinki: Finnish Academy of Science and Letters.

Nimrod, Galit (2007): Expanding, reducing, concentrating and diffusing: post-retirement leisure behavior and life satisfaction. In: *Leisure Science* 29 (1), S. 191-211.

Nohl, Arnd-Michael (2001): Komparative Analyse: Forschungspraxis und Methodologie dokumentarischer Interpretation. In: Ralf Bohnsack, Iris Nentwig-Gesemann & Arnd-Michael Nohl (Hg.): *Die dokumentarische Methode und ihre Forschungspraxis. Grundlagen qualitativer Sozialforschung*. Opladen: Leske + Budrich, S. 253-273.

Nonhoff, Martin (2006): *Politischer Diskurs und Hegemonie. Das Projekt »Soziale Marktwirtschaft«*. Bielefeld: transcript.

Nowossadeck, Sonja & Claudia Vogel (2013): *Aktives Altern. Erwerbsarbeit und freiwilliges Engagement. Report Altersdaten 2/2013*. Berlin: DZA.

Nullmeier, Frank (2004): Vermarktlichung des Sozialstaats. In: *WSI-Mitteilungen* 57 (9), S. 495-500.

Olk, Thomas (2002): Modernisierung des Engagements im Alter – Vom Ehrenamt zum bürgerschaftlichen Engagement? In: Institut Für Soziale

Infrastruktur & Bundesarbeitsgemeinschaft Seniorenbüros (Hg.): *Grund-satzthemen der Freiwilligenarbeit. Theorie und Praxis des sozialen Engagements und seine Bedeutung für ältere Menschen.* Stuttgart u.a.: Peter Wiehl, S. 25-48.

Opaschowski, Horst W. (1985): Die neue Freizeitarbeitsethik. Entwicklungstendenzen im Freizeitbereich und soziale Folgen. In: Elmar Altvater, Martin Baethge & Gerhard Bäcker (Hg.): *Arbeit 2000. Über die Zukunft der Arbeitsgesellschaft.* Hamburg: VSA, S. 143-158.

Ott, Marion & Daniel Wrana (2010): Gouvernementalität diskursiver Praktiken. In: Johannes Angermüller & Silke van Dyk (Hg.): *Diskursanalyse meets Gouvernementalitätsforschung.* Frankfurt a.M. & New York: Campus, S. 155-181.

Otten, Dieter (2008): *Die 50+ Studie. Wie die jungen Alten die Gesellschaft revolutionieren.* Reinbek bei Hamburg: Rowohlt.

Otto, Carl & Hans-Gerhard Strohe (1982): Entwicklungstendenzen des Anteils älterer und alter Menschen an der Bevölkerung der DDR – Eine bevölkerungsstatistische Studie. In: Autorenkollektiv unter Leitung von Udo-Jürgen Schmidt, Klaus-Peter Schwitzer & Irene Runge: *Altern in der sozialistischen Gesellschaft. Ethische, soziale und medizinische Aspekte.* Jena: VEB Gustav Fischer Verlag, S. 173-183.

Pahl, Jan (2000): Our changing lives. In: Geoff Dench (Hg.): *Grandmothers of the Revolution.* London: Hera Trust with Institute of Community Studies, S. 106-113.

Passoth, Jan-Hendrik (2008): Zum Verstehen von Dingen: Die sprachliche Erforschung des Nichtsprachlichen in verschiedenen Disziplinen. In: Karl-Siegbert Rehberg (Hg.): *Die Natur der Gesellschaft. Verhandlungen des 33. Kongresses der Deutschen Gesellschaft für Soziologie in Kassel 2006.* Frankfurt a.M. & New York: Campus, S. 1991-1999.

Petersen, Thieß (2011): Gesellschaftliche Alterung – eine unterschätzte ökonomische Herausforderung. In: *Policy Brief* 2011/04. Gütersloh: Bertelsmann Stiftung.

Pettigrew, Simone & Michele Roberts (2008): Adressing loneliness in later life. In: *Ageing & Mental Health* 12 (3), S. 302-309.

Petzold, Ulrike (1983): Für Dich, Genossin. In: *DIE ZEIT* Nr. 30 vom 22.7.1983. [Online: www.zeit.de/1983/30/fuer-dich-genossin; 02.08.2013]

Pieper, Josef (1976): Die Situation älterer Menschen in der BRD. In: *Kölner Zeitschrift für Soziologie und Sozialpsychologie* 28 (2), S. 289-308.

Pollack, Detlef (1990): Das Ende einer Organisationsgesellschaft: Systemtheoretische Überlegungen zum gesellschaftlichen Umbruch in der DDR. In: *Zeitschrift für Soziologie* 19 (4), S. 292-307.

Post, Sophia (2009): Alter – Eine Lebensphase mit (Be-)Handlungsbedarf? Eine qualitative Studie zur Subjektkonstitution im Ruhestand. München. [Online: http://w3-mediapool.hm.edu/mediapool/media/fk11/fk11_lokal/veranstal tungen_13/Alter_-_Lebensphase_mit_Be-Handlungsbedarf.pdf; 02.08.2013]

Pott, Hans-Georg (2007): Alter als kulturelle Konstruktion. Diskursanalytisch und philosophisch-kritischen Beobachtungen. In: Heiner Fangerau,
Monika Gomille, Henriette Herwig, Christoph auf der Horst, Andrea von
Hülsen-Esch, Hans-Georg Pott, Johannes Siegrist & Jörg Vögele (Hg.): *Al-
terskulturen und Potentiale des Alter(n)s*. Berlin: Akademie Verlag, S. 153-163.

Przyborski, Aglaja & Monika Wohlrab-Sahr (2009): *Qualitative Sozialforschung.
Ein Arbeitsbuch*. München: Oldenbourg Wissenschaftsverlag.

Quéniart, Anne & Michèle Charpentier (2011): Older women and their repre-
sentations of old age: a qualitative analysis. In: *Ageing and Society* 31, S. 1-25.

Randall, William L. & Gary Kenyon (2004): Time, Story, and Wisdom: Emerg-
ing Themes in Narrative Gerontology. In: *Canadian Journal on Aging* 23 (4),
S. 333-364.

Raphael, Lutz (1996): Die Verwissenschaftlichung des Sozialen als methodische und konzeptionelle Herausforderung für eine Sozialgeschichte des
20. Jahrhunderts. In: *Geschichte und Gesellschaft* 22 (2), S. 165-193.

Ray, Ruth E. (2002): The search for meaning in old age: Narrative, narrative
process, narrativity, and narrative movement in Gerontology. In: *The Gerontologist* 42 (1), S. 131-136.

Reckwitz, Andreas (2003): Grundelemente einer Theorie sozialer Praktiken. Eine
sozialtheoretische Perspektive. In: *Zeitschrift für Soziologie* 32 (4), S. 282-301.

Reckwitz, Andreas (2004): Die Reproduktion und die Subversion sozialer
Praktiken. Zugleich ein Kommentar zu Pierre Bourdieu und Judith Butler.
In: Karl H. Hörning & Julia Reuter (Hg.): *Doing Culture. Neue Positioinen
zum Verhältnis von Kultur und sozialer Praxis*. Bielefeld: transcript, S. 40-54.

Reckwitz, Andreas (2006): Ernesto Laclau: Diskurs, Hegemonie, Antagonis-
men. In: Stephan Moebius & Dirk Quadflieg (Hg.): *Kultur. Theorien der
Gegenwart*. Wiesbaden: VS, S. 339-349.

Reckwitz, Andreas (2008): Praktiken und Diskurse. Eine sozialtheoretische
und methodologische Relation. In: Herbert Kalthoff, Stefan Hirschauer &
Gesa Lindemann (Hg.): *Theoretische Empirie. Zur Relevanz qualitativer Forschung*. Frankfurt a.M.: Suhrkamp, S. 188-209.

Reggentin, Heike & Jürgen Dettbarn-Reggentin (1990): »*Wir wollen Unruhe in
die Ratsparteien bringen*«. *Seniorenbeiräte und -vertretungen in der Bundesrepublik Deutschland*. Bonn: Stiftung Mitarbeit.

Reh, Sabine (2001): Textualität der Lebensgeschichte – Performativität der Biographieforschung. In: *Handlung Kultur Interpretation. Zeitschrift für Sozial-
und Kulturwissenschaften* 10 (1), S. 29-49.

Reh, Sabine (2003): *Berufsbiographische Texte ostdeutscher Lehrer und Lehrerin-
nen als »Bekenntnisse«. Interpretationen und methodologische Überlegungen
zur erziehungswissenschaftlichen Biographieforschung*. Bad Heilbrunn: Julius
Klinkhardt.

Rehberg, Karl-Siegbert (1994): Institutionen als symbolische Ordnungen. Leitfragen und Grundkategorien zur Theorie und Analyse institutioneller Mechanismen. In: Gerhard Göhler (Hg.): *Die Eigenart der Institutionen. Zum Profil politischer Institutionentheorie.* Baden-Baden: Nomos, S. 47-84.

Rehmann, Jan (2005): Platzhalter für eine kritische Ideologieforschung. Foucaults Vorlesungen zur ›Geschichte der Gouvernementalität‹. In: *Das Argument* 261, S. 361-369.

Reinecke, Meike, Melanie Staats, Nina Jablonski & Anna Iris Henkel (2012): Mehrgenerationenarbeit – Lokale Infrastruktur für alle Generationen: Ergebnisse aus dem Aktionsprogramm Mehrgenerationenhäuser. In: *informationsdienst altersfragen* 3 (39), S. 17-25.

Ries, Werner (1983): Altern und Alter in der sozialistischen Gesellschaft aus soziologischer Sicht. In: *Zeitschrift für Alternsforschung* 38 (3), S. 215-218.

Ries, Werner (1985): Besonderheiten bei der Entwicklung eines gesundheitsrelevanten Verhaltens bei älteren Menschen. In: *Zeitschrift für Alternsforschung* 40 (4), S. 213-215.

Ritter, Gerhard A. (1998): *Soziale Frage und Sozialpolitik in Deutschland seit Beginn des 19. Jahrhunderts.* Opladen: Leske + Budrich.

Rixen, Stephan (2010): Kranken- und Pflegeversicherung. In: Kirsten Aner & Ute Karl (Hg.): *Handbuch Soziale Arbeit und Alter.* Wiesbaden: VS, S. 267-275.

von Rosenberg, Florian (2010): Dokumentarische Methode und Dekonstruktion als zwei Formen der Interpretation einer Theorie der Praxis. In: Birgit Giese (Hg.): *Subjekt – Identität – Person? Reflexionen zur Biographieforschung.* Wiesbaden: VS, S. 317-334.

Rosenbrock, Rolf (2004): *Primäre Prävention zur Verminderung sozial bedingter Ungleichheitschancen. 13 Befunde und Empfehlungen zur Umsetzung des § 20, Abs. 1 des SGB V durch die GKV.* Herausgegeben vom Bundesverband der Betriebskrankenkassen BKK, Essen: BKK.

Rosenmayr, Leopold (1983): *Die späte Freiheit. Das Alter, ein Stück bewusst gelebten Lebens.* Berlin: Severin und Siedler.

Roth, Roland (1989): Alternativkulturen und die Produktivität des Alters. In: Detlef Knopf, Ortfried Schäffter & Roland Schmidt (Hg.): *Produktivität des Alters.* Berlin: DZA, S. 125-143.

Rothermund, Klaus (2009): Altersstereotype – Struktur, Auswirkungen, Dynamiken. In: Josef Ehmer & Otfried Höffe (Hg.): *Bilder des Alterns im Wandel.* Stuttgart: Wissenschaftliche Verlagsgesellschaft, S. 139-149.

Rowe, John W. & Robert L. Kahn (1997): Successful Aging. In: *The Gerontologist* 37 (4), S. 433-440.

Rowe, John W. & Robert L. Kahn (1998): *Successful Aging.* New York: Dell Trade Paperback.

Rüb, Friedbert W. (2004): Vom Wohlfahrtsstaat zum »manageriellen Staat«? Zum Wandel des Verhältnisses von Markt und Staat in der deutschen Sozialpolitik. In: Roland Czada & Reinhard Zintl (Hg.): *Politik und Markt. Politische Vierteljahresschrift*, Sonderheft 34. Wiesbaden: VS, S. 257-299.

Rubinstein, Robert L. (2002): The Qualitative Interview With Older Informants: Some Key Questions. In: Graham D. Rowles & Nancy E. Schoenberg (Hg.): *Qualitative Gerontology. A Contemporary Perspective*. New York: Springer, S. 137-153.

Saar, Martin (2007): Macht, Staat, Subjektivität. Foucaults Geschichte der Gouvernementalität im Werkkontext. In: Susanne Krasmann & Michael Volkmer (Hg.): *Michel Foucaults ›Geschichte der Gouvernementalität‹ in den Sozialwissenschaften. Internationale Beiträge*. Bielefeld: transcript, S. 23-46.

Sandberg, Linn (2008): The Old, the Ugly and the Queer: thinking old age in relation to queer theory. In: *Graduate Journal of Social Science* 5(2), S. 117-139.

Schäfer, Thomas & Bettina Völter (2005): Subjekt-Positionen. Michel Foucault und die Biographieforschung. In: Bettina Völter, Bettina Dausien, Helma Lutz & Gabriele Rosenthal (Hg.): *Biographieforschung im Diskurs*. Wiesbaden: VS, S. 161-185.

Schatzki, Theodore R. (1996): *Social Practices: A Wittgensteinian Approach to Human Activity and the Social*. Cambridge: Cambridge University Press.

Schelsky, Helmut (1965): Die Paradoxien des Alters in der modernen Gesellschaft. In: Helmut Schelsky: *Auf der Suche nach Wirklichkeit. Gesammelte Aufsätze*. Düsseldorf: Eugen Diederichs, S. 198-221.

Scherger, Simone, Steffen Hagemann, Anna Hokema & Thomas Lux (2012): Between Privilege and Burden. Work Past Retirement Age in Germany and the UK. In: *ZeS-Working Paper* No. 4/2012.

Scherger, Simone, James Nazroo & Paul Higgs (2011): Leisure activities and retirement: do structures of inequality change in old age? In: *Ageing & Society* 31, S. 146-172.

Schimank, Uwe (2005): ›Wissen ist Nacht‹ – Das ›Glossar der Gegenwart‹. In: *Soziologische Revue* 28 (4), S. 301-308.

Schimany, Peter (2003): *Die Alterung der Gesellschaft. Ursachen und Folgen des demographischen Umbruchs*. Frankfurt a.M. & New York: Campus.

Schirrmacher, Frank (2004): *Das Methusalem-Komplott*. München: Blessing.

Schmid, Josef (2012): *Struktur und Dynamik von Sozialausgaben*. [www.bpb.de/politik/grundfragen/deutsche-verhaeltnisse-eine-sozialkunde/; 02.08.2013]

Schmidt, Manfred G. (2001): Grundlagen der Sozialpolitik in der Deutschen Demokratischen Republik. In: Bundesministerium für Arbeit und Sozialordnung & Bundesarchiv (Hg.): *Geschichte der Sozialpolitik in Deutschland seit 1945, Band 1: Grundlagen der Sozialpolitik*. Baden-Baden: Nomos, S. 685-798.

Schmidt, Roland & Peter Zeman (1988): Die Alterskultur der Altenhilfe: Rückzugsnische, Aktivprogramm, neues Alter? In: Gerd Göckenjan & Hans-Joachim von Kondratowitz (Hg.): *Alter und Alltag*. Frankfurt a.M.: Suhrkamp, S. 270-295.

Schmitt, Rudolf (2010): Metaphernanalyse. In: Günter Mey & Katja Mruck (Hg.): *Handbuch Qualitative Forschung in der Psychologie*. Wiesbaden: VS, S. 676-691.

Schneider, Werner (2007): Gesagtes und Ungesagtes – Sagbares und Unsagbares. Beidseitige »(Un-)Aufrichtigkeit« im wissenschaftlichen Interview. In: Wolfgang Reinhard (Hg.): *Krumme Touren. Anthropologie kommunikativer Umwege*. Wien/Köln/Weimar: Böhlau, S. 395-420.

Schreiber, Wilfried (2004): *Existenzsicherung in der industriellen Gesellschaft*. Köln: Bund Katholischer Unternehmer (BKU).

Schröder, Gerhard (2000): Die zivile Bürgergesellschaft. Anregungen zu einer Neubestimmung der Aufgaben von Staat und Gesellschaft. In: *Die Neue Gesellschaft/Frankfurter Hefte* 47 (4), S. 200-207.

Schroeder, Klaus (2010): Deutschland nach der Wiedervereinigung. In: *Aus Politik und Zeitgeschichte* 30-31/2010, S. 13-19.

Schroeter, Klaus R. (2002): Zur Allodoxie des ›erfolgreichen‹ und ›produktiven‹ Alter(n)s‹. In: Gertrud M. Backes & Wolfgang Clemens (Hg.): *Die Zukunft der Soziologie des Alter(n)s*. Opladen, Leske + Budrich, S. 85-110.

Schroeter, Klaus R. (2006). Status und Prestige als symbolische Kapitalien im Alter? In: Klaus R. Schroeter & Peter Zängl (Hg.): *Altern und bürgerschaftliches Engagement. Aspekte der Vergemeinschaftung und Vergesellschaftung in der Lebensphase Alter*. Wiesbaden: VS, S. 27-62.

Schroeter, Klaus R. (2012): Altersbilder als Körperbilder: Doing Age by Bodyfication. In: Berner, Frank, Judith Rossow & Klaus-Peter Schwitzer (Hg.): *Individuelle und kulturelle Altersbilder. Expertisen zum Sechsten Altenbericht der Bundesregierung*. Wiesbaden: VS, S. 154-229.

Schulze, Gerhard (1992): *Die Erlebnisgesellschaft. Kultursoziologie der Gegenwart*. Frankfurt a.M. & New York: Campus.

Schütze, Fritz (1987): *Das narrative Interview in Interaktionsfeldstudien*. Hagen: Fernuniversität Hagen.

Schwarz, Gislinde (1993): Im Dienste der Frauen? Kühnheit und Anschmiegsamkeit der Frauenzeitschrift FÜR DICH. In: Edith Spielhagen (Hg.): *So durften wir glauben zu kämpfen... Erfahrungen mit DDR-Medien*. Berlin: Vistas, S. 191-200.

Schwitzer, Klaus-Peter (1990): *Altenreport '90. Zur sozialen Lage von Altersrentnerinnen und Altersrentnern in der DDR*, Blätter der Wohlfahrtspflege – Sonderausgabe 10/11. Stuttgart: Wohlfahrtswerk für Baden-Württemberg.

Schwitzer, Klaus-Peter (1999): Alltagserfahrungen alter, nicht mehr im Erwerbsleben stehender Menschen vor und nach 1990 in den neuen Bundesländern. In: Deutscher Bundestag. (Hg.): *Alltagsleben in der DDR und in den neuen Ländern*. Baden-Baden & Frankfurt a.M.: Nomos & Suhrkamp, S. 838-929.

Schwitzer, Klaus-Peter (2001): Senioren. In: Günter Manz (Hg.): *Sozialpolitik in der DDR. Ziele und Wirklichkeit*. Berlin: trafo, S. 337-356.

Schwitzer, Klaus-Peter & Monika Kohnert (1982): Gegenwärtiger Stand und Perspektiven der komplexen Betreuung älterer Bürger und ihrer Einbeziehung in das gesellschaftliche Leben der DDR. In: Autorenkollektiv unter Leitung von Udo-Jürgen Schmidt, Klaus-Peter Schwitzer & Irene Runge: *Altern in der sozialistischen Gesellschaft. Ethische, soziale und medizinische Aspekte*. Jena: VEB Gustav Fischer Verlag, S. 15-27.

Seier, Andrea (1999): Kategorien der Entzifferung: Macht und Diskurs als Analyseraster. In: Hannelore Bublitz, Andrea D. Bührmann, Christine Hanke & Andrea Seier (Hg.): *Das Wuchern der Diskurse. Perspektiven der Diskursanalyse Foucaults*. Frankfurt a.M. & New York: Campus, S. 75-86.

Seils, Eric (2013): Armut im Alter – aktuelle Daten und Entwicklungen. In: *WSI-Mitteilungen* 66 (5), S. 360-368.

Seithe, Mechthild (2010): *Schwarzbuch Soziale Arbeit*. Wiesbaden: VS.

Sennett, Richard (1998): *Der flexible Mensch. Die Kultur des neuen Kapitalismus*. Berlin: Berlin-Verlag.

Siegrist, Johannes & Morten Wahrendorf (2009): Participation in socially productive activities and quality of life in early old age: findings from SHARE. In: *Journal of European Social Policy* 19 (4), S. 317-326.

Simmel, Georg (1918): *Lebensanschauung. Vier metaphysische Kapitel*. München & Leipzig: Duncker & Humblot.

Simmel, Georg (1992): Der Arme. In: Georg Simmel: *Soziologie. Untersuchungen über die Formen der Vergesellschaftung*. Frankfurt a.M.: Suhrkamp, S. 512-555.

van Solinge, Hanna & Kène Henkens (2007): Involuntary Retirement: The Role of Restrictive Circumstances, Timing, and Social Embeddedness. In: *Journal of Gerontology* 62B (5), S. 295-303

Spies, Tina (2009): Diskurs, Subjekt und Handlungsmacht. Zur Verknüpfung von Diskurs- und Biografieforschung mithilfe des Konzepts der Artikulation. In: *FQS. Forum Qualitative Diskursforschung* 10 (2).

Stadt Erlangen (2012): *Statistisches Jahrbuch 2012*. [www.erlangen.de/Portaldata/1/ Resources/080_stadtverwaltung/dokumente/statistik/30S_B_Jahrbuch _2012.pdf; 02.08.2013]

Stäheli, Urs (2000): *Poststrukturalistische Soziologien*. Bielefeld: transcript.

Stanjek, Paul (2008): ZWAR Netzwerke. Engagement älterer Erwachsener nach Erwerbs- und Familienarbeit. In: Bundesnetzwerk Bürgerschaftliches Engagement (BBE) (Hg.): *Engagement und Erwerbsarbeit – Dokumentation der Fachtagung am 8. und 9. November in Berlin*. Berlin: Bundesnetzwerk Bürgerschaftliches Engagement, S. 127-132.

Statistisches Bundesamt (2006): *Bevölkerung Deutschlands bis 2050. 11. Koordinierte Bevölkerungsvorausberechnung*. [https://www.destatis.de/DE/Presse

Service/Presse/Pressekonferenzen/2006/Bevoelkerungsentwicklung/be
voelkerungsprojektion2050.pdf?__blob=publicationFile; 02.08.2013]

Statistisches Bundesamt (2009): *Bevölkerung Deutschlands bis 2060. 12. Koordinierte Bevölkerungsvorausberechnung.*[https://www.destatis.de/DE/Publika
tionen/Thematisch/Bevoelkerung/VorausberechnungBevoelkerung/Be
voelkerungDeutschland2060Presse5124204099004.pdf?__blob=publica
tionFile; 02.08.2013]

Statistisches Bundesamt (2013): *Großstädte in Deutschland nach Bevölkerung am 31.12.2011 auf Grundlage des Zensus 2011 und früherer Zählungen.* [https://
www.destatis.de/DE/ZahlenFakten/LaenderRegionen/Regionales/Ge
meindeverzeichnis/Administrativ/Grosstaedte.pdf?__blob=publicationFile;
02.08.2013]

Staudinger, Ursula M. (1996): Psychologische Produktivität und Selbstentfaltung im Alter. In: Margret Baltes & Leo Montada (Hg.): *Produktives Leben im Alter.* Frankfurt a.M. & New York: Campus, S. 344-374.

Stenner, Paul, Tara Mcfarquhar & Ann Bowling (2010): Older people and ›active ageing‹: Subjective aspects of ageing actively. In: *Journal of Health Psychology* 16 (3), S. 467-477.

Stolleis, Michael (2001): Historische Grundlagen. Sozialpolitik in Deutschland bis 1945. In: Bundesministerium für Arbeit und Sozialordnung & Bundesarchiv (Hg.): *Geschichte der Sozialpolitik in Deutschland seit 1945, Band 1: Grundlagen der Sozialpolitik.* Baden-Baden: Nomos, S. 199-332.

Strauss, Anselm (1991): *Grundlagen qualitativer Sozialforschung. Datenanalyse und Theoriebildung in der empirischen soziologischen Forschung.* München: Wilhelm Fink.

Tack, Eduard (1998): Bürgerengagement im Wohlfahrtsstaat am Beispiel der Seniorenbüros. In: Joachim Braun & Ingo Becker (Hg.): *Engagementförderung als neuer Weg der kommunalen Altenpolitik.* Stuttgart: Kohlhammer, S. 18-25.

Tack, Eduard (2003): Grußwort. In: *Selbstbestimmt. Selbstkompetent. Engagiert. Menschen mit und ohne Behinderungen in der Bürgergesellschaft. Dokumentation der Tagung am 10. und 11. Februar 2003 in Berlin.* Berlin: BMFSFJ, S. 12-16.

Tartler, Rudolf (1961): *Das Alter in der modernen Gesellschaft.* Stuttgart: Enke.

Tennstedt, Florian (1997): Peitsche und Zuckerbrot oder ein Reich mit Zuckerbrot? Der Deutsche Weg zum Wohlfahrtsstaat 1871-1881. In: *Zeitschrift für Sozialreform* 43 (1), S. 88-101.

Tews, Hans Peter (1990): Neue und alte Aspekte des Strukturwandels des Alters. In: *WSI-Mitteilungen* 43 (8), S. 478-491.

Tews, Hans Peter (1994): Alter zwischen Entpflichtung, Belastung und Verpflichtung. In: Günter Verheugen (Hg.): *60 plus. Die wachsende Macht der Älteren.* Köln: Bund, S. 51-60.

Tews, Hans Peter (1996): Produktivität des Alters. In: Margret Baltes & Leo Montada (Hg.): *Produktives Leben im Alter*. Frankfurt a.M. & New York: Campus, S. 184-210.

Thimm, Caja (2000): *Alter – Sprache – Geschlecht. Sprach- und kommunikationswissenschaftliche Perspektiven auf das höhere Lebensalter*. Frankfurt a.M. & New York: Campus.

Thomas, Gerlinde (2012): Individuelle Wohnformen. In: Gabriele Kleiner (Hg.): *Alter(n) bewegt*. Wiesbaden: VS, S. 205-227.

Thüringer Landesamt für Statistik (2010): *Entwicklung der Bevölkerung Thüringens 2010 bis 2030 nach Kreisen. Bevölkerungsvorausberechnung*. [www.tls. thueringen.de/webshop/pdf/2010/01113_2010_01.pdf; 02.08.2013]

Tokarski, Walter (1998): Alterswandel und veränderte Lebensstile. In: Wolfgang Clemens & Gertrud M. Backes (Hg.): *Altern und Gesellschaft. Gesellschaftliche Modernisierung durch Altersstrukturwandel*. Opladen: Leske + Budrich, S. 109-120.

Tornstam, Lars (2005): *Gerotranscendence. A developmental theory of positive aging*. New York: Springer Publishing Company.

Townsend, Peter (1981): The Structured Dependency of the Elderly: A Creation of Social Policy in the Twentieth Century. In: *Ageing and Society* 1 (1), S. 5-28.

Tuider, Elisabeth (2007): Diskursanalyse und Biographieforschung. Zum Wie und Warum von Subjektpositionierungen. In: *FQS. Forum Qualitative Sozialforschung* 8 (2), Art. 6.

Unruh, Trude (1984): *Aufruf zur Rebellion*. Essen: Klartext..

VBD Thüringen [Volkskundliche Beratungs- und Dokumentationsstelle für Thüringen] (Hg.) (2005): *Frauen erinnern sich: Der 60. Geburtstag in der DDR*. Erfurt: VBD Thüringen.

Venn, Susan & Sara Arber (2011): Day-time sleep and active ageing in later life. In: *Ageing and Society* 31, S. 197-216.

Vobruba, Georg (2003): Freiheit: Autonomiegewinne der Leute im Wohlfahrtsstaat. In: Stephan Lessenich (Hg.): *Wohlfahrtsstaatliche Grundbegriffe. Historische und aktuelle Diskurse*. Frankfurt a.M. & New York: Campus, S. 137-155.

Vogel, Berthold (2004): Der Nachmittag des Wohlfahrtsstaats. Zur politischen Ordnung gesellschaftlicher Ungleichheit. In: *Mittelweg 36* 13 (4), S. 36-55.

Vogel, Berthold (2007): *Die Staatsbedürftigkeit der Gesellschaft*. Hamburg: Hamburger Edition.

Voges, Wolfgang & Melanie Zinke (2010): Wohnen im Alter. In: Kirsten Aner & Ute Karl (Hg.): *Handbuch Soziale Arbeit und Alter*. Wiesbaden: VS, S. 301-308.

Volkssolidarität [Sekretariat des Zentralausschusses der Volkssolidarität] (Hg.) (1980): *Volkshelfer – Vertrauter der Veteranen. Informationen und Hinweise für die Tätigkeit des Volkshelfers*. Berlin: Volkssolidarität.

Vollmer, Randolph (1986): *Die Entmythologisierung der Berufsarbeit: über den sozialen Wandel von Arbeit, Familie und Freizeit.* Wiesbaden: Westdeutscher Verlag.

Voß, Günther G. & Hans J. Pongratz (1998): Der Arbeitskraftunternehmer. Eine neue Grundform der Ware Arbeitskraft? In: *Kölner Zeitschrift für Soziologie und Sozialpsychologie* 50(1), S. 131-158.

Waldenfels, Bernhard (1991): Ordnung in Diskursen. In: François Ewald & Bernhard Waldenfels (Hg.): *Spiele der Wahrheit. Michel Foucaults Denken.* Frankfurt a.M.: Suhrkamp, S. 277-297.

Waldschmidt, Anne (2003): Der Humangenetik-Diskurs der Experten: Erfahrungen mit dem Werkzeugkasten der Diskursanalyse. In: Reiner Keller, Andreas Hirseland, Werner Schneider & Willy Viehöver (Hg.): *Handbuch Sozialwissenschaftliche Diskursanalyse, Bd. 2: Forschungspraxis.* Opladen: Leske + Budrich, S. 147-168.

Waldschmidt, Anne, Anne Klein, Miguel Tamayo Korte & Sibel Dalman-Eken (2007): Diskurs im Alltag – Alltag im Diskurs: Ein Beitrag zu einer empirisch begründeten Methodologie sozialwissenschaftlicher Diskursforschung. In: *Forum Qualitative Sozialforschung* 8 (2), Art. 15. [Online: www.qualitative-research.net/index.php/fqs/article/download/251/554; 02.08.2013]

Walker, Alan (2002): A strategy for active ageing. In: *International Social Security Review* 55 (1), S. 121-139.

Walker, Alan (2006): Reexamining the Political Economy of Aging: Understanding the Structure/Agency Tension. In: Jan Baars, Dale Dannefer, Chris Phillipson & Alan Walker (Hg.): *Aging, Globalization, and Inequality. The New Critical Gerontology.* Amityville, New York: Baywood Publishing Company, S. 59-80.

Walker, Alan (2010): The emergence and application of active ageing in Europe. In: Gerhard Naegele (Hg.): *Soziale Lebenslaufpolitik. Grundlagen, Analysen und Konzepte.* Wiesbaden: VS, S. 585-601.

Weber, Max (1988a): Die Protestantische Ethik und der Geist des Kapitalismus. In: Max Weber: *Gesammelte Aufsätze zur Religionssoziologie,* 9. Aufl. Tübingen: J.C.B. Mohr, S. 17-206.

Weber, Max (1988b): Vorbemerkung. In: Max Weber: *Gesammelte Aufsätze zur Religionssoziologie,* 9. Aufl. Tübingen: J.C.B. Mohr, S. 1-16.

Werling, Heinrich (1982): Aktive Lebensweise und Persönlichkeit im Alter. In: Autorenkollektiv unter Leitung von Udo-Jürgen Schmidt, Klaus-Peter Schwitzer & Irene Runge: *Altern in der sozialistischen Gesellschaft. Ethische, soziale und medizinische Aspekte.* Jena: VEB Gustav Fischer Verlag, S. 84-95.

Westerhof, Gerben J. & Emanuelle Tulle (2007): Meanings of ageing and old age: Discursive contexts, social attitudes and personal identities. In: John Bond, Sheila Peace, Freya Dittmann-Kohli & Gerben J. Westerhoff (Hg.):

Ageing in Society. European Perspectives on Gerontology. London u.a.: Sage, S. 235-254.

WHO [World Health Organisation] (2002): *Active Ageing: A Policy Framework.* Geneva: WHO.

Wiese, Kirsten (2010): *Von Greisenrepublik bis Generation 50plus. Die sprachliche Darstellung von Altersbildern in ausgewählten Zeitschriften.* Berlin: Pro Business.

Wiesner, Achim & Martin Nonhoff (2005): Das kurze Leben einer Reformvokabel? In: *ZeS-Report* 10 (2), S. 9-12.

Wiesner, Gerd E. (1990): Veränderungen der Lebenswahrscheinlichkeit in der DDR im internationalen Vergleich. In: Doris Bardehle & Institut für Medizinische Statistik und Datenverarbeitung (ISD) (Hg.): Übersichten zur Betreuungssituation älterer Bürger in der DDR. Berlin: DZA, S. 35-43.

Wildt, Michael (2005): Alys Volksstaat. Hybris und Simplizität einer Wissenschaft. In: *Mittelweg 36* 14 (3), S. 69-80.

Wolf, Jürgen (1991): Die Vergesellschaftungslücke. Der Vorruhestand in den neuen Bundesländern. In: *Zeitschrift für Sozialreform* 37 (7), S. 723-735.

World Bank (1994): *Averting the old age crisis: politics to protect the old and promote growth.* Washington D.C.: World Bank.

Wrana, Daniel & Antje Langer (2007): An des Ränder der Diskurse. Jenseits der Unterscheidung diskursiver und nicht-diskursiver Praktiken. In: *Forum Qualitative Sozialforschung* 8 (2), S. Art. 20.

Zacher, Hans F. (2001): Grundlagen der Sozialpolitik in der Bundesrepublik Deutschland. In: Bundesministerium für Arbeit und Sozialordnung & Bundesarchiv (Hg.): *Geschichte der Sozialpolitik in Deutschland seit 1945, Band 1: Grundlagen der Sozialpolitik.* Baden-Baden: Nomos, S. 333-684.

Zähle, Tanja & Katja Möhring (2010): Berufliche Übergangssequenzen in den Ruhestand. In: Peter Krause & Ilona Ostner (Hg.): *Leben in Ost- und Westdeutschland. Eine sozialwissenschaftliche Bilanz der deutschen Einheit 1990-2010.* Frankfurt a.M. & New York: Campus, S. 331-346.

Zeman, Peter (1997): Altersbilder, Selbstreflexivität und die neue Kultur des Alter(n)s. In: Deutsches Zentrum für Altersfragen (Hg.): *Jahrbuch des DZA 1996. Beiträge zur sozialen Gerontologie und Alterssozialpolitik.* Weiden: eurotrans, S. 291-322.

Zeman, Peter & Roland Schmidt (2001): Soziale Altenarbeit: Strukturen und Entwicklungslinien. In: Deutsches Zentrum für Altersfragen (Hg.): *Lebenslagen, soziale Ressourcen und gesellschaftliche Integration im Alter,* Expertisen zum Dritten Altenbericht der Bundesregierung, Band 3. Opladen: Leske + Budrich, S. 235-282.

Ziesemer, Horst (1990): Zur Statistik über die Betreuung älterer und pflegebedürftiger Bürger in Feierabend- und Pflegeheimen der ehemaligen DDR. In: Doris Bardehle & Institut für Medizinische Statistik und Datenverarbeitung (ISD) (Hg.): Übersichten zur Betreuungssituation älterer Bürger in der DDR. Berlin: DZA, S. 45-75.

Ziguras, Christopher (2004): *Self-Care. Embodiment, Personal Autonomy and the Shaping of Health Consciousness.* London & New York: Routledge.

Žižek, Slavoj (2001): *Die Tücke des Subjekts.* Frankfurt a.M.: Suhrkamp.

ZWAR [Initiative Zwischen Arbeit und Ruhestand] (2006): *ZWAR – Das pädagogische Konzept. Beiträge zur geronto-sozialen Arbeit.* Dortmund: ZWAR Zentralstelle NRW.

8. Anhänge

ANHANG I: KORPUS DISPOSITIVANALYSE

Zeitungen und Zeitschriften 1983-2008
Zeitungen und Zeitschriften 2009-2011
Partei- und Wahlprogramme

Zeitungen und Zeitschriften 1983–2008

Apotheken Umschau

APO 1987_1: Die Kessler-Zwillinge: Unser Rezept jung zu bleiben (Apotheken Umschau, Heft 1).

APO 1989_1: Arteriosklerose bekämpfen! Alter ist keine Krankheit (Apotheken Umschau, Heft 7).

APO 1990_1: Sport im Alter – keine Überbelastung! (Apotheken Umschau, Heft 1).

APO 1991_1: Osteoporose: Bewegung ist wirklich das wichtigste (Apotheken Umschau, Heft 1).

APO 1991_2: Keine Angst vor den Wechseljahren (Apotheken Umschau, Heft 8).

APO 1992_1: Gut hören auch im Alter (Apotheken Umschau, Heft 7).

APO 1994_1: Drei Verbündete gegen Osteoporose (Apotheken Umschau, Heft 1).

APO 1995_1: Zahnersatz – Auch die Dritten brauchen Pflege (Apotheken Umschau, Heft 1).

APO 1996_1: Auch das Gehirn braucht Training (Apotheken Umschau, Heft 1).

APO 1997_1: Geistig fit im Alter – Wer sein Gehirn trainiert, denkt besser (Apotheken Umschau, Heft 1).

APO 1998_1: So bleiben Sie jung (Apotheken Umschau, Heft 1).

APO 1998_2: Fit im Alter-Sport über 60 (Apotheken Umschau, Heft 2).

APO 1999_1: Aktive Männer haben mehr Spaß am Leben (Apotheken Umschau, Heft 1).

APO 2002_1: US-Studie: Sport ist gut für das Selbstwertgefühl (Apotheken Umschau, Heft 1).

APO 2005_1: Senioren mit grünem Daumen (Apotheken Umschau, Heft 7).

APO 2006_1: Lang arbeiten, lang leben (Apotheken Umschau, Heft 1).

APO 2006_2: Mit 49 in die Startlöcher (Apotheken Umschau, Heft 7).

APO 2007_1: Geheimnis Altern (Apotheken Umschau, Heft 1).

APO 2007_2: Fit im Alter (Apotheken Umschau, Heft 1).

APO 2007_3: Überwintern im Süden (Apotheken Umschau, Heft 1).

BILD

BILD 1983_1: Wer möchte täglich »Essen auf Rädern« haben? (10. Januar).

BILD 1983_2: Mit 58 in Rente – Deutsche begeistert (17. Januar).

BILD 1983_3: Partner für Senioren gesucht (03. März).

BILD 1983_4: Kaffee und Tanz für Senioren (07. März.).

BILD 1983_5: Neues Heim für 115 alte Menschen (09.März).

BILD 1983_6: Kaufhäuser: Alte Damen stehlen aus Einsamkeit (10. März).

BILD 1983_7: Bad Steben – Ab 60 vieles frei (26. März).

BILD 1983_8: Ältere lernen so gut wie Junge (09. April).

BILD 1983_9: Kein Fett, kein Zucker – mit 80 noch Mutter? (16. April).

BILD 1983_10: Frühlingsfest der Senioren (18. April).

BILD 1983_11: Seniorentanzparty (26. April).

BILD 1983_12: Kino im Seniorenclub (02. Mai).

BILD 1983_13: Senioren-Tanzkurs (16. Mai).

BILD 1983_14. Für Alte und Kranke – Neues Notruf-Telefon (16. Mai).

BILD 1983_15: Deutsche Männer sterben früher (19. Mai).

BILD 1983_16: Hände verraten ihr Alter (06. Juni).

BILD 1983_17: Senioren-Frühstück mit Stadtrat (09. Juni).

BILD 1983_18: Rente: Frauen müssen keine Angst haben (18. Juni).

BILD 1983_19: So bleibe ich jung und gesund I (28. Juni).

BILD 1983_20: So bleibe ich jung und gesund II (30. Juni).

BILD 1983_21: So bleibe ich jung und gesund III (ohne Datum).

BILD 1983_22: Mit 58 in Rente – Das muss jeder selbst entscheiden (01. Juli).

BILD 1983_23: Sport-Senioren brauchen Attest (02. Juli).

BILD 1983_24: Die besten Ferien bei Oma und Opa (06. Juli).

BILD 1983_25: Ich zog als Greisin durchs Land – es war furchtbar (18. Juli).

BILD 1983_26: Professor: Ich werde 150 Jahre alt (20. Juli).

BILD 1983_27: Weniger Seniorenplätze (21. Juli).

BILD 1983_28: Kurse in Babypflege auch für Großeltern (22. Juli).

BILD 1983_29: Seniorenfeier (25. Juli).

BILD 1983_30: Urlaub für Senioren (25. Juli).

BILD 1983_31: Senioren tanzen (27. Juli).

BILD 1983_32: Film im Seniorenheim (27. Juli).

BILD 1983_33: Joan Collins – 7 Geheimnisse ihrer Schönheit (29. Juli).

BILD 1983_34: Die jungen Großmütter (11. August).

BILD 1983_35: Senioren feiern (25. August).

BILD 1983_36: Wer hilft Senioren (31. August).

BILD 1983_37: Gymnastik und Diät für Senioren (12. September).

BILD 1983_38: Geteilte Arbeit – Doppelte Freude (15. September).

BILD 1983_39: Mit 55 nur noch halbtags arbeiten? Ja! (16. September).

BILD 1983_40: Marathon Papa (87) gestorben (04. Oktober).

BILD 1983_41: Oma Ebel, 104! Kein Arzt, keine Tabletten, nur jeden Tag ein Malzbier (ohne Datum).

BILD 1983_42: Mit 58 in Rente – macht das glücklich? (ohne Datum).

BILD 1983_43: So sind wir 100 geworden (ohne Datum).

BILD 1983_44: Basteln, Garten, Spiele: So fröhlich kann das Alter sein (ohne Datum).

BILD 1984_1: Fahren Senioren schlecht? (15. April).

BILD 1986_1: Mit 60 fängt Ihr Leben noch mal an (09. November).

BILD 1988_1: Unsere Alten werden immer jünger (30. Juni).

BILD 1989_1: Mit Oma unter einem Dach (15. Januar).

BILD 1989_2: Dall beleidigt Inge Meysel (30. März).

BILD 1991_1: Entmündigt, rausgeschmissen, ausgenommen (28. Juli).

BILD 1994_1: Lauren Hutton verrät ihr Geheimnis – Mit 50 strahlend schön (06. April).

BILD 1994_2: Günter Pfitzmann wird 70 – Meine sechs goldenen Lebensregeln (06. April).

BILD 1994_3: Diese Oma (51) kam durch beim härtesten Rennen der Welt – 30 Männer nicht (11. April).

BILD 1994_4: Wir müssen unsere älteren Menschen besser schützen (08. Juni).

BILD 1994_5: Uschi Glas: Warum ich mit 50 noch so schön bin (24. Juni).

BILD 1999_1: Junge Prinzessin sucht MTV-Moderator über 70 (21. Oktober).

BILD 1999_2: Schluss mit dem Jugendkult (10. November).

BILD 1999_3: Ärzte warnen: Fast jeder zweite ältere Mensch leidet unter Geschmacksstörungen (08. Dezember).

BILD 2002_1: Müntefering verlangt größere Anstrengungen von allen Deutschen (14. Dezember).

BILD 2003_1: Politiker diskutieren OP-Verbot ab 75 (03. Juni).

BILD 2003_2: Amtlich! Bei Patienten über 75 wird an der Medizin gespart (01. Juli).

BILD 2004_1: Bei ARD und ZDF sitzen die Alten in der letzten Reihe (29. August).

BILD 2005_1: Arme Kinder – Reiche Rentner (31. Januar).

BILD 2005_2: Berliner Rentner immer krimineller (07. Februar).

BILD 2005_3: Mit 78! Warum darf so einer wieder ans Steuer? (10. Februar).

BILD 2005_4: Ab 70 sollen Autofahrer zum Medizin-Test! (11. Februar).

BILD 2005_5: Deutschlands ältester Autofahrer (97) fährt Kind (6) an (15. Februar).

BILD 2005_6: Ich bin 100 und fahre immer noch Auto (16. Februar).

BILD 2005_7: Nach 34 Jahren haben wir unser Glück gefunden (23. Februar).

BILD 2005_8: Für die Liebe ist man nie zu alt (25. Februar).

BILD 2005_9: »53 Jahre sind wir verheiratet. Es waren 53 Jahre Harmonie Tag für Tag...« (02. März).

BILD 2005_10: FDP-Jungpolitiker schockt alle Rentner: Alte gebt den Löffel ab (04. März).

BILD 2005_11: Udo Jürgens – Ab 40 ist bei Frauen Schluß mit Sex! (07. März).

BILD 2005_12: Frauen-Aufstand gegen Udo Jürgens – Wir sind über 40 und haben super Sex (08. März).

BILD 2005_13: Katja Ebstein (morgen 60) verrät ihr Schönheitsgeheimnis (08. März).

BILD 2005_14: Wird Berlin immer älter, Dr. Schirrmacher? (08. März).

BILD 2005_15: Komm, Opa, ich erklär dir die CeBit (12. März).

BILD 2005_16: Liebe ist Arbeit (06. April).

BILD 2005_17: Wer kriegt mehr aus der Rentenkasse? (08. April).

BILD 2005_18: Blinde hilflose Oma Hilde ausgeraubt (23. Mai).

BILD 2005_19: Die Happy-Formel – In der neuen großen BILD-Serie erklärt uns Oma Elisabeth (83) wie man wirklich glücklich wird (16. Juni).

BILD 2005_20: Wehe, du lebst zu lange (12. August).

BILD 2005_21: Rentner-Demo für TV-Pfarrer Fliege! (02. September).

BILD 2005_22: Jopie Hesters (101) gibt TV-Star Horst Tappert (82) neuen Lebensmut (21. September).

BILD 2005_23: Brigitte Bardot 71 – »Es ist schön zu reifen!« (05. Oktober).

BILD 2006_1: Deutsche immer später in Rente! (12. Januar).

BILD 2006_2: Kann man mit 67 wirklich noch hart arbeiten? (01. Februar).

BILD 2006_3: Immer mehr Senioren haben noch Sex (06. März).

BILD 2006_4: 2050 Altenrepublik Deutschland (19. März).

BILD 2006_5: Gericht – 70jähriger darf weiterarbeiten (24.März).

BILD 2006_6: So sieht Pilawa mit 70 aus! (18. Mai).

BILD 2006_7: Rente mit 67 ist falsch! (15. Juni).

BILD 2006_8: Hat TV-Star Herbert Köfer Recht? – »Senioren sind bessere Fahrer« (19. Juni).

BILD 2006_9: So rührend umsorgt Star-Autorin Ingrid Noll ihre 105jährige Mutter – »Ich gebe Mama nie ins Heim« (04. Juli) .

BILD 2006_10: Minister will alte Autofahrer testen (27. Juli).

BILD 2006_11: Stimmt es, dass Sex im Alter immer besser wird? (06. September).

BILD 2006_12: Wegen Gammelfleisch-Gag – Senioren gehen auf Harald Schmidt los (09. September).

BILD 2006_13: Alt werden ist ein Glücksfall – Buch von Henning Scherf (17. September).

BILD 2006_14: Neue Studie – Ältere werden immer lebenslustiger (26. September).

BILD 2006_15: Ich schmiere mir Hämorrhoiden-Creme ins Gesicht ... um jünger auszusehen (17. Oktober).

BILD 2006_16: Hausärzte sollen ältere Autofahrer beurteilen (26. Oktober).

BILD 2006_17: Oma Courage (26. Oktober).

BILD 2006_18: Einsam in Deutschland (Ernesta 84) (01. November).

BILD 2006_19: Aktiv und gesund im Alter – Berlins Party-Rentner – mehr als 70 Jahre jung (02. November).

BILD 2006_20: Einsam in Deutschland (Klaus 59) (02. November).

BILD 2006_21: Lebensqualität im Alter – ein Heim zum Wohlfühlen (15. November).

BILD 2006_22: Rentnerin telefoniert mit TV-Fernbedienung (16. November).

BILD 2006_23: Leser schreiben in Bild – zu: Weniger Geld für Rentner (17. November).

BILD 2006_24: Leser schreiben in Bild – zu: Sieben bittere Wahrheiten über unsere Rente (18. November).

BILD 2006_25: Leser schreiben in Bild – zu: Rente erst ab 67 (01. Dezember).

BILD 2006_26: Sensation beim Bambi – Paola – So sexy mit 56! (02. Dezember).

BILD 2006_27: Mach was aus dem Alter! (04. Dezember).

BILD 2006_28: Ich empfinde das Alter als späte Freiheit (05. Dezember).

BILD 2006_29: Ich lebe mit Frau und Freunden in einer WG (06. Dezember).

BILD 2006_30: Als Rentner darfst du keine Sekunde ruhen (07. Dezember).

BILD 2006_31: Jung sein beginnt im Kopf (07. Dezember).

BILD 2007_1: Renten-Wut! So haben die Politiker versagt! (22. Januar).

BILD 2007_2: Warum ist unser Rentensystem so ungerecht? (24. Januar).

BILD 2007_3: Kann man von dieser Rente leben? (07. März).

BILD 2007_4: Wohin mit Vater? (19. März).

BILD 2007_5: Wowereit: »Rente mit 70, aber ab 60 halbtags arbeiten!« (24. April).

BILD 2007_6: Deutsche immer später in Rente (27. Juni).

BILD 2007_7: Über Steuergeld für Senioren und Aussperrung an der Ladenkasse (22. Juli).

BILD 2007_8: Autobahn-Verbot für Rentner! (26. Juli).

BILD 2007_9: Wie viel besser steht ein Beamter im Alter da? (15. August).

BILD 2007_10: Jung-Politiker für Rente mit 70 (19. Oktober).

BILD 2007_11: Forscher können die Haut verjüngen (30. November).

BILD 2007_12: Die große Schauspielerin Lilo Pulver – Ich ziehe ins Altenheim (13. Dezember).

BILD 2007_13: Ältere Arbeitnehmer steigern die Qualität (19. Dezember).

BILD 2008_1: Rentner haben immer weniger Geld! (11. Januar).

BILD 2008_2: Die Alten beuten die Jungen aus! (11. März).

BILD 2008_3: Die Alten übernehmen die Macht (10. April).

BILD 2008_4: Alt-Bundespräsident warnt vor Rentner-Demokratie! (11. April).

BILD 2008_5: ALTE ODER JUNGE Wer hat mehr Geld? (23. April).

BILD 2008_6: Loki Schmidt (89): Alt werden ist nur noch Mühsal (02. Mai).

BILD 2008_7: Opa (100) auf Geisterfahrt (03. Juni).

BILD 2008_8: Uralt-Mutter (70) träumt von noch einem Kind (12. Juni).

BILD 2008_9: Fleißige märkische Rentner (16. Juni).

BILD 2008_10: Senioren im Parlament (19. Juni).

BILD 2008_11: Verlierer Alleinerziehende (20. Juni).

BILD 2008_12: Pfarrer (84) macht Doktor (21. Juni).

BILD 2008_13: Lehrer (66) klagt, weil er länger arbeiten will (27. Juni).

BILD 2008_14: Der Skandal-Politiker und die tote Rentnerin – Sterbehilfe? »Ich werde es wieder tun!« (02. Juli).

BILD 2008_15: Neue europäische Antidiskriminierungsregeln, Vermieter dürfen Senioren nicht ablehnen (03. Juli).

BILD 2008_16: Leserbrief I zu: Sterbehilfe für gesunde Frau (03. Juli).

BILD 2008_17: Leserbrief II zu: Sterbehilfe für gesunde Frau (03. Juli).

BILD 2008_18: Deutschland diskutiert über Sterbehilfe. Jetzt sprechen die Alten (04. Juli).

BILD 2008_19: Berlins älteste Abiturientin (78) (12. Juli).

BILD 2008_20: Älteste Bloggerin tot (15. Juli).

BILD 2008_21: Weil er sich bei der Kaffeefahrt nicht abzocken ließ. Rentner wegen 3 Euro an der Autobahn ausgesetzt (17. Juli).

BILD 2008_22: Wir sind alt und müssen immer noch arbeiten (23. Juli).

BILD 2008_23: Oswald Kolle: Auch für mich kommt Sterbehilfe in Frage (25. Juli).

BILD 2008_24: Ich lebe gern im Pflegeheim (06. August).

BILD 2008_25: Im Alter Hälfte der Krankheitskosten (06. August).

BILD 2008_26: Autorin (93) befreit Freunde aus dem Altenheim (12. August).

BILD 2008_27: Pflegeheim in Strip-Club (15. August).

BILD 2008_28: Leserbrief zu: Millionen Rentner müssen Steuern nachzahlen (15. August).

BILD 2008_29: Morgen gucken wir wieder aus dem Fenster (18. August).

BILD 2008_30: Mutige Oma Elfi (19. August).

BILD 2008_31: Verkehrsschild warnt vor Senioren (20. August).

BILD 2008_32: Senioren-Ticket kommt 2009 (22. August).

BILD 2008_33: Lebenserwartung der Deutschen steigt weiter (23. August).

BILD 2008_34: Elternzeit für Großeltern (27. August).

BILD 2008_35: In: Auf Vorurteile wie Altersunterschiede pfeifen (27. August).

BILD 2008_36: Opa liegt 10 Tage tot im Seniorenheim (30. August).

BILD 2008_37: Ältere seltener krank (04. September).

BILD 2008_38: Kaffeeklatsch statt Kaffeefahrt (04. September).

BILD 2008_39: Mit 66 Jahren, da fängt das Leben an (04. September).

BILD 2008_40: Treff für Jung & Alt (05. September).

BILD 2008_41: Ost-Berliner kriegen höchste Altersrente (06. September).

BILD 2008_42: Älteste Europäerin wird 115 (11. September).

BILD 2008_43: Auweia, ich wollte mir doch nur nen Kakao machen (12. September).

BILD 2008_44: Schröders Agenda 2010 ging nicht weit genug (16. September).

BILD 2008_45: So hilft Berlin jetzt alten Menschen (08. Oktober).

BILD 2008_46: 76,2 Prozent aller Rentner zahlen 2009 mehr für die Krankenkasse! (24. November).

Brigitte und Brigitte Woman

Brigitte 1991_1: Die alleinstehende ältere Frau (Heft 8).

Brigitte 2004_1: Scheidung nach 49 Jahren Ehe (Heft 16).

Brigitte 2004_2: Vergesslichkeit im Alter? (Heft 18).

Brigitte 2004_3: Ich hoffe ... dass ich 96 Jahre alt werde – wie meine Urgroßmutter (Heft 19).

Brigitte Woman 2007_1: Über 50. Keine Arbeit. Keinen Partner. Schlecht drauf. Muss nicht sein! (Heft 3).

Brigitte Woman 2007_2: »Ich bin eine Champagnertrüffel, kein Wurstbrot!« (Heft 4).

Brigitte Woman 2007_3: Ganz einfach jung bleiben (Heft 7).

Brigitte Woman 2007_4: Wo bitte versammeln sich die kauzigen Vögel vor dem großen Abflug? (Heft 9).

Brigitte Woman 2007_5: Täglich eine halbe Stunde (Heft 10).

Brigitte Woman 2008_1: So bleiben Sie sichtbar (Heft 7).

Brigitte Woman 2008_2: Glatt geschummelt (Heft 8).

Brigitte Woman 2008_3: Tanzen hält jung (Heft 11).

Brigitte Woman 2008_4: Leben mit Aussicht (Heft 11).

Frankfurter Allgemeine Zeitung

FAZ 1983_1: Die Schwierigkeiten, alt zu werden (20. Januar).

FAZ 1983_2: Ruheständler als Entwicklungshelfer (22. Januar).

FAZ 1983_3: Ruheständler sollen der Dritten Welt helfen (01. Februar).

FAZ 1983_4: Gefahren der Frühpensionierung (24. Februar).

FAZ 1983_5: Alt, das sind die anderen (30. April).

FAZ 1983_6: Intelligent bis ins hohe Alter (03. August).

FAZ 1983_7: Die vorzeitige Pensionierung läßt manche Menschen früher altern (24. August).

FAZ 1983_8: Auf dem Weg zur Fünf-Generationen-Gesellschaft (05. Oktober).

FAZ 1983_9: Seelische Krankheiten nehmen mit dem Alter zu (26. Oktober).

FAZ 1983_10: Die »zufriedene Mehrheit« beläßt es beim Träumen (02. Dezember).

FAZ 1983_11: Viele Alte recht zufrieden (12. Dezember).

FAZ 1983_12: Wie mit dem Alter umgehen? (24. Dezember).

FAZ 1984_1: Oma und Opa (04. April).

FAZ 1984_2: SPD verlangt Informationen über die Lage alter Menschen (20. Juli).

FAZ 1984_3: Alte Menschen sind nicht an den Rand zu drängen (11. August).

FAZ 1984_4: Zwei Wege zur Senioren-Union. Der CDU-Abgeordnete Braun setzt sich für Vertretung Älterer ein (17. September).

FAZ 1984_5: Mehr als 83000 Autobesitzer sind über 80 (09. Oktober).

FAZ 1984_6: Weniger Unfälle durch mehr Rücksicht – Ältere Menschen lernen, mit dem Straßenverkehr fertig zu werden (07. November).

FAZ 1984_7: »Und dann steht man da.« – Wenn Arbeit nicht mehr das Leben ist (15. Dezember).

FAZ 1985_1: Seniorenunion jetzt noch nicht (16. März).

FAZ 1985_2: Die meisten Alten sind nicht hilflos (15. Juni).

FAZ 1985_3: Ein Altenbeirat für den Bundestag? (19. Oktober).

FAZ 1985_4: Etwas für die Alten (31. Dezember).

FAZ 1986_1: »Graue Panther« wehren sich gegen CDU-Seniorenbeauftragten (15. Januar).

FAZ 1986_2: Senioren (11. März).

FAZ 1986_3: »Altsein ist schön!« – Die »Grauen Panther« – ein Trutz- und Schutzbündnis (20. März).

FAZ 1986_4: Gerontologen sprechen von Aufbruchstimmung unter den Alten (21. März).

FAZ 1986_5: Das Altsein bewältigen (24. April).

FAZ 1986_6: Weg zwischen Schonung und Überlastung – SENIOREN-KON-GRESS (30. April).

FAZ 1986_7: Zukunft liegt im ›Alten-Markt‹ (15. Mai).

FAZ 1986_8: Die Alten nicht mehr arm (18. September).

FAZ 1986_9: Bürde und Würde (06. Dezember).

FAZ 1987_1: Die Angst vor dem Alter (07. Februar).

FAZ 1987_2: Gegen den ›sozialen Tod‹ im Alter (02. April).

FAZ 1987_3: Hohe Suizidgefahr bei alten Menschen (22. September).

FAZ 1987_4: Ein Hobby hilft gegen Kummer wenig (29. Oktober).

FAZ 1988_1: Altern ist keine Krankheit (23. Januar).

FAZ 1988_2: Die Älteren sind Reisende wie alle, aber ihre Wünsche werden kaum beachtet (17. März).

FAZ 1988_3: Vom Achtstundentag zum Nullstundentag? (24. März).

FAZ 1988_4: Gründung der Senioren-Union mit dem Bundeskanzler (28. März).

FAZ 1988_5: Mit den Parteien haben die Alten nicht viel im Sinn (07. Juni).

FAZ 1988_6: Die Diktatur der Gegenwart (11. Juni).

FAZ 1988_7: Senioren-Union warnt vor Diskriminierung der Alten (16. August).

FAZ 1988_8: Wer ist heute schon alt? (27. August).

FAZ 1988_9: Im Alter sollten nicht nur die Defizite zählen (10. September).

FAZ 1988_10: Altern als »Chance und Herausforderung« (15. November).

FAZ 1989_1: Altern nicht als Abbau von Fähigkeiten begreifen (23. Mai).

FAZ 1989_2: Altparteien, Jungparteien (07. Juli).

FAZ 1989_3: Der junge Markt der alten Menschen (22. Juli).

FAZ 1989_4: Sind die Alten noch finanzierbar? (18. August).

FAZ 1989_5: Gefahren einer alternden Bevölkerung (18. Oktober).

FAZ 1989_6: Ältere Menschen im Straßenverkehr: An der Orientierung scheitern Senioren am ehesten (07. November).

FAZ 1989_7: Mit 40 ist man erfahren genug (12. Dezember).

FAZ 1990_1: Altwerden dauert ein Leben lang (30. Januar).

FAZ 1990_2: Heute müssen die Alten von den Jungen lernen (26. Februar).

FAZ 1990_3: Senioren beraten Unternehmen in der DDR (09. Mai).

FAZ 1990_4: »Da war endlich mal ein Altenbericht fällig« (22. Mai).

FAZ 1990_5: Rüstige Rentner helfen Gründern (28. Mai).

FAZ 1990_6: Mit Haushaltshilfe länger selbständig (03. Juli).

FAZ 1990_7: Ein Bad im Jungbrunnen? (10. Juli).

FAZ 1990_8: Von den Senioren droht keine Gefahr – Autofahren im hohen Alter (25. September).

FAZ 1990_9: Immer mehr alte Menschen bringen sich um (24. Oktober).

FAZ 1990_10: Senior-Experten schließen Personallücken (24. Oktober).

FAZ 1990_11: Ermutigung und Information für Selbständige – Senioren beraten Unternehmen (15. November).

FAZ 1991_1: Hinter dem Steuer fühlen sie sich oft sicherer als zu Fuß (22. Januar).

FAZ 1991_2: Auch der Plausch danach tut Psyche und Körper gut (06. Februar).

FAZ 1991_3: Mehr und mehr Ältere nehmen sich das Leben (29. August).

FAZ 1991_4: Medizinische Produkte und Gegenstände des täglichen Bedarfs (21. Oktober).

FAZ 1992_1: Fünf Millionen Mark für den Bundesaltenplan (02. April).

FAZ 1992_2: Golf gegen »Wehwehchen« im Alter (07. April).

FAZ 1992_3: Die Angst, ein Pflegefall zu werden (14. April).

FAZ 1992_4: Familienministerin Rönsch will Seniorenbüros einrichten (21. April).

FAZ 1992_5: Modellversuche mit »Senioren-Büros« angekündigt (19. Mai).

FAZ 1992_6: Forderungen für ein aktives Alter (29. Mai).

FAZ 1992_7: Kommission soll Überalterung der Gesellschaft untersuchen (18. Juli).

FAZ 1992_8: Junge Alte (09. September).

FAZ 1992_9: Unterschätzte Fähigkeiten (09. September).

FAZ 1992_10: Stumme Senioren (28. September).

FAZ 1993_1: Die Jüngeren sollen wissen, was die Alten denken (04. Februar).

FAZ 1993_2: Golden Girls (15. April).

FAZ 1993_3: Trostlose Pflegeheime im Osten (19. Mai).

FAZ 1993_4: Pflegeeinrichtungen für Senioren fehlen (23. September).

FAZ 1993_5: Der wichtigste Geburtstag ihres Lebens ist auch der letzte (08. November).

FAZ 1993_6: WG mit 70 (18. Dezember).

FAZ 1994_1: Der schwere Abschied vom Beruf (12. Februar).

FAZ 1994_2: Selbstbewusst und gesund altern (09. Juni).

FAZ 1995_1: Läufer altern langsamer (01. Februar).

FAZ 1995_2: Ein neuer Lebensinhalt für Vorruheständler in Ostdeutschland (17. Februar).

FAZ 1995_3: »Zeitlos«, ein Magazin für alte Menschen (10. April).

FAZ 1995_4: Die alternde Gesellschaft ist keine Lustpartie (03. Juni).

FAZ 1995_5: Männer ohne Wechseljahre. Studie der Universität zum geschlechtsspezifischen Altern (13. Juli).

FAZ 1995_6: Älterwerden beginnt mit 40 (04. November).

FAZ 1995_7: Mit 91 noch Hausaufgaben: Senioren büffeln Englisch (25. November).

FAZ 1996_1: Standort Seniorenheim. Mehrheit oder Zukunft: Worum es im Rentenstreit geht (11. März).

FAZ 1996_2: Teilzeitarbeit ist bei den Älteren wenig populär (10. April).

FAZ 1996_3: Lehr: Hilfen für alte Menschen fehlen einstellen (29. Juni).

FAZ 1996_4: Im »Lebenshaus« wohnt die Graue Pantherin Trude Unruh mit anderen ihrer Altersklasse (23. Dezember).

FAZ 1997_1: Studiengang Geragogik – Die Wissenschaft von der Seniorenarbeit (12. April).

FAZ 1997_2: Senioren-Union unterstützt Rentenreform (24. Juni).

FAZ 1997_3: In Gedanken lebe ich mehr als je (25. Juni).

FAZ 1997_4: »Mich hat nie jemand Grufti genannt« (08. Juli).

FAZ 1997_5: Übersehene rüstige Rentner (17. Oktober).

FAZ 1998_1: Zukunft im Grauschleier – Der Generationenkonflikt als Wahlkampfthema (24. Februar).

FAZ 1998_2: Trüber Blick und schwere Beine (26. Februar).

FAZ 1998_3: Unstillbare Neugier nach mehr (08. Juli).

FAZ 1998_4: Wenn die späte Lust auf Platon erwacht (20. November).

FAZ 1999_1: »Mehr als Freikarten für Senioren« (02. Januar).

FAZ 1999_2: Wachstumshormon gegen das Altern? (21. April).

FAZ 1999_3: Frauen müssen im Alter mit ihrem Knochenguthaben haushalten (04. Juli).

FAZ 1999_4: Aktivität als Geheimnis erfolgreichen Alterns (10. Juli).

FAZ 1999_5: So rasch lässt sich ein Rentner nicht den Tag vermiesen (12. August).

FAZ 1999_6: Zum neunten Mal Gerontologische Tage (15. Oktober).

FAZ 1999_7: Wir werden älter und bleiben länger jung (10. November).

FAZ 2000_1: Rüstige Rentner für die Natur (02. Februar).

FAZ 2000_2: Kataloge. »fit & aktiv – Seniorentreff« (11. Mai).

FAZ 2000_3: Fleisch fressende Pflanzen gibt's auch in der Rhön. So leicht lassen sich rüstige Rentner nicht beeindrucken (04. Juli).

FAZ 2000_4: Aktiv im Alter: Eine Messe für alle Bürger über fünfzig (26. September).

FAZ 2000_5: Das klassische Altenheim gibt es nicht mehr (22. Oktober).

FAZ 2000_6: Unwürdige Greise. Eine Tagung beweist, daß auch das Altern einmal jung war (19. Dezember).

FAZ 2001_1: Der Staat sucht nach immateriellen Beweisen seiner Fürsorge (17. Januar).

FAZ 2001_2: Alte sind nicht immer passiv und gebrechlich (18. Januar).

FAZ 2001_3: Hungern gegen das Altern (04. März).

FAZ 2001_4: Ältere Arbeitnehmer stärker ins Berufsleben integrieren (05. März).

FAZ 2001_5: Wir sind nicht zu alt (05. März).

FAZ 2001_6: Auch mit 80 noch aktiv (09. März).

FAZ 2001_7: Aktive Silver-Surfer (22. März).

FAZ 2001_8: Wir sind zum Leben programmiert, nicht zum Sterben (21. April).

FAZ 2001_9: Werben um ältere Gäste (26. April).

FAZ 2001_10: Wir werden die besseren Manager unseres Lebens und Todes (02. Juli).

FAZ 2001_11: Wenn Ruheständler Philosophie studieren (10. Juli).

FAZ 2001_12: Dreimal hin und her und ein Satz (07. August).

FAZ 2001_13: Jeder Mensch entscheidet sein Altern selbst (26. September).

FAZ 2001_14: »Am liebsten morgens, mittags und nachts.« Senioren entdecken im Internet neue Erlebniswelten (05. Oktober).

FAZ 2001_15: Wie wird man schneller alt? (11. November).

FAZ 2001_16: Anti-Ageing: Haben Männer Wechseljahre? (16. November).

FAZ 2001_17: Aktivitäten Maintaler Senioren. Reisen und Enkel hüten (11. Dezember).

FAZ 2002_1: Alte Autofahrer sind besser als ihr Ruf (12. Februar).

FAZ 2002_2: Senioren erobern das Internet (28. Februar).

FAZ 2002_3: Die Alten: umworben, aber nicht ernst genommen (03. März).

FAZ 2002_4: Erfahrungen der alten Menschen nutzen (03. April).

FAZ 2002_5: Ein demographisches Beben. Die Weltkonferenz zu Fragen des Alterns (09. April).

FAZ 2002_6: Werden sie unsterblich (20. April).

FAZ 2002_7: Die Entmachtung der Jugend. Die Alten schlagen zurück (04. August).

FAZ 2002_8: Manche Männer lassen die Zornesfalten glätten (17. September).

FAZ 2002_9: Warum nicht länger im Beruf bleiben? (14. November).

FAZ 2002_10: Das Surfen im Netz hält viele jung (30. November).

FAZ 2003_1: Ausbildung zum »Seniorentrainer« (03. März).

FAZ 2003_2: Alter schützt vor SMS nicht (06. März).

FAZ 2003_3: Mißfelder schreckt vor nichts zurück (08. August).

FAZ 2003_4: 102jähriger Italiener auf Brautsuche (20. August).

FAZ 2003_5: Silver-Surfer und Junggebliebene. Rentner schwer zu mobilisieren (22. Oktober).

FAZ 2004_1: Unaufdringliche Betreuung für ältere Menschen (11. März).

FAZ 2004_2: Frank Schirrmacher: Das Methusalem-Komplott (26. März).

FAZ 2004_3: Deutschlands größte Herausforderung. Wider die demographische Ignoranz (08. April).

FAZ 2004_4: Aufstand der Großmütter (21. April).

FAZ 2004_5: Keine wirklichen Einschnitte (23. April).

FAZ 2004_6: Messe mit Fachkongreß über alternde Gesellschaft (19. Mai).

FAZ 2004_7: Demographischer Wandel seit langem bekannt (24. Mai).

FAZ 2004_8: Einsatz für längere Ampelphasen und niedrigere Straßenbahnstufen. Die neue Generation aktiver Alter (01. Juni).

FAZ 2004_9: Mythos vom unfallträchtigen Greis (12. Oktober).

FAZ 2004_10: Stolz auf jede Falte (14. Oktober).

FAZ 2004_11: Bewußter Umgang mit der eigenen Sterblichkeit (18. November).

FAZ 2004_12: Taufrisch. Der Knoten platzt: Anti-Ageing hat Segen der Medizin (15. Dezember).

FAZ 2005_1: Hope I stay young until I die (13. März).

FAZ 2005_2: Wie geht's, Alterchen? (10. Mai).

FAZ 2005_3: Wohin im Alter? (29. Mai).

FAZ 2005_4: Ältere Semester sind nicht überall erwünscht (09. Juli).

FAZ 2005_5: Wo Senioren ins Netz gehen (04. August).

FAZ 2005_6: Richtig altern (14. August).

FAZ 2005_7: Die Freiheit der Ältesten (28. Oktober).

FAZ 2005_8: Sinnvolles Altern (21. November).

FAZ 2005_9: Touristik setzt auf Best-Ager (18. Dezember).

FAZ 2005_10: Hohes Alter senkt Kreditwürdigkeit (21. Dezember).

FAZ 2006_1: Das Alter nach Baltes (08. März).

FAZ 2006_2: Ich kündige den Generationenvertrag (09. April).

FAZ 2006_3: Mit den Enkeln mithalten (11. April).

FAZ 2006_4: Betriebe stellen kaum Ältere ein (07. Juni).

FAZ 2006_5: Unser Verschwinden würde nicht auffallen (28. Juni).

FAZ 2006_6: Kampf mit der Alterspyramide (15. Juli).

FAZ 2006_7: Auf dem Abstellgleis (06. September).

FAZ 2006_8: Mit 70 zurück in den Hörsaal (11. Oktober).

FAZ 2006_9: Ja, lernt denn der alte Holzmichl noch? (29. November).

FAZ 2007_1: Das Leben als Bildhauer – Versuch Rezepte für das Alter zu finden (28. März).

FAZ 2007_2: Dem Pensionär ist nichts zu schwer (14. April).

FAZ 2007_3: Ausbildung für Seniorenbegleiter (19. Mai).

FAZ 2007_4: Autokäufer werden älter und rar (04. Juli).

FAZ 2007_5: Lästige Musikanten. Rühr meinen Stadel nicht an (22. Juli).

FAZ 2008_1: Ältere Arbeitnehmer – Motivation (12. Januar).

FAZ 2008_2: Goldene Jugend der Silver Ager (03. Februar).

FAZ 2008_3: Seniorexperten stillen mehr als Bildungshunger (05. Februar).

FAZ 2008_4: Bund trägt Löwenanteil der Alterskosten (12. Februar).

FAZ 2008_5: Forever Young – Ich lach mich tot (06. März).

FAZ 2008_6: Die Macht der Älteren (09. April).

FAZ 2008_7: Die Notwehr – Rentnerdemokratie (13. April).

FAZ 2008_8: Die fleißigen Rentner (20. April).

FAZ 2008_9: Warum kriegen Senioren überall Rabatt? (27. April).

FAZ 2008_10: Wir sind die Netten (31. Mai).

FAZ 2008_11: Lernen ohne Limit (21. Juni).

FAZ 2008_12: Reiche Ruheständler (26. Juni).

FAZ 2008_13: Gesundheitstipps fürs beste Alter (26. Juli).

FAZ 2008_14: Pflegenot im Lot (21. August).

FAZ 2008_15: Das S-Wort (28. September).

FAZ 2008_16: Holt die alten in die Gesellschaft (28. September).

FAZ 2008_17: Sie knurren nur, aber sie beißen nicht (19. Oktober).

FAZ 2008_18: Senioren dringend gesucht (29. Dezember).

Für Dich

Für Dich 1983_1: 73 Jahre unfallfrei (Heft 3).

Für Dich 1983_2: Gesund und munter in den Tag! (Heft 4).

Für Dich 1983_3: Wenn die Timurs kommen (Heft 4).

Für Dich 1983_4: Leserbrief: Fleißige Arbeit zahlt sich aus! (Heft 5).

Für Dich 1983_5: Traudels vierte Erdumkreisung (Heft 7).

Für Dich 1983_6: Welterkundung (Heft 13).

Für Dich 1983_7: Leserbriefe: Tipps für Kondition (Heft 22).

Für Dich 1983_8: Leserbriefe: Zu Jurij Brêzans Roman *Bild des Vaters* (Heft 26).

Für Dich 1983_9: Fit von 16 bis 60 (Heft 27).

Für Dich 1983_10: Aufmerksam gegenüber Älteren (Heft 28).

Für Dich 1983_11: Leserbrief: Geistiges Training nicht vergessen (Heft 28).

Für Dich 1983_12: Goldene Hochzeit (Heft 38).

Für Dich 1983_13: Leserbrief: Danke fürs neue Heim (Heft 44).

Für Dich 1983_14: Leserbrief: Aktiv bleiben (Heft 44).

Für Dich 1983_15: Von 16 bis 60 dabei (Heft 45).

Für Dich 1984_1: Zeitgeschichten (Heft 4).

Für Dich 1985_1: Eine Frau an der »Besonderen Front« (Heft 17).

Für Dich 1985_2: Halspflege (Heft 19).

Für Dich 1985_3: Achtung vor Älteren haben (Heft 20).

Für Dich 1985_4: So notwendig wie Brot (Heft 23).

Für Dich 1985_5: Lebenswege oder die Zuversicht der Herta Ladwig (Heft 35).

Für Dich 1985_6: 40 Jahre Volkssolidarität (Heft 42).

Für Dich 1988_1: Hilfe im Zweifelsfall? (Heft 9).

Für Dich 1988_2: Anderen helfen (Heft 17).

Für Dich 1988_3: Wir wollen es uns jetzt schön machen (Heft 20).

Für Dich 1988_4: Seit 34 Jahren WBA-Vorsitzende (Heft 21).

Für Dich 1988_5: Typisch Oma! (Heft 26).

Für Dich 1988_6: Bitte durchzählen (Heft 32).

Für Dich 1988_7: Geburtstagständchen (Heft 34).

Für Dich 1988_8: Leben helfen (Heft 34).

Für Dich 1988_9: Tonangebend (Heft 43).

Für Dich 1988_10: Wenn das Rentenalter naht (Heft 48).

Für Dich 1991_1: Auch Ältere suchen Zweisamkeit (Heft 1).

Für Dich 1991_2: Lust auf Liebe im Alter (Heft 4).

Für Dich 1991_3: Sex über sechzig (Heft 6).

Für Dich 1991_4: Im Gespräch (Heft 8).

Für Dich 1991_5: Schön und fit (Heft 11).

Für Dich 1991_6: Body-Building bis ins hohe Alter (Heft 12).

Für Dich 1991_7: Werden Vorruheständler wie Rentner behandelt? (Heft 12).

Neues Deutschland

ND 1983_1: Die kurze Nachricht – RENTNERWOHNUNGEN (06. Januar).

ND 1983_2: Erste Bewohner zogen in neues Feierabendheim (20. Januar).

ND 1983_3: Rentner haben niemals Zeit (04. Februar).

ND 1983_4. Universität umsorgt 1800 ältere Bürger (09. Februar).

ND 1983_5: Interessante Veranstaltungen in Erfurter Veteranenklubs (12./13. Februar).

ND 1983_6: Volkssolidarität und DRK betreuen ältere Bürger (26./27. März).

ND 1983_7: Feierabendbrigaden erneuern Wohnungen (07. April).

ND 1983_8: Schüler und Rentner betreuen Annahmestellen (26. April).

ND 1983_9: Rentnerbibliotheken in Heimen und Klubs (27. April).

ND 1983_10: Die kurze Nachricht – MODERNISIERUNG (03. Mai).

ND 1983_11: Abwechslung im Klub der Volkssolidarität (19. Juli).

ND 1983_12: Treffpunkte für die älteren Bürger (29. Juli).

ND 1983_13: Veteranenklub bietet buntes Augustprogramm (03. August).

ND 1983_14: Viel Spaß beim Sommerfest – Fürsorgliche Betreuung in Klubs der Volkssolidarität (06. September).

ND 1983_15: Veteranen im Sängerwettstreit (07. September).

ND 1983_16: Eine rührige Veteranen-AGL (20. September).

ND 1983_17: Sprechstunden besonderer Art (15./16. Oktober).

ND 1983_18: Wohnungswechsel zum Vorteil für jung und alt (22./23. Oktober).

ND 1983_19: Tausendfache Hilfe für die älteren Nachbarn (27. Oktober).

ND 1983_20: Ständchen zum Geburtstag (02. November).

ND 1983_21: Woche der älteren Bürger (05./06. November).

ND 1983_22: Wie die Frankfurter ihren Veteranen danken (08. Dezember).

ND 1988_1: Die kurze Nachricht: Betreuung (06. Januar).

ND 1988_2. Älteste Hallenserin feierte 106. Geburtstag (09./10. Januar).

ND 1988_3: Ein gemütliches Zuhause im Stadtviertel Neuberesinchen (20. Januar).

ND 1988_4: Neuer Veteranenklub in Rostocks Altstadt (13./14. Februar).

ND 1988_5: Dresdner Betrieb Partner der Stadt (16. Februar).

ND 1988_6: Kegeln, Schwimmen und Unterhaltung – Gute Betreuung für ältere Bürger des Küstenbezirkes (17. Februar).

ND 1988_7: Volkssolidarität gibt den Rentnern vielseitige Hilfe – 1988 über 36 Millionen Stunden in Nachbarschaftshilfe (19. Februar).

ND 1988_8: Ortsgruppen und Klubs betreuen Rentner (02. März).

ND 1988_9: Behagliches Zuhause für ältere Bewohner (03. März).

ND 1988_10: Ältere Bürger zogen in neues Pflegeheim ein (10. März).

ND 1988_11: Geborgenheit und Freude für unsere älteren Bürger (12./13. März).

ND 1988_12: Politik zum Wohle des Volkes (19./20. März).

ND 1988_13: Betagte Bürger im Jugendklub zu Gast (19./20. März).

ND 1988_14: Studenten helfen älteren Bürgern in Haushalten (05. April).

ND 1988_15: Die kurze Nachricht – Feierabendheim (15. April).

ND 1988_16: Treffpunkt für Weimarer Veteranen eingeweiht (14./15. Mai).

ND 1988_17: Gute Betreuung für Magdeburger Veteranen (21./22. Mai).

ND 1988_18: Bis Sonntag Woche der Veteranen in Leipzig (25. Mai).

ND 1988_19: Fürstenschloß als Alterspflegeheim (31. Mai).

ND 1988_20: Dresdner Veteranen umfangreich betreut (04./05. Juni).

ND 1988_21: Betagte Bürger nahmen Klub in ihren Besitz (06. Juni).

ND 1988_22: Ältere Bürger in Löbejün bezogen ein neues Zuhause (24. Juni).

ND 1988_23: Leserbrief-Veteranen auf Schusters Rappen (02./03. Juli).

ND 1988_24: Bei älteren Bürgern renoviert (20. Juli).

ND 1988_25: Täglich zuverlässige Hilfe für ältere Menschen – Viel Lob an Wirtschaftspflegerinnen der Volkssolidarität (29. Juli).

ND 1988_26: Unsere besondere Fürsorge gilt den älteren Bürgern (09. August).

ND 1988_27: Liebevolle Betreuung durch Helfer der Volkssolidarität – Mehr hauswirtschaftliche Unterstützung für ältere Bürger (10. August).

ND 1988_28: Nachbarschaftshilfe (24. August).

ND 1988_29: Die kurze Nachricht –Veteranensport (25. August).

ND 1988_30: Kurzweilige Stunden in Klubs der Volkssolidarität (25. August).

ND 1988_31: Sonderstand im Feierabendheim – Rostocker Handel erleichtert Rentnern den Einkauf (06. September).

ND 1988_32: URANIA-Referenten in der Veteranenakademie (10./11. September).

ND 1988_33: Leserbrief – Für uns Rentner wird hier viel getan (14. September).

ND 1988_34: Spenden, die den Rentnern in den Klubs mehr frohe Stunden ermöglichen (04. Oktober).

ND 1988_35: Veteranenakademie in Halle – Neustadt eröffnet (06. Oktober).

ND 1988_36: Gewerkschafter berieten über Veteranenbetreuung (25. Oktober).

ND 1988_37: Geburtstagsständchen im Veteranenklub am Domplatz-Halle: Vielfältiges Veranstaltungsprogramm für Rentner (26. Oktober).

ND 1988_38: Veteranenuniversität besteht seit zehn Jahren (07. November).

ND 1988_39: Universität eröffnete ein Veteranenkolleg (15. November).

ND 1988_40: Geschickte Hände schnitzen Figuren für den Spielplatz: Rentner August Franz hat im Viertel viele Hüte auf (19./20. November).

ND 1988_41: Patenschaften mit Volkssolidaritätsklubs (16. Dezember).

ND 1990_1: Wirkungsvolle Alten-Politik (01. Mai).

ND 1990_2: Versprecher (20. September).

ND 1991_1: Volkssolidarität – nicht nur ein guter Name (28. März).

ND 1992_1: Regierung verhöhnt Rentner im Osten (17. Januar).

ND 1992_2: Wenn Jesus doch nur leben würde ...! (30. Januar).

ND 1992_3: Protestaktion am 6. Februar in Schwerin gegen Überleitungsgesetz (03. Februar).

ND 1992_4: Tausende protestieren in Schwerin: Rentengesetz gleicht »kalter Enteignung« (07. Februar).

ND 1992_5: Bisher größter Protest gegen Renten-Betrug (12. Februar).

ND 1992_6: Arbeitnehmer auch bis 65 berufstätig (13. Februar).

ND 1992_7: In Würde alt werden (18. Februar).

ND 1992_8: Chancen des Alters: Von Renten bis zum Sex (21. Februar).

ND 1992_9: Verlierer (17. März).

ND 1992_10: Ossis bleiben weiter »Alte« zweiter Klasse (17. März).

ND 1992_11: Ehret die Frauen! Sie flechten und sie weben... (23. März).

ND 1992_12: Die Altersarmut ist auch in der reichen Bundesrepublik weiblich (29. März).

ND 1992_13: Worms: Ältere nicht ausgrenzen (01. April).

ND 1992_14: Startsignal für Senioren-Büros (02. April).

ND 1992_15: Aufs Altenteil? (23. April).

ND 1992_16: Rentner im Osten sind Rentner zweiter Klasse (27. April).

ND 1992_17: Rentnerverbände nehmen sozialen Abbau nicht hin (05. Mai).

ND 1992_18: Gnadenlos (24. Juni).

ND 1992_19: Verarmt (08. August).

ND 1992_20: Untersuchung zur Situation älterer Menschen (25. August).

ND 1992_21: Woche der Begegnung für Senioren (09. September).

ND 1992_22: Zukunft gehört dem Alter (11. Oktober).

ND 1992_23: Senioren wollen nicht nur Kaffee-Klatsch (26. Oktober).

ND 1992_24: Die Alten fallen als erste durchs Netz (30. Oktober).

ND 1992_25: Wir dürfen nicht stillhalten (30. Oktober).

SPIEGEL

SPIEGEL 1983_1: Schöner Anblick (Heft 35).

SPIEGEL 1983_2: Wer nicht arbeitet, wird schneller alt (Heft 43).

SPIEGEL 1986_1: Mit Käsekuchen auf Kundenfang (Heft 19).

SPIEGEL 1987_1: Die haben einen Drang zum Leben (Heft 40).

SPIEGEL 1988_1: Das zweite Leben der Alleingelassenen (Heft 10).

SPIEGEL 1988_2: Da verliert der Mensch seinen Schatten (Heft 41).

SPIEGEL 1989_1: Jetzt kommt ein gnadenloser Krieg (Heft 16).

SPIEGEL 1989_2: Das Hirn wird brüchig wie ein alter Stiefel (Heft 25).

SPIEGEL 1989_3: Gewisser Trudismus (Heft 29).

SPIEGEL 1989_4: Es wird erbarmungslose Kämpfe geben (Heft 31).

SPIEGEL 1990_1: Altern – Dicke Haut (Heft 29).

SPIEGEL 1990_2: Gedächtnis – Lücke im Speicher (Heft 37).

SPIEGEL 1992_1: Letzte Heimat Deutschland (Heft 12).

SPIEGEL 1993_1: Rebellen mit Krückstock (Heft 3).

SPIEGEL 1993_2: Die Republik der Alten (Heft 35).

SPIEGEL 1994_1: Rentner und Robben (Heft 1).

SPIEGEL 1994_2: Gedächtnis – Salzige Riege (Heft 22).

SPIEGEL 1994_3: Wohnen – WG statt Altersheim (Heft 24).

SPIEGEL 1994_4: Überdosis Glück (Heft 31).

SPIEGEL 1994_5: Bildung – Gut drauf (Heft 47).

SPIEGEL 1995_1: Goldener Oktober (Heft 5).

SPIEGEL 1995_2: Jäh ins Grab (Heft 10).

SPIEGEL 1995_3: Freche Alte (Heft 13).

SPIEGEL 1997_1: Unsterblichkeit für alle? (Heft 4).

SPIEGEL 1997_2: Das Gesetz des Hantelns (Heft 4).

SPIEGEL 1997_3: Später Abgang (Heft 33).

SPIEGEL 1998_1: Später Frühling (Heft 5).

SPIEGEL 1998_2: Quadratur der Greise (Heft 16).

SPIEGEL 1998_3: Gunst der Gruftis (Heft 23).

SPIEGEL 1998_4: Glückliche Oldtimer (Heft 25).

SPIEGEL 1998_5: Mut zur Todesnähe (Heft 36).

SPIEGEL 1998_6: Schwaches starkes Geschlecht (Heft 37).

SPIEGEL 1999_1: Riskante Jugend (SPIEGEL special, Heft 2).

SPIEGEL 1999_2: Der Altbrunnen bringt es (SPIEGEL special, Heft 2).

SPIEGEL 1999_3: Garnitur vom Großvater (SPIEGEL special, Heft 2).

SPIEGEL 1999_4: Jagd nach Jugend (SPIEGEL special, Heft 2).

SPIEGEL 1999_5: Reserve aus dem Rosengarten (SPIEGEL special, Heft 2).

SPIEGEL 1999_6: Der graue Star (SPIEGEL special, Heft 2).

SPIEGEL 1999_7: Die kriegen eine Stinkwut (SPIEGEL special, Heft 2).

SPIEGEL 1999_8: Die Natur ist erstaunlich nachsichtig (SPIEGEL special, Heft 2).

SPIEGEL 1999_9: Feierabend mit Alt-Taste (SPIEGEL special, Heft 2).

SPIEGEL 1999_10: Happy mit der Hüfte (Heft 38).

SPIEGEL 1999_11: Wie alt wird der Mensch (Heft 38).

SPIEGEL 1999_12: Kampf der Generationen (Heft 43).

SPIEGEL 1999_13: »Einen anschickern« (Heft 52).

SPIEGEL 2000_1: Verschrumpelte Mickymäuse (Heft 12).

SPIEGEL 2000_2: Ölwechsel für den Körper (Heft 17).

SPIEGEL 2000_3: Erfolgreich altern (SPIEGEL Online, 19. Juli).

SPIEGEL 2000_4: Gruftis als Schuftis (Heft 30).

SPIEGEL 2000_5: Comeback der Reife (Heft 39).

SPIEGEL 2000_6: Der unfertige Mensch (Heft 46).

SPIEGEL 2000_7: Rebellion der grauen Köpfe (Heft 49).

SPIEGEL 2001_1: Zeitarbeit für Oldies (Heft 13).

SPIEGEL 2002_1: Altenbericht – Deutsche werden immer älter (SPIEGEL Online, 17. April).

SPIEGEL 2003_1: Schlechtes Beispiel – BA-Chef Gerster will offenbar ältere Führungskräfte loswerden (SPIEGEL Online, 09. Mai).

SPIEGEL 2003_2: Werden die Alten bald weggesperrt? (SPIEGEL Online, 27. Juni).

SPIEGEL 2003_3: TÜV für die Alten (Heft 31).

SPIEGEL 2003_4: Zwischen Margarine und Mallorca (SPIEGEL Online, 22. Oktober).

SPIEGEL 2003_5: Land der 100-jährigen Frauen (Heft 44).

SPIEGEL 2004_1: Senioren im Netz. Nachhilfe für Silver Surfer (SPIEGEL Online, 26. Februar).

SPIEGEL 2004_2: Die Revolution der 100-jährigen (SPIEGEL Online, 15. März).

SPIEGEL 2004_3: Dicke Alte leben länger (Heft 16).

SPIEGEL 2004_4: Jagd nach den Methusalem-Genen (Heft 18).

SPIEGEL 2004_5: Schluss mit Jugendwahn – Senioren gesucht (SPIEGEL Online, 17. Juni).

SPIEGEL 2004_6: Invasion der alten Semester (Heft 27).

SPIEGEL 2004_7: Man ist milder gestimmt (Heft 27).

SPIEGEL 2004_8: Aufstand in Gottes Wartezimmer (Heft 30).

SPIEGEL 2004_9: Grüne nähern sich der Kukident-Phase (SPIEGEL Online, 26. August).

SPIEGEL 2004_10: Gelegentliches Zocken hält gesund (SPIEGEL Online, 19. Oktober).

SPIEGEL 2004_11: Die Einsamkeit tötet mich (SPIEGEL Online, 29. Oktober).

SPIEGEL 2005_1: Ältere sind allenfalls zweite Wahl (SPIEGEL Online, 02. März).

SPIEGEL 2005_2: Die jungen Reichen leben im Süden (SPIEGEL Online, 07. März).

SPIEGEL 2005_3: Der Methusalem-Spuk (SPIEGEL special, Heft 4).

SPIEGEL 2005_4: Arbeit für Alte (SPIEGEL Online, 06. Juni).

SPIEGEL 2005_5: Die Abschaffung des Sterbens (Heft 30).

SPIEGEL 2005_6: Seniorenprotest gegen infantilen Jugendkult (SPIEGEL Online, 31. August).

SPIEGEL 2005_7: Alte Geizkragen (Heft 48).

SPIEGEL 2006_1: Fit wie in der Steinzeit (Heft 5).

SPIEGEL 2006_2: US-Senioren fitter als gedacht (SPIEGEL Online, 13. März).

SPIEGEL 2006_3: Die fidelen 100-jährigen (SPIEGEL special, Heft 4).

SPIEGEL 2006_4: Hirn, kuriere dich selbst (SPIEGEL special, Heft 4).

SPIEGEL 2006_5: Club Methusalem (Heft 43).

SPIEGEL 2006_6: Den Kuchen radikal anders aufteilen (SPIEGEL special, Heft 8).

SPIEGEL 2006_7: Akt der Liebe (SPIEGEL special, Heft 8).

SPIEGEL 2006_8: Die Wahlverwandschaften (SPIEGEL special, Heft 8).

SPIEGEL 2006_9: Fröhlicher altern (SPIEGEL special, Heft 8).

SPIEGEL 2006_10: Für ältere Semester (SPIEGEL special, Heft 8).

SPIEGEL 2006_11: Grauer Markt (SPIEGEL special, Heft 8).

SPIEGEL 2006_12: Handeln statt jammern (SPIEGEL special, Heft 8).

SPIEGEL 2006_13: Honeymoon als Pensionär (SPIEGEL special, Heft 8).

SPIEGEL 2006_14: Jung zu sein ist anstrengend (SPIEGEL special, Heft 8).

SPIEGEL 2006_15: Methusalems Märkte (SPIEGEL special, Heft 8).

SPIEGEL 2006_16: Tanz der alten Esel (SPIEGEL special, Heft 8).

SPIEGEL 2006_17: Unternehmen Jugendwahn (SPIEGEL special, Heft 8).

SPIEGEL 2006_18: Verein auf Gegenseitigkeit (SPIEGEL special, Heft 8).

SPIEGEL 2006_19: Senioren verzweifelt gesucht (SPIEGEL special, Heft 8).

SPIEGEL 2006_20: Deutschland altert – na und? (SPIEGEL Online, 25. Oktober).

SPIEGEL 2006_21: Woody Allen: »Ich kann nicht mehr den Frauen hinterherjagen« (SPIEGEL Online, 02. November).

SPIEGEL 2006_22: Die Kubitschek und das Falten-Drama (SPIEGEL Online, 14. November).

SPIEGEL 2006_23: Opa daddelt, Oma shoppt (SPIEGEL Online, 30. November).

SPIEGEL 2006_24: Bono TV (SPIEGEL Online, 19. Dezember).

SPIEGEL 2007_1: Vegetieren in Schlafhallen (Heft 2).

SPIEGEL 2007_2: Senioren-Suchmaschine (SPIEGEL Online, 13. Januar).

SPIEGEL 2007_3: Online-Trends – Vormarsch der Senioren (SPIEGEL Online, 20. Januar).

SPIEGEL 2007_4: Ungerecht ist, dass nur wir Frauen altern (SPIEGEL Online, 24. Januar).

SPIEGEL 2007_5: Altern beginnt in der Wiege (Heft 12).

SPIEGEL 2007_6: Schön wärs (KulturSPIEGEL, Heft 4).

SPIEGEL 2007_7: Uni-Examen mit 95 Jahren: »Ich wollte immer studieren.« (SPIEGEL Online, 30. April).

SPIEGEL 2007_8: Renaissance der Alten (Heft 21).

SPIEGEL 2007_9: Ein Glas am Tag: Alkohol kann Demenz verzögern (SPIEGEL Online, 21. Mai).

SPIEGEL 2007_10: Robert Redford schickt sein Image in Rente (SPIEGEL Online, 25. Mai).

SPIEGEL 2007_11: Krückstock-Rock erobert die Top 30 (SPIEGEL Online, 04. Juni).

SPIEGEL 2007_12: Hilfe von der Leih-Oma (SPIEGEL Online, 02. Juli).

SPIEGEL 2007_13: Anti-Falten Creme statt DVD-Player (SPIEGEL Online, 17. Juli).

SPIEGEL 2007_14: Das Glück bleibt unerreicht (Heft 30).

SPIEGEL 2007_15: Schöner altern im Ruhrgebiet (SPIEGEL Online, 21. August).

SPIEGEL 2007_16: Aufstand der Alten (SPIEGEL Online, 27. August).

SPIEGEL 2007_17: Demut und Muskeltraining (SPIEGEL special, Heft 5).

SPIEGEL 2007_18: Der Kampf gegen das Altern im Kopf (SPIEGEL Online, 16. Oktober).

SPIEGEL 2007_19: Generationenkonflikt am Flussufer (SPIEGEL Online, 07. November).

SPIEGEL 2007_20: Ältere Web-Nutzer suchen SeniorenVZ (SPIEGEL Online, 21. November).

SPIEGEL 2007_21: Heilung durch Aktivität (SPIEGEL Online, 03. Dezember).

SPIEGEL 2007_22: Der Traum von der Demenz GmbH (SPIEGEL Online, 05. Dezember).

SPIEGEL 2007_23: Der Jahrhundertmensch (Heft 51).

SPIEGEL 2007_24: Ein neues Miteinander von Jung und Alt (SPIEGEL Online, 24. Dezember).

SPIEGEL 2008_1: Der Kleine ist schwul (SPIEGEL Online, 09. Januar).

SPIEGEL 2008_2: Sport soll Zellalterung bremsen (SPIEGEL Online, 29. Januar).

SPIEGEL 2008_3: Die globale Pflegekatastrophe (SPIEGEL Online, 24. Februar).

SPIEGEL 2008_4: Der Jugendwahn ist ekelhaft (SPIEGEL Online, 14. März).

SPIEGEL 2008_5: Die neuen Alten: Revolution ohne Rollstuhl (SPIEGEL Online, 14. März).

SPIEGEL 2008_6: Tee und Hammelkeule (SPIEGEL special, Heft 2).

SPIEGEL 2008_7: Giftiges Rentnerbonbon (Heft 15).

SPIEGEL 2008_8: Herzog warnt vor Rentner-Demokratie (SPIEGEL Online, 11. April).

SPIEGEL 2008_9: Krieg der Generationen (Heft 16).

SPIEGEL 2008_10: Minijobs: Immer mehr Rentner müssen arbeiten (SPIEGEL Online, 15. April).

SPIEGEL 2008_11: Swingen im Senioren-Silo (SPIEGEL Online, 20. April).

SPIEGEL 2008_12: Ballern fürs Hirn (Heft 24).

SPIEGEL 2008_13: Mit 66 fängt das Surfen an (SPIEGEL Online, 10. Juni).

SPIEGEL 2008_14: Vergiftetes Freibier (Heft 26).

SPIEGEL 2008_15: Besserverdiener leben länger (SPIEGEL Online, 24. Juni).

SPIEGEL 2008_16: Designer für 50plus (SPIEGEL special, Heft 4).

SPIEGEL 2008_17: Senioren Hip-Hop (SPIEGEL Online, 01. Juli).

SPIEGEL 2008_18: Fleischhacken gegen den Rentnerfrust (SPIEGEL Online, 08. Juli).

SPIEGEL 2008_19: Ab 27 lassen unsere Fähigkeiten nach (SPIEGEL Online, 31. Juli).

SPIEGEL 2008_20: Ich hasse dieses Gestöhne (SPIEGEL Online, 03. September).

SPIEGEL 2008_21: Fahrgemeinschaften: Onlinefirma gründet Mitfahrportal für die Generation 50plus (SPIEGEL Online, 23. September).

SPIEGEL 2008_22: Seniorenhandys: Telefonieren mit Katharina der Großen (SPIEGEL Online, 02. November).

SPIEGEL 2008_23: Seehofer wehrt sich gegen Verdacht des Jugendwahns (SPIEGEL Online, 08. November).

SPIEGEL 2008_24: Sex sells – in jedem Alter (SPIEGEL Online, 09. November).

SPIEGEL 2008_25: Einmal alt sein und zurück (SPIEGEL Online, 11. November).

SPIEGEL 2008_26: Miese Noten für Gesundheit in Deutschland (17. November).

SPIEGEL 2008_27: Wo sich Deutschland engagiert (SPIEGEL Online, 19. November).

SPIEGEL 2008_28: Rentner glotzen Youtube: »Da kommt ja auch Musik raus.« (SPIEGEL Online, 28. November).

SPIEGEL 2008_29: Rosa Marktlücke (SPIEGEL Online, 01. Dezember).

SPIEGEL 2008_30: Bald sieht Deutschland ganz schön alt aus (SPIEGEL Online, 08. Dezember).

Super Illu

Super Illu 1997_1: Alte TV-Legenden (Heft 9).

Super Illu 1997_2: Ostdeutsche Rentner im Urlaub (Heft 9).

Super Illu 1997_3: Ruhestand auf Mallorca (Heft 19).

Super Illu 1997_4: Anzeige: Sport im Alter (Heft 26).

Super Illu 1997_5: Isolation im Alter (Heft 42).

Super Illu 1997_6: Alzheimer Risiko (Heft 43).

Super Illu 1997_7: 520 Mark Jobberin (Heft 46).

Super Illu 1997_8: Schicksal alter DDR-Berühmtheit (Heft 49).

Super Illu 2003_1: Anti-Aging (Heft 8).

Super Illu 2003_2: Abzocke von Rentnern (Heft 24).

Super Illu 2003_3: Erotik mit 59 (Heft 26).

Super Illu 2003_4: Älter werden und dabei jung bleiben (Heft 29).

Super Illu 2003_5: Gartenliebhaber (Heft 35).

Super Illu 2003_6: Ostdeutsche Rentner (Heft 44).

Super Illu 2003_7: Rentensorgen (Heft 45).

Super Illu 2003_8: Partnerschaft im Alter (Heft 48).

Super Illu 2003_9: Eberhard Hertele und sein Ruhestand (Heft 49).

Super Illu 2003_10: 100 Jahre und ich bereue keinen Tag (Heft 50).

Super Illu 2003_11: Inge Keller und Ruhestand (Heft 51).

Super Illu 2008_1: Auswanderer 55+ (Heft 2).

Super Illu 2008_2: Kult-Treff für Rentner (Heft 4).

Super Illu 2008_3: Reisetipps für Best Ager (Heft 11).

Super Illu 2008_4: Deutschlands glückliche Rentner (Heft 15).

Super Illu 2008_5: Die jungen Alten (Heft 21).

Super Illu 2008_6: Anzeige: Tena Lady (Heft 25).

Super Illu 2008_7: 65+ und noch im Job (Heft 33).

Super Illu 2008_8: Reiseangebote Best Ager (Heft 34).

Super Illu 2008_9: Wolke 9 (Heft 38).

Super Illu 2008_10: Eberhard Hertel 70. Geburtstag (Heft 49).

Super Illu 2008_11: Schönheit kennt kein Alter (Heft 51).

die tageszeitung

taz 1983_1: Regimentsmarsch und Torte (19. April).

taz 1984_1: Altenselbsthilfe ohne Spitzenhäubchen (23. Oktober).

taz 1985_1: Behörden-Schikane gegen Rentner-Aktiv-Club (05. März).

taz 1986_1: Graue Panther wieder auf dem Sprung (02. Oktober).

taz 1986_2: Ein breitgestreutes Unternehmen (02. Oktober).

taz 1987_1: Graue Panther machen Dampf (21. Oktober).

taz 1988_1: Trümmerfrauen-Gedenktag (11. Juli).

taz 1989_1: Kein Platz für Zipperlein (01. Februar).

taz 1989_2: Keine Beschäftigungstherapie (09. Februar).

taz 1989_3: Partei ohne Chance? (13. Juli).

taz 1989_4: Alle Macht den Alten? (13. Juli).

taz 1989_5: Kampf um Heim und Herd (08. September).

taz 1990_1: Der Traum eines Alten! (04. Juli).

taz 1990_2: Graue Panther kritisieren: Die Altersarmut ist weiblich (09. Juli).

taz 1990_3: Preisschub bedroht Rentner (26. September).

taz 1990_4: Rechtzeitig Altern (12. Oktober).

taz 1991_1: SeniorInnen gehen auf die Strasse (13. März).

taz 1991_2: Oldies but Goldies (20. Dezember).

taz 1992_1: Mit der Volkstanzgruppe ins Rentnerparadies (27. Mai).

taz 1992_2: Mit den Augen eines prächtigen jungen Menschen (17. Juni).

taz 1993_1: Die Erfahrungen der Alten (04. Januar).

taz 1993_2: Verschlafen die Deutschen ihr Altern? (19. Januar).

taz 1993_3: Die Alten sind gar nicht so (09. Februar).

taz 1993_4: Wie sage ich es bloß meinen lieben Eltern (30. April).

taz 1993_5: Oldies but Goldies (30. April).

taz 1993_6: Die armen Alten und die »Woopies« (02. November).

taz 1993_7: Spannender, widersprüchlicher Prozeß (10. November).

taz 1994_1: Die Suche nach dem Jungbrunnen (21. März).

taz 1994_2: Kukident-Fernsehen (07. April).

taz 1994_3: Golden Girls in Britz (24. Juni).

taz 1994_4: Am liebsten »unwürdige Greisin« (26. Juli).

taz 1994_5: Sahne und Mandolinen (09. September).

taz 1994_6: Ein Dorf am Rande der Republik (01. Oktober).

taz 1994_7: Steinalt werden durch geistige Regsamkeit (19. Oktober).

taz 1994_8: Und nun bleiben wir hier (30. November).

taz 1995_1: Ältere Semester drücken die Schulbank (24. Januar).

taz 1995_2: Der Jugend eine Chance! (22. März).

taz 1995_3: Allein wider Willen (20. Mai).

taz 1995_4: Mit langem Atem endlich am Ziel (20. Mai).

taz 1995_5: Nicht immer nur Corega Tabs (17. Oktober).

taz 1996_1: ... und kein bißchen leise (20. Juli).

taz 1997_1: Leichte Jobs für rüstige Rentner (29. Januar).

taz 1997_2: Eins ist sicher: Die Rentner sind sauer (19. Februar).

taz 1997_3: Bloß nicht Däumchendrehen (10. Dezember).

taz 1998_1: Die Deutschen werden immer älter (29. Januar).

taz 1998_2: Faltenzählen (21. Februar).

taz 1998_3: Ostrentner machen Urlaub im Seniorenkollektiv (15. April).

taz 1999_1: »Es ist ein sehr offenes Haus« (01. Februar).

taz 1999_2: Für einen neuen Generationenvertrag (16. Oktober).

taz 1999_3: Vielleicht ist es die Angst vorm Tod (29. Oktober).

taz 1999_4: Altern hat Zukunft (29. Oktober).

taz 1999_5: Wir haben Zeit (16. November).

taz 1999_6: Suche nach Licht (24. Dezember).

taz 2000_1: Wider das graue Alter (30. September).

taz 2000_2: Produktiv alt sein (27. Dezember).

taz 2001_1: Omas im Netz (13. Januar).

taz 2001_2: Senioren geht es relativ gut (18. Januar).

taz 2001_3: »Hausfrauen sind auch nicht schneller« (10. März).

taz 2001_4: Vor der demographischen Revolution (25. April).

taz 2001_5: Die Schönheit der Ruinen (14. Juni).

taz 2001_6: Nicht klapprig, aber kregel (12. Juli).

taz 2001_7: Alt und richtig glücklich (18. August.).

taz 2001_8: Männer kneifen vor dem Weib (18. August).

taz 2001_9: Nie wieder kalte Füße (06. Oktober).

taz 2001_10: Wenn man im Alter mehr will als Häkeln (13. Dezember).

taz 2002_1: Der Traum von der ewigen Jugend (15. Februar).

taz 2002_2: Die Uschi-Glas-Gesellschaft (16. Februar).

taz 2002_3: Ende des Konsums (21. März).

taz 2002_4: Überalterung zwingt Politik zum Handeln (18. April).

taz 2002_5: Die Hoch-Zeit des Lebens (18. Juni).

taz 2002_6: Hausaufgaben mit Seniorenhilfe (22. Oktober).

taz 2002_7: Geht's den Rentnern zu gut? (05. November).

taz 2002_8: »Schwule altern schneller« (23. November).

taz 2003_1: Kaffeefahrten immer weniger beliebt (15. März).

taz 2003_2: Beim Altern herrscht Doppelmoral (24. April).

taz 2003_3: Neue Konzepte für die Alten (15. Mai).

taz 2003_4: Cool bleiben und lässig altern (07. Juni).

taz 2003_5: Zaster für die Alten (23. Juli).

taz 2003_6: Sonnenbrand in der Birne? (07. August).

taz 2003_7: Es gibt viel zu tun (06. September).

taz 2003_8: Alter, mach kein' Stress! (13. September).

taz 2003_9: Glaube, Pille, Hoffnung (26. September).

taz 2003_10: Graue Panther im Wellnessland (08. November).

taz 2003_11: Megatrend Altern (08. November).

taz 2003_12: Schule des Sterbens (06. Dezember).

taz 2003_13: Und das soll wirklich Spaß machen? (06. Dezember).

taz 2004_1: Das graue Haar im Waschbecken (02. Februar).

taz 2004_2: Fitness gegen Frühverrentung (04. Februar).

taz 2004_3: Reaktivierte Senioren (23. März).

taz 2004_4: Ohne Zweifel (26. März).

taz 2004_5: Super Faltenarchitektur (17. April).

taz 2004_6: Zuzugsstopp für Rentner gefordert (17. April).

taz 2004_7: Das Alter ist im Kommen (21. April).

taz 2004_8: Alter ist keine Krankheit (07. Mai).

taz 2004_9: Ausgezeichnete Falten (14. Mai).

taz 2004_10: Seniorentanz adé (14. Mai).

taz 2004_11: »Seriös, tierlieb und mobil« (08. Juli).

taz 2004_12: Alte haben's wirklich drauf! (30. Juli).

taz 2004_13: Generation 30 minus (04. August).

taz 2004_14: Eine Socke bleibt selten alleine (12. August).

taz 2004_15: Ein neues Bild vom Alter (28. August).

taz 2004_16: 50 plus (04. September).

taz 2004_17: Konfrontation beim Kaffeekranz (10. September).

taz 2004_18: Verschärftes Alter (04. Oktober).

taz 2004_19: Der trainierte Geist bleibt jung (29. Oktober).

taz 2004_20: Später ins Heim (30. Oktober).

taz 2004_21: Ärger um Homo-Altersheim (07. Dezember).

taz 2005_1: Graue Haare, Zeit und Geld (15. Februar).

taz 2005_2: Die Renten-Resistenten (03. März).

taz 2005_3: Wundersame Greise (28. April).

taz 2005_4: Positiv denken bis zum starken Abgang (10. Mai).

taz 2005_5: Was die Alten alles besser können (18. Mai).

taz 2005_6: Migranten werden jünger zu Alten (13. Juni).

taz 2005_7: Alt = erfahren + loyal + zuverlässig (28. Juni).

taz 2005_8: Keine Zukunft ohne Alte: Senioren sind die Idealen Kunden (30 Juni).

taz 2005_9: Aktivistinnen der späten Jahre (11. Juli).

taz 2005_10: Auch 40-Jährige zählen zu den Alten (04. August).

taz 2005_11: Parteipolitik als Privatvergnügen (13. August).

taz 2005_12: OLGA trifft »Projekt alternde Renate« (24. August).

taz 2005_13: Ein neuer Blick aufs Alter (31. August).

taz 2005_14: Lernen für die letzten Jahre (31. August).

taz 2005_15: Rentner! Die wollen euer Geld! (09. September).

taz 2005_16: Altersarmut bei Frauen verbreitet (30. September).

taz 2006_1: Den Jungen sterben die Armen weg (02. Februar).

taz 2006_2: Die Demografie ändert unser Leben (22. Februar).

taz 2006_3: Bevölkerungsdämmerung (04. März).

taz 2006_4: Ältere einstellen soll sich lohnen (06. März).

taz 2006_5: »Komm! Leg dich neben mich« (09. März).

taz 2006_6: Von Zeit zeugen (05. April).

taz 2006_7: Weiße Männer in Gips (13. April).

taz 2006_8: Sozialhilfe mit 67 (16. Juni).

taz 2006_9: Altenbericht ist überfällig (24. Juni).

taz 2006_10: Rentner – global, hilfreich und gut (05. Juli).

taz 2006_11: Egal was die Experten sagen (06. Juli).

taz 2006_12: Regierung ignoriert Altenbericht (06. Juli).

taz 2006_13: Grüne wünschen flexibles Rentenalter (01. August).

taz 2006_14: Verpackung sorgt für Abwehrreflexe (23. September).

taz 2006_15: Die Junge Union mag die Alten nicht (23. Oktober).

taz 2006_16: Ältere sollen länger ran (30. November).

taz 2006_17: Senioren gruselt es vor dem Pflegeheim (08. Dezember).

taz 2007_1: Oldies unter sich (06. Januar).

taz 2007_2: Die Fruchtsenioren (08. Januar).

taz 2007_3: Erfahrung statt Jugend (19. Januar).

taz 2007_4: Opa erschießen hilft nicht (23. Januar).

taz 2007_5: Alte Jungfern sterben aus (09. Februar).

taz 2007_6: Behauptet, nicht befreit (14. Februar).

taz 2007_7: Rentner müssen nicht darben (22. Februar).

taz 2007_8: Zähneputzen auf einem Bein (22. März).

taz 2007_9: Alter, was geht? (23. April).

taz 2007_10: Einsatz für rastlose Ruheständler (23. Juni).

taz 2007_11: Editorial: Was Senioren lesen wollen (15. September).

taz 2007_12: Denken und Joggen (10. Oktober).

taz 2007_13: »Die Alten gibt es nicht« (31. Oktober).

taz 2007_14: »Es gibt keine alte Venus« (03. November).

taz 2007_15: Sucht im Alter (03. November).

taz 2007_16: Die Grauhaarigen kommen (20. November).

taz 2007_17: Alte sollen sozial werden (27. November).

taz 2007_18: Schöner alt werden (29. Dezember).

taz 2008_1: Die Oma als Ausweg (18. Januar).

taz 2008_2: Zum Marathon mit 101 Jahren (06. März).

taz 2008_3: Partei Die Grauen löst sich auf (26. März).

taz 2008_4: Roman Herzogs neuester Hau (12. April).

taz 2008_5: Immer mehr Rentner verdienen dazu (16. April).

taz 2008_6: Opas erzählen vom Sieg (22. April).

taz 2008_7: Frauen sehen alt aus (23. April).

taz 2008_8: Populistische Rentenpolitik (28. April).

taz 2008_9: Demographischer Wandel als Geschenk (07. Juni).

taz 2008_10: Angriff auf den Körper (17. Juni).

taz 2008_11: Golden Girls (25. Juli).

taz 2008_12: Gefährliches Bild vom fitten Senioren (06. August).

taz 2008_13: Besser leben und schöner sterben (06. August).

taz 2008_14: »Also, da kommt noch was!« (04. September).

taz 2008_15: Die Rock´n´Roll-Rentner (18. November).

taz 2008_16: »Karate ist die perfekte Seniorensportart« (01. Dezember).

Zeitungen und Zeitschriften 2009–2011

APO 2010_1: Mit Anti-Aging zur ewigen Jugend? (Apotheken Umschau, 17. August).

BILD 2011_1: Deutschlands bekanntester Philosoph (47) fordert: Soziales Pflichtjahr für Rentner! (BILD online, 09. Dezember).

BILD 2011_2: Precht hat recht: Rentner sollen sich engagieren! (BILD online, 11. Dezember).

Christ & Welt 2011_1: Alles was Precht ist (51/2011).

Die Welt 2011_1: Haben Rentner die Mentalität verzogener Kinder? (Die Welt online, 08. Dezember).

FAZ 2009_1: Bahn frei für die Generation Rollator (30. September).

FAZ 2010_2: Die fleißigen alten Knechte (7. November).

FAZ 2010_1: Alt braucht jung (14. Mai).

SäZ 2011_1: Richard David Precht fordert soziales Pflichtjahr für Rentner (Sächsische Zeitung, 25. November).

SPIEGEL 2009_1: Mit Kunsthüfte zum Marathon (2. November).

SPIEGEL 2010_1: Rock'n Rollator (22. November).

SPIEGEL 2010_2: Debatte über Jobs für Alte: Warum die Rente mit 67 kommen muss (Spiegel online, 2. Dezember).

SPIEGEL 2011_1: Vergreisung: Deutschland ist das Altenheim der EU (SPIEGEL online, 01. April).

Stern 2011_1: Rentner sollen ran – ›Werther‹ muss raus (Stern online, 23.November).

Stern 2011_2: TV-Kritik zu »Anne Will«: Vereinte Empörung (Stern online, 8. Dezember).

SZ 2011_1: Das kann böse enden (Süddeutsche Zeitung, 20./21. August).

SZ 2011_2: Im Unruhestand (Süddeutsche Zeitung, 3./4. September).

SZ 2012_1: Immer mehr Rentner arbeiten (Süddeutsche Zeitung, 28.August).

SZ 2012_2: Die Kunst zu altern. Warum es nicht schlimm sein muss, immer länger zu leben (Süddeutsche Zeitung, 20./21. Oktober).

taz 2009_1: Alte studieren anders (4. Februar).

taz 2010_1: Alt, arm, arbeitslos (18. September).

taz 2011_1: Die neuen Freiwilligen (1. November).

taz 2011_2: Ruhestand mit Abzügen (29. Dezember).

taz 2012_1: Hurra, wir werden älter (25. April).

Partei- und Wahlprogramme

Bündnis 90/Die Grünen (1994): Nur mit uns. Programm zur Bundestagswahl 1994.

Bündnis 90/Die Grünen (1998): Programm zur Bundestagswahl 98. Grün ist der Wechsel.

Bündnis 90/Die Grünen (2002): Grün wirkt! Unser Wahlprogramm 2002-2006.

Bündnis 90/Die Grünen (2005): Wahlprogramm 2005. Solidarische Modernisierung und ökologische Verantwortung.

Bündnis 90/Die Grünen (2009): Der grüne neue Gesellschaftsvertrag. Klima. Arbeit. Gerechtigkeit. Freiheit. Bundestagswahlprogramm 2009.

CDU/CSU (1983): Das Wahlprogramm der CDU und CSU. Gemeinsam Deutschland in Ordnung bringen.

CDU/CSU (1987): Konsequent für Deutschland. Das Wahlprogramm von CDU und CSU für die Bundestagswahl 1987.

CDU/CSU (1994): Regierungsprogramm von CDU/CSU.

CDU/CSU (1998): Wahlplattform von CDU und CSU 1998-2002.

CDU/CSU (2002): Leistung und Sicherheit. Zeit für Taten. Regierungsprogramm 2002/2006 von CDU und CSU.

CDU/CSU (2005): Regierungsprogramm 2005-2009. Deutschlands Chancen nutzen. Wachstum. Arbeit. Sicherheit.

CDU/CSU (2009): Wir haben die Kraft. Gemeinsam für unser Deutschland. Regierungsprogramm 2009-2013.

CSU (1990): Heimat Bayern. Zukunft Deutschland. Mit uns. Programm der Christlich-Sozialen Union zur Bundestagswahl am 2. Dezember 1990.

Die Grünen (1980): Ökologisch. Sozial. Basisdemokratisch. Gewaltfrei. Wahlplattform zur Bundestagswahl 1980.

Die Grünen (1983): Diesmal die Grünen. Warum? Ein Aufruf zur Bundestagswahl 1983.

Die Grünen (1987): Bundestagswahlprogramm 1987. Farbe bekennen.

Die Grünen (1990): Das Programm zur 1. gesamtdeutschen Wahl 1990.

Die Linke (2009): Konsequent sozial. Für Demokratie und Frieden. Bundestagswahlprogramm 2009.

Die Linkspartei. PDS (2005): Wahlprogramm zu den Bundestagswahlen 2005. Für eine neue soziale Idee. Die Linkspartei. PDS

FDP (1983): Wahlaussage zur Bundestagswahl 1983 der Freien Demokratischen Partei. »Freiheit braucht Mut«.

FDP (1985): Das liberale Manifest der Freien Demokratischen Partei Deutschlands.

FDP (1987): Wahlplattform zur Bundestagswahl 1987 der Freien Demokratischen Partei. »Zukunft durch Leistung«.

FDP (1990): Wahlprogramm zur Bundestagswahl 1990 der Freien Demokratischen Partei. »Das liberale Deutschland«.

FDP (1994): Wahlprogramm zur Bundestagswahl 1994 der Freien Demokratischen Partei. »Liberal denken. Leistung wählen«.

FDP (1998): Wahlprogramm zur Bundestagswahl 1998 der Freien Demokratischen Partei. »Es ist Ihre Wahl«.

FDP (2002): Wahlprogramm zur Bundestagswahl 2002. »Bürgerprogramm 2002«.

FDP (2005): Wahlprogramm zur Bundestagswahl 2005 der Freien Demokratischen Partei. »Arbeit hat Vorfahrt. Deutschlandprogramm 2005«.

FDP (2009): Die Mitte stärken. Deutschlandprogramm 2009. Programm der Freien Demokratischen Partei zur Bundestagswahl 2009.

Linke Liste/PDS (1990): Wahlprogramm der Linken Liste/PDS zur Bundestagswahl 1990.

PDS (1994): Opposition gegen Sozialabbau und Rechtsruck. Wahlprogramm der PDS 1994.

PDS (1998): Programm der PDS zur Bundestagswahl 1998. Für den politischen Richtungswechsel! Sozial und solidarisch – für eine gerechte Republik.

PDS (2002): Es geht auch anders: Nur Gerechtigkeit sichert Zukunft! Programm der PDS zur Bundestagswahl 2002.

SED (1976): IX. Parteitag der SED. Programm der Sozialistischen Einheitspartei Deutschlands.

SPD (1983): Wahlparteitag der Sozialdemokratischen Partei Deutschlands. Protokoll der Verhandlungen.

SPD (1987): Zukunft für alle – arbeiten für soziale Gerechtigkeit und Frieden. Regierungsprogramm 1987-1990 der Sozialdemokratischen Partei Deutschlands.

SPD (1990): Der neue Weg. ökologisch, sozial, wirtschaftlich stark. Regierungsprogramm 1990-1994.

SPD (1994): Das Regierungsprogramm der SPD. Reformen für Deutschland.

SPD (1998): Arbeit, Innovation und Gerechtigkeit. SPD-Programm für die Bundestagswahl 1998.

SPD (2002): Erneuerung und Zusammenhalt. Regierungsprogramm 2002-2006.

SPD (2005): Vertrauen in Deutschland. Das Wahlmanifest der SPD.

ANHANG II: DIE INTERVIEWPARTNERINNEN

Frau Altenberger, 67 Jahre, Logopädin, geschieden und allein lebend, zwei Kinder, sechs Enkel, Ausstieg aus der Erwerbsarbeit mit 60 Jahren, Erlangen.

Frau Baden, 69 Jahre, Krankenschwester, verwitwet und allein lebend, vier Kinder, zwei Enkel, Ausstieg aus der Erwerbsarbeit mit 60 Jahren, Erlangen.

Frau Bach, 65 Jahre, Finanzwirtschafterin, verheiratet, zwei Kinder, drei Enkel, Ausstieg aus der Erwerbsarbeit mit 62 Jahren, Jena.

Frau Bauer, 64 Jahre, Pflegedienstleiterin, getrennt lebend, zwei Kinder, zwei Enkel, Ausstieg aus der Erwerbsarbeit mit 58 Jahren, Erlangen.

Frau Blau, 67 Jahre, Raumpflegerin, geschieden und allein lebend, sechs Kinder, neun Enkel, mit 63 Jahren verrentet, weiterhin geringfügig beschäftigt, Jena.

Frau Blechle, 65 Jahre, Verkäuferin, ledig, zwei Kinder, ein Enkelkind, Ausstieg aus der Erwerbsarbeit mit 61 Jahren, Erlangen.

Herr Brand, 68 Jahre, Lagerist, verheiratet, zwei Kinder, vier Enkel, Ausstieg aus der Erwerbsarbeit mit 61 Jahren, Jena.

Frau Burkert, 66 Jahre, Sachbearbeiterin, verheiratet, zwei Kinder, zwei Enkel, Ausstieg aus der Erwerbsarbeit mit 63 Jahren, Jena.

Herr Carstens, 69 Jahre, promovierter Geisteswissenschaftler, zuletzt Fertigungsleiter, verheiratet, zwei Kinder, fünf Enkel, Ausstieg aus der Erwerbsarbeit mit 66 Jahren, Jena.

Frau Dersch, 70 Jahre, Sekretärin der Konzerthausleitung, verwitwet und allein lebend, drei Kinder, keine Enkel, Ausstieg aus der Erwerbsarbeit mit 65 Jahren, Erlangen.

Herr Dietrich, 71 Jahre, kaufmännischer Angestellter, verheiratet, vier Kinder, neun Enkel, Ausstieg aus der Erwerbsarbeit mit 63 Jahren, Erlangen.

Herr Fichte, 68 Jahre, Außendienstmitarbeiter, verheiratet, zwei Kinder, drei Enkel, Ausstieg aus der Erwerbsarbeit mit 64 Jahren, Jena.

Frau Fischbach, 72 Jahre, kaufmännische Angestellte, verwitwet und allein lebend, zwei Kinder, zwei Enkel, Ausstieg aus der Erwerbsarbeit mit 49 Jahren, Erlangen.

Herr Fluss, 63 Jahre, Qualitätsprüfer, geschieden und allein lebend, ein Kind, keine Enkel, Ausstieg aus der Erwerbsarbeit mit 52 Jahren, Jena.

Herr Friedrich, 62 Jahre, Ingenieur, verheiratet, zwei Kinder, keine Enkel, Ausstieg aus der Erwerbsarbeit mit 59 Jahren, Erlangen.

Herr Fritsche, 65 Jahre, selbstständiger Berufsbetreuer, verheiratet, zwei Kinder, keine Enkel, verrentet mit 65 Jahren, weiterhin geringfügig selbstständig erwerbstätig, Erlangen.

Frau Gerhard, 63 Jahre, Sachbearbeiterin, geschieden, allein lebend und in Partnerschaft, ein Kind, keine Enkel, Ausstieg aus der Erwerbsarbeit mit 55 Jahren, Erlangen.

Frau Grunow, 68 Jahre, Verkäuferin, verwitwet und allein lebend, zwei Kinder, drei Enkel, Ausstieg aus der Erwerbsarbeit mit 63 Jahren, Jena.

Herr Heilbronn, 70 Jahre, Sozialpädagoge, geschieden und allein lebend, zwei Kinder, keine Enkel, verrentet mit 62 Jahren, seitdem selbstständig mit eigenem Yoga-Studio, Erlangen.

Herr Hippe, 70 Jahre, Bauleiter, verheiratet, drei Kinder, ein Enkelkind, Ausstieg aus der Erwerbsarbeit mit 63 Jahren, Jena.

Herr Hitt, 70 Jahre, Ingenieur, zuletzt tätig als Arbeitsvermittler, verheiratet, ein Kind, zwei Enkel, Ausstieg aus der Erwerbsarbeit mit 62 Jahren, Jena.

Frau Isar, 66 Jahre, Ingenieurin, verheiratet, drei Kinder, zwei Enkel, Ausstieg aus der Erwerbsarbeit mit 64 Jahren, Jena.

Frau Jan, 64 Jahre, Kundenbetreuerin, verheiratet, zwei Kinder, fünf Enkel, Ausstieg aus der Erwerbsarbeit mit 60 Jahren, Erlangen.

Herr Kanter, 67 Jahre, Logistiker, verheiratet, ein Kind, zwei Enkel, Ausstieg aus der Erwerbsarbeit mit 55 Jahren, Erlangen.

Herr Kegel, 63 Jahre, Ingenieur, verheiratet, zwei Kinder, fünf Enkel, Ausstieg aus der Erwerbsarbeit mit 62 Jahren, Jena.

Frau Knappe, 70 Jahre, Gesundheitsberaterin, geschieden und allein lebend, ein Kind, keine Enkel, verrentet mit 63 Jahren, weiterhin geringfügig beschäftigt, Erlangen.

Herr Konrad, 69 Jahre, Materialwirtschaftler, verheiratet, drei Kinder, sechs Enkel, Ausstieg aus der Erwerbsarbeit mit 60 Jahren, Jena.

Herr Kuhle, 64 Jahre, Ingenieur, verheiratet, zwei Kinder, drei Enkel, Ausstieg aus der Erwerbsarbeit mit 58 Jahren, Jena.

Herr Kupfer, 69 Jahre, Abteilungsleiter im öffentlichen Dienst, verheiratet, zwei Kinder, ein Enkelkind, Ausstieg aus der Erwerbsarbeit mit 61 Jahren, Erlangen.

Herr Lange, 67 Jahre, Arzt, verheiratet, zwei Kinder, vier Enkel, Ausstieg aus der Erwerbsarbeit mit 60 Jahren, Erlangen.

Herr Liebig, 69 Jahre, promovierter Naturwissenschaftler, verheiratet, zwei Kinder, ein Enkelkind, Ausstieg aus der Erwerbsarbeit mit 63 Jahren, Jena.

Frau Michel, 61 Jahre, Mitarbeit im familieneigenen Betrieb, verheiratet, zwei Kinder, fünf Enkel, Ausstieg aus der Erwerbsarbeit mit 46 Jahren, Jena.

Frau Mirow, 72 Jahre, Biologin, verwitwet und allein lebend, zwei Kinder, vier Enkel, Ausstieg aus der Erwerbsarbeit mit 60 Jahren, Jena.

Frau Nikolaus, 63 Jahre, Chemisch-Technische-Assistentin, verheiratet, zwei Kinder, vier Enkel, Ausstieg aus der Erwerbsarbeit mit 60 Jahren, Jena.

Frau Peters, 68 Jahre, Musikpädagogin, getrennt lebend, drei Kinder, keine Enkel, verrentet mit 62 Jahren, weiterhin geringfügig selbständig erwerbstätig, Jena.

Herr Peukert, 66 Jahre, Lehrer, verheiratet, drei Kinder, zwei Enkel, Ausstieg aus der Erwerbsarbeit mit 65 Jahren, Jena.

Herr Pfarr, 69 Jahre, Angestellter im Bereich Marketing, geschieden und alleinlebend, drei Kinder, vier Enkel, Ausstieg aus der Erwerbsarbeit mit 63 Jahren, Erlangen.

Frau Reiter, 60 Jahre, Sekretärin, verheiratet, zwei Kinder, drei Enkel, Ausstieg aus der Erwerbsarbeit mit 57 Jahren, Erlangen.

Herr Riesen, 69 Jahre, Personalleiter, verheiratet, zwei Kinder, keine Enkel, Ausstieg aus der Erwerbsarbeit mit 61 Jahren, Jena.

Frau Ruthe, 66 Jahre, Laborleiterin, verheiratet, zwei Kinder, drei Enkel, Ausstieg aus der Erwerbsarbeit mit 60 Jahren, Jena.

Herr Schiffer, 72 Jahre, Maschinenbautechniker, verheiratet, zwei Kinder, vier Enkel, Ausstieg aus der Erwerbsarbeit mit 55 Jahren, Erlangen.

Herr Schmal, 62 Jahre, Mechaniker, freigestellter Betriebsrat, verheiratet, zwei Kinder, keine Enkel, Ausstieg aus der Erwerbsarbeit mit 57 Jahren, Erlangen.

Herr Schmied, 68 Jahre, kaufmännischer Angestellter, freigestellter Betriebsrat, verheiratet, zwei Kinder, keine Enkel, Ausstieg aus der Erwerbsarbeit mit 55 Jahren, Erlangen.

Frau Schneider, 72 Jahre, Sprachlehrerin, verwitwet und allein lebend, keine Kinder, Ausstieg aus der Erwerbsarbeit mit 68 Jahren, Jena.

Frau Schott, 63 Jahre, Erzieherin, verheiratet, ein Kind, ein Enkelkind, Ausstieg aus der Erwerbsarbeit mit 60 Jahren, Jena.

Frau Schwarz, 65 Jahre, Vertriebsmanagerin, verheiratet, drei Kinder, keine Enkel, Ausstieg aus der Erwerbsarbeit mit 62 Jahren, Jena.

Frau Star, 69 Jahre, Sozialarbeiterin, verheiratet, ein Kind, zwei Enkel, Ausstieg aus der Erwerbsarbeit mit 60 Jahren, Jena.

Herr Stiefel, 69 Jahre, Ingenieur, verwitwet und alleinlebend, zwei Kinder, keine Enkel, Ausstieg aus der Erwerbsarbeit mit 56 Jahren, Erlangen.

Frau Teich, 69 Jahre, Hausfrau, verheiratet, ein Kind, keine Enkel, Erlangen.

Frau Ullrich, 67 Jahre, Bibliothekarin, verheiratet, zwei Kinder, drei Enkel, Ausstieg aus der Erwerbsarbeit mit 60 Jahren, Jena.

Herr Veit, 66 Jahre, Leitungsfunktion im öffentlichen Dienst, verheiratet, zwei Kinder, fünf Enkel, Ausstieg aus der Erwerbsarbeit mit 64 Jahren, Erlangen.

Frau Weimann, 65 Jahre, Leiterin einer Krankenkassengeschäftsstelle, geschieden und allein lebend, ein Kind, keine Enkel, Ausstieg aus der Erwerbsarbeit mit 60 Jahren, Jena.

Frau Weinert, 68 Jahre, Lehrerin, verheiratet, zwei Kinder, drei Enkel, verrentet mit 60 Jahren, danach fast sieben Jahre Weiterarbeit mit stark reduzierter Stundenzahl, Erlangen.

Frau Wulf, 63 Jahre, Sachbearbeiterin, verheiratet, zwei Kinder, keine Enkel, Ausstieg aus der Erwerbsarbeit mit 60 Jahren, Jena.

Herr Wulf, 65 Jahre, Elektriker, verheiratet, zwei Kinder, keine Enkel, Ausstieg aus der Erwerbsarbeit mit 65 Jahren, Jena.

ANHANG III: EXPERTINNENINTERVIEWS

Holger Adolph, ehemaliger Leiter der Geschäftsstelle Altenbericht im *Deutschen Zentrum für Altersfragen* (DZA). Expertise für den Prozess der Altenberichterstattung.

Dr. Frank Berner, Leiter der Geschäftsstelle Altenbericht im DZA. Expertise für den Prozess der Altenberichterstattung.

Herbert Blank, Leiter des Seniorenbüros Erlangen. Expertise für lokale Strukturen der Seniorenarbeit und -politik.

Christian Floerke, Mitarbeit im Erlanger Seniorenbüro und bei der Erlanger Freiwilligen Initiative. Expertise für lokale Strukturen freiwilligen Engagements im Ruhestand.

Ansgar Gössmann, Leiter des Seniorenamtes Erlangen. Expertise für lokale Strukturen der Seniorenarbeit und -politik.

Prof. Dr. Andrea Gröppel-Klein, Universität des Saarlandes, Mitglied der Sechsten Altenberichtskommission. Expertise für das Themenfeld Alter und Konsum.

Rudolf Herweck, bis 2006 Leiter der Abteilung »Ältere Menschen« im Bundesministerium für Familie, Senioren, Frauen und Jugend.

PD Dr. Hans-Joachim von Kondratowitz, ehemaliger Mitarbeiter des DZA. Expertise für die Themenfelder Sozialpolitik und Alter in der DDR sowie Gesellschaftsvergleich BRD und DDR.

Prof. Dr. Andreas Kruse, Universität Heidelberg, Vorsitzender der Fünften, Sechsten und Siebten Altenberichtskommission sowie – mit Ausnahme des Vierten Altenberichts – Mitglied aller Altenberichtskommissionen. Expertise für die Geschichte und den Prozess der Altenberichterstattung, die politische Rezeption gerontologischer Expertise sowie das Konzept der »Mitverantwortung im Alter«.

Hans Lehmann, Vorsitzender des Seniorenbeirats Jena. Expertise für lokale Strukturen der Seniorenarbeit und -vertretung.

Dr. Karena Leppert, Institut für Psychosoziale Medizin und Psychotherapie, Universität Jena. Expertise für das Themengebiet Alter in der DDR.

Silke Luther, Regionalbeauftragte der evangelischen Erwachsenenbildung Thüringen. Expertise für lokale Strukturen der Seniorenarbeit in Jena und Umgebung.

Adrian und Brunhilde Nolde, Pfarrerehepaar aus Jena. Expertise für kirchliche Seniorenarbeit in der DDR.

Gabriela Pippart, Altenhilfeplanerin im Dezernat IV Familie, Bildung & Soziales der Stadtverwaltung Jena. Expertise für lokale Strukturen der Altenhilfe und Seniorenarbeit.

Käthe Raphael (85), bereits zu DDR-Zeiten verrentete Seniorin. Expertise für das Leben als Rentnerin in der DDR.

Prof. Paul-Stefan Roß, Duale Hochschule Baden-Württemberg/Stuttgart. Expertise für die Entwicklung von Modellprogrammen für das höhere Lebensalter auf Landes- und Bundesebene.

Dr. Klaus-Peter Schwitzer, Mitarbeiter der Geschäftsstelle Altenbericht des DZA. Expertise für die Themenfelder Sozialpolitik und Alter(n) in der DDR.

Renate Stengel, ehrenamtliche Chefredakteurin des Erlanger Seniorenmagazins *Herbstzeitlose* (im September 2011 eingestellt). Expertise für lokale Strukturen der Seniorenarbeit und politik.

Prof. Dr. Caja Thimm, Universität Bonn, Stellvertretende Vorsitzende der Sechsten Altenberichtskommission. Expertise für Altersbilder in den Medien und Mediennutzung im Alter.

Gerda Wucher, Ortsgruppenvorsitzende der Volkssolidarität Jena-Lobeda von 1978 bis 1999. Expertise für die Seniorenarbeit der Volkssolidarität vor und nach der Wende.

Dr. Peter Zeman, ehemaliger Mitarbeiter des DZA. Expertise für Bürgerschaftliches Engagement im Alter.

ANHANG IV: LEITFADEN DER INTERVIEWAUSWERTUNG

Aktivität(en) und diesbezügliche Einschätzungen

Art der ausgeübten Aktivitäten: Welchen Aktivitäten geht der/die Interviewte nach? Einordnung als autoproduktiv (institutionalisiert/nicht institutionalisiert), heteroproduktiv, reproduktiv, sonstiges.

Aktivitätseinschätzung (durch die AutorInnen) auf einer Skala von wenig bis sehr aktiv mit besonderem Fokus auf heteroproduktive Tätigkeiten sowie außerhäusige, autoproduktive Tätigkeiten. Kommuniziert der/die Interviewte das Bedürfnis nach mehr oder weniger bzw. anderer Aktivität?

Begründungsmuster von Aktivität im Selbstbezug: Warum geht der/die Interviewte konkreten Aktivitäten nach? Zum Selbstzweck (Spaß/Freude), als Mittel zum Zweck (instrumentell auf individuellen und/oder gesellschaftlichen Nutzen gerichtet oder als Notwendigkeit kommuniziert) oder aus ideologischen Gründen (Begründung mit Wertebezug) – wobei die Übergänge fließend sein können.

Normative Begründungsmuster: Inwiefern kommuniziert der/die Interviewte, warum Menschen (bestimmten) Aktivitäten nachgehen sollten? Es werden zweckorientierte (instrumentelle), wertorientierte (ideologische) und autonomieorientierte (libertäre) Begründungsmuster unterschieden. Wie ausgeprägt ist diese normative Dimension bzw. spielt sie überhaupt eine Rolle? Wie verhalten sich die normativen Begründungsmuster (sofern vorhanden) zu den Begründungsmustern im Selbstbezug?

Grad und Rahmung kommunizierter Eigenverantwortung als Handlungsnorm: Hier werden in der Auswertung drei Konzepte von Eigenverantwortung unterschieden: Erstens ein libertäres Konzept im Sinne von Selbstbestimmung und Selbstgesetzgebung, zweitens ein responsibilisierendes mit Blick auf die Verknüpfung von Eigenverantwortung und individuellem Nutzen sowie drittens ein responsibilisierendes mit Blick auf die Verknüpfung von Eigenverantwortung und gesellschaftlichem Nutzen. Wird das kommunizierte Konzept von (Eigen-)Verantwortung alters- und/oder generationenspezifisch oder ganz allgemein formuliert? Wird der AdressatenInnenkreis eingeschränkt?

Praktische Handlungsmodi: In welchem Modus, geht der/die Interviewte welchen Aktivitäten nach: fremdverpflichtet (formal oder moralisch), selbstverpflichtet, selbstverständlich, freiwillig, wechselnd/unbestimmt.

Normative Vorstellungen über praktische Handlungsmodi: Kommuniziert der/die Interviewte Vorstellungen/Ansprüche (an andere) bezüglich der Handlungsmodi?

Opportunitätsstrukturen: Spielen institutionelle, sozialstrukturelle und/oder alltagsweltliche Gelegenheitsstrukturen in der Kommunikation von Aktivität eine Rolle und wenn ja welche? Werden sie als einschränkend, ermöglichend, ambivalent/konkurrierend kommuniziert?

Verhältnis von (Alltags-)Praxis und Selbstdarstellung: Wie verhält sich die Meta-Kommunikation der Aktivitäts- und Tätigkeitsorientierung zur Schilderung des konkreten Tages- und Wochenablaufs? 1) busy talk (Meta-Erzählung ohne kongruente Praxis; 2) erzählte Aktivität (Kongruenz von Meta-Erzählung und erzählter Praxis; 3) busy body (erzählte Praxis ohne Meta-Reflexion); 4) »ohne alles« (praktisch wenig aktiv, ohne aktive Meta-Rahmung; mit oder ohne explizitem lazy talk).

Zeitgestaltung/Zeitwahrnehmung

Welche Hinweise finden sich im Interview zur Zeit- und Tagesstrukturierung, zu Zeitknappheit und Zeitfülle, Langeweile und Stress? Wie grenzt der/die Interviewte Zeit als Freizeit ab?

Selbstkonzept des/der Interviewten

Wird ein Selbstkonzept expliziert (»ich bin eine Person, die...«)? Welcher Art ist das explizierte Selbstkonzept?

Kommunizierung des Selbst u.a. in den Dimensionen 1) außergewöhnlich/alternativ/anders versus normal/gewöhnlich; 2) autonom/selbstbestimmt versus fremdbestimmt/eingeschränkt; 3) selbstdiszipliniert/organisiert versus »laissez faire«/spontan; 4) sozial versus Einzelgänger/in; 5) aufgeschlossen für Neues versus am Bewährten und Gewohnten orientiert; 6) optimistisch versus pessimistisch; etc ...

Altersbild(er)

Findet eine chronologische Bestimmung von Alter durch den/die Interviewte statt?

Wird eine Selbstverortung als alt vorgenommen?

Frage der Gleichheit/Differenz: Wird für das siebte Lebensjahrzehnt eine Kontinuität des Erwachsenenlebens (Gleichheit) angenommen oder das (junge) Alter als differente Lebensphase kommuniziert?

Explizite und/oder implizite Altersbilder: Negative Altersbilder in den Dimensionen 1) körperlicher und/oder geistiger Abbau; 2) Entwicklung negativer Verhaltensweisen; 3) altersinadäquates Verhalten; 4) soziale Isolation; 5) Ausbeutung der Jungen durch die Alten; Positive Altersbilder mit Blick auf die Benennung konkreter Alterskompetenzen und die Betonung von Erfahrung(swissen).

Nacherwerbsbild und -praxis in Relation zu den Dispositiven

Auswertung entlang der zentralen Verknüpfungen der Dispositive Ruhestand, Unruhestand und Produktives Alter; Differenzierung von Orientierung und Enaktierung: Was strebt der/die Interviewte für ein Nacherwerbsleben an, was dient als positiver Horizont, was als Abgrenzungsfolie und was wird praktisch verwirklicht?

Erwartungen an das Nacherwerbsleben im Vergleich mit der gelebten Erfahrung: Was hat der/die Interviewte vorher erwartet: Positive Erwartungen im Hinblick auf a) Zeit(souveränität) und Ruhe, b) eine neu zu gestaltende Lebensphase, neue Aktivitäten bzw. Aktivitätsmöglichkeiten etc.; Negative Erwartungen, Sorge über Bewältigung der Veränderung im Hinblick auf a) Umfang mit

der freien Zeit, b) Verarbeitung des Verlusts der Erwerbsarbeit, c) Familiensitu-
ation etc. Wie verhalten sich Erfahrung und Erwartung zueinander?

Zufriedenheit/Wohlbefinden

Ist der/die Interviewte zufrieden mit seinem/ihren Leben? Und in Bezug auf
was (nicht)? Von Bedeutung sind u.a. die Kommunizierung von Unter- und Über-
forderung, von Depression(en) und depressiven Verstimmungen, von Einsamkeit
und Problemen in der Paarbeziehung, von Diskrepanzen zwischen Orientierung und Enaktierung etc.

Wahrnehmung/Bewertung
von alters- und ruhestandsbezogenen Veränderungen

Kommuniziert der/die Interviewte, dass er/sie hinsichtlich der zentralen Ana-
lysekategorien (also mit Bezug auf Aktivität im Ruhestand, gesellschaftliche
Altersbilder, Erwartungen an das Ruhestandsleben, materielle Sicherheit im
Alter etc.) gesellschaftliche Veränderungen wahrnimmt? Ist die kommunizierte Wahrnehmung von Veränderung, sofern gegeben, kongruent, abweichend
oder gegensätzlich zu den analysierten gesellschaftlichen Dynamiken?

Welche Motoren/Triebkräfte von Veränderungen werden kommuniziert? (z.B.
Modernisierung, demografischer Wandel, Grenzen des Sozialstaats, Zivilisa-
tionsgewinne [Gesundheitsversorgung, Hygiene], Systemwechsel 1989)

Haltung zur DDR

Haltung und Rolle des/der Interviewten zu DDR-Zeiten sowie Bewertung des
Systems und der eigenen Rolle in der Retrospektive; Problematisierung der
Diskriminierung als OstdeutscheR; welche Rolle spielen Ost-West-Vergleiche
im Interview?

Gesellschaft der Unterschiede

Kay Biesel, Reinhart Wolff
Aus Kinderschutzfehlern lernen
Eine dialogisch-systemische Rekonstruktion des
Falles Lea-Sophie

April 2014, 184 Seiten, kart., 24,99 €,
ISBN 978-3-8376-2386-4

Susanna Brogi, Carolin Freier,
Ulf Freier-Otten, Katja Hartosch (Hg.)
Repräsentationen von Arbeit
Transdisziplinäre Analysen
und künstlerische Produktionen

2013, 538 Seiten, kart., 42,99 €,
ISBN 978-3-8376-2242-3

Johanna Klatt, Franz Walter
Entbehrliche der Bürgergesellschaft?
Sozial Benachteiligte und Engagement
(unter Mitarbeit von David Bebnowski,
Oliver D'Antonio, Ivonne Kroll,
Michael Lühmann, Felix M. Steiner
und Christian Woltering)

2011, 254 Seiten, kart., 19,80 €,
ISBN 978-3-8376-1789-4

Leseproben, weitere Informationen und Bestellmöglichkeiten
finden Sie unter www.transcript-verlag.de

Gesellschaft der Unterschiede

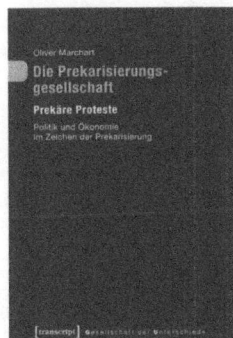

Oliver Marchart
Die Prekarisierungsgesellschaft
Prekäre Proteste. Politik und Ökonomie
im Zeichen der Prekarisierung

2013, 248 Seiten, kart., 22,99 €,
ISBN 978-3-8376-2192-1

Oliver Marchart (Hg.)
Facetten der Prekarisierungsgesellschaft
Prekäre Verhältnisse. Sozialwissenschaftliche
Perspektiven auf die Prekarisierung
von Arbeit und Leben

2013, 224 Seiten, kart., 24,99 €,
ISBN 978-3-8376-2193-8

Monika Windisch
**Behinderung – Geschlecht –
Soziale Ungleichheit**
Intersektionelle Perspektiven

Oktober 2014, ca. 270 Seiten,
kart., zahlr. Abb., ca. 29,99 €,
ISBN 978-3-8376-2663-6

Leseproben, weitere Informationen und Bestellmöglichkeiten
finden Sie unter www.transcript-verlag.de

Gesellschaft der Unterschiede

Kay Biesel
Wenn Jugendämter scheitern
Zum Umgang mit Fehlern
im Kinderschutz
2011, 336 Seiten, kart., 32,80 €,
ISBN 978-3-8376-1892-1

Christian Brütt
Workfare als Mindestsicherung
Von der Sozialhilfe zu Hartz IV.
Deutsche Sozialpolitik 1962 bis 2005
2011, 394 Seiten, kart., 29,80 €,
ISBN 978-3-8376-1509-8

Adrian Itschert
Jenseits des Leistungsprinzips
Soziale Ungleichheit in der funktional
differenzierten Gesellschaft
2013, 300 Seiten, kart., 29,80 €,
ISBN 978-3-8376-2233-1

Alexandra Krause,
Christoph Köhler (Hg.)
Arbeit als Ware
Zur Theorie flexibler Arbeitsmärkte
2012, 366 Seiten, kart., 32,80 €,
ISBN 978-3-8376-1984-3

Alexandra Manske
**Kapitalistische Geister in
der Kultur- und Kreativwirtschaft**
Zur widersprüchlichen
unternehmerischen Praxis
von Kreativen
(unter Mitarbeit von Angela Berger,
Theresa Silberstein und Julian Wenz)
Mai 2014, ca. 320 Seiten, kart., ca. 29,80 €,
ISBN 978-3-8376-2088-7

Dorit Meyer
Gewerkschaften und Leiharbeit
Über den aktiven Umgang mit
Leiharbeit bei der IG Metall
2013, 398 Seiten, kart.,
zahlr. z.T. farb. Abb., 35,80 €,
ISBN 978-3-8376-2334-5

Nancy Richter
Organisation, Macht, Subjekt
Zur Genealogie des modernen
Managements
2013, 344 Seiten, kart., 34,99 €,
ISBN 978-3-8376-2363-5

Kathrin Schrader
Drogenprostitution
Eine intersektionale Betrachtung
zur Handlungsfähigkeit
drogengebrauchender
Sexarbeiterinnen
2013, 452 Seiten, kart., 34,80 €,
ISBN 978-3-8376-2352-9

Anne von Streit
**Entgrenzter Alltag –
Arbeiten ohne Grenzen?**
Das Internet und die raum-
zeitlichen Organisations-
strategien von Wissensarbeitern
2011, 284 Seiten, kart., zahlr. Abb., 29,80 €,
ISBN 978-3-8376-1424-4

Peggy Szymenderski
Gefühlsarbeit im Polizeidienst
Wie Polizeibedienstete
die emotionalen Anforderungen
ihres Berufs bewältigen
2012, 454 Seiten, kart., zahlr. Abb., 36,80 €,
ISBN 978-3-8376-1978-2

**Leseproben, weitere Informationen und Bestellmöglichkeiten
finden Sie unter www.transcript-verlag.de**